中华名人百传

中华传世藏书

【图文珍藏版】

王书利⊙主编

线装书局

目　录

一代枭雄

中华名人百传

一代枭雄

王书利⊙主编

导　读

　　历史上,有一群精英凭借着他们的勇气、野心以及过人的军事天赋,成为传奇人物。他们亦正亦邪,有野心更有手腕;他们彼此厮杀,也力图互相联合;他们是呼风唤雨的旷世豪杰,也是独霸一方的铁血猛士,他们被后人称为一代枭雄。历史上这些枭雄们,他们的传奇,他们的智谋,他们打拼江山的坎坷与艰辛,都是本卷所要展现的内容。在这里,你可以看到曹操的奸诈、项羽的勇猛、司马懿的诡辩、多尔衮的强权……他们在人类历史上留下了浓墨重彩,他们缔造了辉煌的时代,他们实现了作为个体的最大化价值,他们的局限不能用机械的标准去苛求。让我们回过头来,细说他们的成与败。在这卷《一代枭雄》中,只有你想不到的,没有你读不到的。

　　事实上,英雄和枭雄其实差不多的,都说乱世出英雄,其实乱世所出的枭雄更多。而名垂千古的是英雄,得天下的往往却是枭雄,其原因渺渺不可言说,只有细细品读,你才明白:历史,原来如此精彩!

灭吴称霸

——勾践

名人档案

勾践：春秋末越国国君（前 497 年～前 465 年）在位。又名菼执。曾败于吴，屈服求和。后卧薪尝胆，发愤图强，终成强国。公元前 473 年灭吴。

生卒时间：? ～前 465 年

性格特点：忍辱负重，刻苦自励，发愤图强。

历史功过：周敬王二十四年（前 496 年），越王允常死，他的儿子勾践继承了越国的王位，这就是春秋末期做了最后一个霸主的越王勾践。吴越交锋，越王失国，但他矢志不渝，卧薪尝胆，终于复国。

吴越交战

越王勾践即位时，邻国吴国（今江苏省和浙江北部一部分）的国王是阖闾。因为越王允常不肯帮助吴王去打楚国，反而派兵帮助他的儿子夫概造反，由此阖闾与允常结下怨仇。

越王勾践元年（前 496 年），吴王阖闾听说允常已死，趁越国有丧事的机会，兴兵讨伐越国，他叫伍子胥留守本国（都城在姑苏，即今江苏省苏州市），自己带着伯嚭、王孙骆和专毅三个将军，起兵三万去攻打越国。越王勾践也亲自带领大将诸稽郢、灵姑浮发精兵前去抵抗。

吴越两国的兵马交战于醉李（今浙江省嘉兴市）。越王勾践派敢死队挑战，冲入吴军阵地，呼号前进，奋力拼杀，打败了吴军，并射伤了吴王阖闾。这次战争，吴军损伤了一半，在退回姑苏的途中，受重伤的吴王阖闾就死了。临死前，阖闾对守在他身边的儿子夫差说："你一定不要忘了越国杀父之仇。"

阖闾死了以后，夫差即位为国王，拜伍子胥为相国。夫差牢记父亲的临终遗言，决心报杀父之仇。为此，他叫他手下人每天清早起来时，就对他喊："夫差，你忘了越王杀了你父亲吗？"夫差总是流着眼泪说："夫差不敢忘！"吃饭的时候，临睡的时候，都要这样问答一遍。他命令相国伍子胥和伯嚭在太湖操练水兵，自己在陆上操练兵车，日夜准备伐越报杀父之仇。

越王勾践三年（前494年），勾践听说吴王夫差日夜操练兵马，要报杀父之仇，准备先发兵伐吴。大夫范蠡劝告说："不能这么办，我听说兵器是不吉利的东西，战争是违背道德的，争斗是各种事情中最末等的事。违背道德，好用凶器，干末等之事，老天爷也是禁止的，所以出兵是不利的。"勾践不听他的劝告，说："我的决心已经下了。"于是就起兵攻吴。与此同时，吴王夫差拜伍子胥为大将，伯嚭为副将，亲自率领大队水陆军队，从太湖出发，去攻打越国。吴越两国会战于夫椒（今江苏省吴县），在水兵的战斗中，越国大将灵姑浮阵亡，越国的水兵几乎全军覆没。越王勾践带领残兵五千余人逃回，到会稽山上躲起来了。吴军紧追不舍，一路上杀百姓、烧庄稼，追到会稽，把越王勾践围困在山上。

到这时，勾践悔之莫及，对范蠡说："因为没有听你的劝告，造成今天的惨败，现在可怎么办呢？"范蠡说："事到如今，只好给吴国送厚礼，低声下气地向他们求和。如果他们还不答应，那就只好委屈大王自己到吴王那里去伺候吴王了。"勾践没有办法，只好同意了范蠡的意见。于是派大夫文种去向吴王求和。文种到了吴军兵营，跪着向前对吴王夫差磕头，说："亡国之君勾践派臣子文种来请示大王：勾践请求为大王之臣，他的妻子为妾。"吴王夫差见文种可怜哀求的样子，将要答应他的请求。伍子胥赶忙阻止，对夫差说："现在是上天把越国赐给吴国，请大王千万不要答应文种的请求。"吴王夫差也就没有话说了。文种就回来报告越王勾践。勾践看到求和没有希望了，就准备杀掉妻子，烧掉宝器，然后同吴军拼命，一死了之。文种对勾践说："只要大王立志报仇，什么委屈都暂时忍受一下，事情还没有到绝望的地步。我了解到，吴国的副将伯嚭向来同伍子胥面和心不和，他怕伍子胥功劳太大，会超过自己。再说，伯嚭又是一个贪财好色的小人，我们可以用贿赂的办法拉拢他，他就会帮助我们说话的。"于是勾践又派文种带着珠宝玉器和美女去见伯嚭。伯嚭接受了贿赂，就连夜单独到吴王夫差面前，替勾践说好话。夫差听了伯嚭的话，就决定同意文种的请求了。

第二天，伯嚭带着文种去见吴王夫差。文种跪在夫差面前，再次说明勾践求和和称臣之意，并说："请大王赦免勾践之罪，越国将把宝器统统奉献给大王。如果大王不肯赦免，勾践就会杀掉他的妻子，放火烧毁宝器，然后带领五千人同吴军拼命，吴国就什么也得不到，说不定还会有损伤。这是没有什么好处的。"伯嚭也帮着说好话，对吴王夫差说："越王勾践愿意服从大王称臣，如果把他赦免，对我们吴国也是有利的。"夫差就答应了文

种的请求。这时,伍子胥又出来劝阻,他说:"大王今天不灭越国,以后懊悔就来不及了。勾践也算是个贤君,还有范蠡、文种这样的良臣辅佐,将来对吴国的威胁是很大的。"可是,这时夫差的主意已定,伍子胥再劝也没有用了。夫差很客气地对伍子胥说:"相国先上后边歇息歇息去吧!"伍子胥没有办法,只好唉声叹气地退了出来。

伍子胥出来后碰到了大夫王孙雄,就对他说:"越国十年生聚,十年教训,二十年后就能把吴国灭了!"

吴王夫差不听伍子胥的劝告,就赦免了越王勾践,撤兵回国去了。

石室养马

文种回到会稽,向越王勾践报告了求和的经过。勾践夫妇将要到吴国去做吴王夫差的臣下并伺候夫差,就召集大臣们商议国家大事。君臣们痛苦之心,自不必说,但大家都劝越王只管放心到吴国去,他们留下来的人一定要把越国治理好,将来再报仇。勾践就把国家大事托付给文种等大臣,自己带着夫人和范蠡到吴国去做人质。一路之上,他们听到的是送行的百姓们的一片哭声。

勾践夫妇和范蠡到了姑苏,吴王夫差就让他们住在阖闾坟墓旁边的一间石头屋子里,为吴王养马。夫差把勾践留在这里,是为了考验他是否真心臣服于自己。夫差每次坐车出去,也总是让勾践给他拉马。勾践在吴国所受屈辱,那是可想而知的。

勾践夫妇在吴国过了三年。在这三年中,勾践总是很小心地伺候夫差,做到百依百顺,显得比夫差的其他仆人还要驯服。与此同时,文种还经常派人给伯嚭送礼,伯嚭也老在夫差跟前替勾践说情。

有一次,勾践听说夫差病了,就托伯嚭给夫差带话,说是要去看望大王。夫差听说勾践这样惦记自己,就答应他进见。伯嚭带着勾践进了夫差的卧房,夫差的人上前来搀扶他。夫差叫勾践出去,勾践说:"父亲有病,做儿子的应当服侍;大王有病,做臣下的也应当服侍。再说我还有点小经验,看看大王拉的屎,就能知道大王的病是重是轻。"这样一说,夫差心里很高兴,就不再拒绝了。夫差拉完屎,觉得舒服多了。勾践扶着夫差上床躺好,又去掀开马桶盖看了看,嗅嗅气味,然后向夫差磕头,高兴地说:"恭喜大王!大王的病已经没有什么危险了,再过几天,就会完全好了!"夫差问他:"你怎么知道的?"勾践说:"刚才我看了大王的屎,知道肚里的毒气已经散发出来了,病还不快好了吗?"夫差看到勾践服侍自己这样周到,倒有些过意不去了,就对勾践说:"你待我不错。等我病好了,就放你回去。"

由于勾践处处小心服侍夫差,再加上伯嚭不断向他报告越国内十分平静,一点也没有反叛吴王的迹象,夫差就以为越王勾践真的完全臣服自己,越国对吴国已经没有什么威胁了,于是,就放勾践回国去。公元前491年,夫差亲自送勾践夫妇上车。勾践夫妇拜谢了吴王,上了车,由范蠡驾着车,离开了姑苏,回越国去了。

卧薪尝胆

勾践回到了越国,君臣相见,又是高兴,又是伤心。他们一起商量的是一定要记住亡国之痛,石室养马的耻辱,为了报仇雪耻要上下一心,发愤图强。

勾践原来打算把国政交给大夫范蠡治理,范蠡说:"操练兵马,行军打仗,文种不如我范蠡;治理国家,安抚百姓,我范蠡不如文种。"于是勾践就把国家政事交给文种管理,而让范蠡负责操练兵马。

勾践为了能使自己时刻牢记亡国的耻辱,不让舒适的生活消磨了自己的意志,就把自己卧室里的锦绣被褥撤了下去,而铺上了柴草当作褥子,休息时就躺在上面;他还在房间里挂了苦胆,每当坐卧起来,或吃饭之前,都要尝一尝胆的苦味。这就叫作"卧薪尝胆"。他常常心中默念:苦胆再苦,也没有亡国、做奴仆苦。他平时亲自到地里耕作,夫人也亲自养蚕、织布;吃饭不吃肉,穿衣不要绸缎;经常放下国王的架子访问贤人,虚心听取意见,以礼接待宾客;对老百姓中贫穷的就想办法救济他们,死了的就帮助安葬,时时关心百姓的疾苦,同百姓一样劳作。

在当时,越国刚刚遭到战乱亡国之祸,百姓大批被杀害,人口减少,田地荒芜,生产受到很大破坏。为了恢复国家的元气,越国君臣们制订出一些措施。如上了年纪的人不准娶年轻姑娘为妻;男子到了二十岁,女子到了十七岁,还不结婚的,父母要受到处罚;妇女快要临产,一定要报官,好派医官去照顾;生一个男孩子,国王赏一壶酒,一条狗;生一个女孩子,国王赏一壶酒,一口猪;有两个儿子的,官府给养活一个;有三个儿子的,官府给养活两个。国家还奖励耕种、养蚕、织布。与此同时,全国上下都节衣缩食,为的是年年、月月给吴王夫差进贡。夫差经常收到勾践的贡品,非常满意。

越王勾践听说吴王夫差打算造姑苏台,就趁机给吴国准备了几根又长又大的木料,派文种送去。夫差收到木料,非常高兴,为了不使大材小用,就把建造姑苏台的设计加高加大,这就使得吴国更加劳民伤财。

吴王夫差建造了姑苏台,又要越国进贡美女。勾践下令在国内选美女。这时,范蠡在苎罗山上(今浙江省诸暨市境内)找到了一个名叫西施的美女,她情愿舍出自己的身子,到吴国去,帮助越王报仇。勾践就派范蠡把西施和其他美女送到吴国去。吴王夫差见到西施的美貌,马上就被迷住了,对她非常宠爱。从此,夫差就日夜在姑苏台同西施作乐,西施也经常向夫差说越国的好话,这样,夫差对越国就一点戒备也没有了。

伯嚭被杀

吴王夫差七年（前 489 年），吴王夫差听说齐景公已死，继位的晏孺子年少无权，大臣争权夺利，国内混乱，就打算兴兵伐齐，其目的是为了争夺霸主地位。但是，伍子胥反对。他对夫差警告说："越王勾践不吃好饭菜，不穿好衣裳，老百姓死了去凭吊、病了去慰问，收买人心，是要让老百姓们为他效力。这个人不除掉，必定是吴国的祸患。现在大王不先除掉腹心之患，反而去伐齐，不是把事情给弄颠倒了吗？"夫差嫌他多嘴，不听他的劝告，下定决心要伐齐。

吴王夫差十一年（前 485 年），吴军在齐国艾陵这个地方打败了齐军，俘虏了齐国大臣国惠子、高昭子，胜利而归。夫差为此而洋洋得意，并指责伍子胥。伍子胥说："大王不要高兴得太早了！"夫差听了大怒，伍子胥就要自杀，被夫差阻止了。

消息传到越国，大夫文种对勾践说："我看吴王已经骄傲了，请大王让我到吴国去借粮，试探一下吴王对我们越国的态度。"于是文种就到吴国去，向夫差提出借粮，夫差准备答应，伍子胥又反对，但夫差还是把粮食借给了越国。越国君臣知道吴王夫差已经对越国没有什么戒心了，都暗暗高兴。

吴王夫差多次伐齐，取得了一些胜利，越王勾践又是派人朝贺，又是献上厚礼。夫差非常高兴，只有伍子胥越来越担心。他说："越国这样做，是在豢养吴国啊！"他再次劝告吴王说："越国是心腹之患，大王不防备。现在攻打齐国，只是得到了一点小便宜，好比是在石板上耕种，是得不到什么好处的。"吴王根本就听不进去。伍子胥又警告说："大王不听我的劝告，再过三年，吴国就要变成一片废墟了！"伯嚭又经常在吴王面前同伍子胥争执，为越国说好话，还在背后向吴王夫差说伍子胥的坏话："伍员这个人，表面上看去很忠于大王，其实他自己另有打算。大王前次准备伐齐，伍员反对，结果得到胜利，他反而怨恨大王。大王如果不防备，伍员一定会反叛作乱。"夫差听了，将信将疑。后来派伍子胥出使齐国，听说伍子胥把儿子托付给齐国的大夫鲍氏，于是夫差大怒，说："伍员果然背叛寡人！"等伍子胥从齐国回来，夫差就派使者给伍子胥送去一把属镂宝剑，让伍子胥自杀。伍子胥拿着宝剑，大笑说："我帮助你的父亲（指阖闾）称霸，我又立你为王，当初你要把吴国的一半分给我，我不接受；现在你反而听信谗言要杀我。"接着他对使者说："我死之后，你去告诉吴王，把我的眼睛挖出来，挂在姑苏城东门，我要看着越兵攻进来！"说完就拔剑自杀了。伍子胥死后，夫差就把吴国的政事交给了太宰伯嚭来管理。

越王勾践召范蠡去，问道："吴王已经杀了伍子胥，周围尽是阿谀奉承的人，现在可以发兵攻打吴国了吧？"范蠡说："不行，还要等待时机。"

公元前 482 年，吴王夫差亲自率领吴军主力伐齐，打败了齐军。夫差在卫国的黄池（今河南省封丘县西南），召集各路诸侯来开大会。晋、卫、鲁等大国慑于吴国的武力，就订立了盟约,承认吴王夫差为霸主。

吴王夫差率主力北上时,留下了老弱兵卒和太子守卫。消息传来,勾践再问范蠡可不可以发兵攻吴,范蠡说:"可以了。"于是,越国发流放罪人经过军事训练的士卒两千人,作为敢死队,发经过长期训练的军队四万人作为主力,此外还有王者亲兵六千人,有官位职事的一千人,总共近五万人,去攻打吴国,吴国留守的老兵弱卒碰到了越国的精锐部队,当然不堪一击,就被越军杀得大败,吴国太子也被杀了。吴国国内赶紧向吴王夫差告急,夫差正在黄池与诸侯会盟,不敢声张,为了保密,把知情的七个人杀掉。会盟已毕,吴王夫差匆匆忙忙带着吴军回来,但由于长途跋涉,十分劳累,战斗力很弱,被越军打败。夫差只好派伯嚭带着厚礼向越军求和。范蠡对勾践说:"吴国现在还有实力,不是一下子就能灭得了的。"于是勾践就答应同吴国讲和,然后就退兵回国了。

黄池大会之后,吴王夫差虽然得到了一个霸主的空名,但吴国军队因为在争霸战争中损失惨重,国力越来越弱。而越国经过十年生聚、十年教训,人口增加,生产发展,军队训练有素,国力越来越强。到吴王夫差十八年(前478年),越王勾践带着范蠡、文种亲自率领大军再次进攻吴国,在笠泽这个地方交战,大败吴军。然后,越军继续进军,节节胜利。到周元王元年(前475年),越军攻到姑苏城下,围困吴军三年。到周元王三年(前473年),吴军被越军彻底打败,吴王夫差躲在姑苏的山上。当年越王勾践被吴王夫差围在会稽山的历史又重演了,当然,是在相反的情况下重演的。

吴王夫差又派大夫公孙雄到越军求和。公孙雄裸衣跪行到越王勾践面前,恳求说:"孤臣夫差,当年曾在会稽得罪大王,当时夫差不敢违背天命,使大王得以复国。如今大王大驾来讨伐孤臣,孤臣唯命是听,大王能像当年在会稽那样,赦免孤臣之罪吗?"勾践看着公孙雄那副可怜的样子,准备答应他的请求,范蠡急忙阻止,说:"当年在会稽的事情,是上天把越国赐给吴国,吴国不肯接受;现在上天把吴国赐给越国,大王难道可以违背天意吗?大王早晚操劳,不是为了向吴国报仇吗?按照预定的计谋辛辛苦苦努力了二十二年,现在马上就要成功了,难道可以前功尽弃吗?上天给予的东西,大王不接受,将来反过来要受害的。大王难道忘了会稽被围困的教训了吗?"勾践说:"你说得很对,我本想照你的话做,但是,我看吴国使者这样可怜,有点不忍心。"范蠡就传令击鼓进兵,并对勾践说:"大王已把军事交给我来执掌,使者快回去,一切由我来负责。"吴国使者公孙雄哭着走了。越王勾践派人对吴王夫差说:"我把你送到甬东(东海的岛上)安置,你可带百家人一起居住。"吴王夫差听了,叹了口气说:"我老了,不能伺候君王了。我悔不该不听伍子胥的话,才落到了如此地步!"于是就拔剑自杀了。临死时说:"我没有面目在地下见伍子胥啊!"

于是,越王勾践就攻进姑苏,灭了吴国。勾践坐在吴王夫差的朝堂上,文武百官都来朝贺。吴国太宰伯嚭也站在那里,等待受封。勾践说:"你是吴国的太宰,我哪敢收你做臣下?你怎么不跟你的国君去呀?"伯嚭无地自容,退了出去。勾践马上派人把他杀了。

鸟尽弓藏

越王勾践灭吴以后，率领得胜之师，北渡淮河，在徐州（今山东省藤县），大会齐、晋等诸侯，派人向周天子送去贡礼。周元王也派使臣给勾践送去祭肉。从此，越国的兵马横行于江淮一带，诸侯都来朝贺，承认越王勾践的霸主地位。这样，勾践就成了春秋时期最后一个霸主。

勾践带领军队回国。这时，勾践已经灭了吴，报了仇，雪了耻，而且称霸于诸侯，作为一个国君，他的事业已经到头了。而辅佐勾践完成霸业的大夫文种和范蠡，他们治国治军的才能，这时对勾践已经没有什么用处了。作为上将军的范蠡，在回国之后，感到大名之下，难以久留。于是，他给越王勾践上书说："我听说主忧臣劳，主辱臣死。当年君王受辱于会稽，为臣下的应当死。臣下之所以没有死，就是因为要帮助君主报仇雪耻，完成霸业。现在报仇雪耻的目的已经达到了，臣下请求君王根据会稽受辱的事，给臣下降罪处死。"勾践看了范蠡的上书后说："我正要奖赏你的功劳，把国土的一部分给你，怎么反而会降罪将你处死呢？"话虽这么说，范蠡根据多年的交往，深知勾践的为人，当然是不会相信的。于是，他就秘密地把珠宝玉器装上船，带着自己的亲信随从乘船到了海上，同勾践不辞而别，再也不回来了。后来，他到齐国做了大商人。

范蠡秘密出走时，没有忘了他的老朋友文种。他给文种留了一封信，对文种说："飞鸟打光了，再好的弓箭也该收藏起来了；兔子打完了，就轮到把猎狗煮了吃了。越王这个人，只可以和他共患难，不可以和他共享安乐。你还是快些走吧！"文种看了范蠡的信，将信将疑。他不像范蠡早已有准备，现在他要走，恐怕也来不及了，况且他对越王勾践还抱有幻想。为了自身安全着想，他就称病不朝。

但是，果然不出范蠡所料，悲剧终于发生了，越王勾践向文种开刀了。有人向勾践进谗言，诬告文种要作乱。这当然是根本不可能的事，但这正好被勾践找到了一个借口。于是，勾践就派人给文种送去了一把宝剑，并传话给文种说："当年你教我伐吴，有七条计策，我用了三条，就把吴国灭了。还有四条计策，还在你的脑子里，你准备干什么用呢？你还是带着你的计策，替我到地下跟随先王去使用吧！"文种接过宝剑一看，正是当年吴王夫差叫伍子胥自杀的那把属镂宝剑。文种这才完全相信范蠡的话一点也没有错，可是后悔已经来不及了。这个忠心耿耿辅佐越王勾践复国、报仇、称霸的文种，就这样含冤饮剑而死了。

"敌国灭，谋臣亡"，这个历史典故，就是这样留下来的。在君主专制制度下，君主杀功臣的事数不胜数，文种式的悲剧一次又一次地重演着。在这件事情上，越王勾践可以说为后代君主做出了榜样。这从一个侧面反映了君臣关系的实质，不是单纯从勾践个人的性格所能解释得了的。对于那些智谋出众、立不赏之功的能臣宿将来说，他们的功劳本身就是"罪",就是置自己于死地的原因。因此,在勾践之类的君主那里,功与罪的关系是颠倒的。这类事情不断重复地出现,常常使得那些功高震主的大臣们惶恐不安。但是,事实上,像范蠡那样功成引退因而保全自身的人毕竟是少数,而象文种这样不幸被杀的人是多数。

诛杀功臣无疑是越王勾践一生中最不光彩的一面。但是,我们也不可因此而抹杀他在会稽失败后,忍辱负重,卧薪尝胆,发愤图强的坚强毅力。凭着这种精神力量,他能较好地采纳臣下的建议,得到百姓的同情和支持,终于复兴国家,报仇雪耻,最后完成霸业的目的。这同那个狂妄自大、刚愎自用的吴王夫差形成了鲜明的对比。当然,大国争霸的战争,都是劳民伤财,造成的破坏极大,越王勾践也不例外,这是不值得赞颂的。我们要肯定的是越国君臣以及百姓们的发愤图强的精神,这种精神对后世有着深远的影响。特别是当国家和民族遭受危难和耻辱时,这种精神常常激励人们的斗志,因而艰苦奋斗,自强不息。因此,这种发愤图强的精神,是我们中华民族的可贵的精神财富。

西楚霸王

——项羽

名人档案

项羽：名籍，字羽，下相(今江苏宿迁)人。楚国名将项燕之孙，中国古代起义领袖，著名军事家，中华史上最强武将！中国军事思想"勇战"派代表人物。人称西楚霸王。

生卒时间：前232～前202年。

性格特点：既凶狠残暴，又善良不忍；既刚愎自用又轻信多疑；既爆裂急躁又优柔寡断。

历史功过：楚霸王项羽的一生，生逢乱世，相机而起；勇冠三军，叱咤风云；引兵北上，逐鹿中原，问鼎咸阳，裂土封王，最终却因他自身性格弱点酿就了他的人生悲剧。随着乌江渡口的那一道长剑血光，项羽的悲剧命运画上了一个令人遗憾的句号。

名家评点：我们不能单以是否成就了帝业来评价项羽的是非功过，而要按他的历史实绩来评价。项羽固然没有成就帝业，但他顺应人民的心愿和历史发展的潮流推翻了暴秦统治；又自刎而死，结束了内战，使汉统一了全国。这在客观上不能不说他是推动历史前进的伟大功臣。他用三十一岁的年轻生命写下了一部壮烈的史诗，以致引起历代学者、文人的无限感慨，连南京婉约派女词人——李清照也写出这样动人的诗句：

"生当作人杰，

死亦为鬼雄；

至今思项羽，

不肯过江东。"

项羽是一座金铸的丰碑，将永远矗立在历史的战车上，供后人瞻仰。

初生牛犊

公元前 210 年,秦始皇到会稽郡(治所在今江苏吴县)巡游,在准备渡过钱塘江的时候,许多人赶来观看。其中有一个 20 多岁的青年,望着秦始皇前呼后拥、神气十足的样子,忍不住说:"彼可取而代也!"他身边一个上了年纪的人赶忙制止了他,说:"不要胡说!要被灭族的!"这两个人就是项羽和他的叔父项梁。

项羽名籍,字羽,是战国末期下相(在今江苏宿迁市西)人。项家世世代代都是楚国的将领。项羽的祖父项燕就是楚国的名将,他在项羽 10 岁的时候率领军队与秦军作战,兵败自杀。这年,楚国被秦国灭亡了。项羽生于公元前 232 年(秦王政十五年),从他 3 岁那年(前 230)起,秦国先后灭了韩、赵、魏、楚、燕、齐六国,到公元前 221 年,一统天下,建立了我国历史上第一个中央集权的统一帝国。这一年,项羽才 12 岁。

项羽小的时候学写字,学不好就放弃了;后来又去学习剑术,依然如此。他的叔父项梁很生气。项羽却对叔父说:"学写字不过记记名字而已!学剑术也只能抵挡一个人,不值得学;要学就学那种能够抵挡上万人的真本领。"于是项梁便教他学兵法,项羽大悦,但是,学起来也是粗知大意,从来不肯深入钻研下去。只求大概,不求甚解,这是项羽最终失败的重要原因。项羽长大成人,身材高大,体格魁伟,膂力过人,能把人鼎举起来,气魄、才干也很出类拔萃。后来,项梁犯了杀人之罪,便带着项羽逃到吴中(今江苏苏州)去避难。在吴中,他们结识了当地的豪杰。这些人都很敬畏项羽,对他崇拜有加。

就在这时候,秦始皇东巡,路过钱塘江边,项羽情不自禁地说出了要取而代之的话。不久,秦始皇在沙丘(今河北平乡县东北)病死,他的小儿子胡亥登极当上了皇帝,即秦二世。秦二世昏庸无能,被宦官赵高操纵,统治集团内部也互相倾轧,十分黑暗。秦朝的残暴统治,加剧了阶级矛盾,造成了"天下苦秦"的局面,六国贵族的残余势力,也在等待时机,准备东山再起。秦王朝已经危在旦夕,一场农民起义的急风暴雨很快就来到了。年轻的项羽就被这股急流推上了历史的舞台。

兴兵伐秦

公元前 209 年(秦二世元年),中国历史上第一次大规模的农民起义终于爆发了。这年七月,陈胜、吴广在大泽乡(今安徽宿县东南刘家集)揭竿而起,并在陈县(今河南淮阳县)建立"张楚"政权,陈胜自立为楚王。大泽乡振臂一挥。天下云集响应,从此一发而不可收,反抗暴秦的旗帜插遍大地。

同年九月，项羽与叔父也在吴中起兵。当时，会稽郡守殷通见秦政权的灭之指日可待，自己地位难保，就想让项梁和桓楚统率军队，乘机起兵。他把这一想法告诉项梁，项梁借口桓楚逃亡在外，只有项羽知道他的去向，便去找项羽商量，并让项羽手持宝剑，在外边等候。项梁安排好以后，又回来坐定，对殷通说："还是让项羽进来，叫他去找桓楚。"殷通答应了。项羽进来不久，项梁对他使了个眼色说："动手吧，话音未落，项羽就拔出宝剑，杀了殷通。项梁提这殷通的人头，佩挂上会稽太守的大印，神气十足地走出来。郡守府里一下子乱了起来，项羽手起剑落，杀了几十个人，其他的人都惊恐万分。这时，项梁便召集他结识的豪杰和官吏，告诉他们准备起兵的事，并派人到附近去招集人马，很快就征集了8000精兵，安排了各级将官。项梁自己当了会稽郡守，项羽做了裨将（副将），正式起兵攻打秦国。

这时，陈胜起义军已经打进了函谷关，（在今河南灵宝西南），到达咸阳以东的戏河（在今陕西临潼东）。秦二世惊恐万状，立即派章邯率领在骊山服役的刑徒对起义军进行镇压。由于起义军力量分散，便章邯得以各个击破，起义军遭到了严重挫折。

公元前208年（秦二世二年）一月，陈胜已死，他的部将召平，正在攻打广陵（在今江苏扬州东北）。他得知陈胜兵败、秦军即将南下，便假传陈胜的命令，拜项梁为"张楚"的上柱国（楚国的最高武官，地位仅次于丞相），要项梁赶快领兵向西攻打秦军。于是，项梁带领8000精兵，横渡长江天险，向西进发。他沿途收兵买马，扩充力量，项梁军迅速壮大。在到达下邳（今江苏睢宁县西北）时，已经有六七万人了。年轻的将领项羽所统率的部队，成为这支军队的生力军。

项梁得到陈胜牺牲的消息后，于这年六月在薛（今山东定滕县东南）地召集各路起义军将领，部署继续与秦军战斗的计划。刘邦这时已发展到有五六千人，也来归附项梁。项梁又给了他5000士卒、10名将领，壮大了刘邦的实力。项梁在薛重整了起义军，并采纳了谋士范增的建议，把流落在民间的楚怀王的孙子心，立为楚王，仍称为楚怀王，建都盱眙（今江苏盱眙县东北）。项梁自称为武信君，主持军事。

在薛安定下来之后，项梁领兵打败了围攻东阿（今山东阳谷县东北的阿城镇）的秦军，并且跟踪追击到定陶（今山东陶县西北）。同时，项羽与刘邦也先后领兵在城阳（今山东菏泽市东北）、濮阳（今河南濮阳县西南）以东，击溃秦军。接着，刘邦、项羽南攻定陶没有成功，便西至雍丘（今河南杞县），把秦军杀得片甲不留，并杀死了三川郡守李由，然后乘胜回师东北，攻打外黄（今河南杞县东北）。

就在这时，传来了项梁不幸身亡的消息。原来，随着起义军的不断告捷，项梁越来越骄傲轻敌，章邯利用项梁这一弱点，等到秦军的援兵一到，便在定陶偷袭项梁，项梁仓促应战，不幸身亡，起义军遭到沉重打击。

项羽、刘邦听到这个不幸的消息，立即带兵撤离外黄，改攻陈留（今河南陈留县），仍然没有成功，项梁战死以后，起义军士气低落，项羽、刘邦和吕臣等人便率领军队向东转移，来到彭城（今江苏徐州）附近。吕臣的队伍驻扎在彭城的东面，项羽的队伍驻扎在彭城的西面,刘邦的队伍驻扎在彭城西北的砀(今安徽砀山县南)。面对着得胜的秦军,起义军只好等待时机,以便扭转战局,夺取胜利。

巨鹿之战

秦将章邯在定陶得胜之后,也骄傲起来,认为楚地的起义军已经没有多大力量,没有后顾之忧了。这年的闰九月,章邯便率兵北渡黄河,攻打新近恢复国号、割据称王的赵国。赵军大败,邯郸失守,赵王赵歇、赵相张耳退守巨鹿(今河北平乡)。章邯命秦将王离、涉闲领兵包围了巨鹿城,他自己领着队伍驻扎在巨鹿城南的棘原(今为何地不可考),从黄河边到巨鹿城下修筑了甬道,接济围城的秦军。赵王歇多次向楚王求救。

这时,楚怀王已经从盱眙赶到了彭城,并亲自统率项羽、吕臣的军队,他任命宋义为上将军,项羽为次将,范增为末将,率领大军援救赵国。同时,派刘邦西攻关中,直捣秦朝的巢穴。

公元前207年十月,宋义率领援军开到远离巨鹿的安阳(今山东曹县东)以后,慑于秦军的威力一直停留了46天,不敢前进。这时候,被围困在巨鹿城里的赵军已经危在旦夕了。项羽看到宋义滞留不前,便对他说:"赵王被围,形势危急,应该赶快领兵渡过黄河,楚军从外边攻,赵军在里边打,这样互为呼应,一定能够打垮秦军。"宋义对援救赵国有二心,便断然拒绝了项羽的意见。他认为,如果秦军打胜了,就已经很疲惫,楚军就可以轻而易举消灭它;如果秦军战败,楚军就可以向西进军,一举推翻秦朝。他对项羽说:"冲锋陷阵,我不如你;运筹帷幄,你不如我。"为了压服项羽,他下达了一道命令,谁敢不听指挥,就要杀头。

当时,淫雨连绵,天气寒冷,军粮不足,士卒衣服单薄。宋义为了送他儿子出使齐国,竟亲自送到很远的地方,并在那里大摆酒宴。项羽看到这种情形,十分焦虑。在他看来,当齐心协力攻打秦军的时候,不应该久留不进;处在灾荒之年,百姓贫困,士卒挨饿,军中又余粮不足,身为一军之帅,不应该如此奢侈。他认为赵国刚刚建立,势单力薄,秦军却十分强大。秦军一旦攻下了赵国,就会更加骄横。到那时,形势会更加严重,毫无可乘之机。况且楚军主力刚被打败,楚怀王坐立不安,把所有的兵力都交给了宋义。国家的存亡,在此一举。可是,宋义不但不抚恤士卒,反而只谋私利,不肯一心为国。

11月的一天清晨,项羽借机参见,在军帐里杀掉了宋义,并向全军将士宣布:"宋义想反叛楚国,楚怀王已密令我把他处死。"当时,全军将士都被项羽镇服了,谁也没有异议,他们异口同声地说:"首先拥立楚王的,本来就是你们项家;你杀掉宋义,是镇压叛乱。"于是,众将领都推举他代理上将军。项羽派人报告了楚怀王以后,楚怀王便任命他做上将军,统率全军,前去救赵。从此,项羽成了起义军的最高军事统帅。他不仅威慑一方,而且名闻诸侯。这时,项羽刚刚25岁。

由于宋义拥兵不前,当时的形势迫在眉睫,章邯所率领的秦军主力越发嚣张,不可一世。巨鹿城外,重兵压境,秦将王离兵多粮足,攻城猛烈;巨鹿城内,赵军孤军无援,危在旦夕。赵将陈余收集了常山(治所在今石家庄北)一带的兵将几万人,驻扎在巨鹿城北;张敖收集了代郡(治所在今河北蔚县东北)的人马1万多人,驻扎在陈余大营的旁边。前来救赵的各路人马,在巨鹿城外驻扎下来,但谁也不敢与秦军交战。被围困在巨鹿城里的赵相张耳,要求陈余出兵击秦。陈余自知兵力不足不敢出战。张耳十分恼火,便派张黡、陈责去责备陈余不该拥兵不救。陈余辩解说:"我认为出兵击秦救不了赵国,只会白白地损兵折将,就像拿肉喂饿虎一样。"张黡、陈泽求战心切,表示事到如今,宁愿一死。于是,陈余给张黡、陈泽5000人去进攻秦军,果然全军覆没。面对这种严重的局面,项羽能否马到成功解救赵国,关系到起义军的成败。

公元前207年(秦二世三年)十二月,项羽以视死如归的精神和非凡的气概,挥师北进,向巨鹿进发。他首先派遣英布和蒲将军作先锋,带领两万人马渡过漳水,援救巨鹿,切断了秦军的甬道,断绝了王离的粮食运输。接着项羽亲率全部人马渡河北进。过河后,他们凿沉了所有船只,砸碎了炊具,烧毁了军营,每人只携带三天的口粮,表示只许进,不许退的必胜决心。

前面是气焰嚣张的秦军,后面是波涛汹涌的河水。楚军上下人人知道,只有战胜敌人,解除巨鹿之围,才是唯一的出路;否则就会全军覆没,葬身鱼腹。所以破釜沉舟的办法,使楚军士气大振,斗志昂扬。渡河以后,就以迅雷不及掩耳之势,在巨鹿包围了王离的军队。一连经过9次激烈的战斗,终于消灭了秦军主力,杀死了秦将苏角,俘虏了大将王离,涉闲走投无路,自焚而死。在这场鏖战中,各路援赵将领,慑于秦军的淫威,都不敢前往援助。他们远远站在各自的壁垒上,眼看着楚军勇猛善战,以一当十,杀声震天,个个吓得心惊胆战。项羽打败了秦军以后,立即召见各路援军将领。

他们进了项羽的营门以后,一个个俯着身子,跪着用膝盖走路,连头也不敢抬起来。项羽指挥果断、勇于决战的精神和无所畏惧的英雄气概,使他们佩服得五体投地。从此,各路诸侯无不拥戴项羽,项羽也成了各路诸侯的上将军,各路人马都听他的指挥。

解了巨鹿之围并没有消灭秦军的主力。在巨鹿西南的棘原还驻扎着章邯率领的秦军主力20余万。项羽立即引兵南下,驻军漳水以南,与章邯的军队对峙了数月之久。当时,秦二世不断派人责备章邯出师不利,章邯也担心遭到权臣赵高的暗算,心中十分恐惧。赵将陈余也写信劝他背叛秦国。正在他犹疑不决的时候,项羽派蒲将军领兵日夜兼程,渡过三户津(今河北临漳县西),与秦军交战,一举击败秦军。项羽又亲自带领主力在汙水(漳水支流,在今临漳县附近)边大败秦军。章邯觉得,如果打了胜仗,赵高会嫉妒他的功劳;打了败仗,赵高更要问罪。经过这两次沉重打击之后,他不得不竖起了降旗。这样,维护秦王朝封建统治的主力军就被歼灭了。

巨鹿之战是推翻秦二世残暴统治的具有决定性意义的一次战役。从项羽引兵渡河

到章邯投降,历时近9个月,起义军终于赢得了胜利。这次战役之所以取得胜利,跟项羽破釜沉舟的英雄气概和杰出的军事指挥才能,是分不开的。巨鹿之战的胜利,为起义军西入关中,推翻秦朝统治打下坚实的基础。

随后,项羽统率各路人马和秦朝降军向关中进发,准备最后推翻秦王朝。秦朝降军沿途受到诸侯军的鄙视,私下里多有怨言。项羽知道以后,唯恐他们发生变乱,于是就跟英布、蒲将军等人计议,在兵到新安(在今河南渑池县东)的时候,乘夜把20万秦朝降卒都活埋在新安城南,只留下章邯、司马欣、董翳三名降将,跟随入关。

鸿门设宴

当项羽领兵到达函谷关的时候,发现把守关隘的不是秦军而是刘邦的军队。原来,早在宋义、项羽、范增北上救赵的时候,楚怀王就派刘邦西进咸阳,并预先约定谁先攻入关中,就封谁为关中王。由于秦军的主力都集中在巨鹿附近,在项羽与章邯激烈交战的时候,刘邦却趁机西进,取道南阳,攻取武关(在今陕西商南县东南),于公元前206年(汉元年)十月到达咸阳。这时秦二世已被赵高杀掉,秦王子婴便投降了刘邦。刘邦一心想当关中王,便派兵把守函谷关,想阻挡诸侯军入关。项羽听说刘邦抢先占领了咸阳,并派兵把守函谷关,便勃然大怒,立即派英布等人攻破函谷关。12月中旬,项羽率领大军来到戏西。

刘邦手下的曹无伤听说项羽对刘邦非常不满,便想乘机讨好项羽。他派人密报项羽:"沛公(刘邦)想做关中王,让子婴为相,秦宫室里的珍宝也全部被他据为己有。"项羽的谋臣范增也对项羽说:"刘邦在山东的时候,贪财好色。如今入了关,反倒不要财物,不近女色了,可见他的图谋很大。要赶快击败他,不要丧失良机。"项羽听罢,气冲冲地传令说:"明天早晨让士卒们饱餐一顿,准备击败沛公的军队!"这时项羽拥兵40万,号称百万,驻在新丰鸿门(今陕西西安东北);刘邦有兵10万,号称20万,驻在灞上(今陕西西安东南)。双方力量悬殊,刘邦处于劣势。

项羽有位叔父名叫项伯,跟刘邦的谋臣张良有旧交情。当年项伯曾杀过人,张良救了他。他听说明天早上项羽要进攻刘邦,便连夜赶到刘邦的军营里找到张良,劝张良跟着他一起走,不要跟刘邦一块儿等死。张良不肯丢下刘邦自己逃命,便立即禀报刘邦,并给刘邦出主意。刘邦把项伯请来,像对待兄长那样接待他,亲自向他敬酒祝贺,并结成儿女亲家。刘邦还向项伯表示:"我进关以来,秋毫无犯,保管好户籍册,封存好府库,就是专等着项将军到来。我派兵把守关口,是为了防备盗贼和非常事件。我期望着项将军能早日到来,以便移交。哪里敢反对项将军呢?您回去以后,请转告项将军,我刘邦绝不敢忘恩负义。"项伯答应了,临走时对刘邦说:"明早你一定要来向项王谢罪。"刘邦一口答应下来。于是,项伯又连夜返回军营,把刘邦的话告诉了项羽,并且劝项羽:"要不是沛公首

先攻入关中，你哪能轻易进来呢？人家立下军功你反而要攻打他，这是多么不应该呀！不如乘他明天来谢罪的时候，好好地嘉勉他。"项羽表示赞同。

第二天早晨，刘邦带着100多名随从，骑着马，来到鸿门。他一见到项羽，便主动谢罪说："我和将军同心协力，反抗暴秦，将军在黄河以北作战，没有想到，我能首先攻入关中，推翻秦朝，并有机会在这里再次和将军相见。可是，现在有人想从中离间我们，让将军和我发生误会。"项羽听到这里，便脱口答道："这都是曹无伤告诉我的，不然，我怎么能误会你呢？"说罢就在鸿门设宴款待刘邦。

酒宴摆好，大家就座。项羽、项伯坐在西面，范增坐在北面，刘邦坐在南面，张良坐在东面。宾主边吃边饮，边交谈谈。范增多次向项羽示意，并举起佩戴在腰带上的玉玦暗示项羽杀掉刘邦。项羽却依然故我，不理不睬。范增急了，便出去找到了项羽的叔伯兄弟项庄，对他说："项王不忍心杀死刘邦。你现在就到酒宴上去敬酒祝寿，然后，你就请求舞剑助兴，并乘机把刘邦刺死，不然的话，你们将来都成为刘邦的俘虏。"于是，项庄来到酒席宴前敬酒祝寿，并且对项羽说："项王跟沛公饮酒，军营里没有什么可以娱乐的，就让我舞剑给你们助助兴吧。"项羽同意了。项庄就在席前舞起剑来。项伯看出了项庄舞剑的真实用图。唯恐伤害了刘邦，于是就拔出剑，与项庄对舞，并总是用身子保护着刘邦，使项庄没有机会下手杀掉刘邦。

张良也看出了苗头不对，连忙离开座席，跑到军门外去找樊哙。樊哙一见张良，就急不可耐地问："今天的事怎么样了？"张良说："项庄舞剑，意在沛公。"樊哙一听就沉不住气了，对张良说："事情万分紧急，让我进去吧，要死就跟沛公死在一块儿！"说罢，就一手持剑，一手拿着盾牌，直往营门里闯，门前的卫士都上前阻拦，不让他进去，樊哙侧着盾牌一撞，便把卫士撞倒在地。没等卫士爬起来，他已经闯入大营，赶到宴席前面，面对项羽怒目而视，头发似乎都竖起来了，眼眶子好像也要瞪裂了。

项羽一见樊哙，大吃一惊，立即提高了警惕，按着宝剑，大声问道："你是何人？"张良连忙介绍说："他是沛公的卫士樊哙。"项羽说："好一个壮士！赏他一碗酒！"樊哙拜谢了项羽，端过酒来一饮而尽。

项羽又说："赏他一条猪腿！"手下的人给了他一条生猪腿。樊哙把盾牌扣在地上，把生猪腿放在盾牌上，用剑切成一块一块的，大口大口地嚼吃起来。项羽对他大加赞赏，说："壮士，还能喝酒吗？"

樊哙答道："我死都不怕，还怕喝酒不成？"接着，他又十分严肃地对项羽说："秦王就像虎狼一样残暴，杀人唯恐少了，用刑唯恐轻了，逼得天下人起来造反。入关之前，楚怀王与诸将约定："谁先击败秦军攻入咸阳，就封谁为'关中王'。如今，沛公先进了咸阳，秋毫无犯，他把宫殿府库封起来，把军队退回灞上，等待大王到来。他派兵守关，是为了防备盗贼和非常事件。沛公这样处心积虑，大王不仅没有封赏他，反而听信小人的谗言，要杀害有功之人。这跟残暴的秦朝有什么不同？这样做，只会使亲者痛，仇者快，我认为大王不应该这样！"项羽听了这番话，不知如何应对，只是说："坐吧，坐吧。"樊哙就在张良的

身边坐下了。

过了一会,刘邦借辞要去厕所,就招呼樊哙一同出去了。刘邦出来后,觉得在这里危机四伏,想要回去,可又觉得不该不向项羽辞行。樊哙说:"如今人家犹如菜刀和案板,我们好比鱼肉,根本不必辞别。"这时,张良也跟出来了,刘邦让他留下来向项羽辞谢,并把带来的一对白璧和一对玉斗交给张良,要他分别献给项羽和范增。刘邦丢下随从、车骑,骑上一匹快马,由樊哙等四员大将保护着,沿骊山脚下,一路快马加鞭,仓皇逃走,奔回灞上军营。

从鸿门到灞上,相距40里,刘邦走的是小路,仅有20里。张良估计刘邦快到军营了。便回到酒宴上向项羽辞行。他对项羽说:"沛公酒量小,醉了,不能亲来辞行,特意让我奉上白璧一双,献给大王;玉斗一对,献给范将军。"

项羽连忙问:"沛公现在哪里?"

张良回答:"听说大王有意责备他,他就先回去了,现在已到军营了。"

项羽默然,也没说什么,并接过张良献上的白璧,放在案上赏玩。范增接过玉斗,随即弃在地上,然后抽出宝剑,把它击得粉碎,并信口骂道:"唉,跟蠢人不能共同完成大业。看吧,将来夺取天下的,一定是刘邦,我们就等着做人家的俘虏吧!"

刘邦一回到军中,第一件事,就是诛杀与楚军沟通的曹无伤。

楚汉交战

鸿门宴以后不几天,项羽就和各路将领带领着人马进入咸阳,在咸阳城里烧杀抢掠。他处死秦王子婴,火烧了秦朝的宫室,那个"五步一楼,十步一阁"的阿房宫,也被付之一炬,大火足足烧了三个月,项羽抢劫了秦宫的财宝和美女,准备带回彭城。项羽的这些做法,大失民心。有人建议项羽:"关中之地,有山有河,四面有险可守,土地肥沃,可以在这里建都,完成一统天下的大业。"项羽看看秦朝宫室,已被烧得残破不堪,变成了一片焦土,于是又怀念起家乡来,心想着衣锦还乡,便说:"富贵不归故乡,如衣绣夜行,有谁知道呢?"当时,有人在背后讽刺项羽说:"人们说楚国人就像穿着人衣,戴着人帽的猕猴,外表像人,其实不是人。现在看来,果然如此。"这话让项羽听到了,他就把这个人抓来活活烹死了。

不久,项羽派人向楚怀王请示灭秦后举措。楚怀王说:"照原来约定的办。"就是说,应该封刘邦为关中王。对此,项羽极为反感。他认为当初立楚怀王只是为了便于伐秦。楚怀王本来就是他们项家立的,没有什么功劳,根本没资格主持盟约!这三年来,披坚执锐,征战南北,最后灭秦定天下的,全靠的是各位将相和他项羽的力量,楚怀王根本无功可言。于是,他名义上称楚怀王为义帝,让他建都在郴(今湖南郴县),实际上是有名无实。

公元前206年二月,项羽自立为西楚霸王,把原来楚国、魏国的大部分地区列入自己的封地(今浙江、江苏、山东西部、河南东部),并建都彭城。项羽担心刘邦会跟他势力相当,平分天下,不想封他为关中王,但是又不愿意落个不守信用的坏名声,便跟范增商量,把刘邦封为汉王,占有汉中、巴蜀地区(今陕西南部、四川北部),定都于南郑(在今陕西南郑)。因为巴蜀地区地形险要,交通不便,不利于刘邦的发展。因此,项羽说巴蜀也是关中地区,把它封给刘邦并不违背当初的盟约。为了防备刘邦通过关中向东扩展,项羽又把关中地区一分为三。封秦朝降将章邯为雍王,建都废丘(在今陕西兴平南);封司马欣为塞王,建都栎阳(在今陕西临潼东北);董翳为翟王,建都高奴(在今陕西延安)。让他们堵住刘邦东进的道路。此外,在关东地区还分封了14个诸侯王。项羽自称各诸侯王的盟主,各诸侯王听从他指挥。

项羽分封诸侯,破坏了秦始皇以来的统一局面,恢复了战国时代的封建割据,违背了人民渴望统一,安定团结的迫切愿望。同时,他分封诸侯又不完全按照功劳的大小,没有一个统一的标准,很多是依据个人的好恶。由于分封得不够公平,没有受封,或者封地不多的人,怨天尤人,所以酝成了割据势力之间的矛盾和斗争。

这年四月,受封的诸王各自领兵回到自己的封地去。项羽也东归彭城。这时,义帝还在彭城。项羽催促他赶快迁到都城郴县。义帝在赶往郴县途中,项羽又派人在路上把他杀死了。

不久,在关东地区便爆发了诸侯王之间的局部战争。没有被封的田荣,对项羽怨恨在心。他领兵赶走了齐王田都,杀了胶东王田市和济北王田安,自称齐王,并与彭城联合起来,反对项羽。陈余也没有被封,便与田荣联盟,打败了常山王张耳的军队,赶走了张耳。

项羽得到齐、赵两地叛乱的消息后,立即征集九江王英布领兵伐齐。没想到英布推说有病,不肯亲自出战,只派他手下的将领带着几千人去援助项羽。项羽因此对英布极为不满。公元前205年(汉二年),正月,项羽亲自领兵北上,在城阳(今山东莒县)与田荣会战。田荣战败,逃到平原(今山东平原县南),被平原百姓杀死。项羽乘胜前进,一直攻打到北海(今山东淄博以东、掖县以西地区)一带。在齐国境内,项羽烧毁房屋,夷平城市,活埋降兵,烧杀抢掠,结果遭到齐国人民的反抗。田荣的弟弟田横也集聚了齐国散失的士卒几万人,占据城阳,与楚军为敌。项羽屡战不胜,被拖在城阳一带。

这时,刘邦已率领主力部队,浩浩荡荡地杀出函谷关,直奔项羽的国都彭城。消息传来,项羽让部将领兵继续进攻城阳,亲自率领3万精兵向南进发,经鲁(今山东曲阜县),出胡陵(今山东鱼台县东南),昼夜兼程地赶回彭城。袭击刘邦。彭城道上,烟尘滚滚。楚汉之间第一次大规模的交战将开始。

攻占彭城

原来，早在公元前 206 年(汉元年)八月刘邦乘齐、赵反楚、项羽无暇西顾的时机，按照韩信的建议，决定向东发展，争夺天下。他兵出汉中，打败雍王章邯，占领了关中的大块地盘。不久，塞王司马欣、翟王董翳也都归服了刘邦。为了阻止刘邦东进，项羽又封郑昌为韩王，驻兵阳翟(在今河南禹县)，对抗刘邦。刘邦也放出风声说：他得到关中已经足够，无意向东发展；真正想灭掉楚国的，是齐国和赵国。项羽果然上当，一门心思要攻占齐国。刘邦在平定关中以后，继续出关东进，河南王申阳被迫投降，韩王郑昌也被刘邦打败。公元前 205 年(汉二年)三月，当项羽与田横在城阳交战的时候，魏王豹投降了刘邦，殷王司马卬也成了刘邦的俘虏，刘邦进占洛阳。同时又为义帝发丧，派使者遍告诸王，说项羽杀死义帝，大逆不道，号召各都诸侯一起讨伐项羽。这年四月，刘邦领着河南王、魏王、殷王等 5 个诸侯王的军队，乘项羽后方空虚之际，一举攻入彭城，并抢走了项羽宫中的财宝和美女，每天设宴饮酒，庆祝胜利。

这时，项羽援救彭城的队伍虽是精兵，但只有 3 万；刘邦在彭城的军队却有 56 万。双方的兵力悬殊很大。

不过，刘邦仗恃着兵多将广，被胜利冲昏了头脑，麻痹、轻敌；项羽却急如星火，决心以少胜多，收复失地。所以汉军军心涣散，戒备松懈；楚军却斗志旺盛，求胜心切。

四月的一天早晨，项羽率领楚军从彭城以西的萧县向东攻打刘邦的军队，打打走走。中午，就在彭城把汉军打得大败，一直追到彭城东北的泗水，汉军无路可退，纷纷落入水中，淹死、战死的汉军有 10 多万人。另一部分汉兵也从彭城向南逃跑，楚军一直追到彭城西南灵璧(在今安徽宿县西北)以东的睢水边。前边有睢水挡路，后有楚军掩杀，汉军死亡人数难以计算，10 多万人只好跳进睢水逃命。但是人多拥挤，加之水深流急，死伤无数，甚至堵塞了睢水。

楚军把汉军围得水泄不通。刘邦想从西北方向突围，但左突右突也突不出去。正是万分危急之时，天气骤变，西北风越刮越大，吹断了树木，掀翻了屋顶，霎时间，飞沙走石，天昏地暗。这猛烈的西北风，正好迎着楚军追击的方向刮来，楚军阵脚大乱。刘邦趁此机会只带着数十名骑兵逃出重围。

彭城之战是楚汉之争的第一次重大战役。在这次战役中，楚军在项羽的指挥下，以少胜多，打败了汉军，很快收复了彭城，打了一个漂亮仗。已经投顺刘邦的诸侯，这时又纷纷归服项羽了。刘邦却全军覆没，连他的父亲太公和妻子吕雉，也被项羽俘虏了。

楚河汉界

在彭城溃败之后,刘邦领着残余势力退到荥阳(今河南荥阳市西南)。他的将领也都领着败兵前来会合,萧何又从关中送来了兵员和物资,汉军的声势又重新振作起来,并据守在荥阳、成皋(今河南荥阳市境内)地区。

荥阳和成皋,同为关东重镇,是出关东进的必经之地。这里依山傍水,地势险要,黄河从北面流过,与济水汇合,水路交通便利。北面的敖仓,是秦朝在关东的最大粮仓。西面是函谷关,关中的物资可以源源不断地运来。所以,荥阳和成皋是进可攻、退可守的战略要地。于是,楚汉之间的旷日持久的争夺战,便在荥阳、成皋地区展开了。

项羽从彭城西进,在荥阳以南的京邑(在今河南荥阳市东南)和索亭(今荥阳市)之间同刘邦展开大战,楚军吃了败仗,被阻止在荥阳市以东,与汉军对峙。

汉军从荥阳到黄河边修了一条甬道,用来运取敖仓的粮食。项羽多次派兵破坏汉军的甬道,拦截汉军的粮食,引起汉军的恐慌,刘邦十分担忧。公元前204年(汉三年)四月,刘邦被迫向项羽求和,条件是把荥阳以西的地盘割给刘邦,项羽不再向西进攻。项羽准备到此为止。范增却对项羽说:"汉军不难对付,现在不打,以后会后悔莫及。"项羽听从了范增的意见,便迅速地包围了荥阳。

刘邦担忧荥阳城被攻破,便采用了陈平的计谋,调拨项羽与范增的关系。一次,项羽的使者到汉营去见刘邦。刘邦特意摆下极为丰盛的宴席。使者进来以后,刘邦装出一副吃惊的样子说:"我以为亚父派来的使者,没想到是项王的使者。"说罢,就让人把宴席撤去。另换上一桌粗劣的饭菜。这位使者回去以后,把这事如实禀报了项羽,项羽便怀疑范增同刘邦有勾结,于是,削弱了范增的权力。范增知道以后,非常生气,便要求辞职还乡,项羽竟没有挽留。范增离开荥阳,还没有回到彭城,就病死在半路上了。

五月,项羽进攻更紧。一天夜晚,荥阳东门突然大开,从城里出来两千名全副武装的汉军,楚军冲过去一看,原来都是妇女。这时,又来了一辆黄盖车,车前打着汉王的大纛旗,护卫的人喊道:"城里的粮食吃光了,汉王要投降!"楚兵一听十分高兴,都高呼万岁,纷纷涌向东门观看。项羽赶上去一看,发现不是刘邦,而是刘邦的大将纪信,便怒道:"汉王在哪儿?"纪信说:"汉王已经走了。"原来,刘邦已乘乱出了西门。项羽知道自己上当,一怒之下,就把纪信烧死,并下令攻荥阳。

刘邦逃回关中后,便招兵买马,南出武关,来到宛县(今河南南阳市)、叶县(今河南叶县南)一带,以便吸引楚军,分散楚军的兵力,让荥阳的守军能够缓和一下,并寻找机会打败项羽。项羽果然从荥阳南下,找刘邦交战。刘邦却深沟高垒,决定对项羽采取对峙的方针。

早在彭城失败以后,刘邦就决定按照张良的计策,把关东(函谷关以东)之地分给英

布、彭越、韩信三人，派韩信去平定黄河以北的割据势力，从北面进攻楚军；派人劝说项羽的主将九江王英布投降，让他从南面进攻楚军；同时联合彭越，让他出兵攻楚，威胁楚军后方。这样，项羽便处于左右夹击的状况，不得不放开刘邦，向东攻打彭越。刘邦乘机回兵成皋。项羽打败彭越后，继续西进，一举攻下荥阳，进而围困了成皋。刘邦又从成皋逃到了黄河以北的修武(今河南获嘉县的小修武)。于是，项羽攻破成皋，准备进兵追刘邦。

此前，刘邦已经夺了韩信的军权，势力壮大，并派兵据守巩地(今河南滑县东北)，进入楚国的地盘，联合彭越，烧毁了楚军积蓄的粮草，攻下了外黄等10余座城池。这年九月，项羽决定东征彭越，留下曹咎领兵守住成皋。临行之前，他反复叮嘱曹咎，对于成皋城要严加防守，如果汉军挑战，千万不要和它打，只是不让它东进就行了。并说："我半月之内一定打垮彭越，平定梁地，那时再回师与你联合除掉刘邦。"

果然，项羽很快攻占了陈留，包围了外黄。外黄防守坚固，一时未能攻下。项羽大怒，便倾其全力猛攻外黄，攻下外黄后，便让外黄城里15岁以上的男子统统到城东。准备活埋他们。正在此时，外黄的一个13岁的小孩去见项羽，对他说，如果这样做，这一带的百姓就不会臣服大王了，从这儿往东，梁地的10多座城市的军民就会害怕楚军而与之死战，没有人肯投降了。项羽听罢，深以为然，遂收回成命。

项羽离开成皋以后，刘邦于公元前203年十月派兵向曹咎挑战。曹咎坚守不出。汉军就在楚军营外挑衅，一连辱骂了五六天，曹咎一怒之下，决定出兵迎战。当楚军渡汜水时，刚渡过一半，便遭到汉军的猛然袭击，楚军大败而归。曹咎和董翳、司马欣等人都自杀了，楚军损失惨重。刘邦乘机夺取了成皋，并驻军广武山。

曹咎兵败而死的消息传来，项羽十分震惊，大骂曹咎咎由自取，并立即回师西进。这时，楚将钟离昧所率领的人马正被汉军包围在荥阳东面，项羽赶到以后，汉军被项羽的威力慑服，立即撤到险要地方。项羽便驻军广武山，和刘邦的大营遥遥相对。

双方相持了几个月，楚军粮食缺乏，粮食供应不上，而刘邦则依靠萧何的力量，把粮食从关中源源不断地运来。项羽急于决战，但又没有什么良策。有一天，项羽在楚营外边放了一个高架子，把刘邦的父亲放在上面。项羽隔着沟对刘邦说："你如果不赶快投降，我就把你老子烹了！"项羽企图用这一招，来激怒刘邦。不料刘邦竟然回答："我和你都是楚怀王的臣子，他曾要我们结为兄弟。我的老子就是你的老子。如果你一定要把你的老子烹掉，就请你分给我一杯羹！"项羽一听，怒火中烧，一气之下就要杀太公。项伯在一旁赶忙劝说："天下胜负还没有定，况且打天下的人都弃家不顾，你杀了他又有什么用呢？"项羽只好作罢。

楚汉两军相持不下，却苦了老百姓，年轻力壮的苦于长期作战，年老体弱的长途运输也很疲劳。因为这个原因，项羽便在两军阵前对刘邦说："为了我们两个人，天下动乱不安已经好几年了，为了社会安定，我愿意与你决一雌雄，不要再让百姓们因此受苦受难了。"

刘邦却笑着说："我宁肯斗智，决不逞匹夫之勇，死斗蛮力！"

项羽无奈，便叫楚军每日挑战。刘邦手下有一个善射的将士，名叫楼烦，楚军将士多次出来挑战，都被他用箭射死。项羽大怒，亲自披甲跃马，持戟上阵，楼烦正要拉弓射箭，项羽瞪起眼来大喝一声，吓得楼烦心惊胆战，抖个不停，连滚带爬地逃回大营，再也不敢出来了。刘邦问明情况，知道项羽亲自出马，也吓得胆战心惊。

此后，项羽与刘邦多次在广武阵前相见。项羽口口声声要和刘邦决战，刘邦却趁机历数项羽十大罪状。他说："当初我与你共同受怀王之命入关，相约谁先占领关中，谁就是关中王。项王你负前约，反封我为辖巴、蜀之地的关中王。这是第一罪。

"你私自诛杀了上将军宋义，取而代之，自封为上将军，这是第二罪。

"你本当救了赵国之后回去复命，可你却劫掠了诸侯的将士入关，这是第三罪。

"怀王当初说，入秦后不得烧杀抢掠，你却烧了秦宫室，掘了始皇坟，将秦珍宝抢劫一空，这是第四罪。

"你残暴地杀害了已经投降的秦王子婴，这是第五罪。

"在新安坑杀了20万秦降兵而单独把3个降将封了王。这是第六罪。

"把好的地方分封给诸将，而把原来的诸侯王都从他们故有的土地上驱逐出去，致使诸侯、臣下反目成仇，这是第七罪。

"私自将义帝赶出彭城，自己在彭城建都，夺了韩、梁、楚的地盘据为己有，这是第八罪。

"偷偷派人在江南杀了义帝，这是第九罪。

"为人臣者而杀其主，杀已降之人，政治不清明，已立下的约定不信守，实为大逆不道，天下所不容，这是第十罪。"

刘邦最后说："我是调集了义兵服从诸侯们的意愿来诛灭你这残暴的逆贼，使那些受尽你残害的人与你为敌，我何必与你挑战呢？"

项羽听了这些话，恼羞成怒。令弓箭手乱箭齐发，其中一箭正中刘邦前胸，他马上意识到这会引起汉军的混乱，而让楚军士气大振，于是屏住呼吸，故意弯下身摸着脚说："贼兵的箭射中我的脚趾了。"并急忙让左右扶回营中躺下。为安定军心，他包扎好前胸，坚持巡视军营，以示伤得无足轻重。其实伤势颇重，一巡完营，就急忙偷偷地回成皋养伤去了。

项羽听说刘邦仅受轻伤，又担心自己粮草供应不上，兵士疲惫厌战，感到左右为难。正在这时，汉使求见议和，项羽不得不顺水推舟，同意了刘邦的议和条件：送还刘邦的父亲和妻子吕雉，以鸿沟为界，西属汉，东归楚，平分天下。这就是"楚河汉界"的由来。在这场斗争中，刘邦先是把劣势变成优势，而在自己受伤的关键时刻。不仅机智地保全了自己，稳定了军心，而且换回了作人质的父亲和妻子，从而为楚汉最后决战解除了后顾之忧。

乌江自刎

汉王四年(前203)九月,项羽拔营东归,向彭城而去。刘邦也打算撤回到关中。张良、陈平进谏说:"如今汉已拥有大半个天下,诸侯都归附于汉,而楚兵疲惫,粮草供应不足,这正是天赐之亡楚良机,如果不立即乘胜追击,让他东归就等于养虎遗患啊!"刘邦听了觉得很有道理,遂决定东进。

公元前202年(汉五年)十月,刘邦军队在固陵(今河北南淮阳县西北)追上了楚军。项羽指挥军队大败汉军。刘邦以割地封王为条件,赶忙调来韩信和彭越协力攻楚。12月,项羽驻扎在垓下(在今安徽灵璧县东南)。刘邦和韩信,彭越等各路大军30余万人把项羽团团包围。刘邦命韩信率3万人向项羽挑战,向楚营大喊:"人心已背楚,天下已归刘。韩信屯垓下,要斩霸王头!"项羽大为恼怒,率众冲杀出去。韩信且战且退,把项羽引进埋伏圈。伏兵四起,一拥而上,把项羽围在中央,他左右冲击,体力渐渐不支,最后终于杀出一条血路回到垓下营中,所剩人马不足3万,外边围得铁筒一般,几日后粮草断绝。正值隆冬,将士忍冻挨饿,军心涣散。项羽眼看如此凄惨景象,却一筹莫展,无计可施,心中无限凄楚。

一天夜里,汉军在四面唱起了楚歌。歌声传到楚军大营,楚兵听到乡音,思念家乡,不愿再战。项羽听了,也大为听惊,他想:"难道楚国已被汉军占领了吗?为什么汉军里有这么多的楚国人呢?"他越想越焦急,心绪烦乱,久久无法入睡,便披衣起身,和美人虞姬在帐中饮酒解闷。他一会儿望着跟他形影不离的心爱的虞姬,一会儿抚摸着跟他南征北战的千里乌骓马,内心激动不已,心境更加悲凉,于是,情不自禁地慷慨悲歌道:

力拔山兮气盖世,时不利兮骓不逝。

骓不逝兮可奈何?虞兮虞兮奈若何!

项羽一遍又一遍地唱着,禁不住落下泪来。左右的人也都低声哭泣,楚军大营被悲伤的气氛所笼罩。

夜深了,项羽决定乘夜突围。他跨上乌骓马,只率领800多名精壮骑兵向南驰去。次日清晨,汉军发现项羽已经突围,刘邦立即命令灌婴率领5000骑兵追击项羽。项羽渡过淮河以后,他的随骑只有100多人了。走到阴陵(今安徽和县北)时,项羽迷了路。他向一个农夫问路,农夫骗他说:"向左走。"项羽又一次受骗,向左没多远陷入一片沼泽之中,被汉军追上了。项羽只好又领兵向东突围,来到了东城(在今安徽安远县东南)。这时,手下只剩下28个人了,而汉军的追兵却有几千人。项羽知道大势已去。估计自己末日将临,就对他的骑士们说:"我从起兵到现在已经8年了,身经大小70余战,所向无敌,无坚不摧,从未打过败仗,因而才能称霸天下。然而今天困在这里,无路可退,这是天要亡我,并不是我不会打仗。不信,我再打一场痛快战给你们看,我要斩将、夺旗,没有什么

可以阻挡我，为你们解围，叫你们知道知道，这是天要亡我，并不是我的仗打得不好！"

说罢，他把28人分成四队，面向四方。这时，汉军把他们重重包围起来。项羽对他的骑士们说："我为你们杀汉军一名将领！"于是，叫四队骑士向四方冲去，并约定在山的东面分别集合。一切安排就绪，项羽大喝一声，纵马冲向汉军，汉军纷纷溃散，四下逃命，项羽果然斩杀了一名汉将，这时汉将杨喜正在追逐项羽，项羽对着他瞪起眼睛，怒吼一声，吓得杨喜人马俱惊，后退了好几里。

项羽按事先约定跟他的部下在三处会合，汉兵不知项羽去向，也只好兵分三路，分别把楚军包围起来。项羽纵马冲杀，斩了汉军一名都尉和几十名士兵，再次聚集他的部下，只丧失了两人。于是项羽得意地对他们说："我打仗的能力如何？"骑士们说："正如大王所说的那样！"

项羽来到乌江(今安徽和县东北40里的乌江浦)边，乌江亭长把船靠在岸边，请他上船，并对项羽说："江东虽是弹丸之地，有方圆千里的土里，几十万民众，可以东山再起。希望大王赶快渡河，现在这里只有我的船，我们一走，汉军就没法过江了。"提起江东，项羽无限感慨，他笑着对亭长说："天要亡我，我渡江也没有用呀？况且我项籍和江东子弟8000一起渡江西进，如今没有一个人生还，纵使江东父老怜爱我，尊我为王，现在我无颜再见到他们？"说罢，他拉着乌骓马，对乌江亭长说："这匹马我已经骑了5年了，英勇无畏，曾经一天跑过1000里路，我不忍杀掉他。我知道你是个忠厚长者，就把它送给你吧。"然后，他让将士们下马步行，手持短兵器与汉军接战。在此期间，光项羽一人就杀死杀伤汉兵成百人，他自己也受伤十几处。项羽回身看见了汉将吕马童，便说："你不是我的老朋友吗？"吕马童把项羽指给汉将王翳说："这就是项王！"项羽说："我听说谁要能得到我的头，汉王就赏千金、封万户侯，我就成全你吧！"说罢，拔剑自刎于江边。项羽就这样在乌江边结束了他悲壮的一生，当时年仅31岁。

宋代女诗人李清照曾经写道：

生当为人杰，死亦为鬼雄。

至今思项羽，不肯过江东。

项羽是一位豪气冲天、叱咤风云的英雄人物。在陈胜领导的我国历史上第一次大规模的农民起义爆发以后，项羽和项梁很快兴兵响应，成为反抗秦朝残暴统治的生力军，当陈胜失败，项梁战死，农民起义处于千钧一发的危急关头，项羽率领起义军不失时机地发动了著名的巨鹿之战。他破釜沉舟，以少胜多，终于消灭秦军主力，赢得了胜利，扭转了战局。这不仅加速了农民战争的历史进程，为刘邦顺利攻入咸阳、推翻秦朝反动统治客观上提供了有利条件，而且表现了项羽的英雄气概和非凡的军事才能。项羽的历史功绩是不可磨灭的，他不愧是波澜壮阔的秦末农民战争中涌现出来的起义领袖之一。

但是，项羽又犯了许多致命的错误，有许多的缺陷，所以又是一位悲剧式的人物。在秦朝灭亡以后，他自称霸王，分封诸侯，违背了劳动人民要求国家统一、社会安定的迫切愿望，背离了社会发展的潮流，又回到春秋战国时期割据和混战的局面。在进军关中和

楚汉战争中,他不仅坑杀降卒,而且烧杀抢掠,荼毒百姓,以致天下多怨,民心不服;他有勇无谋,屡被捉弄,性喜猜疑,听信谗言,连谋士范增也被他赶走,搞得民心大乱,众叛亲离。同时,项羽始终没有建立一个可靠的根据地,作为支持自己战争需求的基地。

项羽固然威武雄伟,能征善战,但他不过是个头脑简单,四肢发达的马上英雄。比项羽大20多岁的刘邦,虽也粗鲁,不喜诗书,但却豁达大度,百折不挠,又知人善任,能屈能伸,有勇有谋。所以猛将如云,谋士如雨,善于运筹帷幄之中,决胜千里之外,常常使外强中干的项羽疲于奔命,腹背受敌,处于被动局面。所以,在长期的楚汉战争,刘邦虽屡战屡败,却由弱变强;项羽虽屡战屡胜,却由盛而衰,最后竟落到四面楚歌的地步,在乌江之畔,自刎而死。

"滚滚长江东逝水,浪花淘尽英雄"。两千多年过去了,项羽的英雄形象固然深入人心,但他失败的历史教训,也值得人们深思。

一代枭雄

——曹操

名人档案

曹操：魏武帝，字孟德，小名阿瞒、吉利，沛国谯县(今安徽亳州)人。东汉末年杰出的政治家、军事家、文学家、诗人，汉族。

生卒时间：155~220年。

安葬之地：河南省安阳县安丰乡西高穴村南。

性格特点：聪明机警，遇事审慎，临危不乱，胸襟博大，乐观宏达，有胆识，但生性多疑。

历史功过：政治军事方面，曹操消灭了众多割据势力，统一了中国北方大部分区域，并实行一系列政策恢复经济生产和社会秩序，奠定了曹魏立国的基础。文学方面，在曹操父子的推动下形成了以三曹(曹操、曹丕、曹植)为代表的建安文学，史称建安风骨，在文学史上留下了光辉的一笔。

名家评点：许邵称他为"治世之能臣，乱世之奸雄"。

陈寿评价曹操为"汉末，天下大乱，雄豪并起，而袁绍虎视四州，强盛莫敌。太祖运筹演谋，鞭挞宇内，揽申、商之法术，该韩、白之奇策，官方授材，各因其器，矫情任算，不念旧恶，终能总御皇机，克成洪业者，唯其明略最优也。抑可谓非常之人，超世之杰矣。"

孙权评价曹操："其惟杀伐小为过差，离间人骨肉以为酷耳，御将自古少有。"

王沈：太祖御军三十余年，手不舍书。书则讲武策，夜则思经传。登高必赋，及造新诗，被之管弦，皆成乐章。——《魏书》

钟嵘：曹公古直，甚有悲凉之句。——《诗品》

裴松之评价曹操："历观古今书籍所载，贪残虐烈无道之臣，于操为甚。"——《三国志

（注）》

唐太宗说曹操："临危制变，料敌设奇，一将之智有余，万乘之才不足。"

元稹评价曹操："曹瞒篡乱从此始。"——《董逃行》

刘知几评价曹操："罪百田常，祸于王莽。"——《史通·探赜》

鲁迅说："曹操至少是一个英雄。"

少怀壮志

曹操出生在一官宦家庭。他的祖父曹腾早年就进宫当了宦官，历事安帝、顺帝、冲帝、质帝和桓帝5位帝王，时间长达30余年。安帝时为黄门从官。桓帝即位后，曹腾因参与定策有功，被封为费亭侯，迁大长秋，加位"特进"。

曹腾生活在一个宦官可以娶妻养子，并可用养子袭爵傅封的时代，因此，他收了一个养子，名曹嵩，字巨高，这就是曹操的父亲。由于有曹腾这么一个大宦官的养父，曹嵩仕途一帆风顺，很容易就做到了司隶校尉的官职。灵帝时，又转为大司农、大鸿胪。适逢灵帝开西园卖官，曹嵩又通过贿赂当权的宦官，并出钱1亿，在中平四年，公元187年，买到了太尉的要职。曹腾死后，又袭费亭侯。曹操起兵后，曹嵩不肯相随，放弃京官回谯县闲居，初平四年，公元193年，为避董卓之乱，在琅玡被徐州刺史陶谦的部属杀害。

曹操出身于这样一个家庭，对他一生所走的道路，对他执政后所采取的方针政策产生了复杂而微妙的影响。祖父是个大宦官，为此父亲沾了光，他也沾了光，不然他是不大可能顺利踏上仕途，在20岁时即出任京城洛阳北部尉的要职的。但宦官不过是供帝王役使的家奴，大都出身微贱，与名门世族不同，往往被人瞧不起，因此曹操不免有些自卑之感。而曹腾虽为大宦官，却又与那些一味专横跋扈、逞暴肆虐，与名士势不两立的宦官有所不同，大约他也看不惯有些宦官的胡作非为，因而能够反其道而行之，倾心推引，结交一些名士，这对曹操后来对豪强、对宦官、对名士所采取的立场和态度，无疑也产生了潜移默化的影响。

由于曹操出生在一个虽然有钱有势、但却并非名儒名仕的家庭，因此从小所接受的传统儒家教育，相对来说是比较薄弱的。他后来在《善哉行》诗中追忆说：

自惜身薄祜，夙残罹孤苦。

既无三徙教，不闻过庭语。

这样的家庭教育，使曹操小时候很少受到礼法观念的束缚，养成了颖悟机警、善于出谋划策、随机应变的个性。平时行为放荡不羁，喜欢恶作剧，但也常常路见不平，拔刀相助。

曹操从小就立下"雄心壮志"，将来要成就一番大业。总的说来，曹操少年时代即已显示出诡谲奸诈的性格，同时也显示出果决不怕死的精神。因此不少人评论说，曹操将

来不是"治世的能臣",就是"乱世的奸雄"。曹操所以引起人们的广泛关注并不是偶然的。在东汉末年的动乱年代,他的观察力和随机应变的能力,他的机智和谋略,他的干练和果敢精神都是超群的。

对于读书学习,他也和一般人不同。他不是不读书,而是不读那些于事无补的书,特别是不愿走成千上万的汉儒曾经走过的那条皓首穷经的道路,他不是不读儒家的书,而是不专读儒家的书,诸子百家的书他都要浏览一番,把有用的东西加以吸取。曹操特别喜欢兵法,当时在军事科学方面,他发表了不少独到的见解。

曹操虽然出身于宦官之家,但他清醒地认识到,宦官集团遭到广大士人的反对,是不可能有远大前程的,他不能顽固地站在宦官集团的立场上,同这股腐朽势力同流合污,同归于尽。他力图改变自己的形象和社会地位,打进在统治集团中一时还未占优势,但潜力却很大的士大夫集团中去,千方百计同名士交往,竭力争取他们的理解和支持,这对他跻身士林、步入仕途起了很大的作用。

经过一番积极的准备和活动,曹操在灵帝熹平三年,公元174年,亦即他20岁的那一年,被乡里推举为孝廉。不久,曹操即被朝廷任命为郎。接着,经尚书右丞司马防推荐,出任洛阳北部尉,开始走上仕途。尉是县令的副手,负责查禁盗贼,维持治安。曹操是憋足了劲踏上这仕途的第一站的。他申明禁令,严厉治法,打击邪恶,从此,京都治安情况大为好转。

曹操在洛阳北部尉任上所表现出来的才干、勇气和秉公执法,不避权贵,雷厉风行的作风,在政治上掀起了一股冲击波。曹操出任顿丘令不久,即被朝廷任为议郎。议郎是郎官的一种,属光禄勋,一般由"贤良方正、淳朴有道"的人充任。中平元年,公元184年,黄巾起义爆发,曹操也在这个时候得到重用,由600石的议郎升任为2000石的骑都尉,同皇甫嵩、朱俊一起带兵前往颍川镇压黄巾军。颍川地近洛阳,这一路起义军对东汉朝廷威胁最大,结果先被镇压,对全局影响很大。

由于镇压黄巾起义有功,曹操被提升为济南国相。曹操非常渴望得到郡太守的职位,以便以振兴政治和教化的实绩来竖起个人的声誉。他在洛阳北部尉、顿丘令以及议郎任上之所以力图有所作为,这种心理不能说没有起相当作用。如今,他真正得到了相当郡太守的职位,于是便大刀阔斧地干了起来,以便实现心中的夙愿。

济南国相下辖10个县,不少县令对上结交朝廷贵戚或宦官,对下勾结地方豪强,依仗权势,狼狈为奸,贪赃枉法,鱼肉百姓,弄得声名狼藉,而历任国相都不敢加以干涉。曹操上任不久,经过调查核实,即上报朝廷,一鼓作气罢免了其中的8个。这样一来,上下无不为之震恐,犯法作乱的人纷纷逃往外郡,辖区内一时间变得异常平静,社会治安大为好转。

但是,曹操的行动却得罪了朝中当权的宦官,地方豪强也对他恨之入骨。曹操一方面不愿意违背自己的志向去迎合权贵,一方面又考虑到已经多次触犯权贵,再这样干下去,担心使全家受到连累。为了避免发生不测之祸,曹操便在当年辞去了济南国相的职

务，托病辞官，回到家乡谯县去了。

东汉末年，"岩穴隐居"在名士中是十分盛行的风尚。由于隐居被人们认为是有才能而又清高的人才干的事情，因此，隐居可以抬高身价，成为当政者注目和礼聘的对象，不失为一条做官的途径。曹操这种以屈求伸的策略果然有效，在谯县赋闲没有多久，就因形势的需要，而被征召出山了。

中平元年，公元184年，黄巾军主力被镇压后不久，金城人边章、韩遂起兵反叛，曹操便在这时被召为都尉，成为东汉皇室核心武装的将领，使他在仕途上又迈出了重要的一步，在一定程度上也可以说是以屈求伸策略的胜利。曹操个人的欲望也随之膨胀起来，当初只打算做一个郡太守，现在却想凭借手中兵权，为国家"讨贼立功"，以便获得封侯做征西将军。志向的升级，预示着曹操在政治舞台上将会有更为出色的表演。

讨伐董卓

公元189年，中平六年四月，汉灵帝死，以上军校尉蹇硕为代表的宦官集团，同以大将军何进为代表的外戚集团之间的矛盾陡然尖锐起来。灵帝生前，几个皇子先后夭折，留下何皇后所生皇子辩，王贵人所生皇子协。灵帝认为刘辩轻佻无威仪，不能充任人主，有意立刘协为太子。但因何皇后有宠，何皇后兄何进自中平元年起就一直任大将军之职，手中握有重权，所以一直决定不下来。直到中平六年，灵帝病重，才将刘协托付给蹇硕。

蹇硕既受遗诏，加之一向轻视忌恨何进，因此灵帝一死，便想杀掉何进后再立刘协。不料，阴谋泄露，计划失败。何进立其外甥刘辩为帝（少帝），时年17岁，何太后临朝，何进控制朝政。何进深恨蹇硕阴谋图己，又知道官僚士大夫无不对宦官心怀不满，因此执掌朝政后，便依靠袁绍、袁术等人，共同谋诛宦官。蹇硕疑虑不安，写信给宦官赵忠，建议赶快动手，将何进等人捕杀，不料阴谋泄露，何进先发制人，立即将蹇硕捕杀。袁绍劝何进乘机把宦官全部杀掉，并建议多招四方猛将，特别是招并州牧董卓领兵入京，以胁迫太后，何进接受了这一建议。

董卓，字仲颖，陕西临洮人。其人粗猛有谋，在镇压黄巾起义中，屡立战功，先后被提升为并州刺史和中郎将。随着实力的增强和地位的提高，董卓的政治野心越来越大。当得知何进要他带兵进京时，他认为时机已到，二话没说，立即上路，并上书请求惩治宦官张让等人。

董卓还未到达洛阳，何进想要尽杀宦官的图谋泄露，宦官惧而思变。八月，宦官张让、段圭等乘何进入宫见何太后的机会，埋伏在宫门外，当何进出宫时，突然袭击，将其杀害。何进部将吴匡、张璋等闻讯，领兵攻打宫门，放火焚烧东西两宫。张让、段圭等连忙劫持太后、少帝及陈留王刘协等逃往北宫。袁绍等引兵将北宫门关闭，搜捕宦官，不论老

少，一律杀死，一共杀死宦官 2000 多人。

这时，董卓已经抵近洛阳，遥见洛阳火起，引兵急进，迎上了被劫持出城的少帝和陈留王，一同回到洛阳。董卓凭借兵威，自任司空，专断朝政，废少帝刘辩为弘农王，立陈留王刘协为帝，史称献帝，并在永安宫将何太后毒杀。接着，董卓自任太尉、相国，进一步控制了朝政。

董卓是个非常残暴的军阀。掌权后，采取高压政策，以严刑服众，稍不遂意就开杀戒，弄得朝中人人自危。曹操料定董卓虽然得势一时，但必然很快归于失败。因此，不肯同董卓同流合污，于是毅然举兵讨伐，走上了同董卓公开决裂的道路。曹操秘密离开京城后，就积极准备起兵。经过几个月的努力，曹操共招募到士兵 5000 多人，这是他建立自己武装力量的开始。中平六年十二月，曹操决意联合各地州牧郡守共同伐卓。当时曹操虽然兵少，但没有消极地保存自己的力量，而且毅然首举义兵，为天下倡，表现了非凡的胆识、气魄和勇气，这对迅速掀起反董斗争的高潮起了十分关键的作用。

当时，关东反卓联军分驻各地，驻扎酸枣的诸军，设坛盟誓，由张超手下的功曹臧洪登坛宣读誓词。臧洪声讨董卓暴行，辞气慷慨，涕泪交流，在场的将士无不深受感动。由于袁绍是“四世三公”之后，在消灭宦官的行动中又出过大力，同董卓闹翻后，又先逃到冀州反对董卓，因此在盟会上大家遥推袁绍为盟主。袁绍得知消息，欣然接受，自号车骑将军，领司隶校尉。当时，被推为破虏将军的鲍信对曹操说：“谋略在世上找不到第二个，能统率大家拨乱反正的，只有您一个人，不是那个人（暗指袁绍）。即使一时强大，最后也是要失败的。”

董卓针对讨卓联军所采取的第一个行动，是把弘农王刘辩毒死。接着，为了摆脱关东诸军从东到南摆开的夹攻态势对洛阳造成的威胁，董卓动议迁都长安，并将坚决反对迁都的伍琼、周珌杀死。此外，还杀害了袁绍在洛阳的家属，自太傅袁隗以下共 50 余人。挟持献帝西迁。

董卓还将洛阳的富豪一一逮捕，随意安上个罪名杀掉，然后将其财物没收。并把洛阳的宫殿、官府和二百里的房屋全部烧毁，洗劫一空，鸡犬不留。又强迫洛阳周围数百万人口西迁，一路上在军队的驱赶践踏和抢掠之下，死伤不计其数，还有不少人因缺粮而饿死，尸体铺满西行的道路。

董卓还派他的部将吕布挖掘皇帝及公卿百官的陵墓，盗取墓中的珍宝。董卓的暴行给广大人民带来了深重的灾难，使洛阳地区的社会经济和文化遗产遭受到严重的破坏，对于这场灾难，曹操特地写了《薤露行》一诗加以反映：

惟汉廿二世，所任诚不良。

沐猴而冠带，知小而谋强。

犹豫不敢断，因狩执君王。

白虹为贯日，己亦先受殃。

贼臣持国柄，杀主灭宇京。

荡覆帝基业,宗庙以燔丧。

播越西迁移,号泣而且行。

瞻彼洛城郭,微子为哀伤。

曹操诗中所谓的"廿二世",是指从汉高祖刘邦到灵帝刘宏共 22 代。"所任诚不良"是指外戚何进智虑短浅,像猕猴一样。曹操既反对横行不法的宦官,也厌恶干涉朝政的外戚。对"贼臣"董卓特别反感。他以"微子"自比,感叹故都洛阳的残破,表达了对于董卓及招致董卓之乱的何进的痛恨之情。

曹操率领部属从酸枣出发,准备攻占成皋。但从实战中曹操深深感到,要想达到讨伐董卓的目的,光指望别人是不行的。还得依靠自己独立的武装力量。但汴水失利后,自己兵员减少,不敷调遣,于是便决定同曹洪、夏侯惇等人到扬州募兵。扬州刺史陈温、丹阳太守周昕给了曹操很大的支持,曹操一共招募新兵 5000 多人,经过训练,作战实力有了很大提高。但就在这时,关东讨卓联军,内部关系很难协调,很快发生了矛盾。这些割据势力,为了不断扩大自己的地盘,相互间展开了旷日持久的兼并战争,造成了社会经济严重破坏和人民的大量死亡。

关东讨卓诸将散伙后,曹操独力难支,孤掌难鸣,想要西讨董卓已经不可能了,决定向黄河以南发展,以等待形势的变化。这一时期,曹操对地方势力采用受降改编的办法,武装力量有了很大发展,不少谋臣、武将投奔到了他的麾下,其中著名的有荀彧、满宠、毛玠、程昱等人。东汉名士荀彧听说曹操有雄才大略,便在初平二年,公元 191 年,离开袁绍投奔了曹操。曹操与之接谈,发现荀彧很有才能,非常高兴,说:"您就是我的张子房啊!"立即任命荀彧为司马,参与军机大事。这时荀彧才 29 岁。这样,曹操手下不仅有了亲信的家兵,还有了精锐的"青州兵",谋臣战将也与日俱增,武装力量日益壮大,成为他在兖州建立根据地的重要凭借。

初平四年春,曹操驻兵鄄城。鄄城是当时黄河边上的一个军事重镇,曹操任兖州牧后,将治所从昌邑迁到这里。接着,曹操发动了攻击徐州牧陶谦的战役。初平四年秋,曹操第一次大规模进攻陶谦,一鼓作气攻下了 10 多座城市,进抵彭城。陶谦带兵前来会战,被曹操打得大败,有上万士兵被杀。与此同时,曹操派遣曹仁进攻费县、华县、开阳等地,陶谦派出部将援救各县,都被曹仁击败。

接着,曹操率军讨伐董卓的部将吕布。吕布,字奉先,五原郡九原人。原为并州刺史丁原的部将,后投靠董卓,初任骑都尉,后来升任中郎将,后又做了董卓的干儿子,成为董卓的保镖。二人发誓以父子关系相处。但董卓性情暴戾怪僻,一次为了一点小事,竟用戟掷吕布,吕布从此对董卓心怀不满,并乘董不防备,将其杀害。董卓死后,吕布又投靠王允,被任命为奋威将军。

曹操率领大军从徐州前线日夜兼程赶回兖州,随后一面派李乾到各县慰问,安抚人心,一面准备围攻吕布占据的濮阳。曹操决定巧妙地利用地形,出奇兵打败吕布。曹军大营的西面有一座大堤,大堤南面有一片树林,林深树密,幽深莫测,吕布怀疑林中有曹

操的伏兵,告诫部下说:"曹操多诈,千万不要闯到他的埋伏圈中去。"于是小心翼翼地在大树林以南10多里的地方安下营寨。第二天吕布前来攻城,曹操利用大堤做文章,把一半兵力隐蔽在大堤里面,另一半暴露在大堤外面,吕布见堤外兵力不多,率兵前进,两军刚一交手,埋伏在堤内的士兵突然一拥而出,步兵、骑兵齐头并进,将吕布打得大败,一直追到吕布的大营才停了下来。

吕布吃了败仗,不敢久留,连夜撤军,逃向定陶。曹操率军追赶,经过激战,将定陶攻下。吕布见大势已去,带着残兵败将向徐州逃去。曹操分兵收复了兖州的郡县。是年八月,曹操进围雍丘。十月,朝廷见曹操实际上已完全控制了兖州,正式任命曹操为兖州牧。经过一年多的艰苦搏战,曹操终于有了一块进可攻、退可守的名副其实的根据地,这为他以后不断向周边发展,奠定了一个良好的基础。

挟天子以令诸侯

东汉献帝刘协,从他登基即位的那一天起,就是一个被人玩弄的木偶,他虽有皇帝之名,但无皇帝之实。但是,献帝毕竟又是国家最高权力的象征,谁有机会充当他的保护人,谁就有在政治上发号施令的主动权。为了挟天子以令诸侯,军阀和豪强展开了一系列的冲突,曹操也参与了这一场争夺战,凭借他的智谋和实力,最终取得了胜利。

公元190年2月,董卓胁迫献帝西迁长安,安置在未央宫中。董卓自己则在长安城东修筑了一座堡垒居住,取名郿坞。郿坞城墙高、厚各达7丈,高度与长安城墙相等,称为"万岁坞"。董卓将从洛阳等地掠夺的大量金银和粮食藏在坞中,单粮食可供30年食用。董卓还以吕尚自居,自为太师,号曰"尚父"。宗族内外,并列朝廷,声势煊赫。

董卓死后,司徒王允执掌大权,献帝仍是一个傀儡。王允刚愎自用,不讲策略,曾经依附董卓的公卿大臣被他处死不少。献帝在这样的环境中,度日如年,很想东归洛阳。关东州牧郡守怀着各种各样的目的,也都想让献帝东归。曹操更是不放过任何一个同献帝拉关系的机会。公元192年,献帝近臣太傅马日䃅、太仆赵岐奉诏抚慰关东,曹操和袁绍听说后,亲自带兵到数百里以外去迎接,临别时还相约在洛阳会合,共同将献帝迎接回来。

不久,兖州治中从事毛玠向曹操建议说:"现在国家分崩离析,皇帝被迫西迁长安,百姓不能从事生产,忍饥挨饿,四处流亡。国家没有一年的粮食储备,老百姓没有安居固守的思想,这样的局面是难以长期维持下去的。现在袁绍、刘表虽然拥有众多的人口,看起来强大,但却没有长远的考虑,没有树立根本、打好基础的打算。打仗要正义的军队才能获胜,巩固政权则须凭借财力,让老百姓过安定日子。我们应当奉天子,以令不臣,修耕植以蓄军资,这样霸业与王道才能取得成功。"

公元195年,兴平二年二月,凉州军将发生火并。李傕先杀死右将军樊稠,接着又同

郭汜互相攻杀。郭汜想把献帝从宫中转移到自己兵营中来，李傕得知消息后，抢先动手，劫走献帝，烧毁宫殿。双方在长安城内外，混战了好几个月，造成上万人死亡，混战中有时乱箭直飞到献帝面前。

献帝获释后，冲破重重阻力，几经周折，于公元196年7月回到故都洛阳。献帝回到洛阳后，曹操即打算将献帝迎来许昌，一些人对此有疑虑，认为关东尚未平定，四周群雄豪强难以制服，唯都内臣荀彧坚决支持曹操的想法，鼓励曹操说："从前晋文公接纳了周襄王，因而诸侯纷纷前来追随；汉高祖为义帝穿上白衣服发丧，因而天下的人都来归附。现在皇帝流徙不定，东都洛阳又那样残破，忠义之士都有怀恋王室的心意，老百姓都有感旧的哀痛。如果能够利用这个机会迎奉皇帝，是符合大家的愿望的。用忠于帝室的行动，来镇服各据一方的豪杰，这是一个重要的策略。如不及时做出决策，其他豪杰必然会产生非分之想，那时再来考虑这个问题，就来不及了。"

曹操于是立即采取行动，派曹洪带兵西迎献帝。由于卫将军董承和袁术部将苌奴凭险抗拒，曹洪无法前进，计划一时未能实现。曹操为此感到十分愁苦，曾作《善哉行》一诗抒发自己当时的心境：

我愿于天穷，琅玡倾侧左。

虽欲竭忠诚，欣公归其楚。

快人由为叹，抱情不得叙。

显行天教人，谁知莫不绪。

我愿何时遂？此叹亦难处。

今我将何照于光曜？释衔不如雨。

从这首诗字里行间不难看出，曹操虽然已经在事业上取得了很大的成就，但还是怀着壮志难酬的深沉感慨，以致为此感到苦闷和忧惧。正是这种不满足感和危机感，驱使着曹操去为生存和发展不懈奋斗。

当时，在献帝周围的将领，主要有韩暹、杨奉、董承和张杨等人。杨奉虽然兵力较强，但孤立少援。加之献帝到洛阳后，宫室早被董卓烧尽，百官只能找些柴草，靠着断壁残垣搭帐篷居住；粮食更是紧张，州郡各拥强兵，不肯接济，群臣饥乏，尚书郎以下官员都得自己出去挖野菜充饥，有的就饿死在墙垣之间，有的则被士兵杀死，情况已到十分严重的地步。因此，曹操表示愿与杨奉合作，并拿出粮食来，自然使杨奉喜出望外。

为了感谢曹操的大力支持，杨奉即与诸将一同上表，请献帝任命曹操为建德将军，不久又升迁为镇东将军，袭父爵为费亭侯。曹操得到这样的机会，自然十分高兴，于是立即亲率部队赶到洛阳，朝见献帝。曹操由于担负起了保卫京都和献帝的重任，献帝特授给曹操节钺，录尚书事，任司隶校尉。这样一来，军政大权都集中到了曹操一人身上。这说明曹操在事业上往前迈出了一大步，他亲近献帝的策略及为此所做的努力结出了硕果。在与其他割据势力的角逐中，曹操已占了比较明显的优势。

曹操总揽朝政后，即以献帝名义，杀掉了侍中台崇、尚书冯硕等人，而封卫将军董承、

辅国将军伏完等13人为列侯。但真正做到"挟天子以令诸侯",还有许多事情要做。

一次,曹操请董昭坐到他的身边问道:"现在我来到洛阳了,你看下一步怎么办?"

董昭回答说:"将军起义兵以除暴乱,现在来到朝中辅佐天子,这是相当于春秋五霸所建立的功业。但朝中将领各怀异心,未必都能顺心服从,留在洛阳匡扶朝政,必有许多不便。最好的办法,是将天子迁到许昌去。但朝廷已经多次迁徙,现在刚刚迁回洛阳,远近的人们都希望能够安定下来,再迁徙恐怕会出现麻烦,希望将军权衡利弊,采取合适的对策。"

曹操觉得董昭的主意很好,立即派遣使臣带着厚礼去看望杨奉,感谢他的帮助和支持,并对他说:"洛阳没有粮食,想暂时把献帝迁到鲁阳去,那里离许昌很近,运输粮食就比较容易了。"杨奉果然信以为真,就这样曹操就顺利地将献帝转移到了许昌。从此,就将这里定为都城,直到建安二十五年,公元220年,曹操去世,曹丕取代献帝建魏,将都城迁到洛阳为止,共在这里建都25年。

献帝来到许昌后,又封曹操为大将军,武平侯。大将军是将军的最高称号,为中央政府的执政者,自汉武帝以来,只有少数皇帝最为信用、最有权势的大臣才有资格充任,权位常在三公以上。与此同时,曹操左右的部属也得到了封赏。荀彧被晋升为侍中,代理尚书令。尚书令为尚书台的长官。尚书台本是皇帝私府中掌管收发文书的部门,自武帝以后地位日渐重要,成为朝廷行政事务的总管,颇有实权。从此,曹操外出征伐时,朝廷中枢的大政就交由荀彧来调度处理。献帝从这时起,就成为曹操手中的傀儡了。

历史证明,将窘困流徙中的献帝迁到许都,由自己充当献帝的保护人,是曹操政治生涯中的得意之作。曹操这样做,不仅使自己获取了高于所有文臣武将的地位,而且把献帝变成了曹操进行统一战争的工具,从此无论是征伐异己,还是任命人事,都可利用献帝的名义,挟天子以令诸侯,而给自己创造了极大的政治优势。

另一方面,这样做在客观上对国家、对人民也有好处。当时群雄割据,谁都想吞灭对方,独霸天下。曹操迎帝到许昌,将献帝置于自己有力的保护之下,虽然使献帝变成了一个傀儡,但却也使献帝在局势极为混乱的时期免除了被废黜、被杀害的危险,保留了这样一个国家最高权力的象征,从而在一定程度上维护了中央集权,对控制割据、分裂局面的恶性发展,加快国家统一的进程发挥了一定作用。

曹操总揽朝政后,力图通过兴利除弊使朝政出现一个新的面貌。长期的连年战争,使人民的生产和生活遭到严重的摧残和破坏,中原地区所遭受的破坏尤为严重,原来经济繁荣的河南和关中地区变得万象凋零,残破不堪。在这场劫难中,首当其冲的自然是农业,而农业是当时社会经济的支柱,农业遭受严重破坏,工商业也随之凋敝下来。

为了恢复发展生产,安定人民生活,曹操提出"修耕植以蓄军资",并颁布了《置屯田令》:

"夫定国之术,在于强兵足食。秦人以急农兼天下,孝武以屯田定西域,此先代之良式也。"

历史证明，发展生产，繁荣经济，是利国利民最重要的措施。秦孝公时，用商鞅变法，厉行耕战，加紧发展农业生产，实现了强兵足食，最后终于统一天下。汉武帝时，为了巩固西北边防，抗击匈奴侵扰，曾在东起朔方，西至令居大片地区设置屯田，对平定西域发挥了重要作用。曹操认为这些做法都很值得借鉴，这样做可以使兵力强盛，粮食充足，达到安定天下的目的。

就这样，经过一番紧锣密鼓的准备之后，屯田制度正式推行，广漠荒凉的原野上，出现了一处处农耕的人群，在兵荒马乱的岁月中，掀起了一个农业生产的热潮。对于曹操来说，把长期战乱中弄得凋敝的农业经济重新恢复起来，这不能不说是一个很大的功劳。

南征北战

兴平二年，公元 195 年，曹操在兖州将吕布打败后，吕布东逃投靠了徐州牧刘备。这样，在曹操周围的异己势力，北面是冀州牧袁绍，东面是吕布，西面是马腾、韩遂，南面是荆州牧刘表，对曹操形成了一种四面包围的态势。在曹操同刘表之间，还横亘着一个同刘表联合的张绣。

张绣，武威祖厉人，骠骑将军张济的侄子。张绣跟随张济转战，由于作战英勇，这时已被提为建忠将军，封宣威侯，于是接替张济统领部队。建安二年正月，曹操亲率大军直扑宛城。曹军来势汹汹，双方力量悬殊，张绣自料难以抗敌，便在曹军进抵离宛城不远的消水时，率众向曹操投降。

曹操兵不血刃，就取得了南征的胜利，这意外的成功使他志得意满起来，对俘虏肆意侮辱，张绣对此很不高兴，决心予以报复。张绣依计而行，率领全副武装的士兵进入曹营，一声令下，突然动手。曹操措手不及，一时竟无法抵敌，靠着少数随从的保护，仓皇逃走，并身负箭伤。曹操这次败得很惨，完全是由于骄傲自大，麻痹轻敌造成的。

建安三年三月，曹操准备再次征伐张绣。曹操冥思苦想，终于想出了摆脱困境、克敌制胜的办法。他给内臣荀彧写信说："贱来追吾，虽日行数里，吾策之，到安众，破绣必矣。"

到安众后，张绣和刘表的军队合在一起，据守险要。曹操前进受阻，于是按照事先制定好的作战方案，连夜在险要处开凿地下通道，将军械粮草等辎重全部送过去，并布下奇兵。天明后，敌军以为曹操逃跑了，全军来追。张绣临出发前，贾诩劝他说："不要去追，去追一定会吃败仗。"张绣不听，仍发兵追击，曹操突出奇兵与步骑夹攻，把张绣打得大败，完全实现了预定的作战计划。

曹操荡平徐淮后，袁术在淮南的日子也就更加难以维持，由于北方的袁绍需要花大力气对付，而袁术已是日落西北，气息奄奄，因此曹操对袁术采取了保持威压，静观其变的策略。袁术其人，既无美德懿行，也无雄才大略，只因仗着是"四世三公"之后，骄纵放

肆，野心膨胀，只知满足一己的私欲，不管百姓疾苦死活。尽管如此，他的哥哥袁绍还是产生了将袁术接来冀州的想法。不料，待其逃到离寿春八十里的江亭时，终于一病不起，吐血而亡。

当曹操在黄河以南地区忙于镇压黄巾军时，袁绍也在黄河以北地区忙于镇压以黑山军为首的农民起义军，同公孙瓒等人争夺地盘。当他们在一个个局部地区不断取得胜利、扫平了身边的一个个障碍之后，他们之间的矛盾也逐渐激化和公开化，最后终于发展到兵戎相见。

建安三年，公元 198 年，袁绍亲率大军进攻公孙瓒。至此，袁绍占据了冀、青、幽、并四州，自己以大将军兼冀州牧，坐镇邺城。四州地广民众，有军队数十万人，粮食也比较充足，这使袁绍成为北方实力最强大的割据者。

袁绍消灭公孙瓒、除掉后顾之忧后，曹操在他心目中的地位突然变得重要起来。袁绍已经占领了黄河以北地区，下一步势必要向黄河以南地区发展，袁绍决定立即将矛头转向曹操。在相当长的一个时期中，曹操同袁绍保持着一种若即若离的关系。为了保存和发展自己，为了对付身边更直接的敌对势力的威胁，曹操对袁绍采取稳而不打的策略，有时甚至还对袁绍做出一点儿让步，但两人的矛盾不绝如缕，有时甚至发展到相当尖锐的程度。

建安四年春，袁绍选精兵 10 万，战马万匹，准备大举南攻曹操，消息传到京都许昌，引起一股强烈的冲击波。不少将领认为无法抵抗，心怀恐惧，但曹操这时已是成竹在胸，信心十足。他开导诸将说："我了解袁绍这个人，志向很大，但才智短浅，外表严厉而内心胆怯，妒忌刻薄而缺乏威信。士兵虽多，但调度、部署却不得当，将领骄傲而政令不能统一。因此，他土地虽广，粮食虽多，却都只能是为我准备的！"

曹操作为一军之主，他这番冷静客观而又充满自信的话，对于稳定军心、鼓舞士气无疑会产生十分重要的作用。

建安五年，曹操和袁绍一场规模巨大的争夺战终于在官渡展开了。谋士荀攸向曹操献计说：

"现在我们兵力不多，如果同袁绍正面交战，恐怕占不到什么便宜，应当设法分散袁绍的兵力才行。您可带领一支队伍扑向延津，摆出一副就要北渡黄河袭击袁绍后方的样子，袁绍必然分兵向西阻截。这样，我们就可乘机突袭白马，攻其不备。"

曹操非常赞同这一声东击西的作战方案，立即依计而行。果然，袁绍听说曹军要北渡黄河，连忙分兵前往阻截。曹操见袁绍中计，立即掉头东向，督率一支轻骑日夜兼程，直趋延津、白马。

白马、延津两次战斗，是官渡决战的前战。曹、袁双方虽都不过是小试牛刀，但彼此优劣成败的征兆，却都得到了比较充分的展示。曹操机智果断，出奇制胜，先声夺人，从而大大鼓舞了己方的士气，而使敌方的士气大受影响。特别是颜良、文丑都是袁绍的名将，结果才不过打了两次小仗就都被杀死，这在袁军中引起了强烈的震撼。

曹操取得白马、延津两次战斗的胜利后，考虑到敌强我弱的形势并未从根本上得到改变，决定诱敌深入，撤退到官渡一线设防，相机打击敌人。当时曹操处在强敌的进攻面前，若不退让一步仓促进行决战，就有全军覆灭的危险，因此采取这一步骤是适宜的。

袁绍连败两仗，连损两员大将之后，急火攻心，迫不及待地要奔上前去同曹操决一雌雄。这年七月，袁绍把主力推进到官渡北面的阳武。当时的情况是，从曹操这一方来讲，一方面应避免立即决战，这样做有可能危及全军的生存；另一方面又不宜拖得太久，因为军中粮草不足，速战速决对自己是有利的。而从袁绍这一方来讲，由于兵多粮足，加之新败，士气受挫，则应采取持久战的方针，慢慢拖垮对手。但这年 8 月，袁绍采取前后结营、步步推进的方法，将主力逼近官渡。袁军背靠沙堆，安营扎寨，营寨东西相连，长达数十里。曹操分兵防守，双方形成对峙局面。

到了 10 月间，曹操终于抓住了一次主动出击、从而使整个战局发生根本变化的机会。袁绍部将韩猛督运的数千辆粮车被徐晃、史涣截获烧毁后，袁绍重新从河北装运了万余车粮食，派淳于琼等 5 个将领率兵万余人护送，然后把这些粮食集中囤聚在袁绍官渡大营北面 40 里的故市和乌巢两个地方。

曹操获悉这一情况后，遂命偷袭部队全部打上袁军的旗号，士兵每人背上一捆干柴，为了避免发出声响，口中还横含一根小棍，即所谓"衔枚"，马嘴也都用绳子拴上，趁着天黑抄偏僻小路向乌巢进发。

路上遇到袁军盘问，曹军就答："袁将军怕曹操绕到侧后袭击我军粮囤，特派我们到乌巢去加强防守。"

听的人信以为真，也就不再盘问。天色微明时，曹军到达乌巢，立即散开围住粮囤放火。袁军见四处起火，顿时大惊失色，一片混乱。天明后，曹操命令展开猛攻，终于在短时间内把袁军打败。袁绍的 1 万多车粮草被烧个精光，督将眭元进、骑督韩莒子等人被杀死，并被割下首级。士兵被杀 1000 多人，都被割下鼻子。袁军将士看了，无不惊恐失色，纷纷溃散而去。

这样一来，袁军上下更加惊恐，更加混乱。曹操乘势发动全面进攻，袁军不战自溃，四处奔逃，不少人跪在地上缴械投降。袁绍和他的儿子袁谭丢下部队，往北狂奔，只带了800 骑兵渡过黄河。曹操追之不及，将袁绍遗弃的大量辎重、地图和珍宝等物尽数缴获。官渡这一仗，曹操前后共杀死、活埋袁军将士 7 万余人。

官渡之战是曹操统一北方的关键一战。这一战不仅消灭了袁绍主力，使袁绍从此一蹶不振，而且使整个北方受到震动，冀州各郡在袁绍战败后纷纷倒戈，献城投降曹操。曹操对袁绍的劣势转化成了优势，接下来便是如何进一步消灭袁氏残余势力，实现北方统一的问题了。

官渡之战后，曹操又兴兵收复河北，克平四州，远征乌桓，特别是平定三郡乌桓，不仅消灭了袁氏残余势力，又不战而使辽东归附，表明他在中原地区进行的兼并战争已经取得最后胜利，除关陇地区外，北方已处于他的直接控制之下。

自董卓动乱以来,中原地区人民饱受战乱之苦,社会生产力遭到严重破坏,曹操统一中原,结束了长期纷争混战的局面,使人民重新过上了较为安定的生活,这对于社会经济的恢复和发展,无疑是有重大意义的。北方经济的恢复和发展,对支援曹操后来所进行的统一战争,也发挥了重要作用。

曹操从柳城班师回朝途中,诗兴大发,写下了《龟虽寿》《观沧海》等壮丽的诗篇。

他在《龟虽寿》中写道:

神龟虽寿,犹有竟时;

螣蛇乘雾,终为土灰。

老骥伏枥,志在千里;

烈士暮年,壮心不已。

盈缩之期,不但在天;

养怡之福,可得永年。

幸甚至哉,歌以咏志。

曹操这年53岁,已经进入了"暮年"。他虽然在统一北方的战争中已取得了巨大的胜利,但他清醒地认识到,大业未竟,任重道远,应当乘胜前进,不断进取。正是在这种思想的支配下,他写出了《龟虽寿》这首诗,抒发了自己老当益壮的情怀,表达了不信天命、重视人力的积极见解,从而在如何对待人生问题上,奏出了一曲高亢激越的乐章。

曹操在《观沧海》中写道:

东临碣石,以观沧海。

水何澹澹,山岛竦峙。

树木丛生,百草丰茂。

秋风萧瑟,洪波涌起。

日月之行,若出其中;

星汉灿烂,若出其里。

幸甚至哉,歌以咏志。

曹操在诗中所说的"碣石",实指碣石山,在今河北昌黎县北15里,秦皇岛市区西南45公里,东距渤海仅约15公里。主峰仙台顶海拔695米,登上主峰犹如身临霄汉,举目环顾,海光山色,尽收眼底,为古今观海胜地。秦始皇于公元前215年,汉武帝于公元前110年,先后东巡,均曾在此登临。"东海",古代所指不一,这里即指渤海。

这首诗是曹操的得意之作。他在诗中展示了诗人热爱壮阔河山的情怀。"日月之行"四句,通过丰富的想象,抒写了大海吞吐日月,含孕群星的壮阔气势,寄寓了诗人的胸襟、抱负和豪情。

1954年夏,毛泽东在他所写的《浪淘沙·北戴河》中,曾提到曹操这首诗。诗中写道:

大雨落幽燕,白浪滔天,秦皇岛外打鱼船。

一片汪洋都不见,知向谁边?

往事越千年,魏武挥鞭,东临碣石有遗篇。

萧瑟秋风今又是,换了人间。

从这一首诗中可以看出,毛泽东对曹操远征乌桓、完成统一北方的大业,是给予了历史的肯定的。但曹操毕竟是封建地主阶级的代表人物,他的文治武功不能同今天无产阶级所创造的伟大功绩相比,时代毕竟不同了,所以说"换了人间"。

且说曹操平定北方之后,又集结大军(号称 80 万)征伐江南,最后被刘备、孙权联合击败,史称"赤壁之战"。从此奠定了魏蜀吴三强鼎立的基础。在这之后,曹操继续养精蓄锐,又取得了"平定关陇""争夺汉中"和"激战襄樊"等重大胜利。

综观曹操的一生,他的军事生涯、政治生涯是非常辉煌的。在魏蜀吴三国中,他的版图面积最大,人口最多,实力最强,因此在"三国时代",是统一中国的最有希望的一支力量。

唯才是举

曹操自起兵讨伐董卓以来,东征西讨,南北转战,最后终于完成了统一北方的大业。曹操能够统一北方,绝不是偶然的,而是由于他具备了成功的一些条件,如建立较为巩固的根据地,"挟天子以令诸侯",大兴屯田,大量罗致人才,以及在长期的斗争实践中积累了丰富的统治经验,锻炼出非凡的指挥才能。

众所周知,善于用人是曹操的一大长处,对他事业的成功发挥了重要作用。曹操所罗致的人才,不仅济济可观,而且源源不断,不仅袁绍、袁术、刘表等人不能望其项背,即使比之孙权、刘备,曹操也占有明显优势,这成为他事业成功的一个关键。

据史籍所载,曹操能够大量罗致人才,首先在于他对人才的重要性有着清醒的认识。早在同袁绍一起会盟讨伐董卓时,曹操就表达了自己对于人才的卓越识见。

一次,袁绍问曹操:"如果讨伐董卓不能取得成功,您打算到什么地方去占据地盘呢?"

曹操引而不发,先反问一句:"您认为应当怎么办才好呢?"

袁绍气势如虹地回答:"我南面据守黄河,北面依恃燕、代,再将西北乌桓、鲜卑、南匈奴等少数民族的势力吞并,然后向南争夺天下,这样,大业总可成功了吧?"

曹操听了,不置可否,却沉稳地谈了自己的打算:"我任用天下的谋臣和将士,用合情合理的手段驾驭他们,让他们充分发挥自己的作用,就可以无往而不胜。"

稍停片刻,曹操又补充说:"商汤起兵于亳,周武王起兵于岐周,难道他们的地盘相同吗?如果将险固的地盘作为资本,就不能随着形势的变化而变化了!"

曹操能有这种见识,一方面由于他清醒地看到了现实的需要,一方面由于他认真总

结了历史的经验教训。他在《善哉行》一诗中曾这样写道：

　　齐桓之霸，赖得仲父。

　　后任竖刁，虫流出户。

　　春秋时齐桓公因得管仲（即仲父）为相，成为五霸之首。后因不听管仲遗言，任用他所宠信的宦官竖刁等坏人，弄得朝政日益腐败。桓公死后，其五子争位相攻，以致其尸体无人收殓。腐烂后蛆虫都爬到了门外。得人与失人差别如此之大，曹操怎能不从中吸取教训以自警呢？

　　从这里可以看出，曹操对求贤的重要性是有着清醒的认识的。因此，曹操从他起兵的时候起，就十分注意罗致人才，在攻城略地的同时，注意不断为自己开辟新的人才来源，每攻占一个地方，每打败一个敌人，就总会得到一批新的人才，以至形成了帐下人才济济一堂、源源不断的局面。有时得到一个人才，甚至比新得到一块地盘更为高兴。

　　综观曹操的人才，其来源大致可分为以下三个部分：

　　一是跟随曹操一起起兵的亳县子弟。如夏侯惇、夏侯渊、曹仁、曹洪、曹纯等人，或为宗教子弟，或为同乡故旧，是曹操所倚重的基本力量和心腹将领。其他亲朋故旧，曹操也给予关照。

　　二是从敌方营垒中投奔、投降或俘虏过来的人。由于曹操在统一北方的过程中消灭了一个又一个敌手，因此这部分人所占的比重相当大。如被陈寿评为"时之良将，五子为先"的张辽、乐进、于禁、张郃和徐晃，其中张辽原为吕布部将，张郃原为袁绍部将，徐晃原为杨奉部将。谋臣荀彧、郭嘉原在袁绍部下，贾诩原在张绣手下，等等。曹操对敌方营垒中的人才，态度甚为宽容，不论对方原来如何卖力地反对过自己，只要此人确实有才，曹操都尽力加以罗致，主动投归者更是来者不拒。对旧主越是忠心耿耿，矢志不渝的人，曹操既爱其才，又悯其忠，就越是想把这样的人弄到手里。

　　三是四方前来投奔的人。这些人中既有在汉末大乱中流散四方的士人，也有不少地方豪强，还有其他一些形形色色的人。曹操十分注意罗致士人和地方豪强。士人是地主阶级中比较有知识、有智慧、有眼力的一群人，在汉末反对宦官的斗争中，士人形成了一股政治势力，产生了很大的社会影响。一些出身名门的士人，更拥有相当的号召力。如果不能有效地争取到士人的支持，政治上是很难有所成就的。

　　地方豪强多是黄巾起义后，在各地形成的一些地方割据势力，他们拥有武装、屯坞自守，据有相当的实力。如李典有宗族数千家，部曲3000余家，13000多人，任峻、李通等人也拥有一定数量的家兵部曲。他们纷纷投到曹操麾下，对壮大曹操的军事实力起了重要作用。

　　曹操罗致人才的方式，除主动前来投奔和在战斗中俘获的以外，一般为征召。曹操"挟天子以令诸侯"，拥有以朝廷名义征召天下的便利。他不仅可以名正言顺地征召自己辖区内的人，还可以名正言顺地征召敌人辖区甚至敌方营垒中的人。如华歆、王朗、虞翻等人都是以献帝名义加以征召。这些人大多以超脱世俗，清高孤洁自许，曹操把他们招聘到手,不仅增强了自己的实力,还可利用他们的影响,争取到更多的士人。

从部属中发现人才,培养人才,也是曹操获得人才的一个重要途径。于禁原是鲍信手下的一名士兵,乐进原是曹操帐下的一名小吏,由于具有才能,曹操又敢于放手在实践中使用他们,锻炼他们,后来都成为曹操的重要将领。毛玠原是县吏,满宠原是郡督邮,蒋济原为郡计吏,后来都成了曹操的重要僚属。或出身微贱,或身为布衣,而被曹操发现、使用、提拔,最终登上牧守将校高位的,可以说是举不胜数。既大量从外部罗致人才,又大量在内部培养人才,终于形成了人才源源不绝的态势。

曹操对于人才的渴求,越到后来越加迫切。特别是赤壁战败后,面对孙权、刘备日益强大,三分天下逐渐形成的形势,曹操深切感受到了事业的艰难。他认识到,要完成统一天下的大业,必须罗致更多的人才,以最大限度地充实自己的力量。为此,他专门先后三次下令,要求部属不拘一格地举荐和录用人才。

综观三道求贤令,内容一次比一次具体、深刻,问题提得一次比一次尖锐,心情也一次比一次迫切。其原因在于曹操的年纪越来越大,而吴、蜀的力量越来越强,主观上想尽快完成统一大业,客观上完成统一大业的难度却空前加大了。因此,对人才的需求也就更加迫切了。

从另一方面看,经过魏、蜀、吴三方的多方搜求,由于战争的摧残,人才的发现和罗致反不如逐鹿中原时那么容易了。这就迫使曹操不得不采用一再下令的办法,来敦促人事主管部门,乃至所有部属尽力发现人才,举荐人才,特别是发现、举荐那些以前因为这样那样的毛病而被弃置不用或仍然隐身民间未被发现的人才。其目的在于最大限度地开辟人才资源,以满足对于人才不断扩大的需求。

曹操"唯才是举"的方针,在实践中得到了贯彻执行。对于一些闻名已久的人才,曹操总是真诚地渴慕,希望有朝一日能罗致到手。人才一旦投奔,曹操总是真诚地欢迎,常有相见恨晚之感。官渡之战中许攸弃袁绍来投奔,曹操来不及穿鞋,光着脚匆忙出迎,就是一个突出的例子。重要的人才来投奔,曹操都要尽快亲自接见,询问方略,听取建议,表达对对方的礼敬之忱。对于那些反对过自己而有才华的人,只要转变态度,曹操往往也能宽大为怀,不念旧恶,而委以重任。

《短歌行》真实反映了曹操对于人才的真诚态度的。他在诗中写道:

对酒当歌,人生几何!
譬如朝露,去日苦多。
慨当以慷,忧思难忘。
何以解忧?唯有杜康。
青青子衿,悠悠我心,
但为君故,沉吟至今。
呦呦鹿鸣,食野之苹。
我有嘉宾,鼓瑟吹笙。

明明如月，何时可掇？

忧从中来，不可断绝。

越陌度阡，枉用相存；

契阔谈䜩，心念旧恩。

月明星稀，乌鹊南飞，

绕树三匝，何枝可依？

山不厌高，海不厌深，

周公吐哺，天下归心。

曹操作为政治家和诗人，他从感叹时光易逝发端，接着抒写功业未成、求贤若渴的心情，最后以周公自比，表达了安定天下的雄心壮志。诗中所说的"杜康"，相传是我国最早发明酿酒的人，这里用作酒的代称。

诗中"青青"两句，是《诗经·郑风·子衿》中的成句，"衿"是衣领，"子"是经中女子对她所思念的情人的称呼，这里借用来表示对人才的思慕。"呦呦"四句是《诗经·小雅·鹿鸣》中的成句，原是宴饮宾客的乐歌，说我有嘉宾，要以鼓瑟吹笙来相待，这里借用来表示自己渴望礼遇贤才。

诗中"明明"四句，以明亮的月亮拾取不到为喻，表达了自己求贤未得的忧虑。"越陌"四句，则刻画了故人远道来访后宴饮谈心，重温旧谊的欢快情景。"月明"四句，用鸟雀选择枝头栖息，比喻乱世中的人才选择合适的地方投奔、依附。最后四句，表示自己要以吐哺折节的精神，将尽量多的人才延揽到手，帮助完成祖国统一的大业。

曹操以坦诚的态度渴慕人才，接纳人才，使用人才，收到了很好的效果。曹操一生能够罗致大批人才，这些人能够忠诚于曹操的事业，充分贡献自己的聪明才智，为曹操战胜对手、统一北方做出自己的贡献，绝不是偶然的。

壮志雄心

公元 207 年 5 月，曹操率军北征乌桓，时年 53 岁，在归途中写的《龟虽寿》中有这样的诗句："老骥伏枥，志在千里；烈士暮年，壮心不已。"这时曹操清醒地认识到：自己已经进入了"暮年"，是一匹"老骥"了。此时曹操已经取得消灭袁氏集团主力的巨大胜利，又平定了乌桓并彻底肃清了袁氏残余势力，因此诗中洋溢着一股昂扬奋进的精神。

在这之后，曹操遭受了赤壁兵败的严重挫折，后来多次对孙权、刘备用兵也都没有取得大的成功，从而形成了一时难以逆转的三国鼎立的局面。一方面统一大业遇到了前所未有的困难，另一方面随着时光的流逝，老境渐渐降临，这就形成了一个深刻的矛盾，如何延长寿命来完成未竟的事业，这不能不成为曹操经常为之思考的问题。暮年将至，壮志难酬的苦闷，也不时在其情绪中表现出来。

在这种情况下，"烈士暮年，壮心不已"的积极进取精神又得到了高扬。公元215年，建安二十年三月，61岁的曹操亲率大军西征张鲁，经过大散关的时候，在一首《秋胡行》诗中写道：

天地何长久！人道居之短。

天地何长久！人道居之短。

世言伯阳，殊不知老；

赤松王乔，亦云得道。

得之未闻，庶以寿考。

歌以言志，天地何长久。

曹操在对待人生的问题上，没有搞绝对化。他否定了神仙长生之说，但也不认为人的生命只能完全听任自然规律的摆布。如能保养身心，使之健康愉快，也是可以达到延年益寿的目的。延长了寿命，也就赢得了干事业的时间，这正是曹操所追求的。为了达到这一目的，曹操除了加强身体的锻炼外，尽力排除对于生死的苦闷感伤情绪，代之以"戚戚欲何念！欢笑意所之"的达观态度。

曹操这样做的结果，对延年益寿应当说是起到了一定的作用。他虽说只活了66岁，现在看来这个岁数并不高，但在战祸、灾害和瘟疫不断，绝大多数人寿命都很短促的年代（他的儿子曹丕只活了40岁，曹植只活了41岁），却算是比较高寿的了。

更重要的是，曹操有越到老年越不能忘怀统一大业的胸襟和为之奋斗不已的精神，直到临死前不久他还奔波在西征汉中、南讨关羽的途中，没有坚定不移的人生理想，没有顽强的意志，没有一个较好的身体，都是不可能做到这一点的。曹操虽然至死也未能完成其梦寐以求的统一大业，但他是充分发挥了自己的主观能动作用，充分实现了自己人生的价值。

曹操的一生是努力奋进的一生，在东汉末年群雄割据的战乱年代，是寻求祖国统一的一生。曹操作为一个政治家，其政治思想是丰富的、复杂的，有时甚至是互相矛盾的。曹操的政治思想总的来说是要"富国强兵，用贤任能"，"富国"是目的，"强兵"和"用贤任能"则是达到"富国"目的的手段。在东汉积贫积弱的基础上，提出要建立一个"富国"，使国家富强起来，使人民富裕起来，无疑是有积极意义的。这种"富国"的理想，以及达到"富国"的手段，在曹操的诗文和讲话中屡屡有所反映。

曹操主张建立统一君主国家的目的，是为了"牧民"，也就是要统治老百姓。为此，必须"为之轨则"，也就是要按统治阶级需要，制定必要的制度和法律，让官吏严格遵守执行。还必须设立刑狱，废除奴隶买卖制度，让人民安居乐业，努力发展生产。

曹操还要求君王经常出巡天下，在四方边远的地方都留下车辙马迹。要考核官吏的政绩，提拔贤能的官员，把那些昏庸无能的官吏撤职，使人民得到休养生息。此外，国君应当节俭，认为奢侈是最大的罪恶，节俭是公认的美德。并以历史的教训为例，说明君王节俭就能得到人民的拥护，君王奢侈会招致人民的反叛。曹操要求君主节俭，目的是为

了避免"劳民为君,役赋其力"的现象出现,也就是不要让君王为了满足一人的贪欲而无休止地对人民进行横征暴敛。这种思想无论在当时还是以后都是具有积极意义的。

曹操提出"井田",也同样是基于这样的考虑。其《抑兼并令》说:"有国有家者,不患寡而患不均,不患贫而患不安。袁氏之治也,使豪强擅恣,亲戚兼并,下民贫弱,代出租赋,炫鬻家财,不足应命。"曹操提出"井田"的目的,是为了设法对付豪强的兼并,在一定的程度上维护了"下民"的利益。曹操提出"封建五爵"也是为了对那些"田亩连于方国""荣乐过于封君"的豪强势力有所抑制。

出于对人民的同情,曹操深感施行仁政的必要,自己也就在政治、经济等方面施行了一些比较进步、开明的措施。他对当时最残暴最反动的豪强地主势力进行打击,限制他们对广大人民的掠夺和奴役,对租税作了统一规定,从而使随心所欲的强征暴敛得以刹车,减轻了百姓的负担,就是其"仁政"思想的一种反映。他收定河北后,下令免收一年租税,对重灾区人民的租税实行减免,对死亡将士家属实行优抚,也是这种思想的反映。

在淳化社会风俗方面,曹操也做了一些工作。《为徐宣陈矫下令》禁止诽谤,《修学令》命各郡县兴举教育,《整齐风俗令》命令整顿以诽谤为主的不良社会风气,《礼让令》提倡礼让,《明罚令》禁止有损人民健康的"寒食",都是在这方面所采取的措施。禁止淫祀,提倡节俭,反对厚葬,也是在这方面所做的工作。

整顿的范围涉及政治风气、生活作风、处世为人乃至民间习俗各个方面,整顿手段除正面提倡外,还采用了行政命令硬性规定革除的办法。这些不良社会风气有些是早就存在的,其中不少还是统治阶级的专利,如淫靡奢侈、结党营私、造谣诽谤等。随着战乱的纷起,道德沦丧,世风日下,出现的问题也就越来越多、越来越严重。不良社会风气扰乱社会秩序,不利于安定局面的恢复,不利于维系人心的稳定,不利于正在进行的统一战争。曹操严令加以革除,虽然在某些方面怀有个人的动机,但总的来说是十分必要的。

曹操的一生,绝大部分时间是在军旅中度过的。长期的战争实践使他积累了极为丰富的战争经验,同时他又十分注意向以孙武、吴起为代表的先秦军事家学习,从而成为一个具有卓越军事才能的统帅,形成了丰富的军事思想,在我国古代军事思想史上处于执牛耳的地位。

曹操一生,非常勤奋,博览群书,尤其喜爱兵法,研读了大量兵家著作,在此基础上,结合个人体会,写出了十余万言的军事著作,对后人研究古代军事思想提供了非常有益的帮助。

曹操的哲学思想,呈现出多元化的特色,既有儒家思想,也有法家思想,但在各家思想中以儒、法、兵家思想居于主导地位,曹操现存诗文也以表现这三家思想的为最多。其中,又以法家、兵家思想运用得最为广泛。曹操强调"夫治定之化,以礼为首;拨乱之政,以刑为先",当时他身处乱世,经常带兵打仗,自然要将法治放在首位,充分发挥兵家思想的作用,而儒家思想在许多情况下是处于抑制状态的。墨家思想是他"以礼为首"的"治定之化"手段的一种补充。道家思想所受影响甚微,当时他要拨乱反正,激流勇进,崇敬

自然的道家思想自然不符合他的需要。这就是曹操的哲学思想所表现出来的主要脉络。

不过总的来说，曹操思想中有不少值得称道的进步的因素，他的朴素唯物论和辩证法思想，对唯心主义的"天命"说和谶纬之学是一个有力的冲击，从而对当时冲破传统束缚的思想解放运动产生了极大的推动作用，对后世也产生了深远的影响。

曹操的性格作风同他的思想一样，呈现出多元、复杂甚至互相矛盾的特色。既有坦诚的一面，又有权诈的一面；既有宽厚的一面，又有多疑猜忌、刻薄寡恩、阴狠残酷的一面。这种性格，在他早年就有表现，在他的事业已经有了相当的基础和规模，自己的统治地位已经稳固的晚年，表现得更为突出。

曹操一生比较勤奋，喜爱读书学习，到了晚年，不仅经常著文写诗，而且还注意总结自己治国理政的经验。在中国古代的政治家和军事家中，曹操是一个少有的多才多艺的人物，而其对文学的造诣和建树尤深尤大。曹操不仅以一代雄主的身份奖掖文学，自身也有赫然可观的创作成绩，从而开辟出了一个文学新时代，在封建社会中堪称独步。如果说秦皇汉武、唐宗宋祖比起曹操来"略输文采""稍逊风骚"，那是并不过分的。

曹操之所以能够具有多方面的技能，拥有广博的知识，取得多方面的成就，是同他丰富的社会实践和刻苦学习的精神分不开的。曹操少时游荡无度，喜欢飞鹰走狗，爱恶作剧，不太留心学业，因此看来他的发奋和成功主要是在成年以后。一方面他通过多方面的社会实践不断积累着各种知识；另一方面能够在处理繁重的政务军务之暇坚持孜孜不倦地看书学习，注意摄取各种各样的知识，兼收并容，为我所用，这种观念的转变，显然也在其中起了不可忽视的作用。

功过评说

曹操在中国历史上几乎是一个家喻户晓的人物，同时又是一个富有争议的人物。东汉末年，许劭说了那句流传千古的话：曹操"子治世能臣，乱世奸雄"。（《三国志·魏书》）由于曹操一生实际上是在乱世中度过的，因此他没有得到过做"治世能臣"的机会，而只是一个"乱世奸雄"了。奸雄并非没有才能，只是为人可鄙，德不足称，许劭可以说是从品质为人的角度论定了曹操的一生，而为后世无数贬损曹操的人们提供了准绳。

曹操踏上政治舞台后，随着其方方面面淋漓尽致的表演，各种各样的毁誉褒贬也纷至沓来。曹操阵营内部对曹操大体上是一派颂扬之声，这自不待言。大体上处于中间观望的势力，对曹操固不乏贬抑之言，但也有褒扬之声。如曹操与袁绍在官渡决战前的对峙时间，凉州官员杨阜在许昌考察之后，对关中诸将说："袁公宽而不断，好谋而少决；不断而无威，少决则失后事，今虽强，终不能成大业。曹公有雄才远略，决机无疑，法一而兵精，能用度外之人，所任各尽其力，必能济大事者也。"

最早对曹操做了比较全面评价的是《三国志》的作者陈寿。他把曹操放在特定的历

史背景之中加以观察。曹操在统一北方的过程中遇到了一个又一个的对手,这些对手中袁绍最为强大,而统一北方击败袁绍是关键。曹操最终运用谋略,用武力打败袁绍,完成了统一北方的大业。陈寿认为,实践证明,曹操的智慧谋略是最为卓越的,为此最后下了一个"非常之人,超世之杰"的断语。

陈寿之后,又一个对曹操做了较为全面评价的,是曾任西晋尚书郎的陆机。他说,曹操在国家政治多乱的时刻挺身而出,施行德政,广播声威,闪电般地摧灭了群雄,整治已经废缺了的制度,横扫群凶,而使天下清平,结束割据而使四海归一,在九州之内成就了伟大功业,所以得到了所有人的推崇感佩。(见《吊魏武帝文》)

到了唐代,唐太宗李世民在《祭魏太祖文》中,也对曹操做了比较全面的评论。文中说:"帝以雄武之姿,当艰难之运,栋梁之任同乎曩时,匡正之功异乎往代。"认为曹操在艰难的时刻担当起了栋梁之任,建立了匡正之功。但接下来唐太宗对曹操也有很厉害的贬抑:"观沉溺而不拯,视颠覆而不持,乖徇国之情,有无君之迹。"说他对东汉王朝的沉溺、颠覆不拯救不维持,没有为国献身的感情,却有无视君上的表现。总的来看,唐太宗对曹操的评价不算高,这可能影响了唐代对曹操的评价。

到了宋代,司马光在《资治通鉴》中尊魏为正统,综引《三国志·魏书·武帝纪》的话说,曹操"知人善任,难眩以伪,识拔奇才,不拘微贱;随能任便,皆获其用。与敌对阵,意思安闲,如不欲战然,及至决机乘胜,气势盈溢。勋劳宜赏,不吝千金;无功望施,分毫不与。用法峻急,有犯必戮,或对之流涕,然终无所赦。雅性节俭,不好华丽。故能芟刈群雄,几平海内。"又说:"汉末大乱,群生涂炭,自非高世之才不能济也。然则荀彧舍魏武将谁事哉!"

但是,司马光同唐太宗一样,并不赞成曹操的"无君之心",在《资治通鉴》中说:"以魏武之暴戾强伉,加有大功于天下,其蓄无君之心久矣,乃至没身不敢废汉而自立,岂其志之不欲哉?犹畏名义而自抑也。"一面认为曹操"有大功于天下",一面又认为曹操"暴戾强伉",有"无君之心",可见司马光在评价曹操时也是"一分为二"的。

今天我们看待前人对曹操的评论,要进行实事求是的分析,尤其不要受所谓"忠奸篡逆"、正统与否之类立场的影响。翦伯赞先生说得好:"当曹操出现在历史舞台上的时候,起义的农民军已经粉碎了东汉王朝的天下,在这残破的疆土上,出现了大大小小的地主武装的营垒。当时的汉献帝除了保有一件褴褛的皇袍之外,什么也没有了,像这样一个皇帝还能从他手中'篡'到什么? 曹操的天下是自己打出来的,不是从姓刘的手里接收过来的。假如曹操痛痛快快披上皇袍,谁能说他不是太祖高皇帝,就因为他把皇袍当作衬衣穿在里面,反而被人抹上了一脸白粉。"至所谓正统,不过在特定的历史时期,统治阶级为维护自己的统治而制造的一种观念。由此给曹操评论蒙上的迷雾应予以廓清。

进入现代以后,评论曹操仍是人们关注的一个热点。早在 1917 年,胡适和钱玄同就在《新青年》上以书信形式讨论了对于曹操的评价问题。胡适认为:"《三国演义》在世界历史小说上为有数的名著。其书谬处在于过推蜀汉君臣而过抑曹孟德。然其书能使今

之妇人女子皆痛恨曹孟德,亦可见其魔力之大。"一方面认为《三国演义》对于曹操形象的塑造是成功的,因而产生了巨大的艺术魅力,一方面又认为《三国演义》的作者对曹操采取"过抑"的做法是不对的,实际上表达了《三国演义》对曹操所做的艺术评价不能看作是对曹操所做的历史评价的观点。

章太炎是近代著名的民主革命家、思想家和学者,他也曾对曹操做过比较全面的评价。在《魏武帝颂》中不仅高度肯定了曹操扫平群雄、统一北方、发展生产、安定民众的业绩,还肯定了曹操崇尚节俭、严明法令、选用贤能等举措。"信智计之绝人,故虽谲而近正",从而正面解释了曹操谲诈的性格特征,认为这是同曹操高度的智谋和智慧联系在一起的。

1927 年 7 月,鲁迅在广州夏期学术演讲会上做了一篇题为《魏风度及文章与药及酒的关系》的演讲。在这篇演讲中,鲁迅对曹操的功绩及其在思想文化方面的特点也做了比较全面中肯的评价。鲁迅首先点明了曹操出现的时代背景:曹操是在农民起义、军阀混战和统治内部一次有名的政治斗争——党锢纠纷之后登上历史舞台的,时代对于曹操的陶冶和推动(所谓时势造英雄),曹操对历史的变革和推动,这些问题放在这一特定的历史环境中来加以考察,就变得比较清楚了。

鲁迅接着把话锋一转:"不过我们讲到曹操,很容易就联想起《三国演义》,更而想起戏台上那一位花面的奸臣,但这不是观察曹操的真正方法。""其实,曹操是一个很有本事的人,至少是一个英雄,我虽不是曹操一党,但无论如何,总是非常佩服他。"

1949 年以后,曹操评论不仅仍是人们关注的一个热点,而且还掀起前所未有的热潮。第一次热潮发生在 1959 年前后,1959 年 1 月 25 日,郭沫若在《光明日报》上发表了《谈蔡文姬的<胡笳十八拍>》一文,给予了曹操很高的评价。此后,又接连发表了《替曹操翻案》《中国农民起义的历史发展过程》等文。同年二月,翦伯赞也发表了《应该替曹操恢复名誉》一文,与郭沫若的倡议相呼应。郭沫若和翦伯赞的文章在史学界、文学界和戏剧界引起了强烈的反响,一时间掀起了一个争鸣的高潮,据不完全统计,从一月下旬到六月底,在不到半年的时间内,见诸报刊的文章、报道即达 140 篇以上。

经过争鸣和讨论,大家认为评价曹操必须坚持辩证唯物主义和历史唯物主义。从这一立场出发,曹操至少在以下几个方面的作为是值得加以肯定的。

首先值得肯定的是曹操统一了北方。董卓之乱后,中原陷入军阀混战的局面,人民流离失所,社会经济遭到严重破坏,国家陷于四分五裂,如不加以阻遏,任其发展下去,后果是难以想象的。曹操凭借其卓越的政治才能和军事才能,逐一扫平群雄,终于在不太长的时间内使北方重新归于统一,这个历史功绩是巨大的。

曹操在统一北方的过程中所采取的一些政治、经济措施也是值得肯定的。比如曹操抑制豪强兼并,在当时是一件很有意义的事情。东汉以来,豪强地主操纵政治,兼并土地,鱼肉人民,不仅普通百姓不敢得罪他们,就是一般官僚,乃至皇帝也是奈何他们不得。曹操敢于抑制豪强,这对于廓清政治、清除北方的障碍,减轻人民负担都是起了积极作用

的。又比如曹操实施屯田，在当时情况下对于恢复农业生产、解决人民流离失所、解决强兵足食的问题，也都具有积极意义。

在文学方面，曹操是建安文坛的开山人物和领袖。两汉文学为经学思想所束缚，内容上强调宗经，形式上辞赋独盛，表现上重视模拟，文学家自身的地位也受到轻视。曹操大力网罗文学人才，提高文学家的地位，尊重他们的创造才能和创造个性，注意保护他们创作的积极性。在创作上，注意革除两汉文学形式主义的痼弊，使文学重新回到现实主义的轨道。

总之，曹操不愧是中国历史上一位杰出的政治家、军事家和文学家，他所创建的业绩是不朽的、光辉的。当然，曹操也绝不是一个完人，他一生犯过不少错误，甚至有不可饶恕的罪过。其最大的罪过是参与镇压黄巾起义，杀人过多，充分暴露了曹操的地主阶级立场。但是，我们不能割断历史，凡是在过去时代做过符合人民愿望的事情，对推动历史发展做出过一定贡献的，我们都不应当忘记。曹操作为一个经历丰富、性格鲜明而多样、富于传奇色彩的历史人物，将在后世人们的心目中留下永远不可磨灭的印象。

曹操所建树的功绩，也将在历史上留下辉煌的一页，赢得后人的缅怀和称颂！

东吴大帝

——孙权

名人档案

孙权：字仲谋。东吴大帝，三国时期吴国的开国皇帝。吴郡富春县(今浙江富阳)人，汉族。长沙太守孙坚次子，幼年跟随兄长吴侯孙策平定江东，200 年孙策早逝，临死前对孙权说"内事不决问张昭，外事不决问周瑜"。孙权继位为江东之主。

生卒时间：181~252 年。

安葬之地：葬于钟山南麓的高岗上，葬处得名"孙陵岗"，后人又称"吴皇坟"。

性格特点：刚愎自用，猜疑成性。

历史功过：称帝后孙权曾大规模派人航海，加强对夷州(今台湾)的联系。又设置农官，实行屯田；并在山越地区设立郡县，促进了江南土地的开发。但同时，称帝后的孙权日益骄奢，宠信吕壹，丞相顾雍无故被杀，丞相陆逊忧愤而卒。且赋役繁重，刑罚残酷，人民经常起义反抗。在立太子方面，孙权也犯了很大的错误。太子孙登夭折后，孙权先是废了孙和，又赐死孙霸，最后立孙亮为太子，这为日后的吴宫政变埋下了祸根。

名家评点：陈寿："孙权屈身忍辱，任才尚计，有勾践之奇，英人之杰矣。故能自擅江表，成鼎峙之业。然性多嫌忌，果于杀戮，暨臻末年，弥以滋甚。至于谗说殄行，胤嗣废毙，岂所谓赐厥孙谋以燕翼于者哉？其后叶陵迟，遂致覆国，未必不由此也。"

曹操：生子当如孙仲谋。

裴松之：①孙权横废无罪之子，为兆乱。②权愎谏违众，信渊意了，非有攻伐之规，重复之虑。宣达锡命，乃用万人，是何不爱其民，昏虐之甚乎？此役也，非惟闇塞，实为无道。《三国志注》

刘晔：权有雄才。——《三国志·魏书·刘晔传》

罗贯中：紫髯碧眼号英雄，能使臣僚肯尽忠。二十四年兴大业，龙盘虎踞在江东。——《三国演义》

李宗吾：他和刘备同盟，并且是郎舅之亲，忽然夺取荆州，把关羽杀了，心之黑，仿佛曹操，无奈黑不到底，跟着向蜀请和，其黑的程度，就要比曹操稍逊一点；他与曹操比肩称雄，抗不相下，忽然在曹丞驾下称臣，脸皮之厚，仿佛刘备，无奈厚不到底，跟着与魏绝交，其厚的程度也比刘备稍逊一点。他虽是黑不如操，厚不如备，却是二者兼备，也不能不算是一个英雄。——《厚黑学》

毛泽东：①孙权是个很能干的人。②当今惜无孙仲谋。——《毛泽东读古书实录》

少年大志

曹操所说的"生子当如孙仲谋"，就是指孙权。他是吴郡富春（现在浙江富阳）人，仲谋是他的字。他的父亲孙坚是一个一生听命于人的大将，他一直在为自己的儿子占据江东打着基础，汉末时曾被封为乌程侯、破虏将军；他的哥哥孙策也是个了不起的人物，曾经被曹操表为讨逆将军和吴侯。孙权出生之时，方面大口，双目炯炯有神，孙坚十分惊奇，认为他有贵相，对他特别钟爱。

这样的家庭让孙权从小便得到了锻炼，他跟着父亲和哥哥转战各地，见多识广，他不仅爱好武艺，同时也学了许多文学经典，比如《诗经》《尚书》《礼记》《左传》等儒家经典，还有许多历史、军事和国事方面的书籍。这一时期不间断地读书习武，为他日后的成就打下了良好的基础，使孙权初步具备了文韬武略。

孙权有着开朗的性格，也很有气度和志气。在他10岁的时候，父亲战死。从此之后，孙权就随长兄孙策寄寓军旅，开始了他的军营生活。丰富的生活经验和系统的文化修养，使孙权很快成长起来。

孙策很想与弟弟一起打下一片江山，对弟弟可谓是尽心尽力，但事实并不能完全如其所愿。这缘由还得从头说起。孙坚原是袁术的部下。孙坚死后，孙策带兵投靠袁术。袁术看其少年英俊，非常喜欢，但忌惮其能力，因此并不重用他。

孙策的舅父吴景在江东丹阳（今安徽宣城）当太守。当时战事频仍，太守职位也被扬州刺史刘繇夺取。孙策于是向袁术请求让他到江东去帮舅父打刘繇。这次袁术答应了孙策的请求，当然，这并不是袁术良心发现，也不是他发现孙策有能力，而是因为袁术本来就与刘繇有间隙，这才拨了一千人马给孙策。

孙策凭借自己的能力和父亲孙坚的威望，又在南征的路上扩充了五六千人。也是在这一时期，在三国中占有重要地位的周瑜也登场了。周瑜是孙策从小就很亲密的朋友，这次听说孙策要带兵征战，也带来了人马会合，孙策开始有了自己最初的力量。

孙策善于指挥，他的军队作战也很勇敢，再加上他的军队纪律严明，得到了当地老百姓的支持。因此，孙策的军队很快就把刘繇打败，夺回了丹阳。另外，他还带领部队打败了会稽郡太守王朗，并攻下了吴郡。这样，江东六郡的大片土地，都被孙策拿下。

这时的孙策已经在江东小有名气，再加上周瑜、张纮、张昭等名士支持与辅佐，势力发展非常迅速。孙策为人豁达，善于用人，故甚得江东民心，短短八年间，平定了整个江东，并使江东迅速蓬勃发展，打下了后来吴国的基础。

也就是在这一阶段，孙权得到了最好的锻炼。这时的孙权虽然年轻，却性格开朗，胸怀宽广，度量恢宏，好侠养士，仁义而又果断，因此名声很快就赶上了他的父兄。孙策出兵江东时，孙权经常帮他出谋划策，孙策十分惊奇，觉得自己的智谋赶不上这位弟弟。

孙策看着弟弟如此智慧，自然也是高兴不已。经常在设宴招待宾客的时候对孙权说："眼前这些文臣武将，以后都会成为你的属下，辅佐你成就大业的。"为了让孙权早日成材，孙策在他只有15岁的时候就让他做了一个县令。

孙策此时正意气风发，平定江东后，他自领会稽太守，并以其亲族分守诸郡。此刻，他想用自己的力量向北发展。于是，他趁曹操和袁绍在官渡相持不下的时候，准备偷袭许都，把汉献帝抓到自己手里。可是，正在孙策调兵遣将，准备粮草的时候，一件意外的事情改变了这一切。

原来，孙策攻打吴郡的时候，杀了吴郡太守许贡，尔后许贡的门客就对孙策心怀怨恨。这时趁孙策上山打猎的时候，他们埋伏在树林里，放了一支暗箭，正射中了孙策的面颊。孙策受了重伤，治疗也没有效果，眼看就要不行了。于是，孙策将孙权托给部将张昭，"现在天下大乱，如果有吴越之地众，保有三江之固，足以坐观成败，兼取天下。"

然后又将印信交给了孙权，对他说："若论率领江东将士征杀疆场，和天下豪杰逐鹿中原，你不如我。但是如果论知人善任，合力稳定江东，我不如你。你当好自为之。"孙策死时年仅26岁。

孙策的死对孙权的打击很大，孙策可以说是既当哥哥，又当父亲，辅导他的成长。可是，孙权还没有把悲痛挥去的时候，张昭就让他赶紧出去巡视军队。同时派人通知当时驻扎在巴丘（今湖南岳阳）的周瑜。周瑜得到消息后，连夜带兵赶回吴中，跟张昭两人一起辅佐孙权。

这时候的孙权只有19岁，他虽然年纪轻轻，但是平时很喜欢结交朋友，注重提拔人才，在江东的官员中，已经很有声望。但是，孙权在此时还是远远比不上孙策的。不过，孙权很幸运，因为他有两个忠实的人才，也就是张昭和周瑜。在这时，东吴的政权还很不稳固，虽然拥有了江东六郡，但孙策刚死，新主帅又十分年轻，别人有其他的打算也是很正常的。危难之际，文臣张昭和武将周瑜一同说服了大家一起辅佐孙权，并说孙权有着帝王之相等等。政局终于初步稳定了下来。

此时，年轻的孙权开始踏上了一个新的政治舞台，开始独自掌控江东的命运。可是，现实并不像想象中那样容易，当时的形势很复杂，要想站稳脚跟，要想稳住江东，孙权还需要花费很多的心思和努力。

就在孙权刚刚接手东吴政权时，新的危机又在酝酿了，原来曹操是当时最引人注目的枭雄，虽然他名义上是汉朝的丞相，而实际上汉献帝不过是他手中的一只玩偶。他掌握了汉朝的政权，并占据了北方大部地区。曹操志向恢弘，早有统一天下之心，见江东孙策刚刚去世，人心不稳，便欲乘机攻占吴地。

这次，多亏孙策的旧臣朋友侍御史张纮，他劝阻曹操说："乘人之丧进兵，不合古义，有不仁不义之嫌。如果征伐不利，会将好友变成仇敌。不如利用这个机会厚意待之，孙氏必然感恩戴德。"曹操听从其言，上表请封孙权为讨虏将军，领会稽太守。就这样，孙权躲过一次危机，并且开始名正言顺地行使职权。

巩固江东

孙权成为东吴的首领，自然要有些作为。虽然此时的他还比较年轻，但毕竟做了几年的官，再加上从父兄身上学到的知识和经验，他已经开始在政治的舞台上崭露头角。作为一个日后能够开国的帝王，孙权固然有其过人之处。

首先，孙权在人事上做了一定的调整。尽管孙权老年后有些近小人而远贤臣，但此刻的他还是非常注重用人的。或者说，孙权能够统治江东五十余年，与其知人善任是不无关系的。孙权先是待老臣张昭以师傅之礼，以周瑜、程普、吕范等统率军士。之后，孙权分兵遣将，开始征伐不服从自己的人，巩固在江东的统治。

孙权也需要自我表现一下，给地方势力一个定心丸。他看准时机来扩充领地。孙策生前委任的庐江太守李术不肯接受孙权的统领和指挥，还经常将其他一些背叛孙权的将士纳于旗下。孙权写信给李术，要他交出叛将。李术回答说："有德之人，人们自然归顺他；无德之人，人们肯定背叛他。我不能再把这些人交还与你。"孙权大怒，决定出兵征伐李术。

孙权当然不是一个意气用事之人，他攻打李术也是动了一番脑筋的。他判断李术不是自己的对手，如若自己率兵攻打，李术必然要向曹操求救。于是，孙权来个先下手为强，把李术的后路提前断掉了。他以李术曾杀掉曹操委派的扬州刺史严象一事作为出兵理由，写信给曹操，说："严刺史从前为您所任，又是州中的长官。但李术为人凶恶，藐视朝廷之法，残害州官，惨无人道，应该速速将其诛灭，以惩罚丑恶之人。现在我要讨伐他，上为朝廷扫除不法之徒，下为州郡报仇雪恨。这是天下通义，更是我夙夜所思之事，只恐怕李术受攻、害怕诛杀，必然捏造情况，向您求救。希望您命令下面执事官员，不要听信李术的一面之词。"这样一来，孙权既为自己造了出兵的好借口，又堵住了李术的求救之路，不失为一石两鸟之计。

谋划已毕，军队整装待发。不出几日，孙权的部队就把李术包围在皖城。果然不出孙权所料，李术果然去向曹操求救，曹操不肯出兵救援。皖城城中粮饷告罄，城中将士也

已无心守城，只不多日，皖城即被攻破。孙权杀了李术，又将其部下三万余人转移到别处，除掉了这一心腹之患。

在孙氏家族内部，也有人企图作乱。孙权的堂兄孙辅怕孙权年轻无能，无法保住江东，于是就想投靠曹操，企图日后自己做江东之主。于是，他便借孙权出行之机，派人拿着书信去邀曹操前来，不想所派之人将书信径直交给了孙权。

孙权得知此事，火速返回。回来后假装不知此事，招呼张昭一同去见孙辅。见到孙辅，孙权半开玩笑地说："兄长快乐够了，不想活了？为什么呼唤他人来江东？"孙辅心中大惊，可嘴里却矢口否认。孙权便把孙辅写给曹操的信拿给张昭看。张昭看后十分愤怒，随即扔给孙辅。孙辅满面羞愧，一言不发，于是孙权将孙辅的左右心腹杀了个一干二净，将他的部下分给各将，将孙辅迁徙到东部看管起来。

镇压了内外叛乱之后，孙权在江东的统治便逐渐安定下来。于是孙权开始网罗人才，周瑜推荐了鲁肃，交谈之中，鲁肃果然不同凡响。

孙权问："现在汉室衰落，天下大乱。我真希望自己能像齐桓公、晋文公一样，来扶助天子，建立霸业，您认为如何？"

鲁肃答："汉室一时不可兴。如今曹操势力已经强大，我们无法撼动。如今要保住江东这块地方，成鼎立之势，以观其变。曹操现在正忙着平定北方，我们不如趁这个机会，剿了黄祖，讨伐刘表，占领荆州，然后再来平定天下。"孙权听后心中豁然开朗，于是依鲁肃之计行事。

孙权首先做的是安内。因为孙氏势力是由外部打进江东的，江东六郡原有许多名门望族，后来，又从江北迁徙过来许多人。孙权对这两股势力采取安抚政策，竭力做到与他们和平共处。

孙权统治区内的山越人，大多分布在丹阳、豫章、庐陵一带的深山险地。山越人原是秦汉时期百越的后代，为了逃避苛重的赋税，逃进山林中，以血缘关系群居，形成了自己的组织，拒绝向孙权政权缴纳租税，并经常骚扰地方。

汉末群雄割据，山越人拥"宗帅"自立，组成"宗部""宗伍"，大者数万家，小者几千户，拒绝向官府纳税服役。山越人强悍好武，勇于阵战，极难战胜。孙权继任之初，即分派各将对他们进行镇抚，但收效不大，他们仍然时常闹事。孙权受到山越的牵制，难以对外进行大规模的军事行动。在对外征讨之前，孙权决心先解决山越问题，他采取了打压政策，毫不留情。

孙权派征虏中郎将吕范率兵平鄱阳（今江西波阳），荡寇中郎将程普率兵讨乐安（今江西德兴）。又派骁勇之将到山越群居、难以治理之县镇守，将各地山越的宗帅擒拿斩首，强迫山越人出山定居，将强壮者补为军卒，老弱妇幼列为编户农民，从事生产，向国家缴纳谷吊。经过几次大的剿抚行动之后，山越人的反抗暂时减弱，使后方得以彻底稳固，这为他下一步对外用兵奠定了基础。

孙权立稳脚跟之后，便把进一步开疆拓土、扩大基业提上了日程。

公元 208 年，孙权又率军攻打地处长江上游的江夏太守黄祖。黄祖见孙权来势凶猛，连忙准备迎敌。他命将士把两艘大船横在江上，又以大石系上巨绳沉入江底作锚，船上驻扎军士千余人，以弓弩等阻挡孙权水军前进。孙权的江东水军刚一到达，黄祖的水军一齐放箭，一时间万箭齐发，人不得前。孙权部下偏将军董袭和别部司马凌统各领敢死队百余人，每人身披两重铠甲，乘坐战舰，一直冲到黄祖战船跟前。董袭手执大刀，一连砍断两根巨索，水军乘势一齐冲上前去。黄祖见势不妙，忙派都督陈就率水军迎战。孙权大将吕蒙率先锋部队冲上前，杀死陈就。黄祖兵溃逃，江东军队上前将其追杀，并乘胜将夏口（今武汉市）纳入了自己的版图。

此时的孙权雄姿英发，接连的胜利也让他更加信心十足。世人都说孙权安于江东一隅，但谁又知道他此刻没有怀天下之心呢？

赤壁鏖战

孙权安内拒外，屡屡取得胜利，不仅让以前怀疑他年轻、能力不足的人放了心，也让外界对他的看法大为改变，孙权少年英勇，谋略过人，确实是个可树之才。然而，所有的成功都不是想象的那么容易，每一份成功不仅需要个人的能力、主观的努力，也需要一定的机遇。

孙权在消灭黄祖占领夏口后，就等于占据了荆州门户。孙权正想乘胜进取荆州，不料此时的形势又发生了新的变化。

早在荆州牧刘表病死时，鲁肃就对孙权说："荆州江山险固，沃野万里，士民殷富，且与我相邻。如果占据此地，便可无敌天下，自成帝业。现在刘表刚死，他的两个儿子又不成气候，军中诸将肯定各有异心。刘备也算是当今的英雄，且与曹操不和，当初暂时依附刘表，也是迫不得已。如果刘备与刘表二子齐心协力，对他们应该加以安抚，与他们结为盟好；如果他们不能和好，应该以别的办法加以夺取。我想借到荆州吊丧之机，向刘表二子表示慰问，劝说刘备安抚刘表部众，同心同德，共抗曹操。估计刘备肯定会同意。如果事成，天下事便不难了。如果不赶快前往，恐怕让曹操占先。"孙权表示同意，马上派鲁肃前往荆州。

让孙权及鲁肃没想到的是：几乎与此同时，曹操正向荆州进发。鲁肃得知这一消息后，更是快马加鞭地驰往荆州。鲁肃一行到了南郡时，听说刘琮已投降曹操，刘备也已南下。鲁肃在当阳长坂坡（今湖北当阳东北）截住刘备，与他共论天下大事。

鲁肃问道："刘将军打算下一步去哪里？"

刘备回答："我与苍梧太守吴巨有旧情，准备投奔他。"

鲁肃说："讨虏将军孙权聪明仁慧，敬贤礼士，是江东英雄，从者如云，现在已据有六郡之地，兵精粮广，足以成大事。为您打算，不如遣心腹之人与孙将军结交，共谋大事。

吴巨不过凡夫俗子,又在偏远之地,将来一定为人吞并,怎会值得相托呢?"

刘备听后觉得有道理,便去问诸葛亮。诸葛亮对形势的看法本来与鲁肃相同,也有联吴抗曹之意。

鲁肃又对诸葛亮说:"我是令兄诸葛瑾的好友。"当时,诸葛瑾为孙权的长史,很受信任。听鲁肃说完之后,遂与鲁肃结为好友。刘备接受鲁肃的建议,不再南下,命全军进驻鄂县的樊口,等待时机。

曹操接受了刘琮等人的投降后,从江陵一路东下。诸葛亮听到这个消息后,立即感到了形势的危机。因为,当年刘备带兵从曹操手下潜逃,曹操肯定嫉恨在心,此时,刘备身处危机,曹操肯定不会放掉杀刘备的机会。于是,他对刘备说:"事情很危急了,请您派我向孙权求救。"刘备同意,诸葛亮便与鲁肃一同去见孙权。

孙权见诸葛亮随鲁肃前来,非常高兴,亲自出来迎接。诸葛亮劝说孙权道:"现在天下大乱,将军起兵于江东,我主刘备收散兵于汉南,与曹操共争天下。现在曹操靖平内乱,已破荆州,威震四海。中原已无英雄用武之地,故刘将军逃难而来。请孙将军衡量一下利弊,如果您觉得以吴越之兵可与曹操的中原之军抗衡,不如早与曹操绝交;如果觉得力量还不够,当然也可以偃旗息鼓,卑颜屈膝侍奉曹操。如果依将军目前的表面服从而心怀犹豫之计,事急而不断,恐怕将军也很快就有危难。"

孙权不高兴地说:"如果像您说的那样,你主刘备为什么不投降曹操?"

诸葛亮见孙权已经有些不满了,知道激将法已起了作用,便更进一步激怒孙权,他说:"汉初田横不过是一个壮士,却能舍生取义,不为他人所辱,何况刘将军是汉朝宗室,盖世英才,是个能让众人仰望的人士。如果事情不成,此乃天意,又怎能卑身事人呢?"

孙权听后震怒:"我是一方之主,更不能以东吴之地、十万之众反而受制于人!我的决心已定,必与曹操一争高下。当前除了刘将军之外,没人能抗御曹操,可是刘将军新败,他还能担当起这个使命吗?"

诸葛亮见孙权心动,马上进言打消他的顾虑。他说:"刘将军虽然在长坂坡遭到失败,但尚有关羽水军精锐及陆续归队的将士,不下万人。刘琦聚合江夏战士也有万人之上,也可以调来为刘将军指挥。曹操兵固然勇猛,但其远途而来,如今经过征战也已疲惫不堪,这正是古人所云'强弩之末,势不能穿鲁缟',所以兵力已大不如前。况且北方将士来到江南,不习水战,不善舟船。另外,荆州民众投降曹操,不过是迫于兵势,暂时屈身,并未心服,一旦有事,他们必定会脱离。现在孙将军若能命勇猛之将统兵数万,与我主同心协力,破曹操军队一定可以成功。曹操兵败,必然北还,这样,荆州、三吴之势必然强盛,鼎足之势便可形成。成败之机,在于今日,请将军速做决断!"

孙权听后,顿时明白了诸葛亮的本意,于是,立刻与群僚商议筹划。恰巧此时曹操派人送来书信。信中说:"近来我奉天子之命讨伐有罪之人,刚刚挥戈南向,刘琮便束手投降。我现在正整顿水陆大军八十万,想与孙将军在江南比武嬉戏。"曹操之信虽然表面波澜不惊,但挑衅之意已溢于言表。

孙权将信给群臣传看，群臣大都惊惶失色，长史张昭等人说："曹操乃虎狼之人，挟天子以征四方，动辄以朝廷之命为辞，今日如果拒绝他，于事理不顺。况且我们之所以敢于抗拒曹操，就是凭借长江。现在曹操得到荆州，占领其地，刘表所治的水船战舰数千艘都已被他夺去，曹操已全部把它们放入江中，准备顺流而下，更兼有大量步兵，水陆并进，这长江之险岂不是已与我们共同据有了吗？至于力量众寡之悬殊，更不必多说，所以，依我看，不如暂且投降曹操。"

群臣议论纷纷，都以为张昭所言甚是，而鲁肃此时却一言不发，孙权也是一时难以决定，想战又怕失败，想和又觉得脸面上过不去。过了一会儿，孙权起身到外面，鲁肃随后追上孙权，聪明的孙权当然知道鲁肃的意思，拉着他的手，问道："爱卿想说什么？"

鲁肃说："刚才我已观察思虑过，众人之议，都是想贻误将军，不足以成大事。现在我可以投降曹操，而您却不能投降。因为，我如果投降，曹操恐怕会打发我回家乡，回乡之后，按我的才能，也还可以当个诸曹从事之类的官吏，可以乘华车、率吏卒、交结士人及朝廷命官；如果不断升迁，当上州郡长官恐无问题。而将军您若投降，曹操会怎样安置您呢？请您三思！希望将军早定大计，不要听从众人之议。"

孙权执着鲁肃的手，叹息道："唉，众人的议论，真使我大失所望！现在爱卿为我筹划大计，甚合我意，这是苍天把你赐给我的呀。"不过，孙权虽然有鲁肃支持，但心里还是有点犹豫。

于是，鲁肃劝孙权将周瑜从鄱阳（今江西鄱阳）召回来商量。周瑜在孙权刚刚即位的时候，就在身边辅佐。孙权非常尊重周瑜，以兄长之礼待他。此人非常有才华，而且风流儒雅，姿貌出众，东吴之人皆称他为周郎。他胸有大计，文武韬略为东吴诸臣之冠，连老将程普后来也倾心折服，逢人便讲："与周公瑾相交，好像饮甘醇美酒一样，不觉令人自醉。"江东乔公有两个女儿，都是国色天香。孙策自娶大乔，周瑜娶小乔，因而与孙氏兄弟有姻亲之谊。

召回周瑜后，孙权又召集群臣商议大计。周瑜说："曹操虽名为汉朝丞相，其实是乱臣贼子。将军您英雄神武，有雄才大略，兼仗父兄壮烈遗风，割据江东，占地数千里，兵精将广，正应当横行天下，为汉朝清除污秽。现在曹操自来送死，为什么还要投降他？我替将军分析当前的形势：现在北方尚未平静，马超、韩遂等还在关西，是曹操的后方隐患；曹操舍弃车马，倚仗舟船，来与我们争雄，岂不是弃长用短？当前正值盛寒、马无草料，中原之兵又跋涉于江河湖湾之间，不服水土，疲劳过度，必然生病，这些都是用兵者的大忌，而曹操居然敢贸然行之。将军捉拿曹操的时机正在今日！您如果给我精兵数万，前往夏口迎敌，保证为您取胜！"

孙权说："曹操这个老贼，早就有篡汉自立之心，只不过忌惮袁绍、袁术兄弟及吕布、刘表与我几个人。现在数雄已灭，只有我还在与他抗衡。我与曹操老贼势不两立！公瑾认为应当抵抗，正合我意。"说完，孙权双目圆睁，拔出佩剑，"嗖"的一声砍去面前案几一角，大声喝道："诸将吏谁要再说投降曹操，就像这案几一样！"

当晚，孙权在室内来回徘徊，或低头沉思，或仰首长叹，其心思不言自明。诸葛亮、鲁肃及周瑜几个人的意见统一，让他下决心与曹操决一雌雄。可他还是有些担心兵力太少，怕万一失败了，毁掉父兄辛苦创下的基业。

正在他苦思不得其安的时候，周瑜推门而入。原来，周瑜料想到孙权必然心存疑虑，特来打消他的疑虑。周瑜对孙权说："众人只见曹操书信上说他有水陆大军八十万，便惊惶不已，不再细想是否真实。其实，照实细细算来，曹操所带领的中原军队不过十五六万，而且早已疲惫不堪；收降刘琮得到军队不过七八万，况且他们都心怀狐疑，不会奋力作战。以疲惫之卒，督率狐疑之众，数量再多，也不值得害怕。我如有精兵五万人，便足以制服曹操，请将军不必忧虑！"孙权听后，抚着周瑜的脊背，感叹地说："公瑾所言正合我心。张昭等人，怀有私心，各顾妻子家业，使我深为失望，仅你与鲁肃与我同心，这是苍天以二卿助我啊！五万兵一时难以调集，我已选足三万人，船粮战具军械已备齐。你与鲁子敬、程普等将便为前部，我当不断续以援兵，多送粮械，做你们的后援。你如能决胜，自可决胜；如攻击不利，就返回我处，我当与曹操决战。"

第二天，孙权便正式任命周瑜、程普为左、右都督，率军与刘备共进，合力防御曹军。又以鲁肃为赞军校尉，帮助筹划方略。

周瑜等率军前进，与曹军在赤壁（今湖北江夏区西）相遇。当时，曹操兵马已患疾疫。初一交战，曹操军队小有失利，便屯驻江北；周瑜等驻扎南岸，二军隔江相望。期间，周瑜忌惮曹兵人多，而曹操也担心自己的兵士不习水战，两军就僵持着。

周瑜苦于无破曹之计，部将黄盖献计道："现在敌众我寡，难以持久。曹军因不习舟船，已将战舰连在一起，这样行动不便，正利于我们采取火攻。"周瑜当下表示同意。于是两人定下计策，由黄盖诈降来诱骗曹操。

不日，黄盖便先派人送书信给曹操，假称欲降曹操，并定下投降时日。接着，他们就准备了战船十艘，船中载满干柴、芦苇、油脂等易燃之物，上面盖上帷幕、插上旌旗，并将小船系于船尾。到了约降之日，恰巧刮起东南大风，黄盖等率军登上引火之船在前，其余战船尾随其后。曹操军将一看东吴将士过来投降，很多人出来观看。到了距离曹军船舰约二里之地，黄盖令军士点火后撤至小船，火船乘风，箭一般直射北岸。

曹军船只连在一起，又毫无防备，想救火更来不及，只得眼睁睁地看着大火烧尽战舰，并延及岸上营寨。只见那火仗风势，风助火威，不一会儿，烟雾弥漫，火光冲天，大火几乎烧遍曹营。曹军见此状况，纷纷逃命，被烧死及落水淹死者不计其数。

周瑜等人率精锐之军紧随其后，擂鼓呐喊，杀声震天。曹操等人魂飞魄散，急忙率残兵败将从华容道逃跑。此道崎岖不平，恰逢雨后泥泞不堪，曹操只得命令病弱步兵负草铺地，让军骑通过。一时间，士兵被人马踏死及陷入泥中而死者甚多。周瑜、刘备等率大军水陆并进，追歼于后。曹军因饥饿疾病而亡及战死者去掉一多半，曹操不得不留曹仁、徐晃守江陵、襄阳，自己引败军北还。这就是历史上著名的赤壁之战。

赤壁一战，曹操大伤元气，三国鼎立局面基本上形成。这一年，孙权仅仅27岁。

鼎足三国

赤壁之战后,孙权虽然取得胜利,但战争的结果并不令他满意。他早就瞄准的荆州没有到手,反倒让刘备占据。由于北方曹操的威胁还在,又不可能立即将刘备逐出荆州,孙权权衡利弊,同意鲁肃的建议,将荆州要地借给刘备,以维持联盟,再图发展。

以后,孙权也在慢慢地扩展自己的地盘。周瑜等率军经过一年多的战斗,夺取了江陵,控制了江陵以南的大片土地。公元210年,孙权又任命步骘为交州刺史。步骘率一千军卒南下,杀了不肯归顺的苍梧太守吴巨,东吴的势力便一直扩展到了交州(今广州)一带。

孙权把都城从京口(今江苏镇江市)西迁至秣陵,筑石头城,改名建业(今南京市)。同时,在通往巢湖的濡须口设立夹水坞,控制通往长江的水道,以防曹操南下。

公元213年春,曹操率大军进攻濡须口。曹军号称40万,声势浩大,攻破了孙权在长江西南的大营,俘虏东吴都督公孙阳。孙权带领7万军队前去迎战。曹军制造了一种油皮船。用牛皮制成,外涂油漆,轻便异常。夜晚,曹操派部分军士乘坐油皮船,渡到一个沙洲上,准备偷袭。孙权发现后,立即派水军将曹军包围,俘虏了3000人,还淹死了数千人。曹操吃了亏,便坚守营垒,拒不出战,孙权几次派人挑战,曹军都不理会。

双方相持月余,曹军未占优势,曹操虽想退兵,又有些犹豫。这时春雨连绵,不便征战,孙权便写信给曹操说:“春水方生,公宜速去。”又另外写道:“你一日不死,我一日不安。”曹操对诸将说:“孙权没欺骗我,他说的是真心话。”便领军退兵北返。

孙权此时与刘备一同抗曹,取得了几场胜利,难免有些志得意满,致使后面的战斗中,吃了一个大亏。那是在公元215年,孙权乘曹操出征张鲁之际,调动10万大军,围攻合肥。曹军守将张辽、李典、乐进,皆有万夫不当之勇,虽只有7000守军,却有着非常强的战斗力。

张辽、李典乘吴军长途跋涉立足未稳之机,连夜招募敢死之士800人,第二天天刚放亮,张辽披甲持戟,率敢死队冲入孙权阵内。张辽身先士卒,冲锋陷阵,连斩孙权两大将,军士数十人,并乘势冲至孙权大帐附近。孙权惊惶失措,连忙逃至高岗,令众军将以长戟围住。张辽自报姓名,呼孙权下来应战。

孙权被张辽气势震慑,不敢下来。后来,孙权见张辽兵单力薄,便调兵将张辽等人围住。张辽毫不惧怕,率几十人冲出重围,见尚有余众在重围中,便重入阵中,救出兵将,一同突围而走。孙权军将见其如此勇猛,更是无人敢加以阻挡。在这一次曹军的小试锋芒中,吴军锐气大减。

孙权攻合肥十余日不能取胜,便撤军南返。张辽等见吴军撤退,随即率军追击。等孙权撤到一条河边,却发现桥面上有一丈多长没有桥板,原来张辽早派人撤了桥板,孙权

急得不知如何是好，幸亏亲信急中生智，让孙权放松缰绳，随后在马后猛抽一鞭，骏马疼痛，长嘶一声，跃过断桥，孙权得以脱险。张辽见有人马已过桥，追问吴军降兵，降兵回答说："正是孙将军。"张辽等人追悔不已。

孙权进入大船饮酒压惊，大将贺齐流泪道："将军为至尊之人，应谨慎持重。今日之事，几乎丧败，使我们臣下震恐，好像失去天地。愿您以此作为终生之诚！"孙权上前替他抹去眼泪，说道："惭愧！惭愧！我已刻骨铭心，当永世不忘此事。"

此后，孙权与曹操数有征战，双方各有胜负。后来，因孙权和刘备争夺荆州发生尖锐矛盾，孙权为避免两面受敌，于公元217年春，向曹操请降讲和。曹操也知难以战胜孙权，便同意双方修好。此后，孙权便把精力转向了荆州。

荆州地富人众，扼南北通道，战略位置非常重要。夺取荆州同样也是孙权的既定国策。赤壁之战后，孙权得益甚微，为共同抵抗曹操，荆州诸郡不得不忍痛借与刘备。孙权曾遣使告诉刘备，谋求共取巴蜀。但刘备却欲独占益州，不准他人染指。孙权派兵推进，刘备随即派关羽、张飞等将加以阻拦。后来刘备果然独得益州，孙权闻之大怒道："刘备狡猾至极，竟敢如此奸诈！"

当初，刘备曾至建业(今南京)见孙权，周瑜建议孙权羁留刘备，挟持关羽、张飞二将。孙权觉得曹操尚在北方，应延揽英雄以树曹操之敌，又担心刘备在身边更为难制，所以未能采纳此计。

公元214年，孙权见刘备羽翼已丰，便命诸葛瑾向刘备索要荆州诸郡。刘备又推托说："我正在图取凉州，待得了凉州，一定将荆州还吴。"孙权更加恼怒，便设置长沙、零陵、桂阳三郡长官，去强行接管。不料，被荆州守将关羽统统赶了回来。孙权气愤，遂派吕蒙、鲁肃等率兵攻取。吴军很快拿下三郡，刘备急忙从成都领兵下公安(今湖北公安)。双方剑拔弩张，大有一触即发之势。适逢曹军攻入汉中，刘备怕益州有失，遣使向孙权求和，孙权也因力量不足，同意重结盟好。双方商定瓜分荆州，以长沙、江夏、桂阳东属孙权，南郡、零陵、武陵西归刘备。

起初，鲁肃劝孙权对关羽要加以安抚，以求其抗御曹操。孙权便为其子求关羽女儿结婚。关羽性情骄傲，不但不同意，反而将来使痛骂一通。孙权听后极为愤怒，决心攻取荆州。

虽然孙权想出兵袭击荆州，但该地守军尚多，一时他也拿不定主意。这时，吕蒙献计道："关羽攻打襄樊，正是用兵之时，可他反而留重兵于荆州，主要是害怕我会偷袭他的后方。关羽也知道我身体不好，我可以表面请求回建业治病，并带回一部分士兵。关羽听后必然相信，而不再防备，他会调集大军尽赴襄阳。然后我再率大军星夜沿江而上，袭其空虚，这样，荆州等皆可攻下，关羽可擒杀。"

孙权听后，依计行事，于是吕蒙便称病而回，孙权也广为张扬，并公开征召吕蒙回建业治病。吕蒙返建业之后，孙权改派毫无名气的年轻书生陆逊督率吴军。陆逊到任以后，立即写信给关羽，信中言辞谦卑恭敬，一再恭维关羽神勇，自己深切仰慕，请其多加指

教。关羽看信之后，大为放心，遂抽调兵力去攻樊城。

孙权见计谋得逞，于是亲率大军，沿江而上。他派吕蒙为前锋，直驱关羽军队防地，将精兵藏在船舱之内，让身着白衣人摇橹撑篙，声称是商旅之人。关羽沿江守备之兵毫不怀疑，未加戒备。待到夜晚，船中精兵悄然上岸，将守江士卒尽数收缚。之后，吕蒙大军昼夜兼行，向荆州腹地进袭，而关羽对此却毫无知晓。

吴军来到荆州重镇南郡时，南郡城守将糜芳、傅士仁等大吃一惊。二人早就嫌怨关羽轻视自己，近来又因供襄樊军资不力而屡受关羽斥责，关羽还扬言回军之后要惩治二人，所以二人毫无斗志，欣然接受了吕蒙的劝降，大开城门，将吕蒙大军迎进城内。

关羽得知南郡已被吕蒙夺取，大惊失色，急忙撤襄樊之兵，率军南返。途中，关羽几次派使去吕蒙处询问。使者来到城中，吕蒙厚加犒赏，任他周游城中，城内关羽军将家属见使者前来，纷纷打听亲人情况，或托他捎带家信。使者回报关羽后，随即被将士包围，七嘴八舌地打听城中情况，使者大声喊道："各位放心！城内完好无损，各位家中平安无事，还有各位家书带来。"众将士看过家书，知道安然无恙，又见吕蒙照顾下属远胜过关羽，更加没有斗志。

关羽见状，知道大势已去，料想不能夺回南郡，便至麦城（今湖北当阳东南）以图自保。孙权使人劝降，关羽佯称投降，立旗幡、假人等于城墙之上，连夜逃走。兵众都四散而去，随行者仅十余人。孙权先派朱然、潘璋等将扼住关羽逃路，遂将关羽及其儿子关平活捉。孙权开始本不想杀关羽，众人知其忠义，只追随刘备一人，便一齐劝谏杀掉他。于是，孙权便杀了关羽父子，将荆州全部夺回。

自立为帝

就在孙权夺回荆州的第二年，曹操病死，其子曹丕代汉称帝，建立魏国。孙权知道自己夺回荆州，刘备必然出兵再争。为避免两面受敌，必须与魏国暂时搞好关系。因此，他派使节向曹丕祝贺称臣，曹丕则封孙权为吴王。

消息传到东吴，孙权召集臣僚商议对策。有人以为孙权不应接受曹魏的封号。孙权考虑再三，对群臣说："从前汉高祖刘邦也接受项羽的汉王封号，这不过是权宜之计，有何不好？"于是，孙权便接受了吴王封号，并遣使至魏称谢。曹丕乘机索求象牙、夜明珠、犀牛角、玳瑁、孔雀、翡翠、大贝等珍宝异物。东吴群臣又反对。孙权说："我所钟爱的，是土地、人民。曹丕所求的东西，对我来说不过是瓦石之物，有什么可惜的呢？况且，以这些东西换取荆州以至东吴的平安，是以轻代重。我何乐而不为呢？"

于是，孙权便不断地遣使纳贡，奉献方物，恭行臣子之礼。曹丕受到迷惑，不再考虑出兵攻吴。孙权避免了魏的攻击，正好得以全力对付刘备，以后取得了打败蜀国倾国来攻的夷陵之战的全胜。

荆州之争和夷陵之战后,吴蜀联盟彻底破裂。孙权因夺荆州、防刘备的需要,表面上向魏国称臣,但并非出于真心。曹丕为加强对东吴的控制,再三要求孙权把儿子孙登送到魏国做人质。孙权当然不肯,推说孙登年幼,不宜入朝,拒绝送入魏国。

公元222年秋,曹丕以孙权不送子人质、首尾两端、心怀二意为由,派三路大军直攻洞口(在今安徽和县东南)、濡须(在今安徽巢县)和南郡。孙权连忙调兵遣将,抵挡曹军。

这时,孙权意识到如果继续与刘备为敌。将有两面受击的危险,便主动派太中大夫郑泉前往白帝城,向刘备求和。刘备大败之后,也知道荆州已难夺回,如吴军继续进攻,自己也会有危险。同时,刘备又担心魏国灭掉东吴之后,可以全力以赴地对付自己,于蜀汉不利。所以,吴蜀联盟重新建立,双方信使往来不绝。

孙权与魏国绝交之后,曹丕十分恼火,他亲自带领大军,到达广陵(今江苏扬州一带),准备进攻东吴。孙权见曹丕来势凶猛,遂召集谋臣武将商议对策,徐盛向孙权建议,在长江南岸多竖木桩,围上芦苇,涂上泥灰,建造假楼疑城,迷惑魏军,使之不敢轻易渡江进攻。孙权认为此计大善,便加以采纳,命令东吴军民准备材料,连夜动工。一夜之间,长江南岸出现了无数城楼关隘,连绵不断,首尾相接,足有数百里,远远望去,真假难辨。同时,吴军又在江边停泊了大量舰船,多树旗幡,制造声势。

曹丕在长江北岸隔江望去,只见江边战船密布,旗帜招展,岸上城楼连绵,固若金汤,不觉大吃一惊。他叹口气说:"江东人才济济,不可轻易夺取。"便无可奈何地撤军北还。

这时,诸葛亮也带领蜀军,对魏国不断发动进攻。曹魏被迫处于守势,已不可能集中兵力对付东吴。这样,孙权建国称帝的时机终于成熟了。

孙权在三国期间,有时联合刘备抗曹,有时对魏称臣而打刘备,足见其有着成功者的素质。能够审时度势,能够站起来,能够弯下去,可见其心胸之宽,壮志之大。为了东吴的安全,为了保护自己的土地,他不惜委屈自己,在三国混战的年代,孙权能够纵横三国,可见其能力绝非一般。

曹丕、刘备相继称帝后,孙权也有称帝之意,但他进一步审时度势,考虑到力量尚微,难以威命众人,感到时机不成熟,所以没有急于称帝。

公元223年,群臣又劝其即皇帝之位。孙权再次辞让说:"汉朝虽气数已尽,衰败灭亡已成定局,但我既然不能相救,也无心去相争。"说得冠冕堂皇。群臣又称符瑞多次出现,天命已显,反复请求孙权称帝。孙权无奈,只好对群臣说出心里话:"我何尝不愿早日当皇帝?只是担心过早称帝,会招致魏国征讨。魏蜀如同时进兵,我们将腹背受敌,岂不危险?请诸君理解体谅我暂时低屈的本意。"

当帝王,应该是当时三国混乱时期很多人的梦想。但是,孙权能够做到不吃放在嘴边的肉,能够认清当时的时势,能够客观地分析称帝的利弊,能够为东吴的人民着想,的确非常不容易。按理来说,孙权比刘备称帝的时候更有实力和资本。可孙权依然没有急于走上那让人羡慕的宝座,就像他自己所说的一样:他在渴望,只不过是等待一个恰当的时机而已。

曹丕去世后,公元229年,孙权见曹魏幼主即位,料定不会有大举措,而此时吴蜀联盟又很稳固,国内统治也安定,才正式登上皇帝宝座,他就是历史上的吴大帝。因夏口(今湖北武汉)、武昌(今湖北鄂州)都传言黄龙、凤凰等吉物出现,于是改元"黄龙",立国号为"吴",大赦天下。追尊孙坚为武烈皇帝,孙策为长沙桓王,立子孙登为皇太子。九月,孙权迁都建业(今江苏南京)。

晚期昏聩

孙权称帝,是三国鼎立局面正式确立的标志。三国之中,尽管孙权称帝最晚,但从割据江东起计算,他的统治时间却是最久的。孙权统治前期,以知人善任著称。"他从百姓中选拔任用鲁肃,这是他的聪明之处。在士卒中提拔吕蒙做将军,这是他的明智之处。俘获了于禁但不杀戮,这是他的仁义宽厚。夺取荆州但兵不血刃,这是他的智慧过人之处。现在占据荆州、扬州和交州,虎踞天下,这是他的强盛之处。不惜屈身向陛下称臣,这是他的过人的谋略。"这是他的臣子对曹丕说的话,即便其中有过分吹捧之嫌,但大体还是符合事实的。

孙权早期与群臣推诚相处,君臣和睦,上下一心。有人曾告发诸葛瑾交通蜀汉,孙权说:"我与诸葛子瑜,可谓神交,外人流言我根本无需听。"陆逊坐镇荆州,孙权复刻自己的一枚大印交给他,委他全权处理与蜀汉交往之事。孙权刚刚称帝时,蜀汉有人主张讨伐,丞相诸葛亮说:"东吴贤才良将众多,将相和睦,不可一朝而定。"可见,孙权在执政初期确是值得尊敬的贤明之君。

孙权不仅知人善任,而且善抚将士,能得臣下死力,将士都愿以身事主。孙权恩威并著,尤以恩信得众将心。凌统早死,其子尚幼,孙权将其幼子领入宫中抚养,爱如己子。吕蒙患病,孙权将其安置在内殿就近治疗,不惜重金悬赏,以求名医名药,悉心治疗。孙权常来探视,又恐吕蒙伤神劳累,于是在墙壁上凿一小洞,随时看望。看到吕蒙偶有起色,小进饭食,孙权便喜形于色,与左右谈笑。否则就黯然神伤,夜不能寐。吕蒙病小有转机,孙权特地下令群臣祝贺。后来吕蒙病情转重,孙权亲临榻前探视,又命道士祈祷禳灾。吕蒙终于不起,孙权哀痛不已,身心为之大伤。

孙权命周泰统率朱然、徐盛等将,二人颇为不悦。孙权特意置酒席送到周泰军营之中,亲自为周泰敬酒,命其解开衣服,亲手指点身上斑斑伤痕。原来,平虏将军周泰曾担负护卫孙权之职,不顾安危,冲锋陷阵,出生入死,曾于重围之中拼死抢救孙权,全身受伤多处。孙权流着眼泪说:"将军乃东吴之功臣,我要与您休戚与共,同享富贵。"说毕,便将自己所用的御盖赐给周泰。周泰自是感恩戴德,诸将亦无不心悦诚服。实际上,因为孙权能推贤下士,爱才如命,天下之士才视孙权为圣君明主,望风而归,使东吴贤臣如林,猛将如云,能保江东几十年基业,与其手下贤臣猛将不无关联。

孙权执政前期虚怀若谷，从善如流，对臣下的正确谏诤，勇于采纳。孙权说过："天下没有纯白的狐狸，而有纯白的狐裘，那是集众狐而成的。能用众人之力，则无敌于天下；能用众人之智，则无畏于圣人。"孙权曾在武昌临钓台饮酒，与群臣喝得酩酊大醉但还醉眼朦胧地说："今日大家都要畅饮，一醉方休！只有醉倒台中，才能停下。"老臣张昭正色不语，径直走出台外，端坐车中，孙权派人将张昭唤回说："不过是一起作乐，你何必生气？"张昭答道："过去商纣王作酒池肉林，竟长夜之饮，当时也认为是作乐，而不觉得是作恶。"孙权听后，默然不语，思虑再三，深感惭愧，遂命罢酒。

孙权执政前期，无疑是个合格的帝王，但到了晚年，却完全变了一个人，他开始刚愎自用，猜忌群臣，信用奸佞，排斥忠良，致使东吴逐渐走向了衰落。

公元223年，割据辽东的公孙渊突然遣使向东吴上表称臣。孙权大喜过望，为之大赦天下，并欲派遣太常张弥、执金吾许晏、将军贺达等为使，将兵万人，携带金银珠宝，漂洋过海，授公孙渊为燕王，并赐九锡。满朝文武以张昭、顾雍为首都痛切谏止，认为公孙渊乃反复小人，不必对他宠遇过厚，只需派兵吏护其使者归返即可。

张昭说："公孙渊背叛曹魏，担心招致讨伐，故远来求援，归顺并非本意。如果他重又投靠曹魏，我国派出的使节不能返回，岂不取笑于天下？"孙权不听。张昭再三谏诤，孙权仍不接受，依然坚持己见，派张弥、许晏等前往辽东。张昭见此，十分气愤，遂称病不朝。孙权恨张昭不从己命，命人用土将张昭家门堵住。张昭一见，来了个针锋相对，也从门内用土封住，再也不出门。

后来，公孙渊果然斩杀吴国使臣，重新倒向曹魏。孙权听说后，勃然大怒，不仅不检讨自己处置不当，反而迁怒于公孙渊，说道："我已年届六十，世界之事，无所不知。近来却为鼠辈所骗，真令人气愤！若不斩杀这鼠子之头掷于海，还有什么面目当皇帝！就算长途跋涉，我也要亲征鼠辈，以雪心头之恨！"说着就要带兵亲征，幸亏众臣谏止，才免了一场战事。

随着猜忌心的日益加重，孙权专门设置了校事、察战两职，用以监视文武百官。吕壹为中书校事，诋毁大臣，罗织罪名，构陷无辜，使无罪有功之臣，互相纠举，横受大刑，而孙权对他却十分宠信。丞相顾雍无故被诬陷，遭到软禁。江夏太守刁嘉被陷害，几乎受诛。太子孙亮数次劝谏，孙权不听。大将军陆逊见吕壹窃柄弄权，擅作威福，而无人可禁，与太常等人同心忧思，以致痛苦不堪。骠骑将军步骘多次上书，揭露吕壹罪行，请求孙权改变虽有大臣而不能用的状况，重新任用顾雍、陆逊等忠贞股肱之臣，孙权却置若罔闻。潘濬见孙权如此不进忠言，百般无奈，竟想铤而走险，借宴会之机袭杀吕壹。后来，吕壹虽因陷害左将军朱据，事情泄露被杀，但校事等官却仍然不废。

孙权猜忌过重、刚愎自用等毛病，伤了很多大臣的心，使吴国渐衰。他开始猜疑守边将领，出征前要交出妻子儿女做人质。除了对付武将，他还开始监视百官，这使很多的大臣无辜受到陷害，但孙权却还大加重用那些校事官。大臣们人人自危，哪还有心去操心政事？

孙权晚年对官极严也还罢了,他对民也残酷了起来,与他统治前期的做法简直就是大相径庭。孙权为了充实国库,对一向爱戴的百姓实行重税重赋,百姓无奈只好流离失所,四处逃生,甚至揭竿而起。孙权曾苦心经营,逐渐强大起来的东吴,又一点点衰退下去。

公元251年冬十一月,孙权出南郊祭天地,回宫之后,就中了风。十二月,孙权将大将军诸葛恪召回,拜为太子太傅,开始安排后事。公元252年夏四月,孙权病死,时年71岁。太子孙亮即位,谥孙权曰"大皇帝"。

一代枭雄

世之枭雄

——刘备

名人档案

刘备：三国时蜀汉建立者。公元221~223年在位。字玄德，今河北涿州人，汉中山靖王刘胜之后。

生卒时间：161~223年。

安葬之地：成都市南郊武侯祠内之正殿西侧。史称惠陵。

性格特点：好结交豪侠，宽厚仁慈。

历史功过：东汉末年与关羽、张飞"桃园三结义"，并趁乱崛起，以镇压"黄巾起义"有功，代领豫、徐两州牧。公元207年，他"三顾茅庐"，登门求教，采纳了诸葛亮提出的占据荆、益二州，联吴破曹、统一全国的建议，并合力击败曹操"八十万大军"于赤壁，开创了中国古代以少胜多、以弱胜强的著名战例。旋又引兵入蜀，夺取益州和汉中，自立为汉中王。于公元221年正式称帝，国号汉，都成都，与魏、吴鼎足而立。在位期间推行诸葛亮制定的国策，实行法治，后以替关羽报仇为名，大举攻吴，在彝陵战役中为陆逊所败。

名家评点：三国志评曰："先主之弘毅宽厚，知人待士，盖有高祖之风，英雄之器焉。及其举国托孤于诸葛亮，而心神无二，诚君臣之至公，古今之盛轨也。机权干略，不逮魏武，是以基宇亦狭。然折而不挠，终不为下者，抑揆彼之量必不容己，非唯竞利，且以避害云尔。"

后汉倾颓

　　刘备生活的时代,正值东汉末期,这是一个土地兼并剧烈,地主剥削残酷,官府徭役繁重,政治腐败不堪的黑暗时代。常说,哪里有压迫,哪里就有反抗。地主封建官僚阶级,对农民残酷的经济剥削和政治压迫,迫使农民以武装斗争来反对地主阶级的统治,一场规模巨大的农民起义——黄巾起义,终于在公元184年,在张角领导下,像一声霹雳,猛烈地爆发了。到处可以看到:"四方百姓,头裹黄巾,从张角反者四五十万",声势浩大,"官军望风披靡",在这种火烧眉睫的情况下,封建统治者一面"火速降诏,令各处备御",负隅顽抗,一面调兵遣将,向黄巾起义军反扑过来。各地豪强地主,也纷纷搜罗了大批地主阶级的地方武装,配合"官军"围攻起义军。黄巾起义军虽然在统治阶级的血腥镇压下失败了,但罪恶的东汉封建王朝也在农民起义的冲击下,无法维持对全国的正常统治。

　　史学家普遍认为,东汉后期的政治,在统治阶级方面,基本上是外戚、宦官两大集团,附带着一个官僚集团的活动、冲突和变化。这三个集团,在东汉前期先后发展起来。不过,汉光武帝和他的继承人汉明帝,还能掌握皇帝的权力,外戚,尤其是宦官还不敢公然横行作恶。他们在位的时候,确实惩治不法官吏比较严,赋税徭役比较轻,对外战争比较少;但东汉经过了极其平实的"明章之治"后,从第四位的和帝开始,由于皇帝年幼无知,母后便理所当然地肩负起掌政辅君的重任,因而引进了外戚,导致外戚的专权。然而,东汉的外戚,在才能方面却无法与西汉的相比,但是他们的横暴跋扈却又有过之而无不及,往往互争权力,造成了外戚大封诸侯的情形。等到皇帝长大,却又无法忍受外戚的专横,便结合宦官或地方上豪强的力量,实行消灭外戚。于是,东汉末年的政局便在宦官与外戚的互相争斗中,趋向动荡倾颓。

　　外戚与宦官的黑暗统治,造成了社会动荡不安,使得东汉政权危机四起,部分官僚和士人深为忧虑。同时,宦官和贵戚的爪牙把持了选拔官吏的大权,他们颠倒是非,混淆黑白,也堵塞了士人做官的门路。所以民间嘲讽这种选拔制度说:"举秀才,不知书;察孝廉,父别居;寒素清白浊如泥;高第良将怯如鸡。"

　　这就是说,当选"才学优秀"的却没有文化,当选"品德高尚"的竟不供养父母,当选"清贫纯洁"的反比污泥还秽浊,当选"勇猛帅才"的竟胆小如鸡,以致当时人们愤激地写道:"顺风激靡草,富贵者称贤;文籍虽满腹,不如一囊钱。"国家的命运和个人的前途同样渺茫,就促使一部分官僚和地主阶级知识分子对当时的政局提出尖锐的批评,对不畏权势、忧国忧民的人物予以赞扬。

　　对于东汉的败亡,政治家诸葛亮曾这样说过:"亲小人,远贤臣,此后汉所以倾颓也。"东汉的败亡,关键在桓、灵时期。桓帝刘志,他在位的前期是外戚梁冀专政,后期则宦官单超等"五侯"擅权,政治极其腐败、混乱,社会动荡不安,他却只知道花天酒地、醉生梦死

地过日子。当时农民破产,灾荒频繁,每年收成减少一半以上,万民饥寒,称为"三空之厄",即"田野空、朝廷空,仓库空"的困难年头。而桓帝却仍然是后宫美女五六千人,穷搜天下的美色,衣食华丽精致,极尽天下的佳品,浪费的钱财不计其数。

献帝的父亲灵帝刘宏继位之后,在政治上更加昏庸糊涂,无所作为,完全是宦官手中的傀儡。在生活上淫侈更超过了他的老子,国事越发不济了。当时的朝政为宦官侯览、曹节等人操纵,依附他们的便升官,反对他们的就遭陷害。尤其是灵帝乳母赵娆所取得的尊贵地位更是骇人听闻,在世时她的资财比得上皇家的府库,死后她的坟墓超过帝后的陵园,她的两个儿子都受封赏,弟兄尽得出任郡守。灵帝的生母董太后更为堕落腐败,她让灵帝卖官鬻爵,她来收钱,积累的金钱装满了她的宫室。当时民谣说:"河间妖女工数钱,以钱为室金为堂,石上慊慊春黄粱。"董太后是河北河间人,这是咒骂她精于聚敛,金钱充满房屋还不知满足。她还派宦官与地方官吏勾结,到各地掠夺珍宝,载回宫廷。

对于统治阶级的奢侈腐化和劳动人民饥寒交迫的情况,当时著名文学家蔡邕曾这样悲愤地写道:

穷变巧于台榭兮,民露处而寝湿。

消嘉谷于禽兽兮,下糠秕而无粒。

为了进一步捞钱,汉灵帝和宦官们为了彻底排斥士族,并满足自己的无底欲望,公然开了一个叫作西园的官员交易所,标出官价,公开卖官,让求官人估价投标,出价较高的人才能得标上任。定价以外,又看求官人身份及财产随时加减。如名士崔烈,半价买得一个司徒(定价1000万钱)做。宦官曹腾之子曹嵩(曹操的父亲)很为富有,买大尉出钱1亿,比定价高10倍。又为优待主顾,扩充营业起见,允许先挂账赊欠,到任后限期加倍还欠。又为尽快周转以广招徕,一个官上任不久,另派一个新官又去上任,州郡官一个月内甚至替换好几次。官怕损失本钱又要大获利钱,一到任就疯狂掠夺,本利兼收。

人们在这帮豺狼盗贼的吞噬下,逼得生路全绝,公元184年开始的黄巾大起义,虽然很快被镇压下去,但农民仍到处起来反抗。饱受宦官高压的士族和地方势力,他们看到汉朝必亡,在镇压农民起义的名义下纷纷组织武力,等待割据称雄的时机到来。在豪强纷争混战的情况下,农民更加痛苦不堪,进一步激发了广大人民继续反抗的斗志。当时民间流传着这样一首豪迈的歌谣:

小民发如韭,剪复生;头如鸡,割复鸣。

吏不必可畏,民不必可轻!

公元189年,汉灵帝死,皇子刘辩继位。何太后临朝,何进掌朝政。社会下层出身的何进,企图依靠同是下层出身的大豪强董卓杀宦官,不料宦官首先发难,杀死何进。士族大豪强袁绍起兵杀宦官2000余人。董卓引兵到洛阳,逐走袁绍,废皇子刘辩,杀何太后,立汉献帝。就这样,可怜的少帝四月登基,到九月即被废。董卓所立陈留王刘协,是灵帝之中子,时年九岁。董卓为相国辅政。从此,罪恶深重的外戚和宦官一起消灭了,东汉的朝廷实际上也消灭了。象征中央集权的朝廷已经成为傀儡。豪强们便公开进行着战争,

黑暗的东汉后期转入了社会空前的大破坏的分裂时期。

董卓自封为相国，纵容其部队横抢竖夺，乱杀乱砍，无恶不作。蔡文姬在她的《悲愤诗》里写下了当时的情景：

汉季失权柄，董卓乱天常。

……

卓众来东下，金甲耀日光。

平土人脆弱，来兵皆胡羌。

猎野围城邑，所向悉破亡。

斩截无孑遗，尸骸相撑拒。

马边悬男头，马后载妇女。

……

公元190年到208年，前后共19年。这19年里，中国境内特别是黄河流域成了大屠场。董卓系统的豪强在洛阳以西地区，袁绍系统的豪强在洛阳以东地区，还有其他大豪强以至各地方无数小豪强，无时无地不在混斗相屠杀，造成了原本人口集中的中原地带，"出门无所见，白骨蔽平原"的景象。生活在水深火热之中的人民，迫切要求尽早结束豪强纷争割据的局面，早日实现华夏统一的局面。这就是当年刘备生活的中国的政治形势。

豪强纷争

在豪强纷争、军阀混战、国势日衰、民不聊生的情况下，各路豪强打着"平叛安民"和"征讨黄巾军"的旗号，招兵买马，扩大自己的势力。某日，幽州太守刘焉也出榜招募义兵，榜文行至涿州，观看者甚多，刘备看后慨然长叹，随后一人厉声问道："大丈夫不为国出力，何故长叹？"刘备回视其人原是豹头环眼的张飞。此人世居涿郡，颇有庄田，卖酒屠猪，专好结交天下豪杰，恰见刘备看榜而叹，故此相问。刘备说："我本汉室宗亲，姓刘，名备。今闻黄巾倡乱，有志平叛安民，恨力不能，故而长叹。"张飞说："吾颇有资财，当招募乡勇，与公同举大事，如何？"刘备甚喜，遂与张飞同入店中饮酒。正饮间，见一大汉推着一辆车子，到店门口歇了，入店坐下，便唤酒保："快斟酒来吃，我要入城去投军。"刘备看其人面如重枣，唇若涂脂，相貌堂堂，威风凛凛。刘备就邀他同坐，并问其姓名。那人说："吾姓关，名羽，字长生，后改云长，河东解良人。因本处势豪恶霸，倚势欺人，掠人财产，占人妻子，被吾杀了；逃难江河，已过五年。今闻此处招军除暴安民，特来应募。"刘备遂以己志告之。关羽大喜。同到张飞庄上，共议大事。

张飞说："吾庄后有一桃园，花开正盛，明日当于园中祭告天地，我三人结为兄弟，协力同心，然后可图大事。"刘备、关羽齐声应曰："如此甚好。"次日，于桃园中，备下乌牛白马祭礼等项，三人焚香跪拜发誓："念刘备、关羽、张飞，虽然异姓，既结为兄弟则同心协力，救困扶危；上报国家，下安百姓；不求同年同月同日生，只愿同年同月同日死。皇天后土，实鉴此心。背义忘恩，天人共戮！"誓毕，拜刘备为兄，关羽次之，张飞为弟。

祭罢天地，复宰牛设酒，聚乡中勇士，得300余人，就桃园中痛饮一醉。来日收拾军器，但恨无马匹可乘。正思虑间，人报有两个客人，赶一群马匹投庄上来。刘备说："此乃天助我也！"三人出庄迎接。原来二客乃中山大商：一名张世平，一名苏双，每年往北贩马，近因寇发而回。刘备请二人到庄，置酒管待，诉说平乱安民之意。二客大喜，愿将良马50匹相送，又赠金银500两，镔铁1000介，以资器用。

刘备谢别二客，便命良匠打造双股剑，关羽造青龙偃月刀，又名"冷艳锯"，重82斤。张飞造丈八点钢矛。各置全身铠甲。共聚乡勇500余人，来见太守刘焉。参见毕，各通姓名，刘备说起宗派，刘焉大喜，遂认刘备为侄。不数日，人报黄巾大将程远志统兵5万来犯涿州。刘焉命刘备统兵500前去迎敌，经过一场激战，初战告捷，关羽、张飞均立战功。后人有诗赞曰：

英雄露颖在今朝，一试矛兮一试刀。

初出便将威力展，三分好把姓名标。

刘备由于参加讨伐黄巾暴动有功，曾做过县尉，以后历任下密丞、高唐尉、平原令、平原相，慢慢地升到豫州刺史、徐州牧、镇东将军、封宜城亭侯，以至于左将军，荆州牧，汉中王，最后称帝，其中不知经历了多少崎岖的过程。

在他迈向帝王的过程中，曾先后投效在曹操及孙权的麾下。但由于曹操妒忌贤才，不能知人善用，又以除尽英才为快，导致刘备不敢与他共事，遂与关羽等人趁机逃离曹操的军营，前往投靠袁绍。后来刘备了解到袁绍也不是长久共事的人，便密谋投靠荆州刘表。

曹操在官渡之役大破袁绍的军队后，便将矛头转向刘备，企图将他的军队赶尽杀绝。刘备迫不得已，便于建安六年，前往荆州投靠同宗刘表，刘表大为欢迎，亲自到郊外迎接，并待之上宾之礼。

刘表（公元142~208）东汉末官吏，山阳高平人，初平元年（公元190年），被皇帝委为荆州刺史。在当地豪族支持下，据今湖南、湖北等地，李傕入长安，封他为镇南将军，后为荆州牧，封成武侯。官渡战前，袁绍遣人求助。他阳为应许，阴为中立，静观时变，故所据地区破坏较少，中原士人前来避难者甚多。

经过了半世纪的兵荒马乱，四处奔波的刘备，终于有了一栖身之处，然而他对于自己目前寄人篱下的生活却相当感慨。有一次他与刘表座谈，席间曾离座如厕，回来时泪痕未干，刘表非常惊讶，追问其故，已经40岁的刘备慨然而叹说："我经常身不离坐鞍，所以股间的肉都消失了，现在已经很久没有骑马奔驰，股间的肉又都长出来了。岁月过得很快，一转眼我已开始老迈，但却还没建功立业，怎不叫人感慨呢？"

在刘备投靠刘表的这一段日子里，曹操曾有举兵南下的趋势。建安七年，刘备奉刘

表之意,向北方进军,在河南与曹操的军队作战,结果获得了胜利。建安八年,曹操在西平大破刘表的军队,但由于袁绍的遗军在后方扰乱,曹操遂于建安十二年转而向北方攻伐。此时,刘备力劝刘表乘机追击曹军,但刘表却安于现状,不愿出兵,白白地坐失了大好良机。

建安十二年,曹操安抚了占领地区,又经过一番养精蓄锐,便将进攻矛头指向南方,于是偏安了10余年的荆州国土,受到很大的威胁。而此时,在荆州的刘表年龄已大,不太过问政事,又因他宠爱幼子,造成长子与幼子之间不和,而相互争夺王位。

47岁的刘备,眼见荆州的政事日渐腐败,非常不安,他深恐汉朝刘氏的宗室将断送在姓曹的手中,前思后想,一股复兴汉室的心志更加浓烈,他认识到自己肩负着延续汉室香火的重任。但是,他只是孑然一身,既没有像曹操拥有众多的谋臣,如荀彧、郭嘉、华歆等人,又没有像孙权那样拥有两位出类拔萃的辅佐之臣——周瑜和鲁肃。刘备盼望辅佐谋臣,如饥似渴,于是决定遍访诸野,以寻求共襄盛举之人。

三顾茅庐

刘备久闻荆州出贤才,于是他在建安十二年来到荆州,并前去拜访当地名士司马徽,诚恳地向他讨教国事,但是司马徽却非常谦虚率直地对他说:"像我这么一个孤陋的老人,哪里懂得什么国家大局? 我久居乡野,不识时务,你若要寻访参与政务的人才,应该前往拜访那些俊杰豪士,此间人文荟萃,不乏人才,而其中以'卧龙'、'凤雏'两人最负盛名,你若有心,则不妨移驾前往拜访,或许会有收获。"

"啊!"刘备喜出望外地说,"但愿能知悉此二位高士的大名。"

司马徽进一步介绍道:"卧龙乃是诸葛亮、凤雏即为庞统。卧龙居于此地的卧龙岗,自比为管仲、乐毅,但以吾人观之,他却尤为过之,且可比拟为周朝奠基数百年的贤相姜子牙和奠定大汉四百年基业的张良。"

刘备听言喜不自禁地说:"今日之行收获很大,但心里尚有一疑惑不解,如今乱世当前,政治分崩离析,恶人当道,好人隐逸,但不知荆州为何多出贤才?"

司马徽回复道:"从前有善观星象的人,曾说过,天上明亮的星星,都聚集在荆州的天空,料想荆州　地日后　定贤才辈出,这或许是　种天数吧!"司马徽看了看刘备又说:"卧龙、凤雏得一人即可安天下,倘能二者兼得,先生的前程未可限量。"

刘备当下叩头致谢,立即驱车回府,以便准备重礼前往拜见孔明。不料,当刘备回到军府时,却意外地接到一个晴天霹雳的消息,使得他访士求贤的计划遭到耽搁。早先,刘备屯驻新野时,便曾四处网罗人才,当时诸葛亮的好友徐庶也被罗致到刘备的幕府。徐庶为人足智多谋,又颇识大体,深得刘备的器重。徐庶三番两次地出谋献策,使刘备与曹操对阵时,能以弱小的兵力占了几回合的上风。因此,刘备非常赏识他。

不幸，曹操获悉此事，便派人前往徐庶的家乡，将他的母亲囚禁起来，并模仿他母亲的手迹，写了一封信哀求徐庶回去救她。徐庶读完信后，泪流满面，辞别了刘备说："我是一个才疏学浅的人，投效到你的府中，承蒙你不嫌弃，对我多加照顾，我本当鞠躬尽瘁，以报答你的知遇之恩。不料，今日我的母亲，中了曹操的奸计，被囚禁起来，母亲写信来求救，我并不是不愿替你效劳，只是母亲被禁，我不能见死不救啊！"

徐庶哽咽再三地拜别了刘备，善解人意的刘备也依依不舍地相送，并说："先生此去，刘备如失一臂，从今以后无人可共商议谋啊！"徐庶也动情地哭泣着说："区区庸才，不足先生挂齿，临行之际，忽然想到我的一位好友，此人隐居于襄阳城外，名孔明，自号卧龙，先生不妨请他帮忙吧。此人才高德重，若拿我和他相比，那我如驽马，他如麒麟；若他是凤凰，那我便是寒鸦。这个人有经世致用的才能，普天之下恐怕再也找不出第二个如此有才情之人了。"

却说徐庶日夜兼程赶赴许昌，急往见其母，泣拜于堂下。母亲惊曰："汝何故至此?！"徐庶答："近于新野事刘豫州，因得母书故星夜至此。"母亲勃然大怒，拍案骂道："辱子飘荡江湖数年，吾以为你学业有进，何其反不如当初！你既读圣贤书，须知忠孝不能两全。岂不识曹操欺君罔上之贼？刘备仁义布于四海，况又汉室之胄，汝既事之，得其主矣。今凭一纸伪书，更不详察，遂弃明投暗，自取恶名，真愚夫也！吾有何面目与汝相见！汝玷辱祖宗，空生于天地间耳！"骂得徐庶拜服于地，不敢抬头仰视。母亲骂完转入屏风后去了，少顷，家人出来报："老夫人自缢于梁间。"徐庶慌入救时，母气已绝。后人有诗《徐母赞》曰：

> 贤哉徐母，流芳千古：守节无亏，于家有补；
>
> 教子多方，处身自苦；气若丘山，义出肺腑；
>
> 赞美"豫州"，毁触魏武；不畏鼎镬，不惧刀斧；
>
> 唯恐后嗣，玷辱先祖。伏剑同流，断机堪伍；
>
> 生得其名，死得其所：贤哉徐母，流芳千古！

徐庶见母已死，哭绝于地，良久方苏。曹操使人赍礼吊问，又亲往祭奠。徐庶葬母枢于许昌之南原，居丧守墓。凡曹操所赐，俱不接受，誓不为曹操出谋献策。正如历史所讲的"徐庶进操营一言不发"。

且说刘备送走了徐庶后，便偕同关羽、张飞，策马前往襄阳西郊的隆中。卧龙岗离隆中不远，四周风清气爽，一片钟灵毓秀，刘备深深地吸了一口气，忽听到有人唱道：

> 苍天如圆盖，陆地似棋局，世人黑白分，往来争荣辱。
>
> 荣者自安安，辱者定碌碌，南阳有隐居，高眠卧不足。

刘备一行循声而往，看见几个农夫在田里干活。于是，便勒住了马问道："请问这首歌是谁作的?"其中一位农夫抬起头来说："是卧龙先生作的。前面小山的南面便是卧龙岗，有一片小树丛，其间的茅屋便是卧龙先生的住处。"

刘备向农夫们致谢后，便策马前行，不久，来到庄前，刘备亲自下马敲门，敲了许久，

有一个小童出来开门。刘备报名特来拜访诸葛先生。小童回答先生不在家,到哪里去了不知道,何时回来也说不清楚。

刘备失望地和关羽、张飞回到了新野的军中,过了几天,刘备派人前往隆中探听诸葛亮的消息,得知他已经回来,便又起程前往拜访他。当时已经是寒冬了,天寒地冻,朔风凛冽。张飞在一旁劝道:"大哥!天气这么冷,不如先回新野避避风雪再说,区区一个村野鄙夫,何劳大哥翻山越岭去拜访呢?"

"不避天寒前往拜访,正可以证明我们对诸葛先生的诚意。"刘备说,"你们若是怕冷,可先回去,不要为我担心。"

张飞一时义愤填膺地说:"死都不怕,冷有什么好怕的?走吧,我们追随大哥到底。"

刘备等人在冰天雪地中,循着崎岖难行的小路来到了卧龙庄,刘备下马敲门,出来开门的还是上回那个小童。小孩领着刘备等进入室内,只见茅屋里有一位面目清秀的翩翩少年,手握书卷,坐在火炉旁,低声吟唱。等他吟罢,刘备上前施礼道:"久仰先生大名,无奈没缘相见,前日得到徐庶先生的推荐,特来求见,不料扑空而回,甚感惆怅!今天虽然冒着大风雪来,但得以一瞻先生的容貌,感觉非常的荣幸,也算不虚此行了。"

那位少年急忙回礼说:"将军莫非就是前日来找家兄的那位刘备先生?我是卧龙的弟弟,我们家有兄弟三人,大哥诸葛瑾,现在江东孙权先生处谋事,卧龙是我的二哥诸葛亮,我排行第三,名叫诸葛均。"

刘备又问:"那么卧龙先生在家吗?"

"昨天和他的好友崔州平相约,出外闲游去了。"诸葛均说,"他们到什么地方我也不清楚,有时相偕驾着小船,泛游河心,有时会一起上山拜访高僧。或者是与朋友在村庄里对酌下棋作乐,他们在外的行迹并没有一定。"

"唉!"刘备长叹了一口气说:"莫非我与他无缘,两次拜访都不得见其人。"然后转向诸葛均说,"不如我留下一封信,请你代转令兄,他日另择时机,前来打扰。"

刘备一行回到新野后,由于事务缠身,日子过得飞快,不知不觉中已经是开春了。刘备心想,此时最宜再度造访风光明媚的卧龙岗,于是便要卜筮者为他卜卦,卜得一个良辰吉日,再度到卧龙岗去拜访诸葛亮。日子决定后,刘备便在起程的前三天,沐浴更衣,斋戒三日,祈求此行能遇到一个辅佐贤才。

张飞和关羽两人看到刘备如此重视此行,心里非常不痛快,于是便联合向刘备进谏道:"大哥两次亲自前往拜访诸葛亮,实在多礼了,我们猜想诸葛亮一定只是空得虚名而没有真才实学,所以才会屡次避而不见。大哥,你为何会如此迷恋此人呢?"

刘备说:"从前齐桓公为了求教于贤士,前后往返五次才得以相见,而他一点都不放在心上。何况今日我们要讨教的是一位深而不露的高士,来往两次,又算得了什么?难道你们没听过周文王谒见姜子牙的故事吗?文王尚且如此敬贤,何况我们这些鄙陋之人。"

说完,三人便骑马前往隆中。来到庄前,刘备前往敲门,有一个孩童出来说,诸葛亮

先生正在屋里睡觉，还没有醒来。"既然如此，就先不要通报，我们等他一会儿。"刘备吩咐关羽、张飞在屋外，自己随着开门的小孩进入屋内。他们等了近一个小时才见诸葛亮大梦初醒，悠悠地问小孩："是否有来客？"当他得知刘备前来造访时立即起床说："你为什么不早点叫醒我？"

当刘备被引入上座，才见到一个面貌俊伟，神采飞扬，头戴纶巾的男子由后堂走出。刘备起身下拜说："汉室的远亲，钝塞的鄙夫刘备，久闻先生大名，前两次来访没能与先生相见，今日特来拜见，还望先生不吝指教。"

诸葛亮说："我只不过是村野中的一名农夫，哪里懂得什么大学问呢？承蒙先生三番两次的来访，实在是太抬举了。"

两个人在室内相互致礼之后，一名小童献上茶来，诸葛亮首先开口说："愿听一听先生的大志。"

刘备四顾无人之后，感叹地说："由于奸臣的争陷，导致汉室倾危，今日主上受辱，身为刘氏的一分子，我自不量力，想负起巩固汉室的部分责任，无奈才疏学浅，事与愿违！时至今日，犹未能完成复兴之志，私下自忖，寝食难安，不知先生有何良策？"

诸葛亮听完刘备的一番抱负之后，思考了一下，然后说："自从董卓乱政之后，各地的豪强纷纷拥兵自立，曹操自比为袁绍，其实他的声势比袁绍差得远。曹操所以能克服袁绍，既是所谓以弱为强，并且又得到诸多时与人和。"

"然而，时至今日，曹操已经扭转了整个局势，"诸葛亮说，"他拥有数百万的军队，又挟天子以令诸侯，在军势上，我们当然不可能和他一较长短。而孙权在江东的基业已经历跨三代，他的版图，他的实力，他的韬略，特别是他能知人善用，因此只能和他搞联合阵线，不能与他敌对。至于刘表所据有的荆州，北扼汉水、沔水，东连吴郡、会稽，西通巴、蜀（四川），如此的地理环境，乃最佳的军事要地，可惜刘表的能力不足以守业。这或许就是上天有意赐给将军的一个大好机会。"

"再说到益州（四川西部），此处地势险要，土地肥沃，号称天府之国，高祖以此为根据，因而成就了伟大的帝业。今日益州由刘璋和张鲁共管其事，虽然民生富足，但为政者却不知体恤民情，人民求贤若渴，希望能得到一位明君的引导。"诸葛亮进一步指出，"将军是汉室的宗亲，贤名溢于四海，不如延请各方英雄，辅佐将军力挽汉室的倾颓于狂澜之中。并且设法拥有荆州和益州，加固其边防，以此为基业。西面结合戎狄，南面安抚夷越，东面联合孙权，对内积极整治政事，如此不是甚好吗？"

"倘若天下局势发生了变化，"诸葛亮说，"将军可命一名上将率领荆州的军队朝向宛、洛等地进攻，而将军可亲自率领益州的军队前往秦川（陕西、甘肃二省）出击，这样一来众望所归，百姓哪有不归顺将军的道理？如此则将军的霸业可成，汉朝的香火也可延绵不绝了。"

诸葛亮在静观自得中，一口气将天下纷乱的形势剖析清楚。他认为曹操多谋，虽然挟天子以令诸侯，但他的势力已日渐强大，不宜从正面与他冲突。而孙权世居江东，基业

巩固,只能与他通好,不能动摇他的基业。刘表虽然据有荆州,但已年迈不能守成,刘备可取而代替他的领导地位。益州的刘璋和刘备是同宗,刘备可招抚他们归于自己的麾下。如此,据有荆州、益州,就能与曹操、孙权三分天下,自己可据其一。然后加以整治,善于团结各种力量,仍大有可为。同时三分天下的均势,还可消弭曹操觊觎帝业的野心。

诸葛亮与刘备的这一席对话,清晰而客观,正是历史上有名的"隆中对",时为建安十二年(公元207年),刘备47岁,而诸葛亮正值27岁的英年。当刘备静静地聆听诸葛亮三分天下的计策后,感动不已,便起身拱手致谢说:"听了先生的一席话,茅塞顿开,犹如拨开云雾重见青天。"

刘备经过了三次专诚的造访,终于取得了一位流芳千古的良相。诸葛亮辅佐刘备成就了帝业,也为他在历史上群雄并争的年代中取得了一席之位。而诸葛亮之遇刘备,有如千里马之识于伯乐,若不是刘备的赏识,诸葛亮很可能终隐隆中,历史上也就少了这么一位足智多谋,叱咤风云的人物了。

赤壁之战

诸葛亮自从走出隆中之后,便开始参与政治活动,他的计谋是要发展刘备的势力,使他成为荆州的力量中心,进而从荆州进入益州,完成三分天下的大计。

但是,诸葛亮认为刘备的部众只有数千名,根本无法巩固荆州,更遑论与曹操相抗衡。于是他便向刘备说:"当今在荆州的人数并不少,但落籍此地的人却不多,每逢遣兵发调,落籍的百姓们便不高兴。如今,你可颁布命令,要那些流动人口,自动申报寄居,如此就可统计正确人数,以便于调配兵源。"刘备听从诸葛亮的建议,遂征收到许多兵士,强大了军队阵营,增强了作战实力。

在这个时候,曹操平定了北方,并且晋身为丞相,开始调兵遣将,处心积虑,以求一举发兵消灭了南方的割据。因此,荆州的情势日益危急,加上荆州内讧,造成人人自危的局面。

建安十三年正月,曹操在北方积极进行水战训练,准备进攻南方。诸葛亮心有所思地提醒刘备说:"当今北方安定,曹操又在军中积极从事水上训练,恐怕有染指南方的意图,我们不可不加提防。"

当年六月,曹操派属下张辽率兵至长社(今河南省长葛市)、干禁至颍阳(今河南省建安区)、乐进至阳翟(今河南省禹县)驻屯。七月,曹操动员了几十万大军,号称80多万,以雷霆万钧之势大举南侵。于是刘表在荆州就形成危不自保,摇摇欲坠的情势了。

此时刘表已病入膏肓,无法掌理政事。八月,刘表病故,幼子刘琮继立为荆州牧,这时曹操的大军已经浩浩荡荡地往南入侵了。在强敌压境下,刘琮不假思索地便将荆州拱手让给曹操了。

先前由新野移到樊城的刘备,并没有接到刘琮投降的通报。当他获悉此事时,曹操的大军已直驱荆州了。刘备知道大事不妙,便召集部将商议进退之策。诸葛亮力劝刘备攻打刘琮,如此一来,荆州便唾手可得,但是刘备坚持不从。又有人建议刘备劫持刘琮和荆州的要员,径自到江陵去,但是刘备还是不答应。他说:"当初刘荆州(刘表)病危托孤于我,要我好好地辅佐少主,今日我岂可违背信义,只为自己的利益打算呢?"

刘备体念和刘表的旧情,不肯发兵攻打刘琮。其实,此时他的兵力已胜过刘琮,足可和他一决雌雄。但是,他不愿如此做,他决定引兵撤退,迅速离开樊城先到襄阳避一避再说。

当刘备一队人马从樊城要渡江前往襄阳时,岸边哭声遍野,百姓们扶老携幼,争先要与刘备同行。"刘将军!刘将军!带我们同行吧,倘若会死,我们也要与将军死在一起!"

"因为我一个人的缘故,竟使这么多无辜的百姓们遭到这种生死大劫,唉!"刘备哭泣着说。当船靠岸后,刘备回首对岸,看到还有许多没有挤上船的百姓,拥挤在渡头,不肯离去,刘备泪如雨下,吩咐关羽迅速回船,再去接载樊城的百姓。而后骑上马,一行人朝襄阳方向奔去。

当刘备退兵到夏口,准备重整旗鼓时,刚好孙权派使者鲁肃来军中慰问。鲁肃和诸葛亮各事其主,可以说是三国时代两位大政治家,如果没有鲁肃的帮忙,那么诸葛亮联吴抗魏三分天下之计,可能很难成功。他和诸葛亮有一共同点,就是心存北伐,恢复汉室的大志。因此,与曹操举兵南下时,他们两人均不约而同地建议各自主上与对方互相联合抗曹。

鲁肃早在获悉刘表死亡的消息时,便曾向孙权建议:"观看今日荆州内情,刘备最得人望,如果他继任刘表统领荆州,那么我们可以和他们结盟,共同合作以消灭曹操。"

孙权听了鲁肃的意见后,也颇为同意,便派鲁肃假借吊问之名,前往荆州试探刘备。不料,曹操大军一举南下,势如破竹。当鲁肃赶到江陵时,刘备等人已经往南奔逃了。于是鲁肃便赶到夏口来,要求拜见刘备。见面后,鲁肃便将孙权有意与刘备组织联合阵线,以对抗曹操的意图向刘备进行了陈述。

鲁肃说:"孙权为人聪明、贤能,并且能够知人善任,在江东的英雄豪杰,大都乐于投效在他的旗下。如今,他已经拥有六郡,兵源广、粮食又充足,以这么好的条件来看,前途真是不可限量。今日,我为将军的立场设想,君不妨派遣一名心腹,前往江东,与孙权共结情谊,合力抗魏。"

鲁肃说完后,又转向站在一旁的诸葛亮说:"我是你哥哥诸葛瑾的朋友。"

诸葛亮见鲁肃如此诚意,便很客气地对待他,同时也向刘备进言:"今日,曹操已据有江陵,任命刘琮为青州刺史,并且还极力在荆州收买人心,看他毫不松懈地整顿军备,很可能还想继续南侵。事不宜迟,我愿意接受将军的命令,前往东吴从事一次亲善外交。"

刘备问道:"军师,你将如何说服年轻气盛的孙权呢?"

诸葛亮说:"就凭着我这三寸不烂之舌。"

于是诸葛亮便与鲁肃前往柴桑（今江西省九江），请求拜会孙权。当时孙权驻扎柴桑，按兵不动，静观情势。荆州与江东在地势上可以说是唇齿相依，息息相关，他眼见曹操攻下荆州，非常担忧曹操会趁机将箭头指向江东，将江东一网打尽。

孙权，字仲谋，是孙坚的次子。从小便有异才，骁勇善战。孙坚早死，由他的长子孙策继位，孙权当时15岁，经常跟随哥哥孙策的身旁，帮他平定各州。孙权19岁时，孙策也因病身亡。年纪轻轻的孙权便继承家业，领会稽太守之职。孙权为人开朗豁达，当孙策病危时，曾托后事于大臣张昭，并告诉孙权说："如果是指挥江东的大军，并在两军交战中应用策谋的能力，你是比不上我。但是，在推举贤能，知人善用，使部下能拼命保全江东方面，我却不如你。"

孙权的确能用他的才干不负兄长之托，在孙策去世后，他便以张昭为师傅，以周瑜、程普、吕范等人为将，以鲁肃、诸葛瑾等人为军师，分别调兵遣将，讨伐阻碍他的人，最后终于成就了帝业。综观他成功的最大因素，可归诸于他的知人善用，使部将都能感激他的知遇之恩，而乐于为他效命。

当26岁的孙权正在柴桑苦于思索对策时，28岁的诸葛亮翩然来临，希望能求得援助。孙权在宫里，忽然听到门人禀报鲁肃带领诸葛亮前来拜访，于是，他便请诸葛亮入内，两人寒暄叙礼一番，然后进行了如下的对话：

孙权："先生今日来此，可有何指教？"

诸葛亮："当今海内大乱，将军起兵于江东，刘豫州（刘备）也在汉南重整旗鼓，想要和曹操并争天下。曹操势如破竹，依次把那些有力量的人打败，最近又攻陷了荆州，力量之大，可说连英雄也没有用武之地了，所以刘豫州才会暂时退到此地来。

将军你估计自己的军力如何？ 如果你认为你的力量足以抗拒曹军，那你不如早一点与他决裂，倘若无法与他相抗，那你不如投降算了。

今日，将军在外表上表现出服从曹操，私底下又一再地犹豫不决，事情已经到了这般危险的地步，将军却还不能当机立断，如此对您是相当不利的。"

孙权："如果照你所说的，那么，刘备为什么不投降呢？！"

诸葛亮："像田横只不过是齐国的一个勇士，尚且要守义不肯屈服，何况刘豫州是堂堂的王室后裔。刘豫州英才过人，众人都很敬仰他，纷纷前来归依，这种情形就如同河水流归大海一样，这是众望所归啊！如果他的事业不成功，也只能归诸于天命罢了，怎么可能再向曹操屈服呢？"

孙权（经诸葛亮一激，勃然大怒）："难道我就肯将我的十万大军，屈就在曹操之下？我的心意已决，只是刘备刚刚退败，不知道有没有力量可以对抗曹操？"

诸葛亮："刘豫州虽然在长坂坡兵败，但是除了此役的生还者外，他还有关羽的水军精兵万人，以及江夏刘琦的兵士万人，合起来的阵容还是不小。

而曹操的军队，从北方迢迢而来，为了追击刘豫州，他们竟然以轻骑日行三百余里，这是兵家的大忌。所谓极强的弓，在力量已尽时，也不能射穿最薄的绢。

而且北方的军队,又不善于水上作战。荆州百姓,虽然归顺于曹操,然而这乃是因为情势所迫,他们不可能心悦诚服的。

如果将军能够选派几名勇将统率军队,会同刘豫州一起通力合作。那么,曹军哪有不败的道理?曹军一败,一定会隐遁北方。如此,荆、吴的力量便可强盛起来,鼎足的局势也因而可定。

将军!成败与否,全赖您的决定了。"

孙权听完诸葛亮这番宏论后,心中暗喜,颇为诸葛亮的这一番见解所感动,但是,他依然不露声色。在这之前,他刚刚收到曹操派人送来的"南伐檄函"。檄文如下:

"孤近承帝命,奉词伐罪。旌麾南指,刘琮束手。荆襄之民,望风归顺。今统雄兵百万,上将千员,欲与将军会猎于江夏,共伐刘备,同分土地,永结盟好。幸勿观望,速赐回音。"

孙权接到"檄文"后,立刻召集群臣商讨,群臣看了曹操的来信,无不惊慌失措。有人认为:曹操奸诈有如豺狼,他自命为丞相,挟天子以令诸侯,动则以朝廷为托词,气焰猖狂。今日若是拒绝他,事情恐怕会很不利,因而极力主张投降。

另外也有许多人主张就事论事,认为:"将军所控有的最佳局面,乃因扼有长江之险,然而,今日曹操已握有荆州,并接收了刘表所整治的水军、船舰。如果他遣大军由长江直下,我们以寡敌众,势必惨败,不如弃甲而迎接曹操的来临。"

孙权看到群臣如此懦弱怕事,心里非常不悦,便愤而离席,进入内室去。在一旁不动声色的鲁肃也跟随入室,向孙权进言说:"归纳大家的言论,只会误了将军的前程,而无法帮助将军图谋大事。我鲁肃可以屈就于曹操,但是将军却不可以。因为我若投降曹操后,他很可能仍会借重我的能力,让我在州郡中当个小官。但是,如果是换了将军的话,曹操会怎样处置将军呢?他是善嫉之人,绝对不会容许将军在此处的威望超过他。希望将军能早日做个定夺,不要受无知人左右。"

孙权听了鲁肃这番忠告后,内心非常感动,特别是刘备军师诸葛亮对他讲的一番话,更使他坚定了联刘(备)抗曹(操)的决心。此时孙权的心意已定,对于那些主张投降的见解十分痛恨。他眼见大家争吵不已,突然抽出佩剑将面前的桌子砍为两半,大声对群臣说:"你们谁敢再提投降的事,下场便和这张桌子一样!"群臣们一时噤若寒蝉,无人敢再多言。诸葛亮东吴之行取得了圆满成功。

孙权既然决定联合刘备以抗曹操,便挑选3万精兵,以及1000只左右的船舰,以周瑜、程普为左右都督,鲁肃为赞军校尉,出发前往夏口与刘备军马会合。

建安十三年,公元208年,周瑜和程普奉令前往夏口会合刘备,以便合力出击曹操。当他们出发的时候,刘备已经移驻到江夏的樊口,等待孙权的援兵。不久,有人来通报孙权的大军已到,刘备便急忙派遣使者去迎接周瑜和吴军将领。周瑜满怀自信地对刘备说:"今日我受托全权掌管军情,我带来3万精兵,已足够用了。将军您就等着我将曹军打得落花流水吧。"

十月，已经是深秋初冬时节，驻在江北的曹军，由于水土不服，正流行着疫病。在周瑜、程普两员大将的领导下，再加上江南的名将如黄盖、吕范、吕蒙等率领的3万吴军，以及刘备所率领的两万精兵，终于和号称80万的曹军，在扬子江的赤壁（今湖北蒲圻县西北）相遇，并决一死战。

两军相交，立刻发出漫天的厮杀声，双方冲锋陷阵，顿时人仰马翻，血流成河，尸横遍野。曹军虽然人数众多，但由于疫病所困，体力不支，遂败北退守在北岸的乌林。周瑜、刘备的军队为此士气大振，颇有持久作战以决生死的决心。

双方正在相持不下时，周瑜的部将黄盖，献上了一个决胜负的良策——火攻赤壁。黄盖的计谋被采用后，他便选出数艘战船，在船上堆满稻草，洒以油膏，再铺上帆布，上面插了许多牙旗。同时又预备了许多快速的小船，系在战船后面。一切准备妥当，黄盖便派遣一名士卒，带着一份军情和投降书呈给曹操，约定今夜来降。书中写道：

"周瑜防范森严，因此无法脱身，今日吴军从鄱阳湖运来了许多军粮，周瑜嘱咐严加防范，这正是上天所赐的大好机会。无论如何，今晚我至少会提个关东名将的头颅，前往献降。如果在今晚三更左右，看到船只，船上插着青龙牙旗，便是我带引过来的粮船了。"

曹操看完信后，喜不自胜，便立即和随从们前往水寨的大船上倚高等候。当夜，东风大作，波浪汹涌，曹军的战船唯恐被水冲走流失，皆用铁环彼此相连。

突然，有一名士兵指着远处报告说："江心好像有一支船队，顺风而来。"曹操登上船楼，凭高眺望，但见船上皆插着青龙牙旗，他不禁志得意满，仰天大笑说："黄盖此时来投降于我，可真是天助我也！天助我也！"

当来船渐渐驶近时，曹操的大将程昱说："来船必定有诈，千万不要让它靠近水寨。"

曹操急问道："你怎么知道？"

程昱说："如果船是载着重粮，那么行驶在江上，一定会稳定。我观察今夜的来船，行驶较快，不像载有重物，况且今夜又刮着东风，如果来船使诈，我们要用什么来阻挡呢？"

曹操顿时大悟："那么你们谁快去阻止这支船队啊！"

文聘在旁说："我对水势很熟，愿意自动前去探察。"文聘说完，踏上巡船，十数只快船随他而去，他站在船头，大声喝道："丞相有旨，要你们立即停驶！……"文聘话还未说完，一时弓弦声不绝于耳，文聘应声倒下，船上大乱。

黄盖用手一挥，十几只火船，如脱弦之矢，顺着风势，冲入曹军的水寨，一时火光漫天，由于曹军的大船被铁环锁住，无法逃脱，没一会儿工夫都燃成灰烬。大火又波及岸上的曹军阵营，曹军死伤不计其数。曹操眼看情势不妙，匆忙间从华容道逃走。这时候，周瑜和刘备的军船也已赶到，一时锣鼓喧天，乘胜追击。这时曹军已人困马乏，随曹而逃的兵士，个个焦头烂额，衣衫湿透，中箭者呻吟不已，军旗兵器七横八卧，凌乱不堪，而此时已入初冬，北风萧瑟，伤口疼痛，号哭之声，不绝于耳。

且说曹操从华容道逃脱后，决心暂时北还，便派他的大将徐晃和曹仁驻防江陵，并派乐进驻守襄阳。到了十二月，孙权亲自率兵攻打曹操占领地合肥，将孙吴的势力扩及荆州北方,而刘备也乘机在荆州南部建立了基地。

赤壁一战,奠定了三国鼎立的基础。赤壁之战获胜的因素很多。首先是鲁肃能洞察先机,建议孙权联合刘备的力量共同来抗拒曹操。诸葛亮虽然没有直接加入此役,但是若非凭着他的三寸不烂之舌,前往游说孙权,年轻气盛的孙权是不可能轻易地派出 3 万精兵,与刘备互相合作。此外,黄盖献计火攻,功亦不可没。除了上述的人为因素外,加上适时的自然因素,如大刮东南风,以及曹军中的疫病四播,造成了曹操的兵败如山倒。因此,赤壁之战的胜利可说是在天时、地利、人和的完美配合下获得的。

赤壁之战在中国古代史上是一次著名的大战役。后来,北宋大文学家苏轼在湖北赤壁游赏时,特写了《念奴娇·赤壁怀古》来吊慰赤壁之战的英雄豪杰。诗中写道:

大江东去,浪淘尽,千古风流人物。

故垒西边,人道是:三国周郎赤壁。

乱石穿空,惊涛拍岸,卷起千堆雪。

江山如画,一时多少豪杰。

遥想公瑾当年,小乔初嫁了,雄姿英发。

羽扇纶巾,谈笑间,樯橹灰飞烟灭。

故国神游,多情应笑我,早生华发。

人生如梦,一樽还酹江月。

这首词作于宋元丰五年(公元 1082 年)七月。词中描绘了赤壁的雄伟壮丽的景色,歌颂了古代英雄人物周瑜的战功,并抒发了作者自己的感慨。毛泽东曾指出,赤壁之战是"中国战史中弱军战胜强军有名的战例"之一。作者以精练而形象的语言,对这一战役表示了赞美。特别是"羽扇纶巾,谈笑间,樯橹灰飞烟灭"三句,描写了周瑜面对强大的敌人,沉着应战,表现了藐视敌人的英雄气概。

汉中称王

赤壁战后,孙权据有荆州的北部,以江陵为其政治重心。刘备则据有荆州的南部,并定都于公安。刘备据有荆州后,部下一致拥戴他为荆州牧,然而,他却辞而不受,推举刘琦担任此职。随后,刘备又举兵南征,连克零陵、桂阳、长沙和江陵。同时也降服了背叛刘表投效曹操的将军黄忠和长沙太守刘玄。当南征进行时,庐江的营师雷绪,由于受到曹操的左右夹攻,于是率领着数万名部属,前来投奔刘备,此举也正因受了刘备蒸蒸日上的声望所号召。

刘备平定了江南后,便积极地经营内部。此时,刚好刘琦病故,于是,群臣便一致拥戴刘备为荆州牧。刘备一上任后,便分别派赵云为桂阳太守,张飞任宜都太守,关羽任襄阳太守。此外,并加强任用地方上的知名人士如廖立、马良、陈震等辅佐地方政事。

诸葛亮被任命为军师中郎将，除了负责军事上的策略，还负责督导零陵、桂阳、长沙三郡的赋税，真可说是身负重任。

刘备此时勤奋地经营国事，据有湖南一带。而风闻他的德义仁政，纷纷前来归附的百姓也日益增多。孙权眼见刘备的势力一天比一天的强大起来，心里有所忌惮，他既怕刘备的力量超过自己，又希望刘备的存在能为自己的后援。于是为了笼络刘备，维持两者之间的亲密关系，以共同抗拒曹操这个强敌，孙权便将自己的妹妹嫁给刘备。

建安十五年（公元210年），孙权重要的谋臣和军事要领周瑜病故，享年仅36岁。周瑜之死，对三国的局势有重大的影响，如果不是他英年早逝，那么东吴不可能仅仅固守在江左，如此刘备就可能丧失入主巴蜀的机会，也就不会演变成三国鼎立的局势了。

周瑜死后，深谋远虑的鲁肃继承其位，奉劝孙权将荆州北部借予刘备，以敦亲睦邻，加强彼此合作。孙权应允后，鲁肃便自任汉昌太守，屯在陆口，并且派江夏太守程普驻守在国境。消弭了两国之间剑拔弩张的紧张局势。

新近投奔刘备，并经诸葛亮推荐升任为军师中郎将的庞统，处心观察天下局势之变，并且上言刘备说："观今荆州之势，人物殚尽，处境危急，东边有孙吴，北方有曹操，皆想伺机而起，三国鼎足之议，恐怕难以完成。反观益州，物产丰饶，国富民生，最具有发展的远景，何不设法据有彼处，以图生聚？"

刘备回答说："我与曹操最大的不同点，是他为人急躁、残暴、诡谲，而我却秉持着宽厚、仁爱、忠诚，来和他相抗争，若要我为了营求小利，而失信于天下，我根本不屑为之。"

庞统力劝道："事情固有权宜之变，但也不可以偏概全，如果兼弱攻昧，事成之后，报之以义，封之以大国，如此，焉能算是失信于天下？今日如果不取益州，他日益州流入他人之手，将会造成更大的祸害。"

刘备听完庞统的建议后，觉得甚为有理，遂萌起西取巴蜀之意图。所谓的巴蜀，即今日的四川省份。溯扬子江而上，经过险峻明媚的长江三峡后，豁然展现在眼前的一片盆地，便是巴蜀盆地。巴蜀可以说是中国的内陆，它经常成为独立政权，或失去中原继承权的根据地。在古代，巴蜀与外界的交通，全靠中国政治、经济的中心据点——关中来相联结，关中就是指渭水南北岸的盆地。而所谓的汉中，是指扬子江的支流汉水的上游地带。

巴蜀盆地自古以来，便不断受到中原文化的洗礼。巴蜀在汉代时称为益州，前汉末期，公孙述曾据此作乱称帝。到了后汉，由于汉人逐渐内徙开发，造成巴蜀在政治、经济等方面皆呈现出一片欣欣向荣的景象。

汉灵帝时，汉室的宗族刘焉自请为益州牧，进驻成都。当时地方的道教教团张鲁在汉中一带的势力很大。刘焉为了吸收他的力量，并借以牵制他，便任命他为督义司马，让他前往驻守在汉中。并且又遣派别部司马修，与张鲁联合杀死了汉中太守。

建安十六年（公元211年），曹操派夏侯渊等人出兵攻打占据汉中的张鲁。此时，马超、韩遂等人也派兵加以阻止，但是，曹操却用计，离间马超和韩遂。马超兵败，逃往凉州（今甘肃省），于是曹操就进而控制了关中。

当曹操大举出兵讨伐张鲁时，刘璋使臣法正奉命前往会见刘备。法正见了刘备后，暗地里将蜀中的土地、人口、军情和各种情势，详细地告诉了刘备，并且劝他说："以将军的英才，来对付刘璋的懦弱，又有张松在蜀中响应，如此必能一举取下蜀地。如果取下蜀地后，凭着蜀地富饶的物资和险峻的地理，要奠定帝业的基石，就易如反掌了。"

刘备听了法正的报告后，非常欢喜，又加上庞统也在旁边不断鼓吹，遂决定向蜀进军。就在同时，孙权也在积极准备进攻巴蜀，并派使者送函给刘备，想联合刘备攻占巴蜀，刘备接到信后，满腹狐疑，如果与东吴联合进攻巴蜀，必成为他的先驱，往前并不一定能克服巴蜀，退后则可能让吴有机可乘，不如暂时敷衍他说："新据诸郡，国事未定，不愿兴兵动将。"但是，孙权占据巴蜀的意志非常强烈，即使刘备不参加，他也要单独行动。于是他便派心腹内臣孙瑜进驻夏口，整治水军。当刘备获得这一重要信息后，就亲自驻守到潺陵（今湖南安乡县北），并派关羽到江陵，张飞到秭归，诸葛亮到南郡积极防守，以禁止吴军的通过。

一切安排就绪之后，刘备就带着庞统等人，亲率数万名大军入蜀，他们一队人马，经过了巴郡，逆垫江而上，沿途受到人民大众和地方官员的热烈欢迎。

诸葛亮自从刘备率军入蜀后，便受托驻守荆州，总揽大事，他在荆州不断地注意蜀地各种情势的发展。建安十九年，刘备正在围攻洛城，诸葛亮眼见时机成熟，便令关羽留守荆州，亲自率领张飞、赵云等兵将溯江而上，平昭了江阳、江淮和白帝城，前往支援刘备。

公元214年，刘备率领的大军，经过一番激战，终于攻破了洛城，进而围攻成都。然而，庞统却于率众攻城时，被流箭误杀身亡，年仅36岁。刘备丧失一名爱将，悲痛不已，每次提到庞统的名字，总是情不自禁，潸然泪下。

成都平定后，诸葛亮便遵从刘备的旨意极力整饬内政，选贤举能。他治民有道，任用人才只考虑其是否有才华，而不计较他的资历先后。诸葛亮对于西边的少数民族，也极力招抚，不到数年西南边陲的各个民族便纷纷臣服于刘备的旗下。

建安二十年（公元215年）三月，曹操开始向汉中进攻，先后攻破了王宝茂和韩遂等人。七月，又追击张鲁，进入了南郑（汉中郡治）。刘备在公安听到曹操入侵汉中的消息后，立即赶回益州，并派遣黄权前往迎接张鲁，但是为时已晚，因为张鲁已经投降曹操了。

曹操虽然据有汉中，但是他的野心仍不仅于此，他派夏侯渊、张郃屯驻在汉中，不断觊觎益州，并经常出兵侵犯益州的疆界。刘备看到这种情形便派遣张飞进驻岩渠（今四川渠县）防守，结果张飞和曹操手下大将张郃在瓦口大打出手，张郃大败，鸣金收兵，急速逃回南郑。而刘备也稍为心安地返回成都，静观局势的变化。

建安二十一年，曹操返回邺城（今河南安阳）。五月，宣称天子加封晋爵，自晋为魏王。从此，他的臣僚却为曹操的后嗣发生内讧，刘备乘机大举讨伐，在定军、兴势展开激战，刘备命令蜀将黄忠一鼓作气，砍下了魏将夏侯渊的头颅。同年三月，曹操亲率大军至阳平关附近，刘备领兵据险以抗，并派赵云前往出迎。结果赵云奋力作战，曹兵溃不成军，伤亡巨众，曹操终不敌，遂下令撤兵，刘备就完全占有汉中了。

刘备平定汉中之后，大加犒赏三军，一时人心大悦，群臣皆推他为王，刘备虽再三推辞，却拗不过众人的请求，只得答应晋位汉中王。公元221年，刘备设坛于沔阳，刘备面南而坐，受群臣贺拜。刘禅受封为王世子，诸葛亮为军师，总理国家的军政要事。关羽、张飞、赵云、马超、黄忠封为五虎将，其余的官吏也都一一依功加封。

此后，为了统一国家全局，魏蜀（汉）吴三强纷争的局面，更加如火如荼地展开了。

伐吴败北

建安二十年，孙权听说刘备已经平定了益州（今四川），心里很不是滋味，便派使臣前往索回荆州诸郡。但是刘备却不愿意归还荆州，因为荆州原为刘表的领域，赤壁之战后，孙、刘合力有功，共同分占荆州的南北部，这原是理所当然。但是，孙权却不这样想，他认为，他当时收容了刘备，并且助他一臂之力击败了曹军，他理当获有荆州全部的统辖权；况且刘备如今又拥有了益州，势力与日俱增，于是他更加心切地要夺回握在刘备手中的荆州诸郡。

对于孙权的要求，刘备却不以为然，他对吴国使臣说："等我得到凉州（今甘肃）后再说吧。"孙权认为刘备这一番托词，只不过是在敷衍罢了，遂派军政大员强力接收南方三郡。镇守在公安的关羽听到这个消息后，立刻星夜兼程驱逐吴国三个新吏。孙权知道后，怒不可遏，立即令大将吕蒙统率2万大军夺取长沙、零陵、桂阳等地。此时，刘备闻讯，立即赶回公安，并派关羽率领3万大军进攻益阳，孙、刘一场恶战即将展开。

在这一触即发的关头，曹操突然又显示出要掠夺汉中的意图。刘备唯恐曹操进攻汉中会危及益州的安全，便派使者前往与孙权议和。于是，经过诸葛兄弟的斡旋，刘、吴的战事总算没有爆发。而后，双方又选派鲁肃和关羽进行谈判，为和平做努力。

经过谈判后，双方并没有开战的意图，于是便尽撤藩篱，罢兵言和，并划分以湘水为界，割荆州的一半即长江、江夏、桂阳以东（今鄂东、湘东）给吴。南郡、零陵、武陵以西（今鄂西、湘西南）属于蜀。

唯恐天下不乱的曹操，获悉吴、蜀罢战言和的消息后，速派使臣连夜赶往江东拜见孙权，递上曹操的信后进言说："魏与吴素来无仇，只因刘备的缘故，导致两家连年征战不停，生灵涂炭。今日魏王差我到此，希望能约将军取下荆州，而魏王则出兵袭击汉中，头尾夹攻，令刘备无路可退。"

孙权听后，与谋士相议，认为此计可行，随即加强战备，付诸实施。

且说刘备在成都听到曹操联结东吴，准备夺取荆州，便立即请诸葛亮前来商议，决定先令关羽兴兵夺取樊城，以他锐不可当之气势瓦解敌军的士气，使敌闻之丧胆。关羽自建安十三年以来，便一直驻守在中原，在刘备积极开拓巴蜀时，他忠心地据守着荆州，骁勇善战的威名远近皆闻，震动了中原。

当关羽在荆州接到刘备差人送来的书信后，便立即开拔前往襄阳，同时又派部属防守江陵、公安等地，监视着扬子江两岸，防备吴军趁机偷袭。关羽既英勇善战，又足智多谋，在他攻打樊城时，曹操立即加派于禁为征南将军，庞德为征西都先锋，率领七军，前往樊城解危。

当关羽在军帐里歇息时，忽听到侍卫十万火急地赶来报告："曹操派遣于禁为统帅，率领七支精兵前来攻击。前部先锋庞德令兵士抬了一口棺材走在阵前，嘴里不干不净地破口大骂，要来向将军挑战。如今，大军已经逼近城池了。"

关羽听后勃然大怒，随即向敌军展开冲杀，并前后两次负中箭伤，正当关羽率众与曹军厮杀时，东吴孙权却派吕蒙率精兵3万，快船80余艘，趁机占领了荆州。当关羽听到这一噩息时，为之气结，怒火上升，箭疮迸裂，昏厥于地。众人连忙将他扶起，关羽长叹说："我中了奸贼的计谋，如今还有什么颜面见大哥（刘备）呢？"

关羽大怒，带着残兵败将从黄昏杀到深夜，却无法突围，关羽之子关平劝道："如今军心已乱，无法久战，当务之急必先撤守以待援兵，麦城虽小，还可屯驻。"于是，关羽便带着残兵们退守到麦城（今湖北省当阳市东南）。到了麦城点算兵马，只剩300人，城内粮草已告罄，于是关羽遂留周仓、王甫同守麦城，而与关平、赵累带领残兵两百多名，突出北门。行至初更时，忽见山凹处锣鼓喧天，吴军如潮一般涌来，关羽的坐骑赤兔马被绊，他翻身坠地，一眼瞧见关平已被杀伤多处，关羽力不从心，自知无路可逃，遂与儿子关平慷慨就义。当时为建安二十四年冬末，关羽58岁。后人有诗叹曰：

汉末才无敌，云长独出群；

神威能奋武，儒雅更知文。

天日心如镜，《春秋》义薄云，

昭然垂千古，不止冠三分。

人杰唯追古解良，士民争拜关云长。

桃园一日兄和弟，俎豆千秋帝与王。

气挟风雷无匹敌，志垂日月有光芒。

至今庙貌盈天下，古木寒鸦几夕阳。

且说刘备在成都得到关羽阵亡的消息后，心中异常悲愤，便召集群臣商议说："如今曹操已死（病故），曹丕继位，对天子的威胁逼迫，更甚于曹操。而东吴孙权破坏吴蜀联盟，侵占荆州，被曹操封为骠骑将军，俯首称臣于魏，我想举兵讨伐东吴，先为云长（关羽）雪仇，然后再进兵中原，除掉曹丕这个叛贼。"

公元220年10月，曹丕废汉献帝而自立皇帝，国号魏。曹丕并且传旨大赦天下，追谥父亲曹操为太祖武帝，贬汉献帝为山阳公。

此间，刘备由于悲痛欲绝，无法上朝，将朝中的政事托给诸葛亮全权处理。诸葛亮经和军政要员商议，认为天下不可一日无君，便想推举刘备为汉帝，商议既定，诸葛亮便率

着大小官员上表恭请刘备即皇帝位。刘备眼见众望所归,便颔首答应继承汉室的烟祀。公元221年4月,汉中王刘备在成都之北,武担山之南登坛致祭,上告皇天后土说:"曹丕叛逆,害主篡位。群下将士唯恐汉祀隳废,遂举备修之,备无德忝而为帝,当袭先祖之训,抚临四方。"历史上都称刘备所建的王朝为蜀汉,而诸葛亮却是蜀汉王朝中唯一的一位宰相。

刘备自从在成都即帝位后,无时无刻不想替关羽复仇,他深深地怀恨破坏同盟、向魏称臣的江东孙权,他下诏说:"我自从在桃园和关、张结义后,矢志同生共死,如今关羽惨遭东吴的毒手,我如果不替他报仇,怎么对得起良心?我想举全国之兵,生擒孙权这个逆贼,以泄我心头之恨!"

张飞也在阆中(今四川),下令手下三日之内要办妥白旗白甲,三军戴孝前往讨伐孙吴。次日,范疆、张达两名部将入账报告说:"白旗和白甲,一时之间无法筹措,请准予宽限几日。"张飞生气地说:"我急着要替二哥报仇,你们却只会跟我瞎磨。限定日期内,若筹不出来,我就斩了你们的头颅示众。"

两人退出后,范疆说:"张飞这样不讲理,如果我们无法如期完成任务的话,恐怕是死定了。与其坐以待毙,不如先下手为强。"两人商议妥当,便静观事变。当他们得知张飞醉酒的消息,当夜蹑手蹑脚地进入张飞的账中将他杀死,并割下他的首级,连夜赶到东吴投奔了孙权。

刘备为了给关羽、张飞报仇,急不可待,不仅拒绝了大臣们的建议,甚至连诸葛亮的一些合理建议也听不进去了。他亲自率军,沿长江结营四十余座,纵横七百余里,要向东吴讨还血债!

对此,诸葛亮深深地叹了一口气说:"汉朝的气数尽了!哪有连营七百里可以拒绝?这是兵家的大忌,如果敌人用火攻之计,要如何自救呢?"

果然深知兵术的孙权,早已看出了刘备的破绽,于是派韩当引军攻打江北岸,周泰引军攻打江南岸。每人手上拿着一把茅草,里面暗藏硫黄烟硝,并且携带着武器,对蜀军联结的四十余个军营发动总攻击。蜀兵进退失据,造成一片慌乱,张南、冯习两名大将战死。前来支援的胡王沙摩柯也被杀死。

刘备率领残兵避守夷陵马鞍山,而陆逊仍然不断地发动猛烈攻击。此时,汉军的死伤人数已高达万余人,尸体堵塞了江水,而其他的残兵败将,则纷纷投降。刘备退回了秭归县,召集残兵,前往鱼复具的白帝城避难,并将鱼复改名为永安。他对于此次遭遇到的创伤非常感慨,羞愧地说:"我没有听取宰相和大臣们的劝告,结果被陆逊这个无名小卒打败,这莫非是天命!"

章武二年的这一次战役,可以说是刘备在晚年所尝到的最大的一次败绩。刘备的声势从此便一蹶不振,而蜀汉也永久失去了荆州。当初诸葛亮在隆中对策里建议要跨据荆州、益州,作为三分天下的基地。而今益州是得到了,但是荆州却失了,这对于诸葛亮的打击,可以说是一道严重的创伤,而对于蜀汉来说,更是不幸,因为荆州的失守替蜀汉未

来的命运蒙上了一层阴影。

临终托孤

章武三年(公元 223 年)春,刘备屯驻在永安,先是染上痢疾,后来杂病并发,遂一病不起,卧倒在床。他自知将不久于人世,便派遣使者前往成都,请丞相诸葛亮、尚书李严连夜前来白帝城接受遗诏。诸葛亮接奉诏令后,便请太子刘禅留守在成都,而偕同刘备的皇子刘永和梁王刘理前来白帝城会见刘备。

诸葛亮来到永安宫,刘备传旨请他坐在龙榻之侧,抚着他的背说:"寡人因为得到你的帮助,才能成就帝业。不幸寡人的知识浅薄,没有全部听你的意见,导致今日的惨败,寡人悔恨成病,命在旦夕。而太子又年幼孱弱,不得不将国事托付给你,加重你的负担。"说罢泪流满面。

诸葛亮也涕泣着说:"希望陛下善加保重龙体,以不负天下百姓的期望。"

刘备环顾室内,便下诏诸臣进宫,并取笔写下遗诏,递给诸葛亮说:"古人说人之将死,其言也善,寡人现在已是垂死的人,有几句心里的话要托付给你。"

诸葛亮悲不自禁地说:"陛下有何圣谕?"

刘备一手握着诸葛亮,一手不断地抹着眼泪说:"丞相的才能超过曹丕数十倍,一定能安邦定国。如果太子值得辅佐,希望丞相好好地辅助他,如果太子不才,丞相你可取而代之。"

诸葛亮听完,大惊失措,汗流浃背,泣拜于地说:"臣哪敢不竭股肱之力,效忠贞之节,为蜀汉效死呢?"

接着,刘备又唤鲁王刘永,梁王刘理,吩咐他俩说:"寡人死后,你们兄弟要以父亲之礼来侍奉丞相,绝不可怠慢。"说完就命令二子上前拜见诸葛亮。

诸葛亮说:"小臣即使肝脑涂地,也无法报答皇上的知遇之恩。"

接着,刘备又嘱咐赵云说:"寡人和你乃是患难之交,不料今日在此终须一别,如你念及旧交,希望你多多照顾皇子,不要辜负了寡人的心意。"赵云涕零叩拜于地说:"小臣一定不负皇上的托付。"

章武三年四月二十四日,蜀汉先主在群臣的哀悼中,病逝于永安宫,享年 63 岁。丞相诸葛亮上言太子,主宰丧事权宜。五月,灵柩运返成都,诸葛亮认为"国不可一日无君",于是便请太子禅即皇帝位,改元建兴。诸葛亮受封为武乡侯,领益州牧。八月下葬先主于惠陵,谥昭烈皇帝。并尊皇后吴氏为吴太后,谥甘夫人为昭烈皇后,升赏群臣,大赦天下。

刘备的死,在蜀引起了很大的震撼,群臣虽然拥护 17 岁的刘禅继位,但是后主资质平庸,举凡国家政事,不论大小都要取决于诸葛亮,而过去和诸葛亮同事先主的诸臣都已

老成凋谢,如今只剩诸葛亮一个人在独撑大局了。

刘备死后,诸葛亮所面对的最大难题便是如何消灭魏国,复兴汉室。为了完成这项任务,首先有两个问题需要解决:一个是与吴国的纷争;一个是南方少数民族的动乱。但是诸葛亮认为蜀国还在新丧之期,不宜远征,于是便积极整顿内务,足兵足食,以准备讨伐中原。同时他也想派遣使者前往东吴亲善,希望能重修前谊。

在诸葛亮辅佐刘禅期间,励精图治,大力推行法治,赏罚严明;抑制豪强,任人唯贤,推广屯田,以利耕战,使"民贫国虚"之蜀汉,呈现出"耕战有伍,刑法整齐"的景象。平定南中后,又对西南各族采取和好政策,促进了边缘地区的开发。而后挥戈北伐,攻击曹魏,以图统一中国。诸葛亮善计谋,通晓兵法,革新"连弩";制造"木牛流马",以改进山地运输。建兴十二年(公元234年),与魏将司马懿在渭南相抗,病死于五丈原(今陕西岐山南)军中,葬定军山。

诸葛亮死后,蜀汉国势日衰,昏庸无能的刘禅信任宦官黄皓,朝政日趋腐败。这时的刘禅有了一种"被解放的感觉",他感到自己长大了,不能再受别人的管制和约束了,能有自己的念头和欲望了。因此,整天歌舞升平,日夜笙管悠扬。炎兴元年(公元263年),魏军迫近成都,他不仅不组织抵抗,反弃位出降,受封为安乐公,整天价吃喝玩乐,把远在故国曾是他治下的黎民百姓,那里的山山水水一并忘到九霄云外去了。后人有诗叹曰:

追欢作乐笑颜开,不念危亡半点哀。

快乐异乡忘故国,方知后主是庸才。

(作者撰写此文时主要参阅了陈寿的《三国志》、罗贯中的《三国演义》《中国大百科全书军事卷》和梁实秋主编的《诸葛亮》等书)

一代枭雄

孝义黑三郎

——宋江

名人档案

宋江：北宋末年著名农民起义首领。曾率为数不多的起义军"转略十郡""横行齐魏"、而"官军数万无敢与抗"，震撼了宋王朝的腐朽统治。

生卒时间：不详。

性格特点：义胆包天，忠肝盖地，胸襟广阔，目光深邃，志向高远。

历史功过：宋江"其才过人"，属下的36个人都是强悍猛勇之士，个个英雄，所以，这次征剿不仅没有消灭宋江起义军，反而使其威名远扬。在此后的一年多时间里，宋江没有像《水浒传》等文艺作品所描绘的那样，入据800里水泊梁山替天行道，而是"横行齐魏"，马不停蹄，千里转战于山东、河北一带。在数万官军的围追堵截中，攻城陷地，机动灵活地打击敌人，先后攻打、占领10多个州县。虽然人数不多，但却似一把钢刀，令统治者闻风色变，"官军莫敢撄其锋"，成为一支很有影响的农民起义队伍。

名家评点：曾有一首《临江仙》赞宋江好处："起自花村刀笔吏，英灵上应天星，疏财仗义更多能。事亲行孝敬，待士有声名。济弱扶贫倾心慷慨，高名水月双清，及时甘雨四方称。山东呼保义，豪杰宋公明。"宋江是钞票、道德两手抓，两手都要硬，物质"闻名"、精神"闻名"双管齐下，就这样宋江在江湖上兢兢业业的经营着自己的名声，以至于"声名不让孟尝君"。

陈泰在《所安遗集·江南曲序》中说："宋之为人，勇悍狂侠。"

定夺梁山

宋江不算是梁山的开山元老，林冲、王伦等等比他早处多；武功也不算最出众，梁山众多好汉中比他弱的没有几个；谋略也是平平，卢俊义、吴用等人高了不知多少倍。那么宋江是如何做到"老大"这个位置的呢？关键在于他比任何人都熟悉政治。

"碌碌因人是废才"，宋江不仅胸襟广阔、目光深邃且还志向高远。这一点是那些只知道打家劫舍，坐地分赃的粗豪汉子望尘莫及的，就是这一点，让宋江的管理可以站在宏观的高度，见到别人所未见，这是他的另一核心竞争力。

宋江的宏伟志向是什么呢？

宋江在刺配江州途中，在浔阳楼上，见景生情，满怀伤感，乘着酒兴在墙壁上题了一首《西江月》："自幼曾攻经史，长成亦有权谋。恰如猛虎卧荒丘，潜伏爪牙忍受。不幸刺文双颊，那堪配在江州！他年若得报雠，血染浔阳江口！""心在山东身在吴，飘蓬江海漫嗟吁。他时若遂凌云志，敢笑黄巢不丈夫！"文如其人，简单的几句话透露了宋江的胸襟气度。宋江醉题反诗，可算是的本色之作，此举突破了他平时低调稳健的作风，不再是平时温良恭俭、谦和谨慎，言必"在下""小吏"，动辄下拜、揖让的宋公明，而成了笑傲江湖、指挥若定的"黑帮老大"。

有这种气魄，又有着特殊资源的宋江，走黄巢的路子，是有很大可能成就一番霸业的。在历史上，黄巢留下了浓重的一笔，他的咏菊诗："待到秋来九月八，我花开后百花杀。冲天香阵透长安，满城尽带黄金甲"，今时今日仍旧生命力十足。黄巢（？~884）是个奇人，他曾经是个地道的读书人，写得一手好诗，但是科举屡屡受挫，于是便愤而下海经商，他很快就发了财。有了钱，闲来无事，他就琢磨着闹点事出来了，正好赶上了唐朝末年的大饥荒，他就用自己的钱招兵买马干起了大事。公元875年，发动起义，号称"冲天大将军"，进军途中，群众纷纷参加义军，众达百万，到881年，短短6年时间，他率领起义军攻下唐都长安，顺顺当当地建立起了政权，国号"大齐"，也叫"齐"。他的运气到此为止，由于没有建立较稳固的根据地和未乘胜追歼残余势力，使敌人得以反扑，后因弹尽粮绝，被迫撤出长安，转战山东，884年，黄巢在泰山狼虎谷战败自杀。

"看成败人生豪迈，只不过是从头再来"，黄巢在短短的时间里大成大败，但也可以说是轰轰烈烈，朱元璋在元末也写过这样一首咏菊诗："百花发时我不发，我若发时都吓杀。要与西风战一场，遍身穿就黄金甲"，表达了同样的枭雄心境，结局是成就了千古的帝业。文如其人，宋江是有着宏伟的抱负的。当读到"自幼曾攻经史，长成亦有权谋"一句时，金圣叹批到"表出权术，为宋江全传提纲"，宋江的权谋与他的政治抱负是相辅相成的，两者互为基础，为实现"敢笑黄巢不丈夫"的政治理想，这就需要宋江有数一数二的政治地位，只要有了说话的分量，宋江才有可能实现他的政治理想。于是，能否坐上梁山的头把交

椅就成了宋江生平的第一道坎。

宋江是如何当上梁山的老大的呢？

"金杯银杯不如群众的口碑，金奖银奖不如百姓的夸奖"，看今天，某些西方国家候选人为了选票屈尊降贵给民众拜票，可以证明"口头选票"仍旧充满着诱惑力。金元外交的背后是宋江红得发紫的名望，江湖好汉们从物质上依附宋江后，忠孝闻名的个人品牌增强了宋江的品牌价值，好汉们纷纷把精神也交付给宋江掌控，宋江有了固若金汤的群众资源。经过了被刘高迫害的清风寨事件后，宋江上天无路，入地无门，只有梁山一条路可走，于是满腹踌躇的带领花荣、燕顺等人上路了。在半道上的一家饭馆里，因为座位问题，燕顺等人和石勇发生了冲突。石勇口气很大："老爷天下只让得两个人，其余的都把来做脚下的泥。"宋江就问这两个人是谁，石勇告诉他，一个是柴进，一个是"郓城县押司山东及时雨呼保义宋公明"。石勇还补充强调说："只除了这两个人，便是大宋皇帝，也不怕他。"石勇并不认识宋江，居然把这个小小的押司看得比皇帝还重。得来全不费功夫，现在的人民公仆应该多多向宋江学习了。

名望，是什么？名望就是生产力，有了它，就有了一切你想要的东西。袁绍作为一个公认的窝囊废能被推举为讨伐董卓的总司令，靠的是四世三公的祖荫；而卖草席的刘备逢人必言自己是中山靖王之后，无非是想表明他有着高贵的DNA，资历和出身下的名望是他们从政的进身阶。对于宋江来说，"人见人爱、人见人敬，重情谊、讲义气、竭尽忠孝"是他最有力的武器。

正是因为名望，宋江在监狱里也可以享受"星级"待遇，宋江回家探父时，被捉，刺配江州，押到九江监狱去服刑。一开始，监狱长戴宗因为宋江没有及时送上"常例钱"，要打宋江一百棍，用戴宗的话来说："你这贼配军，是我手里行货！轻咳嗽便是罪过！""你说不该死，我要结果你也不难，只似打杀一个苍蝇。"可当他知道眼前的贼配军是宋江时，态度立刻一百八十度的大转弯，"那人听了大惊，连忙作揖，说道：原来兄长正是及时雨宋公明。"到了无人的酒楼单间，监狱长戴宗"起身望着宋江便拜。"就是名望两字，让宋江在监狱里过着胜似神仙的日子，日日有戴宗、李逵陪着喝酒游玩，为了宋江吃上一口鲜鱼汤，本应监管他的"警察"李逵，更是不惜在浔阳江头和张顺大打出手。

就这样，宋江涉足江湖后，如遇什么险情，报上自己的大名，十次中有九次，效果显著，穷凶极恶的敌人听到"宋江"两字，立马扔掉兵器，跪伏于地，口中连称"宋哥哥"不停，感觉就像是小孩找到亲娘似的，生活有了依靠。总之，在上梁山的一路上，宋江靠着个人魅力，结交了一大帮仁人志士，像箭术过硬赛李广的花荣、脾气大本事也大的秦明、勇猛无比的黑子李逵、谙熟水性的浪里白条张顺、日行千里比赤兔马还快的戴宗，遇到这些拥有特殊专长的人才，宋江总是耐心地给人指条明路：上梁山吧。就这样，梁山好汉中很多人都成了宋江的铁杆粉丝，为他出生入死。等到宋江被晁盖等人救出后，下定决心上梁山时，对晁盖表白："小弟来江湖上走了这几遭，虽是受了些惊恐，却也结识得许多好汉。今日同哥哥上山去，这回只得死心塌地，与哥哥同死共生。"首先强调了自己的功劳，并非

空手上山，而是有功于梁山，其次强调了自己的地位，梁山可算是我兄弟的天下。就这样，宋江有了足够地成为老大的软件配备。

宋江上梁山的时机也是很有讲究的。如果杀了阎婆惜就上梁山，他无非是林冲那样避祸上山，虽然有大恩于晁盖，但终不免寄人篱下的味道。如果宋江再晚些上梁山，如卢俊义那样，梁山事业进行得如火如荼，再上梁山有投机的嫌疑，而且无尺寸之功，甭说想代替晁天王，即使想坐第二把交椅，恐怕梁山众人都不会服气。宋江广收天下英雄，积累了雄厚的人脉关系后，最后因为浔阳江头题写了反诗，在法场上被众兄弟劫了后，终于决心上梁山。此时上梁山正是恰到火候。一方面梁山正是用人之际，另一方面自己搜罗的新人马已经超过晁盖的旧部，此时上山不再是投奔，而是两支部队胜利会师。

造反者都喜欢神秘的愚人把戏，宋江当然不会放过。在宋江等人的接风宴筵上，宋江无意间说起江州蔡九知府捏造谣言一事："耗国因家木，刀兵点水工。纵横三十六，播乱在山东。"童谣中暗含了宋江的名字，言下之意，宋江造反那是上应天命，有着天然的合法性。后来，宋江更是讲出了九天玄女授兵书的故事，借天书来确立正统性。九天玄女授天书可算是宋江开始正式谋夺老大位置的第一步，首先，天书是玄女授给宋江一人的，而且玄女称宋江为星主，明显是排斥晁盖的。其次，玄女让宋江同天机星同观，而不能给其他人看，并没有让宋江转呈晁盖之意，言下之意，晁盖不可为尊。一番舆论造势使宋江登上"老大"的宝座更加的理所应当。

宋江上梁山后，晁盖作势让出第一把交椅以感谢宋江的救命之恩，宋江急忙婉拒，"仁兄，论年龄，兄长也大十岁，宋江若坐了，岂不自羞。"金圣叹斥之为"权诈之极"，成大事者不能没有"权诈"，此时宋江心中自度论能力、功绩和人缘关系，他已超过晁盖，只是刚上梁山就谋了第一把交椅，众人难以心服，他欠缺的就是一点行动，来证明自己的领导地位。

宋江接下来面对的最大问题就是没有军功，于是就有了三打祝家庄、攻高唐州、破连环马、克服青州等一系列对外主动出击的大规模行动。事实证明，宋江是有着卓越的军事才能的。

宋江在三打祝家庄的战役中，面对高层权力三角的复杂微妙关系，面对祝家庄这个强大对手，做出了一系列人事部署，为企业家提供了一个很好的范本。此次出征的阵容十分强大，然而，铁杆晁盖系人马基本上被闲置不用（此时，吴用虽然有向宋江靠拢的迹象，毕竟也是宋江的强大竞争对手，宋江宁可失去这个援手，也不愿让其争功），刘唐、阮氏三兄弟留守梁山。在智取生辰纲的8个人中，公孙胜远走蓟州，除了本事最不济的白胜，被宋江带去攻打祝家庄，专门出丑陪衬以外，其余6人全部留在山寨。吕方、郭盛这两位宋江心腹，被留在山上，"护持大寨"，驻守梁山。此外，宋江调拨新到头领孟康管造船只，顶替马麟，监督战船。

打祝家庄的人马分作两拨：头一拨是以宋江、花荣为首，两千名小卒、三百马军为先锋；第二拨是以林冲、秦明、戴宗为首，统领大军，其中，宋江大胆起用晁盖的"亲信"林冲显出了他用人的魄力,后来,林冲从扈三娘的手里救下了正在逃命的宋江,两人之间的关系也逐渐由隔阂转向了信任与默契。另外,宋江派遣石秀、杨林担任侦察兵,使他们"心细如发"的特长得以发挥,事后证明,石秀侦察到"逢白杨处便可转弯"的秘密,使宋江大部队的损失减少到最低。

这一系列战斗的直接结果是为山寨掠得了三五年粮食,网罗了一众好汉,使山寨声势大盛,更为重要的是,宋江的地位和权势更加突出:一是树立了宋江在山寨中实际上的军事统帅地位,提高了宋江的威信,也扩大了宋江在梁山的统治基础;二是收服了一大批能力强悍的同伴,这些人物完全信任和服从宋江,都以宋江马首是瞻;三,也是最重要的一点,宋江用结果向吴用证明了自己的实力,得到了吴用的支持,用感情软化了林冲,把"晁盖派"中的两个中坚人物转为己用。这时,晁盖这个"老大"已被完全架空了,名存实亡了。

有一种说法,宋江觊觎梁山大权是在更早一点的时候,是在初入梁山排座次的时候就开始的,"休分功劳高下,梁山泊一行旧头领去左边主位上坐,新到头领去右边客位上坐,待日后出力多寡,那时另行定夺。"排座次可是梁山极为郑重的组织大事,宋江毫不谦让就做了最后拍板的决策。这种按照"新旧"排出的座位使宋江的优势凸现出来,"宋江此时,真顾盼自豪矣哉"。所谓的"旧",就是王伦时代和晁盖打劫生辰纲时代的旧班底,才寥寥九人,而所谓的"新",即坐在右边一带的二十七人,除了萧让、金大坚二人外其余全都是因宋江而来,也可说是宋江的新班底。宋江如此安排,是何居心?金圣叹认为是"欲夸其多也,贼!贼!"

后来,虽然有晁天王"但有人捉得史文恭者,不拣是谁,便为梁山泊之主"的遗言,但是宋江的"老大"之位仍旧如探囊取物,手到擒来。

知人善任

宋江形象不振,仁慈怕事,义不及卢俊义,谋不过公孙胜,勇不如鲁智深,但恰恰是他,领导梁山好汉创造了一个又一个战争神活,宋江的秘诀是什么呢?

最早评价宋江的人,是金圣叹,他对宋江的评价是"下下",也就是最低,的确,宋江以现在的话来说就是外表比较平庸,才能有限,毫不起眼的人物。应该说宋江还是有自知之明的,他曾经把自己跟卢俊义做了一番对比,提出三点不如卢俊义:第一,宋江身材黑矮,貌拙才疏;员外堂堂仪表,凛凛一躯,有贵人之相。第二,宋江出身小吏,犯罪在逃,感蒙众兄弟不弃,暂居尊位;员外出身豪杰之子,又无至恶之名,虽有些凶险,累蒙天佑,以免此祸。第三,宋江文不能安邦,武又不能服众,手无缚鸡之力,身无寸箭之功;员外力敌万人,通今博古,天下谁不望风而降。

明代天都外臣在《水浒传》序中说:"吴军师善运筹,公孙道人明占卜",柴王孙广结

纳,三妇能擐甲作娘子军,卢俊义以俱鸷发枭雄。而宋江以一人主之,始终如一。夫以一人而能主众人,此一人必非庸人也。宋江当然绝非庸人,他懂得取别人之长为自己所用,他是一个成功的管理大师。

宋江的管理才能表现在哪些方面呢?

宋江的杀手锏是人才管理,他的求贤若渴,礼贤下士,让人才得以归顺,他的远扬的"英名"吸引了更多的人才纷纷投奔。不管是名动天下的英豪奇士还是鸡鸣狗盗的泼皮无赖,他都能知人善用,人尽其才,才尽其用,好汉各得其所的同时惟宋江马首是瞻。这点类似于战国时期的孟尝、信陵、春申诸君。

宋江用人不拘一格,用人之长。梁山的好汉,可以说囊括了当时社会上形形色色的人物,"八方共域,异姓一家。其人则有帝子神孙,富豪将吏,并三教九流,乃至猎户渔人,屠儿刽子;又有同胞手足,捉对夫妻,与叔侄郎舅,以及跟随主仆,争斗冤仇。或精灵,或粗鲁,或村朴,或风流,何尝相碍;或笔舌,或刀枪,或奔驰,或偷骗,各有偏长。"宋江懂得因势利导,充分发挥每个人的长处。比如说鼓上蚤时迁,只是一个惯偷而已,但在梁山事业中,三次紧要关头:攻打曾头市、大败连环马、兵下北京城,都因此人而事半功倍。

其次,宋江用人不掺杂任何私人感情。在上梁山之前,因为误解,他曾经被张青、燕顺等人误绑甚至毒打过,但在真正用人时,宋江并没有因此而记恨这些人,也正因为此,这些人在同上梁山聚义后,才心甘情愿听从宋江的调遣;也正因为此,依现在版图,北至内蒙古、南至江西,如此广阔地域的豪杰,才会纷纷投奔山东这一小吏,才会使梁山的起义事业蒸蒸日上。

宋江用人懂得知人善任,他很好地借鉴了刘邦的用人之道,刘邦曾当众说自己的能力不如张良、萧何、韩信,但能用之。梁山泊一百零八位好汉排座次时,其十位步军头领的排名是这样的:鲁智深、武松、刘唐、雷横、李逵、燕青、杨雄、石秀、解珍、解宝。这个排名依照武艺、"出身"、人品、名声、关系、资历、恩义、战功等,有很多"讲究",这些人各个都非善类,如果他们中有一个不服气,这个排名也就无效了。宋江经过全面衡量,确定了最后的排名,让每个人都没有丝毫的反对意见,这充分体现了宋江的相人、用人的高明。以刘唐为例,刘唐的武艺,用他自己对晁盖的话说"小弟不才,颇也学得本事,休道三五个汉子。便是一二千军马队中,拿条枪,也就不惧他",但总体看,如果鲁智深和武松的武艺属上,他(以及如下人等)也就是个中。他之所以排第三,主要因为他是晁盖的手下,也算是梁山好汉里的老人儿,底下的几位虽然武艺与他差不多,考虑他的资历,也就毫无异议了。宋江用人的基本方略是:德才兼备,以德为先。"德"当中,他突出注重"义",在"义"的前提下,他考虑的是"情"。正是在他的这一用人思路的指导下,梁山泊的好汉才凝聚到了一起,职得其当、人尽其才。

除人力资源管理外,宋江还十分精通文化管理。宋江是怎样把珍珠串起来的呢?

随着梁山泊事业突飞猛进的发展,规模日益壮大,组织机构日趋完备,很多人有了小富即安、"大块分金银,大碗喝酒,大块吃肉"的享乐主义思想,这种思想显然会大大影响

梁山泊的发展,宋江知道"上下同欲者胜",适时地举起了"替天行道"的杏黄大旗,并设立"忠义堂"议事厅,集口碑传播与视觉传播于一体。"替天行道"类似现代企业的广告用语,有着三重宣传作用,上能讨好皇帝,下能讨好庶民,中能号召梁山好汉。这面旗大大美化了梁山的名气,使梁山脱掉了"强盗""反贼"的外衣,堂堂正正的挺直了胸膛,尤为重要的是指明了梁山泊未来的发展路线。在晁盖领导下的梁山的价值观是混沌的,在最终是要起义造反,还是"只反贪官不反皇帝"这个问题上,一直处于模糊状态。宋江当机立断,运筹领袖智慧,实践文化管理,抓住对人性的研究与精神指引,即时提出了组织使命蓝图,那就是要"替天行道",明确了梁山队伍"同心合意,同气相从,共为股肱,一同替天行道"的基本路线。确定之后,打家劫舍、攻城略地都有了崇高而正当的理由,甚至在与朝廷对抗时,宋江也义正词严,用这一价值观影响敌友。在宋江力主招安的背景下,梁山队伍更以正义之师的名分征讨方腊,以极其悲壮的结局圆满完成了自己"替天行道""报效朝廷"的愚忠使命。站在历史的长河中看,结局是可悲的,但客观评价宋江的领导才能,他的布道能力是强势而有效的。

刘备一遇到危险就痛哭流涕,却哭出了江山;唐僧遇到妖魔鬼怪,只会喊"徒儿快来救我",却取得了真经;宋江武艺、计谋皆平平,却成了梁山诸好汉之首,三人的共同点是看似无能的背后皆有"能"之处,他们都有着驾驭群雄、审时度势、借力打力、合纵连横的出众才能,更掌握一种要登堂入室、脱离草莽而必不可少的政治资源,而这些才能和资源往往能克服自身的文才武略之不足,脱颖而出。

厚黑造诣

什么是权谋?所谓权谋就是关于权力的谋略,是指获取权力、维护和巩固权力的谋略。另有一种解释,权谋为"随机应变的计谋"或者"权变的谋略"。在人们的心目中,提到"权谋"两字,总是会联想到阴险狡诈的人物形象,正因为如此,宋江的人物性格突增了几分复杂性。

宋江是一个极其复杂的人物,他是一个具有革命家气质、"勇悍狂侠""广行忠义,殄灭奸邪"的农民领袖;还是一个"逢人便拜,见人便哭,自称曰'小吏小吏',或招曰'罪人罪人'"的卑贱小人;还是一个打着仁义旗号的机会主义者;还是一个出卖梁山、出卖兄弟、投靠朝廷的投降派。他是阴险奸诈,还是忠义两全?是道貌岸然,还是江湖好汉?宋江在后人心目中最大的魅力就是其复杂性,史学界对宋江最大的争议是他的"权谋",用厚黑大师李宗吾的话来说,就是"厚黑"。

什么是厚黑?字面的解释:脸皮厚,心肠黑。李宗吾的诠释:三国英雄,首推曹操,他的特长,全在心黑:他杀吕伯奢,杀孔融,杀杨修,杀董承,又杀皇后皇子,悍然不顾,并且明目张胆地说:"宁我负人,毋人负我。"其次要算刘备,他的特长,全在于脸皮厚:他依曹

操，依吕布，依刘表，依孙权，依袁绍，东窜西走，寄人篱下，恬不为耻，而且生平善哭，遇到不能解决的事情，对人痛哭一场，立即转败为胜。因此，得出结论：厚黑的最高境界就是把三国的刘备和曹操的性格合二为一，"古之为英雄豪杰者，不过面厚心黑而已。"

其实，政治与权谋的关系，就像"道"与"术"，应该是相辅相成的。政治家不能惯用权谋，因为在科学面前，任何权谋都会显得苍白无力的，以权谋制胜永远只是人类不切实际的幻想；同时，政治家必须精通权谋，有人的地方就有权谋发挥作用的空间，权谋是需要的，而且也是必要的。

宋江作为一代枭雄自有其自身的厚黑之道，他的权谋之术是怎样的呢？

宋江在招降秦明时，其心狠手辣的"黑道"得以淋漓尽致地发挥。首先，他设计生擒秦明。先使小喽啰或在东，或在西，使秦明人困马乏，然后预先偷偷地用土布袋填住两溪的水，等候夜深，把人马逼赶到溪里去，上面放下水来。就这样，不损一兵把秦明生擒活捉。秦明被押到山寨后，宋江等人热情款待，"叫杀牛宰马，安排筵席饮宴"，在筵席上，几人轮番苦劝秦明投降，秦明大义凛然："秦明生是大宋人，死是大宋鬼。你们众位要杀时，便杀了我，休想我随顺你们！"宋江等人吃了闭门羹，就不再多言，开始"轮番把盏，赔话劝酒"，结果，秦明醉了，一觉醒来，已是次日辰时。秦明起来之后，急匆匆地往回赶，他还不知道一夜之间，世界全变了。

秦明在城外看见，城外的数百人家都被火烧了，一片瓦砾场上，横七竖八，杀死的男子妇人，不计其数。秦明看了大惊，急忙跑到城边，大叫"城上放下吊桥，度我入城"。这时，慕容知府立在城上大喝道："反贼，你如何不识羞耻！昨夜引人马来打城子，把许多好百姓杀了，又把许多房屋烧了，今日兀自又来赚哄城门。朝廷须不曾亏负了你，你这厮倒如何行此不仁！已自差人奏闻朝廷去了，早晚拿住你时，把你这厮碎尸万段！"秦明真是满肚子委屈说不出，本是忠臣，睡了一觉，就成了叛徒，正要据理力争时，知府拿出了秦明妻子首级，并且"城上弩箭如雨点般射将下来"。

秦明恨不得一头撞死，转转悠悠不知如何是好时，正好碰到了宋江等人。宋江说道："总管休怪，昨日因留总管在山，决意不肯，却是宋江定出这条计来，叫小卒似总管模样的，却穿了足下的衣甲、头盔，骑着那马，横着狼牙棒，直奔青州城下，点拨红头子杀人。燕顺、王矮虎带领五十余人助战，只做总管去家中取老小。因此杀人放火，先绝了总管归路的念头。今日众人特地请罪。"秦明无奈，只得"纳了这口气"，加上宋江马上赔上笑脸："不恁地时，兄长如何肯死心塌地？若是没了嫂嫂夫人，宋江恰得知花知寨有一妹，甚是贤惠，宋江情愿主婚，陪备财礼，与总管为室如何？"就这样，秦明乖乖地被"逼上梁山"。明代余象斗看到此处，评论说："宋江用此计顺秦明，此处见宋江不惜人之处，而可恨矣，而可恶矣。"以"仁义"著称的宋江就这样杯酒间以秦明老小和城外数百人家的性命为代价斩断了秦明的去路，不可谓不狠。后来，宋江为拉朱全下水，差遣李逵活活砍开了四岁的小衙内的脑袋，更是心狠至极。在他的眼里成功是目的，手段可以无所不用其极，只要目的合乎道德，手段可以是非道德的。

说到宋江之"厚"，就要提及他"逢人便拜、见人便哭"的行为特征，在《水浒传》中，从宋江出场至死，拜是不计其数，而哭竟有三十九场之多，因此，观众动辄见到宋江泪如雨下。宋江的"拜"与"哭"也可算是宋江独特的领导艺术，鲁迅这样评价宋江："欲显刘备之长厚而似伪。"

宋江不论大小、贵贱，逢人便拜，表现了他重江湖义气和"四海之内皆兄弟"的待人之道，博得众人的好感。"哭"则更是他的得心应手的武器。宋江的哭与刘备不同，刘备"哭"通常是装可怜，宋江"哭"则通常是装情谊；刘备"哭"是不想别人防备他，宋江"哭"则是在努力贯彻他的"我梁山兄弟要亲如手足"这样的人事管理理念。宋江哭得最夸张要属他哭晁盖了，"比似丧考妣一般，哭得发昏"，并"每日领众举哀，无心管理山寨事务"。宋江哭晁盖，虽主要是出自情义，但也带有表现自己"大仁大义"的意味。在痛失龙首之时，表现得愈悲痛，就是显得愈有仁义，从而更能争得"群众"的支持。

宋江哭得最有水准的要数他哭李逵了，因为李逵不太守纪律，经常犯错误，宋江为了保持他的威权就不得不多次罚他。最典型的一次，是一百零八个好汉排了座次后宋江宣布要以接受朝廷招安、从土匪变成官军为梁山泊的最终政治目标，这时候李逵就跳起来大声反对，宋江恼羞成怒，当下就命令把李逵给砍了，亏得大家劝阻才没有杀成。事后，宋江就坐在席上哭，他说：算起来，还是李逵对我个人的感情最深，我多次都是让他死命救出来的，我在江州生病的时候又是托他日夜的照顾，想起来刚才一时冲动，差点就杀了他，实在是很愧疚啊！这一番重情重义的话语，立刻让众兄弟感动的眼眶发热。

宋江哭得最多的是在征方腊过程中，几乎是打一次仗哭一场，折一个兄弟哭一回。在张顺死之前，宋江就连做噩梦，看到张顺满身是血，后来，宋江得知死讯后，"又哭地晕倒"，边哭边说："我丧了父母，也不如此伤悼，不由我连心透骨苦痛！"吴用及众将忙劝："哥哥以国家大事为念，休为弟兄之情，自伤贵体。"此时他觉得哭还不能充分表达他的悲痛之情，宋江说："我必须亲自到湖边，与他吊孝。"吴用阻拦："兄长不可亲临险地，若贼兵知得，必来攻击。"此时宋江下定了主意："我自有计较。"情真也罢，作假也罢，总之，两军阵前，宋江那痛哭流涕，声泪俱下的形态，深深地博得了部下的感动和同情，煽起了同仇敌忾的情绪，除滋润眼睛外，可谓是效用多多。手无缚鸡之力的宋江能使一百零八位各具个性的好汉肝胆相照，卖命效忠，其"哭"可说功不可灭。

宋江多以"仁慈"的面目面对众多兄弟，历史经验告诉我们，仁慈者大都难成大事，宋江的仁慈，同样是此一时彼一时也，在很多不为人所指责的焦点上，宋江的厚黑淋漓尽致的演绎着。厚黑学共分三步功夫，第一步是"厚如城墙，黑如煤炭"。第二步是"厚而硬，黑而亮"。第三步是"厚而无形，黑而无色"。宋江的厚黑造诣，虽然只修的一二分，但也已非常人能及的了。

致命诱惑

屈原在《卜居》中提道："夫尺有所短,寸有所长,物有所不足。智有所不明,数有所不逮,神有所不通。"任何事物都有长处,有短处,宋江当然也不可能是完美的,他的性格中有一个致命的缺陷,是什么呢?

梁山泊在今山东省西南部的梁山县,北宋时期这个地方可谓物华天宝,人杰地灵,是农民起义军理想的战略要地。这一带属于暖温性气候,又有自己独特的滋润,再加上底质肥沃,光照充足,沃野千里,物产丰富,有着充分的物资储备。梁山属归京东西路的郓、济二州,水陆交通便利,古代的交通代表着信息,交通便利就相当于信息资源充分。再加上梁山为群山环绕,形成天然屏障,其主峰虎头峰(当地人称为宋江寨)在梁山之南端,东西南三面山陡坡峭,北面是一狭窄的山梁,山梁两侧是峡谷,谷深湍急,悬崖峭壁。

起义军可以利用这奇特的地形,发挥自己的优势,立于不败之地。必要时也可从梁山转移,向北可到平阴丘陵,向东北可到齐州、青州,向东南可达徐州。退可以守,进便于攻,梁山泊可谓是成大事的理想所在,再加上各有所长的一百零八个独一无二的人才,再加上智慧与权谋并存的领导者宋江,有野心的人都会想:何不"杀去东京,夺了鸟位",弄个皇帝当当。

宋江有可能杀去东京吗?

答案是否定的。《汉书·艺文志》称:"儒家者流,盖出于司徒之官,助人君顺以阴阳,明教化者也。游文于六经之中,留意于仁义之际,祖述尧舜,宪章文武,宗师仲尼,以重其言,于道最为高。"儒家学说是数千年来中国人礼奉的社会行为纲领,它全方位渗透到中国社会生活的方方面面。受到良好教育的宋江,儒家的"忠君"思想在他的内心深处根深蒂固,这种思想大大局限了他的行动。

宋江的观念是:宁可朝廷负我,我忠心不负朝廷,这也是后来他损失了众多兄弟的性命仍然顽固地要接受招安的主要原因。宋江常挂在嘴边的一句话就是"为国家效力"。当他坐上梁山的第一把交椅后,他做的第一件事就是把"聚义厅"改为"忠义堂",聚义本来是聚众起义,也就是团结起来共同造封建朝廷的反。而忠义则是以忠君为核心,让人们做封建统治者皇帝的奴才。李卓吾有一句评语说:"这是一人关键之处,读者不可草草看过。"

易中天在《帝国的惆怅》中直言不讳:孝子也好,义士也好,都当不了造反皇帝。做得成的,都只有把"忠孝节义"四个字束之高阁,至少暂时束之高阁。宋江撇不开这四个字,就不可能"杀去东京,夺了鸟位"。既不肯当皇帝,也不肯当强盗,便只好选择当"回头浪子",招安投降。

上梁山后,宋江的最高目标就是招安,他这种决定是出于全盘考虑的,宏观地讲,宋

江的觉悟是很高的,他的本性是成为"边庭上一枪一刀"抗击外侮、保民安国的民族英雄,《满江红》词中提道:"统豺虎,御边幅。……忠心愿平虏,保民安国。"为了有这样保卫国家的机会,宋江才盼望"早招安,心方足",除此之外,宋江眼中"招安"之路是弟兄们的最好出路,毕竟梁山好汉,说难听点,是匪,是贼,是见不得光的,而招安可以充分地漂白,可以摆脱偷偷摸摸的形象,成为顶天立地的"大丈夫"。

还有一种过激的说法认为,宋江主张招安是为了自身的飞黄腾达,用他劝诫武松的那段话来说,就是,"博得个封妻荫子,久后青史上留一个好名,也不枉了为人一世。我自百无一能,虽有忠心,不能得进步。"由此,金圣叹感叹:"前宋江口中不好说明,却向武松口中说明之;然武松口中却说不畅,便再向宋江口中畅说之,妙绝。然而其实都是宋江权术。"

另有一种说法,宋江的招安决策是识时务的明智之举。其一,梁山泊无论是人力、财力以及名声,都无法和朝廷对抗,就算割据一方也是不现实的。其二,当时的宋徽宗时代,虽然奸臣弄权,外敌逼近,但是社会远远没有发展到妻离子散家破人亡的地步,很多老百姓宁愿过一日算一日,也不愿意战战兢兢地步入战火中,群众基础远远不足。其三,封建社会的正统思想在民众心中绝对是不可逾越的,没有名正言顺的借口,造反是违背天道的。回头看,三国群雄割据的背景是什么,是董卓先篡了刘氏的江山,才有群雄起而发难,美名曰:清君侧,曹操挟天子以令诸侯,从而堵住天天悠悠众口,虽然名正言顺,仍旧被后人斥为"奸贼",背上了污秽的骂名。

林语堂先生在《中国人》一书中提到,建立新王朝"需要爱好战争和混乱的天才——对费厄泼赖,对学问及儒家理论都嗤之以鼻,直到自己稳稳地坐在龙位之上,再将儒家的君主主义捡起来,这可是个有用的东西。"宋江做不成流氓,也就做不成"老大"了。

无论宋江出于何种考虑,无论是历史的局限性还是个人的局限性,让宋江揭竿而起,宁为玉碎,不为瓦全的与朝廷对抗到底是不可能的。宋江革命的全部时间都翘首企盼着他的昏君主子能够清醒过来。

宋江心心相系的主子是什么样的呢?

宋徽宗作为文人,诗词一流,绘画一流,连他的书法,所创造出来的"瘦金体",也是一流。作为皇帝,却是末流,而且是末流中的末流,史学界对这位亡国之君,口碑从来不佳。《水浒传》第二回,有一段介绍,说赵佶"乃神宗天子第十一子,哲宗皇帝御弟,见掌东驾,排号九大王,是个聪明俊俏人物。这浮浪子弟门风,帮闲之事,无一般不晓,无一般不会,更无一般不爱。琴棋书画,儒释道教,无所不通,踢球打弹,品竹调丝,吹弹歌舞,自不必说"。这样一个人物,身为一个王爷,风流潇洒,过得应该是很痛快的,他的最大悲剧就是莫名其妙地成了皇帝。

赵佶十八岁那年,他的兄长哲宗驾崩,无子嗣。一顶御轿,将他抬进宫里,即帝位。这虽然是天上掉馅儿饼的美事,但对他,却招来了千古的骂名。凡中国昏庸之君的所有毛病,他都具备,远君子,近小人,宠奸邪,用坏人等等昏君戏码,他频频上演,在他的大力

扶持下,高俅凭借着踢球的本领一飞升天了。金圣叹提到,"《水浒传》不写一百八人,先写高俅,则是乱自上作也。"高俅的出场给梁山好汉投下了浓重的阴影。

高俅原名高毬,本是一个泼皮无赖、市井流氓,连他的父亲都容不得他,忍无可忍之下到官府告了他一状,结果,高俅被"断了二十脊杖,迭配出界发放"。后来,高俅到淮西投奔了一个开赌坊的闲汉柳世权。柳世权不想长期收留他,把他推荐给了东京药商董将仕。董将仕也不愿收留他,便打发他去投奔小苏学士,小苏学士又将他推荐给小王都太尉,小王都太尉的小舅端王(也就是宋徽宗)看中了高俅。这样一个被世人弃之如敝屣的角色,竟然找到了有着最高权势的人做知音,鸡犬升天了。高俅因为"踢得好一脚气毬",平步青云,掌握了大宋王朝的兵权,强化了"不肖处上,大贤处下"的社会现实,组成了"昏君——奸臣"模式的专政政体。

在宋徽宗的英明领导下,从手握朝纲的高俅、蔡京、童贯、杨戬,"满朝文武,俱是奸邪",到地方上称霸一方的大名府留守梁中书、江州知府蔡九、青州知府慕容彦达、高唐知州高廉,直到横行乡里的郑屠、西门庆、蒋门神、黄文炳、毛太公、祝朝奉、曾长者,乃至陆谦、富安、董超、薛霸、牛二之类的爪牙走狗、流氓恶棍等等,把全社会弄得暗无天日,民不聊生。正如金圣叹所评论:"夫一高俅乃有百高廉,而一高廉各有百殷直阁,然则少亦不下千殷直阁矣。是千殷直阁也者,每一人又各自养其狐群狗党二三百人,然则普天之下,其又复有宁宇千手哉!《水浒传》对当时的蝇营狗苟的社会现实进行了辛辣的讽刺:"后来发迹,便将气毬那字去了毛旁,添作立人,便改作高俅",禽兽都可以进政坛,蜕变成人,耀武扬威。

鲁迅有一个妙论:"一部《水浒》,只反贪官,不反皇帝。"的确,对不堪的政府,宋江仍旧充满希望,他认为皇帝是被奸臣蒙蔽,"暂时"昏聩,"如今宋朝天子皇帝,被蔡京、童贯、高俅、杨戬四个奸臣弄权,嫉贤妒能,闭塞贤路",言下之意,经人点拨,"如今"过后,宋徽宗会脱胎换骨成为明君的。宋江的这种想法是极其可笑的,民间谚语说:"鲇鱼找鲇鱼,嘎鱼找嘎鱼",另一种说法:"物以类聚,人以群分",奸臣不会无缘无故就存在的,奸臣的存在正是昏君的明证。事实证明,直到宋江被毒死,昏君终究没能成为明君,奸臣依旧"闭塞贤路,谋害忠良"。

悲惨结局

"撞破天罗归水浒,掀开地网上梁山",梁山好汉本是天不怕地不怕的角色,这样一批人团结在一起,本是战无不胜攻无不克,可最后他们却败了,并且败得一塌糊涂,他们败在哪里呢?

孔子说:"君使臣以礼,臣事君以忠。"忠君思想自始至终都盘旋在宋江的脑海中,他做人的最大追求是于国大忠,于家大孝,在无路可走的时候才选择了梁山作为暂栖之地,等到梁山事业稳定的时候，他的忠君思想开始占据绝对优势，心心相系着"招安"。宋江为了招安，可谓费尽心机，无所不用其极，甚至做了很多愚蠢的事。

宋江做的第一件蠢事是什么呢？

宋江为招安做的第一件蠢事是活捉了高俅又把他放了，伤了众多梁山好汉的心，还没有办成"招安"的事。杀高俅本是毫无争议的。首先，高俅是梁山好汉的"私敌"，以林冲为首很多人跟他都有着血海深仇，"有仇不报非君子"，梁山好汉对他都恨不得"扒其皮，食其肉"，杀了他，可谓"大快人心"。其次，高俅是国家人民的"公敌"，他"闭塞贤路，谋害忠良"，打着"清君侧"旗帜的梁山好汉，杀了他，是顺应天理正道的。但是，宋江为了他所谓的"招安大事"计，不仅不杀，并且干出了很多让梁山众好汉牙根痒痒的事。

宋江看到狼狈不堪的阶下囚高俅，做得第一件事，就是"慌忙下堂扶住，便取过罗缎新鲜衣服，与高太尉重新换了，扶上堂来，请在正面而坐。宋江纳头便拜，口称："死罪！"高俅慌忙答礼。宋江叫吴用、公孙胜扶住，拜罢，就请上坐。宋江不仅让高俅坐上了神圣的忠义堂的头把交椅，还以万军统帅的身份"纳头便拜"，并且拜的还是高俅这等奸邪小人。不仅如此，宋江还"便教杀牛宰马，大设筵宴，一面分投赏军，一面大吹大擂，会集大小头领，都来与高太尉相见"，梁山好汉想自我安慰一下，视若不见，宋江都不给机会。最后"设筵宴送行，抬出金银彩缎之类，约数千金"，就这样，让高俅体体面面地下梁山了，有一种说法，林冲是被这件事气死的，"士可杀，不可辱"，把自己的大仇人当成太上皇供着，最后憋屈死，也是情有可原的。

高俅回京之后，果然"不负众望"，恢复小人作风，根本不讲诚信，使得宋江的如意算盘"竹篮打水一场空"。宋江本想通过巴结让人切齿痛恨并与之势不两立的高俅，以期他们的忠诚能达之于"圣聪"，结果惹来一身骚，失败了。宋江成为"辅佐明君、保国安民的忠臣良将"的良好愿望在第一站就碰了壁，无奈之下，他决定厚赂名妓李师师。先是靠着燕青的美男计诱惑李师师，得到了李师师的大力支持，然后，借由李师师与宋徽宗私会的秘道，与当朝天子搭上了线，先前的"猥琐小吏"，此刻的"犯上草寇"，终于有机会和当朝"至尊天子"说上了话。李师师先以动听的箫声和小曲取悦皇帝，又不失时机地倾诉了梁山好汉对朝廷的"忠义"，从而使得皇帝亲自撰写诏书，赦免众好汉所犯之罪，使他们体体面面地接收了招安。

颇具讽刺意味的招安，让宋江十分欣慰，他"曲线忠君"的道路终于走通了，接下来的宋江又积极主动的做了什么蠢事呢？

接受招安后，宋江更是把替天行道的"道"淋漓尽致的演绎下去。投降后的宋江，作为朝廷的鹰犬，任务不是逮兔子，就是抓狐狸，左突右冲。首先，宋江奉命征辽，辽国派欧阳侍郎前来劝降，说大辽国主"封将军为辽邦镇国大将军，总领兵马大元帅"。宋江予以拒绝："纵使宋朝负我，我忠心不负宋朝。久后纵无功赏，也得青史上留名。若背正顺逆，天不容恕。吾辈当尽忠报国，死而后已！"宋江的这些言语，让人想到"精忠报国"的岳飞，他天神一般的人物，结果却老老实实的屈死在风波亭。宋江在征辽班师途中上五台山参

拜智真长老,智真赐的偈语是:"当风雁影翻,东阙不团圆。只眼功劳足,双林福寿全。"比照之下,透露出"不团圆"的前景,预示着宋江的悲剧收场。

接下来,宋江的任务是去打方腊,方腊与宋江齐称"北宋南方",是北宋末年著名的农民起义领袖。方腊雇工出身,性情豪爽,有组织才能,在民族矛盾日益尖锐的形势下,方腊利用明教组织发动群众。宋徽宗宣和二年(1120年)秋,方腊发动起义,在漆园誓师,历数宋王朝的罪恶。方腊自号"圣公",年号永乐,以巾饰为标志,起义军声势浩大,不到半年就攻占了杭州、歙县等六州五十二县,威震东南。方腊的队伍与梁山好汉可谓是"胞兄弟"。首先,两者的组成人员都是劳苦大众,有着共同的阶级基础;其次,两人有着共同大敌人:腐朽黑暗的社会现实;再者,两人有着共同的起义动机:为生活所迫;最后,两者的领导人物都有着非凡的才能。

作为开路先锋,朝廷让宋江去打,宋江不能不去,但是,宋江的打法,空出力却没有捞得任何好处。打方腊,朝廷的用意有如"司马昭之心",路人皆知,是要"以匪制匪",让"强盗"打"强盗",这点宋江是知道的。宋江硬着头皮和兄弟翻脸,接下这份差事,目的是增加和朝廷讲价、议价的筹码,是想通过建功立业,为梁山的弟兄们谋个前程。

宋江的想法是没错的,可是他没能把握住形势。征讨方腊的过程中,梁山头领死伤大半,只剩下36人。随后鲁智深在杭州六和塔坐化,武松在六合寺出家,林冲中风瘫死于六合寺;燕青不愿回朝接受封赏,只身隐退;李俊、童威、童猛辞别宋江出海去了。最后进京的只有27人,授官者12人。正如易中天所说:"无功固然不能受禄,但倘若把实力拼光了,也就一钱不值,什么也讨不来。所以,像宋江打方腊那样,人马越打越少,地盘越打越小,就是犯傻。"

战争的目的,是消灭敌人,壮大自己。宋江平方腊,消灭了敌人,大伤了自己的元气,丧失了与朝廷讨价的实力,折腾到最后,还一无所获。功劳最大的宋江,仅被授为楚州安抚使,相当于如今的地区一级干部,已经够憋屈了,他"忠心不负"的朝廷还不放过他,在御酒里放了慢性毒药。临死之前,宋江仍旧坚持着自己的"忠义"思想,他想到他死了以后,李逵必然造反,"把我一世清名忠义之事坏了",于是,把李逵骗来,让他喝了毒酒。

"自古权奸害善良,不容忠义立家邦",一场轰轰烈烈的大起义,终以悲惨结局而收场。宋江自以为他走的"曲线忠君"的路线是回旋上升的,可走到头,却发现走过的道路是一个无限循环的没有出口的"圆"。宋江的功过成败只待后人评说了。

乱世闯王

——李自成

名人档案

李自成：明末农民起义领袖。原名鸿基。称帝时以李继迁为太祖。世居陕西米脂李继迁寨。童年时给地主牧羊(一说家中非常富裕)，曾为银川驿卒。

生卒时间：1606~1645年。

安葬之地：湖北省通山县九宫山下牛迹岭。

性格特点：勇猛有识略。

历史功过：崇祯二年(1629年)起义，后为闯王高迎祥部下的闯将，勇猛有识略。八年荥阳大会时，提出分兵定向、四路攻战的方案，受到各部首领的赞同，声望日高。次年高迎祥牺牲后，他继称闯王。十一年在潼关战败，仅率刘宗敏等十余人，隐伏商雒丛山中(在豫陕边区)。次年出山再起。十三年又在巴西鱼腹山(腹一作复)被困，以五十骑突围，进入河南。其时中原灾荒严重，阶级矛盾极度尖锐。李岩提出"均田免赋"等口号，获得广大人民的欢迎，散布"迎闯王，不纳粮"的歌谣。部队发展到百万之众，成为农民战争中的主力军。崇祯十六年(1643年)在襄阳称新顺王。同年，在河南汝州(今临汝)歼灭明陕西总督孙传庭的主力，旋乘胜进占西安。次年正月，建立大顺政权，年号永昌。不久攻克北京，推翻明王朝。由于起义军领袖犯了胜利时骄傲的错误，迫害吴三桂的家属。逼反吴三桂，满清贵族入关，联合进攻农民军。他迎战失利，退出北京，率军在河南，陕西抗击。永昌二年(1645年)在湖北通山九宫山考察地形，李自成神秘消失，李自成余部降清后，又反叛满清，继续抗清斗争。

名家评点：李自成是不屈不挠、顽强奋斗的农民革命领袖，他的一生是战斗的一生，他所建树的光辉革命业绩，将永垂青史，他的事迹将流传千古，广为传诵。1963年，我国人民政府开始拨款修建"闯王陵"，于1981年，在九宫山竣工。人民将永远怀念这位农民革命领袖！

苦难磨砺

李自成生活的年代,正是明朝封建统治由盛而衰的一个很重要的历史时期。政治腐败,土地高度集中,赋税、徭役极端繁重。使明末社会阶级矛盾日益尖锐。

万历年间,明神宗朱翊钧声称有病,久居深宫,二十多日不见朝臣,不问朝政,过着醉生梦死,纸醉金迷的糜烂生活。每天歌舞玩乐、饮酒嬉戏,一说起上朝参政,便声称龙体欠佳,"鼓钟于宫,声闻于外","每夕必饮,每饮必醉,每醉必怒,左右一言稍违,辄毙杖下"。为了满足贪欲,维持自己及其子孙的帝王豪华享受,他先后派遣大批宦官,分赴各地,收税、开矿,敲骨吸髓地对人民进行搜刮,不管人民的死活。

而在朝中,众大臣拉帮结派,围绕着皇长子朱常洛和皇三子朱常洵之间争夺皇位继承权的斗争,展开明争暗斗。根本没有人潜心处理政务。当时全国年年闹灾荒,民不聊生,报灾求救的奏疏雪片般送入宫中,他们视而不见,民间的灾难便日久天长地积累着,得不到切实的解决。诏狱的犯人,因为没有人负责审理,结不了案,又不放人,长期被关在狱中。朝廷中的一些机构,多年无人主管,也无法进行有序的工作。整个统治,黑暗腐朽,暮气沉沉,一天天瘫痪、溃烂。

朱翊钧死后,朱常洛继位,不到一个月又死去,皇位由他十三岁的儿子朱由校继承,年号天启,历史上称为明熹宗。

熹宗在位七年(1621年~1627年),并无实权,大权实际掌握在太监魏忠贤与朱由校的乳母客氏手中。两人狼狈为奸,把明末的政治推到了腐朽、黑暗的顶点。

客魏集团,人们称之为"阉党",代表大地主、大官僚的利益,是当时政治上最顽固的、反动的一股邪恶势力。自内阁、六部以至四方督抚,遍布魏忠贤的心腹爪牙,有所谓"五虎""五彪""十狗""十孩儿""四十孙"等名目。他们掌握特务机关"东厂",在京城内外,密布东厂暗探,任意捕人,任意廷杖大臣,故意把反对他们的人下诏狱论死。民间闲话,一语不慎,就有割舌、砍头、剥皮以至株连九族的危险。魏氏家族及姻戚,都高官显爵,甚至连三岁、四岁的孩子也封侯、封伯。客氏,封奉圣夫人,居住宫中,声势显赫,其子弟也都显贵。

客魏集团的酷烈专权受到一部分人的反对,其中反对最强烈的是代表中小地主和工商业主的利益的"东林党人"。他们上疏列举魏忠贤二十四大罪状。结果,不但未能推翻宦官专权,相反却引火烧身,大批东林党人惨遭迫害。

朱由校死后,皇帝朱由检即位,历史上称为思宗,年号崇祯,在位共十七年(1628年—1644年)。

朱由检初即位时,为巩固皇位,消除隐患,曾经采取严厉镇压手段清除客魏集团,结

束了黑暗的宦官专权局面。又为受迫害的东林党人平反昭雪。但是,他也无法挽救江河日下的封建统治。

当时的官吏想的不是为百姓,为国家尽力,而是一门心思地争权夺势。官员之间贿赂成风,结派结党。曾经有人比喻说,整个明末统治集团,自上而下,几乎全都脏得像抹布。

政治上的腐败,使人民更加不满于明朝统治,加剧了社会阶级矛盾。

同时,当时土地高度集中,赋税、徭役极端繁重,使百姓生活于水深火热之中。

万历时,潞王朱翊镠在湖广霸占田地四万顷。福王朱常洵封藩洛阳,明神宗下令搜刮河南、山东、湖广等处田地两万顷赐他做王庄。王府官役丈地征税,勒索百姓、捕杀庄佃。天启时,瑞、惠、桂三王及遂平、宁德二公主,各有庄田万顷。成都蜀王、西安秦王、开封周王、武昌楚王,都家财百万,跨土连城。魏忠贤历年盗窃宫中珍宝及财物无数,霸占良田有万顷。其他一些大太监和官员也有无数田产。他们占据大量的田地,却少交田赋或不交。沉重的赋税压在劳动人民头上。贫苦百姓辛苦一年,常常收割完,交完租,所剩无几,马上就得乞讨、借贷,难以维持生活。统治者还附加了种种名目,税网密张,苛捐杂税层出不穷。从贫苦百姓身上榨油。

此外,明代徭役繁重。朱翊钧给自己修建陵墓,费时六年,紧急施工期内,每日役使军匠、民工二万余人,前后耗银八百余万两。朱由校给父亲朱常洛修陵墓,朱由检给哥哥朱由校修陵墓,各耗银五十万两,役使军匠、民夫数万名。重修三殿(皇极、中极、建极),用银九百三十余万两,浪费人工不可数计。桂王建王府,历时七年,耗费金钱五十余万。修魏忠贤生祠,全国数十所,一祠之费,动辄万计,花费以及用工自古罕见。

亿万饥寒交迫的贫苦百姓备受赋税、徭役之苦,他们已经不堪忍受这份痛苦。

同时,明末天灾多,更加增添了人民的痛苦。

天启时,黄河多次决口,黄淮地区经常泛滥成灾。

崇祯时,水、旱、蝗灾年年不断。据一位目睹崇祯元年(1628年)陕西灾区惨象的人讲:延安府大旱,许多人吃山间蓬草度命,蓬草吃尽吃树皮,树皮剥尽掘吃观音土,不几日腹胀下坠而死。安塞县城,弃婴遍地,呱呱而啼,老人、儿童及单身行人,一到城外,便为人所食;食人之人,过几天便面目赤肿、内发燥热而死。城外尸骸遍野,臭气熏天,埋不胜埋。

饥寒交迫、挣扎在死亡线上的贫苦百姓不堪其苦,不断掀起反抗热潮,波澜壮阔,此起彼伏。他们把斗争矛头直接指向明朝廷。天启时,山东爆发白莲教起义,拉开了明末农民战争的序幕。此后,各地人民的反抗斗争,范围越来越广,声势越来越大,汇合成我国古代史上规模最大的一次农民革命战争。

乱世出英雄。

李自成就生活在这样一个年代里,经历着翻天覆地的时势变化,并成长为杰出的农民领袖。

万历三十四年八月二十一日(1606年9月22日)李自成诞生在陕西米脂县李继迁寨的一间旧窑洞里。曾祖父李世甫，祖父李海，又名李势，父亲李守忠，又名李印、李务。世代务农，耕种附近贫瘠的山地，又承担有"里役"之差，是官家的"养马户"，家道十分贫苦。李自成最初名字叫李鸿基，乳名有：砲生、枣儿、闯儿、黄娃子、黄来儿。他有一比他大二十岁的同父异母的哥哥李鸿名。李过是李鸿名的儿子，仅比李自成小一个月。五十多岁的李守忠晚年添子添孙，无限喜悦，所以给孙子李过取名叫"双喜"。后来李过又改名李锦，混名一支虎。长得很像叔叔李自成。李过出生后三个月，其父亲李鸿名就生病死去，父亲死后三年，母亲就改嫁了。

李守忠老两口，抚育着年幼的儿子和孙子，祖孙三代四口人，过着艰难的日子。

勤劳朴实的李守忠一生吃苦，与人无争，他希望儿子、孙子能读书识字，会写信，写借条。这样他省吃俭用，设法让孩子们上学念书。这样，李自成六岁时开始识字，八岁时就和侄儿李过一同上了村塾。

在村塾里，李自成表现得与众不同。他聪明、机灵、肯动脑筋，遇事爱问个为什么。同时，精力充沛，爱打打闹闹，他厌烦刻板式的学习生活和毫无生气的学习内容，一有机会，就带着李过溜出村塾的大门，同邻村的孩子们摔跤、角力、斗拳，做打仗的游戏。李自成身体结实，灵活勇猛，成为孩子王。

有一年夏天，村塾先生以雨过云收为题，吟了一句："雨过月明，顷刻顿分境界。"李自成接着吟道："烟迷雾起，须臾难辨江山"。还有一次，教书先生让他做《螃蟹诗》。他写道：

> 一身甲胄肆横行，满腹玄黄未易评。
>
> 惯向秋畦私窃谷，偏于夜藓暗偷营。
>
> 双螯恰似钢叉举，八股浑如宝剑擎。
>
> 只怕钓螯人设饵，捉将沸釜送残生。

这首诗充满了造反精神，表达了他的雄心壮志。

李自成十岁左右，家乡遭到特大灾荒。旱灾、蝗灾接连而至。年景荒歉，家里揭不开锅，没有办法。只得忍痛把他送到一个庙里去做和尚，名黄来僧。他有机会认识更多的字。后来，又让他去给一个回族地主婆家牧马。还先后给姓姬、姓艾的地主家放羊牧马。

在此期间，李自成备受虐待。有一次，地主诬赖他偷了羊，给了他一顿狠命地鞭打，打得他血迹斑斑，遍体鳞伤。在艰苦的环境中长大的李自成，练就了一身的钢筋铁骨，也锤炼了他坚韧不拔，不怕任何艰难险阻的精神。

一天，李自成、李过还有小伙伴刘国龙一同到关帝庙。殿前有一只铁香炉，重七十余斤，三人想试试谁的力气大。李自成一手举起香炉，绕殿一圈，又放回原处，面不改色，也不气喘。刘国龙也用一只手来举，试了试没成功，只好用两只手握住炉腿勉强举起，走了五步，支持不住，不得不放下。李过上前，想举起，觉得太沉，只好像刘国龙那样，双手举起，走了十五步放下。李自成再试一次，又举起香炉绕殿一周，放回原处。旁观的人都喝彩叫好。刘国龙、李过两人心悦诚服,甘拜下风。李自成得意地说:"大丈夫当行遍天下,自成自立!从今后,我就改名'自成'号'鸿基'。"

平日,李自成与小伙伴在一起时,他常说:"我们要练就一身本领,才能成大事。"有人想通过科举考试,成名成家。李自成就劝导说:"像当今世界,贿赂成风,文官武将都得死记硬背八股文。像我们为生活所累,读不起书,又行不起贿,这条路是行不通的。"

十三岁时,李自成的母亲去世了。

十六岁那年,李自成听说延安府有个退伍的军官叫罗君彦,武艺高强,在家收徒传艺。他便在深秋的一个夜晚,瞒着父亲,偷偷离家前往延安寻师学艺。他刻苦学武连春节都不回家,几个月后,父亲才知道他的下落,亲自把他接了回来。

看到儿子这么喜爱武术,李守忠便把罗君彦请到家中,教儿子、孙子武艺,罗老师也非常喜爱和器重李自成。

十八岁那年,李自成、李过先后都结了婚。又过了两年,七十多岁的父亲便在长期贫困、劳累中病逝了。

父亲死后,家中的境况更加恶劣。为了谋生,李自成曾经当过佣工,学过打铁,后来又给一家地主扛长活,整天汗流浃背、筋骨都快累断了,地主还说他偷懒、不卖力气,借故把他辞退了。贫困逼迫着他不得不靠借高利贷来过活。在万户萧疏、百姓流离的环境中,李自成经历了人世间最早的磨炼。

二十一岁时,他应募为银川驿马夫。驿马夫是个苦差,一年到头风里来雨里去,投递公文,护送往来官员过境,时刻都提心吊胆。每天只能领工食银二分,不够买半升米,一人吃饱都难,更不用说养活全家了。

李自成身体强壮魁梧,力大过人,雄健善走,快跑能追上奔马。高颧骨,深眼眶,足智多谋,勇猛而有胆略。由于他既精通文字,为人大方,又有远见,能顾大局,识大体,讲义气,所以深受驿卒们的拥戴。

李自成做驿卒时,一次,他所骑的驿马不知什么原因一连死了好几匹,上司责令他赔偿,毫无通融余地。谁知,这事还没了结,他又把一份投递的公文弄丢了。

当时,朝廷下令裁减驿站经费,李自成被扣了工钱,又被迫离开了驿站。

生活无着落的李自成了生存,不得不向艾家借高利贷。后来艾家不断催逼,家奴恶仆如虎。有一次,李自成实在没办法,去艾家求情,正巧艾举人正在陪客,看门人不准他进去。他就在门前石坊边躺下休息。艾举人送客时,看见李自成躺在他家门口,不禁大怒,命令仆役把他捆绑起来,毒打一顿。然后锁在庭院的柱子上,不许他吃饭、喝水。艾举人的小儿子站在他面前,手里拿着一块饼奚落他,故意咬一口慢吞吞地嚼着,还挤眉弄眼地说:"想吃吗?不给!……我宁可喂狗,也不给你!……"说完,把饼扔到地下,用脚踩得稀烂。然后,蹦跳着跑开了。李自成肺都要气炸了,他把仇恨深深地埋藏在心中。

艾举人还勾结地方官吏给李自成戴上枷锁,严刑拷打,打后又命仆人看守,在烈日下曝晒,不让吃饭。

李自成的驿卒朋友得知消息后，非常气愤。在夜深人静的时候，打碎枷锁，赶跑家仆救出李自成，杀了艾举人，逃出米脂县。

当时，陕西灾荒严重，隔河的山西省又以"防寇"为名，禁止把粮食卖到陕西。陕北的米价涨到六钱银子才能买到一斗米。百姓根本无法生活。饥民们大批流亡外地。

李自成带着侄儿李过到绥德州，找到一间没有人的窑洞歇宿。晚上下起了大雪，冻得两人瑟瑟发抖。李自成去找木柴生火取暖，一切木柴都被一场罕见的大雪掩埋了。李自成发现了不远处有座文庙，他跑去抱回了一大捆文庙中供奉的牌位，立刻在窑洞里生起火来。

这堆熊熊的烈火照亮了他的眼睛，烤得他心里暖烘烘的。望着这堆烈火，他似乎看到了明朝统治者的灭亡。这堆牌位的被点燃，表明了他对明朝统治者利用儒家学术巩固封建专制统治的不满和反抗，表明他革命的决心。

崇祯元年，李自成带李过从绥德到甘肃，两人暂时投入甘肃巡抚梅之焕部下当兵。不久，李自成升为"总旗"，下管五十名士兵。

崇祯二年（1629）年底，李自成所在的部队开往北京，路过金县（今甘肃榆中）时，军队无粮，士兵要求发饷，遭到拒绝。李自成便率领一部分士兵，杀死军官和金县县令，奔赴陕甘边界地区参加了农民起义军，走上了武装斗争的道路。

受命危难

残酷的政治压迫和经济剥削，使明末的阶级矛盾与阶级斗争日益激化，终于爆发了一场轰轰烈烈的农民革命。这场风暴来得那么迅猛，它冲刷着腐朽的世道，摇撼着摇摇欲坠的明朝统治，带来了一股生气和希望。

陕北一带，气候寒冷，土质贫瘠，地旷人稀，收成很低。可是，明政府的田赋加派却不分青红皂白，一律按田亩征收，没有丝毫的照顾。这样，陕西人民的负担要比全国其他地区的更为沉重。贫苦农民的生活更为痛苦。再加上封建统治者只知道无止境地搜刮破坏，根本不注意疏通河道和种植、保护防风林。所以使陕西接连几年遇灾。水灾、蝗灾、旱灾接踵而来。天灾人祸，狼心狗肺的地主与官府根本不管百姓死活，仍然穷凶极恶地催逼租税，压迫贫苦百姓。

哪里有压迫，哪里就有反抗。

走投无路的陕西农民首先揭竿而起，闯官府、抢粮食、杀豪绅。这股潮流迅速蔓延整个西北。在西北地区，农民斗争风起云涌，他们为了生存而战斗，武装反抗地主阶级的反动统治。

如火如荼的农民斗争，惊醒了封建统治者作威作福的千秋美梦。而这些享受惯了的达官贵人既痛恨农民的反抗，又惊恐万状。当时，没有人愿意去陕甘当官。地方官员担心朝廷追查责任,引火烧身,受到制裁,所以,他们上报朝廷时,常常把农民起义说成是"盗贼"或"饥民"闹事。纸包不住火,实在控制不了局势时,才如实上奏朝廷,所以,当朝廷着手处理农民问题时,农民起义已成为不可阻挡的历史洪流。

1629年,杨鹤任延绥、甘肃、宁夏三边总督。他一到陕西,便使出刽子手与牧师的反革命两手。一方面血腥镇压农民起义,一方面又采取安抚招降的办法,施舍一点钱粮,发放饥民印票,给几块"免死牌",妄图以此来收买农民军将士,"化盗为农",扑灭革命烽火。初起的农民起义,面临着第一场考验。

早期的农民起义,不过是为饥寒所迫,觉悟不高,自然有人接受招抚。

1630年,李自成参加了王左挂领导的革命军。这年二月,王左挂在陕北怀宁河(槐里河)地区战败,接受"招抚",李自成愤而离他而去。接着他又投奔不沾泥张存孟营,做了队长。不沾泥多次被洪承畴打败,崇祯四年四月竟亲手杀死自己的战友,无耻地向官军投降。李自成对此无法容忍,愤怒地转而投奔高迎祥。

高迎祥是明末农民起义早期的杰出领袖,自称"闯王"。闯王的声势很强大,手下有许多英勇的战将。他用"闯"字来称呼自己和部队,表示在斗争的道路上一往无前的决心。李自成在闯王的队伍中被编在第八队,称"闯将"。从此,这位年轻的闯将便跟随高迎祥,带领穷苦大众杀官军,打豪强,转战南北,顽强不屈,屡立战功。在严酷的斗争中逐渐成熟起来。

革命的熔炉,能淘汰渣滓,也能炼出真金。朝廷的剿抚并用的策略,不仅未能挫败广大农民的斗争热情,相反却教育和锻炼了革命队伍。大批农民被招抚后,有的被杀害,有的回乡后仍然生活无着落,他们彻底认清了明朝廷的腐朽,更加英勇顽强地参加了战斗。

当时,其他地区以"防盗"为由,禁止把粮食运进有起义农民活动的灾荒地区。这样,西北起义农民强行渡河入晋,从崇祯三年起,就大规模地进入山西。

当时,紫金梁王自用团结各部首领,结成"三十六营"。闯王高迎祥、八大王张献忠都是"三十六营"首领之一。闯将李自成,尽管此时此刻名义上属闯王部下,势力也不如八大王,但也是"三十六营"首领之一。此后,在一段相当长的时期内,李自成主要活动在山西汾河以西地区,有时与高迎祥联兵出去,有时单独领兵作战。

崇祯五年(1632年)紫金梁、闯王、八大王等在山西南部发动大规模攻势。李自成则率领本部配合他们行动。九月十四日,李自成率领部队由山西突入河南,占领修武县城,知县刘凤翔被捉住杀掉。队伍在城内驻军三天,李自成立即命令撤退,取道攻清化。二十九日,率部攻破清化镇(今博爱)。分兵攻打武陟、辉景、济源等县城,围困怀庆府城(今沁阳市)。等明救兵赶到时,李自成立即下令撤围北上,打回山西平阳府(临汾),重返汾河以西一带。李自成这次闪电般的出击,既分散了官军兵力,配合了山西南部农民军主力部队作战,又由于他足智多谋,巧妙地保存了实力,打击了敌人。

从十一月下旬起,农民军主力部队约数万人,由紫金梁、老回回、邢红狼等率领,在山西南部阳城、翼城、垣曲和河南济源之间,与官军展开大战。明朝廷为消灭这支农民军,

下了大功夫,使农民军主力三面受敌,只好向山西北部开拨。官军步步紧逼,当时农民军主力处境很危险。就在这时,他们接到了一个惊人的消息,李自成、张献忠等部,从汾河以西打到汾河以东,长驱而进,直抵武乡,于十二月十四日深夜,一举攻克了晋东南的军事要地辽州城。

辽州的失守,对明军是一个致命的打击。明军马上调转方向,向辽州反扑。

李自成等部达到了目的,牵制了明军,掩护了农民军主力北上。他们立即出其不意地在除夕那天退出辽州城。

攻占辽州,充分表现出了李自成优异的军事才能。他采取避实就虚的战术,进军迅速,行动果断,当攻则攻,当守则守,当退则退,牢牢掌握住攻守的主动权,从而把不利的局面转变为有利的局面。这次战役,李自成出色地完成了任务,为农民革命立下了巨大的功劳。

崇祯六年(1633年)夏天,高迎祥、李自成由山西辗转进入河南,活跃在黄河以北地区。在怀庆地区与官兵进行了七场激烈战斗,胜负难分,死伤均惨重。

正当前线战事吃紧时,农民军的后方辽州桑山老营,一万多留守人员(主要是伤病员和家属)突然遭到官军袭击;尽管留守部队进行了顽强抵抗,但终因兵力悬殊,伤亡惨重。农民军处境不利,队伍不得不退入深山。

在李自成率部前往要冲之地水冶途中,刚到横河,忽听三声炮响,四面伏兵四起,只见到处是官军的旗帜。原来,官军早就猜到农民军一定会来抢攻位于安阳、林县、磁州、武安四城要冲之地的水冶。所以早就设下埋伏,准备全歼农民军。在这危急的时刻,李自成沉着冷静。他先在心里对自己说:"别慌!设法突围。"同时命令战士稳住阵脚,边战边走。官军在后面紧紧追赶,箭如飞蝗直奔农民军。李自成在指挥战士突围时,中箭受伤,差一点被官军追上,多亏那匹骏马背着他疾驰而去。

突围后,李自成继续在林县、涉县、武安等地和官军作战。九月间,原在桑山老营的农民军残部约五千人,经过血战,由山西平顺东北洪梯关打到河南,与闯王、闯将等大部队会合。农民军声势又大了。

就在这时,明朝廷调兵遣将,在晋、冀、豫三省交界地区,派兵三万多围剿起义军。起义军活动余地越来越小,粮食给养都非常困难,面临着被围歼的危险。

为了摆脱困境,起义军行使缓兵之计,一面派人假意与官军谈判讲和,假称愿意接受招安;一面暗中积极备战,向官军士兵和地方百姓购买裘、靴等衣物。乘官员不备,农民军突然发起猛烈进攻,迅速向南挺进,过清化,渡丹河,经济源,进入山西垣曲县境,直抵黄河以北。

几天后,高迎祥、李自成、张献忠、罗汝才、马守应等,各部共十余万人,云集黄河北岸,计划渡河向南。

黄河天险,无法飞渡。首领们面对滔滔黄河激流,正发愁时,突然天气转冷。一夜之间,大河封冻,冰坚如桥。十一月二十四日,农民军旌旗招展,欢呼着飞速踏冰渡过了黄

河。从此,农民军主力开辟了新战争,把革命的火焰延伸到了更广阔的领域。

此时的李自成虽然仍在高迎祥部下,但已经自领一军,手下也有李过、高杰、顾君恩等战将和谋士。名声很快就和高迎祥、张献忠二人并驾齐驱,成为农民军的重要领袖。

飞越黄河天险的农民军,一到河南,与当地贫苦农民汇合起来,形成一股汹涌澎湃的革命洪流。农民军连续攻克渑池、内乡等地,又大踏步地进入湖北,占领郧阳、房县、保康、兴山等县,接着又以流水疾风般的速度向西攻入四川,打下军事重镇夔州(今四川奉节),使豫、楚、川三省的地主、官府慌作一团,"远近震动"。农民军打到哪里,都受到当地人民的欢迎,粮食不成问题;官员所到之处,百姓望风而逃,无粮可资,待饷转运,处处坐困。官军被农民军拖得疲于奔命,到处扑空,而农民军却避实就虚,一有机会便攻杀官军,声势大盛。

明朝官军想彻底推毁农民革命武装,重兵云集河南、湖广。起义军主力又像捉迷藏一样,从川陕边境突破七盘关、阳平关重新折回起义的发源地陕西。

这次历时四个月,纵横五个省的大进军,以摧枯拉朽之势扫荡了所经之处的明朝反动政府的各级地方政权和地方豪绅,显示了农民群众的巨大智慧和力量。

农民军回到陕西,受到当地人民的大力支持。不幸的是,在崇祯七年夏天,高迎祥、李自成、张献忠等部队,误入兴安州平利县车箱峡绝地,被官军围困。粮源断绝,情势万分危急。

车箱峡又名狗脊关,峡长四十里,形同狗脊骨,四山耸立,险峻难攀;峡中巨石嶙峋,草木丛杂,道路崎岖。当时,官军垒石断路,堵塞峡口,地主乡丁从两边山巅推落巨石,投下薪火,令人无法招架。加上阴雨连下七十多天,农民军误陷峡中,人马久被雨淋,衣甲浸坏,弓弦弛懈,刀刃锈蚀,粮草缺乏,饥饿困顿达到了极点。几万名农民军几乎面临绝境。

在这危急存亡的关头,李自成表现了极大的镇静和勇敢。他沉着地思考,寻找各种脱险的办法,仔细分析敌军的弱点和矛盾,最后采纳谋士顾君恩的建议:一面用重贿买通陈奇瑜的左右亲信,使其缓其进攻;一面假意投降,表示愿意接受招抚,以欺骗麻痹官府。陈奇瑜上当,信以为真,下令停止进攻,报告朝廷并得到批准后,派遣"安抚官"一路监视,农民军整队出峡"所编",到指定地点安插入官军队伍。表面上农民军与官军交杯欢饮,易马而乘,抵足而眠;暗地里,农民军却加紧戒备,修理衣甲,磨砺刀剑,补充食粮。起义军将士就这样巧妙地出了峡谷,渡过难关。出绝地之后,一天夜里,他们犹如猛虎下山,向官员进攻。把随行"安抚官"杀死,分头出击,纵横长驱,攻掠宝鸡、麟游等处,全陕烽火连天,金鼓声连绵不断。朝廷大小地方官闻风丧胆。阿奇瑜也被崇祯皇帝革职。

闯将李自成在危难时刻,又受到一次严峻的考验。他为农民军建立了伟大的功勋,受到了自己的部下及别部将士的尊敬和赞扬。他的队伍迅速发展到十余万人,成为当时官军惧怕的一支劲旅。

崇祯八年(1635年)春,农民军陆续集结河南,有十三家七十二营,共二三十万人。

他们在中原腹地驰骋。西自潼关,东至归德,北达大河岸,南抵湖广界,到处都有农民军的身影。

明朝廷改任洪承畴为总督,对起义军进行血腥镇压。洪承畴以兵部尚书,统一指挥陕西、山西、河南、四川和湖广各路官军,准备在半年内消灭农民军。

为了迎战官军,1635年1月,各路农民军将领聚会河南荥阳,共商对敌大计。这就是历史上有名的"荥阳大会"。

在这次会议上,二十八岁的李自成表现了大无畏的革命精神和杰出的军事才能。

会上,马守应主张北渡黄河,转移山西,张献忠认为这是怯懦,两人唇枪舌剑,互不相让。关键时刻,李自成站起来激昂地说:"一个人尚且可以拼死决战,何况十万大军! 现在咱们的力时超过官军十倍,即使关宁铁骑来,也决计成不了气候!"这一番话,充满了革命豪情,给大家以很大的鼓舞。根据当时的形势与敌我力量的对比,李自成在会上提出联合作战,分兵迎敌的战略方针,十三家首领一致赞同。这样,便把十三家农民军的兵力集中起来,确定组成六路大军,其中四路大军在西、南、北三个方向防御、迎击敌人;高迎祥、李自成、张献忠等率一路大军出击东方;还有一路大军则为机动部队,往来策应。

荥阳大会显示了农民革命力量的大联合。在农民战争史上,是一个了不起的创举。会上制定的在防御中进攻的积极主动的战略部署,表明农民军将领们已积累了丰富的战斗经验。

荥阳大会后,高迎祥、李自成、张献忠率领农民军突破敌人的东部防线,以迅雷不及掩耳之势,连下固始、霍邱、寿州、颍州等城邑,直捣明中都凤阳。

凤阳是明朝皇室发迹之地,明太祖朱元璋的父母、哥哥的陵墓就修建在这里。如果说当时的北京是明王朝政治、军事统治的反动中心的话,那么凤阳就是他们进行神权统治的反动堡垒。为保卫这一片风水宝地,朝廷派重兵进驻守卫。驻守该地的官员,滥征商税、贪诈无厌,又苛虐士卒,当地的百姓和一些士兵对他们非常不满。

数月前,农民军就派便衣侦探,潜伏凤阳,化装成乞丐、和尚、道士、小商小贩、穿街越巷,观察地形,伺机行事。1635年元宵节来临,街上人声喧沸,人们打算夜里放花灯。当夜幕降临时,忽然有人大声喧闹:"农民军来了……"此处一呼,彼处响应,四面八方一片喧嚷。城内秩序大乱,农民军同凤阳人民里应外合,歼敌四千余名,占领了凤阳。

农民军同当地人民一起,以满腔的仇恨焚烧了皇陵楼殿和龙兴诗,凿穿了皇陵宝顶。杀守陵太监六十余人,开监释囚。

起义军攻克凤阳具有重大的政治意义。对于明王朝来说,中都告陷,祖坟被挖,在精神上是个极大的打击。崇祯皇帝闻讯,寝食不安、哭告太庙。农民起义军的矛头直接指向明王朝的最高统治者。

凤阳战役后,东进的农民军分成两路:一支由张献忠率领,继续战斗在江淮流域;另一支由高迎祥、李自成率领,经河南返回陕西。

夏天,李自成同官军在宁州(今甘肃宁县)东北的襄乐展开激战,歼敌千余名,当场击毙杀民如麻的副总兵艾万年、柳国镇等。洪承畴得到这一消息,十分不安。派得力干将曹文诏出去,声誓报宁州大仇。大敌当前,农民军先在真宁(甘肃正宁县)的湫头镇布下伏兵,然后暂退一步,把敌人引向伏击圈。正当敌人奋力追赶时,突然杀声四起,埋伏在丛林中的农民军,犹如神兵天降。敌人吓得魂飞魄散、纷纷溃逃,那个靠血腥镇压农民军而被封建统治者视作"第一良将"的曹文诏,一看大势已去,陷入重围,自知无法脱身,拔刀自刎而死。真宁大捷,广大农民欢呼雀跃,士气倍增。

经过了大大小小无数次的战斗,李自成逐渐从一个普通的农民,锻炼成长为一名立场坚定、英勇善战的农民革命军的将领。

明朝统治者看出起义军之中"最强无过闯王",指令官军全力围剿高迎祥部。1636年秋,闯王高迎祥在盩厔(今陕西周至县)的黑水裕遭到陕西巡抚孙传庭的伏击,不幸被俘,后来,在北京英勇就义。

高迎祥的被俘牺牲,对于当时在陕西作战的义军是一个重大的损失。在这困难的时刻,李自成受命于危难之中,被起义军拥戴为"闯王"。他接过"闯"字战旗,带领七万名农民部下,开始了艰苦卓绝的战斗历程。

养精蓄锐

轰轰烈烈的农民革命军在反对明王朝地主阶级的武装斗争中,以英勇的气概,沉重地打击了敌人,引起了明王朝极大的恐慌和愤恨。

崇祯十年(1637年)4月,明朝起用杨嗣昌为兵部尚书。杨嗣昌反复陈言,主张集中兵力、财力对农民起义军展开大规模的围剿。他制定了一项屠剿农民军的血腥计划,叫作"四正六隅十面网"。这个阴谋计划是以陕西、河南、湖广、江北这四个省区为围剿农民革命军的正面战线,即主要战场,称为"四正",由四个巡抚负责分剿而专防,又以延绥、山西、山东、江南、江西、四川六个省区为辅助战场,称为"六隅",由六个巡抚负责分防协剿。再由总督、总理统率军队在这十个省区中往来策应,专门征讨农民军主力,统称为"十面张网。"

为了实现这个凶恶的屠杀计划,杨嗣昌还特地向皇帝建议:增兵十二万,增饷二百八十万。

崇祯皇帝批准了这个建议,并且杀气腾腾地传谕说:"不遗余力,一定要除掉这一心腹大患。"

杨嗣昌部署:总督洪承畴和陕西巡抚孙传庭专剿李自成;总理军务大臣熊文灿进击张献忠;巡抚朱大典进逼马守应等"革左五营"。

围剿与反围剿的艰苦斗争开始了。这一年夏天,李自成在陕西诸地活动,洪承畴与孙传庭所率的明军,步步紧逼,左右夹攻。激战了七昼夜,形势对李自成极其不利。为摆

脱被动不利的局面,打破官兵的围攻,李自成率部向秦州(今甘肃天水)方向退却。不久,又遭到洪承畴、孙传庭两军的东西夹击。起义军英勇奋战,冲出敌人的包围圈,挥戈南下,直奔川陕边境的宁羌州(今陕西宁强县)。

宁羌州西北有阳平关,东有铁锁关,西南有七盘关,间道五百里至朝天岭,直通四川广元,为川陕的咽喉,是历代兵家必争之地。

李自成指挥部下不惜一切代价迅速抢占宁羌,打开了通向四川的大门。

10月,起义军长驱入川,翻越险峻的朝天岭,拿下广元。李自成把大营扎在城郊的乌龙山下。接着,起义军又马不停蹄,七天内,连续攻克了昭化(今四川广元西南)、剑州(今四川剑阁)、梓潼。

李自成让部队在梓潼休整了两天,然后兵分三路:一路南走盐亭,一路西趋绵州(今四川绵阳),一路北攻江油。

南路部队在占领盐亭后,一鼓作气,连下西充、遂宁,又突然调转兵锋,北攻潼川(今四川三台)、金逢,直逼成都;北路部队在占领江油后,挥师南下,攻克安县、德阳、汉州(今四川广汉)等地;趋绵州一军的前锋则抵达成都郊外。四川巡抚王维章逃到保宁(今四川阆中),吓得不敢出门。农民军围困成都七天,连下三十多个州县。各地人民纷纷起义响应。一时之间,川北广大地区燃起了人民革命斗争的烈火。

农民军从陕西到四川的战略转移有力地回击了反动派的猖狂进攻,摆脱了敌人的包围,变被动为主动。这是李自成和他的战友们斗志顽强,足智多谋的表现。

起义军攻入四川两个月后,洪承畴才率领总兵曹变蛟匆匆忙忙地追入四川。

1638年春,在四川梓潼,农民军遭遇敌军重兵伏击,伤亡很大。李自成率领部队奋力突击重围,西走松潘草地。在他的鼓舞和激励之下,广大战士以惊人的毅力,走过了这一段人迹罕至、极其艰苦的道路,到达甘肃的临洮一带。敌兵穷追不舍,当起义军北出长城时,在羌中(今甘肃境内)双方遭遇,展开激烈的战斗。李自成率领农民军连续奋战,整整二十七个昼夜没有卸马解甲。在当地羌族人民的帮助下,李自成率部南下,转移到洮河(今甘肃省西南部,黄河上游支流)一带。

正当李自成率起义军与明军浴血奋战时,农民军中极少数不坚定分子屈服于地主阶级的屠杀政策,又受到利禄收买的引诱,竟放下武器,甚至有的人变节投降,堕落为明朝廷的鹰犬。

1638年1月,拥有六七万名战士的刘国能,首先在随州(今湖北随县)投降。这个无耻的家伙还死心塌地地干起镇压农民军的血腥勾当。

2月,河南的一支农民军,在首领马士秀、杜应金带领下在信阳叛变。

4月,张献忠在湖北谷城接受明朝廷的"招抚"。

6月,李自成所部的祁总管等叛变投敌。

11月,罗汝才率领的九营农民武装也在湖北的武当山区投降。

十三家七十二营起义军遭受了严重的挫折,有的被击溃,有的被歼灭,有的投降。农民武装斗争的形势日益严峻,斗争进入更加艰苦的阶段。

由于一些人的叛变,特别是由于几支农民军主力停止了战斗,朝廷可以集中力量,专门对付李自成。

李自成及其将士们面临着严峻的考验,是不惜牺牲,以战斗求生存,推翻明王朝腐败的封建统治;还是接受"招抚"跪着活下去? 这是摆在他们面前的两条道路。

在这危难的关头,李自成同他的战友们高举革命大旗,宁死不屈,毫不犹豫地坚决打到底。李自成决定率部队从甘肃移师陕西白水一线,准备出潼关,东进河南,同还在坚持斗争的"革左五营"会合。

1638 年 10 月,他们行至潼关南原,陷入敌军的重重包围。

原来,洪承畴、孙传庭在侦察了李自成东进动向后,策划了一个十分恶毒的阴谋。他们故意让出白水至潼关的道路,在潼关一带的山丘、丛林中,每隔五十里设一道伏击线,在长达一百多里的山路上,埋伏三道重兵。洪承畴则率领曹变蛟、贺人龙等由西向东,追赶农民军,把农民军步步逼近伏击圈。

这场鏖战打得天翻地覆。朝廷投入了全部主力,而且还调集了各地的地主民团。他们人多势众,装备精良,再加上占据有利的地形,使农民军的抵抗极其艰难。农民军手中的武器坏了,就捡起木棍向敌人抡去;男人倒下了,妇女们又冲了上去;大人牺牲了,孩子们也杀上了战场;有的战士受了伤,就抱着敌人一起滚向大火。农民军打得十分顽强。

经过几昼夜的反复冲杀,官军拼命地紧缩包围圈,地主民团前后堵截,追捕突围战士。数万名起义军战士壮烈牺牲。李自成的妻子、女儿也在战斗中失散。最后,他只带领刘宗敏、田见秀、李过、顾君恩等十八骑突出重围,转移到陕西东南角的商县、洛南山区。

李自成领导的农民起义队伍遭受到十几年来最严重的一次挫折。

自此,陕西境内烽烟暂告平息,大小各股农民军似乎已消失,不能再有力量立即发动一场大规模的攻势了。然而这绝不是明王朝所认为的那种平静,这不过是"万木无声待雨来"的前期所呈现的一种暂时沉寂。

洪承畴、孙传庭调离陕西。围剿与反围剿的斗争暂告一段落。

李自成和他的战友们却一刻也没有忘记仇恨。他们潜伏在商洛山区,洗去身上的血污,祭奠阵亡的将士,积蓄力量,为日后更艰苦的战斗做准备。

李自成白天习射练武,晚上读书研史,他总结十年来起义斗争的经验,研究历次战斗成败的教训。重整旗鼓、刻苦练兵,随时准备出山,再一次掀起汹涌的波涛。

　　收拾残破费经营,
　　暂驻商洛苦练兵。
　　月夜贪看击剑晚,
　　星晨风送马蹄轻。
　　……

李自成的这首《商洛杂忆》，就是当时艰苦而重要的斗争生活的真实写照。

李自成依靠当地山区居民的掩护和支持，隐蔽了自己，麻痹了敌人，赢得了时间，又扩展了兵力，渡过了难关。

张献忠、罗汝才等虽然接受了"招抚"，但他们没有解散队伍，也不参加对农民军的围剿。仍旧日夜操练，打造兵器，伺机再起；其他各支农民军也有许多化整为零，退入山区，积聚力量。

同时，引起农民起义的各种矛盾并没有得到解决。明王朝在原来高额的赋税剥削外，加派了剿饷、练饷，加重了农民负担。再加上灾荒侵袭，饥民遍野。人民为自己的生存，不得不再次揭竿而起。这就决定了革命高潮不可避免地会重新到来。

1639年5月，张献忠在谷城重新举兵反明，罗汝才等九营也于房县响应。明朝廷措手不及，湖广各地，一时大乱。

李自成在商洛山听到这个消息后，非常高兴，立即举起闯王的大旗，率部东出武关，号召群众，收集旧部，打土豪，劫官府，重新活跃在陕、鄂、川边境。

农民武装斗争浪潮吓坏了明王朝。崇祯皇帝愤怒地处死了"招抚"张献忠的总理军务大臣熊文灿，气急败坏地派遣兵部尚书杨嗣昌亲自出马督师。

1639年9月，杨嗣昌从北京抵达襄阳，会合湖广巡抚孔方熠、总兵左良玉等，领兵十万，展开对农民革命军的大围剿。

1640年上半年，李自成入川。7月，杨嗣昌在夷陵（今湖北宜昌）向李自成发出一道"檄文"，诱他出山接受"招抚"。李自成当着使者的面，痛骂了朱由检、杨嗣昌，撕碎檄文。8月，杨嗣亲自带兵进入四川，把李自成围困在四川东部的鱼腹山中。

起义军被围困后，顽强作战，伤亡很重，给养供应不上，战士断粮绝援，情况非常危急。李自成沉着冷静，不断地坚定大家的革命信心。很多将领都疏散了自己的家属表示生死跟随，彼此团结，战斗到底的决心。最后，李自成乘官员不备，全军奋起，奋勇突围，杀开血路，北走大宁，从郧阳地区，经兴安、商洛、进入河南。

当时的河南，正闹饥荒，赤地千里，饿莩遍野。

李自成过去就给中原人民留下过深刻的印象，这几年来，他顽强不屈，坚持斗争，威望更是空前提高。李自成进入河南，几天之内，从者无数。

1640年12月，在广大群众的积极协助下，李自成率领农民军迅速攻克了宜阳、安宁（今河南洛宁）、郾师等地，连破四十八寨，声威大震。几个月之间，李自成的队伍就从五十余骑发展到了几十万人。成为明末农民起义军推翻明王朝最强劲的力量。

纵横驰骋

李自成突进中原，标志着明末农民起义从低潮走向新的高潮。十三年来，农民军的力量日益强大，日益集中，而明朝的反动势力，日益失去民众，从暂时的优势逐渐转化为劣势。新的形势给广大农民军将士提出了新的课题，即如何巩固并扩大这来之不易的胜利。

随着农民军势力的高涨和地主阶级内部矛盾的加剧，一些封建知识分子也投入起义军。如牛金星、李岩等人。

牛金星是宝丰县人，无启七年中了举人，为人慷慨不羁，在统治阶级内部矛盾中受到倾轧，被革去功名遣戍充军。

李岩本名李信，河南杞县的一个举人。好助贫救乏，富有正义感。对当时动荡不安，民不聊生的社会现实，他曾经劝当地的财主富户赈济饥民，并作《劝赈歌》劝说富户开仓济贫。他自己曾经捐了二百石粮食，幻想用这种"放粮济贫"的办法进行改良，缓和阶级矛盾。他的义举遭到地方官和当地富豪之家的嫉恨。一些恶霸地主勾结官府，诬蔑他发粟市恩、激众为乱、收买众心、图谋不轨，官府借故将他逮捕下狱。饥民们群起暴动，把他从狱中救出。地主阶级的嫉恨和迫害，加上全国农民斗争形势的高涨，促使李岩的思想发生了转变。他改名李岩，投奔了李自成，走上了革命道路。

通过长期曲折的武装斗争，李自成逐步意识到过去农民组织松散、没有明确目标，仅仅为了杀富济贫而进行的斗争是不够的，要推翻明王朝的封建统治，夺取农民革命的胜利，不仅要依靠军事上的斗争，还必须有相应的政治纲领和明确的斗争目标。

在李岩等人的建议和协助下，李自成开始在政治上动员群众、扩大影响。

首先提出了"均田免赋"的土地政策和"平买平卖"的商业政策。

这些政策是根据明末社会的现状与广大劳动群众的迫切要求提出来的。"均田"，就是反对地主豪强对土地的凶恶兼并和垄断，它是"耕者有其田"思想的萌芽，实际上已经包括了反对封建土地所有制的内容，触及了封建制度的实质问题。

自从"均田"政策提出后，李自成所部农民军每到一个地方，该地的权贵、显官和豪门豪绅，或被杀掉，或被留作人质，其家所有田地、房宅、钱财、稻粟都被没收。没收来的财物、粮食，部分赈济贫民，部分留作军用；没收来的土地，有的招募农民耕种，有的直接分给农民，发给牛、种子，令其耕种。在农民军的支持下，许多失去土地的农民，又收回了自己的土地，长期被人踩在脚下的农民，无不欢欣鼓舞，拥护农民军政权。

"免赋"反对地主阶级国家对劳动人民的横征暴敛，苛求无已，主张劳动者免除赋税。地主占有土地制是封建国家存在的基础，同时，地主阶级庞大的国家机器又是依靠对广大人民的高额赋税剥削来维持的。"均田免赋"，不仅是一个经济斗争的目标，而且它直接打击了地主阶级的国家，在政治上具有重大的意义。

"平买平卖"的商业政策，要求发展工商业，公平买卖，反对明朝政府对广大手工业工人和小商贩的肆意掠夺。密切了起义军与城市人民的关系。

同时，李自成加强了军纪，宣布"除暴恤民""秋毫无犯""杀一人如杀我父，淫一妇如淫我母""不杀无辜、不掠资财"等口号坚决保护人民。起义军内部，上下级平等，首领与

士兵"席地而坐"同甘共苦。李自成还提出,对他要称"老李""大哥"。他生活朴素,不贪财物,吃粗茶淡饭,穿粗布衣裳。纪律严明的起义军同腐败的反动军队形成了鲜明的对比。

此外,李自成还宣布了对待朝廷官员的政策:"凡酷处人民者,即行斩首";作恶不多、民愤不大的,可以"仍任前事"。这种区别对待的政策对于分化、瓦解敌人,减少革命阻力,起了不小的作用。

这一系列的重大建树,意味着农民军比较成熟了。从此,李自成领导的农民军有了明确的斗争目标和正确的政策、策略,使农民军的斗争,政治上处于主动有利的地位。

各种政策的提出以及实施,立即在民间产生反响。在中原地区广泛地流传着这样一些歌谣:

"杀牛羊,备酒浆,
开了城门迎闯王,
闯王来时不纳粮。"
"朝求升,暮求合(一升的十分之一)
近来贫汉难存活,
早早开门拜闯王,
管教大小都欢悦。"

这些歌谣,生动地表达了当时的人心所向,民心所归。这也是李自成迅速取得胜利的主要原因之一。民心向背是至关重要的。

伴随着正确政治措施的推行和武装力量的逐渐强大,李自成向官军展开了大规模的进攻。

1641年1月,李自成指挥大军进兵洛阳。洛阳是中原的交通要冲,是明朝福王建藩之地。福王朱常洵是神宗朱诩钧的庞妃郑贵妃的爱子,是光宗朱常洛的同父异母弟弟,崇祯朱由检的叔叔。当年他就藩洛阳时,神宗及郑贵妃将宫中历年搜刮的大量珍宝财物赐给他,又赐予庄田二万顷,他还不满足,还要来张居正的籍没家产和太平沿江荻州杂税、四川盐井、权杂银以自肥。又要来淮盐一千三百引,在洛阳开设王店,中州百姓食盐,非王店盐不准买卖。福王在洛阳所过的穷奢极侈的生活,同当时河南人民所受的灾难形成了鲜明的对照。一道福邸宫墙隔出了两个世界,墙内是纸醉金迷,墙外是凄凉悲惨。谁路过王府,都对他切齿怒骂。洛阳人民日益盼望农民军的到来。

1月19日凌晨,农民军开始了洛阳攻击战。炮火震天,满城通红,守城士兵起义,火烧城楼,开北门迎接农民军入城。爱财如命的朱常洵仓皇逃到城外的迎恩寺,第二天就被农民军捕获。在公审大会上,李自成历数他的罪恶之后,向群众激动地说:"王侯贵人这班家伙,平日盘剥穷人,让咱们冻死饿死,今天,我要把他宰了,给大家报仇。"在一片欢呼声中,这个脑满肠肥,作威作福,体重三百多斤的大寄生虫,当场被处决,大快人心。

李自成进入洛阳,军纪严明,秋毫无犯。他本人不住富丽堂皇的王府,却将行辕扎在

农民军从福王的王府中，抄获粮食数万石，钱数十万贯以及大量的金银衣物。除留一部分军队必需的物品外，一律分给百姓。远近的贫苦人民闻讯，纷纷赶到洛阳，以无限喜悦和感激的心情，分享胜利的果实。许多青年踊跃参加起义军，决心跟随李闯王，打尽吃人的豺狼。队伍很快就发展到了一百多万人。

李自成举行盛大祝捷宴会，以福王之血与鹿血掺和酒中，名曰"福禄酒"，大飨将士。全营上下举杯祝贺，欢声雷动。河南地区一些土著归附义军首领也参加了这次盛会。李自成发表《九问》《九劝》等檄文，号召大家为推翻明朝残暴统治而团结奋斗。

洛阳大捷标志着李自成领导的农民军，转战南北，由弱变强，在战略上开始从防御转入进攻。它揭开了明末农民战争史上，李自成大军歼灭明军主力的中原大会战的序幕。

2月初，李自成率大军离开洛阳，向鲁山与汝州（今河南汝南）进发。河南巡抚李仙风听说李自成已走，便装模作样地地离开省府开封，摆出一副"剿匪"的模样，去"驰援"洛阳。这正中了李自成的"调虎离山计"。当李仙风正在行军途中时，李自成命令队伍挥师北上，疾走三昼夜，乘虚围困了开封。

明河南巡按御史高名衡等唯恐重蹈洛阳覆辙，落个失城陷藩的下场，急忙把一切能够动员的力量统统赶上城去固守。与在开封的周王朱恭枵和其他嗜财如命的藩王们有点不同，他奉行留得青山在，不怕没柴烧的保命哲学。当起义军兵临城下时，他一狠心搬出一部分存银，宣布："有能出城斩贼一级者赏银五十两，能射杀一贼者赏三十两，射伤一贼或砖石击伤者赏十两"。这一举措，使开封城内一批亡命之徒纷纷上城以义军为敌。前往洛阳赴援的陈永福听说起义军乘虚进攻开封，连忙带军队赶回，由水门入城参加防守。

起义军攻城非常勇敢，再加上开封周围群众的大力支持，力量很强。群众纷纷送大车，抬门板，帮助农民军建筑掩蔽体，农民军以云梯攻城，敌人死命抵抗。双方相持了七昼夜。

李自成亲临前线，他穿着和普通战士一样的服装，率领少数参谋人员挨近城下，认真察看地形。飞蝗般的乱箭从他身旁、耳边"嘶、嘶"而过，十分危险，但也没有理会，始终镇静如常。他的部下劝他离开，他仍坚持到各处察看。突然，一支二寸多长的短箭，迎面射过来，李自成躲闪不及，左眼被射中。顿时，鲜血流满双颊，一阵剧烈的疼痛，几乎使他站立不住，左右的人大惊，立即将他救护回营，加紧治疗。李自成伤势很重，箭入目很深，多方医治无效。从此，他左目失明。

开封城内守敌听说闯王被射伤，以为立了奇功，忙着争功请赏。

义军首领们研究认为，奇袭开封计划已告落空。此时继续攻城凶多吉少，一旦明政府的援军赶到，自己就会腹背受敌，于是决定暂时撤围。

18日黎明，前锋部队起营先撤，大营仍保持镇静，故意将队伍来回调动，迷惑敌军。到夜晚，队伍全部撤退。

农民军远去，巡抚李仙风才拥兵回开封，周王怒恼，不许开城放入。崇祯皇帝以"陷福藩"罪，下诏逮问。李仙风惊恐万状在郑州自杀。

攻占洛阳，围击开封，使明朝廷大为震惊。不久，张献忠又攻克了湖北重镇襄阳。恶贯满盈的明军督师杨嗣昌在这一连串的沉重打击下，知道历史潮流，他无法阻挡，又怕皇帝怪罪，只好服毒自杀。

杨嗣昌死后，丁启睿继任明军督师，朱由检又派遣傅宗龙为陕西总督，专门对付李自成。

李自成从开封移兵西去，攻打密县。架大炮轰击三日，守兵粮尽弹缺，百姓开城迎接农民军，占领了密县。接着又连占登封、嵩县。当地穷苦百姓，抗粮抗租，扩大了起义武装。

7月，罗汝才、贺锦、贺一龙所部义军归附李自成。群雄归附，其锋益锐。而且，李自成善攻，罗汝才善守，两人合作，相得益彰。合兵后，陆续攻破刘家寨、枣阳、项城、叶县、南阳等地。到1614年年底，李自成领导的农民军攻克了河南十四个州县，成为全国农民武装斗争的中心力量。

当时，河南各地的地主官僚在农民军的沉重打击下，纷纷逃入开封，同盘踞在城内的以周王朱恭枵为首的皇帝贵族、官吏豪富们勾结在一起，把开封变成了中原地区反抗农民革命斗争的顽固堡垒。

为了拔掉这个反动堡垒，1614年12月下旬李自成指挥数十万农民军第二次围攻开封。23日，义军到达城下，李自成的指挥部设在土堤外应城郡王花园内，大堤离城十里。罗汝才的指挥部设在城外东南角的繁塔寺，繁塔寺在土城以内，土城离大堤五里。两处营地联络，长二十里，宽八里。营地部队严整，岗哨环列，金鼓之声日夜不绝。

当晚，七个勇敢的农民军战士骑着高头大马，飞奔至开封曹门外，不慌不忙把两张劝降安民告示贴在城门上。

开封守敌凭借高城深池，拼死顽抗。东门、曹门、北门分别防守，戒备森严。督师丁启睿率兵三千余人，被周王命令在城外立营，靠近北门城壕边筑垒防守。

开封城东、城北两面城墙比其他两面稍低薄，农民军从这里入手。24日，正式开仗。农民军集中了几百门大炮，士兵们呐喊着向里猛冲。丁启睿所率士兵守在北门外，一听震耳的喊杀声，惊慌失措，返身飞奔，涌入北城。农民军疾驰相随而入。北门月城顿时落入农民军手中。战士们冒着石矢炮火缘月城向城头攀登。守敌慌忙加土塞城，疯狂地向月城内投掷熊熊燃烧的火炬、柴火。顿时，整个月城变成一座烈焰腾腾的火山。拥入月城的官军、农民军统统被烧死在大火之中。

农民军并没有因此失去信心，一个人倒下了，更多的人冲了上去。战士们想方设法占据月城。他们在炮火的掩护下，迅速在城墙上寻找还击的有利地形。

25日，农民军战士顶着千余块门板，挨近城根掘洞，城上投掷砖石，如雨而下，门板被击碎，战士被打伤打死，鲜血染红了城脚。然而没有一个人退缩。三十个可以容纳几十人的大洞掘成了。守洞与夺洞的争夺战，也就开始了。

官军从城头往下穿穴，由穴中浇灌滚油、沸汁、投入火药、木柴等燃烧物品，用烧、烫、熏等残酷手段，来对付洞中的农民军。农民军战士用湿棉被蒙着头，穿着铁甲，戴着铁盔，坚守洞中，一边挖洞，一边战斗。夜里，城上到处燃着火，熏着烟，延伸十余里，远望犹如一条喷射毒液的火龙。

在农民军挖洞攻城的同时，双方又都以大炮轰击。一天，北城墙被击塌两丈宽的一道缺口，农民军立即摆上十几门大炮，一齐并放。步兵持枪登城，骑兵接着冲锋。喊杀声，战鼓声，疾驰而过的战马嘶叫声，霹雳般的炮吼声，连成一片。城上的敌人顽抗着。

李自成将指挥营帐移到城下，每日亲临前线督战，被守敌发现。他们猛放暗炮，闯王险些受伤。

挺立在凛冽刺骨的寒风中雄劲飞卷的战旗，鼓舞着成千上万英勇无畏的战士前赴后继、奋勇向前。

天气寒冷，又连日大雪，地上积雪深达一尺多，许多农民军战士的胡茬上都挂满了冰凌。在如此恶劣的天气里，战士们仍然保持着昂扬的斗志。他们几次发起猛烈进攻，官军百般顽抗，拼死抵御。

激烈的攻击战进行了二十天，久攻不克，军粮日益匮乏，数千名伤员，急需医疗。敌人的援兵即将赶到。李自成冷静地分析了形势。决定暂时撤围，挥兵南下。

开封两次被围，明朝廷十分焦虑。崇祯皇帝责令抚、按等地方官加紧防备。加强城中防务，增建了云楼，储足了火药，添立了炮台，加多了飞石，进行了周密的布置。

李自成则指挥大军，在中原战场上接连打了几场胜仗，连斩朝廷两个总督，俘获敌军数万人，战马两万匹。再加上又有义军归附李自成，使起义军声威大振。

1642 年 5 月，李自成带着势在必克的信心，带领十万精锐步兵、铁甲骑兵三万，马九万匹，号称百万大军，第三次围攻开封。

吸取了前两次硬攻未克的教训，李自成采取了"围城打援"的战术。百万大军列营数十座，离城十里，以防止城上炮火杀伤，围困为主，攻城为辅。骑兵往来巡逻，终日不息，消灭敌人的援军，坐毙开封城内守敌。

当时，正是麦熟季节。李自成安排一队队士兵武装巡逻，其他人则抢收麦子，防止城内敌人抢割。围城中粮食紧缺。许多贫苦百姓以取水，采野菜为名，投奔起义军。

李自成三围开封的消息传到京城，朱由检严令各路官军驰援开封。这些援军都先后被农民军阻截击溃。

6 月，督师丁启睿，会合总督杨文岳，率领左良玉、虎大威、杨德政、方国安四个总兵集中了明朝政府在中原战场上几乎所有的精锐力量援救开封。

李自成周密部署。他担心开封守敌与援军呼应，两下夹击。于是派人伪造左良玉令箭、令旗，上用假印，派几名骑兵与开封守敌接上关系，叫他们不可轻出、防守为重。稳住了城内守敌。

接着，李自成亲自率领大军，在朱仙镇迎敌，与援军展开一场双方主力的大决战。农民军首先突破左良玉军。左良玉军凭借优良的武器，坚持了两日，后来一看形势不好，拔营溃逃。逃亡八十里，被农民军早已挖好的又深又长又宽的壕沟拦截。后有追兵，马又不能飞越，官军只好准备下马爬沟。这时，起义军以排山倒海之势冲杀过来。左良玉军一败涂地。

主力一败，其他各部也相继败阵，四散逃亡，农民军一口气追击四百余里，俘获几万人马。朱仙镇大捷，农民军喜气洋洋，士气振奋，又来围攻开封。

开封被围五个月。开封敌人眼看外援无望，城内饥荒，军心民心瓦解，丧心病狂地决定挖开黄河堤坝，用大水冲击农民军阵地。

第一次掘堤在黑冈口下游朱家寨和游流马家口，因为及时被农民军发觉，万余战士担土填塞，没有造成灾害。

到了秋季，大雨滂沱，河水暴涨。九月十四日，敌军第二次掘堤。一时间巨浪怒涛，声若山崩，势不可当。洪水淹没了农民军东北方向的阵地，万余战士壮烈牺牲。接着，两股洪水合为一流，直冲开封城，冲破曹门，北门，街头巨浪滔天，古都开封一片汪洋，全城数十万居民绝大部分被淹死。

周王及其官眷、高名衡等人登上早已准备好的船只，溜之大吉。数万幸存的难民，栖息于屋顶，树梢，断粮待毙。

闯王派人驾船搭救，尽快使他们脱离险境，难民们被闯王救出，又在途中遭到河北官军的炮击，有的船被打沉，有的难民被劫走。地主阶级和官军的暴行，更激起了农民军和广大群众的义愤。

开封被淹，抢救、安排好难民后，李自成又指挥大军南下，对付中原唯一的一支劲敌孙传庭。

1642年10月24日，农民军和官军在郏县讲武场相遇。开始，孙传庭诈败，引诱农民军追击。然后突起伏兵，从左右两面扑向农民军。李自成当机立断，指挥部队向东撤退。命战士沿途抛弃军资器械，反诱官军。官军士兵一见满地财物，争相下马掠夺，队伍大乱。这时，罗汝才率领增援部队赶到。李、罗两军奋力合击，大败官军。打死敌人将校七十八名，军士数千名。缴获大量马匹、器械。

接着，李自成带领义军攻克汝宁，击毙总兵虎大威，俘虏了保定总督杨文岳和崇王朱由樻，胜利地结束了农民军在河南的最后一次大战役。

至此，明朝廷在河南的军事力量被彻底摧毁。李自成领导的农民革命大军，纵横驰骋，成长为一支无敌的铁流。李闯王的英名也被人们广为流传，威震四方。

流传千古

中原战事结束,农民军就南下湖广。这时,"革左五营"义军也已归附李自成。农民军已由联营作战向建立一支以李自成为首的统一农民军过渡了。

1642年底,农民军向襄阳进军,与据守襄阳的左良玉部对阵。左良玉一面在各渡口的小道上布置重兵,埋雷伏弩,妄图抵挡一阵,一面又打造战舰,随时准备逃命。襄阳的老百姓对左军恨入骨髓,暗中放火烧了他们的战舰,又带引农民军绕过埋伏,冒着猛烈的炮火、箭雨,从水浅流缓的白马洞口渡过汉水。左良玉慌忙抢劫一批商船,狼狈逃窜,一直跑到武昌。襄阳人民以无比欢欣的心情,迎接闯王大军入城。

农民军进入襄阳的消息传到荆州,明惠王朱常润,偏沅巡抚陈睿谟等人急忙逃走。荆州百姓杀猪宰羊,举着旗帜欢迎农民军。李自成随即分兵连下枣阳、宜城、谷城、光化等县。又进攻承天。这里尽管重兵把守,但人心所向,历史潮流不可阻挡。崇祯十六年(1643年)正月初一,农民军攻克奉天。

接着,农民军分兵连下潜江、亲山、云梦、孝感、黄陂,直抵长江之畔的黄州(今湖北黄冈)。李自成还配合军事行动,展开强大的政治宣传攻势,沿途发布檄文,愤怒声讨当今皇上朱由检的累累罪状,强调指出起义战争的正义性,号召人民打倒明王朝的爪牙,推翻反动统治,迎接农民大军的到来。

经过三个月的奋战,李自成农民军占领了南至澧州、常德,西至光化、均州,东至麻城、黄州的广大地区,连同河南五十余州县,在当时的中南地区,组成了一大片农民解放区。再加上起义军本身实现了统一,确立了李自成的领导地位。这就为建立中央政权创造了条件。

1643年3月,农民军改襄阳为襄京。李自成被拥戴为"新顺王",建立了从中央到地方的各级政权机构。

中央设置相国、左辅、右弼为内阁,吏、户、礼、兵、工刑六政府,即中央政府的六个主管部门。六政府的长官为尚书,副长官为侍郎。地方建制分省、府、州、县四级。当时建制并未完善。

同时,在政治上、军制上、经济上采取了一系列重大措施。

政治上、农民军以襄阳等广大地区为根据地,建立自己的革命政权,大规模地建立政权机构,通过征聘和考试,从知识分子中选拔人才。

在军制上,设立九品军级,一品"权将军",二品"副权将军",三品"制将军",四品"果毅将军",五品"威武将军",六品"都尉",七品"掌旅",八品"部总",九品"哨总"。又根据形势的发展,把起义军划分为担负攻城野战的王营和镇守重要城市和战略要地的地方军。

除主力部队外，又建立了严密灵活的军队后勤系统，如"裁缝队""打粮队""打马草队"等。又单编由随军家属组成的"老营"，由起义军将士的子女组成的"孩儿军"，严格进行军事训练。

李自成特别重视整顿军纪，规定了有关士兵行为、军队作战和训练等方面的纪律。

在经济方面，一是取消明朝廷的横征暴敛，宣布"均田免赋"，"三年不征粮"。二是采取切实步骤保护和恢复农业生产。

这一系列措施，提高了军队的战斗力，又密切了军民关系。对于起义军取得革命的最后胜利打下了良好的基础。

1643年夏天，李自成召集将领们研究制定农民军下一步的战略进攻方向。会上，将领们对进攻路线提出了三种方案：一种主张先攻河北，直取北京；另一种主张东取南京，切断粮道，围困明朝政府；第三种方案是李自成的老战友顾君恩提出来的，认为为取河北失之急，攻南京失之缓。应该先取关中地区——这是农民军的老家，以陕西为根据地，建立政权，补充兵力，然后进击山西，再取北京。这样进退有余，可以立于不败之地。

李自成分析形势，权衡利弊，决定采纳顾君恩的主张。

紧接着，紧张的备战工作开始了。表面上，起义军在荆、襄大造战舰，扬言将顺流西下，攻取南京，使凤阳、应天一带的官兵不敢分兵西上；暗地里，则命令铁匠们赶制大量铁钩、铁钉等爬山需用之物，准备西向潼关，闯越山险以入陕西。

明朝反动政权听说起义军积极备战，为了支撑局面，他们想尽了办法。1643年6月，朱由检下令，谁能捉到李自成，就可以世袭侯爵，赐黄金万两。他把孙传庭提为兵部尚书，总督七省军务，命令他立即出击李自成。

8月，孙传庭出潼关，进犯河南。这时，李自成率主力屯于襄城、郏县之间，准备把敌人引入河南腹地予以歼灭。

9月，孙传庭进击汝州，扎营于城东长阜镇。李自成的部将李养纯叛变投降，将农民军中的虚实都向官军透露。官军奔袭农民军的老营驻地唐县（今河南沁阳），极其残忍地把农民军的家属全部杀死，抢占了老营的所有财物器械，发泄了对革命农民的疯狂仇恨，并企图用这种恐怖手段来挫伤农民军将士的革命意志。消息传来，农民军满营皆哭，全军上下义愤填膺，发誓说：一定要报仇。战士们的战斗情绪更加高涨了。

9月中旬，阴雨连绵，道路泥泞，运输困难，农民军又乘机切断官军的运粮道。孙传庭部被困在郏县，饥疲不堪。李自成命人前去挑战。这时，孙传庭的后军在汝州哗变。李自成率精锐部队直逼孙传庭。孙传庭仓皇迎战，陷入农民军的重围。敌军被四面围杀，成批地败阵下去。农民军万骑出动，驰驱冲杀，锐不可当，那些操纵火车（一种装有火器的战车）的士兵，大部分是在陕西新招募来的，从来没上过战场，加上背井离乡，本来就不愿意打仗。一看到前面的兵马深陷泥淖，溃败下来，更是心慌意乱，不禁大声惊叫："完了、完了"，"败了、败了"。一人惊呼，千军震动。一个个扔下武器就四散逃命。其他部官军见"火车营"奔逃，人心浮动，也随之而逃。上万辆火车倾覆塞道，马拴在车上牢不可

脱,有的被压在车轮下,有的拖着翻倒的车在泥泞中挣扎。官军拥塞在一起,乱作一团。这时,农民军的骑兵疾驰而至,雄健的军马载着勇敢的战士,从敌军的辎重上腾空而过;步兵战士也手挥白木棍棒,把官军的头盔打得粉碎。官军惨败,向西溃逃。农民军乘胜追击,获得全胜。汝州战役是明末农民战争中最后一次决定性的大会战。共击毙敌军四万余名,缴获兵器辎重数十万件。

10 月 7 日,李自成破潼关,打死了负隅顽抗的孙传庭,这样,明朝廷在北方战场上的最后一支"劲旅"覆灭了。

农民军又攻渭南、华州、临潼,10 月 11 日,西安守将王根子起义,农民军浩浩荡荡地开进了关中的第一重镇。李自成严格下达命令:不许随意杀人,不许抢劫。农民军受到城内人民的欢迎。西安城内秩序井然。

随即,李自成派出三路人马,扫荡明王朝在西北的残余势力:李过北上延安;田见秀南下汉中;刘宗敏西出固原,兰州人民迎接大军入城。不久,农民军就以秋风扫落叶之势解放了陕西、甘肃、青海的广大地区,为农民政权的建立和巩固打下了牢固的基础。

1644 年春节,李自成正式宣布建国,改西安为西京,国号"大顺",年号"永昌"。

李自成在西安调整并加强了中央政权机构。拜宋献策为军师,牛金星为天佑殿大学士。更定六政府,置尚书一人,侍郎二人。设弘文馆、文谕院、尚奖司、验马寺、书写房、谏议、直指使、统会、知政使等职官。

重申"均田免赋"政策,宣布免除穷苦人民的赋税,招抚安置各地流民,奖励垦荒,发展生产;勒令官僚富户交出钱财,以供军需;铸造"大顺"钱币,平定市场物价。

李自成又严申军纪,设科目取士。

李自成能够身体力行,作为表率。他吃的是粗茶淡饭,穿的是粗布衣服,不贪财利、不好色、不饮酒,与将士们同甘共苦。在西安,他每隔三天就去校场检阅操练,他讨厌阿谀奉承,一直保持着刻苦朴素的作风。

元旦后,李自成从西安发兵,直逼京师。一路上,农民军严守军纪,进行政治宣传,李自成沿途发布檄文,争取更多的群众。各地人民热烈欢迎闯王队伍,配合农民军的行动。这样,李自成自渡黄河后,一路上所向披靡,势如破竹,陆续攻击太原、宁武、大同、宣化入居庸关,向京师推进。

崇祯皇帝惊慌失措,一面派李建康以督师辅臣的身份"代帝亲征",一面抽调驻守宁远的辽东总兵吴三桂部进关抵挡大顺军。同时,他又发布了一个名叫《罪己诏》的文告,把造成明末土地集中、豪强横行、贪官遍地、冤狱累累的责任,一股脑儿地承担下来,表示要深切反省,痛改前非,许了一大堆好听的诺言。又要求人民平息愤怒,协助政府"雪耻除凶"。还笼络人心地说:除了李自成、张献忠之外,其他人允许"舍逆从正"全部免罪。

朝廷的屠杀政策吓不倒革命人民,欺骗伎俩也阻挡不了农民军前进的步伐。1644 年3 月 17 日,满怀仇恨的百万农民大军,在李自成的指挥下开始了北京攻击战。

官军驻守在城外的精锐三大营,有的投降,有的被击溃,朱由检依恃的火车巨炮也成

了农民的武器。不久,农民军的前锋便抵达西直门,另一支队伍也驰过卢沟桥,炮轰彰义门(今北京市广安门)、平则门(今北京市阜成门)。

隆隆的炮声响了一夜。

城外的贫苦人民冒着炮火,大力支援攻城的农民军。城内的守敌军心动摇。

18日下午,李自成命令从西直门、平则门、德胜门三处开始组织攻城。曾使敌人闻风丧胆的"孩子军"组成攻城突击队,踏上云梯,手持短刀,敏捷地登上城楼。守城的敌军哄然四散,跑不掉的慌忙投降。当时民间流传着这样一首歌谣:

孩儿军师孩儿兵,

孩儿攻战管教赢。

只消出个孩儿阵,

孩儿夺取北京城。

朱由检见大势已去,把太子、永王、定王叫来,让他们换上平民衣装,趁乱逃出城去。自己走投无路,吊死煤山今景山寿皇亭旁的槐树下。

3月19日,北京人民欢迎农民军入城。腐朽的明王朝终于被摧毁了。农民革命斗争达到了胜利的最高潮。

入京以后,李自成采取了以下措施:

一、严肃军纪,加强防守,迅速稳定京师的人心和社会秩序。

二、接管和清理明王朝的中央机构,对二三千名明朝官僚进行甄别,或予录用,或予惩办。李自成在接受一般官员投诚的同时,逮捕或拒绝录用明朝三品以上的高级官员,并且处决了五百余名罪大恶极的贵族和地主官僚分子。

三、向黄河中、下游广大地区派设地方官,于战略要地派驻军队,以建立政权,稳定地方。

四、抽调部队沿运河南下,试图打通漕运道路并为以后的大举南征做准备。

五、筹备即位典礼,制定一统之规,草拟政策、法令、仪注。

六、着手解决土地问题。实行"均田",免除平民赋税。

七、继续推行追赃助饷等政策。清点府库仓储,没收皇宫、宗至、勋戚、太监的财产,对贪污官僚进行追赃助饷,勒令富家官户交出剥削人民的赃款。

八、打击太监和厂、卫,释放被囚禁在明朝皇帝直接控制的特务机关——锦衣卫中的一切犯人。

九、问民疾苦。

所有这些措施,在政治上、经济上给地主阶级以沉重打击,穷苦百姓终于扬眉吐气。

胜利像一杯醇酒,大顺领导者们喝得醉眼蒙眬。他们认为天下太平了,陶醉于暂时的胜利。李自成对于清兵入关抢夺胜利果实的危险缺乏认识,对于屯兵山海关的吴三桂抱有幻想,只派降将唐通持吴三桂父呈襄的信,以及金银财帛和侯爵封号前去招抚。农民军大将们开始迷恋豪华安逸的生活,不少战士厌恶战斗,打算离伍回家过太平日子。

4月初，吴三桂勾结满洲贵族集团，向大顺军开火，屠杀农民军二万余人。在这紧急时刻李自成亲自率领六万人马东征。山海关一战，李自成在满汉地主武装联合进攻下失败了，连忙退回北京。

4月29日，李自成毅然称帝，表示了斗争到底的决心。第二天，退出北京，率师至太原。7月，又渡过黄河，进驻韩城，不久到达西安。李自成命令李过防守延安，并遣将守潼关。

吴三桂的投清和李自成在山海关的失败，使斗争形势急剧恶化。明朝反动政权遗留在北方各地的官僚地主，纷纷同满洲贵族集团相勾结，联合镇压农民军。而逃亡南方的一批文武官僚又在南京拥立福王朱帝洵的儿子朱由崧，建立南明王朝。各地的地主分子乘虚蠢动，反攻倒算。5月初，清军开进了北京城。开始了奴役全国人民的征服战争。

李自成撤退匆忙，对当时在南方各地的大顺政权的各级官员，没有发出任何指示。失去了统一的指挥，事实上就是丢弃了这些地区。不久，李自成腹背受敌，失潼关，西安，走武关，入襄阳。这年5月，李自成亲率士兵远离大队，在湖北通山县九宫山察看地形时，不幸遭到地主武装的袭击，壮烈牺牲。

九宫山上松涛吼，碧血染红满天云。李自成——这位中国农民战争史上的杰出领袖，终于把他不屈不挠、英勇斗争的一生，献给了农民革命斗争的事业，时年仅三十九岁。

大顺军将士听到这一消息，全都失声痛哭。他们化悲痛为力量，抬起头，挺起胸，踏着先烈的足迹，在李过、李来言等的领导下，又同其他各地的农民军一起会合，继续转战南北，一直坚持到1664年。

李自成领导的明末农民战争虽然失败了，但它的伟大历史功绩是永垂史册的。

李自成领导的农民起义，高举着摧毁明朝反动统治的大旗，把贪官污吏、宗室贵族这些地主阶级的最凶恶的代表作为攻击的主要目标。经过十五年的艰苦奋斗，终于完成了推翻明朝反动统治的伟大任务，为推动历史前进做出了贡献。

李自成领导的农民起义，第一次提出了"均田免赋""平买平卖"的革命纲领，丰富了农民革命反封建斗争的内容，表明农民反封建斗争已到了一个历史新阶段。

李自成领导的农民起义不仅在政治上、经济上严重地打击了地主阶级，动摇了封建统治，而且，在思想上也发生了极为深刻的影响。它有力地批判了"天命观""克已复礼""中庸之道"等封建统治者的反动说教，号召人民前仆后继，英勇战斗，宣传了大无畏的革命精神。

但是，李自成也存在着一定的错误，他被胜利冲昏头脑，骄傲自满，不重视根据地建设，错误估计形势，轻敌草率，导致了起义军的最后失败。这一历史教训，将为后人永远引为借鉴。

窃国大盗

——袁世凯

名人档案

袁世凯：字慰亭（又作慰庭），号容庵，汉族，河南项城人，是中国近代史上著名的政治人物。

生卒时间：1859～1916 年。

安葬之地：安阳市北郊洹水北岸的临府庄北地。

性格特点：投机分子，有野心，善搞阴谋。

历史功过：曾是北洋军阀的领导人，在辛亥革命，成为中华民国首任大总统，在位期间积极发展实业，统一币制，创立近代化司法和教育制度。但后来在杨度等立宪人士的鼓惑下复辟称帝被推翻。这是他晚年的最大的不足和留下来的最大历史遗憾。

名家评点：杨度挽袁世凯联、共和误民国，民国抑误共和，百世而后再平此狱；君宪负明公，明公实负君宪，九泉之下三复斯言。黎元洪挽袁世凯联、华夏日重光，回思缔造艰难，亿兆生灵应感泣；勋名天不朽，太息受终危急，万几擘画失师贽。冯国璋挽袁世凯联为天下痛，更哭其私，一柱存亡关气运；如四时行，成功者退，千秋华夏仰威灵。

纨绔子弟

袁世凯，字慰庭，别号容菴。1859 年 9 月 16 日（清咸丰九年八月二十日）出生在河南省陈州府项城市一个"臣族"官僚地主家庭。他的祖父袁树三，廪贡生，候选训导，曾署陈留县训导兼摄教谕事。叔祖父袁甲三系进士出身，因镇压捻军"有功"，受到清政府的重

用，历官礼部主事、军机章京、监察御史、兵科给事中。与曾国藩交往甚密。袁世凯的名字和其叔祖父袁甲三有着密切的联系，因他出生时正好是袁甲三"剿捻"得胜，凯旋班师，于是取名世凯，字尉亭，表示祷祝袁甲三凯旋归来，以告慰朝廷。袁世凯的父亲叫袁保中，没有外出做官，是"袁寨"地主武装的首领，专和捻军为敌，他的叔叔袁保庆，是举人，长期跟着袁甲三在安徽、河南一带镇压捻军。袁氏一家就是在镇压人民起义中起家的，他们用起义农民的鲜血染红了自己的顶戴花翎，踏着起义农民的尸骨爬上了统治阶级的宝座。袁世凯正是生在这样一个反动的大家庭中。

袁世凯的叔父袁保庆没有儿子，袁世凯从小就过继给他的叔父，并跟着袁保庆在山东、扬州、南京等地任职，过着娇生惯养、寄生安逸的生活。像当时地主官僚一样，袁保庆同样希望袁世凯好好读书，以便通过科举考试，取得功名利禄、光宗耀祖。可是，袁世凯从小就养成了"游惰冶荡"的纨绔子弟的习性，不肯好好读书，"虽终年延师，而以读书为故事"，经常逃学，伙同纨绔子弟或单独骑马到处游逛，喝酒胡闹。对袁保庆的嘱咐申斥，他阳奉阴违，从不认真听从。老师见他不听教诲，就教他练拳，可他又害怕艰苦。所以，他的学习和武功都没有多少长进。1873 年(同治十二年)7 月袁保庆病死在南京，他只好同养母牛氏回到项城老家。次年，袁甲三的儿子袁保恒回到家乡，见袁世凯无师授读，恐其学业荒废，越学越坏，就把他带到北京读书。虽为他请了教作诗、教写字、教八股文的三位老师，但袁世凯"资分并不高，而浮动非常"，恶习不改，不思上进，经常跑到八大胡同的秦楼楚馆鬼混，故学了很久，文章尚不入门。1876 年秋天乡试时，袁保恒叫他回河南去应考举人，结果落榜而归。这年 10 月，他在家乡结了婚，娶妻于氏。第二年春天仍回到北京。12 月，袁保恒被派往河南帮办赈务，袁世凯也跟着到了开封。袁世凯读书做文章不行，办实际事务却很有心眼，讨得了袁保恒的喜欢，袁保恒凡有机要的事，都跟他商量，叫他去办理。袁世凯在这里学到了官场上的虚伪、奸诈、阴险、腐化及进退应对法度，培养了他的反革命的才能。1878 年袁保恒因患传染病，突然病逝。从此，袁世凯无人管教，生活更加放荡不羁，并且假冒斯文，发起组织了"丽泽山房"和"勿山房"文社，邀请文人加入。由于他"捐资供给食用"，因而结交了一批酒肉朋友。也就是在这期间，他结交了后来在北洋军阀时期任大总统的徐世昌。1879 年秋，袁世凯再次参加乡试，同社的人中有两人考中，而他再次落榜。于是他赌气烧了自己写过的一些诗文，说："大丈夫当效命疆场，安内攘外，乌能龌龊久困笔砚间，自误光阴耶!"表明袁世凯决心另外找一条升官发财的道路。

1880 年(光绪三年)袁保庆生前的好友吴长庆在山东登州办海防，把闲居无事的袁世凯招去，委为营务处帮办(军队中地位很低的文职官员)。并命其跟当时具有"才子"之称的张謇学习诗文。据张謇回忆："謇曾命题，课以八股，则文字芜秽，不能成篇，謇既无从删改，而世凯亦颇以为苦。"但"偶令其办理寻常事务，井井有条，似颇干练"，袁世凯善于奔走钻营，在上级和幕僚面前，总是"谦抑自下"，极表恭顺，又时常伪装忧国忧时。"作激昂慷慨之谈"，因而很快取得了吴长庆的好感。自此之后，袁世凯开始了反革命生涯。

1882 年，朝鲜发生了"壬午事变"。日本得到消息后决定以此为契机派兵，用武力来推行"大陆政策"，妄图攻占朝鲜，进攻中国，称霸东亚。日本的侵略野心，自然引起了与朝鲜有"宗藩关系"的清政府的不安，加之朝鲜官员金允植等的请求，于是清政府派兵进行干预。这一年，袁世凯跟着吴长庆来到朝鲜。袁世凯认为出人头地的大好时机到了，就极力表现自己，杀起义者数十人，在清军的干预下起义被镇压下去了。袁世凯在镇压中的大显身手，不仅得到了朝鲜王的看重，吴长庆也对他的表现给予了很高的评价，说他"治军严肃，调度有方，争先攻剿，尤为奋勇"。李鸿章也称他"治军严肃，剿抚应机"，并拟请求以同知补用，赏戴花翎，很快得到清政府的批准。

1884 年，在朝鲜发生的"甲申政变"中，袁世凯在没有得到清政府命令的情况下，旗帜鲜明的支持保守派，绞杀进步力量，巩固了清政府的"宗主国"地位。李鸿章对他大为欣赏，称他"才识开展，明敏忠亮"，"非唯知兵，且谙外交，诚大才也。"并向清政府保荐他为"驻扎朝鲜总理交涉通商事宜"。袁世凯受宠若惊，竭力去巴结李鸿章，称李鸿章为老师，把自己称为"小门生"，并忠实推行李鸿章制定的政策。临走之时，李鸿章告诉袁说："临事要忠诚，勿任权术，接物要谦和，勿露高兴，庶几可寡尤悔。"到任之初，他故意显示其特殊地位，拒绝与各国公使同席会议，且遇事直入王宫，骄横专断，盛气凌人，处处以"上国"办事大臣自居。比较重要的事情，没有得到他的允许，朝鲜国王很难实行，俨然成了太上皇。这深深地刺激了朝鲜人民的民族感情，引起朝鲜人民的严重不满。就是朝鲜统治者，对他的骄横也忍受不了。所以在 1888 年，朝鲜王曾向李鸿章提出撤换袁世凯，李鸿章以为袁世凯"心态忠实，办事勤慎"为由不同意撤换。由于得到了李鸿章的支持，他就更加骄横了。

19 世纪末的朝鲜，正是阶级矛盾和民族矛盾十分尖锐的时期。为了反抗外国侵略和国内封建压迫，朝鲜人民不断掀起武装斗争，到 1894 年终于汇合成声势浩大的东学道起义。袁世凯极力主张朝鲜政府派兵镇压，并献计献策说："乱党人多食少，宜先绝其粮道，自然解散。"朝鲜政府听从了这个意见，起义暂时被镇压下去了。可是，不久由于全罗道古阜郡郡守的贪污和压迫引起了人民的不满，起义再度爆发。袁世凯这次除主张派专人镇压外，还把曾国藩、李鸿章及袁甲三广泛组织地主武装的反革命经验在朝鲜加以推广，同时调北洋军舰平远号和汉阳号轮船替朝鲜王运输军队和武器。但是起义军由于得到广大人民的拥护和支援，不但没有被镇压下去，反而越战越强，直接威胁着朝鲜统治者，于是他们请求袁世凯派兵助剿。袁世凯马上报告李鸿章说："韩归华保护，其内乱不能自了，求华代戡，自为上国体面，未便固却，""如不允，他国人必有乐为之者，将置华于何地！自为必不可却之举"，并认为日本不会出兵干涉，请李鸿章答应出兵。清统治者为了维护自己的面子和保护朝鲜统治阶级政权使它不为农民起义推翻，1894 元 6 月派叶志超和聂士成率兵赴朝，镇压起义。然而明治维新后迅速发展起来的日本，在清军出兵的同时，也以保护使馆和日本侨民为借口派军队进入朝鲜。起义虽被镇压下去了，但中、日两军的形势一天紧似一天，袁世凯深知中国军队绝非日军对手，自己留在朝鲜凶多吉少。便急

于脱离危境,请求回国,在短短的 8 天之内,他就向李鸿章打了 6 个电报,说自己有"发烧症"又"久痢气虚""凯病如此,唯有死,然死何益于国事",等等。并且,扬言要"经自赴津"。在其苦苦哀求下,清政府才同意把他调回。袁世凯接电报后不顾发烧病重,改装易服,于 7 月 19 日逃到仁川,乘平远舰于 22 日到天津。7 月 25 日日本军队突然向清军发动进攻,中日战争正式爆发。

中日甲午战争的失败,使清政府旧式军队的腐败无能完全暴露出来了。一时间国内大谈改革军制。决定按资本主义国家军队的样子,建立一支新式陆军。那么,由谁来承担训练新军的任务呢? 经李鸿章的推荐及满族贵族荣禄的赞同。袁世凯取得了督练新军的职权,前往小站镇练兵。第二年,因其练兵有功,被提升为直隶按察使,仍专管练兵。"小站练兵"就成了他以后进行政治投机的资本,袁世凯认为,善为政者,必暗为舆论之主,要表面自居舆论之少,若要如此,必须网罗人才,因而,小站练兵又使他网罗了大批文武干才,实力大增。

出卖维新

中日甲午战争以后,帝国主义各国在中国展开了瓜分中国领土,掠夺中国资源的狂潮,使中国面临严重的民族危机。在这种情况下,一些先进的知识分子,想用学习西方资本主义国家的办法对中国的腐败政治、经济、教育、军事等方面实行一些改良,以便使中国富强起来。袁也日有所思,但他所考虑的不是怎样改变腐败的社会,而是如何利用这个社会的腐败,爬到最上层去。洋务派兴盛时,他多谈洋务,维新到时了,他又附和维新,但从来没有真心实意干过。

维新运动的领袖是康有为、梁启超、谭嗣同等人。1895 年康有为在北京发动参加会试的一千多名举人,联名上书皇帝(即"公车上书"),反对签订《马关条约》,提出"拒和、迁都、变法"的主张,并组织了强学会,得到了皇帝的支持,变法维新成为一时的风气。清朝中的许多达官显宦为提高自己的声望也都捐款参加,就连李鸿章也表示愿意捐献 2000 两,申请入会,但被强学会拒绝。袁世凯看到维新运动日益高涨。觉得有机可乘,便主动找康、梁拉关系,参加了强学会。1898 年 6 月 11 日光绪皇帝颁发《明定国是》上谕,宣布实行改革,到 9 月 21 日西太后发动政变,维新派通过光绪皇帝发布了一百多道实行新政的命令,撤换了一批顽固派官僚。这次维新运动,是资产阶级改革运动,在当时来说是进步的。

维新运动是一场严肃的斗争,遇到守旧势力的重重阻挠。掌握实权的西太后和荣禄等一班顽固派想永远保持封建专制统治,决不容许有一点改变,他们甚至说,宁肯亡国,也不变法,积极策划反攻,寻找机会扑灭维新运动。

1898 年 9 月初,机会来了。慈禧太后,决定到天津阅兵时,发动政变,用武力胁迫光

绪逊位，另立新皇帝。维新派得知这一消息后，十分惊慌。他们由于平时脱离人民群众，手中又没有实权，现在想找武力依靠。找谁呢？袁世凯。他们决定用光绪皇帝名义召袁世凯到北京来。9月16日，光绪召见了他，表扬了他练兵的功绩，越级擢拔他为候补侍郎，专门办理练兵事务。袁世凯对光绪给予的"特恩"并不感到是什么"殊恩"，相反他认为光绪是个无权皇帝，没有实力，身边只不过是几个空谈的书生，而慈禧手握实权，到处都有她的亲信，加之听到的许多消息，证明光绪危在旦夕，因此他认为这不是福，而是祸。因而被吓得"汗流浃背，立意疏辞"，他接到擢令后，就赶快去找顽固派表白，自己无意受光绪的恩赐，尽管如此，他仍然"此心怦怦，殊不自安"。但表面上，他仍以维新派的面目，继续与康有为等周旋，以便探听到确切的情报去出卖，可维新派确把一切希望都寄托在袁世凯身上，但是又有些不放心，在9月18日夜里谭嗣同去见袁世凯。问袁世凯"您认为皇上是怎样一个人呢？"袁世凯答到"皇上是自古以来少有的圣明君主。"谭又问，"这次天津阅兵的阴谋，您可知道"，袁世凯说："是的，早就听说了"，接着谭嗣同就直截了当地向袁世凯说："现在能救皇上的只有您了，您要愿意救皇上，就请您设法救他脱危，如果不愿意，就请您到颐和园去告发我，把我杀掉，您就可以得到富贵。"听到此，袁世凯正言厉色的说"你把我袁某看成什么人呀！你我都是为皇上办事，皇上对于你我都很重用，救皇上不独是你的责任，也是我的责任，你有什么好主意，请告诉我好了。"谭嗣同见袁世凯如此慷慨，可以信赖，于是就把请他在阅兵的时候，保护皇帝，杀掉荣禄除旧党的计划告诉了他。谭嗣同知道袁世凯狡猾，怕靠不住就用话刺激他说："荣禄对您一向很好。你不想报答他？况且，荣禄有曹操、王莽之才，为绝事之雄，对付他怕也不容易吧？"袁世凯一听，瞪着眼大声说："要是皇上到天津阅兵的时候到我们营里，传令杀奸贼，杀荣禄就像杀死一条狗一样。"

就是这个视杀荣禄如杀死一条狗的袁世凯，第二天就跑到天津把维新派的全部计划，告诉了荣禄，以示孝忠。由于事情紧急，当晚荣禄就赶到北京，把这个消息报告了慈禧太后。9月21日清晨，慈禧从颐和园赶回故宫，一面把光绪囚禁于南海瀛台；一面以光绪的名义发表"上谕"，宣布慈禧重新垂帘听政，下令搜捕维新派人士。袁世凯对追捕维新人士十分卖力，派人到处捉拿康有为、梁启超，但他们先后逃到日本，谭嗣同、刘光第、杨锐、林旭、杨深秀、康广仁先后被捕，惨遭杀害。光绪所颁布的改革"上谕"，全部撤除。到此，维新运动彻底失败。

袁世凯的告密给反动政权立了一大功，深得慈禧的赏识，戊戌变法刚结束，就召见了他，准许他在西苑门内骑马，赏银4000两，提升为左侍郎。袁世凯用维新派的鲜血，染红了自己的顶子，正如当时的一首三字歌谣里唱的，"六君子，头颅送，袁项城，顶子红，卖同党，邀奇功……"

镇压民团

中日甲午战争后,中华民族被瓜分的危机日益严重,广大人民不堪帝国主义的压迫,组织了各种拳会,后来汇合在一起,成为义和拳,掀起了反帝爱国斗争。1898年10月,山东冠县赵三多领导的义和拳首先举起了义旗。清政府为了讨好帝国主义,赶紧派有"屠夫"之称的毓贤来山东进行镇压,可是义和拳的声势也越来越大,他也顾此失彼无计可施。但又不愿意向清政府求援,便企图把义和拳改为官办的团练。加以控制和利用,结果山东成了反帝斗争的中心。帝国主义对毓贤的这一做法十分不满。要求清政府撤换毓贤,另派一个他们满意的人来做山东巡抚。1899年12月6日清政府依照帝国主义的要求派袁世凯出任山东巡抚。袁世凯到任后不久,山东肥城市发生了一起英国牧师被杀事件。他为了向帝国主义献媚,不问牧师行凶作恶,被杀死的真像,就杀了两个中国人抵命,3人被判处徒刑。并且,还罚当地百姓出钱为这个帝国主义分子建立纪念碑,赔教堂白银9000两。接着,他又颁布《严禁拳匪暂行章程》,规定凡是义和团成员不分首从,也不必审讯,一经抓获就地正法。在清军内部他也规定"若匪至不痛击,则将领以下即正法。"鼓励士兵屠杀义和团。他还提倡告密,如有人告发义和团,被告发人不论真假立刻杀头,并把被杀者的家产分一半给告发人。在屠杀的过程中他觉得自己的军队不够用,就又联合驻青岛的德国军队和教堂的反动武装共同屠杀义和团。袁世凯勾结帝国主义,灭绝人性的大屠杀,激起了人民的愤慨。当时民间流传着一首歌谣唱到,"杀了袁鼋蛋,我们好吃饭",有人甚至在袁世凯的巡抚衙门的照壁上画了一只大乌龟,头戴红顶花翎帽子,跪伏为洋人屁股后面,大乌龟自然是指袁世凯。表达了人民对他的愤恨。

袁世凯对义和团的野蛮屠杀,不但没有把义和团镇压下去,义和团反而掀起了更大规模的反帝斗争,并且控制了北京,形成了反帝斗争的新高潮。

1900年5月,英、法、德、意、日、俄、美、奥等八国联军进逼北京时,西太后曾多次命令袁世凯带兵增援,可是狡猾的袁世凯有自己的打算,他想中日甲午战争时李鸿章经营多年的海陆军都打不过小小的日军,如今面临的是八国联军,西太后这次是输定了,自己如果率兵北上,必然得罪洋人,军队也没了,那么官也做不成了,要是一口拒绝增援,将来这个罪过也不轻。他思前虑后,最后决定一面电告慈禧说要派精兵北上增援,一面以"山东防务紧",自己"暂不北上"。直到北京沦陷后,他也未派一兵离山东。慈禧逃往太原、后转赴西安,并赶紧命令李鸿章为全权大臣,向侵略者求和,又下命令屠杀义和团。袁世凯对此极为赞同,说:"人家洋人出兵,主要是因为拳匪的挑衅,他们不过是'自卫',根本没有什么侵略,你义和团公然'围攻使馆','戕害使臣',犯下了不可饶恕的大罪。如今只有彻底剿办义和团,才能抹去前案,与各国交涉。"袁世凯这番替帝国主义血腥罪行洗刷话,自然得到帝国主义的欢心。同时还不断派人把银子、绸缎以及食物贡献给慈禧,好像关

心慈禧的只有他一人。因而又进一步得到了慈禧的"嘉许"。

1901年9月7日李鸿章代表清政府与帝国主义各国签订了丧权辱国的《辛丑条约》。对于执行辛丑条约,袁世凯也表现得十分积极。"按条约规定,第一期赔款1600万两,山东分摊90万两,袁世凯极力搜刮,筹款120万两,提前超额完成任务。并用大炮和步枪屠杀义和团,把整个山东几乎纳于血海之中,他还觉得不过瘾,又要求李鸿章准许他派人马越境到直隶去屠杀。对德军在山东屠杀义和团,他也大加称赞。所以外国侵略军称袁世凯是他们的第一好友。"

义和团运动在中外反动派联合残酷镇压下虽然失败了。但也使英帝国主义强盗们感到中国人民并不是好欺侮的。要想保住他们在华利益,只有在中国统治阶级内另外物色一个既忠实可靠,又强有力的奴才,在帝国主义眼里,袁世凯是最佳人选。

这样,袁世凯通过镇压义和团,不但博得了帝国主义的欢心,找到了新的靠山,保存了自己的实力,而且取得了慈禧的信任。所以在1901年李鸿章死后他就担任了直隶总督兼北洋大臣一职。他千方百计扩大自己的实力,扶植亲信,为以后爬得更高打下基础。1908年,光绪皇帝和西太后先后死去,皇位由醇亲王载沣3岁的儿子溥仪继承。具有实权的载沣,对袁世凯出卖光绪是深切痛恨。满洲贵族统治者也感到袁世凯的权力太大,恐以后对其统治不利,于是就以袁世凯"患足疾"为由,命他"回籍养疴",可是袁世凯并没有回项城,而是去了他用搜刮来的钱财修建的彰德"养寿园",表示对这一命令的不满。他表面上还装出无所谓的样子,每天喝酒、钓鱼,尽情享乐。可是实际上他在等待时机,施展更大的阴谋。袁在一首诗中写道:"百年心事总悠悠,壮志当时苦未酬。野老胸中负兵甲,钓翁眼底小王侯。思量天下无磐石,叹息神州持缺瓯。散发天涯从此去,烟蓑雨笠一渔舟。"充分道出了他伺时而动,东山再起的心机。

皇帝美梦

袁世凯就任临时大总统后,第一任内阁总理是唐绍仪。革命党对唐出任总理也是拥护的,因为他是同盟会会员,想通过他来限制袁世凯的专制独裁。在袁世凯看来总理就是他的幕僚长,只能听他摆布,不能自作主张。可唐绍仪坚决实行责任内阁制。于是袁世凯就处处排挤他,使他不能执行总理的职权。各帝国主义的在华报纸也发表社论攻击唐绍仪,为袁打气,结果唐绍仪只好辞职不干。以后由袁世凯扶植起来的陆征祥内阁、赵秉钧内阁,实际上都成了他的玩物。一切都按他的眼色行事,内阁成了他集中权力的工具。

袁世凯为了缓和由唐绍仪内阁造成的紧张气氛,麻痹革命党人和欺骗人民,他以消除分歧,商讨国家大事为名,邀请孙中山、黄兴等革命党人到京。1912年8月24日,孙中山到达北京,袁世凯以总统的礼节接待。在京期间,孙中山与袁世凯共会谈13次,每次

会谈袁世凯总是装出十分虔诚的样子，对孙中山发表的见解，随口应和，连声赞叹，表示赞同。使孙中山觉得袁世凯在"国防外交，所见略同"。于是在9月2日宣布："现在政治之事，已有袁大总统及一般国务员担任，鄙人从此即不厕身政界，专求在社会上作成一种事业"，即建筑铁路，以实现他的"民生主义"，把政权让给了袁世凯。据说有一天，孙中山在与袁世凯的交谈中表示愿意在10年之内修铁路20万里，请袁在同一时期训练精兵一百万。袁世凯根本没有料到孙中山会提出如此正中自己下怀的提议，高兴得站起来大呼"孙中山先生万岁"。孙中山也回报了一声"大总统万岁"。9月9日，袁世凯以总统命令发表"特授孙文以筹划全国铁路全权"。袁世凯还装模作样的在25日发布了所谓"八大政纲"，说了些什么国家统一，加强国防，培养人才等等好听话。实际上他是通过政纲的第六条规定：军事、外交、财政、司法、交通皆取中央集权主义。这里的中央集权主义就是集权于袁世凯。

1912年底选举国会，结果大出袁世凯意想之外，国民党占了优势。当时，曾有人问袁世凯，为什么不入国民党，袁狡黠地说："入甲党，则乙党为敌，入乙党则丙党为敌，实不敢以一己之便安，而起国中之纷扰，昔英国有女王终身不嫁，人问之则曰：吾以英国为夫。鄙人今亦曰：以中华民国为党，四海之内，皆吾兄弟，三人同行，厥有吾师。"在热衷于"议会政治""多党制"的宋教仁看来，似乎国民党只要在议会中取得多数，就可以组织责任内阁，中华民国即可成为真正的"民主国家"而得到长治久安，袁世凯的大总统就只剩下一个元首的空名了。

面对国民党咄咄逼人的攻势，袁世凯早就布置好了，首先在1913年3月20日派凶手武士英在上海火车站刺杀了国民党领袖宋教仁。其次是以中国的财政为代价，向英、法、德、日、俄五国银行团签订了2500万镑的《善后借款合同》以充军费，积极准备内战。1913年7月爆发的"二次革命"，与其说是讨袁战争，毋宁说它是在袁世凯先发制人的局面下，国民党被迫起来反抗袁世凯的战争。"二次革命"在不到两个月，就被打败。孙中山、黄兴被迫逃亡日本。

在"二次革命"后由于没有了政敌，袁世凯就迫不及待地要当正式大总统了。可是，照国会选举法与组织法规定，正式大总统须先由国会制定宪法，然后根据宪法产生。狡猾的袁世凯，指使他的亲信梁士诒，制造了一个所谓的"公民党"，在北京到处散播"先选总统，后定宪法"。同时又示意全国19个省区的军政长官联名发表通电，主张先选总统后制宪法。在袁世凯的一手操纵下，9月5日国会通过了先选举总统案。10月6日正式选举。这一天，袁世凯为确保大选的成功，不但派出大量荷枪实弹的军队，同时在会场周围还派出了由便衣、兵痞、流氓等几千组成的"公民团"，把国会围得水泄不通。叫嚷着"今天不选出公民中意的总统，选举人休想出场一步。"

选举从早上8点开始，第一次选举完毕时因袁世凯票数未达到法定数额，而必须重选，可时至中午，有的议员想出会场吃饭，但立刻遭到"公民团"的反对，他们唯恐人走了不回来，使选举不足法定人数而流产，所以只许进，不许出。议员们饥肠辘辘，饥饿难耐，

尤其是那些抽大烟的议员，更是丑态百出，只好接着进行第二次投票，但仍未达到法定票数。第三次只好采用由得票较多的袁世凯和黎元洪两人中决选的办法，才算把袁世凯选出来。此时已是晚上10点。10月10日袁世凯就任正式大总统。

当袁世凯的政治目的达到后，国会非但失去了存在的价值，而且成为他建立独裁统治的障碍。为了达到解散国会的目的，11月4日他下达了解散国民党，取消国民党议员资格的命令，使国会不足法定人数，而无法开会，而名存实亡。到1914年1月10日他又下令干脆把国会解散了。5月1日，又宣布废除《临时约法》。至此，作为资产阶级民主共和国象征的国会和《临时约法》被破坏殆尽。

1914年7月，在欧洲爆发了第一次世界大战，西方的帝国主义因忙于大战，一时无暇东顾。这时日本帝国主义乘机出兵占领了我国的山东，1915年1月向袁世凯提出了二十一条。并暗示，如果接受这个亡国的卖身契，日本支持他当皇帝。可见袁世凯的皇帝梦是司马昭之心，路人皆知了。袁世凯的政治顾问美国人古德诺，发表了一篇《共和与君主论》的文章，大谈中国不宜共和制而适于君主制度。接着日本的贺长雄也写出了《共和宪法持久策》一书，也说中国人不适于共和政体，必须集大权于袁世凯一人身上，才不致分裂。

有了帝国主义的支持，袁世凯在国内进一步加紧制造舆论。在他出资授意下，出现了由杨度、孙毓筠、严复、胡瑛、李燮和刘师培组成的"筹安会"。以古德诺的"言世界国体，君主实较民主为优，而中国则尤不能不用君主国体"为理论依据，大谈君主制的优越性。共和制不适合中国国情。并以各省在京人士的名义分别组成各省公民请愿团，发给由他们统一起草的请愿书，在参政院开会时，递上去，为袁世凯恢复帝制效劳。梁士治等也组织了请愿联合会。接着，在袁世凯的收买雇佣下，全国出现了由无耻官僚、反动政客以至乞丐、妓女等组成的五花八门的请愿团。一切都布置好了，他却假惺惺地说，"国民"请愿改变国体是"不合时宜的"。但又说一切都取决于多数"国民"之意。就是说，你们硬要"推举"我做皇帝，我也只好服从了。在请愿联合会积极活动下，10月25日又演出了一幕"国体投票"的把戏。结果一致"选举"袁世凯为中华帝国皇帝。12月13日，袁世凯按着封建的礼节，在居仁堂接受文武百官的朝贺。把总统府也改为新华宫。12月31日，他又下命改民国5年为"洪宪"元年。

但是，中国历史的发展却和他的主观愿望相反，当他只待择吉日嘉冕"登极"之时，也正是反帝制的战火燃遍全国之时。1915年12月25日，云南护国军首先发动了讨袁战争。很快就有许多地方响应，宣布独立，反对袁世凯。就连许多过去忠实于他的军阀，如冯国璋、段祺瑞、陈宦等也起来反对他，要求他取消帝制。其实，还在洪宪帝制没有公开的时候，有一次，冯国璋由南京来谒见袁世凯，顺便问一问外传称帝这件事的究竟，袁从冯的口气中得知冯对帝制持反对态度，便说"我的身体不好，几个儿子又不成器，哪里有这种心事呢！"冯信以为真。帝制公开后，冯感到自己上当受了骗，对袁非常愤怒，因而很早就要求取消帝制。至此，袁世凯彻底孤立，成了"孤家寡人"。袁世凯还想求帝国主义帮忙，可是帝国主义正忙着扶植新的走狗，对他的求援不予理睬。1916年3月22日袁世

凯被迫取消帝制。1916年6月6日,在全国人民的反对和唾骂声中,结束了他丑恶的一生。正如毛泽东同志在《新民主主义的宪政》一文中所指出的"袁世凯想打老百姓的脚,结果打了他自己,做了几个月的皇帝就死了。"

袁世凯复辟帝制的倒行逆施可谓是冒天下之大不韪,深为广大人民所切齿痛恨。当时,有一则流传甚广的故事,讽刺和挖苦袁世凯。

这还要从"西山十戾"的民间神话讲起:北京西山有十个修炼成精的妖怪,投胎人世,做了清朝以来的重要当权人物。此十个妖怪是:熊、獾、鸮、狼、驴、猪、蟒蛇、猴子、玉面狐、癞蛤蟆。它们托生的人身是:多尔衮、洪承畴、吴三桂、和坤、海兰察、年羹尧、曾国藩、张之洞、慈禧、袁世凯。用癞蛤蟆来影射袁世凯,一则是因为袁世凯的体态特征:"粗颈短腿,走起路来双腿八字外撇,如同一只癞蛤蟆臃躯爬行;二则是隐喻有'癞蛤蟆想吃天鹅肉'的意思,我们所要讲的故事就是由此意而产生出来的。"

袁世凯有睡午觉的习惯,每次要睡上一两个小时。醒来时要喝上一口茶以回神醒脑。每次喝茶都是用一只雕刻精致的玉杯,并由贴身书童盛茶献上。一天,书童进房献茶。走近袁的寝榻时,忽然两眼一花,竟看见一只极大的癞蛤蟆趴卧在床上,双眼微合,双唇歙动,似在熟睡。书童着实吃了一惊,腿一软,手一松,那只玉杯滑落地上砸碎了。幸而袁世凯仍然鼾睡未醒,书童便蹑走蹑脚地退出屋来,慌慌张张地去找一个老家人,替自己出主意挽救这场临头大祸。那个老家人听了书童述说原委,动脑筋想了一会,就教给他一套话来应付。

袁世凯醒来唤书童上茶时,看不见那只常用的玉杯,便问:"玉杯子哪里去了?"书童老老实实地说:"砸碎了。"袁厉声喝问:"什么,砸碎了吗?!"书童点点头,不慌不忙地说:"大总统,小的在这里发现了一件奇怪的事情。"袁世凯失了心爱的玉杯,满脸怒容,眼睛也瞪得溜圆。听了书童的话,不耐烦地说:"什么奇怪的事情?你说,快给我说!"那个伶俐的书童并不拿正眼来望怒气冲冲的袁世凯,微低着头,若有其事,指手画脚地说道:"我正端茶进来的时候,一眼看见床上躺着的不是大总统。"袁一听觉得话不对味儿,更加生气,怒喝道:"是什么?混账东西!"书童故作害怕地说:"我不敢往下说。""你不说,看我打断你的狗腿!""是……是一条五爪大金龙。""胡说!"袁世凯厉吼一声,打断书童的话,书童并不害怕,只是偷眼一看,果然袁世凯脸上的怒容消散殆尽,一双原先冲满怒气的眼睛竟流露出隐隐笑意。袁世凯沉吟片刻,将书童叫到身边,从抽屉里拿出一百元钞票赏给他,并再三叮嘱不要在外面张扬胡说。

这个传说可能是有人特意编造出来的,用以说明袁世凯是丑恶的癞蛤蟆托生,并不是什么真龙转世。表达了广大人民对袁世凯这个窃国大盗的憎恶。此传说盛行一时,在北洋派中也颇为流传。具有浓重迷信思想的北洋派将领和文人竟几乎没有一个相信袁世凯是真龙转世,对袁推行帝制认为是癞蛤蟆想吃天鹅肉,成不了帝王之业。所以很少有人从心底里表示赞同和拥护。因此,这则传说为在社会上制造反袁称帝的舆论起到了不小的作用。

直系宗祖

——冯国璋

名人档案

冯国璋:字华甫,汉族,河北河间人,北洋军阀直系首领。毕业于北洋武备学堂,曾任北洋步兵学堂总办兼督练营务处总办。1903年中央练兵处任军学司正使。后历任统制和第一军总统。

生卒时间:1859~1919 年。

安葬之地:河北河间 。

性格特点:虚滑奸诈,但好上进。

历史功过:辛亥革命时率领北洋军镇压武昌起义。曾奉命率军进攻南京,镇压"二次革命"。后出任江苏都督,坐镇东南。袁世凯称帝后曾任命他为参谋总长,后来又让他代替段祺瑞兼理征滇总司令,他均未上任。

反对袁世凯称帝。袁世凯死后,黎元洪继任大总统,经过国会补选冯为副总统,在南京办公。后黎元洪与段祺瑞府院之争,引发张勋复辟,为段祺瑞所镇压。黎元洪辞职,冯国璋进京任代理总统,段祺瑞复任国务总理。他在近代军事方面具有相当的才能和学识,对于中国建立近代新型军队和进行军事教育做出过一定的贡献。

从戎起家

1884 年,25 岁的冯国璋只身来到大沽口淮军直字营,通过在那里任文书的族叔介绍,入队当兵。从此开始了他的行伍生涯。

冯国璋出身贫寒,没有富家子弟娇横之气。他在营中经常帮助士兵写家信,帮助伙房记账，人缘不错，该营的统领刘祺也很信赖、喜欢他，第二年，便保荐冯国璋进直隶总督兼北洋大臣李鸿章创办的天津武备学堂，学习兵科。于是冯国璋幸运地成为该武备学堂的第一期学员。天津武备学堂聘有德国军事教官，开设兵法、地利、军器、炮台、算法、测绘、操习炮队、马队、步队、工队及分合阵法，还兼设经史。冯国璋学习刻苦。特别精通枪炮阵式、熟悉营垒作业，所学各科成绩优秀，得到学堂总办萌昌和德国教官的赏识。学习期间，冯曾回原籍参加科举考试。当时特设立数学附生额，他因擅长算术，中了秀才。后因参加顺天乡试，未能中第而返校继续学习。1890年，冯国璋学成毕业。因其学绩超群，被留校任教。

在当时的清军中，绝大部分中下级将领是戎马出身。因此，形成了一种轻视武备学堂的风气。作为武备学堂的毕业生，冯在军队中受到轻视。冯国璋将从军入伍视为使自己摆脱卑微地位和贫寒境遇，出人头地的路径，自然不会安于学堂任教而急于施展学到的军事本领。1893年，他进聂士成军中效力。中日甲午战争前夕，曾随聂士成赴朝鲜、东北等地考察，测绘地形达半年之久。其间他跋涉数千里，风餐露宿，历尽艰险。所到之处，他都用所学到的新测绘法对山川、要塞、河流进行绘图说明，对地形地物，了如指掌。所收集到的各方资料编成《东游纪程》一书，署聂士成之名，冯自己任注说编辑。不久，中日开战，聂士成率部在朝鲜和东北等地抗击日本侵略军，此著作在战场上发挥出极大的指导作用。史有"各军皆败，只有士成军可战"的记载。聂士成率部不仅在成欢驿、九连城消灭了大量的日军有生力量，而且还充分利用易守难攻的摩天岭山形阻击来犯日军长达三月有余，大挫日军锋芒。因此，冯国璋的军事才干深得聂的欣赏，战后被委任为该军的军械督办。

不久，冯国璋幸得聂士成的保荐，作为清朝驻日公使裕庚的军事随员赴日。在日本期间，冯国璋并没有沉迷异国优越的生活环境，而是悉心考察日本军事。他结交了日本军界人士福岛安正、青木宣纯等人，并博览大批近代军事著作，搜选了大量有关军事教练的资料，夜以继日，抄录、整理，编写出几大本关于军事训练和近代军事科学发展状况的"兵书"，自己也因此大长才干。

1896年冯国璋回国后，将苦心整理好的数册"兵书"呈送给聂士成。聂又转呈给正在小站积极筹办组练"新建陆军"的袁世凯。袁看过冯所整理编写的军事资料，如视"鸿宝"，称赞冯国璋说："军界之学子无逾公者。"当时袁世凯为"小站练兵"网罗军事人才，尤其需要军事教学人才。恰值此时，天津武备学堂的总办萌昌向袁推荐了冯国璋、段祺瑞、梁华殿、王士珍4人，袁欣然接纳，并委任冯国璋为督操营务处帮办兼步兵学堂监督。冯国璋在新军的教学中善于结合实际，深入浅出，深受学兵的拥护和爱戴。不久，因总办梁华殿在夜习野战渡河时坠河而死，他荣升督操营务处总办。

冯国璋鉴于新建陆军初创，在训练上应有所遵循。便继续悉心研究，精心编整，当时新军所用的兵法操典大多经其一手修订。其中《训练操法详晰图说》一书，共22册就是由他精心筹划，并与王士珍、段祺瑞等合力编成的。这本著作在小站作为随营学堂的标

准教科书,也成为清朝末年我国军事学校和编练新军的主要教材。冯国璋在"小站练兵"中表现出的杰出才干,深为袁世凯的赏识和重视,而冯也因袁对他的信任和提拔,对袁赤心辅佐。

1899年3月,新建陆军改为"武卫右军",编制扩大了一倍。同年,袁世凯升任山东巡抚,并率领新军前住镇压义和团运动。冯国璋作为袁的干将也随军前往。他先以督操营务处总办的身份将山东勇营20营,共计一万多人改编为武卫右军先锋队,而后曾一度督率此队在位于直隶与山东交界的德州一带,围堵追杀义和团。1900年,他因参与镇压义和团运动有"功",经袁世凯保奏,升为补用知府之职。随后又调任济南,主管武右卫军和山东全省军队督操事宜。1901年,清政府擢升袁世凯为直隶总督兼北洋大臣。袁首先在保定设立编练北洋常备军的专门机构军政司,冯国璋出任该机构教练处总办。这一职位再次使冯国璋善于训练,执教学兵的特长得到充分发挥。他首先设立了"练官营",选派教官并竭力修明操法,制定训练章程和计划,吸取旧军训练的长处,把新旧军队的训练有机地统一起来,使新军的编练一时颇见成效。冯国璋还根据袁世凯的旨意,创办了保定将弁学堂,学员主要以淮军宿将为对象。武将官至提镇,文官位至道员,年龄有的高达六旬以上。此学堂还专设一个侍卫班,学员大多是"宫禁之虎臣,厕于诸生之列",几乎个个居功自傲、趾高气扬又桀骜不驯,不听约束。而冯国璋面对这群"刺儿头"确实是管教有方,他刚柔并施,激缓适当,使之对自己敬畏三分,唯命是从。与此同时,冯国璋还创办了专门培训中下级军官的速成武备学堂及其附设的武师范学堂,经理学堂。不久,清政府派冯国璋与满族官员铁良、凤山赴日本考察军事。1903年,清政府设立练兵处。从日归国的冯国璋再经时任会办练兵大臣的袁世凯的荐举,出任军令司正使,并督办北洋各武备学堂,继续兼任北洋陆军速成学堂(当时附设武师范、经理和军械学堂)和将弁学堂督办。

在北洋新军创建时间,冯国璋历任各重要的训教之职,创办许多重要的武备学堂。为北洋军阀集团培养、训练了一大批军事骨干。北洋军中不少军官都是他的门生、故旧,这些人被安插在全国各地的北洋各镇中,为他后来成为直系军阀集团的宗祖,充当直系首领打下了基础。1906年,冯国璋署理正黄旗蒙古副都统,兼任陆军贵胄学堂督办,这对他来说又是极其重要的。因为该学堂是清政府专门为培养满蒙高级军事人才而特别设立的,其学员是王公世爵,四品以上的宗室以及现任二品以上满蒙文武大员之子弟。而且该学堂还特附设了一个王公讲习所,在固定时间里专召亲王们去听冯国璋讲授军事及训练课程,足见清廷对他的信任和重视,使他身价倍增。冯国璋也抓住这一难得的机会,结交了不少满蒙贵族,当朝要员,一方面进一步赢得清廷对自己的信赖,另一方面,在客观上为他在清末官场和政界、军界的活动、升迁打下了基础。1907年,冯国璋便升任陆军部军咨处正使。1908年,又升任清西陵梁格庄值班大臣。1909年,军咨处改升为军咨府(相当于今总参谋部),冯被任命为军咨使。在此期间,冯国璋为清王朝制定了全国练兵、驻防和守卫的通盘计划,成为身兼数职的清室军政要员。是少数几个受清廷最为器重、

信任的汉人臣僚之一，在某些方面甚至并不亚于北洋军阀的总头目——袁世凯。

冯国璋之所以能获得清末统治集团成员的重用和信任，扶摇直上，步步高升至军政要位，分析起来是可以找到多方面原因的。

首先，冯国璋自从戎入伍以来，一直是艰苦奋斗，悉心学习，使得他在近代军事技术及教学训练方面具备了精深的才学和出众的才干。当时清王朝急于筹练新军的社会环境，客观上为冯国璋提供了良好的大显身手，展示才能的机遇。

其次，是冯国璋有幸遇到了袁世凯这一重要人物。1895 天津小站练兵是北洋军阀集团产生的第一步，也是袁世凯从戎发迹过程中关键的一步。出于扩充自身的势力，掌握兵权的目的，袁世凯自然而然地要极力网罗军事人才，以充当他日后篡权阴谋的帮凶。袁本人虽自小不学无术，既不能文又不能武，完全依靠投机钻营、两面三刀、欺诈伪装、陷害忠善而攫取权位，获取信任。但在为自己建立实力集团的过程中，他却能在一定程度上重视真才，唯才是用，并不是一味地任人唯亲。因此，在小站练兵这一关键时刻，冯国璋能得到重用，展示才干，委以要职，扬名军界。这对冯日后能进一步受到清廷的重视和重用，起到了很关键的作用。

再则，冯国璋出身于清贫的农家，生来所受的教育是传统的行善、积德、忠君、勤勉之道，耕农之家又很少会给他家像人家奸猾为人的熏陶。贫寒的家境和幼时受到的熏陶，不仅仅使冯国璋青年时期能刻苦努力，勤于奋斗，精于研究，终有所成。而且使他在步入官臣之列后，仍然是才干多于虚猾、忠实多于奸诈，从而容易得到上方的信任和重用，成为行将就示的清室拉拢、收买的对象。难怪在"北洋三杰"中他落得个"北洋之狗"的雅号。在当时两股反动的政治势力并存，一个形将倾覆，另一个初露雏形，准备粉墨登场的时候，"狗"自然是会备受注目的。

光绪和慈禧相继去世后，袁世凯失势，被逐"回籍养疴"。冯国璋怕受株连，惶惶不可终日，便借口自己"值西陵与祭，坠马受伤"，原配夫人吴氏病丧和老母孙太夫人逝世，请辞回籍，但未被批准，只得为官谨慎，处处小心，对满蒙贵族尽量恭敬附和，以求自保。清廷新的统治者对冯国璋继续委以重任，信任不减。而冯却对自己有知遇、提拔之恩的"衣食父母"——袁世凯，念念不忘，经常轻车简从，到彰德看望他，并暗通音信，以示忠诚，不愧为"北洋之狗"的称号。

回顾一下冯国璋发迹之初的经历，读者不难看到，冯本人在近代军事方面是具有出众的学识和才干的。这不仅为他日后的进一步发迹打下了基础，客观上也为中国近代军事建设起到过积极的作用。因此，将冯国璋视为徒有虚名，并无真才实学是不够客观的。

屡建"奇功"

1911 年即辛亥年，全国各地的反清斗争日益高涨，由革命党发动的起义此起彼伏，使

清朝末代的统治者大为惶恐。为了对抗人民的革命浪潮,8月决定在直隶永平府(今芦龙)举行秋操,冯国璋被委任为东路军总指挥。

是年10月10日,武昌起义爆发。12日,清政府慌忙派陆军大臣荫昌率两镇北洋军为第一军赴湖北镇压,同时又任命冯国璋为第二军军统,"火速"随后南下增援。

冯国璋率军南下时,自然忘不了"衣食父母"袁世凯。途经彰德时,他只身去渔上村养寿园向袁世凯请示机宜,袁世凯便授意冯国璋"慢慢走,等等看"的六字秘诀,冯也心领神会。便开始为袁世凯东山再起、重操兵权而效力。随之出现了大批北洋军停留于信阳与孝感之间,兵车拥塞不通,大队人马停滞不前。荫昌所发布的向汉口进攻的命令如一纸空文。从10月22日到24日,一省接一省宣布脱离清政府,大大增添了武汉革命军的声势,使清政府统治中心所在的北方受到革命力量的严重威胁。10月25日,革命军在汉口发动攻势进展到三道桥,已惶惶如惊弓之鸟的清廷掌权人物载沣,不得不于10月27日发出上谕,召回荫昌,派袁世凯为钦差大臣接替其职务,"陆军部大臣荫昌部务繁重,势难在外久留,着即将第一军交冯国璋统率,俟袁世凯到后,荫昌再行回京供职。"袁世凯终于在他的"北洋之狗"的尽力协助下实现了再度掌握兵权的愿望。实际上,在此之前,摄政王载沣曾因冯国璋率军动作缓慢而被迫起用袁世凯为湖广总督。但袁感到大权还未到手,就以"足疾未痊"为借口,作势不出,继续威胁载沣。同时袁也敏感地意识到自己不久将被请出山,委以重任。于是为了不出什么意外,他先奏请由自己的忠实大将冯国璋接替荫昌第一军军统职务,并咐嘱冯国璋"非筹备周妥,计出万全,断难督师进攻"。冯再次心领神会,按照袁的授意,调兵遣得,但仍不进攻以与袁步调一致,逼迫清廷授袁以军政大权。于是,才有上面所说的那道委袁以钦差大臣的上谕。上谕下达后,冯国璋成为第一军军统,在前方指挥作战,段祺瑞接替冯为第二军军统,担负后方接应。此两军连同赴鄂的所有海陆军,均归袁世凯管制调遣了。

10月27日袁世凯被委以钦差大臣的同一天,冯国璋命令前线的亲信——李纯(第六镇统制)、王占元(第二镇第三协协统)、陈光远(第四镇第八协协统),率领北洋军向汉口发动进攻。(此3人后为冯的得力帮手和忠实亲信)当时北洋军在兵力和火力上都占优势;尤其是榴弹炮对革命军威胁很大,加以在革命军占领汉口时挂起白旗投降的建威、江元两舰趁革命军防范疏忽,从刘家庙江面驶回丹水池江面,炮轰革命军的后路,配合北洋军反攻。革命军腹背受敌,伤亡惨重,而前敌指挥张景良又通敌叛变,28日不得不接连放弃刘家庙、人智门等阵地,退守汉口市区。29日,冯国璋到达汉口,正式接管第一军,北洋军直扑汉口市区。革命军化整为零,展开巷战,隐蔽在大小街道两侧的建筑物内,顽强地狙击北洋军的进攻,使北洋军寸步难进。直至31日北洋军仍无法占领汉口市区。革命军组成的敢死队,往往是等到敌人接近时,骤然跃出,发起冲锋,奋勇杀敌。冯国璋见革命军如此勇猛顽强,为了扫清射界,竟惨无人道地指挥炮兵用重炮猛轰人烟稠密的市区,引起了火灾。随后又命令纵火烧城,火头达十多处,以使起义军陷于火海,无法存身,而再发动进攻。随着他一声令下,汉口繁华的街市顷刻烈焰升腾,烟雾蔽天。然而在大火

之中,革命军继续英勇抵抗。冯国璋在给袁世凯的战报中说:"匪炮向街市猛击,徒步匪人顽强抵抗,汉镇火愈猛,相待竟日。""……黎明,西北风暴作,汉镇火愈烈,我军接续攻扫,节节巷战,每攻一段,冒火蹈险,又为匪暗击,艰苦不可言状。"他还丧心病狂地叫嚣:"为了驱逐顽强的敌人","不惜将中国市区全部焚毁"。由此,我们足以看到革命军的顽强英勇和冯国璋的残忍无道。汉口大火连续烧了三天三夜未熄,方圆 30 里的繁华商埠成为一片焦土,商民损失不可明计,平民死伤不可明算。11 月 4 日,大火才止,汉口市区的五分之一彻底被毁。北洋军及冯国璋之罪行激起了全国上下的强烈愤怒。清资政院总裁李家驹在奏本中写道:"十三日(11 月 3 日)接南省各团体电称,汉口附近一带地方,官军恣意残杀,惨及妇孺,焚烧街市,绵亘十余里,奸淫掳掠,无所不至。人心愤激,达于极点。"清王朝在众怒滔天之下,为了收买人心,也不得不假惺惺地表示要赔偿损失。冯国璋夺取汉口,为袁世凯进一步向清政府索取职权,向革命军方面进行"和平"试探提供了必要的筹码。

果然,汉口一战后的两个星期内,清廷和革命军双方都为争取袁世凯而提出各自的"允诺"。清廷提出只要袁能平息武昌起义,可委任为内阁总理;革命军方面黄兴、宋教仁居然做出只要袁"直捣黄龙,灭此朝食"愿推举他为民国的"大统领"的承诺。后者对袁世凯来说是有巨大诱惑力的,但为了能使革命党就范于自己,便先行离开武汉、进京任职。随后迅速布置冯国璋要攻下汉阳,再给革命党一点厉害。

在武汉三镇中,汉阳地势最高,龟山的炮火可以控制整个武汉。因此,汉阳得失是胜败之关键。冯国璋接到袁的指示,立刻召集手下将领开会宣称:"今日之战,则重在汉阳。汉阳之大别(即龟山)诸山,俯瞰武汉,如釜底一丸,下掷则全城瓦碎,不待攻而自破矣。为今之计,唯有先取汉阳,为攻心之上策。"遂兵分三路,渡河进攻。又密令第二工兵营管带李长泰在炮火的掩护下,架起一座可通过四路纵队和大炮的帆布舟桥,由亲信干将李纯在汉口江边最高的楼上用旗和灯指挥。11 月 27 日,清军攻占了汉阳。革命军与清军激战达 7 日,几度出击均未成功,汉阳各制高点双方几次易守。据综合战报,此一战革命军总伤亡 3300 多人,精干部分几乎伤亡殆尽。

随着汉阳失守,革命军和汉阳平民乘船向武昌撤退。北洋军竟继续向江中开炮。据当时报纸记载:"武昌城外,由江中捞出之死尸陈列堤上,不计其数。内有未死而呻吟者,有妇人抱子,母死而子苏,啜泣索乳者。血溅江边,死者相枕藉。"这幅惨绝人寰的画面,成了冯国璋"卓越战功"的象征。11 月 28 日,清廷封授冯国璋为二等男爵,以示酬劳。冯国璋简直有些受宠若惊。他感激涕零,一再表示"愿为朝廷效死"。攻占汉阳的当天,他就指挥炮兵在龟山架起大炮,隔江炮轰武昌,使刚成立不久的武昌革命政府受到严重威胁。

汉口、汉阳的胜利和清廷的封爵使冯国璋忘乎所以,准备指挥北洋军渡江攻取武昌。而袁世凯恰想利用这个时机,通过"南北议和"绞杀革命,自己攘夺政权,同时利用革命力量迫使清帝退位交权。因此,袁密令冯国璋按兵不动,并与革命军商洽停战。11 月 30

日,双方举行商谈,很快达成暂时停战协议,规定自12月2日至5日停战3天,以后又不断延长。

这一次,冯国璋对袁世凯的意图很是不解,甚至对袁产生了怀疑。于是,他又本着对授自己男爵的"主子"的忠诚,亲自赴京托人向隆裕太后启奏,请求拨给饷银400万两,可独立承担平定"叛乱"之重任,无须再依靠袁世凯。太后表示,400万两饷银一时难以筹划,但可以先拨发三个月的饷银,并预定某日临朝时召见冯国璋,随后降旨发表。谁知此事被袁世凯的耳目所探获,袁得知深感问题之严重到了自己的如意算盘险将落空的地步。遂抢先一步,面见太后,竭力破坏,终于冯之如意计划成为泡影。

冯国璋的此行,使袁世凯开始担心冯在敌前会对自己的篡权活动作难。于是,屡派心腹到汉口,探摸冯国璋的底细。第一次问冯国璋:"革命党一旦反攻过来,你打算怎么办?"冯表示:"我只有尽忠报国,不知有他。"袁再派人劝他说:"天下纷扰,你不要固执己见,倘时机到来,你也可酌情行事。"冯却说:"我意已执,请勿多言。"袁得此结果,犹如看到往日俯首帖耳的"家犬",如今却朝自己相背的方向,狂吠出与自己相左的声音。他便速第三次派人到汉口,令冯班师回京。冯国璋追问有无上谕,当知道此令只是宫保(即袁世凯)的口谕时,竟不为所动。袁世凯得知冯的反映后,感到自己的"北洋之狗"的"中枢神经"发生了严重的毛病,对"遥控指令"已不能如同以往地迅速感应,其言行已在不断地同自己作对。但袁世凯并没有就此想除掉这条不听忠告的"狗"。因为,冯国璋这条"北洋之犬"在清室眼里身价百倍。只要将他牵回袁的身边,还是大有用途的。于是,袁下令由段祺瑞到汉口接替冯国璋。将冯调离汉口,令他北上回京。12月15日,冯离开汉口。

冯国璋与袁世凯有着十分密切的关系,这在清廷上下为人所共知。但自从冯被封授二等男爵后,极力主张运用武力"大张挞伐",反对与"反叛朝廷的匪军"讲和,甚至亲自求战。虽然这一切并不意味着他冯国璋是坚决反对袁世凯的,并要与其分道扬镳,但在客观上则确实起到了这种效果,成为清廷权贵极力拉拢的人物,借以达到分化、削弱袁世凯的势力的目的;而袁世凯深知自己在冯内心中之地位,因此便顺水推舟,意旨冯去掌握由1.2万官兵组成的用以专门保卫清廷皇室的禁卫军,以控制京城的军事力量。1912年1月1日,孙中山在南京就任中华民国临时大总统,袁便立刻指使冯国璋、段祺瑞等48位北洋军将领发表联名通电,"誓死拥护君主立宪,反对共和政体",以威胁革命党。由于冯在其中领衔,更加博得了清朝权贵,特别是少壮派亲贵、禁卫军训练大臣良弼的信任。不久,冯国璋受命在京出任统率京畿防备兼任禁卫军军统。1月26日,袁世凯又利用同盟会员彭家珍,借刀杀人,除掉了同自己做对的良弼。从此,冯国璋完全掌握了禁卫军。

随着南北议和,革命党向袁世凯妥协,就在良弼被刺的当天,袁世凯又授意段祺瑞等北洋军将领47人联名发出通电,吁请清帝即日退位,确定共和政体,以安皇室而定大局。这一次通电恰是25天前通电反对共和的将军,只唯独少了冯国璋的名字,因为他将为袁完成另一项重要任务。由于袁的逼迫,清帝不得不准备宣诏退位。消息传出,由绝大多数满人组成的禁卫军(其中步队第三标是由汉人组成)极力表示反对。若此事处理不当,

会引发军事哗变，还会使袁世凯首尾难顾，处境窘迫不堪，因此，清退位诏书迟迟不能宣发。作为禁卫军军统的冯国璋虽然感激清廷对他的器重和信任，不愿背离朝廷，但他更是感激袁世凯对他的平素知遇之恩和提拔重用之情，视袁为"衣食父母"。尽管在客观上，袁竭力把他调回京师并推至统率京畿防务和禁卫军军统一职完全是为自己篡权打算，而冯国璋对此仍是想感恩戴德的，何况清室危在旦夕，他也看在眼里。所以值此危急时刻，冯国璋虽然有些左右为难，但最终还是更愿意为"衣食父母"而效力。

一天，冯国璋亲自赶赴西苑的禁卫军司令处，召集全体官兵。他登上一张高桌，高声宣布"大清皇帝退位"，并宣讲了皇帝退位后将享有的优厚条件及优待满蒙条件，包括禁卫军的数额，俸饷如旧不变，说明只有这样才能保全皇室。听到人群中有许多人发言质问，冯国璋便指天发誓，以身家性命担保：清帝尊号仍存不废，让权而不让位；两宫保全，禁卫军的待遇延续到底。并表示：无论自己调任何职，一定率全部禁卫军随行，自己绝不与革命党来往。如果发现他的言行有与此相违之处，恳许本军中的官兵随时将他枪杀处决，不允许自己家属加以报复。台下众人仍议论纷纷。冯国璋索性指示当场推举出两个人来跟随自己，时刻监督。福喜、德禄两名满人当即被众人推举出来。冯国璋立刻将两个委任为副官，各发给一匹马和一支手枪，随身左右。冯国璋一席话可谓是发自肺腑的诚恳之语，与众官兵"肝胆相照"，感动了不少人，又加上他平时治军有方，将士对他十分拥戴，就此也就默许了清帝退位的事实。一场企图阻碍清帝退位的禁卫军风波被冯国璋平息下来。据说直到民国元年八月，冯国璋还保存着发辫未剪。当时，在北洋派高级将领中，除了大家所熟知的"复辟狂人"张勋外，仅剩冯国璋一人留辫未剪了。冯国璋还将自己所戴的红顶花翎的清朝官帽，一直放在帽架之上。冯国璋这样做，在实际中对稳定禁卫军军心从而很好地把握这支武装起到了不小的作用。

冯国璋平息了禁卫军风波，在袁世凯篡取大权的关键时刻，助袁一臂之力，再立一功。袁世凯任总统后，冯国璋任总统军事处处长兼统禁卫军。1912年9月，出任直隶省督军兼民政长。1912年，民国第一个双十节，冯国璋被袁授以勋一位。

1913年，袁世凯为了扫清实行自己独裁统治的障碍，指使特务于3月20日晚在上海车站刺杀了国民党主要领导人之一宋教仁。消息传出，孙中山立刻离日回国，提出"武力讨袁"。袁便一不做二不休，下令撤免了由国民党人担任的3个省的督军之职务，并派北洋军南下。7月12日，国民党江西督军李烈钧率部于湖口揭竿反袁，"二次革命"就此爆发。像在辛亥革命中一样，冯国璋于23日受命出任江淮宣抚使率部由津浦路南下，进攻宣布独立的东南沿海的军事要地南京。他一路上攻陷了宿县、蚌埠和滁县等地，8月6日直达浦口。16日，他的乘龙快婿、参加讨袁军的南京第八师师长陈之骥，率几个随从卫兵偷渡过江，向岳父大人投降，并将南京城内群龙无首的混乱状况及城防布置和盘托出。冯国璋喜形于色，对陈之骥说："你提供的情况很是重要，待我指挥渡江，我俩里应外合攻下南京，我给你立个首功"。与两年前的奉命率部进攻武汉相比，冯国璋此次率军进攻南京是变得"聪明"、狡猾多了。这里需要提几句"复辟狂人"——张勋。自"大清朝"倒台

后，张勋不得不依附袁世凯，并想依靠袁的力量恢复"大清朝"和自己在江南失去的地盘。当他听到"革命党"又在南京"造反""袁宫保"又要与革命军开仗了，便迫不及待，向袁自告奋勇去打两年前曾将自己赶出南京的革命军。袁就派他同冯国璋去打南京，而冯国璋却充分利用张勋这头"怪物"，为自己尽功效力。从 8 月 13 起，张勋开始指挥他的"辫子军"与讨袁军开仗，血战到 21 日晚，经五次易守，最终占领了南京城的屏障天保城。

在同一时间里，冯国璋一直是隔江观火，坐看战势，未派一兵一卒协助"辫帅"。22 日，冯国璋看到张勋确实已占领了天保城，才命令自己所率第二师和第五师于次日晨分别向神策门、太平门发起攻击，但又进一步指示："本军首天攻击，早迟必定成功，无须大为着急。"以会意属下不要在进攻中强拼死打。这显然是要让张勋那头"怪物"去火中取栗。24 日，海军奉袁之命进驻南京下游卸甲甸，准备掩护冯军渡江。25 日，海军海琛、应瑞、楚有 3 舰暗渡上游，直抵大胜关。从而截断了南京与芜湖的联系，且利用炮火协助陆军攻城。26 日，北洋军全力攻城。张勋马队突入朝阳门，遭到预设埋伏，全部被歼，另一入神策门的北军也被击溃。只有冯国璋手边的第五师按兵不动未受损失。随着芜湖的失守，29 日南京城被全面包围。31 日晨，北洋军再次发起攻击，9 月 1 日，张勋的辫军用地雷轰塌了太平门、朝阳门间的城垣，首先蜂拥入城，而冯国璋手边的第五师中午才攻入太平门。北洋军入城后，与讨袁军进行巷战，并时时遭到预埋地雷的袭击而溃退。冯国璋竟又像两年前下令火烧汉口一样，下令所部纵火制造了焚烧下关口的惨剧，繁华的下关同两年前繁华的汉口市区一样被烧为灰烬。南京的陷落，标志着"二次革命"的失败，也意味着冯国璋再次纵火，助纣为虐，为袁氏又立一功，袁因此授予他一等文虎章。

洪宪倒袁

1913 年 12 月 16 日，冯国璋受命出任江苏督军。早在冯率军赴南京镇压"二次革命"时，袁世凯就打算在攻克南京后，任命自己这位心腹大将做江苏督军，驻守南京为自己控制江南诸省而效力。谁知在进攻南京时，冯国璋与张勋立下了"先攻入城者为都督"的盟约。张勋为争督位，如同一头发狂的"怪物"，不惜辫军伤亡惨重，抢先一步，攻入南京。冯只得保奏他为江苏都督。9 月 10 日，率兵北上继任直隶都督。冯国璋心里十分清楚，在自己与张勋之间，袁世凯自然只会信任自己，而江苏督军一职对袁控制大局又是举足轻重，因此，迟早会属于自己。果然，事隔仅 4 个月，袁就借辫军引起的"南京交涉案"和外交方面的压力，将张勋撤下此位。

冯国璋任江苏督军期间，是其个人势力和以他为中心的集团势力迅速发展、膨胀的阶段。冯接任督军之职后与民政长韩国钧鼎力合作，对江苏的政治、军事、经济和文化等方面进行了一些粗略的改革。他设立江苏全省执法处并以正规的警察代替不伦不类的辫军军警，维护南京治安。同时，还设立了军事研究所，陆军讲武堂，水师学堂，陆军警察学校,旨在加强北洋派的军事统治权力,但客观上提高了军事人员的内在素质,在很大程度上保障了江苏社会秩序的稳定。因此,在他统治江苏的几年间,社会的经济,文化都有长进。在清末到民国初期,新旧军队混杂一体。即使是北洋新军在社会上骄横恣意,奸掠兽行,屡有发生,更不用说象张勋辫军之类的旧式军队了。冯国璋早先精于治军训教,出任江苏督军之后,成立机构,严格培训军警人员,以律法束其言行。这与其他大多数军阀放纵兵士,助长兽行相比,不能不说是一种客观上利于民生的进步。

在此期间,利用袁世凯授予的权力,建立了作为日后直系集团之雏形的"长江三督"势力,左右江南数省。当时的江西督军李纯和湖北督军李沌,都曾是冯国璋手下的亲信部将,出于旧时私情和维系各自既定权益的目的,私下里已有结盟以互保的愿望。加之冯国璋身为北洋元老,袁氏重臣。经其召唤,三督军结成联盟,冯国璋自然被推拜为盟主。从此,三省在军事、政治、经济上互为依托:对内,力求共保地盘,收益不落入其他军阀之手;对外,力求依靠英美,保护长江下游不受其他帝国主义的插手染指。最终,使得冯国璋手握四师重兵,占据富庶之省江苏,在国内各省军阀中间可谓鹤立鸡群,举足轻重。

1914年6月30日,袁世凯下令裁撤都督更设将军,冯国璋被任命为宣武上将军。此次变更是想集军政大权于己一身的一个步骤,分设两种性质不同的将军即"威"字将军和"武"字将军。前者实际上是没有真正兵权和地盘,后者则二者兼有,北洋三杰之虎的段祺瑞为建威将军,实际上是手无兵权的空头将军。冯国璋与其相比,自然是更有实力的。

冯国璋的势力日益膨胀,袁世凯早已看在眼里,寻机打扰、控制、监视冯国璋。1914年1月特将自己的家庭女教师周砥介绍给冯国璋结为夫妻。关于此事还有一段趣闻,据袁氏家人回忆:最初是冯任江苏督军后,派儿子到北方来物色一位姨太太。其子不知为何错会父意,经自登门周家,为父做媒。当他回到南京,高高兴兴向父复命时,谁知冯国璋听后,哭笑不得地说:"我这么大岁数了,还要娶太太做什么?"因而不肯答应下来,其言外之意就是说自己只是想找个貌美女子为妾,以纵其欲便足了。袁世凯得知此事,便趁机竭力说合。一方面表示对冯率兵平息"二次革命"的酬劳,另一方面又是对冯进行打扰,监视的"美人之计"。只"可惜"周砥是一个年近四旬,声称永不嫁人的老姑娘。袁与她有约在先,要"阴移国璋趋向也"。意思是要暗地里操纵冯,同化和驯服这条"北洋之犬"。此婚礼,由袁世凯授意操办。袁氏给周砥陪送的金银首饰、珠宝玉器达120余担。婚礼场面,热闹非凡,轰动了整个南京城。而在此喜庆气氛后面,却隐藏着袁世凯对冯国璋的"枕边谍报"活动。虽然在日后,周砥在冯的卧榻之上为袁收取了不少情报,仍没有阻止冯国璋洪宪倒袁的行动。

袁世凯建立了独裁统治之后,又开始梦想帝王之位,积极推行帝制。冯听到这一消息后,并无独立的臆断。这也许是他为犬太久的缘故,但随着风声愈紧,他决定进京亲自探摸真伪,行前还与自己的周夫人商量,这自然让袁有所准备。无论冯国璋如何巧问试探,袁只是推心置腹地把冯称为自己人,表示绝不想当皇帝。最后"义正辞严"地说:"假

如有人用这等事(指拥戴他称帝)逼我,我只有远到国外了。"冯虽精心设计,探袁底细,但终不如袁老谋狡诈,被袁着实蒙骗住了。

可是,当冯国璋刚刚回到南京,北京便成立"筹安会"恢复帝制的活动趋向公开化。冯一下子晕头转向,给总统府机要局长打去密电询问真伪,得到回复是"事出有因"。这下使冯顿然猛醒。他感到被袁欺骗和愚弄,又气又火、捶胸顿足,拍案大骂道:"好哇,老头子真会做戏!哪里还把我当作自己人!""北洋之犬"这一盛怒之吼,在很大程度上意味着,他将走上离袁倒袁、独树异帜的道路。从此,冯国璋对袁世凯的态度骤变。对帝制活动大发牢骚,敷衍搪塞,不肯出力。什么"国体投票"还是签发"拥戴书",他都是托病不出,即使是被人生请硬拉,到了会场也是面无表情,呆若木鸡更如同一个患了痴呆症的人。

冯国璋对帝制消极抵制的种种言行,不胫而走。日本报纸很快就开始传播"冯袁分家"的消息。冯国璋为缓和与袁的矛盾,掩盖自己独树一帜、取袁代之的野心,发表通电"辟谣",还派出亲信去北京向各方面要员进行解释。结果是适得其反,欲盖弥彰。袁世凯对冯越来越不放心,便设计调任冯为参谋总长。表面上让冯进京主持全国军事,实际上是要"调虎离山"。这次冯国璋再也不会上当了。他一面电称害病,拒不进京,一面策动江苏军民电请"挽留",表示要以江苏将军遥领该职位。这同 1912 年拒绝南下,到南京当临时大总统时的行为方式如出一辙,从而使这个命令成了放不响的潮湿爆竹。

随着护国运动风起云涌,冯国璋如僵蛇逢春,趁机复苏,转守为攻。似乎是时间的"玩笑"也许是历史的必然。四年前袁世凯用以对付清廷和革命党的手段,以惊人的相似再现在冯国璋身上:他一面借助护国军的力量来推倒袁世凯;一方面又联合北洋军阀以备对付护国军以达到不遭忘恩负义、以怨报德的恶名,又能取袁而代之;再一方面如同袁当初授意他和段祺瑞通电请清帝退位一样,冯串通近省几个将军,联名通电,请求袁"速取消帝制,以安人心"。当冯国璋联合江西将军李纯、浙江将军朱瑞、山东将军靳云鹏、湖南将军汤芗铭发出所谓"五将军密电",联合另一些省的将军签名,以造更大声势,不巧却被直隶将军朱家宝得到,遂急急忙忙报告袁世凯,袁得到此密报吓得几乎要晕倒过去。他两眼失神地对坐在身边的策士夏寿田哼声说道:"完了,一切都完了!我昨晚上看到天上有一颗巨星掉下来,这是我生平所见的第二次。第一次文忠公(指李鸿章)死了,这次也许轮到我!"

其实冯国璋早就看到了这一点。在联名发出"五将军密电"之前,冯情不自禁地说:"老头子不把我当作自己人。他的手下都是些狐群狗党。老头子不到几个月就要完了,癞蛤蟆难过端午节。这也是天意如此,我对他非常痛心。"(在"西山十戾"的民间神话传说中,袁世凯被视为是修炼成精的妖怪癞蛤蟆投胎人世)在"五将军密电"泄漏以后不久,袁世凯被迫取消帝制,但还想继续留任总统之位。而南方已宣布独立的各省坚持要求袁退位。

冯国璋对此起先抱着"不左不右"的态度。但由于他手握重兵,盘踞要地,便成为南

方各省和袁之间相互争夺的力量。护国军方面派出与冯私交很深的冯耿光到南京游说，策动冯发表通电，响应护国，迫使袁退位。冯国璋一直优柔寡断，最后愁苦地说："我的电报打出去，肯定能扭转局面。但你替我想想，我是项城（即袁世凯）一手提拔起来的。他对我知遇之恩，现在给其当头一棒，于心何忍？我不忍下手。"冯耿光马上对他剖析天下大势，陈述利害，指出袁是座冰山，必倒无疑。紧跟袁到底必将身败名裂。听了这些，冯国璋便把烟枪一扔，站起来说："我对不住老统领（指袁世凯），心里不是滋味呀！"说完，便把秘书找来起草劝袁退位的电文。此份电文没有一字一句表明反对帝制，大篇词句是发泄个人牢骚，但它却是北洋军阀中敢于公开劝袁退位的第一个电报。自这个电报发表以后，北方有不少军阀纷纷通电劝退，对袁来说造成了比护国军更为可怕的威胁。不久，袁世凯便在众叛亲离、四面楚歌中，结束了罪恶的一生，是时为1916年6月6日，与先前冯国璋"癞蛤蟆难过端午节"的预言竟相差无几。

冯国璋在反袁称帝，倒袁退位过程中的所作所为无不出自个人迅速膨胀的权欲野心和投机心理。他曾召集南京会议，反对黎元洪以副总统资格继任总统。提出八条解决时局办法，完全是为自己登上总统宝座创造条件，因而立刻招致全国各方面甚至包括北洋军在内的强烈反感，全国舆论痛骂他是"袁世凯第二"，其罪行有过于帝制派六君子（即筹安六君子）和十三太保。但是，客观地看，冯国璋在关键时刻并没有站在袁世凯的一边，其言行对取消帝制，倒袁退位起到了不小的积极作用，甚至在某种程度上可以说是关键的作用。"五将军密电"对袁的心理打击无疑是十分沉重的。

引火烧身

随着袁世凯死去，庞杂的北洋军阀集团迅速分化。其中以冯国璋为首的直系军阀集团和以段祺瑞为首的皖系军阀集团为最大，俗话说一山难容两虎，因此，冯段二杰之间的斗争是必然的，在所难免的。

1916年10月30日，国会选举冯国璋为副总统。11月，冯在南京宣布就职，仍兼江苏督军。他在南京设立副总统办事机构，以国家元首姿态公开接见中外记者，大谈治国方略，主张中国建设要渐次进行，反对国民党的激进方针，一时在政坛上颇为活跃。1917年初，鉴于冯国璋坐镇南京，社会秩序井然有理、治安良好，江苏商民便发起集资为他竖立"丰碑"；未几，江苏军界联合会闻此，也积极加入发起，改为建立冯公生祠，取华甫的"华"字，定园名为"华园"，还准备铸造冯之铜像。此事为冯国璋所知，由于"恐为人所讥议，立即致函辞谢"，说："华园一事承绅商各界雅意，至感至佩。惟国家多事，民生日艰，功德二字尚非歌颂之时，谅薄自惭，亦万不敢恭承盛意。华园一事千万打消，如不能中断，请即改为劝工场，以利民生经济。"不久，他授意用为建华园和铸像而捐集的资金建成贫民工厂和劝工场。此事一时传为美谈，并为冯国璋增添了几分节俭、爱民的好名声。

1917 年 2 月"府院之争"愈演愈烈。冯国璋曾赴京调停,由于段祺瑞蛮横骄恣而失败。但此行却使冯清楚看到段祺瑞专横跋扈的嚣张气焰和图谋独裁军政的野心将对已构成严重威胁,便开始集聚实力,壮大自己的集团势力以备与段抗争一番。

1917 年 7 月,张勋复辟失败以后,黎因在张勋危迫下解散国会而不得不下野,让冯国璋以副总统代理总统。被黎解职的段祺瑞复任国务总理。此二人为荣登权力宝座,都纵容乃至支持张勋出演了 12 天的复辟丑剧,借复辟狂人——张勋之力,将黎元洪赶下台。事后,又通电讨逆。冯国璋还用重金将签有自己名字的一份参与复辟盟约名单(一块黄手帕)买到手中,销毁以灭绝口实。

冯国璋原本不想到北京就职。因为他从倒台的黎元洪经历看出,民国总统的头衔固然荣耀,但如果没有自己的地盘,不掌握军队,总统不过是一个空头衔的傀儡而已。因此,在他北上之前,精心安排了长江中下游各省这一后方老家的留守人员,以防自己赴京后,被皖系抄了"后路"。

8 月 1 日,冯国璋抵京就职。虽然他把"府院一体,内外一心"的高调呼得山响,可由于此二杰都是手握军政大权的实力人物,"一个不甘做活动的盖印机器",一个又不甘就此罢休,"府院之争"有增无减。

1917 年 8 月,孙中山为了维护《临时约法》在广州成立了与北京政府对立的护法军政府,要出兵讨伐"民国叛逆"段祺瑞。段立即决定对南方实行"武力统一"的军事讨伐,而冯国璋却提出"和平统一"的政策,即保持西南各省军阀割据的状态,以换取他们对自己代理总统的承认,保持中国名义的统一。由此,冯段二人的斗争开始进入白热化阶段。

这场斗争的初期,冯暂时占了上风。11 月 15 日,段辞职,冯立即命"北洋三杰"的另一杰王士珍署理内阁总理。段虽然下野,但皖系一派的实力仍存无损。段下台后,先是拉拢直系主战派曹锟,又勾结奉系军阀张作霖,请奉军入关以威胁冯国璋,冯立刻感到孤身在京,力量单薄,于 1918 年 1 月 26 日以出京巡视为名,率领一个全副武装旅 1000 余人,又带数百箱子弹,准备"打道回府",赴南京老家再商反段大计,离京时声称"巡视"一个星期为期。这本来是一个不错的计策。可冯却弄巧成拙,声称"巡视"却随带重兵和大量枪械,从而"此地无银三百两"。这很快为段所洞查,遂命在蚌埠的亲信倪嗣冲率兵危迫堵截。果然,冯在倪嗣冲的重兵面前束手无策,只好按倪的要求,垂头丧气地返回北京,全程往返竟还不足 7 天之先期。从此,冯在与段的斗争中,败于下风,只能消极抗争。他虽表面上软弱,但仍软中有硬,处处表现出自己"摄政出自约法"。当王士珍提出辞职,他仍尽力挽留。后又任命内务总长钱训能代理。终因段祺瑞逼迫太紧,只得于同年 3 月,被迫请段重新上台,任内阁总理。10 月,段操纵下的安福国会以冯代理期满为由,选徐世昌为总统,从而撵冯下台。冯也"无心恋战"表示永不"再作冯妇"。看来,冯国璋也深深感到原先自己所迷恋的总统府并不是什么"风水宝地",而是一座"华丽的人间地狱"。

冯国璋登上代理总统之权位,是他一生发迹的顶峰,也是他走下坡路的开始。他在位仅一年又两个月，可谓昙花一现。自其下台后便在北京政坛销声匿迹，直至翌年10月死于北京。

最后需要再说一点。冯国璋不仅是一个迷恋权位的军阀头子，还是一个有名的大地主、大资本家，其贪财迷钱的名声在北洋军阀中可谓是众人皆知的。段祺瑞曾用"此君有钱癖"来讽刺冯国璋。然而，这绝非无端攻击之词。

读者也许还记得，冯国璋任代理总统后，迟迟未从南京动身北上。据知晓内情的人说，其中很重要的原因是冯被一笔生意绊住了手脚。据悉这笔买卖是冯国琼与江苏著名缙绅张謇等人与英商勾结，借制药为名，将存在上海的1600余箱鸦片，用民国元年的1万万元公债购买到手，随后转手高价出售，以从中牟取暴利。还有一件事也是以说明冯国璋的贪婪本性。当冯国璋走进总统府，便把主意打到北京三海活蹦乱跳的鱼群上。三海之域尤其是在中南海里放养了不少历代珍贵的鱼，其中有在袁世凯执政时由河南进贡的黄河大鲤鱼，据说还有一条3尺长的红鱼。另有一条42斤重的鲫鱼。这条鲫鱼身上系着两道金圈，挂着两块金牌，相传已活了六七百年了。当时有一个姓李的璧人，听说冯有贪财之癖，便趁机讨好冯国璋，进言说："三海之鱼，自明清以来从未网罟过。如果打捞出来卖给鱼商可值十万余元。"冯国璋听了很是动心，可又面露犹豫之色。那个姓李的赶紧说："成文规定，三海之鱼鸟花草历来是皇帝总统的私产。"于是，冯国璋果真下令招来鱼商把这些鱼一网打尽，高价卖得的八万元，全部进了他的腰包，一时间，北京的不少饭馆里都能听到高声叫卖"总统鱼"，与"东坡肉"相竞争。后来有人写了这样一副对子"宰相东陵伐木，元首南海捕鱼"。在冯死后又有人写一条挽联："南海鱼何在，北洋狗已无"。借以嘲讽冯国璋的贪婪嘴脸。

冯国璋一生通过各种手段搜刮钱财，所聚敛的财富在北洋军阀中很少有人能与之相比。他在原籍河间和阜城、兴济等地拥有土地3000余亩；在江苏与张謇合办盐垦公司，购地70万亩；在诗经村、天津、北京有房千余间；在直隶夹山、遵化、兴隆拥有3座金矿；在南京、北京、天津共拥有10座钱庄和银号。此外，冯国璋在开滦煤矿、启新洋灰公司，中华汇业银行和"北四行"均拥有大量股票和存款。1919年10月冯国璋到达北京。此行冯国璋所打的旗号也是他的一个重要任务就是为夺回6月陆军部裁撤的自己亲随部队治不愈，第十五、十六师的粮饷。不料却于12月初，忽感风寒，医死在北京。

北洋之虎

——段祺瑞

名人档案

段祺瑞：原名启瑞，字芝泉，晚号正道老人，汉族，安徽合肥人，生于1865年3月6日（同治四年二月初九日），为民国时期政治家，皖系军阀首领。

生卒时间：1865~1936年。

安葬之地：1937年7月抗战爆发后，段祺瑞家人匆匆将段埋葬于北平西郊白石桥附近。1949年1月北平解放，段墓移到北郊清河镇。1963年秋移葬于北京西郊香山附近万安公墓。章士钊题写了墓碑："合肥段公芝泉之墓"。

性格特点：段祺瑞信佛吃素，为人严肃刻板，不苟言笑，生活朴素，清廉如水，无积蓄房产，不抽、不喝、不嫖、不赌、不贪、不占，人称"六不总理"；一生酷爱围棋，资助过大批围棋手（包括吴清源），被称作"中国围棋的大后台"，还好打牌；段祺瑞喜用私人，刚愎自用。

历史功过：在军事上并无出色战功和理论，有非凡的组织才能，善于利用政治手腕和军事手腕维护自己的统治，因致电逼迫清帝退位、抵制袁世凯称帝和讨伐张勋复辟这三件事，有"三造共和"的美誉。

名家评点：时人誉为"北洋之虎"。

虎狼争斗

1889年的一天，在德国柏林军校的校园里，急匆匆地走着一个二十三、四岁的中国青年学生，他这是赶着去教室上课。他发现，路上的外国学生不像以前那样对他指手画脚

了，因为他缺少了当时中国人的一个重要特征——一根长长的大辫子，这使他感到轻松了许多。这个中国青年留学生就是段祺瑞。

他的家族到他这里，已是三代从武了。他的曾祖父就曾被清廷授为"振威将军"；其祖父咸丰年间在李鸿章的淮军中任过总兵，因镇压太平军、捻军有功，也曾被清廷授为"振威将军"；他的父亲虽说未成大器，但养了段祺瑞这么个"争气"的儿子，使祖宗有了继业子孙，也算有所"贡献"。1884年，段祺瑞以优等的成绩考入李鸿章兴办的天津武备学堂，入炮科学习。就是在这个武备学堂里，他开始名声显赫，与考试名列上等的王士珍等人齐名，有"王龙段虎"之美称。1887年，他以最优等的成绩毕业。1888年，在清廷组织的选送武备学堂毕业生去德国留学的考试中，段祺瑞又夺得了第一名。因此，他成了5个赴德留学生之一，于1889年春来到德国柏林军校。

当时，到国外留学的中国人寥若晨星，但到柏林军校留学的就屈指可数了。他们的脑后都拖着一根大辫子，这使外国人感到十分新奇，因此，就经常围观耻笑他们。这使段祺瑞他们在柏林校园里总是来去匆匆。为此，段祺瑞与其他留学生相约，从今天起，把辫子盘起来，用瓜皮帽盖上，果然效果不错，几乎没有人再围观耻笑了。可后来，段祺瑞仍觉得留着辫子可耻，一气之下，他竟举起了剪子，要把辫子剪掉。幸亏被管事的满族大员荫昌撞上，把他劝住了。然后，荫昌要他先打电话请示一下朝廷，结果，非但未能获准，反而挨了一顿训。

尽管有这样那样的小波折，但段祺瑞的仕途之路仍可谓一帆风顺。留德期间，他曾到驰名世界的克虏伯炮厂实习。1890年秋学成回国，成了近代中国第一批正式接受西方军事教育的人。

回国后，段祺瑞先是在北洋军械局任职，后又赴威海办随营武备学堂。

1895年后，在天津小站编练新军的袁世凯，为扩充实力，到处网罗人才。段祺瑞这个喝过洋墨水、镀过金的武备学堂的优等生，成了袁世凯要拢罗的重要军事人才。于是，1896年，经荫昌介绍，段祺瑞与王士珍、冯国璋等人一起投到了袁世凯的门下，作了袁世凯的门生。很快段祺瑞就成了袁世凯的得意门生。1896年，他当上了袁世凯"新建陆军"的炮兵统带，驻防天津小站。1898年，"新建陆军"改为武卫右军后，他除了仍任炮兵统带外，还一直兼任武卫右军随营学堂总办。

在袁世凯建造北洋军阀的过程中，段祺瑞始终是他的得力干将。袁世凯署山东巡抚，他就随同驻防济南；袁署直隶总督、北洋大臣，其又亲随北上。在随袁镇压山东义和团运动的血腥事件中，他竭尽忠诚；在镇压河北农民起义时，他更是竭尽全力，助纣为虐。

袁世凯任直隶总督后，1902年3月，河北广宗、威县一带爆发农民起义，5月17日，受袁世凯之命，段祺瑞率北洋军前去镇压，仅几天的功夫，他的北洋军就屠杀了起义将士近千人。8月，他又替袁世凯策划了个夜间偷袭起义军根据地的计谋，使北洋军取得了"连日三捷"的胜利，而起义军则惨遭失败。段祺瑞却因此"发迹"，被清廷授予"奋勇巴图鲁"的称号，还赏戴花翎。

随着北洋军阀势力的恶性膨胀，段祺瑞也步步高升。尽管袁世凯一再标榜他的用人之道是"任人唯贤"，并规定，北洋军的将领必须经过考试选拔，但他的得意门生段祺瑞却向人们揭示了他是怎样"任人唯贤"的。当"北洋三杰"中的冯国璋、王士珍都因先后"考中"而先段祺瑞当上协统后，为了使"北洋三杰"地位平衡发展，造成互相牵制的均势，以利于驾驭，当北洋武装又要扩充一个协的时候，袁世凯就以同等看待"北洋三杰"而不使段祺瑞"一人向隅"为借口，在考试之前，向段祺瑞作了一些暗示，就这样，段祺瑞"考中"，当上了协统，段祺瑞不仅不以此为耻，反以为荣，经常向别人讲这件不光彩的事，夸耀袁世凯对他是如何"私恩极重"。

1903 年，北京的练兵处成立后，段祺瑞被推荐为练兵处军令司正使，主持编练新军、改革旧军的工作，成为袁世凯暗中抓取实权的重要助手。1905 年，北洋陆军六镇逐步建成的过程中，段祺瑞先后任第三、四、六各镇统制，成为统兵将领。同时，他还督办北洋陆军各学堂，并任保定速成武备学堂、保定军官学堂总办。1908 年，他又被清廷任命为会考留学毕业生主试大臣。"一日为师，终身为父"，所以凡经过他考试而被录取的，就都成了他的门生。学堂总办，主试大臣，正是这些显赫、荣耀的美差，为段祺瑞网罗党徒，自成皖系，创造了条件。尽管老奸巨猾的袁世凯为防止他另拉集团，在这几年中三次转换具统兵权，终没能使段祺瑞"将不专兵"。

1909 年，袁世凯被免职后，段不仅没受牵连，反受清廷器重，就在这时，他竟当上了清皇朝武官中的最高官——江北提督加侍郎衔，驻江苏清江。江北提督，扼首长江天险，统领富饶之地，虽名为提督，却相当于巡抚资格，为当时所倚重的要职，"非资望兼优者，不能希戴此位。"足见当时段祺瑞的地位之高，权势之大。

1910 年 10 月，辛亥革命爆发。清廷召段祺瑞入京，要任命他为第二军军统，往前线镇压革命。这时，袁世凯这个宣统皇帝之父的冤家对头，反被衰疲不堪的清朝视为救命稻草。一时间，袁世凯的老家彰德，门客亲信"咸集洹上"。这使精明的段祺瑞马上感到，他的老上司又要东山再起。因此，他不敢怠慢，就在清廷的陆军大臣荫昌率军来到前线的当天，他没有立即应召入京，而是背着荫昌，秘密到了彰德洹上村，向袁世凯请示机宜。袁世凯当即授以"慢慢走，等等看"的六字秘诀，然后，他才入京请训，转赴湖北前线。

随后，这员"虎将"就与袁世凯唱起了双簧。

11 月的一天，试图"两利俱存"的袁世凯，密派靳云鹏将已拟好的电稿送到湖北前线，交给了段祺瑞。按照袁世凯的旨意，1912 年 1 月 2 日，也就是孙中山就职的第二天，段祺瑞和冯国璋等联名通电，表示维护君主立宪，反对共和，甚至宣称："若以少数意见采用共和制，必誓死抵抗"。然而，24 天后，当孙中山表示"如清帝实行退位，宣布共和"，"以功以能，首推袁氏"后，1 月 26 日，在袁的指使下，段又率领湖南前线的 46 名北洋军将领联名电奏清廷，要求"明降谕旨，宣示中外，立定共和政体，以现在内阁及国务大臣等暂时代表政府"，否则，他要"率全军将士入京，与王公剖陈利害"。在这紧要关头，段祺瑞就是这样，以他举足轻重的地位威胁辛亥革命派，逼迫清廷王公大臣，为袁世凯"夺天下于

孤儿寡母手中"，攫夺辛亥革命的胜利果实帮了大忙。

袁世凯终于当上了大总统，当然，他的心腹大将段祺瑞也颇有收获，他不仅赢得了"缔造共和"的美名，而且还掌握了被袁视为命根子的军权，当上了陆军总长，他甚至与革命领袖黄兴一样，被授为陆军上将和一等勋位。就这样，他成了民国初年北洋政府的台柱子。

大权在握的段祺瑞，之后更加积极地为袁世凯效命。他参与镇压孙中山领导发动的"二次革命"，残杀了数以万计的革命志士；他亲率北洋军剿杀白朗起义军，虽然没能实现他"一个月内消灭白朗军"的誓言，仍可谓为袁世凯又立新功。

然而，就在这时，他开始与老上司袁世凯互生芥蒂，始有裂痕。当上大总统后，袁世凯因国事缠身，而没有太多精力过问段掌管的陆军部。而这时，"北洋三杰"均衡发展的格局已不复存在，北洋之"龙"王士珍挂冠归里，无意任官，宣布隐退，冯国璋则外调南京，军事势力上的三足鼎立之势，变成了由陆军总长段祺瑞一人独揽，他开始独断专行，除个别重大问题向袁请示外，其余一概自作主张。久而久之，出现了"只知段总长，不知袁总统"的局面。这使袁世凯感到十分忧虑，他疑心段祺瑞要取而代之。袁世凯有疑心，段祺瑞也不无野心。已经手握大权，身坐高位的段祺瑞，已经不甘心再卑躬屈膝地作袁世凯的奴才，而要与袁争利夺势。

狡猾的袁世凯当然不会听之任之。在基本巩固了统治地位之后，就立即采取措施，向段索权。1914 年 5 月，袁世凯将总统府军事处改为"陆海军大元帅统率办事处"，该办事处，囊括了陆、海、参谋 3 个部，袁凌驾其上，总摄军权，而段祺瑞则仅是其中的 6 个办事员之一，同年 10 月，袁世凯又组建了一个军事模范团，直辖于统率办事处，袁世凯自任团长，其子袁克定和陈光还分任副团长，显然，这是想另起炉灶，培植袁家的嫡系势力，冷落段祺瑞。而且，同年，袁世凯还特将与段齐名的王士珍请出山东，并将其任命为统率办事处的办事员，王还参加了模范团的筹建。袁世凯这是想以王制段，造成"二龙"斗的局面。这样，陆军部的权力大大削弱，几乎成了一个奉行政事的承转机构，段祺瑞这个陆军部长也就没多少事可干了。对此，段祺瑞很是不满，特别是袁世凯对他的冷淡，使他不能忍受。于是，他开始消极抵抗，陆军部的班，他也不去上了，只请心腹徐树铮代理部务；办事处成立后，他也不到任。为了不使段祺瑞由"友"变为"敌"，6 月，袁世凯又给了段祺瑞一个建威上将军兼管理将军府事务的位高而无权的职位。但这贴药对段祺瑞却毫无作用。1915 年 5 月，段祺瑞上书称"病"，说："自去冬甚病，饮食顿减，夜不成寐，迨至今春，遂至咯血"，然后，他就向袁世凯提出辞职。接书后，袁世凯大喜，便顺水推舟说："给假两个月，并颁给人参 4 两，医药费 5000 元，以资摄卫。"袁世凯的"人参"，更使段祺瑞怒火中烧，8 月，他就正式提出辞去陆军总长职务，袁世凯也毫不客气，8 月 29 日，命令将段免职。

段祺瑞的辞职，即是对袁世凯削夺权势的抗议，也有对袁世凯的"洪宪帝制"进行反对的一面。段祺瑞反对帝制似乎非常坚决，下野在家养"病"时，他曾直言不讳地向来访

客人表示反对帝制，并在家人面前大骂袁世凯。一次，他大骂袁世凯时，被老婆张夫人听见了，因为张夫人是袁世凯老婆于夫人的养女，所以，张夫人说他："你今日之地位从何而来？何无良心至此！"段祺瑞听了勃然大怒，竟打了这女人两个耳光。故当时，袁世凯的长子袁克定怕名声显赫的段祺瑞公开反对帝制，会使自己当皇太子的计划落空，于是，就想除掉他。可阴差阳错，这事被张夫人得到了，立即去求于夫人帮忙，于夫人将此事告诉了袁世凯。袁世凯权衡之后，把儿子叫来对他说："你姐夫对帝制有意见，但他不是以兵，而是以口，因此，我们没有必要置他于死地，再说，他又是我们家里的至亲，大事未成，就这样干，将来恐不堪设想，你应该立即停止对他的不利行动。"这样，才使段祺瑞幸免一死。对段祺瑞反对帝制，不能全盘否定，但也不能夸大其词。因为帝制将会使他完全失去攀登权力顶峰的机会。而且，段祺瑞观察到复辟帝制不得人心，为了名誉，为了身家性命，他采取了静观时变的策略。

形势的发展，果不出段祺瑞所料，帝制活动很快败亡，危难之时的袁世凯不得不向他的老部下段祺瑞低三下四。1916 年 3 月 18 日，袁世凯重新把段祺瑞请了出来，并对他说："我老且病，悔不听你言，致有今日纠纷，若取消帝制，还需要你帮忙。"而段祺瑞似乎也很给面子，他当即表示："当竭我力相助"。正如梁启超在给段祺瑞的信中所说："今日之有公，犹辛亥之有项城。清室不让，虽项城不能解辛亥之危；项城不退，虽公不能挽今日之局。"这时的段祺瑞，用当年袁世凯对付革命党人和清廷的招法，来对付袁世凯和当时讨伐袁世凯的护国军，即外抗护国运动，内夺袁氏大权。他还效法袁世凯不直接从"孤儿寡母"手中夺权之法，他也不直接从这位"衣食父母"手中夺权，而是借用护国军的力量来达到夺权的目的。

所不同的是，袁世凯比当年的清廷要狡猾得多，他始终对段祺瑞保持着高度的警惕。他巧妙对付，软磨硬泡，就是不放权。他总是企图以徐世昌为国务卿来制约段祺瑞，然而在段祺瑞的步步威逼下，徐世昌只干了 1 个月，就不得不向段祺瑞拱手交权。但对于有职无权的国务卿，段祺瑞还坚辞不就，逼得袁世凯只好在 5 月 4 日将他改任为国务总理。就职后，段祺瑞马上让自己的心腹大将徐树铮当上了秘书长。但袁世凯对这位"小徐"很不感冒；因此，他对段祺瑞说："段总理是军人，小徐亦是军人，以军人总理而用军人秘书长，大不相宜。"听了这话，段祺瑞顿时大怒，他觉得袁世凯也太不识时务了，于是，他把嘴上叼着的烟往桌子上一摔，声色俱厉地说："时至今日还是如此，一点都不肯放手！"随后他的鼻子马上往左边歪斜过去，这位"北洋之虎"每当发怒的时候，就是这副嘴脸。因此，人们背后都称他"段歪鼻子"。之后不久，袁世凯就在万民的唾骂声中骤然死去，因此，段祺瑞没再费多大力气，就掌握了北洋政府的统治权。

府院相争

袁世凯死了,大总统一席虚位以待,段祺瑞早在反对"洪宪帝制"时,就已对总统宝座垂涎三尺,现在喽啰们又都极力劝他赶快登基,但严峻的形势却使他犹豫了。南方的护国军仍然存在,北洋军阀内部又矛盾重重,冯国璋等对他很不服气。段祺瑞感到,若自己上台,必然要引起北洋军阀集团的更大分裂,也必然会遭到西南护国军的激烈反对。形势的逼迫,使段祺瑞不得不暂时放弃登上总统宝座的企图,而是把一个手无寸铁,无一兵一卒的黎元洪依法摆在了总统的位子上,充当傀儡,这样,他这个国务总理仍可以用将"总统之实权消纳于阁中"的办法,达到把持北京政府实权的目的。

然而,段祺瑞没想到,他从没瞧得起的黎元洪坐上总统宝座后,竟然真的拉起了总统的架势过问起军国大事来了。当段祺瑞提出安排徐树铮当国务院秘书长时,一向优柔寡断、言语"温和"的黎元洪,竟比当年的袁世凯还厉害,他满脸怒气地说:"我总统可以不做,绝对不能与徐树铮共事!"还说:"一万件事我都依你,只有这一件办不到!"把段祺瑞气的鼻子一歪,袖子一甩,扬长而去,之后,他竟当着自己手下人的面,指名道姓地骂道:"我是叫他来签字盖印的,不是叫他压在我头上的!"就这样,他与黎元洪之间的府(总统府)院(国务院)之争便开始了。

关于徐树铮的任命,后经徐世昌等人的劝解,黎元洪勉强同意了。其实,段祺瑞根本没把黎元洪的同意不同意放在眼里,他早已把徐树铮派到国务院去指手画脚去了。

有了骄横的段祺瑞作主子,徐树铮也飞扬跋扈起来,他视总统府为国务院的盖章机关,并时常与受黎元洪支持的内务总长孙洪伊发生冲突。段祺瑞见孙极不听命,就提出将其免职。但这回黎元洪非但不同意,还要免段祺瑞的职。二人怒目而视,互不相让。这时,又是徐树铮提出了一个不是办法的办法,这就是将徐树铮、孙洪伊二人一起免职。此法虽灵,但并未使问题得到根本解决。1917年春,府院之争又以更加激烈的形势表现出来。

1917年1月,德国潜水艇在海上实行封锁政策后,日本由原来反对中国参战,转而积极纵容中国政府参战。并且主持内阁的寺内还特派心腹西原龟三来华实行其借参战问题加强对中国控制、扶持段祺瑞为新的傀儡的计划。而段祺瑞为了换取日本对他的支持,就亲自出马与西原密谈,当西原提出愿向他提供借款,帮助他编练参战军时以促其武力统一全国时,段祺瑞觉得正合其意。1912年10月,他与西原签订了第一次交通银行借款500万日元合同,这就是对我国危害极大的"西原借款"罪恶活动的开始,于是1917年初,段祺瑞即代表中国政府,宣布对德绝交。其后段祺瑞又竭力想促成中国参战案的通过。

日本在华势力的膨胀,引起了英美帝国主义的极大不满。于是,他们便鼓动黎元洪,

反对段祺瑞的参战案。这样参战问题成了府院之争的焦点,而参战问题的核心,根本不在是否参战,而在于由谁来主持参战。尤其是段祺瑞准备在参战问题上作一篇大文章,他不仅想以参战为理由对外借款,以扩大皖系实力,增强与直奉各军阀进行讨价还价的砝码;而且,他还想利用这一问题,把不甚听话的黎元洪赶下去。

1917年2月,西原龟三携带诱使中国参战的优待条件第三次来华,这使段祺瑞更加有恃无恐。于是,他立即把对德绝交问题提了出来。他的关于对德绝交问题的报告在国会通过后,3月4日,他就带着内阁成员到总统府让黎元洪在对德绝交咨文上盖印。对此,黎元洪是不同意的,但他没敢直接说,只对段说了句"此案当再考虑"。可就这一句就又把段祺瑞给惹火了,两人当场争吵起来,最后段祺瑞愤愤地走出了总统府,当天就宣布辞职,并回了天津。

段祺瑞的甩手不干,还真把黎元洪给唬住了,他急忙派总统府的秘书长去天津请罪、道歉,表示可以盖印,一面求副总统冯国璋前去天津疏通。这样,6日段祺瑞又被"请"回了京,8日,黎元洪被迫在咨事上盖了印。此时,黎元洪觉得,自己真成了盖章机关的头了,他十分悲愤地说:"昔受项城屈辱,今又见侮于段。"

而段祺瑞呢?他想,一个绝交问题就闹得如此不可开交,那么,要想通过参战案,恐是非闹他个天翻地覆不成。于是,他决心要给黎元洪和国会施加更大的压力。4月下旬他就召集各省督军进京举行军事会议,组成了"督军团",企图以武力威胁的卑鄙手段,促使参战案的通过。25日,在各省督军会议上,他又策动由25个省区或军区的代表签名支持国务总理的外交政策,要求通过参战案。29日,督军会议决议赞成他的外交政策。5月1日,在段祺瑞的指使下,内阁又策划由安徽督军倪嗣冲、福建督军李厚基、山东督军张怀芝等人到国务院请愿,要求即日宣布对德宣战。这个已被扔到历史的垃圾中的、当年袁世凯玩过的"自请自愿"的鬼花招,又被段祺瑞捡了回来。

第二天,这幕丑戏就上演了。那些身着军服、帽子上插着鸡毛翎的将军们气势汹汹地进了总统府,对大总统黎元洪进行威胁。而这时的黎元洪竟胆子不小,他竟以"军人不能干政"为题,把督军们给训了一通。当晚,黎元洪的幕僚们都兴高采烈地为他叫好道:"今天总统的脾气发得真好!"

然而,不要说段祺瑞,就是由他唆使的那些武夫们也不肯善罢甘休,他们竟狂叫要"驱逐总统,解散国会"。段祺瑞觉得有武夫们做后盾,黎元洪就不敢反对他了,是提交参战案的时候了。于是,5月6日,他带着"对德参战案"提交国会,率领内阁成员来到总统府,让黎元洪盖印。黎元洪接,过来看了两眼,就把提案递给了身旁一位姓唐的监印官。看到黎元洪的这一举动,段祺瑞心中很是高兴,他想黎元洪这回软下来了,"督军团"还真是威力不小,大事就要告成了。可没等他心中的笑意爬到脸上,就听那位监印官气呼呼地说:"此案我不能盖印!"并把提案推给了黎元洪。没等段祺瑞发作,他身边的教育总长先暴跳起来,他大吼一声:"尔何人!不配说不盖印!"还没等姓唐的反应过来,他就跨步向前,猛的一推,把这位监印官从门里推了出去,门上的玻璃被撞得粉碎。段祺瑞见自己也没必要再说什么了,他又把鼻子一歪,不辞而去。可黎元洪想段祺瑞不语而去恐怕要坏事。他又一想,觉得自己亲自反段倒不如利用国会反段。于是,他亲自动手盖了印。

5月10日,参战案终于被拿到国会上正式讨论。为了过这一关,段祺瑞又使新招。就在10日,国会讨论提案这天,段祺瑞指使的形形色色的"请愿团"共2000多人包围了国会,他们手持小白旗,向议员们散发"请愿书"和"警告"传单,要求必须当日通过参战案,否则不许议员回家,如若不满或表示反抗,便是一顿拳打脚踢,因此还没等开会,就有十几名议员受了伤。尽管这样,会议一直开到晚上九、十点钟,还是毫无结果。因为组织"公民请愿团",虽说是段祺瑞的新招,可对议员们来说却是老戏了,他们大都经过袁世凯搞过的那个场面,因此,不管"公民团"如何张牙舞爪、威恐恫吓,他们仍是无动于衷,甚至有的还在会场上谈笑自如。段祺瑞无可奈何,只好下令将"公民团"撤走,国会讨论会无果而散。

这一来,段祺瑞不仅没闯过国会这关,反搞得他声名狼藉,"督军团""公民团"的丑闻不胫而走,举国哗然,群起反对。黎元洪更是抓住把柄不放,一再声明:"此次捣乱行为,当由内阁负其全责。"故而,内阁成员纷纷辞职,这使段祺瑞更加难堪,国务院只剩下他一个人,国务院例行会议不能照常举行,他真的成了一个光杆总理。这使平日备受其欺的黎元洪高兴得不得了,他非常开心地对人说:"阁员没有了,我倒要看看他如何做光杆总理!"还逢人就问:"光杆总理做得下去否?"而这时,段祺瑞却仍充硬汉,他照常去国务院办公,支撑着"一人内阁"的局面。直到5月19日,国会以国务院不能举行例会为由,决定缓议参战案时,他还态度十分强硬,并唆使督军团向黎元洪施加压力,要其解散国会。这回黎元洪对督军们回答的也十分干脆,他说:"约法上总统无解散国会之权。"23日,黎元洪就在美国及直系军阀的支持下,利用段祺瑞向日本借款出卖国家主权之事被揭露之机,下令免去了段祺瑞的国务总理兼陆军总长的职务。段祺瑞无可奈何,只以国务院的名义发表了一个通电,声称"调换总理命令,未经国务总理副署,不发生法律上之效力,将来因此发生影响,皆不负责任"。然后,他便离京去了天津。

就在这时,西原龟三第四次来华。因此,灰溜溜跑回天津的段祺瑞,不仅没有善罢甘休,而且在日本帝国主义的支持下,准备策划一个更大的阴谋。

"督军团"在北京完成了段祺瑞交给的任务之后,就应张勋之邀纷纷拥向了徐州,在张勋的主持下,召开阴谋复辟的徐州会议。段祺瑞派他的"小诸葛"徐树铮前去参加会议,开始实施他的大阴谋的第一步——把张勋引入复辟的圈套。会上,张勋提出复辟条件时,徐树铮不仅不表示反对,似乎还表示同意。与此同时,进一步威逼黎元洪的计划也在按步进行。在段祺瑞的指使下,安徽督军倪嗣冲首先宣布"独立,与中央脱离关系"。随后,奉天、陕西、河南、山东、浙江、直隶等10余省纷纷响应。段祺瑞就趁势在天津设立了"各省军务参谋处",与黎元洪相对抗。在这种情况下,国务总理的空位子谁也不敢坐,黎元洪请谁谁不干,他四处哀求,费了九牛二虎之力才请出了一个前清督抚、洪宪旧臣的李经羲任总理。企图用他的"资历"去拉拢张勋等复辟派,以壮大自己的声势。然而,这个总理的上台,不仅没使他摆脱困境,反而使他陷入了无法解脱的困境。

在独立各省的威胁下，黎元洪饥不择食，接受李经羲的建议，于6月1日，电召张勋入京调停时局。这一饮鸩止渴的办法，带来了引狼入室的恶果。张勋率兵入京，演出了民国史上臭名昭著的复辟丑剧。黎元洪只得自食其果。在无可奈何的情况下，7月1日，即张勋复辟的这一天，他下了免李经羲之职，复任段祺瑞为国务总理的命令，派秘书秘密潜往天津交与段祺瑞。同时，还发表了请冯国璋代行总统的通电。

就这样，在张勋复辟付诸实践、国会已被解散的时候，段祺瑞这个曾对张勋复辟表示默契的人，却在日本帝国主义百万日元的资助下摇身一变成了反复辟的英雄，拉起了"讨逆军"的大旗。他用大量的金钱收买各路人马，特别在曹锟北洋劲旅上花了极高的"价钱"。7月12日，不堪一击的"辫子军"被打得一败涂地，段祺瑞宣布讨逆成功。段祺瑞趁时而起，又捞到了一顶再造共和的桂冠。14日，他意气自得地回到了北京，重新掌握了北京政府的大权，而这时，被他击败了的黎元洪却灰溜溜地去职赴津。

就这样，为了权力，段祺瑞无所不为，无所不用其极，甚至于卖国、窃国也在所不惜。

汉奸为极

重新上台的段祺瑞加紧投靠日本帝国主义。1918年5月，他与日本签订《中日军事协定》，据此，日帝不仅可以在中国境内驻兵，还可以指挥中国军队。这一引狼入室的卖国协定，遭到全国人民的强烈反对。同时，他还指使曹汝霖、章宗祥、陆宗舆等亲日派官僚，以各种名目和方式向日本借款。仅1917年8月至1918年9月一年间，借款额即达五亿元，远远超过整个袁世凯统治时期向日本借款的总额。正是这笔巨额的"贿款"，使段祺瑞如虎添翼般把中国推向了腥风血雨的内战深渊。

这时，段祺瑞更加"目无余子"，对内公然宣布"三不"施政纲领，即一不要约法，二不要国会，三不要旧总统，用以推行其武力统一政策。段祺瑞的倒行逆施，遭到以孙中山为首的国民党的强烈反对。1917年7月，孙中山在广州发动护法运动，欲"恢复约法以竟元年未尽之业"。而这时，段祺瑞正摆着不可一世的架势，除了他的日本主子之外，谁都不放在眼里，气焰十分嚣张。他气冲冲地逼迫冯国璋下令通缉孙中山等人。由于孙中山自己并无军队，只能依靠滇桂军阀，结果不久就被排挤。

为了实现武力统一，1917年8月，段祺瑞作了夺取湘、川的部署。他派得力干将傅良佐为湖南督军；任命吴光新为四川查办使，让他们统筹湘、川战事。然而，面对南方军阀组成的湘粤桂联军发动的强大攻势和南下作战的北洋军的内部分裂，傅良佐束手无策，他见大事不好，竟趁着蒙蒙的夜色，携印登舰，逃之夭夭。段祺瑞一怒之下，将傅免职查办，并令王汝贤以总司令代行湖南督军，妄图挽回败局。可没曾想，王汝贤也是个不争气的草包，他竟步傅之后尘，由长沙退往岳州，湖南为湘粤桂联军占领。四川的战况就更惨了，吴光新的北洋军在重庆被川军包围缴械，吴光新则落荒而逃。

军事上的惨败，使段祺瑞无法在国务总理的位子上再混下去了，在直系军阀的步步逼近下，11月16日，他被迫提出辞呈。代表直系的大总统冯国璋便顺水推舟，于22日予以批准。

但不久，在日本主子的帮助下，在徐树铮等喽啰们的大肆煽动下，段祺瑞又准备重新上台了。在徐树铮的扇动下，当年的"督军团"又复活了，且阵营更为壮大，就连当时的直系首领曹锟和奉系首脑张作霖也参加了进来。他们联合发出了请段祺瑞再起组阁的通电，说："全国安危、国人离合，均系我公一人！"段祺瑞的如此"声威"，吓得国务总理王士珍逃到天津，说什么也不干了。大总统冯国璋也看到段祺瑞"百足之虫，死而不僵"的威胁，因此，他也跑到天津对段祺瑞表示"倚重之殷"与"扶助之雅"，一再要求他出来组阁。然而，段祺瑞却假惺惺地说"无意如此"。直到冯国璋对天起誓，并承诺国务院决议，总理不得擅改一字，阁员由总理选择，不必征求总统意见；总统的电报须经由国务院核发的条件后，段祺瑞才同意组阁。3月23日，段祺瑞终于当上了几乎大权独揽的国务总理。

上台之后，段祺瑞重操旧业，坚持推行其武力统一政策。3月10日，南北战事重起。南北战争，是一场规模空前的内战，段祺瑞共投入15万多的兵力，南方军阀兵力也近10万。激烈的军阀混战，致使湖南等地尸横遍野，血流遍地，人民的生命财产受到了严重危害，激起了广大人民的不满。同时，为了皖系的私利，在征南战争中，段祺瑞还将直系兵力放于前而置皖系部队于后方，故战争中冒锋镝于前线者以直系将士为多，而随之坐享其成果者却为皖系。当直系之曹、吴之师攻取长沙后，皖系将领张敬尧竟被任命为湘督。这使其借刀杀人、坐收渔利之用心昭然若揭。这使直皖矛盾激化，曹锟扫兴北归，吴佩孚在前线罢战主和，矛头直指段祺瑞。虽然段祺瑞对曹吴进行封官许愿，甚至花钱收买，都无济于事。八、九月间，在曹吴的策划下，南北将领联名通电要求停战，公开反对武力统一政策。这不仅使八面威风的内阁总理段祺瑞十分难堪，而且，对其企图借行将到来的北洋政府换届之机谋取最高权力，显然也是一沉重打击。

段祺瑞早就想爬上总统的宝座荣耀一番。"讨逆"成功后，他就开始盘算此事。要想当选总统，国会自然很重要。但他借张勋之手迫使黎元洪解散了的旧国会，是绝对不会帮他这个忙的。但重组国会，又无法律根据，为此段祺瑞十分苦恼。这时，旧进步党梁启超主动前来助。梁启超以研究宪法为名，组织了一个"宪法研究会"，也称之为研究系，为段祺瑞编造了一个所谓"法统中断"的谬论，策划了一个"恢复法统"的计谋。即沿用民初的先例，召集临时参议院作为过渡性的立法机关；由这个立法机关修改国会组织法和参、议两院议员选举法；再据这个新法召集新国会。研究系愿出来帮忙是想利用与段祺瑞合作的有利时机和地位，占据议会中的多数席位，左右政局，操纵内阁，在中国实行议会政治。这确是与段祺瑞同床异梦，段祺瑞所感兴趣的，是参议员由各地方当局指派，借此排除异己，驱逐国民党，制造一个完全由他控制的立法机关，为当选总统创造条件。故1917年7月20日，在段祺瑞主持的第一次国务会议上就采纳了梁启超的"高见"。

为了确保皖系把握换届选举的时局。1918年春的一天，徐树铮特把曾任段内阁内务

总长的王揖唐找来，进行谋策。二人见面，徐刚把找王来的原因说完，王揖唐就狡猾地一笑说："这有何难，不是我自吹自擂，这件事只要你肯出大价钱，我保证反掌可成。"于是，徐树铮就把段祺瑞贪污下来的钱拿出 80 万，给了王揖唐。王就用这笔钱收买了一批无耻政客、无耻议员，成立了一个组织。这个组织为了标榜"安国福民"、欺世盗名就以其成立大会的召开地北京安福胡同命名，叫"安福俱乐部"，又称"安福系"。而实际上它是一个肮脏的政治交易的场所。竞选议员期间，在安福俱乐部中，金钱和政治势力各显神通，而军阀官僚的操纵则大占上风。在安福系成员走南闯北、去东闯西的奔忙下，段祺瑞获得了巨大成功。1918 年 8 月 20 日，全国大选揭晓，选出的 800 名议员，时称"八百罗汉"，其中段祺瑞操纵的安福系成员竟达 380 名之多。故此国会被称为"安福国会"。

议员选出后，段祺瑞便指使其亲信收买议员，并决定每月从军队空饷中拨出 30 万元作为议员的津贴费，每月分送给每个议员 300 元。在金钱的驱使下，又有一些议员甘心听其摆布。

正当段祺瑞做着总统美梦的时候，直奉矛盾白热化，并且，在曹、吴的策划下，各派势力的反皖态度逐渐明朗，这使段祺瑞感到，眼下要考虑的已不是当总统的问题，而是能否在北京政府中站得住脚的问题。所以尽管安福系许多成员都想把他抬上总统宝座，但他还是命令安福国会把历来在北洋军阀集团内处于清客地位的老官僚徐世昌抬上了总统宝座。原因是，徐世昌虽是北洋元老派，但无实力，而且还靠近皖系，让他上台，段祺瑞仍可操纵北京政府大权，而且，徐世昌出来任职，不会有人反对。就这样，9 月 4 日，徐世昌这个老奸巨猾、八面玲珑、有"活曹操"之称的官场老手，在安福系的摇旗呐喊声中，不费吹灰之力就爬上了至尊至上的高位。

段祺瑞自以为，已经组成了俯首听命的政府大事告成。殊不知，他靠卖国独裁过日子，已经逐渐暴露了自己的反动本质。这时，他虽是把北洋军阀的反动统治推向了顶峰，但已显露出由盛而衰的迹象，并接近垮台了。

直系军阀并没有因为段祺瑞"让"出了总统的位子而与他和好，仍然是怒目而视。为缓和直皖矛盾，10 月，他段祺瑞同冯国璋同时宣布引退。但这根本不管用。冯虽去职，但直系尚有曹、吴控制的相当实力。段虽宣称下野，却仍长任参战督办，指挥参战军，控制安福系，幕后左右北洋政府。

正当直皖矛盾日益激化的时候，第一次世界大战宣告结束，1919 年 1 月，帝国主义进行战后分赃的"巴黎和会"召开。不久就传来了"巴黎和会"上中国外交失败的消息。段操纵下的北洋政府继续推行其投降卖国的外交政策，激起全国民众的愤慨，具有划时代意义的"五四"运动由此引发。

对爱国反帝的"五四"运动，段祺瑞横加阻挠极力破坏。对爱国青年学生，他主张血腥镇压，他指责钱能训内阁对爱国学生运动镇压不利，并因此而授意安福国会进行倒阁。他还向北京政府施加压力，撤换了他认为镇压学生运动不利的李长泰，换上了一个有"屠夫"恶名的王怀庆为步军统领。他还指使安福系的内阁成员提出，撤换这次学生运动策源地北京大学校长蔡元培。安福系甚至扬言要暗杀蔡元培。

对民愤极大、全国人民强烈要求惩办的卖国贼曹汝霖、章宗祥、陆宗舆,段祺瑞则极力包庇。因这些卖国贼无一不是他的心腹,故他很怕人民惩治了这些卖国贼后,找他这个总后台算账。为此,他竟公开袒护卖国贼,说他们是"体国公忠,有裨大局",还亲自去慰问3个卖国贼。更有甚者,他竟冒天下之大不韪,丧心病狂地发出通电,主张在"巴黎和约"上签字。所有这一切,使这个北洋军阀独裁专制、卖国求荣的反动本质暴露无遗。这使更多的人认识到,曹、章、陆的后台是段祺瑞,段氏不倒,中国无望。

在卖国独裁的同时,段祺瑞还加紧编练段家军。1917年7月20日,他将"参战军"经由"国防军"改为"边防军",段祺瑞自任督办,并指派徐树铮实际控制,而且由日方训练、装备、指挥和控制,这时,皖系势力迅速扩展,西北地区和外蒙古也成了它的势力范围。

皖系势力的膨胀,引起了其他各实力派的极大不满。特别是直系军阀不甘善罢甘休。联系了借"五四"运动之东风,指责皖系卖国,自称爱国,所以获取舆论的支持,民众的同情。另外他们还加紧笼络其他各实力派。在他们的策划下,到1919年底,直、奉七省结成了七省反段联盟。1920年初,吴佩孚正式提出撤防北归,4月曹锟正式决定由湖南撤兵回防以反对武力统一,要求解散安福俱乐部以削弱段祺瑞的政治实力,5月,吴佩孚正式率师北撤。战争风云顿时笼罩着中原大地。

段祺瑞也毫不示弱,他一方面指示驻北京的皖系将领以营房不足为借口,发出了拒绝直军移驻北京的通电,随后,他又将徐树铮从西北召回,并将西北边防军全部调回了北京附近。他要先发制人,亲自出马担任川陕剿匪总司令,准备用声东击西的办法,即率领边防军两个师,以向陕西进军为名,夺取河南,并在那里与安徽、山东的皖系军队共同夹击吴佩孚的军队。然而,正当他要主动出击之时,张作霖以边防军出动,北京防务空虚为名,要打奉军开进关来,"拱卫京师"。这使段祺瑞不得不放弃了声东击西的作战计划。

这时,直奉联合,又发动了新的攻势,他们迫使徐世昌在7月4日下令剥夺徐树铮的兵权,致使素以北洋领袖自命的段祺瑞勃然而起,由原来的幕后操纵转到幕前指挥。7月5日,段祺瑞以边防督办的名义命令边防军紧急动员、徐树铮"照常办公",接着,他又动员军政力量发表声讨直系的通电,还以重兵包围了总统府,强迫徐世昌下令罢免曹锟、吴佩孚,还要将吴佩孚交陆军部"依法严惩"。他在将军府会议上正式决定出兵讨伐曹、吴,并将边防军改为"定国军",自任总司令,徐树铮为参谋长,段之贵、曲同丰、魏忠瀚分别被任命为第一、二、三路军司令。

与此同时,直系也组成了"讨贼军",吴佩孚为前敌总司令兼西路军总指挥,宣称"驱老段,诛小徐"。奉系张作霖也率军入关,跃跃欲试。12日,直奉督军联名通电直指段祺瑞为祸首。13日,吴佩孚早发表了出师讨贼电文,指出:"自古中国,严中外之防,罪莫大于卖国,丑莫重于媚外。穷凶极恶,汉奸为极,段祺瑞再秉国政,认仇做父,始则盗卖国权,大借日款以残我同胞;终则导异国之人,用异国之钱,膏我民之血,绳神黄之裔。实敌国之忠臣,民国之汉奸也。"此电文真可谓击中要害,而又毫不留情。与此同时,天津、直

隶的省商会等部门也纷纷通电讨段,他们在电文中指名道姓地列举了段祺瑞的八大罪状:"目无总统,任意横行";"信任曹陆,借用日款";"任用权术、利用金钱收买下级军官";"组织安福俱乐部";"任用爪牙徐树铮,种种作恶";"吸食鸦片,行贿赂";"自谓淡泊无欲,维持国家纪纲,以欺天下";"阳饰清廉,阴实贪卖"。特别是,这些电文中还用大量的事实戳穿了段祺瑞"向以清廉自命",以"廉洁自持"的伪善面目。文中写道:"海内不知其底蕴者,不免为其所愚,今试查天津意租界段氏之宅,为谁所贿乎? 则徐树铮于民国元年所得汉阳之款,以 30 万元分润于段氏也。又试查北京新造段氏之宅第,为谁所贿乎? 则曾云霈以安福系之党费,为之兴造春夏秋冬四季式房屋,以贡献于段氏也。复辟讨逆所余之款 200 万元,尽入囊中。中日汇业银行 100 万元之股份,众所共闻。其他各银行、各公司之股,莫不有段氏之堂名。清廉者固若似乎。"这些鲜为人知的丑事的披露,剥去了段祺瑞的种种画皮,使人们彻底认清了段祺瑞的庐山真面目。

直、皖双方的相互叫骂之声很快就被震耳欲聋的枪炮声湮没了。14 日,直皖大战爆发。直系大将吴佩孚运用了"擒贼先擒王"的战术,先是夜袭段祺瑞坐镇指挥的团河,使段慌忙逃回北京,接着又袭击了松林店的"定国军"前敌总司令部,活捉了包括段祺瑞手下"四大金刚"之一曲同丰在内的全部高级将领。指挥东路作战的徐树铮,在直、奉两军的夹击下,也大败而逃,跑回了北京。狂叫五天之内踏平直系老巢保定的段祺瑞,没想到 5 天之后,他的皖系竟被打得落花流水,几年来,耗资繁费、苦心经营的段家军竟是全军覆没。他借以飞扬跋扈的"老本"全输光了,这时,他彻底绝望了,举起手枪对着自己的脑袋就开了一枪,子弹擦身飞过,身边的卫士应声倒地,他却没有死,一转念,这个"北洋之虎"又想再搏上一搏。

怙恶不悛

1920 年 7 月 20 日,战败了的段祺瑞,自请免去身兼各职,"以谢国人"。第二年,他退居天津的日本租界,在那里等待时机准备卷土重来。当他看到共掌北京政权的直奉两系互相争地夺利,便觉有机可乘。1922 年初,他派段芝贵赴奉联络。并且曾于 1921 年 12 月 22 日,派徐树铮赴粤,与孙中山的代表廖仲恺、蒋介石会商联合讨直问题。至 1922 年 2 月,他与张作霖、孙中山组成了反直三角同盟。

1924 年 9 月,属皖系的浙督卢永祥与属直系的苏督齐燮元打了起来,奉张以援段为名,进兵关内,第二次直奉大战爆发。期间,段祺瑞曾派人给古北口前线的直系大将冯玉祥送去亲笔函,随后冯玉祥倒戈相向,发动北京政变,推翻了直系军阀的统治。

战后,奉系为扩张实力急需另外物色政府人选来平衡各方关系,稳定政局。于是,当时已无多大实力,资历较长,且对打败直系有所贡献的段祺瑞,就成了最为合适的人选。这样,11 月 25 日,段祺瑞又当上了"中华民国临时总执政"。就职当天,他就公布了《中

华民国临时政府制》，其中第一条规定："临时执政总揽军民政务，统率海陆军。"

然而，这次段祺瑞虽居临时总执政的位子，实际权利却已非昔比。当时，中国革命的形势已有了新的发展，人民开始觉醒，中国共产党与孙中山为首的中国国民党实行合作，轰轰烈烈的大革命就要开始了。然而，反动军阀段祺瑞却并没有因此而改邪归正，正如冯玉祥所说："他不但旧有的虱子未除，反而加了臭虫；不但大疮未割，反倒加了疥疮。"他一上台就宣布外崇国信，承认金佛郎案。干出了曹锟之流不敢干、未干完的卖国勾当，使中国蒙受了巨大的损失。更有甚者，他不顾全国人民的强烈反对，宣布承认帝国主义强加于中国的一切不平等条约，维护列强的在华特权，以此换取帝国主义列强对他的卖国政府的承认和支持，成了帝国主义的忠实走狗。

对内，段祺瑞仍实行专制独裁统治。当时，国、共两党共同倡导的召开以人民代表为基础的国民会议，得到了全国各界的积极响应，段祺瑞则顽固地站在反动军阀的立场上，害怕并反对人民参与国家大事，并于 1925 年 2 月 1 日，一手包办了一个由实力派军阀参加的"善后会议"，与国民会议相对抗。在 3 月 1 日召开的国民大会上，共产党员李大钊在会上对其善后会议进行了无情的揭露和抨击。

1925 年 3 月，中华民国的缔造者孙中山先生在北京病逝。当段祺瑞得知国民党人要把社稷坛作为治丧处和停灵处时。他竟派代表去说："执政府对在社稷坛治丧，表示不同意。"著名的国民党人李烈钧听了这狼心狗肺的话，当即怒斥道："总理手创共和，执政府乃得安居宫宛。"今总理"不幸病逝，治丧于社稷坛，执政府尚能持异议耶？"对于国葬仪式，段祺瑞起先声明要亲自主祭，可到时他又突然变卦，说什么听到谣传天安门前有些可疑的人要暗算他，还编造说，因为要穿礼服，但他脚肿不能穿鞋而无法前往。他竟将如此严肃的葬礼视为儿戏。在向前来吊唁的数千名青年学生发表演说时，李烈钧当场揭露了他编造的谎言，并愤怒指出："此辈昏庸老朽，焉能主持国事。"

1926 年，张作霖与吴佩孚勾结，向他们认为已经"赤化"了的冯玉祥的国民军进攻，3 月 12 日，日本帝国主义的军舰公然开炮轰击国民军，助张吴作战，英美帝国主义也帮助阻止国民军在天津布防，国民军奋起反抗。16 日，英美等八个帝国主义列强竟因国民军的有理反抗十分蛮横地向北京政府发出最后通牒，提出无理要求，并调集了二十多艘军舰在大沽口进行威胁。这一干涉中国内政的粗暴行径，激起了中国人民的极大愤慨。3 月 18 日，北京以大学生为主的爱国群众，在天安门集会，游行示威，表示抗议，要求段祺瑞政府反对列强干涉。当游行队伍行至铁狮子胡同执政府门前时，段祺瑞竟下令向手无寸铁的爱国群众开枪，当场打死爱国群众 47 人，打伤 155 人，制造了震惊中外的"三·一八"惨案，伟大的文学家鲁迅先生曾怒不可遏地指出，这是"民国以来最黑暗的一天"。

1926 年 4 月，当直奉军阀与国民军开战并日益逼近京畿时，段祺瑞梦想再进行一次政治投机，以维护其岌岌可危的地位。他自愿为奉军做内应，图谋把国民军赶出北京。驻京国民军将领鹿钟麟得知后，于 4 月 10 日晨派兵包围了执政府，并要逮捕他。他提前 20 分钟得到消息后，就仓皇逃入东交民巷，托庇于帝国主义。国民军退出北京后，他又通

电复职,妄图继续盘踞执政地位。但这时,不仅张作霖不愿理他,与他重新合作的吴佩孚对他更是宿怨未消,竟暗地指派部下监视他的行动,逮捕安福系分子。这时,段祺瑞才感到已是穷途末路,便宣布"引退"。20日,他带上身边的喽啰离京去津。路过廊房时,他想起了那个惯于兴风作浪的忠实走狗徐树铮,就是在这里被国民军拖下车处死的,兔死狐悲,他不禁老泪纵横。从此,他就在天津过起了恬静的公寓生活。

1935年,南京国民政府委任段祺瑞为国民政府委员,他没有就职。抗战中,他慑于人民的威力,没有象其部属王揖唐之流卖国求荣沦为汉奸。

1936年11月2日,段祺瑞因病死去,终年71岁。

一代枭雄

混世魔王

——张宗昌

名人档案

张宗昌:字效坤,山东掖县(今莱州市)人。1932年9月3日被山东省政府参议郑继成枪杀于津浦铁路济南车站。

生卒时间:1881~1932年。

性格特点:贪婪无度、凶暴残忍,荒淫无耻。

历史功过:山东大学创办者,奉系军阀头目之一。张宗昌曾残酷镇压青岛日商纱厂工人罢工,造成"青岛惨案"。

名家评点:绰号"狗肉将军""混世魔王""长腿将军"、三不知将军、五毒大将军、张三多等。

见风使舵

张宗昌督鲁时,有一次,在督署召开的高级军官会议上,军官们闲聊时,各自炫耀自己是××大学毕业的。只读过一年私塾的张宗昌无言以对,情急之下,拍案而起,自豪地说:"他妈的,我张宗昌是'绿林大学'毕业。"此话一点儿也不假。

张宗昌生父张文福是个喇叭手兼剃头匠,生母侯氏是个巫婆,家境贫寒。由于生活所迫,他的父亲每逢农忙时还得出外打短工,来维持生活。母亲侯氏生性风流,常遭村民们鄙视,张宗昌出生后不久,她不堪张家贫穷,独自离家出走,改嫁外乡。之后,他父亲又娶了个寡妇为妻,所以人称张宗昌有两父两母。

张宗昌小时候上过一年私塾,十二三岁时,帮助父亲掌饶钹。十六岁时,家人给他定了亲。那时,张宗昌长得身材魁梧,胆大好斗,性情粗野,常与乡里人斗殴,打官司。家里人实在无奈,在他18岁那年,由他姑姑资助,送他下了关东。从此,张宗昌开始了闯荡生

涯。

到了东北后，张宗昌在营口的一个赌场做佣人，为赌徒端茶送水，跑腿打杂，整日与赌棍、小偷、流氓为伍，欺侮百姓，被当地百姓视为祸害，赶走了他。张宗昌无处栖身，流落到北满当了胡匪，练习了一手好枪法。因为他慷慨仗义不吝金钱，很快受到了客居在北满的掖县同乡的拥戴，树立了威信。几年后，张宗昌辗转到海参崴，在华商总会当上了门警头目，负责协助缉查与胡匪有关的盗窃案。胡匪出身的张宗昌谙熟此道，办案自然得力，又善于逢迎巴结，深得华商总会垂青。天长日久，扒手、地痞都怕他三分，张宗昌在海参崴成了"流氓社会的红人，成了包娼、包赌、包庇烟馆的一霸"。

此时正值革命运动风起云涌，许多新军阀、政客为谋取权势纷纷投机革命。张宗昌也不例外。他看到革命风暴席卷全国，清王朝的衰败已经成为定局，而革命有可能成功，于是就压了投机革命的赌注。趁革命党人在关东争取胡子头刘玉双之机，率胡匪百余人与刘玉双一起，前往上海参加光复军。到上海后，他窃取了本来属于刘玉双的骑兵团团长一职，逼得刘玉双含恨而死。

1913 年 7 月，"二次革命"爆发，张宗昌所在师奉黄兴之命，在蚌埠一带阻击冯国璋、张勋部。经过激战，被打得溃不成军。张宗昌的骑兵团被打散，他本人也被打伤了胳膊。"二次革命"失败了。本来就是见风使舵、投机革命的张宗昌，这时赶紧转了舵。他通过冯国璋夫人周道如的表叔李重禄介绍，迅速投靠了冯国璋。从此开始军阀争斗的生涯。

张宗昌先被委任为江苏省军官教育团监理。在此期间，他通过冯国璋的关系，接受了袁世凯 40 万元贿赂，派其爪牙程国瑞召集凶手，设计刺杀了他当年任光复军团长时的上级陈其美。以此为资本，深受到冯国璋的赏识，被视为心腹。1917 年 8 月，冯国璋进北京代理大总统。为培植将才，扩充势力，任命张宗昌为江苏省第六混成旅旅长。张宗昌接到令后，立即赴南京招兵买马，组建部队，不足一个月，就召集了包括旧部属、军大毕业生、各处绿林匪帮在内共六千余人。

仓促成军的第六混成旅，还未实行正规训练，就被派去参加湖南战役，阻挠护法运动，结果被打得狼狈逃窜。北洋政府派来督战的执法处长闻讯后，十分震怒，欲将张宗昌逮捕法办，以肃军纪。张宗昌急忙设法转圜，通过他的好友、江汉关监督罗扬烈，拜托冯国璋的亲信向冯国璋求情，冯国璋念及张宗昌原为自己的心腹之人，于是准令张宗昌戴罪立功。很巧，张宗昌这时又幸得湖南督军张敬尧的支持，补充了装备粮饷，收拾残部，重整军容，终于得以转败为胜，不仅免了死罪，还荣升了师长。

通过这次死里逃生的教训，张宗昌悟出了一个道理："事到难时须放胆"，并将此作为铭语，刻在佩刀上自勉。从此，更加胆大妄为。

可惜，好景不长，1919 年 12 月 28 日，冯国璋病死，张宗昌失去了靠山。而湖南此时掀起了"驱张运动"，赶走了张敬尧。张宗昌见势不妙，忙退出湖南，移驻江西，部队粮饷没有着落。兵多饷少，他多次赴京领饷都领不到，只好骚扰地方，引得怨声载道。江西督军陈光远对他驻江西，深感不安，欲除之而快，对他软硬兼施。先是笑脸相迎，投其嫖赌

之所好。张宗昌看中了一个走钢丝的马戏团女演员，陈光远不惜重金为他买到，送给他做九姨太。然后，当张宗昌沉醉于与九姨太寻欢作乐时，陈光远趁机以张宗昌自行向地方索饷危害百姓为名，派重兵将其部包围，并缴械，将其人员遣散。这时，张宗昌才大梦初醒，方知中了美人计，忙化妆逃离江西。

逃到北京后，张宗昌住在石老娘胡同。在北京，他索到了陆军部的欠饷 20 万元现款，他用这笔款，买了重礼去贿赂曹锟，以便投靠。眼看好事将成，但是不巧，此事被吴佩孚得知，从中作梗，20 万元做成的美梦一下成了泡影，害得张宗昌好不沮丧。走投无路的张宗昌，一气之下投奔了张作霖。

投奔奉军

当时，张作霖权力正盛，在日本人的支持下，控制了东三省，成为大军阀之一。张宗昌经好友焦静介绍投奔了张作霖。

据说，张宗昌去奉天投靠张作霖时，带去了一种别具一格、独出心裁的"礼物"。当他与张作霖密谈时，对张作霖说："远道来投，特敬献礼物，请赐收纳。"等拿来"礼物"一看，却是两个抬筐，而无扁担。张宗昌这"礼物"是有寓意的：表明他愿为张作霖的事业效力，用抬筐去挑土，但须付以扁担——权柄，才能有效用。张作霖也颇悟其意，当下决定收留他。一度落魄的张宗昌又有了重新崛起的可能，所缺的只是时机了。

终于，他找到了一个显身手的好机会。1922 年，驻吉林的高士侯、卢永贵在吴佩孚的策动下起事，聚众 2 万余人，自称"奉吉黑三省讨逆军"总司令。此时，张作霖刚从直奉大战的战场上惨败下来，元气大伤，还未来得及恢复，怎料后院起火，无兵对付，正在一筹莫展之际，张宗昌自告奋勇，去平高、卢之乱。就这样，张宗昌只带着旧部二百余人、一响的毛瑟枪和他那刻着"事到难时须放胆"的佩刀，去放胆进攻两万乱军。在去平乱途中，他招兵买马，总算凑了千余人，为了虚张声势，他命令在各列车上插满大旗，让所有官兵分站在车门口，车窗关闭，显示出人多拥挤的样子，并且命令士兵把枪用大衣裹好，以掩饰武器装备的落后。

车到海林与乱军相遇，张宗昌命令炮兵向对方火车开炮，击中车头，对方顿时大乱。说来也巧，乱军有许多是张宗昌当年在关东当胡匪时结识的山东老乡，他们对张宗昌颇有好感，纷纷倒戈，帮助他平定了高、卢之乱。张作霖得知后，十分惊喜，对张宗昌更加器重，立即委任他为吉林省防军第 3 混成旅旅长兼绥宁镇守使和中东铁路护路军副司令，以酬其出奇制胜之功。

同年冬天，一支拥有万人的白俄部队窜入五站地区。他们是被苏联红军击溃的白匪军，逃到中国满蒙边界，因长期转战，又无粮饷，士兵们大都厌战，要求退伍，部队却又发不出路费。于是，他们请在海参崴闯荡过，会说几句俄语的张宗昌资助他们一些费用，来

遣散退伍者,将不愿退伍者交张宗昌收容。张宗昌通过与白匪军头子谈判,发现有利可图。结果,张宗昌收留了白俄军一万余人,还得到步枪八千多支,机关枪五十多挺,大炮十多门及通讯器材。这正是张宗昌求之不得的。他将白俄兵单编成白俄军,把部分有专门技术的白俄兵挑出来,组成工兵队,后来利用他们制造了在铁道上行使作战的铁甲车。据说,中国军队有铁甲车炮兵,是从这时开始的。

平定了高、卢之乱,收编了乱军和白匪军,张宗昌实力大增,在奉系总算有了立脚的资本。但是,他毕竟是新来乍到,先前又与张作霖无瓜葛,所以并不得势,在奉军中还得扮演寄人篱下的小媳妇的角色。一次秋操演习,正逢下着大雪,深达数尺,这时庄稼已经收割完了,地里泥泞不堪,条件十分恶劣。演习后,张部士兵许多人受了伤。张宗昌看后,心里很不高兴,休息时,一边喝着烧酒,一边发牢骚:"他妈的,这是哪龟孙的计划,弄得我们这样。"他话音未落,正巧郭松龄忽然推门进来。郭松龄是奉系的新派实力人物,这次演习的校阅委员会的成员。听到张宗昌的牢骚话,立刻绷起脸来问张宗昌:"你在骂谁?"张宗昌忙说:"对不起,这是我的口头语,并不是指骂谁。"郭松龄听到这儿"啪"地一拍桌子,指着张宗昌的鼻梁骂道:"我造你妈! 这也是我的口头语。"一句话骂得张宗昌的脸由红变白,在场的人们都以为一向专横跋扈的张宗昌一定会发作起来。可是,没想到,张宗昌定了定神,又换上一副笑脸,对郭松龄说:"郭二大爷,您造俺妈,您就是俺的亲爸爸,没说的。"一句话说得郭松龄消了气。郭松龄走后,张宗昌为了挽回自己的面子,对在场的人解释说:"我虽然叫他爸爸,反正他不是我爸爸。"又担心郭松龄记恨此事,特地请李景林去劝解。就这样,演习结束后,郭松龄向张作霖报告演习成绩时,说张宗昌的第3旅学科战术成绩优良,士兵能吃苦耐劳,夸大其词地形容了一番,使张作霖对张宗昌更加恩宠。

1924 年 9 月,第二次直奉战争爆发,张宗昌在大战中大显身手,大战以奉军胜利告终。张宗昌立下了首功,一改以往寄人篱下的窝囊相,成了举足轻重的奉系大军阀。同年 11 月张作霖派他率军南下,扩大地盘,以"鲁人治鲁"为借口,逼段祺瑞任命张宗昌为山东督军。从此,张宗昌更加卖命地为张作霖服务,心甘情愿地做了奉军中的打手。

1925 年 10 月,孙传芳发动浙奉战争,作为奉军打手的张宗昌立即披挂迎战,带着白俄军在徐州与孙军交了火。张宗昌率领的白俄军本来就军纪散漫,凶猛如兽,杀人如麻,这次张宗昌对他们更加放纵,还特地为白俄军准备了大量的羊肉、白兰地和大炮台烟。交战中,白俄军一手拎着白兰地,一手提着上着刺刀的步枪,一面狂饮,一面冲杀。孙军的先头部队五十余人因轻敌急进,被白俄军包围,作了白俄军的俘虏,被惨无人道的白俄军挖掉眼睛、割下鼻子、摘去心肝,然后全部杀死,施尽其凶暴。

奉军所到之处的百姓更是饱尝其蹂躏之苦,据《大事记》记载:"自夹沟至新桥,凡奉军所至,市镇乡村无不掳掠一空。入其宅第,则箱笼打翻,器具杂乱,米粮满地,猫犬皆无。而固镇一地,被抢者,竟至百万元之多。奉军由西寺坡退却时,纵火焚烧,全村遂化成灰烬。其最堪痛恨者,俄籍士兵一见妇女,即上前拥抱而去,从而淫之,拒则杀之。其

固镇、任桥、西寺坡、符离集、夹沟等处,受其侮辱者,不可胜计。"徐州窑湾镇也遭万余名过境奉军惨劫。奉军进镇后,高架大炮,向店铺乱轰,溃兵进入街市,更杀人放火,到处抢掠。商店被劫者三十余家,居民被劫者一千余户,居民被杀伤者一百余人,被掳走者50金人,商界损失在20万元以上。

镇压革命

北洋军阀是中国近代史上一个反动的军事政治集团,它的反动表现在:对外卖国求荣,对内镇压革命。奉系军阀也是镇压革命的刽子手,与其他派系的区别在于奉系是日本帝国主义的走狗。张宗昌作为奉系军阀更不例外,也投靠日本帝国主义,甘当日本人的走狗,残酷镇压革命,屠杀爱国志士。

张宗昌督鲁之初,正赶上青岛日本纱厂工人反抗日本资本家虐待工人,在共产党领导下举行罢工。由于张宗昌刚刚督鲁,工人们对他的反动面目还未看清,在第三次大罢工兴起时,曾推选请愿团,举着"青岛工人请愿团欢迎张督办"的旗子,去向他请愿。工人们哪里想到,此时,张宗昌正坐在其日本主子的宴桌旁,听从主子的吩咐呢。在日本人的授意下,张宗昌凶相毕露。他首先镇压了罢工风潮,捣毁了工会,然后,逮捕了中共四方区支部书记李慰农和《公民报》主笔胡信之等二十余人;还逮捕了去北京请愿,揭露张的罪行的伦克忠;对他们施以酷刑,李的臀部肌肉被打脱落,伦被打得"骨折臂断,体无完肤",深灰色的破衣服都被汗水、血水浸透,白净的脸庞变成了灰黄色,但他们都坚贞不屈,最后被秘密杀害。

张宗昌镇压了工人运动后,又在全省制造白色恐怖。通令各县严禁一切集会,违者即以军法处置。严密封锁消息,钳制舆论,唯恐他的罪恶传布于外,特地将各报社、通讯社记者传至督署,明目张胆地威胁道:"我今天请你们大家来,没有别的话说,就是你们报上登载我的消息,只许说我好,不许说我坏,如果哪个说我坏,我就以军法从事!"在张宗昌的淫威下,人民失去了通信自由。张宗昌常派军警检查邮件,发现可疑物品或字句,立即将人逮捕严刑审问。山东大学学生王坦,因信件中有不明显字句,遂将其捕到执法处严刑拷打,皮开肉绽。王坦的父母就这一个儿子,经各方运动想见儿子一面,也不允许,结果由于狱中秽陋又不卫生,王坦全身伤痕腐烂,又加之惊吓,竟冤死牢内。

张宗昌到山东不久,市上就流行了"切开亮亮","听听电话"两句谚语。"切开亮亮",是把人头当作西瓜,切开晒晒太阳;"听听电话",是把人头挂在电线杆上,远看去好像在那里听电话一样,令人毛骨悚然。真可谓是杀人魔王!

更恶毒的是,他还妄图加害已故的革命先行者孙中山。1927年,他去北京开会,以"孙中山停枢的地方太好,是以南军屡次告捷"为由,向张作霖建议焚烧孙中山遗体,"以绝后患"。他的主意得到了张作霖的极力赞同。在此之后,奉军多次骚扰,围搜停厝孙中

山灵柩的北京西山碧云寺。只是由于守灵的卫士在极度困难的情况下将灵柩转藏于水泉山洞中孙先生的灵骨才免遭磨难。

勒索民财

张宗昌督鲁之后，苛捐杂税增至六十余种，百姓叫苦连天。其中受害最深的是农民，曾编出歌谣讥骂道："张宗昌，作济南，也要银子也要钱；鸡纳税来狗纳捐，谁要不服就把眼剜。"可笑的是张宗昌还设立金汁行，对大粪实行宫卖，官卖大粪的金汁行纳粪捐，时人写出对联嘲讥："自古未闻粪有税，而今除去屁无捐。"在历城附近的农民痛恨张宗昌，每家均做一面人，背书："张宗昌"以碗盛之置于锅旁，每炊饭时以开水浇之，化后投入厕所，每日二次，称之为"烹刑"，以解心头之恨。

张宗昌为表彰自己的"功德"，还筹划在大明湖畔为自己建立生祠和铸造铜像，以求"流芳千古。"为此又向民间推派修张宗昌生祠捐、修张宗昌铜像捐，当捐征足时，张宗昌也垮台了。

张宗昌督鲁时，每年都要举行三大寿、三小寿。三大寿是庆祝他本人和他的亲生父母的生日；三小寿是庆祝他的继母侯氏、原配袁氏和他所宠爱的七姨太孔氏的生日。每次做寿都要邀请北京著名艺人梅兰芳等人来济南演戏助兴，内外极尽铺张之能事。无论大寿、小寿都要聚赌、打麻将，挥金如土。民国十六年，山东全省教育经费，尽被张宗昌提出，其原因即是张宗昌在督办公署与几个妓女打牌，输出无数，所以提教育经费以弥补，于是各学校关门大吉。

张宗昌榨取来民脂民膏，穷奢极欲，大肆挥霍，过着纸醉金迷、荒淫腐朽的生活。

他每次出门，必须净街，街道两边，军警林立，比皇帝还威严。每次出行，都以白俄骑兵作前导，后随120辆大卡车，满载卫兵，个个面向外巡观，空中还有飞机盘旋护卫。不能有任何干扰，鸡犬挡道，也势必不容。1925年冬，张宗昌在东关外阅兵，正在耀武扬威，忽然有条狗窜了出来，横冲直撞，乱撕乱咬，把张的皮靴咬裂，还把他的坐骑后股咬破，张下令提狗，卫士们急忙扬鞭打狗，结果没捉到，狗跑了，张宗昌大怒，回到督署即下令："与我快去打，打死大家吃狗肉！"于是士兵们手持大棍，满街巡查，见狗就打，顿时刮起了一股打狗风，一时间狗厂满地，正值盛夏，气息难当。因满街是狗尸，一班贫民乞丐争而食之，大饱口福，都暗自庆幸张将军白送给他们狗肉吃，遂呼之为"狗肉将军。"

张宗昌生性好色，妻妾成群。他的姬妾"多至数十人，开军阀界之新纪录。各人之身世，非出自青楼之人，即被强婚之民女。"他所到之处，随时随地霸占民女，纳妓为妾。他的姨太太，除大部分集于济南之外，还有分居在京、津、奉等地，究竟有多少，他自己也是糊里糊涂，因为闹不清姓氏，张将她们编成号。张宗昌曾对友人夸耀说："我亦有主义。"问他什么主义，他哈哈一笑说："三多主义，亦称三不知主义，即一生不知兵有多少，钱有

多少,姨太太有多少。"朱德曾揭露说:"作为一个镇压革命的刽子手,张宗昌以他的五十名不同国籍的姨太太而自豪;他有一次走入北京一家外国大使馆的屋顶花园,后面真的跟着一队姨太太,鱼贯而入。……这个人能够在床上搂着姨太太或是抱着一个姨太太放在膝头上接见外国外交官员。"

据《张宗昌实录》揭露:"昌淫乱天成,虽在战场,仍姬妾成群,载以偕行;性欲一动,不管山岭水涯,狂风暴雨,必泄其欲不可,故娇姿弱质,多遭残害,致终身恶疾不已,甚焉者,竟身葬沙场,血流原野。"

张宗昌的姨太太同他一样,生活也极奢侈。他的第 24 号宠妾,有一只心爱的哈巴狗被车压死,竟大施淫威,不仅毒打车夫,还强命其出'狗殡'。张宗昌的七姨太孔氏是最为受宠的一个,不仅生活奢侈还干预政事,常驻省长公署,掌管省长印信。据《民国日报》揭露:"山东之省长,人皆知为林宪祖,实则做省长者,系张之七姨太——孔姑娘,林宪祖只能支政务厅长薪水,省长薪金,是孔姑娘之脂粉费,省长及政务厅长之实权,孔姑娘自操之,故即以老七为事实上之山东省长。"

张宗昌虽已满屋妻妾,但还不满足,每遇美貌女子,便毫无顾忌地猎取。1926 年,张宗昌率直鲁联军进京,在北京的北洋元老,三杰之一王世珍的侄女姿容娟秀,张宗昌见后,派人将该女劫持到他在北京的石花娘胡同住宅,强行奸污。当时王世珍已经没有实力,只好托人求情,张宗昌才勉强将人放回。俗话说上梁不正下梁歪。将军如此放荡,下士更可想而知了。张宗昌所带的兵,比土匪有过之而无不及。军纪败坏是尽人皆知。常常半夜入民家,强奸民女,抢劫财物,完全是土匪行径,坐车、买东西不交钱,三五成群的逛妓院,砸戏院更不足为怪。张宗昌更是带头作恶,极尽恶魔之能事。以至稍有姿色的青年妇女都存了戒心,无事不敢外出,不到黄昏,就纷纷回家,恐遭意外。他们走到哪儿就吃到哪儿,一切供应都是由所在地商会或地方当局筹措,分文不拿,对老百姓是实行三光、二翻、一空政策,三光是:猪、羊、鸡、鸭、被杀光,牲口被杀光;门窗、橱柜当木柴被烧光,进院子不用叫门,进屋可以走窗户。二翻是:翻箱倒柜,翻挖墙脚和房内的砖地,看有无值钱的东西。一空是:将将能拿走的东西拿走,不能拿走的摔出去,以翻地寻财,家家户户室内空无一物。凡他们经过的地方,能抢走的东西都被他们抢劫一空。

张宗昌督鲁三年,祸鲁三载。兵灾、匪灾、水灾、旱灾、蝗灾等,一个接一个,整个山东满目疮痍,一片荒凉。灾民们纷纷移往他乡,许多走上了"闯关东"的路。流浪东北。沿途难民如蚁,饿死的、冻死的,被火车轧死的及卖儿卖女的不计其数,民怨沸腾。这时,鲁南反抗张宗昌残暴统治的红枪会揭竿而起,遭到了张宗昌的残酷镇压。为对百姓报复,张宗昌又血洗了汶上、宁阳等县,一时"死尸遍地,臭气远闻数十里,残酷之状,自令见者伤心,闻者鼻酸。"以致数年未能恢复。但是血腥镇压更激起了人民的反抗。到张宗昌统治末期,农民造反,工人罢工,士兵倒戈,学生游行,如火山之口,烧得张宗昌惶惶不可终日。他在山东的统治摇摇欲坠了。

1928 年,国民党各派政治势力经过一番明争暗斗,又重新"联合"起来。2月,蒋介石

与冯玉祥、阎锡山在开封商讨旨在消灭奉、鲁军的第二次北伐计划。商定蒋介石、冯玉祥、阎锡山、李宗仁分别任四个集团军总司令。四军联合北伐,首先集中兵力解决山东。

蒋介石这次北伐是在美帝国主义支持下进行的。与日本扶持奉、鲁军阀侵略中国的计划发生了严重的冲突,日本不能容忍,向山东出兵。对此中国南北政府都提出了抗议。张宗昌也于4月20日电请北京政府向日本公使提出抗议。但实际上,张宗昌在暗中却与日本相勾结,以青岛及胶东铁路权益做代价,要求日本派兵,引狼入室。

4月30日,北伐军三面包围了济南,张宗昌让出商埠交给日军接防,然后在日军护送下仓皇出逃。张宗昌逃走后,日军便在济南城内外布置了防御工事。5月1日,北伐军攻入济南后,日军即制造了济南"五·三惨案"。借口交涉署门前发现日兵尸体,将山东交涉员蔡公时及署内全体职员捆绑起来。蔡公时用日语抗议,被日军割去耳、鼻,挖去舌、眼,然后用机枪扫射,蔡公时等17人惨死。而后连续几天在济南进行大屠杀,广大人民遭难者无数。这是日本帝国主义的罪恶,也是张宗昌对山东人民犯下的又一罪行。

四面楚歌

1928年6月4日,皇姑屯一声巨响,张作霖上了西天,这一下张宗昌成了丧家之犬。一边为张作霖摆设灵堂,穿孝哭祭,一边恳请张学良准许他把军队调到关外。但张学良嫌他的兵多是土匪,且与日军关系密切,拒绝他出关。并劝他自找出路,或接受收编,或给资遣散。军官每人50元,士兵每人10元,并聘张宗昌为奉天军事顾问,月薪3万元。但张宗昌嫌钱少,回绝了。于是张学良密电蒋介石,张宗昌的直鲁军听凭蒋介石处置,奉方不再过问;又致电张宗昌,"在外患险恶,全国服膺三民主义的情况下,我兄弟倘使举措不检,不特为亡国之罪人,亦且为人民所唾弃。人格所关,在此一着,惟兄图之。"但张宗昌置之不理。

张宗昌拒绝收编后,率部退驻滦州,紧接着白崇禧率北伐军到胶东,对张宗昌形成包围圈。张宗昌孤立无援,无奈只得弃军逃走,化装成赶大车的,逃往滦河口,乘小渔船渡到大连。看东山再起无望,于1930年夏赴日本别府。

1931年,"九·一八"事变爆发后,日本帝国主义为扩大侵华成果,急欲扶植侵华工具,于是想到了张宗昌,张宗昌虽希望东山再起,但要他帮日本人侵华,出面当汉奸,冒天下之大不韪,他还有顾虑。斟酌再三,他决定借故回国,渐渐地他脱离了日本人。

回国后,张宗昌高唱他不是"张宗昌",侈谈抗日,频频接待来访,答记者问,大谈国事国难,对记者说:"国人今日只有义务,绝无权利,本人过去想好而未做好,甚感惭愧。"就在张宗昌侃侃而谈时,有个人冷眼旁观,暗藏杀机。他就是当时山东的土皇帝——韩复榘。

韩复榘看到张宗昌回国后到处招摇,断定张宗昌想重返山东,东山再起。一山容不

下两虎,韩复榘决定要除掉这个心腹之患。1932 年 7 月,韩复榘偕张宗昌的旧日部下石友三到北平会晤张宗昌,与张宗昌结拜兄弟,并约张宗昌重游济南,张宗昌欣然答应。

韩复榘返回济南后,与正居泰山的冯玉祥密商杀张方案,决定由原冯军将领郑金声的侄子郑继成去刺杀张宗昌。郑金声于 1927 年 11 月被张宗昌杀害,郑继成早就发誓要为叔父报仇,如今机会来了,郑继成欣然领诺。

1932 年 9 月 3 日下午 6 时许,张宗昌在济南车站踏上进京火车,当送行的人下车,张宗昌在车门口与众人握手告别时,郑继成举枪高喊:"我打死你这个王八蛋!"但枪没响,张宗昌忙往车厢里跑,后被郑继成的卫兵击毙。戎马一生,作恶多端的狗肉将军就这样毙了命。

事后,郑继成投赴铁甲车前的执法队,慷然自首。消息传出,大快人心,有人称赞郑继成是英雄豪杰。张宗昌死后,山东当局为他购棺装殓,但城里棺材铺听说是为张宗昌购棺,都不愿出售。装殓后移到安徽乡祠,安徽人民纷纷致函抗议,更有气愤难消的民众酝酿着要火烧其灵枢,以泄愤恨。

郑继成刺杀张宗昌,本是由韩复榘导演的,加之张宗昌祸国殃民,郑继成自首后,各界奔走呼救,掀起了大规模的"援郑"运动。1933 年 1 月,郑继成终被特赦。

可叹张宗昌生时穷奢极欲,鱼肉百姓,无恶不作;死后举国声讨,万民唾弃,尸无安适。翻东海之波,不足湔其恶;伐南山之竹,不足罄其罪。可谓恶有恶报!

抗日英雄

——吴佩孚

名人档案

吴佩孚:字子玉,汉族,山东蓬莱北沟吴家村人。1898 年投淮军。1906 年任北洋陆军曹锟部管带,颇得器重。

生卒时间:1874~1939 年。

安葬之地:1946 年 12 月安葬于北京西郊玉泉山西麓。

性格特点:清廉不爱钱,有正义感。

历史功过:护国讨袁运动兴起,随营入川镇压蔡锷领导的云南护国军。1917 年 7 月,任讨逆军西路先锋,参加讨伐张勋复辟。同年孙中山组成护法军政府。1919 年 12 月冯国璋病死,曹锟、吴佩孚继承了直系军阀首领的地位。1939 年吴佩孚患牙病高烧不退。12 月 4 日,日本牙医受命于土肥原谋杀吴佩孚,吴在牙医刀下当场身亡。时年 65 岁。国民党政府追认为陆军一级上将。

名家评点:当时的南京国民中央政府发来了明令褒电:"故吴上将军佩孚,于沦陷期间,忠贞不屈,大节凛然,为国殒没。为表彰忠烈,追赠陆军上将衔。"

董必武:吴佩孚虽然也是一个军阀,他有两点却和其他的军阀截然不同。第一,他生平崇拜我国历史上伟大的人物是关、岳,他在失败时也不出洋,不居租界自失。第二,吴氏做官数十年,统治过几省的地盘,带领过几十万大兵,他没有私蓄,有清廉名,比较他同时的那些军阀腰缠千百万,总算难能可贵。

蓬莱秀才

1898年春节后的一天，一大早，北京城崇文门区的一条大街上还没几个行人，就见一个20多岁的小伙子已在这里摆起了卦摊。虽然北风飕飕，清雪漫漫，可他却身着单衣，直冻得他不停地跺脚，搓手。几个小时过去了，仍无人问津他的生意，但他却毫无收摊之意，因为他已经几天都没开张了，眼下正盼望着今天能交好运，他想，也许一会能有个阔太太请他给占上一卦，然后十分大方地扔给他几两银子。正在他想入非非的时候，忽然有人在他肩上拍了一下，他急忙回头一看，嘻，不是找他算命的，只听小伙子哭也似的叫了声"亮孚哥"。

这个摆卦摊的小伙子就是吴佩孚。吴佩孚家住蓬莱县城，何以跑到北京算命占卦？这还得从头说起。吴佩孚的父亲吴可成是蓬莱县城开杂货店的小商贩，小本生意，仅维持家用。吴佩孚兄弟三人，排行老二。其父母因无知、无识，受尽贫寒、欺压之苦，故望子成龙心切，因长子夭折，便将厚望寄托在老二身上。吴佩孚9岁时家中就节衣缩食，送他上了私塾。14岁那年，父亲患病身亡，丢下孤儿寡母三人，更是凄苦无依。但望子成龙的母亲，省吃俭用，硬是攒下了几两银子，买了礼品，亲自带吴佩孚去拜登州府有名的饱学宿儒李丕森为师；在这同时，为帮母亲挑起生活的担子，吴佩孚还到登州府水师当了一名学兵，每月可得二两四钱的银饷。故从此后，吴佩孚除定期去水师营上操外，就在李先生门下学习。清贫的家境，紧张的生活，使少年吴佩孚逐渐成长为一个具有文才武略的人。

1896年，22岁的吴佩孚遵师命去应童子试，他一鸣惊人，中了第三名秀才，总算有了个小小的前程。可他偏笃信圣人"男女授受不亲"之教，以至由此闹出了乱子。

这天，蓬莱电报局长做寿，请了个戏班子助兴。吴佩孚认为，这样男女混杂，伤风败俗，因而，他纠集了几个同科秀才，闯入寿堂兴师问罪。这可惹火了正在吃酒的县太爷，当即下令缉捕吴佩孚等人，吓得吴佩孚连夜逃出蓬莱，他硬是凭着自己的两条腿，由蓬莱逃到了北京，投奔他父亲的朋友，在北京崇文门外巾帽胡同开"隆庆栈"的孙庭瑶。孙掌柜答应让他白住店，但饮食让他自想办法。这时已近年关吴佩孚就在街上摆起了春联摊子。熬过了年，生活仍无落，吴佩孚只好临时看了些择日、占星之类的书，摆起了摊。岂料生意清淡，常常数日不开张，急得他不知如何好。故一见堂兄吴亮孚，他真想大哭一场。

堂兄吴亮孚已出来做事多年。听吴佩孚前前后后这么一说，他想了想说："你不是在登州水师营当过学兵吗？我有个把兄弟在天津武卫军里当文案，你要是愿意，我就写封信，荐你到他那去。"正是穷途末路之时，岂有不愿意之理。没几天，天津回信说，只要是年轻力壮、识几个字就要。于是，吴佩孚坐上闷罐子车，直奔天津武卫军，经唐哥的把兄弟介绍，他当了沈管带的勤务兵。就这样，吴佩孚涉足军界，当上了一名小小勤务兵。

　　勤务兵的差事刚干了不久，吴佩孚就觉得整天听人呼来叱去，实在别扭。因而显得十分懒散，沈管带很不满，后来干脆将他拨到营里的文案郭绪东那里听差。郭是山东胶县人，得知吴佩孚是蓬莱宿儒李丕森的门生且中过秀才，自愧不如，并认为，这位落魄的吴秀才尽管"眼下时运不济，将来却必成大器"，并提出愿与之结拜为兄弟。于是吴佩孚也开始有了个把兄弟。

　　1900年，吴佩孚所在的武卫前军在与八国联军的激战中土崩瓦解，所以吴佩孚便离开天津，赴唐山开平镇，准备投考专门培养军事人才的开平武备学堂。1901年，吴佩孚考取了开平武备学堂。当吴佩孚学了一年多的时候，袁世凯决定将该学堂迁到保定，改名为"北洋武备学堂"，并规定，开平武备学堂的教官和毕业生一律到北洋武备学堂当教官或队长，而没毕业的要在北洋武备学堂从头学起，但也可直接去军队。吴佩孚想再从头学起，太不合算，所以决定再去当兵。因他没毕业，不能当军官，只好到天津陆军警察队当了一名正目（班长）。这下吴佩孚可吃了大亏，26岁的人了，功不成，名不就，有家不能回，仍然光棍一条，但他并没有因此而颓丧。中过秀才的吴佩孚总比那些斗大的字不识一升的大老粗办事机灵，且能说会道，再加遇上袁世凯扩编新军正是用人之际，所以很快吴佩孚就升任初级官（准尉），次年又升为二级初等官。这时，他听说袁世凯又在保定开办陆军建成学堂，修业一年即可去军队做见习官，见习期满还可升哨长，他便设法进了这个陆军速成学堂，以求早弄张文凭。1904年初学习结业后，吴佩孚被派往天津北洋督练公所参谋处工作，为陆军中尉。从此，他正式成为北洋系的一员。

大显神通

　　日俄战争爆发后，他奉命参加日本在烟台组建的"荣罘特别班"，在日本情报处驻我国的情报首脑、袁世凯的私人顾问守田利远大卫的指挥下刺探俄国军情，助日作战。期间，他曾与一日本特务共同指使一中国海盗，烧毁俄军的军火库和粮库，还为"特别班"找到了一个安全的撤退地点，为日人立下了汗马功劳。因此，这之后，他更被重用。1904年，他被派到东北搜集情报，可这次他却运气不佳，1904年10月，当他携带一批情报去参加一次秘密会议时，被俄军抓获，俄国人看看他那满满一箱子地图、文件，便想在他身上大做文章，只要他肯承认是日本间谍，那么就可以证明清政府在日俄战争中没有采取中立，俄国就可以借机讹诈。故俄国人对吴佩孚又是威逼利诱，又是严刑拷打。吴佩孚当然知道其中利害，若说出来，那他自己也完了，所以他一口咬定自己是刚从军校毕业的学生，而且正在婚假中，东北之行完全出自个人的兴趣。这使俄军司令大为恼火，下令立即杀了吴佩孚。可恰在这时，哈尔滨的俄军情报部提出要提审吴佩孚，这样就要把吴佩孚押解到哈尔滨。死到临头的吴佩孚得知这一消息，眼睛马上亮了起来，他的白眼球一翻，便有了主意。在开往哈尔滨的火车上，他用一大堆香烟麻痹了押解的俄国兵，在火车转弯道时，他用大衣裹住身子，跳了下去，总算死里逃生。

1905年3月，日本参谋总长大山岩侯爵亲自为吴佩孚授勋，将一枚"勋六等单光旭日章"佩在他的胸前，这大概是日本人给一个中国军官的最大荣誉了。但日俄战争结束，吴佩孚被调回保定北洋军后，并没有因此而得到重用。直到1906年10月因部队扩编，他才被任命为步兵第十一标第一营管带。这时，吴佩孚开始认识到要想迅速升迁，必须先得找个靠山。因为，此时北洋军阀集团中，已是派系林立，各派之间互相倾轧。吴佩孚刚调回北洋军时，在段祺瑞手下干事。可这个安徽人、后来皖系军阀的头子，当时不仅是有名的天津武备学堂的高才生，而且还留过德，所以他根本没有把吴佩孚放在眼里，只让他以原职充当一个没有实权的候差员。段祺瑞感兴趣的，当然是自己这派的亲信。

正当吴佩孚急于寻找靠山的时候，1907年他所在的北洋第三镇被调往东北，先由凤山任统制，不久，就由很受袁世凯器重的、布贩子出身的曹锟接任，于是，吴佩孚便想方设法在曹锟面前表现自己。

东北地区"胡子"（土匪）横行，故清廷责成第三镇剿匪，但曹锟上任后，剿匪一事毫无进展。一次，他派去打土匪的一个团反中了土匪的埋伏，大败而归，气得曹锟又是叹气，又是跺脚。之后，他便向下官问谁有制服"胡子"的好办法。那些土匪既熟悉地形，又耳目灵通，所以每次不等官兵到，他们早已无影无踪，官兵遭土匪伏击的事时有发生，所以，这种事躲都来不及，谁还愿往身上揽。因此，听了曹锟的问话，没有一人敢搭腔。吴佩孚一看机会来了，就挺身而出，说自己有办法对付"胡子"，并说愿亲自带兵去剿灭"胡子"，曹锟半信半疑地问："你要带多少人？"吴佩孚回答说："我只要一个营"，曹锟更加不信地问："我派一个团都没能打过'胡子'，你带一营人能行吗？"吴佩孚却非常坚定地说："只要让我从各营中精选一营人，再给我20匹马，准行。"曹锟又问："需多长时间才能将'胡子'剿灭？"吴佩孚自信地说："100天。"对吴佩孚的话，曹锡将信将疑，但既然无他人能行，不妨就让这个吴管带试一试。

吴佩孚的剿匪的确别具特色，他既不去捣土匪老巢，也不与土匪正面交战，只是派人在土匪的后面跟踪，使之无法胡作非为。当土匪气急败坏地掉过头来打他们时，官兵只抵挡一阵就撤走了；等土匪刚又要行动，他们就又在后面盯上了。得知真有"胡子"干起了坏事，吴佩孚的马队就及时赶到，予以歼灭。没多久，"胡子"感到吴佩孚有些神出鬼没，难对付，就给他起了个"吴小鬼"的绰号，两个月下来，"胡子"的头十分懊恼地说："吴小鬼这个讨厌的家伙，一天到晚跟在咱们屁股后边转，害得我们两个月都没能做成买卖。我看，咱们不如先各自回自己村子去。"这正好上了吴佩孚的圈套，吴佩孚已对每个胡子的住址都摸了底，并分别在他们各家附近都派了侦探等着，所以回来一个"胡子"，他就抓一个，没多久，这里的土匪即被剿灭。这件事开始使曹锟对吴佩孚另眼相看了，但也仅此而已。直到1910年10月，辛亥革命爆发时，他还仍只是一个管带。但辛亥革命时，吴佩孚又找到了一个投机钻营的好机会。

武昌起义爆发后，吴佩孚所在的第三镇被派去镇压山西响应起义的革命军。当时吴

佩孚是卢永祥的第一协炮三标的管带。这天深夜，曹锟亲自指挥部队登上火车开赴山西。吴佩孚和他的顶头上司刘标统同乘第一列火车。"我难道就只能当个管带？"躺在夜车上的吴佩孚思前想后，总也睡不着觉，他干脆起身下地看看火车到哪儿了。他摊开地图，用手电照外边掠过的站牌子，不禁心头一惊，怎么，不是火车要在井陉停车吗，可这井陉站都到了，火车却呼啸而过，他又瞄了一眼地图，心想再往前开，就要到娘子关前的平地了，革命军要是在那设下埋伏，后果不堪设想，其中一定有鬼。想到这儿，他急忙叫醒身边正睡得很香的士兵，带着他们去前面车厢找刘标统。

同情革命的刘标统早已将这次军事行动通知了山西革命军前敌总指挥姚以价。故姚在此设下伏兵单等曹锟入彀。本想夜间行车，不会被人发现，偏偏让吴佩孚看出了破绽。

当吴佩孚带兵闯入刘标统的车厢时，就见刘标统和他身边的人都身着崭新的革命军军服，吴佩孚便立即命令将他们逮捕，并马上命令火车退回井陉。所以，娘子关战役，山西革命军虽拼死奋战，但最终还是失败了。而吴佩孚却因此而立了一大功，感动得曹锟当即表示，"子玉（吴佩孚的字），这炮三标归你带了。"就这样，吴佩孚踏着革命党人的鲜血，爬上了标统（团长）的位子。

民国初年，作为袁世凯心腹的曹锟又得重用，他的第三镇被调入京畿，负责北京安全。1912年，袁世凯企图制造不能南下就任临时大总统时，又选中了曹锟的第三镇，而吴佩孚更是充当了急先锋，是他首先率兵在北京朝阳门外东嶽庙一带抢劫饭铺和水果摊点，随后第三镇的其他士兵便纷纷出动，为袁世凯大呼小叫，制造兵变，致使袁世凯的阴谋得逞。因导演并参加兵变有功，吴又被提升为由曹锟担任师长的第三师师部副长官。

尽管这样，曹锟也只觉得吴这个人鬼点子多，可以利用，并没有给他更多的厚爱。但一个偶然的事件却最终改变了曹锟对吴佩孚的看法，并最终确立了曹吴的"亲密"关系。

这是1913年，吴佩孚随第三镇南下镇压孙中山领导的二次革命，到达湖南岳州。这天，长沙某团体开会，湖南都督汤芗铭与各军将领都出席了会议。身为师部副长官的吴佩孚代表第三师致辞。汤湘督对吴的致词十分欣赏，认为吴是个不可多得的"天才"，于是，当即向曹锟要吴佩孚，这时，曹锟想了想，感到吴佩孚还真是个宝贝，既是宝贝当然不能给别人。为了使吴佩孚真正成为自己的亲信，曹锟开始重用吴佩孚。事后不久，曹锟就保荐吴佩孚做了第三师第六旅少将旅长，统领6000多人马。吴佩孚终于成了北洋系数得上的大将。

1916年，镇压护国运动时，吴佩孚又一次为袁世凯充当马前卒和打手。他率第六旅一路进军顺利，从援战泸州，到攻占蓝田坝、太平场，为北洋系立下了汗马功劳。特别是后来又攻占了纳溪，对当时在军事上屡遭挫败的袁世凯来说，犹如打了一针强心剂，精神为之一振，袁世凯得到这一消息后，即下令对前线将士进行封赏，吴佩孚被袁特封为三等男爵，并晋升为陆军中将。

袁世凯帝制败亡后，吴佩孚早被调回保定。战争使吴佩孚充分认识到军队的重要性。因此，这之后，吴佩孚四处招兵买马，收罗军事人才，几年后，他不仅恢复了因战争而损失惨重的第三师，而且又编练了7个混成旅，还使曹吴的军队成为北洋派的一支劲旅，为其以后在军阀中称雄打下了基础。

张勋复辟失败后，直系首领冯国璋当了上代总统。而皖系头子段祺瑞却以再造共和的"功臣"自居，对冯极不买账。这可把曹锟难坏了，他一方面慑于段祺瑞的势力，不敢冒犯，另一方面，他更不愿得罪自己一家子的冯国璋。曹锟左右为难之际，吴佩孚为其定谋设策：内助冯，外则顾全北洋派的面子，不公开反段。对此曹锟非常满意，于是，曹锟命吴佩孚随军驻汉口，代理第三师师长兼前敌总指挥，他几乎把自己的全部"家当"都交给了吴佩孚。从此，吴佩孚真成了曹锟的心腹大将，成为直系军阀的顶梁柱。

"革命将军"

袁世凯死后，段祺瑞以"北洋正统"领袖自命，他排除异己，援引同类，伪造民意，实行专制独裁统治。在军事上，他坚持武力统一的亡国之策，必以歼灭西南各省而后快。为此，1918年他动用了直系精锐部队（主要是吴佩孚军）去湖南出战，以为这样即可保存皖系实力，又使直系主力远征西南，两败俱伤，他便可坐收渔利。就这样，1918年段祺瑞操纵下的北京政府宣布，吴佩孚的第三师为南征第一路军。

2月6日，吴率部出师湖南，血战长沙，攻占岳阳，以破竹之势直捣衡阳。他战功赫赫，自以为湘督一席，唾手可得，但却只得一"常胜将军"绰号而已。段祺瑞竟任命征南战中没有寸功的皖系将领张敬尧为湘督兼省长，吴佩孚只白白做了一场督军梦。非但如此，段祺瑞还命张敬尧率4倍于吴的10万兵力，尾随吴后，以监视和争功，并借机继续扩大皖系势力和地盘。吴佩孚见段祺瑞在自己身后厚集兵力，暗中图己，咄咄逼人，无异于"螳螂捕蝉，黄雀在后"，所以打下衡阳，吴佩孚就再也不肯南进。并且，吴佩孚还于5月25日在来阳公平墟与湘军谭延闿、赵恒惕的代表谈判，商定彼此各守疆土。

吴佩孚的做法使段祺瑞十分震惊，这样一来不仅武力统一将半途而废，南军将会乘机而进，而且若吴师北归，将会直接构成对皖系的极大威胁，因此，段祺瑞不敢立撤吴职。6月1日，段祺瑞直接给吴佩孚打电话，一个堂堂的国务总理，竟和一个小小的师长通话，这是一种非同寻常的亲近的表示。接着6月3日，北京政府又任命吴佩孚为"孚威将军"，这是个与督军相等的管阶，可谓破格优待了。但吴佩孚却既不受宠若惊，更没落入段企图收买他的圈套。因为，他心里明白，"孚威将军"这个空头衔同督军相比，一文不值。而且他认为，"彼以孚威将军之虚衔，笼络吴氏者，亦浅视吴氏矣。"因此，他不仅不感恩，相反对以段为首的皖系更加不满。6月15日，他又同南军达成了停战协定，段祺瑞又急忙游说曹锟，企图让曹锟南下督促吴佩孚继续南进，攻打两广，但曹锟觉得吴佩孚的做

法是有道理的，有利于直系，所以对段，他只是应付了事，仅对吴佩孚假意责备了几句。所以，吴佩孚对北京政府催他南进的一封封急电一概置若罔闻，不予理睬，并继续与南军密谈。

此后，吴佩孚更是大出风头，异常活跃，他屡作惊人之鸣。8 月 7 日，他在致李纯的通电中十分尖锐地指出：武力统一政策是亡国之策；8 月 21 日，他致电冯国璋，要求颁布全国停战令；9 月 26 日，在他的策划下，湖南前线的南北将领联名通电，请下停战令。南北将领第一次公开联合起来，反对以段为首的皖系军阀。看到这封电报，段祺瑞勃然大怒："吴秀才公然造反了。"他想以"通敌有据"的罪名立即讨伐吴佩孚，但又苦于找不出能对付得了吴佩孚的人来。直到 9 月 30 日，他才以国务院的名义发了一封驳斥南北军人的通电。吴佩孚对此更不买账，又连连发电回击。这样，吴佩孚更是名声大噪，一时间，他成了滇、桂系和南方政府等所有反对武力统一人士喜欢的"和平之神"。

然而，就在 4 个月前，吴佩孚率师攻下衡阳的时候，他还豪情满怀地赋诗歌颂武力统一政策，诗中写道："元首余威加海内，偏师直捣下衡阳。寄汝征南诸将士，此行关系国存亡。"然而，正是在这关系国家存亡的大问题上，吴佩孚却动摇不定，仅两个月，他竟判若两人。并由此，他这个小小师长，成了当时中外注目的风云人物。这其中的原因，便是吴佩孚特别善于投机钻营，他很快看清并利用了当时国内外的政治形势。

当时，中国人民反内战、反卖国的爱国民主运动正在走向高潮，特别是皖系的独裁卖国，激起人民的极大不满。从国际上看，一战后，欧美帝国主义急于打破日本独占中国的局面，他们要在中国寻找新的代理人，而吴佩孚这样的新军阀正是他们所物色的"英雄人物"。正是认清了这种形势，久欲出人头地的吴佩孚决心借此机会好好地表演一番。结果，他不仅利用反皖，迎合了全国人民渴望和平的愿望，而且还使不少人把中国的希望寄托于直系特别是他这个"革命将军"身上。他这时也就趁势大谈其所谓军人的天职是"救国救民"，并标榜自己今生"不做督军、不住租界，不结外人，不借外债"。他甚至还高谈"劳工神圣"，允许共产党人在其统治范围内组织工会。"五四"运动爆发后，他又接二连三地通电反对在"巴黎和会"上签字，"支持"学生的爱国运动，正是这些进步的伪装，提高了吴佩孚的威望。

再加上当时吴佩孚既注重整军，又干预政治，并以"儒将"自命，网罗了一批知识分子做幕僚，还聘请了一些外国顾问，表现出学贯中西，颇有要在中国实行现代政治的样子。这使吴不但鼎鼎大名，而且是"众望所归"，连康有为那样的人物，对吴也推崇备至，认为中国可以靠吴佩孚中兴。再加上英美帝国主义的支持和吹捧，一时间，似乎要挽救中国出于危亡，非吴莫属。正是这种有利的形势，为吴佩孚的后来居上创造了条件。

1919 年后，段祺瑞加紧扩充其军阀实力，特别是他将参战军扩编为边防军，构成了对曹、吴直系、张作霖奉系的直接威胁。在共同利害的基础上，直奉联合起来，并首先在北方建立了七省联盟。11 月 28 日，吴佩孚又与唐继尧等西南军阀签订了《救国同盟军草约》，这使反皖同盟很快扩大为 13 个省。这样，北洋军阀各集团间的矛盾愈演愈烈，不断

升级。

1920年5月中旬,吴佩孚接受南方政府接济的60万开拔费后,自行从前线撤兵北归,25日,吴师沿湘江扬帆下,于6月8日到达郑州,并立即在那里安营扎寨,设司令部,把军队布置在京汉铁路沿线的保定至郑州地段,沿途旌旗飘扬,军帐满目,战争风云笼罩着中原大地。

但这时,曹锟却感到对战争没有把握,他忧心忡忡地吴佩孚"能行吗?"吴佩孚却非常自信地对他说:"大帅放心,一星期动员,一星期作战,一星期复员,没什么大了起的事。"所以当奉系头子张作霖问曹锟:"三哥,边防军比你军力大,器械比你精,你有什么把握?"这时,曹锟便不慌不忙地回答道:"我没有把握,子玉说有把握,他的把握也就是我的把握。"

一切准备就绪之后,在6月22日召开的讨论时局会议上,吴佩孚就言词激烈地提出要诉诸武力。这更激怒了段祺瑞,他咆哮道:"罢免吴佩孚,万事皆休!"在段祺瑞的威逼下,7月8日,大总统徐世昌颁布了"处分曹锟吴佩孚令":"开去"吴佩孚"第三师师长署职,并褫夺陆军中将原官,暨所得勋位、勋章,交陆军部依法惩办"。当然到这时,大总统徐世昌的命令,只能如同废纸一张。它不仅没有起到缓和矛盾的作用,反而是火上浇油,直皖军阀针锋相对,直系立即成立了以吴佩孚为前敌总司令的"讨逆军",7月13日,吴佩孚发表了出师讨贼通电,直斥段祺瑞为"大逆不赦"的"敌国之忠臣,民国之汉奸",打破了北洋军阀集团内部争斗不直接"犯上"的常规。随即吴率师自郑州北上,分3路讨伐皖系军阀,直皖大战爆发。

双方准备了足23年的直皖战争,只打了3天就成定局。7月18日,段祺瑞请求徐世昌下"停战退兵令"。19日,段祺瑞通电辞职。直皖战争,以皖系军阀的绝对失败而告终。

穷兵黩武

直系军阀打败了皖系,吴佩孚这个直皖战争的主角被任命为直鲁豫三省巡阅副使,但他却并没有把这个放在眼里。军事上的胜利,使吴佩孚更令人瞩目,而他自己更以英雄自居,准备再大干一场。

前面,吴佩孚尝到了投机政治的甜头,这时,他想故伎重演。7月底他炮制了一个《国民大会提纲》,提出召开"国民大会",但这回,不仅遭到了与直系共掌北京政权的张作霖的反对,而且连曹锟也不支持,为此曹锟还特意将他召回天津,让他少发议论。吴佩孚这才认识到,由他呼风唤云、执掌一切的时候还不到。于是,他便下决心先整编军队,增强实力,以图大举。同时,他又想方设法掩盖自己的野心,以缓和与各方的矛盾。8月4日,他在郑州向新闻记者宣布自己一不做督军,二不打内战,三不干政,四不扰民。这便是他

施放的烟幕弹。但没多久，他又自食其言。

1921年，他借鄂军与湘军喋血鏖战之机，以援鄂为名派兵入鄂，终于达到了不战而得两湖地盘的目的。8月9日，北京政府任命他为两湖巡阅使，并任命其部将萧耀南为湖北督军，原鄂督王占元刚刚辞职离去，吴佩孚就匆匆赶到了汉口，就这样，吴佩孚成了北洋三巡阅使之一，成为与曹锟、张作霖平起平坐的大人物。可见不做督军，纯属谎言。实际上，他是要做比督军更加有权威的官。任职之后，吴佩孚就宣布要与湘军"兵戎相见，一决胜负"。因此，全国各地掀起了反对直系军阀穷兵黩武的运动。许多民众团体和社会名流纷纷劝告吴佩孚不要迷信武力，梁启超甚至以"勿将安福系之垢衣，取而自披于肩背"的诤言相劝，但吴佩孚仍执迷不悟，在准备就绪之后，就挑起了湘直战争。这位"和平之神"又自食其"不打内战"之言。

湘直战争中，吴佩孚特组织大刀队随军督战，不论士兵、军官，只许前进不许后退。汀泗桥战役，直军苦战不胜，吴佩孚被急红了眼，他见一营长败下阵来，立即驰马上前，挥刀砍下了这个营长的脑袋，提在手中，并大吼："谁敢后退，以此为例！"吼声未落，他又把这颗血淋淋的人头抛向半空，颈血四洒，将士们个个毛骨悚然，目瞪口呆，他们几乎认不出这个昔日书生气十足的吴秀才了，吓得他们急忙调过头去向湘军阵地猛冲。就这样，直军取得了汀泗桥战役的胜利。在湘直战争中，吴佩孚为了阻挡湘军的进攻，竟命令海军掘开了下湖口堤坝，使堤坝沿岸两千多户农民受灾遭殃，而吴佩孚却用人民的生命和财产换取对湘军作战的胜利，扩大了自己的势力范围。湘直战争中，双方死伤极其惨重，鄂南一带横尸遍野，血流遍地。当时的外国报纸评论道："中国历年来的内战"，"从来没有像这次战争打得这样久而激烈"。

湘直战争后，吴佩孚又与川军接火，很快他就把川军打败。此后，他更加狂妄自大，以为天下无敌。11月12日，在曹锟召集的保定会议上，他竟提出要率10万大军攻打广东，"统一"全国。然而，就在他意得志满之时，全国反对其武力统一的运动已走向高潮，一切非直的人都起而响应。他们纷纷以"民主""自治""联省自治"以及其他各种名目与之相对抗。特别是以张作霖为首的奉系军阀，自直皖战争结束后就与直系积冤甚深，先是由于对皖战争后分赃不均，后又在组阁等问题上不断发生摩擦。特别是吴佩孚与张作霖二人更是公开互不买账。据说，直皖大战后，直奉众将领齐集天津论功行赏。一个偶然的机会，吴佩孚隔墙听到张作霖口气很大地说："那小子（指吴佩孚），给他个湖南督军得了！"这使比张作霖还年长一岁的吴佩孚听了十分恼火，事后，吴佩孚对人说，"此人（指张）不能不防，以他的聪明才智和那么大的口气，他必为我将来之敌，我决心用几倍于他的机锋与他对抗！"其实，张作霖瞧不起吴佩孚已是由来已久，在打败皖系，吴佩孚正红极一时的时候，当西方记者问他对吴佩孚的看法时，他就十分傲慢地说："国家大事，我一向只与曹锟略使商量，吴佩孚不过小小一个师长，我国师长多达数十名，即使我手下也有好几个，让他们干政那还像话么！"所以当吴佩孚占有了两湖地盘，而且官升两湖巡阅使与他平级时，他差点给气晕了。再加上1922年1月，吴佩孚将张作霖一手扶持的国务总

但是,在直系方面,曹锟因与张作霖是儿女亲家,不愿与其兵戎相见。因此,他曾三次派人去奉天与张谈判,但张作霖却毫不让步,并得寸进尺,提出了罢免吴佩孚;梁士诒复任内阁总理;京津地区由奉军驻防等4项十分苛刻的条件。曹锟这才下了决心。据说,他当时口授一封电报让秘书发给吴佩孚:"你即是我,我即是你,亲戚虽亲,不如你亲,你说怎么办就怎么办吧!"秘书要改为文言文发拍,曹锟把手一挥道:"不必了,快发去吧!"

4月17日,吴佩孚任总司令,直军兵分三路出战。25日宣布张作霖的十大罪状,发出了动手的信号。与此同时,奉军也陆续进关迎战。27日发表了对直作战的通电,斥吴佩孚"贪、鄙、狠、恶、妄、诈、不忠、不信、不仁、不义",并说"罪在吴氏一人","与曹使无涉"。29日,张作霖自任"镇威军"总司令,下达了总攻击令,矛头仍指向吴佩孚一人,电谓:"乃吴佩孚者,狡黠成性,殃民祸国,醉心利禄,反复无常"。"盘踞洛阳,甘作中原之梗,弄兵湘鄂,显为吞食之谋"。由此直奉战争正式爆发。激战中,由于奉军第十六师在西线战场突然倒戈,使奉军全线溃败,撤到关外,结束了第一次直奉战争。

这次战争,虽然只打了6天,奉军却损失惨重:战死两万多人,重伤、逃亡一万多人,被缴械投降的达四万之多,并被迫吐出了京、津这两块肥肉,真是一败涂地。直系却大获全胜,从此北京政权完全落入曹、吴手中。

1919年,吴佩孚率师打败了皖系军阀,如今他又击败了奉系,这使他更加不可一世、意气骄盈,他自以为,这回武力统一的美梦一定能够实现。于是,他便全力以赴为武力"统一"中国做准备。连年的内战,使吴佩孚认识到,要武力统一中国,没有一支强硬的部队不行。因此,早在打败皖系后,吴佩孚就将自己的第三师浩浩荡荡地开进九朝古都洛阳,开始在那里整军练武,他自己曾直言不讳地说:"我把军队练好,要消灭国内两大敌人(指张作霖孙中山)统一全国"。

洛阳练兵,特别是直皖、直奉战争之后的这两三年,是吴佩孚一生中登峰造极的鼎盛时期,期间中州洛阳几乎成了全国的政治中心。各方代表人物,朝野名流,甚至外国人,都像朝圣般络绎于途,18省督军在洛阳都派驻代表,甚至北京政府的国务院总理、各部部长也常常前来拜访,这使吴佩孚更加昂然自得,并企图趁机用政治手段达到其武力统一的目的。"国民大会"这样的老调,当然不会再有人欢迎了,而且当时中国北有徐世昌,南有孙中山两个总统,怎样才能将他们两个一起搞掉呢?吴佩孚绞尽脑汁,终于想出了个"法统重光"这样一个一箭双雕的"妙计",即恢复1917年张勋复辟时解散的旧国会。这样一来,南北两个总统均为非法,都应该下台,然后再抬出黎元洪来做过渡;最后,那就是选举曹锟为"名正言顺"的大总统了。于是,1922年5月10日,吴佩孚就在保定召集了"恢复法统"会议。他自以为得计,没曾想又弄巧成拙。曹锟原本想打败奉系就当总统,可吴佩孚的"法统重光",确是推迟了这个总统迷的登基日期,故引起了曹锟对他的不满,吴佩孚费了很多口舌,才使曹锟勉强同意。于是,14日通电全国,征求对恢复旧国会的意

见。结果，除奉、皖军阀外，其他各省军阀都抱着对"恢复法统"的不同理解而表示赞成。6月1日，旧国会的201名议员通电全国，宣布徐世昌为非法总统。在吴佩孚的催逼下，2日，徐世昌宣布辞职，曹、吴二人就急不可待地于当天领衔通电"恭迎黎大总统复职"。11日，黎到京就职，并立即下令全国一律停战。孙中山表示同意"恢复法统"，但提出要有条件地停战。然而，不久，在陈炯明的逼迫下，孙中山也只好下野了。

到此，吴佩孚妄图利用"恢复法统"实现武力统一似乎已经有门。其实，统一中国谈何容易，就在吴佩孚飘飘然以为"统一"就要实现的时候，一场新的角逐正在日益激烈。

败途已定

直奉大战后，吴佩孚晋升为"孚威上将军"，因此，他毫无顾忌地在洛阳做起了"大帅"。除为一统天下积极练兵、多方联络外，为显显自己的"神威"，吴佩孚还在洛阳兵营大兴土木，新建了专门用于接待宾客的继光大楼等豪华建筑，并在洛阳两次做寿。1923年（阴历三月初七），是吴佩孚的50大寿。虽吴已登报谢寿，但仍有七百多人专程跑到洛阳为他祝寿。送来的寿礼不计其数。其中最令吴佩孚得意的，是康有为送的那幅把吴佩孚比作完成统一大业的周武王的对联：

牧野鹰威，百岁功名才一半；

洛阳虎踞，八面风雨会中州。

高兴的吴佩孚当即赏给康有为400块大洋。当年10月，曹锟当上了贿选总统，天下"名正言顺"归他直系所有了，因此，1924年，吴佩孚就准备大张旗鼓、热热闹闹地庆贺寿辰。他下令征用了洛阳所有的旅馆、烟馆、妓院以接待来宾，结果到了寿日仍不够用，前来祝寿的中外宾客竟多达数千人，只好将兵营也腾出一些，好接待客人。就这样，北京宣统皇帝的代表郑垂来到时，还无处下榻，只好临时将他安排到吴佩孚的日本顾问冈野增次郎的房间凑合。高朋满座，杯觥交错，灯红酒绿，好不热闹。

这两次做寿，各方送来的寿礼中，金玉珠宝、字画幛绣应有尽有，据说总价值达四百多万元。后来吴佩孚特让人在汉口英租界租了7个大仓库，专门存放寿礼。然而，在琳琅满目的寿礼中，竟有一瓶蒸馏水，见此，吴佩孚十分恼怒，但又不便当四方来客发火，便顺水推舟地说："究竟焕章（冯玉祥的字，因这蒸馏水是冯送上的）是有心人，他的意思是君子之交淡如水么！"说虽这样说，可他心中已给冯玉祥记上了一笔账。

由此可见，吴佩孚的这种颐指气使、盛气凌人的态度，不仅引起了其他各派势力的反对，而且也引起了直系中冯玉祥等将领的不满。而更重要的是，使早已开始出现的以曹锟为首的保定派与以吴佩孚为首的洛阳派之间的矛盾更加尖锐。本来，曹锟与张作霖并称大帅，所以当曹得知吴自称大帅后，很不高兴，但因在军事上还离不开吴，又不好反对，因此，他只好自己改称"老帅"，但却由此对吴很不满。之后，吴佩孚又包办内阁，发号施

令,更使曹锟怒火中烧。1922 年 8 月,黎元洪请唐绍仪组阁,吴佩孚坚决反对,黎元洪只好屈从,9 月复请王宠惠二次组阁。王阁被人称为"洛阳政府"。吴佩孚在内阁中安插了不少自己的人,这更引起曹锟的不满,认为这是吴佩孚在发展个人势力,并立即发动保定派的王承斌等人联名反吴。1923 年 1 月,黎元洪只好又组成了以保定派为中心的张绍曾内阁。而后不久,保定派就开始了"倒黎拥曹"、贿选总统的活动。这使吴佩孚妄图利用黎元洪"统一"中国的计划很快落了空。

对曹锟的贿选,吴佩孚是不赞成的。但因怕落个反对曹锟,忘恩负义的坏名声,只好不闻不问。但后来,他见贿选已成定局,为了缓和保洛矛盾,他致电各军阀,希望"促成选举,以奠大局",然保、洛间的鸿沟已不是这样就可以愈合得了的。

这时,吴佩孚又不得不迷信武力,他不断扩军占地。然而,这更使内外矛盾激化,特别是激起了各非直系军阀的不满,再加曹锟贿选的丑闻,使非直系在奉系张作霖和皖系段祺瑞的纠合下,很快形成了新的反直同盟。这使吴佩孚开府洛阳后出现的那种"八面风雨会中州"的景象如同过眼云烟,很快就不见了。更为重要的是,这时,吴佩孚还"得罪"了当时中国历史舞台上的主角——中国工人阶级。

1921 年,中国共产党成立后,中国大地迅速掀起了工人运动的高潮。在中国共产党的具体指导下,1923 年 1 月 5 日,京汉铁路总工会筹备委员会决定,2 月 1 日在郑州举行总工会成立大会。吴佩孚的军法处长、京汉铁路局长赵继贤得知后立即电告吴佩孚,吴听后火冒三丈,诬骂工人"明目张胆","聚众招摇",并当即命令他驻郑州的部队对总工会成立大会"予以防范,设法制止"。

难道吴佩孚忘记了他曾高唱的"劳工神圣""保护劳工"的口号? 根本不是。其实他"保护劳工"和镇压劳工都是为了同一个目的,这就是维护北洋军阀的反动统治,保护直系军阀的利益。自从曹、吴当了直鲁豫巡阅正副使后,他们就将京汉铁路这条南北大动脉当成了自己进行军阀混战的工具。而且,吴佩孚的 10 多万军队每月所需的 80 多万元的军饷的绝大部分,都是靠截留京汉铁路的收入。因此,京汉铁路如同其生命线。这里工人运动的高涨,使其反动统治受到了极大威胁,这怎能不使吴佩孚大动肝火呢? 但就是在这个时候,他仍想玩弄手段,欺骗工人。

1 月 30 日,吴佩孚从洛阳行署特给总工会筹备处打电报,请筹备处派代表去洛阳谈判。然而,等筹备处五代表团到达洛阳后,他却一再借故推托,既不见也不谈。最后,在工人代表的坚决要求下,他才勉强接见。谈判时他先是又哄又骗地说:"我一向是保护劳工的,工人的事,我无不赞成,不过郑州是个军事区域,岂能开会? 你们不开会不行吗? 改个地方开不行吗? 其实呢,一块会会餐也算开会了。"期间,他还想用每人每月发给津贴 240 块大洋收买五代表,被代表们严词拒绝。于是,吴佩孚便把脸一沉,白眼球一翻,冷笑道:"我是军人,岂能收回成命! 你们若是非开会不可,那我可就对不起了!"说完他便扬长而去。

2 月 1 日,吴佩孚便指使军警破坏了总工会成立大会。总工会为了反抗吴佩孚的武

力压迫,决定从 2 月 4 日起实行总罢工。于是,吴佩孚便大施淫威,对长辛店、汉口江岸工人进行了血腥的大屠杀,制造了骇人听闻的"二七"惨案。

2 月 14 日,吴佩孚又给其亲信湖北督军萧耀南下达了秘密杀害中国共产党优秀党员、著名工人领袖施洋的命令。

"二七"惨案,彻底撕破了吴佩孚这个反动军阀的伪装,暴露了他那副刽子手的狰狞面目。工人运动虽然遭到了挫折,吴佩孚也因此大失人心。人心向背是决定胜负的基本因素之一,人心一失,吴佩孚的灭亡也就指日可待了。

直奉战败

1923 年后,吴佩孚更加迷信武力,他狂叫:"龙家剑斩血汪洋,千里直趋黄河黄",公然要步袁世凯、段祺瑞的后尘。其实,他同其他军阀一样,过分自信,缺乏自知之明。

这年曹锟当上了贿选总统,吴佩孚也随之高升一步,做了直鲁豫巡阅使,并掌握着直系的主要实力。当时,他直接管辖的军队有 5 个师,1 个混成旅和若干独立团。总兵力达十余万人;他控制着豫、鄂、冀、陕等省地盘。而且,为了武力统一,他早已忘记"不结外人、不借外债"的前言,与英、美帝国主义挂上了钩。1922 年 5 月,经美国驻华公使介绍,美商卖给吴佩孚步枪 1 万支,子弹 2000 万发,机关枪 250 挺,手枪 1500 百支。同年 12 月,吴佩孚又花了 8.6 万块银圆购得美国飞机 14 架。美国还帮他训练飞行员,修建飞机工厂。他还同英国订立了道济铁路条约,借款 150 万英镑,并聘请了两个英国人和一个日本人作自己的政治顾问。正是这"雄厚"的实力,使吴佩孚产生了武力统一中国的巨大野心,但也正是他为这一巨大野心,使他陷入了内外交困的境地。

巨大的野心,驱使着吴佩孚在直系军阀内到处安插亲信,排斥异己。他暗中削弱河南督军冯玉祥的军事实力,并最终把冯挤出河南,让他的亲信张福来任河南督军,因而与冯成了冤家对头。他还树直系大将军齐燮元、王承斌为敌,从而促成了冯、齐、王的反吴三角联盟。

吴佩孚的巨大野心,更引起了直系以外各派军阀的联合。而曹锟贿选的成功,无疑对各派军阀的联合反直,起了催化剂作用,并成了直系军阀失败的起点。

在直皖、直奉两次大战中先后遭到失败的皖系段祺瑞和奉系张作霖,对被直系打败一直耿耿于怀,他们一个阴谋东山再起,一个企图卷土重来,而到这时,共同的命运,终于促成了他们的联合。而奉张则在其中起了主要作用。张作霖向来不屑与吴佩孚为伍,吴自称"大帅"后,他立即让人改称自己为"老帅",而让他的儿子张学良与吴同级,号称"少帅"。更重要的是,直奉大战后,为报一箭之仇,他打着"联省自治""保境安民"的幌子,埋头整军经武,联络各方,在他的努力下,张作霖、段祺瑞、孙中山新的反直三角同盟很快形成。

1924 年 9 月，卢（皖）、齐（直）战争爆发，张作霖便借支持皖系军阀卢永祥为名，进步榆关，曹锟慌忙电告吴佩孚，吴佩孚则做出了同时对卢、张作战的决定。9 月 14 日，吴佩孚由洛阳赴奔北京，17 日到京宣布就任"讨逆军"总司令，他命直军分兵三路，迎击奉军，第二次直奉大战爆发。

时过境迁，这回与第一次直奉战争的情况截然不同。号称 20 万的直系军队，实际是外强中干，除了将领们各怀鬼胎外，枪炮、弹药十分匮乏，至于军饷更是毫无着落。为了搞武器、筹饷，吴佩孚竟在北京逗留 20 多天，使这个一贯在前线督战的指挥官一直不能临阵督战，而军饷等问题仍没有最终解决。吴佩孚是在得到九门口军事失利后，10 月 10 日晚匆匆赶到前线的，在他的指挥下，那里的战况刚有转机，23 日深夜又传来了冯玉祥发动"北京政变"，囚禁了曹锟，举兵反戈讨吴的消息。随后又收到了冯玉祥的通电，紧着又收到曹锟宣布停止战事和免去吴佩孚职务的电令，这使吴佩孚极为震怒，他不禁破口大骂冯玉祥，而对曹锟的电令，他只批上"伪令"二字就扔到了一边，就这样，他气冲冲地将总司令一职交张福来代理，对将领们说："你们将阵地守好，我回去杀冯玉祥，等我回来再直捣黄龙。"

吴佩孚本以为冯玉祥的军队不堪一击，可结果他慌乱中由前线折回天津后临时拼凑起来的军队，反被冯军打得一败涂地。他指望的援军都迟迟不到，江苏、山东等省的督军又都力谋自保，坐视不救。而前线，有勇无谋的张福来指挥不灵，在奉军的强大攻势面前束手无策，致使前方数十万兵力付诸东流。至此，吴佩孚多年苦心经营的直系军阀彻底溃败。

这时，吴佩孚才感到真的一筹莫展了，他只有呆在停天津车站的专车里借酒浇愁。这时不少人都劝他赶快逃出津，以防不测，他就是不听，就连天津的日本驻屯军司令亲自面劝，他仍是无动于衷，最后，还是头脑灵活的美国驻军司令摸透了吴佩孚的心理，他上了专车，一面劝吴佩孚以勿小小波折，至令英雄气短，一面让站长给专车挂上了机车，然后他跳下车来向吴佩孚敬了一个礼说："我给你行了。"吴佩孚的专车开走后，这位美军司令说："你们明白，吴大帅偌大的身份，岂能自行下令退走，只有这个法才算合适。"吴佩孚逃走后，冯玉祥悬赏 10 万元活捉他。

吴佩孚南下，本想联络南方各省实力派东山再起，但没曾想树倒猢狲散，墙倒众人推。南方各实力派，包括萧南、孙传芳等都不欢迎他，自天津至汉口，他处处碰壁。想重返洛阳，可刚到几日就遭刘镇华军的逼迫，他只好亡郑命州，但冯军攻打河南，他又慌忙逃亡湖北，可他刚入湖北那里就掀起了"拒吴保境"的风潮。就这样，在第二次直奉战争中彻底垮台的吴佩孚，如丧家之犬，惶惶不可终日。到 1925 年初，他才在湖南岳州找到了一块栖身之地。但他贼心不死，伺机东山再起。

1925 年 10 月，当孙传芳在江苏通电拥吴反奉时，吴佩孚以为时机已到，便组织成立了 14 省讨贼军总司令部，自总司令，宣布讨奉。但没多久，为了对付已经"赤化"冯玉祥，吴又与张作霖握手言和，共同对付冯军。

1926 年 6 月,正当吴佩孚在南口指挥部队与冯军苦战的时候,广东革命政府的北伐军已兵进两湖。吴又匆忙南下汉口,网罗残余与北伐军对抗。但尽管在汀泗桥战役中,他亲自督军与北伐苦战,致使汀泗桥四易其手,他派在前线督战的大刀队接连砍下了临阵败退的九个营长、团长血淋淋的脑袋,却仍无法挽回败局;8 月 29 日,北伐军在当地农民的支持下,终于占领了汀泗桥,10 月 10 日,北伐军占领武汉三镇,吴军主力全部被歼。吴佩孚只带小数残余逃亡郑州,后又逃到四川。

1927 年 12 月,蒋介石南京政府发出了对吴佩孚的通缉令。1931 年春,蒋介石以聘吴为南京政府高级顾问为名,诱吴出川,并在杭州为吴准备好了行馆。但吴佩孚认为,他与蒋介石是"鸟兽不可同群",于是他便来了个明修栈道,暗度陈仓。以应蒋介石电召为名,率卫队遍游四川名胜后,北上出川,经甘肃、内蒙古,于 1932 年底到达北平,企图借张学良的武力,达到东山再起的目的。

碍于张作霖曾与吴有八拜之交,北京的张学良不得不对吴尽"子侄之礼",每月还给吴送数千元"补助费",但张学良对他只是敬鬼神而远之,因此,吴只好带着自己的随员,在什锦花园里做起了关门"大帅"。后来上任的北平军分会委员长何应钦对他却毫不客气,将他手下仅有的几个残兵遣散,连门卫也换上了国民党指使下的警察。这样,吴佩孚才不得不把政治野心收敛起来,于百无聊赖之时,写诗作画,了却残生。

全面抗战爆发后,日寇为强化其在中国的汉奸政府,企图拉出吴佩孚来造声势。但吴佩孚却权衡再三,并仔细分析抗日形势和第二次世界大战的形势,认为将来美国必参战,日本长久不了。而且,他看到,给日本人当汉奸,一点自由也没有,这对他这个一生骄横的人来说,是不能接受的。所以尽管日本人先后派了几个高级特务对他轮番游说,还在他身上花费了三千多万元,但吴佩孚仍不肯"出山"。气得大特务头子土肥原贤二竟采取了制造骗局的卑劣手段逼吴就范。他替吴邀请了一百三十多名中外记者与之会见,还事先为吴佩孚准备好了讲话稿。不料,吴佩孚在记者招待会上的讲话根本没按他准备的稿子,相反,吴佩孚提出了恢复全面和平、保持中国领土与主权完整、日本必须撤军 3 条件,并让翻译当场译出,这确是给了土肥原一记响亮的耳光,吴佩孚也彻底地得罪了日本人。

1939 年冬的一天,吴佩孚吃饺子时,一个饺子馅里的骨头渣子扎到了他的牙缝里,引起了牙龈肿痛。12 月 4 日,侵华日军医处长石田带着两个护士和一批宪兵到吴宅给吴开刀医牙。尽管吴妻强烈反对给"大帅"开刀,躺在床上已说不出话的吴佩孚也表示不同意,石田他们还是强行撬开了吴佩孚的嘴巴,勉强手术。然而,狭长的手术刀刚伸进吴的口中,就听"啊"的一声惨叫,吴佩孚口吐鲜血,一命归天。

作为秀才军阀,吴佩孚虽比其他军阀"知书明礼",且他自己也以"儒将"自评,但他却像其他军阀一样穷兵黩武,残民以逞,给中国人民和中华民族带来了无穷的灾难;他满脑子封建思想,在"上下""尊卑""主从"之类封建道德的束缚下,他明知曹锟当总统的时机不成熟,虽曾极力表示反对,甚至当曹锟当上总统后,他连一封贺电也没有发,但他终究

不能不服从他的那个昏庸的上级;他在直系各派中兵力最强,曹锟实际上不是他的对手,但他就是不敢取而代之,始终被曹氏家族牵前鼻子走,最后一同进火坑,成了曹锟的殉葬品。

乱世枭雄

——张作霖

名人档案

张作霖：字雨亭，汉族，奉天省海城市小洼村人。此地后又改称大洼区东风镇叶家村张家甸屯，现改称大洼区驾掌寺乡马家房村西小洼屯。其实，这里现在只有一片房屋遗址，已经根本没有村落了。他喜欢别人叫他张大帅。

生卒时间：1875～1928 年。

安葬之地：锦州市石山镇南驿马坊村西头的果树林中。

性格特点：善使小聪明，玩弄阴谋诡计。

历史功过：张作霖后成为北洋军奉系首领，是"北洋政府"最后一个掌权者，号称"东北王"。1928 年 6 月 4 日发生皇姑屯事件，张作霖乘火车被日本关东军预埋的炸药炸成重伤，当日送回沈阳官邸后即死去。

名家评点：最有骨气的大军阀。

无赖生涯

张作霖父张有财，一直便"不事生产，不务正业、游手好闲、赌博成性"。

1875 年，张有财生第三子，名作霖。张一出生，便受到其母王氏的偏爱，从小就娇生惯养。他很机灵，喜欢玩，不爱读书，颇擅打野鸡和下河摸鱼。孩提时代，在小伙伴中常以"大王"自居，发号施令，不甘于人下。若有不服者，则以拳脚相加。邻里孩童都惧他三分，常以白眼对之，他从小就被人视为无赖。

张有财赌博成性，他经营的小杂货铺，本来只能勉强糊口，他则一赌就光，不几年，便

倾家荡产。于是,张有财便外出他乡,但仍恶习不改,放赌抽红,赢了则大吃大喝,输了就要无赖,对妻子更是未放在心上,动辄杳无音信。张有财的所作所为,给年幼的张作霖心里留下了很深的印象,很小的张作霖便开始了他的赌博生涯,常常与其父结伴同行于赌场,真是有其父必有其子。其母见幼子越学越坏,很是着急,用尽方法,全都无效。后来,随着年龄渐大,张勉强上了几天学,终因不守学堂规矩,被撵出了私塾。

人有旦夕祸福。张作霖14岁那年,其父因赌博纠纷,被人害死。张作霖对其父的不幸之死无动于衷,吃喝玩乐依然如故,后来因为生计原因,举家迁往张的外公家栖身。是年张15岁,虽然食于外祖父家,但仍不事农活,整天无所事事。不久,其母将其送入木匠铺作学徒,但亦因放荡成性被赶出作坊。

张作霖一家6口,孤儿寡母,其母迫于生计,让他学做小买卖以养家糊口。不料,由于他与其父同是天涯赌博人,亦往往是入不敷出。他从小就善使小聪明,玩弄阴谋诡计,但一到大赌场上,就难以和老赌徒们相匹敌。然而,他和老太太玩纸牌却有拿手好戏,他欺老太太耳聋眼花、反应迟钝,常常玩弄小花招。一天他和几个老太太玩纸牌,忽然狂风四起。他见状大喜,乘风将窗子吹开之际,把身子压在牒桌上,一手把住自己的钱,另一手将3个老太太的钱,统统拢到自己手里,他一边搂钱,一边喊着:"这风太大了!将钱都吹跑了!"等三个老太太明白过来时说:"你搂钱跑了不要紧,我扣你的篮子!"张作霖便说:"没关系,篮子是空的。"老太太着实无奈。

他常在赌场中混,往往输得精光,以至于生计维艰,而且欠邻居的债,越积越多。债主们常来索取,弄得其母非常难堪。于是,总免不了要责骂他,他却"胸有成竹"地告诉母亲:"欠债不要紧,会还清的。"第二天天刚蒙蒙亮,他便在外面大喊:"谁家的小猪落水了!"邻居们闻讯赶来,只见他跳进水中,迅速将落水的小猪打捞上来,并交给了猪的主人。猪的主人原来是他的债主,债主感谢张家小子救了他的小猪,于是索性将其欠的债务统统免了。可债主哪里知道,是张家小子故意将他的小猪扔于池塘之中。

后来,他便和土匪们鬼混在一起,以至于被关进狱中,出狱后,仍恶习难改,纠集一帮地痞,打家劫舍。一次,由于输钱后偷盗,被人当场抓获,于是名声一落千丈。他感觉到无地自容,于是决定远走他乡。

加入匪帮

清朝末年,政府腐败,东北土匪横行,人民生活在水深火热之中。

1896年,21岁的张作霖,离开家乡,"毅然"投奔当年结识的匪首冯麟阁。冯并未将他留下,而是将他推举给另一匪帮董大虎手下当土匪。张作霖加入匪帮后,充当"揽把子"专门负责"看肉票"。他在董手下干了几年,结交了不少窜匪、赌徒、无赖、恶棍,干了不少伤天害理的事。几年的土匪生涯,使他渐渐"成熟"起来,比以前更加狡猾、奸诈、诡

计多端。随之,他的野心逐渐也在增大。

1900 年,沙俄侵略我国东北,各地混乱,于是匪势大炽。在黑心集一带,又出现了一支拥有四五百人的大匪帮。张作霖率领"弟兄"慕名来访,并和匪首一见如故,于是他将自己心爱的手枪赠送该匪首作为见面礼,遂成挚友。不久,他从一个马贩子手中抢了 10 余匹马,啸众 30 余人,另立门户,而且声势渐大。

当时,辽河两岸土匪活动猖獗,许多村镇中的地主乡绅,为了"保境安民",常常采用"以匪治匪"的办法,纷纷勾结土匪组织所谓"保险队",于是张作霖趁机扩展自己的势力。尤其是在日俄战争期间,他的行径受到日本人的欣赏,不时得到日本人的军火援助,因而,他的势力日益扩大。当时,日俄战争爆发,张作霖严守中立政策,受到清廷和日俄的好感。但他暗中收到日俄军的金钱和枪械的贿赂,有时为俄军筹集粮草,收集情报;同时又为日军效劳。他在日俄火拼中从中渔利,以壮大自己的力量。1904 年 12 月间,日本特务头子黑泽兼次郎,了解到张对俄有好感,当下想干掉他,后被司令部一参谋制止。同时,日军又赠银币 1000 元让张为其效力。此后,张死心塌地跟随日军,表示对日俄持观望态度,但暗中常常偷袭俄军。据日本一特务的日记记载:一个名叫张作霖的中国人对日军抱有非常好感,愿誓死为日军效力。

另据日本"黑龙会"出版的"东亚先觉志士"记载:张最早当过俄军间谍,被日军逮捕呈请井户以判处死刑,并认为张可以加以利用,一再设法请示日军总司部儿玉参谋次长,同时请参谋长福岛和田中一义从中斡旋,张表示"愿为日本效命",并在誓约上签字画押。实质上,当时张不仅堕落为叛徒,而且成为日本特务。

1901 年 2 月,张作霖被另一匪帮包围,差点送命。张突围出来,逃到了八角台,并和当地土匪张景惠合并。接着,借助大匪汤玉麟的势力消灭了另一匪帮,于是声名大振,不久,又和张作霖匪帮,汤玉麟匪帮合并,成立了八角台"保险队"声名渐大。此期间,由于他有日本人的支援,加之他重视结交"名士",组织自己的"智囊团",很快使遐迩闻名。

攫取高位

中日甲午战争结束后,东北各地满目疮痍、民不聊生,加之 1900 年沙俄的入侵,东北处于一片混乱之中。

1902 年,清政府开始整顿奉天地方,为了补充官军之不足,加强地方的统治,决定收编各地"保险队",并成立"招抚局"。

张作霖闻讯后,便向"智囊"们讨计,于是"智囊"们便建议说:"帮抢已成强弩之末,现在十室九空,商旅不行,将到抢无可抢,绑无可绑之势,不如趁早改变方法……你可受到招抚,岂不为着。"张作霖听后,认为"言之有理",于是认为"有机可投",并高声叫嚷识时务者为俊杰,还大言不惭地对张景惠等人说:"现在中外和约已成,俄国退兵,朝廷不会

再让我们胡闹下去，招抚令已下，我们不如就此归顺，为国出力，洗涮以前不白之名。"众匪徒问他如何是好？

张作霖接着压低声音说："只要大家同意，我自有办法，希望大家严守秘密。"于是，他便把蓄谋已久的如何劫驾奉天将军增祺夫人的计划告诉给众匪，并要求他们依计而行。

果然，不久增祺的老婆在一条荒僻的小路上被劫持，连人带物被押解到附近村庄。匪徒们将劫来的人及车子都安顿停当，还单给增祺的老婆及贴身者安置到一间很好的屋中，并用最好的鸦片烟款待增的老婆及随行人员。这些人看到土匪们个个非常"和蔼可亲"，心中甚感奇怪。张作霖又亲身招待随行的几个重要人员躺在床上吸鸦片烟，还表现出唉声叹气的样子，并说：唉，现在我们国家是如此的软弱，毫无国际地位，受尽外国人的欺凌，国内人民生活竟达到这般境地，真使我非常痛心呵！我们之所以当土匪，还不是被逼上梁山吗！增祺老婆的随行人员感到张如此谈吐文雅和牢骚满腹，很有些受感动，于是其中有一个稍有地位的人便上前来搭话："我很同情你们的处境，我想我们将军来到奉天一定会有办法的，你们一定会有出头露面的日子。"然后又说："请问您尊姓大名？"张回答："我便是张作霖。"这几个人一听是张作霖，不觉倒吸一口凉气。他们曾对张早有耳闻，说张是奉天著名巨匪，膀大腰圆，面貌凶恶，无恶不作，今日一见，张却是如此的温文尔雅，英俊的二十多岁的青年人，心中甚是惊愕。张于是趁机将自己的身世和当土匪的经过坦率地说了一遍，而且加了许多细节，让人听后顿生怜悯之情。言下还流露出一股愤懑不平之意，对奉天将军增祺故意表示非常怨恨，说增到的伊始，不分青红皂白，就要严拿清办，使我们有口难辩，不过干我们这个买卖，个人生命早已置之度外了！那个随员接着说："依我之愚见，长此与政府作对，没有什么前途，还不如弃暗投明，归顺朝廷，才是正道。"随后问张："倘若有这样机会，尊意如何呢？"张回答说："我们走上这条路是万不得已，倘若有朝一日能为国家效力，我等当万死不辞。但听说增将军本性固执，恐他一时难以改变态度。"张然后问道："你们究竟是哪一个山头的，那位太太又是何许人也？请放心，张某决不会加重于你们"。那个随员思索片刻说："待我回禀太太，取得她的吩咐再同你谈。"于是，随员立即禀告增祺老婆，并将发生的事情一五一十做了报告。增祺老婆当时想，一来为了解除眼前的急难，二来应替增棋去一地方治安的大患，论公论私都应见张一面。决定后，她让随员告诉张她的身份，并愿意与张一见。张入室行了大礼参拜，低首站立说："张作霖冒犯夫人，愿受惩罚。"增祺老婆见张对自己如此毕恭毕敬，亦很受感动，然后说："我原在省城时，就听说绿林各帮与增将军为难，特别是你的声名很大。现在路上巧逢，想不到你如此厚待我们，深表谢意。适才听了下属报告关于你的过去和你的愿望，我很同情你，我想你是一个很有作为的年轻人，而且又有实力，倘能迅速改邪归正，弃暗投明，前途无量。我想你也一定会这样做，只要你能保证我们一行平安到达奉天，我一向增将军建议收编你们为奉天地方效力，既有利于朝廷，也有利于你的出路，何乐而不为呢？不知你意下如何？"张赶忙道谢，并显得非常诚恳地说："倘有一天不才能投到增将军麾下，为国效命，有生之年，绝不忘太太大恩。"随即辞出，立即命令匪众将所劫东西全部

查点清楚，寸草未动。增太太和部下大受感动，拿出5锭纹银赏赐张的部下。张婉言谢绝说："只要能有出头露面之日，那就令人终生难忘了。"于是增太太等人平安回到了奉天。

增祺老婆回奉后，将中途发生的事情及自己的对张的许诺详细说给了增祺，并对张大加赞许，说张文质彬彬，并非一般鲁莽强悍之辈。增听后亦很受感动，于是，向清廷禀明张的情况，并征得了清廷的同意。不久，他便命新民府将张作霖收编。

张作霖被收编后，实现了梦寐以求的愿望，也达到了他的"要当官，先当胡子后招安"的目的。他为了讨好于新民府，拼命为清政府效劳。

当时，为了表示他效忠朝廷，张不断消灭和火拼其他匪帮，而且"卓有成效"。增祺得到张的"剿匪"事迹后，为了抚慰他，特令其到省城晋见。狡猾的张作霖恐其中有诈，遂让其"把兄弟"张景惠冒名顶替，不料被增祺识破。增祺和颜悦色地说："只要你们真能为朝廷效命，我就一定准许你们戴罪立功，咎往不究，决不会欺骗你们的。"

于是，张作霖高举所谓"为民除害""为清廷效忠"的大旗，大肆"围剿"其他匪帮。一两年的时间，便使匪帮所剩无几了。

为了他个人升官发财，早已将他的"哥们义气""侠肝义胆"抛之九霄云外，加之又是"名正言顺"，不管是"拜把子"还是"义父"，谁妨碍他的仕途，他就向谁开刀。

杜立三，是辽西一带的著名巨匪，力量雄厚，加之他的匪徒个个精骑善射，在辽阳一带声名大噪。张在收编以前，曾和杜发生过矛盾，被杜打得大败而逃，后经人调停，结为"金兰之好。"杜虽为绿林胡匪，横行地方，但对帝国主义的侵略行径却恨之入骨，经常率匪众出没，时常打击俄军，但同时对地方人民亦"烧杀抢掠，无恶不作"，以至于"当地人物赴省控诉者，案积盈尺。"奉天府几经围剿，均无济于事。1907年（光绪三十三年），徐世昌任东三省总督，命张作霖对这支悍匪严加缉拿法办。张深知杜立三是非凡人物，硬拼难以取胜，只能智取。他与同伙多次密谋，请杜到新民府赴宴，乘机诱杀，但都被老奸巨猾的杜立三识破。

张作霖一计未成，又生一计。经过"深思熟虑"，便决定请杜的同宗叔父杜浮林出面"劝驾"。杜浮林是黑山县人，秀才出身，曾向新民府保荐过张，张对他感恩戴德，释为"义父"。于是杜常出入在张的身边为张出谋划策。杜很讲江湖义气，把杜立三看成是自己的亲侄子，经常用《水浒》中的侠义英雄来教诲杜立三，深得杜立三的信任。张得知杜立三对杜浮林言听计从，便在杜浮林身上打主意，于是，他亲自到杜府拜见"义父"，表示说："以立三的才干和力量何愁不青云直上呢！可是立三始终不肯回头，前几天因徐总督带兵到省，觉得他再这样干下去太危险了，特设酒席宴请他，再以最后忠告，可惜他反而误会了，不但不来，并且说些闲话。这次请老人家来，就是为了此事，仍想请他前来共商进取。现在徐总督带重兵来奉天，决心要消除地方匪患。不像从前自家朋友，彼此可以相安无事，心照不宣了。立三不能再继续干下去了，趁徐总督还没有动手的时候，我和沈知府力主招安，他要归顺是有把握的。老人家如果同意，拟请亲自出面邀请他前来，以免再发生误会。"但很怕杜浮林信不过,便亲自带杜浮林见了殷鸿寿委员。杜听了这番花言巧语,对张的话深信不疑,决定立即给杜立三写信,告之省派人来招安事属实,并在信中说:"游侠非终身之事,梁山岂久居之区;一经招安,不仅出人头地,亦且耀祖荣家",希望他接信后速来新民府晤面,并一同随殷委员进省。

杜立三接到杜浮林的信后,感到堂叔的规劝是有道理的,决定不放过这次招安的机会,前往新民府。尽管他非常警惕,但毕竟寡不敌众,终于被擒,并于当晚被枪决。

杜浮林得到杜立三被骗杀的消息后,大为恼火,大骂张作霖不讲义气。张诡辩说:"杜立三凶狠残暴,恶贯满盈,我奉总督之命为地方除害,这正是大仁大义。事前所以不同老人家说,因怕事机不密,就要大动干戈,这样一来所全者大,所杀者小。老人家为了侄儿,情因有所堪,如以大义灭亲的道理看去,也就可以心安理得了。这次兵不血刃,而地方除一巨患,完全是你老人家的力量,我张作霖决不贪天之功为己功,一定要报请徐总督以优奖叙。"一番话,讲得杜浮林笑哭不得。足见张作霖对厚黑学研究之深。最后老先生无可奈何地对张说:"死者不可复生,还有什么话可说呢!只希望你对他的身后,加以照顾,对于其他部众有所安抚。你赶紧向总督报功去吧!前途远大,好自为之!"言下老泪纵横。张显得非常痛快,当面答应对杜立三的家属一定尽到朋友之情。

其实,卖友求荣的张作霖并未实现他的诺言,在捕杀杜的同时,早已派人去包围杜家,杜家老小早有准备。于是,他将杜家的财物纷纷掠去,据为己有。张这种"铁面无私""大义灭亲"的精神,使得总督深受感动。张终于达到了自己的目的,不久便得到提升,而且官运随之大昌。

张一边"剿匪",一边趁机发展自己的势力,很快将自己的5营兵力扩充为7营,增兵达到3500人以上。但张在剿匪的过程中,土匪本性并未改变,烧杀抢掠,无恶不作,给东北人民带来严重灾难。

1909年以后,张作霖一方面为了得到日本帝国主义的支持,加紧与其勾结,不断在军火上得到接济,扩充武力,另一方面为了继续高升,在寻找新的"立功"时机。真是天赐良机,他从镇压奉天反帝反封建斗争的革命人民的血泊中,终于攫取了更大更多的权势。

辛亥革命前夕,东北的革命浪潮亦是风起云涌。武昌起义后,东北的革命党人欣喜若狂,奔走相告,当时,清政府的东三省总督赵尔巽闻讯后,赶忙召开紧急会议,最后决定与革命党人血战到底。当时,有人建议赵,为了确保总督府的安全,应调张作霖来。

老奸巨猾的赵尔巽深知张的为人,不敢赖以重任,于是决定密调驻防通辽的吴俊升率部开往奉天,以防万一。但这一消息被张的"把兄弟"张景惠探知,并报告了张作霖。张认为良机不可错过,于是未经赵允许,擅自调动所部,立即赶到奉天。赵见张进城来见,颇觉奇怪。张对他说:"由于时局紧迫,唯恐总督身边危险,乃迫不及待,先行率兵保驾,若总督认为未奉军令,擅自行动,甘愿接受严惩"。见事已至此,迫于形势紧急,只好默许。而后由赵补发一张调令了事,待吴俊升接到调令时,尚在云雾中,等他弄明情况时,已是时过境迁了。

张作霖进驻奉天后，赵尔巽给他讲了奉天的形势和自己的苦衷，张当即表示，坚决为大帅效犬马之劳。赵任命张为"剿匪"司令和奉天城防司令，统率 14 营，5000 多人。张进城后首先对新军首领蓝天蔚和革命党人张榕等进行了血腥镇压，以此作为他的"进荐礼"。

张的这一举动，深得赵的信任。于是，张又乘机招兵买马，他的部下不仅都得到晋升，而且遍布奉天各地。当时，张疯狂镇压革命，赵一再向袁世凯夸赞张的"功绩"。同时，袁世凯为了积极筹措称帝，也有意拉拢张，充当其反动鹰犬。1912 年（民国元年）改编军制时，张被任命为二十七师师长，使他掌握奉天的军权。至此，张作霖终于踏着革命党人的血泊，攫取了高位，组成了奉系军阀军团，唱完了他发迹的第一台戏。

称霸东北

随着张作霖势力的日益扩大，张的个人野心亦日益膨胀，为了达到其称霸东北的目的，于是大肆搜罗文武干才，组织其所谓的"奉系班底"。

他深知光靠原班人马，不能成其"大业"。当上奉天督军后，就以当年刘邦的经验对其亲信说："吾此位得自马上，就不可马上治之，地方俊贤，如不我弃，当不辞卑辞厚币以招之。"从那时起，他改变了主意，不仅团结文人参加其班底，而且也别开生面地吸收受过洋军堂军事教养的战备人才来充实班底，随着反动的奉系军阀集团和奉系班底的形成，张作霖的羽翼渐丰，终于展开了一场吞并东北的大角逐。

民国初年，窃取辛亥革命果实的袁世凯，为了控制边陲，派他的亲信上将张锡銮为奉天督军。此人昏败无能，全仗袁的势力维系其统治，张作霖并未将这位上将军放在眼里，但为了夺取奉天地方大权表面上对他毕恭毕敬，甚至不惜屈身拜认张锡銮为"义父"，以讨其欢心，希冀他能在袁面前为他大加美言，但暗中却结交其部下，把这个"义父"架空起来。事无大小，都必须先报告他，然后才能到上将军公署报告张锡銮。如 1913 年，日本承认中华民国，首先为交涉使于冲汉所惠，他先报告张作霖，然后才报告张锡銮。张锡銮自知老朽，无力制服张作霖，只好忍气吞声，强作无力与张作霖搞好关系，有时还屈驾造访张作霖。张作霖也通过张锡銮讨好北京政府，尤其是袁大总统。

1913 年 2 月某口，袁世凯为了笼络地方势力，以"筹商边疆要政"为由，召见了张作霖，当面夸奖他镇压革命有功，并授予他"一等勋章"。事后，袁对张仍不放心，于 1914 年秋，封张为"护军使"，借以将他调往内蒙古。不料被张识破，张大为恼火地说："中央欲以护军使等职相待，此等牢笼手段，施之他人则可，施之作霖则不可"。袁无奈，只得另寻他法。当时，张急于当奉天督军，极力排挤总督张锡銮，迫使其自动向袁辞职。为此，他行贿袁世凯的亲信湖北督都段芝贵，恳请段再次引见袁世凯。袁召见他时，他佯装呆头呆脑，给袁世凯以"老粗无大志印象"。袁于是对他稍解除戒心。1915 年 8 月，袁果然接受

了张锡銮的辞请，但张与湖北都督段芝贵对调，并叫段节制吉黑两省，使张大失所望，但却无可奈何。于是，他只好巴结段，与段结为"兄弟"，表示很亲热，给段请客送礼，借段来讨好袁世凯。当时，袁正鼓吹帝制，于是见有机可乘，便首先致电袁表示拥护帝制，足见他的用心。

但袁登基后，他却只得一个二等子爵，他大为恼火，恼恼地说："吾何能为人作子？"便决定"递呈请假"以示反抗。

当时，袁世凯称帝，立即遭到全国人民的反对。1915年12月25日，云南宣布"独立"，蔡锷组织了"护国军"北上讨袁，全国各地纷纷响应。善于投机钻营的张作霖，目睹全国反袁形势，认为攫取奉天将军大权的时机已到，于是马上提出了"奉人治奉"的口号，图驱逐段芝贵，取而代之。

他自知，单靠自己的力量是难于实现的，便与二十八师师长冯德麟策划驱段，此事正中冯的下怀，他久有驱段之意。冯说："上将军段芝贵是清末官吏败类，秽吏劣迹人所共知，今为东三省帝制祸首，仍然居奉天人士之上，我辈决不甘心，应该驱逐他，由奉天人来干一干。雨亭以为如何？"张故意请教驱逐的办法，冯说："这个不难，以我们二十八师演黑脸，和他做正面冲突，由二十七师演白脸，用'吓'字决逼他畏罪逃走，这样演一幕不费一兵一文的滑稽剧，岂不妙哉！"张点了点头。张于是到将军署对段说："冯德麟把兵开来了，经进军'派出所'，以维持社会秩序。"一日，王永江逮捕一名无赖军人，正好是汤的部下，于是汤大为恼火，纠集一批人控告王永江，汤说："天下是军人枪杆子换来的，王永江凭什么功劳高高在上，来管辖军人"。于是，他多次向张进谗言，都遭拒绝。这次，汤鼓动一批高级军官，电呈张"共同要求撤职王永江，"张将电文撕个粉碎，破口大骂。汤"愤然而归"，调所部欲致兵谏，王永江闻风而走。冯以为干掉张的时机已到，便与汤联合派特使到北京，要求北京政府罢免张，要求由冯任省长，汤任二十八师师长，北京政府以"张督军和日本关系融洽"为由予以拒绝，并派人予以调停。冯感觉到形势对己不利，便逐渐软化，退居广宁"以待时机"。汤于是陷入孤立，只好听任张的摆布。汤企图再次联冯抗张，但都遭拒绝。汤于是纠集一帮土匪，为非作歹，张于是下令免黜汤的五十三旅旅长职务，并派五十四旅予以讨伐，汤至此一蹶不振。

1917年，张勋复辟。冯、汤积极参与。张得知后，非常高兴，正中下怀。正如他的谋士袁金铠说得那样："冯德麟因大帅升任奉天将军，时有不平之色，久恐生变，须早为计。莫若令其入京暗中参加复辟，事成大帅不失戴翌之功，不成则以冯当之，这不仅是卧榻免去他人酣睡，亦调虎离山之计也。"张于是特电冯，委托为奉天全权代表，支持参与张勋复辟。

冯在张勋复辟的活动中，异常卖力，梦想"事成之日踢开张作霖，自当奉天将军。"为此，他积极奔走呼号，命令自己所辖二十八师进京效忠。当时，蛰居天津的段祺瑞，一见张勋复辟不得人心，于7月8日，在天津起兵反对复辟。此时，善于看风使舵的张作霖也发表宣言，反对复辟。复辟丑剧在短短的12天后便宣告结束。

7月10日，冯德麟企图率部沿京奉路返回奉天，在天津站被曹锟部逮捕。7月15日，北京政府下令以"背叛共和"的罪名革职。消息传到奉天后，张故作不知，等到冯妻哭述求救时，他才以"友情为重"出来为冯说情。最后，北京以"参与复辟证据不足，因吸鸦片罪罚金800元。"冯被释后又同汤返回奉天，往日的职权，被褫夺殆尽。于是张掌握了奉天实权，为统一黑吉打下坚实的基础。

张的野心逐步得到实现，于是他开始了他吞并东北的第一个目标——黑龙江省。当时，袁所调朱庆澜督理江省军务。这时，黑省的实权人物是陆军第一师师长许兰州。朱继任不久，便被许排挤离职。

1914年5月，由前任都督毕桂芳再任黑省总督。但因毕系外交官出身，在军队中无自己的心腹，军事上指挥不动，督军之名亦只不过形同虚设，因而，很快被许兰州挤走，于是许便掌握了黑省实权，张作霖为了插手江省事务，对许更是大力支持，因而江省军民对许无不震慑。

许在策动夺取毕桂芳督军兼省长的活动中，曾与英顺、巴英两个旅密谋，并以"师长位置相许"。但事成之后，许失诺言。英、巴二人对此大为不满，于是决定起而抗之，而许兰州则决定罢免英、巴，于是一方以许为核心，一方以毕桂芳和巴、英的两个旅为代表，拔箭弓弩，使黑省局势异常紧张。北京政府忙于内争，无暇顾及江省事务。

张作霖见此形势，非常高兴，决定乘机夺权。于是，在7月上旬，派孙烈臣奔赴江省，以调停"英、巴与许的争端为借口，暗中调查各方动静，"借机各处奔走拉拢一些人投靠张作霖。为此，孙先与英顺会面，英表示拥张。然后，孙再去见许，许本来与张素有勾结，这次孙代张来访，使许简直"受宠若惊"，自然"唯雨帅之命是从。"张作霖于是致电段祺瑞，保荐自己的至亲鲍贵卿继任江省督军，段接受了张的保荐。8月13日，鲍就职。此时，张又与段祺瑞合谋，将许兰州所部调任去奉天为东路剿匪总司令。当许离开江省到奉天之际，张热烈欢送，开口便说："我对不起大哥，未能帮大哥的忙，因为我的队伍看着二十八师，腾不下手来，请你原谅。"就这样，很体面地将许兰州部并做了自己的部属。接着，张作霖又紧接调兵，支援鲍，张为了掩盖其调军北上攫取黑省大权的野心，一以调停"英、巴"叛乱为名，一以"剿灭蒙匪"为名，堂堂正正地发兵北上。这时英、巴不服调停继续反抗，段祺瑞政府为了讨好张作霖，罢免了英巴二人的军职。就此，张作霖掌握了黑省的军政大权。

张在攫取黑省大权后，立即开始插手吉林。就吉省的形势与黑省大不相同，吉省督军孟恩远，统治吉省十余年，拉帮结伙，地方大小官吏唯他命是从。孟恩远，行伍出身，野心勃勃，与张吞并东北的想法不谋而合，矛盾就此开始。1916年，张攫取省黑省大权后，联络东三省的众议员及吉省的众议员数人，搞起了一场驱孟运动。孟在张勋复辟活动中很卖劲，而且被清廷任命为吉林巡抚。于是，张在这一点上大肆渲染，请国务院罢免孟的职位。

北京段政府的罢免令发下后，受到孟的党羽和亲信的极力抵抗，一些军官联名致电

北京政府，并于 1917 年 10 月 22 日宣告吉省独立。1917 年 10 月 18 日，北京政府派段祺瑞的亲信田中玉由察哈尔都统升任吉林督军。这与张的想法又相矛盾，于是，他采取了两面手法，暗里支持孟的部下抵制田中玉，表面又劝告孟接受政府的罢免令。当他遭到孟的拒绝后，便借口以武力调停，组织吉林讨伐军，想借此插手吉林。

新任督军田中玉在未动身赴任前，便接到了吉林各团体联名打来的电报："由于吉林治安关系，暂请延期来任。"田分析情况后，生怕自己卷入这场内乱，于是赶快向北京政府致电，婉言谢绝吉省总监之职。

1918 年 8、9 月间，为了对抗苏俄对东北的影响，北京任命张作霖为东三省巡阅使，这给他向东三省夺权创造了更有利的条件。

1919 年夏，张作霖唆使吉林公民何宋仁等分别向国务院及东三省巡阅使署控孟纵兵殃民八大款，并分别派代表赴京赴奉，确认孟恩远在吉林失职，于 7 月份，免去了孟的职务，任他"惠威将军"，是个虚衔。而孟的部下却誓死抵抗，张见吉林军队顽抗，乘机派兵镇压，于是使吉林省的形势非常紧张。这时，日本方面为了支持张作霖，制造了"宽城子事件"。当时，吉林军和日本军队发生了冲突，而且互有伤亡。于是，日军向北京政府提出抗议，亲日派段祺瑞下令将孟等免职，一切军务交张作霖处理。张在雄群角逐中，技高一筹，终于独树一帜，吞并了东北，成了名副其实的奉系军阀头子，唱完了他发迹的最后一场戏，并获得了成功。

传奇军阀

——阎锡山

名人档案

阎锡山：字百川（伯川），号龙池，汉族，山西五台县河边村（今属定襄）人，日本陆军士官学校第六期毕业生。

生卒时间：1883～1960 年。

安葬之地：葬于台湾。

性格特点：奉行"中的哲学"。

历史功过：清朝陆军步兵科举人、协军校，参加同盟会，组织与领导了太原辛亥起义他还统治了山西、河北、察哈尔、绥远四个省区及北平、天津二大城市。更耐人寻味的是，在战乱不断，三日更朝、二日换主的民国时期，在山西以外的大小军阀势力此起彼伏，多有变化之时，他却连续统治山西 38 年之久，成了军阀中的一个不倒翁，即使像袁世凯、蒋介石那样的大奸雄、大独裁者，都对他无可奈何。解放前夕去台湾，卸职后避居阳明山著述至去世。1939 年 12 月至 1943 年 4 月任山西大学校长，其著述有：《物产证券与按劳分配》《阎伯川言论集》等。

入武东渡

　　1900 年（清光绪二十六年）的一天，山西五台县城内一直生意兴隆的"吉庆昌"钱铺突然闭门谢客，铺主及两个伙计象一下子从地球上消失了似的踪影皆无，就连"吉庆昌"的招牌也不见了，这可急坏了持有"吉庆昌"钱帖子的市民，他们聚集在铺子门前，期待着店主的突然出现，可他们从早等到晚，连铺主的影子也没见着。

这家"吉庆昌"钱铺的铺主,就是阎锡山的父亲阎书堂,铺里的两个伙计便是阎锡山和他的姨兄梁世爵。这时,他们三人正慌里慌张地在五台县城到河边村永和堡的小路上跑着,他们都不时地回头看两眼,生怕有人追上自己。

原来,有着5年历史的"吉庆昌"钱铺,除经营少数杂货外,还放高利贷,出钱帖子(私商发行的一种纸币)。由于山西五台一带地处山区,交通不便,故银钱比价时高时低,一些商人见有机可乘,便在金融市场上做起"打虎"生意(交易双方不见现款,仅凭一句话就买进卖出,因要冒极大风险,故称打虎),阎书堂见有利可图,也忙步入"虎市",进行投机。果然,他取得了意想不到的利润,于是,他胆子越来越大,投机的数额也越来越大,然而,前不久他却在一次大的"打虎"中失败了,不仅输掉了手头的全部流动资金,还欠债两千吊。债主催促还债,持有"吉庆昌"钱帖子的市民得知后也纷纷要求兑现。阎书堂拿不出现金,便三十六计走为上计,带上阎锡山和梁世爵,逃之夭夭。

阎锡山是阎书堂唯一的儿子,他6岁丧母,继母陈秀卿以不养前家子为过门条件(但未生育),于是阎锡山便由外祖母领去抚养。有家难归的阎锡山虽得外祖母疼爱,但寄人篱下,总遭白眼,就连小孩都想欺负他,使他很受刺激,由此形成了与众不同的性格。他有时沉默寡言,有时顽皮难管,有时驯服,有时狂暴。直到16岁,他才回家成亲,之后便帮着父亲照料铺子,印钱帖子,学记账,算利息;稍有经验后就外出讨债,在虎市上探听行情,协助父亲做投机生意。很快他就把投机商那套"精打细算",唯利是图,投机钻营,巧取豪夺的手段都学到了手。可正当他干得入味的时候,父亲"打虎"失败,他只好随父亲逃离五台县城,逃往河边村老家。

逃回老家后,为维持生计,阎锡山曾在街头卖过饼子,也支过官差。1901年,八国联军攻占北京,德国进逼五台县龙泉关,清军布防于五台一带,阎锡山被派去给清军担水切草、喂马遛马,与其他民夫一同挨打受骂,吃尽了苦头。不久,因债主逼到了老家,他又随父亲离开了河边村,先在忻县一家药铺帮忙,可债主紧追不放又找了去,不得已,他们又逃往太原,经一同乡介绍,才勉强在一家店里当了小伙计,可他整日仍是提心吊胆,生怕债主又找来。

正在阎锡山四处躲债,走投无路的时候,他看到了山西武备学堂的招生简章,他便鼓足了勇气,报名应试。初试时,他非常用心地做了《韩信将兵多多益善论》的论文,特别是口试时,他那谦恭的态度,灵便的应答,深得山西新军第四十三混成协协统姚鸿法的赏识。于是1902年,他顺利地考取了武备学堂。1904年,阎锡山又考取了官费赴日留学的资格,于当年4月份赴日留学,终于彻底摆脱了债主的威逼,坐在开往日本的轮船上的阎锡山,心里总算平静下来了。

留日期间,阎锡山不管对清政府,还是对以孙中山为首的资产阶级革命派,都没有一心一意过,但他却同时取得了双方的信任。不论是在日本振武学校学日语,还是在日本陆军士官学校学军事,他都十分认真,对管理留学生的清朝官吏毕恭毕敬,阿谀逢迎,因此他被认为是一个安分守己的好留学生。其实,他到日本不久,还在振武学校学习日语

时，就有意识地结识了中国资产阶级革命派的领袖孙中山先生。1905年，同盟会成立后不久，他便由谷思慎介绍加入了。1906年孙中山先生指示东京同盟会总部，选拔军事骨干28人，组织"铁血丈夫团"作为回国后各省军事运动的中心，阎锡山就是这28人中的1个。这一年，阎锡山在振武学校的学习结业之后，请假回国探亲时，就在日本东京接受了同盟会总部要他回国，相机宣传革命的指示，还领了两颗可以随身携带的小型炸弹。这一切，不仅为阎锡山在清廷的衙门中飞黄腾达创造了条件，而且还为阎以后投机革命捞取了政治资本。

对阎锡山来说，东渡日本还有一个重大收获，这就是他在日本陆军士官学校的学习，使他深受日本军国主义的熏陶，开始奉该校鼓吹的"优胜劣败、弱肉强食""有强权无公理"等谬论为至高无上的真理。当日本教官在课堂上讲德国铁血宰相俾斯麦打败其他强国的历史，讲日本明治维新后，实行军国主义、征兵练武、发展资本工商业，从而称雄世界的历史的时候，他如获至宝，听的都出了神。每一句话都使他刻骨铭心。此时，他似乎明白了身着堂皇服装的日本军官为何神气十足，行人避道，恭而敬之，他似乎找到了自己的偶像，找到了自己的奋斗目标，于是，他开始竭力地巴结逢迎他们的队长冈村宁茨、教官板垣征四郎和同学土肥原贤二等后来日本军国主义少壮派法西斯分子。并与他们暗中交往，尤其是和土肥原贤二过从甚密。由此，阎锡山与日本的关系就深深地"扎下了根基"。

1909年3月，阎锡山在日本陆军士官学校毕业，此时的阎锡山可比昔日东渡时成熟多了，他仔细分析了中国形势后认为，回国后要想尽快出人头地，必须首先讨好清廷顽固派和立宪派，获得信任，抓取兵权。所以，在回国前他就设法打听到山西新军第四十三混成协协统姚鸿法的父亲姚锡光，正在北京清政府陆军部任左丞相要职，回国后，他便绕道北京谒见了姚锡光，诡称自己是留日归国学生的代表，对姚百般奉承，因而取得姚的赏识。姚写信给其子鸿法，要他对阎锡山另眼看待。阎锡山因得到这一有利的引进，回太原后，很快就当上了专门培养"新军"的军事人才的山西陆军小学教官，3个月后升任监督。

任职后，阎又大肆活动于山西的五大衙门，晋见抚台、藩台、臬台、学台和道台，拜访谘议局长和副局长，就连巨商渠本翘和绅士谷如墉等他也一一拜过，他自称晚辈后学，以取得这些人的青睐。为了接近谘议局长梁善济，他同梁的门生、谘议局秘书邢殿元订了"金兰之好"。他又探得，标统夏学津是巡抚丁宝铨的亲信，就设法与夏接近，然后由夏介绍，做了丁的门生。通过以上活动，再加他1909年11月在清政府组织的留日归国学生中的北京会试中考列上等，故12月3日，即被赏以陆军步兵科举人并授协军校。回省后，又被提升为八十六标教练官。来年春，在协统姚鸿法的援引下，阎锡山被提升为八十六标标统（团长）。由此，他取得了合法的依据。

但就在这同时，敏感的阎锡山也认识到，革命的烈火将烧毁大清帝国，于是他不是放松，而是加紧了与同盟会的联系。他一面参加清政府组织的北京会试，一面又参加了李

烈钧等同盟会中坚人物在北京的聚会,与他们共同研究将来起义等事宜。由北京回山西后,他还召集士官学校同盟会中的会员,研究如何掌握军队的办法,提出拉拢山西文武权贵,并在军队的各级领导岗位上安插同盟会员的意见,得到了赞同。当了标统以后,征得同盟会的同意,他在八十五、八十六两个标里组织了以同盟会员和同情革命的积极分子为骨干的模范队,并任命一部分同盟会员在八十六标里担任要职。

就这样,东渡回国后的阎锡山,既能在清政府的山西衙门中飞黄腾达,又能继续在革命营垒同盟会中捞取政治资本,为其日后篡夺革命的领导权,奠定了基础。

随机应变

1911年10月29日凌晨,太原城内枪声大作,炮声轰鸣,被同盟会控制的山西新军,在司令官姚以介的指挥下,响应武昌首义的壮举,举行武装起义。起义军先攻下了太原城的新南门,然后主攻省抚署,往日平静、威严的巡抚衙门,顿时成了血与火交融的战场。

然而,就在离抚署不远的大教场东北的小树林里,却躲藏着一个清军军官,他独自在那里走来走去,还不时地向抚署的方向张望。他就是山西清军第八十六标标统阎锡山。

身为同盟会会员、"铁血丈夫团"成员的阎锡山,并没有让他的八十六标"草率"参加起义,尽管他参与了这次太原起义的筹划。

那是在起义前4天,10月25日,阎锡山参加了山西巡抚等召集的防止革命党在太原起义的军政官员会议后,便立即召集同盟会会员黄国梁等召开秘密紧急会议,筹商对策,并以时机紧迫提出了进行起义的两种办法。其实,在这之前,阎锡山就凭借"铁血丈夫团"的身份,拉拢私人,阴谋操纵山西地区的革命势力,并在太原成立了一个核心组织,由他一手把持。于是,到太原起义时,他就把抛头露面的冒险事都交给了自己的亲信张树帜等人,太原起义之后,他又玩弄两面手法,一方面令他的八十六标布防在巡抚衙门的东西两边附近街道,并控制小二府巷,保卫巡抚衙门,守护军装库,同时又命令他的部队将不听命于他的守卫抚署、抗拒起义部队的巡防马队营相机驱散。并派该标模范队班长傅存怀、程廷栋探听情况,随时到小树林来向他报告。辛亥革命时的阎锡山就是这样看风使舵,幕后操纵,他打好了成则居功,败则诿过的如意算盘。

拂晓时分,阎锡山所派的两个密探匆匆走进小树林,向阎报告了起义军已攻占抚署,并将巡抚陆锺琦和派兵镇压起义军的第四十三混成协统领谭振德击毙的胜利消息。立刻,阎锡山疾行而去,宣布八十六标参加起义。

起义成功的当天,在谘议局举行了推选领导人的会议,山西军政各界头面人物都应邀参加。会上,阎锡山等演说完毕后,就发票选举都督。当阎锡山的亲信张树帜发现有选谘议局长、大会主持人梁善济的倾向时,便立即持枪跳上主席台,将梁善济挤到身后,大声叫道:"选阎锡山为大都督,赞成的举手。"阎锡山的另一亲信也在场内应声高喊:"应

当推选阎锡山为大都督,赞成的举手。"全体入会者在惊愕中面面相觑。然而,乌黑的枪口使他们很快地做出了抉择。于是一致通过。

当晚,当上大都督的阎锡山完全沉浸在成功的喜悦之中,8时左右,侍人入报:清兵八十五标一管带熊国斌有要事请谒。阎锡山十分高兴地想,我刚当上都督就有人上门巴结,便立即说道:"请他进来。"谁知,熊国斌一进门,就拿出手枪对阎射去。阎锡山猝然伏地,才保住了小命。阎的卫兵急开枪打伤熊腿部,乘势夺下手枪捕住,阎锡山当即下令将熊拖至营门外灰窑内活埋。当下,阎锡山便命令道:"召执法队集合!"这天晚上,他亲自带着执法队巡视各街,他怀着复仇的心态,当场击毙了参与抢劫的士兵百余人。他学着当年走在日本街头的"皇家"军官的样子,神情严肃,昂首挺胸,他似乎觉得,此时,人们投来的目光,与日本军官所得到的几无差别,只不过更增加了几分"畏惧"。就这样,阎锡山当上了山西的土皇帝。

深自韬晦

辛亥革命后,阎锡山继续运用他已尝过甜头的惯用手法,这就是一只手紧拉着同盟会和民主共和,另一只手又紧拉着守旧势力和君主立宪。他好似墙上的芦草,东风大则往西摆,西风大则往东摆。但虽左右摇摆,却始终围绕一个中心——统治欲与金钱,只要附和这个中心,无不千方百计钻营以赴。

攫取山西都督后,阎锡山立即组织成立了山西军政府,发布安民告示,发表起义宣言。然,民国政府尚未正式成立,大清王朝也未完全垮台,于是乎,阎锡山即宣布用皇帝纪元作年号,军政府门前既不挂龙旗,也不挂青天白日旗,而是挂出了"八卦太极图"。

当清军逼近太原城并攻下太原东部的重要关口娘子关时,可把阎锡山给吓坏了,他思忖着,若是清军攻入太原,将我捉住,那我可是死路一条了。于是,他便以革命不必一定要守省城,往南往北都可以继续革命为借口,带着他的军队,弃太原城北逃,直逃到内蒙古包头和托克托城一带。直到1912年1月15日,清太原巡抚张锡銮派代表到包头迎阎返省,阎锡山仍以为是诱捕,未敢遽信。2月初,太原方面再派人持信前来催阎返省时,阎见形势已定,遂下令返省。

在返省的路上,阎锡山正费心地琢磨着回太原后如何对付新的巡抚道台,以便人权独揽,可刚行至忻州,忽接袁世凯来电,令他"不准前进","不准擅自行动",事出突然,阎锡山莫测所以,极为慌张。当摸清袁世凯此举是想窃取山西,故不承认山西为起义省份(袁以山西起义后,阎出走,省垣负责无人,使太原一度陷入混乱为借口)时,他又计上心头。他一面急电正在陕西的亲信南桂馨,取道汉口,转往南京、上海,面见孙中山,表示阎锡山对国民革命的衷情和永不变节的决心,恳请孙中山支援。同时,考虑到要回太原,非取得袁世凯的信任不可,便挖空心思讨好袁世凯。阎锡山终于找到一个名叫董崇仁的定襄县人，据说此人的父亲一向在北京包揽皇宫工程，自幼出入皇宫，与内侍人员非常惯熟，并纳捐为候补道。袁世凯任北洋大臣时，极力拉拢和宫廷有来往的人，作为耳目，曾与董崇仁拜过把子，此时董正在原籍家居。阎锡山探知董袁的这种关系，遂邀董到北京向袁疏通，并派旧官僚谷如墉等与董一道，星夜进京谒袁，表示拥护诚意。那一边南桂馨到上海后，谒见了孙中山，南真真假假地说了一大套之后，孙中山果然心动，并为争取将山西定为起义的省份，使起义产生的都督有效，孙中山光给袁世凯打的电报就有二十三封之多，并表示："如不承认山西为起义省份，即使南北和议破裂，在所不惜"，态度十分强硬。阎锡山的内外夹攻，终于使袁世凯向他让步，于1912年3月，正式任命阎锡山为山西都督。

由此，孙中山对山西是革命的势力范围这一点深信不疑，并对这唯一的北方革命区十分重视和关心。为鼓励山西革命人士，当年8月，孙中山亲自到太原慰问视察。但此时，阎锡山早已不把孙中山这个既无权、又无财的总理放在眼里，已投入临时大总统袁世凯的怀抱。因此，他对不辞辛劳特来山西的孙中山，只做了些表面上的应付。

在阎锡山看来，袁世凯可比孙中山难对付多了。阎刚回山西不久，袁就企图趁其根基未稳，将其拔掉，声言要调阎为黑龙江省都督。阎得知后，忙派人去京贿赂袁的亲信梁士诒（总统府秘书长），向袁表示恭顺，消除袁对他的疑忌，这样调离之事才作罢休。为了进一步讨好袁世凯，彻底消除袁对他的疑虑，阎锡山将李鸣凤等同盟会员逮捕关押，并任命与袁有亲密关系的董崇仁为晋南镇守使，陈玉为山西民政长。他还不惜送自己的父亲阎书堂长住北京，作为人质，以取得袁世凯对他的信任。

可阎锡山的讨好奉承刚有点奏效，1913年权力极盛的袁世凯，为复辟帝制，企图对各地参加辛亥革命的人员一网打尽。除密令各省心腹捕杀同盟会会员外，还电调各省都督进京传见。阎锡山当然没被漏掉。

阎锡山忐忑不安地来到北京，住进大同公寓。第一次传见前，他十分忧虑地对同来的亲信赵戴事说："此次去见，凶多吉少，如我进去时间太长，你们要留心探问"。果然，传见时袁世凯气色严厉，态度凶恶，阎锡山回答问话却十分俯首恭顺，而且他还故意表现出庸碌、懦弱和畏惧的神情，这才使袁的凶势略有收敛，气色亦稍有缓和，于是又问了几句，袁就令他退下。一回公寓阎便对赵说："真是可怕。"可第二次传见回寓后，阎进门就对赵说："这一次很好，没有上次那么厉害。"第三次回来，阎竟眉飞色舞，赵问怎样，阎说："很好。令我们回省，今天已无事，你们出去玩玩吧，洗洗澡，看看戏，咱们动身回太原。"

阎锡山的装痴卖傻还真管事，这一年袁世凯将其他各省同盟会员任都督的全都撤换，只有山西的阎锡山和云南的唐继尧未动。并且同年10月，当上正式大总统后，次年5月，袁世凯又授阎锡山为"同武将军"。阎引以为荣，在五台原籍河边村特建门楼，砖刻"同武将军府"，以感袁知遇之恩。

为了更好地迎合袁世凯，阎锡山又通过董崇仁的关系，买通袁世凯的女仆，以随时察知袁的动向。如有所需无不奉命唯谨。如此这般，不久，阎锡山就听说，袁世凯的儿子袁

克宽告人说："阎锡山脑后没有反骨。所以令他执掌山西军政"。于是,他这才把忡忡忧心放了下来。

然而,老奸巨猾的袁世凯没有轻信阎锡山,仍认为阎锡山是个十分危险的异己分子,再加山西距北京较近,处于肘腋之下,这使他更不能轻易放过阎锡山。1914年春,袁派他的心腹金永往山西任山西巡抚使,以分阎的权力。袁还一度拟令阎锡山常驻大同,只管一部分军队,后因袁世凯的左右为阎疏通,才没有成为事实。金永到山西后,不仅管理民政,同时还扩充武装,成立了庞大的警备队,不仅实力不在阎下,而且金事事专断,目空一切,阎锡山深知金是袁世凯的心腹,便改变策略,知机而让,对于军事,他一概委托第十二混成旅旅长黄国梁处理,部属每向他请示,他总是回答:"找绍斋(黄国梁的字)去。"每谈起袁,他总是恭顺备至,阎锡山一味装痴卖傻,深自韬晦,故意让人说他无能,长此以往,太原城只知有金永、黄国梁,不知有阎锡山,后来金永也觉得阎锡山好对付,不足为虑,就连黄国梁也威福自恣,渐有尾大不掉之势。但就在这同时,阎锡山使金成了自己取信于袁世凯的工具,通过金,他终于得到袁世凯的谅解。

1915年,袁世凯称帝的闹剧紧锣密鼓,劝进风声弥漫一时。阎锡山更不甘落后,他连电三封劝进道:"四年以来,默察国情,征诸经验,乃确信共和之不足以安中国。""国是一日不定,人心一日不安,锡山窃日夜延劲企望,私人默祝,早日决议,有以符舆情而巩固国基也。"什么同盟会,什么民国、革命,对他不利皆可骂它个狗血喷头。

这一时期,袁世凯铲除同盟会势力,实际等于替阎锡山排除异己。而袁的心腹金永在山西的骄横恣肆,也无异替阎锡山先打出手,充当了阎锡山的工具。阎锡山正是看到了这一点,才假装无能,袖手旁观,以等待时机,坐收其利。

阎锡山终于等到了这一天。1916年,袁世凯死了,阎锡山认为再无可畏惧的人了,他不再伪装庸碌、懦弱,又轮到他大打出手了。

首先,他要收回军权。袁一死,阎就与金永反目,并以兵戎相见,金见自己的靠山已倒,实难再在山西立足,只好交出大权。阎因金与徐世昌有密切关系,便故作宽容地将金礼送出境。为其以后在政治上的发展留有余地。而对他小时候的换帖兄弟黄国梁,可就不那么客气了。他一面以"黄国梁独断军事,虽无叛变事实,实已迹近骄横,军人如此,国家纪纲尚复何在"为辞,电请北京政府撤销黄国梁的职务;一面于夜间包围了黄宅,迫令黄次日凌晨离开山西。就这样,阎锡山夺回了军权。

与此同时,为长期统治山西,阎锡山急于得到山西的行政权。他便设法对北京政府所派的省长进行打击。3个月内,他竟赶走了两个省长。又趁第三任尚未到任,便自己以护理(代理的意思)名义,擅刻印信,兼了山西省长。从此山西的军政大权便集于阎锡山一身了,阎初步形成了自己在山西的割据之势,坐稳了土皇帝的宝座。

忍辱负重

1927 年,国民革命军的北伐取得了重大胜利,短短的几个月,就将革命由南方珠江流域发展到长江、黄河一带。特别是占领武汉后的再举北伐,在山西的临县河南省又取得了很大胜利。这使曾确信国民党的"共和之不足以安中国"的阎锡山迅速改变了态度。然而,就是在北伐已取得了重大胜利的 1926 年底,尽管蒋介石亲口向阎锡山派去南昌求见的亲信赵丕廉说:"阎是老前辈,又是丈夫团的人,盼阎能早举事",阎锡山仍因国民军的胜败未完全确定,而不愿骤然表态。但,1927 年 6 月 6 日,阎锡山却以山西省党部"提议"的名义,自任北方国民革命军总司令,开始改悬青天白日旗,就这样,昔日袁世凯的儿臣,摇身一变又成了已走向反动的国民党蒋介石的"要人",开始了他与蒋介石勾心斗角的历史。

1928 年 3 月,蒋介石下令再举"北伐",命阎锡山的第三集团军沿京绥线及京汉线以西地区前进,同各集团军会师京、津。

惯于玩弄两面手法的阎锡山,在率领军队攻取石家庄、占领保定的同时,还密派亲信南桂馨潜赴天津,向天津日本驻屯军司令新井等救助。为使阎锡山取代行将败亡的张作霖,成为日本在中国的新代理人,新井担保:"阎军如果占领保定,日军保证北京、天津不用再放一枪,唾手可得",就这样,在日本人的帮助下,虽冯玉祥部韩复榘的三百余人先到北京,但仅收缴了奉军的一部分枪械,到被迫退出北京,奉系部队专等候阎军接收。在天津方面,更有日本驻屯军派遣部队,分乘汽车在市内和近郊巡防,并提供枪械,帮阎招兵买马维持市内治安。就这样,在蒋介石组织的这次"北伐"中,阎锡山又占据了河北、京、津。因此,"北伐"胜利后在北京召开的会议上,蒋介石只得委阎锡山兼任平、津卫戍总司令,阎部将傅作义为天津警备司令,南桂馨为天津市市长,阎部属商震为河北省主席。另外,"北伐"期间,阎还派军攻取了察哈尔、绥远等原为奉军攻占的地区。不久,察哈尔、绥远改为行省,阎部将杨爱源、徐永昌分别被任命为察、绥两省主席。

至此,阎锡山统治了晋、冀、察、绥 4 个省和北平、天津两大城市,成为当时对中国北方举足轻重的人物,成了蒋介石新军阀中权势极大的重要旁系之一。故此后,拥有中央政权,通过不断战争剪除旁系、削弱异己的蒋介石,成了阎锡山的最大威胁。

对于蒋介石,阎锡山又有他自己的对策。1928 年夏,"北伐"胜利后,蒋介石就宣布要在南京召开军事编遣筹备会议,阎锡山诈称有病,直到 12 月间才前往,会议始得开幕。但由于他与其他反蒋派系的共同反对,会议进行得十分不顺,休会倒比开会多。阎锡山在开会期间,甚至跑到无锡去玩了一圈。这次会议终于无结果而散。当 1929 年 8 月,蒋介石再次召集军事编遣会议时,阎锡山连去也不去了,只派了个代表参加。南京编遣会议上,蒋介石的咄咄逼人,会后不久,蒋介石对李宗仁、冯玉祥等部的武力讨伐,使阎锡山

认识到，这迟早也要轮到自己头上，于是，他决定先发制人，拟联对蒋不满的第八军军长唐生智武装反蒋。但当2月唐已发表讨蒋通电时，阎锡山却因唐违背"拥阎倒蒋"的前约，在通电中用了"拥汪反蒋"，而不以自己为首，于当月20日又与张学良等人发表了"拥蒋讨唐"的通电。其实，阎所以来了个360度的大转弯，还有更深层的原因，这就是此时蒋介石为了拉阎打唐给了阎锡山陆海空军副司令的头衔，阎看这样他便成了南京国民政府蒋介石以下坐第二把交椅的人物了，这样的政治资本怎可不捞，于是他一方面发表"拥蒋讨唐"通电，一面就任陆海空军副司令全职，宣布戡乱，并将他的晋军开到了讨唐前线。但他是干打雷不下雨，虽已发兵，却又取观望态度，直到讨唐各路军连战连捷，唐部败亡已成定局之时，他才赶到郑州前线督师，获得了不战而胜的结果，其奸诈机巧，已达极点。但此中曲折，早已为蒋介石所察知，追讨唐军事已平，蒋即授意韩复榘在郑州秘密布置活捉阎锡山，以除后患，阎获悉后，连夜逃离郑州，亡命太原。这是1930年1月15日，此时走在漆黑夜路上的阎锡山，尽管心还在怦怦直跳，可他已下定决心，一定要好好教训教训姓蒋的。

逃回太原后的阎锡山，立即着手酝酿倒蒋事宜。他先将国民党反蒋各派系和各大小军阀都纠合到一起，共同策划倒蒋。国民党改组派汪精卫、陈公傅，国民党西山会议派谢持、邹鲁，还有冯玉祥的代表，李宗仁、白崇禧的代表，韩复榘的代表，石友三的代表，刘文辉的代表，孙殿英的代表，何键的代表，张学良的代表，唐生智的代表，马鸿逵的代表，等等，等等，到2月底，近30个反蒋派系和军阀的代表，共计五十多人都麇集太原，和阎锡山共同策划倒蒋办法。组成了反蒋联军，制定了集结众兵，沿平汉线、陇海线、津浦线3路分别进军的军事倒蒋计划。三月，在各方的拥藏下，阎锡山在太原成立了陆海空军总司令部，阎自任总司令、冯玉祥、李宗仁、张学良任副司令。3月14日，反蒋联军高级军官黄绍竑等57人联名通电，历数蒋介石十大罪状，促其立即下野。3月21日，阎锡山、冯玉祥公开发表了讨蒋通电，全国各地反蒋的大小军阀陆续起而响应。4月1日，阎、冯分别在太原和陕州就职。四月五日，蒋介石正式下令，免阎锡山本兼各职，命各省政府各军队严拿惩办。以阎锡山为首的大规模的倒蒋战争终于爆发。

倒蒋联军虽在数量上占绝对优势，武器、装备均较蒋军为优，并且还有日本帝国主义的支持。但蒋介石据有中央政府的地位，指挥统一，且有英美帝国主义的支持。因而，以阎为首的倒蒋军，虽实力雄厚，但经济力量薄弱，尤其是，因只是暂时合作，且各怀异志，指挥极不统一，再加张学良军突然入关助蒋作战，军事倒蒋终于失败。

在军事倒蒋的同时，阎锡山还积极进行政治倒蒋。7月13日和汪精卫等人在北平成立了所谓中国国民党扩大会议，并被推为国民政府主席，汪精卫等为政府委员。1930年9月8日夜，阎锡山兴致勃勃地由山东前线来到北平，于第二天上午，即民国19年9月9日上午6时，宣布就任"国民政府主席"职，但因军事倒蒋失败，扩大会议只是昙花一现便告结束，阎锡山也只当了不到1个月的主席，就悄然下野，被世人讥讽为"四九"小朝廷。

蒋介石、阎锡山，这两个代表大地主大资产阶级专政的大军阀，一个是都市的市侩流氓,狡诈多端,挥金如土;一个是乡间的土豪恶霸,爱财如命。然而,土豪恶霸,毕竟敌不过市侩流氓,结果这场凶狼咬恶虎的战争,便以阎锡山的失败而告终。

见倒蒋军大势已去,阎锡山就返回太原,安排善后。他先是通电下野,诡称父亲有病,回乡服侍"亲疾";紧接着又宣布撤销陆海空军总司令部等各种反蒋机构,只设晋绥警备总司令部,看守山西、绥远两省地盘。阎满以为,这样就可以得到蒋介石的谅解,没曾想蒋介石根本就没理睬他这些,而是指使何应钦、孔祥熙等连电阎锡山,声称:"百公不出洋,无以谈善后。"并每日都派飞机到太原狂轰滥炸进行威胁。

在蒋介石的逼迫下,阎锡山只好宣布将去苏联和欧洲。并特派其航空学校校长仲跻翰乘汽车由河边村到绥远五原县,勘察由西北去苏联的公路情况。

1930年农历十月14日,在大同车站有个老板模样的人在一家栈房门前走去走来,肩扛行李,累得满头大汗的伙计,正要往栈房里走,为他的主人找个休息之处,只听门口卫兵连声骂道:"瞎了眼的东西,看不见这里驻有军队,就往里乱闯,滚蛋!"老板把自己的帽檐压了压,上前拉住他的伙计,声音很小但十分生气地说:"这些东西,如此厉害!"这个化装成老板的人就是阎锡山,那个伙计便是他的亲信张培梅。阎锡山这是河边村刚到大同火车站,准备坐火车离开山西,但他可不是去苏联,而是去大连。因怕被人发现,他化了装,还起了个大早,以至来到车站后,距上车时间还有半个多小时。故想找个店歇会,可此时,因败下来的山西军队退集大同者甚多,那个栈房都有军队,所以他们问了几家,挨了不少骂后,才找到了个休息的地方。随后,他便乘平绥路车东行,当天到达天津。尽管张学良当时已派兵沿平绥、平汉两路详细搜查,但阎锡山还是十分巧妙地混了出去。阎到天津的消息,首由《大公报》发出,才喧腾于国内。

阎锡山在天津住了数日,与日本人接洽妥帖后,于1930年12月22日拂晓4时,离天津,搭乘日船"武昌丸"前往大连。该船于事前就停泊在法租界四号路海岸。法租界捕房于21日晚,特派暗探和巡捕20人在码头警戒保卫,直到这时,阎仍声称"将经大连东渡,续游欧美",真是满口谎言。

下榻在大连宾馆的阎锡山,觉得自己总算逃出了蒋介石的虎口,可倒蒋的失败,使他十分颓丧,他不由得想起了1928年游无锡时向导对他说的一番话。当时阎锡山问,无锡既锡山,为何取名无锡,向导解释说:"这锡山有锡时,百姓争先去采,然豪强霸地占产,百姓得锡被夺,于是,官府忙于断案,百姓有苦难言。等锡采完了,这里的百姓皆安居乐业,一派太平景象。此后即将县定名为无锡,故我们无锡人有句俗语,叫作'有锡则民乱,无锡则民安'。"想到这里,阎锡山不仅问他的亲信梁航标:"有我则乱,无我则安,我难道成了一害?"的确,阎锡山不仅是一害,而且是一大害,他亲手发动的这场中原大战,是辛亥以来,军阀混战中规模最大、战斗最烈、死亡最重的一次混战。双方投入兵力达百万上以上,消耗了人民无数的生命财产,大大损伤了国家元气,为"九·一八"日军侵略我国造成长驱直入的机会。

狡兔三窟

中原大战，阎锡山可谓偷鸡不成反蚀一把米，他还差点把小命也搭上。但阎并没有对蒋善罢甘休，这不仅因为蒋介石总是想削弱甚至彻底消灭他，更因为，此后的阎锡山仍有极大的欲望，只要有机会，他仍想取蒋而代之。

避居大连的阎锡山，竭尽全力谄媚于日本帝国主义，积极策划重返山西。终于，1931年8月，阎锡山由日本飞机护送回到大同，当晚住在赵承授家时，赵问他："你回山西，不怕蒋介石和张学良压迫吗？"（中原大战后，蒋命张学良接管山西等阎的地盘）阎锡山漫不经心地回答说："没几日，他们自己将会是泥菩萨过河——自身难保，又能奈我如何？"果然，只月余时间，日本就发动了"九·一八"事变，蒋介石自顾不暇，哪里还顾得上阎锡山。中华民族又一次大难临头了。

阎锡山却趁国难当头之机，重整旗鼓，他先是借学生运动的力量，查封了国民党山西省党部，排除了蒋介石在山西的势力。然后，他又竭力运动"客军"出境。中原大战后，冯玉祥等倒蒋联军都撤到了山西地区，阎锡山是绝不允许其他任何势力染指山西的，他轻易地将冯玉祥留在山西的军队赶了出去，又通过孔祥熙将宋哲元部调往平津，随后，孙殿英等部也都被他礼送出境。

之后，阎又重新整编自己的军队，他向士兵表示"保证按月发饷"，果然，他"口吹大洋"，大量发行晋钞，满足了组建反动武装的需要。以后，他又多次发行晋钞，由于印刷质量不好，人们把这种晋钞称为"大花脸"，"二花脸"，当其贬值几成废纸时，晋民只好把它糊了顶棚和墙壁。但阎却由此大发不义之财。阎锡山还成立了一个屯垦办公署，自任督办，扬言要："造产救国"，并遵孙总理垦荒遗教，实行屯垦，"为海内倡"，说得冠冕堂皇，娓娓动听，其实，他的垦荒队是在种植鸦片烟，行毒害人民之实。并以此，阎锡山官卖鸦片，又发了一笔横财。

这时，阎锡山还制定了一个所谓《山西省政十年建设案》，用来玩弄其埋头建设，不问国事的把戏，表示今后不再与蒋抗衡。计划的真正目的，则是为其长期霸占山西积累资本。

建筑同蒲路，是计划中举足轻重的一项。当时全国铁路已大部采用标准轨，阎锡山却别出心裁，以修窄轻轨最为经济为由，命令山西省内的铁路全部修成窄轻轨。其实他的真实意图，是想为其永久作山西的土皇帝再建一道防线。若修成标准轨，外省兵车就能直开山西，遇到战争必将对阎的辖据统治大为不利。修成窄轨，遇有战事，对其有利时，则可运兵出去，不利时则将机头、机车全部拉回，而敌方不能利用。另外还有一个不可告人的原因是：阎锡山以其弟阎锡镛名义在德国银行存有一笔巨款。合同是只有本人才能提出，银行还存有本人照片。然后其弟归国后病死，按合同，旁人不能提出此款，几经交涉，德人始允许以废旧窄轨器材付给，阎认为以此修同蒲路，然后再借此由山西人民身上诈出这笔现款，可谓一举两得。

从整肃军队、口吹大洋到贩卖毒品、修筑铁路，这一切都是那么顺利。而此时，广大中国人民正处于水深火热的灾难之中，内战不息，民族危机日益深重，日本不仅吞噬了东北，而且侵占华北北部，觊觎全中国。然而，正是在这国难当头之时，阎锡山却干得如此得心应手。他很快就恢复了元气，当1936年元旦，同蒲铁路太原到平原段通车营业时，阎锡山看着那轰轰而去的火车奔驰在他的独立王国的土地上，他竟得意的像孩子似的，拿起裤腰上拴着印章的绳子，飞快地在空中转了起来。

然而，在三、四十年代，阎锡山要想坐稳土皇帝的宝座，单凭他的实力是远远不够的。就是在这时，阎锡山提出了"狡兔三窟"的理论。1940年，他对他的手下说："咱们现在只有十几个县，军队也垮了不少，你知道我们为什么仍能存在?"他一面说，一面在纸上画了3个圆圈，并用笔在3个圆圈中间点了一点，接着说："这三个圆圈一个是蒋介石，一个是日本人，一个是共产党。要有一个不存在，你们的脑袋和老婆娃娃就都完了"。这便是阎的三窟。

他的第一窟当然是日本人。阎自己曾毫不隐讳地说："因为日本人最有力量，所以必须费力经营好日本人这个窟窿"，只有这样，"才能发展自己"。早在避居大连时，阎就开始费心经营这一窟。那时，日本人因急于以阎取代张作霖，而把阎视为上宾，使阎备受礼遇。他的老同学土肥原亲自出马，与阎密商，终于双方达成协议：阎锡山帮助日军占领中国东北全部，日本人设法护送阎返回山西，并支持阎来担任华北首领。返回山西后，阎特在平津留下了一个班子，专与日本人勾结。全面抗战爆发前的1936年，他的太原就驻上了日方代表。抗战爆发后，随着日本侵华势力的不断扩张，阎也越来越重视这一窟。特别到了1940年以后，他竟高喊存在就是真理，并说："抗战与和平是个政治问题，不能说主张抗战就对，主张和平就不对"，"一切事情都不能做得太绝了，抗日要准备联日"。于是，他长期派人与日人谈判，及至成果已初露端倪时，世界反法西斯战争已进入了转折性的1943年，阎锡山仔细分析形势后认为，日本人非败不可。于是谈判破裂。日本人一气之下，将阎1940年与日军参谋长花谷正谈判时拍下的照片，用飞机散发到西安、重庆等地。为了报复，之后不久，又俘获阎军2000人。为了获取更大的利益，对此，阎锡山只咽了咽嘴里的唾液而没有发作。

对于蒋介石，经中原大战，阎锡山可是学乖了。他再也不与蒋硬碰硬了。"九·一八"事变后，昔日与阎同伙的汪精卫当上了蒋政府的行政院长，阎便通过汪在蒋面前给自己说情，同时还找人走了宋美龄的关系，向蒋疏通。1931年，他虽借一二·一八惨案封闭了国民党山西省党部，但他却将惨案的罪魁祸首党部纠察队队长无罪释放，以讨好蒋介石。终于，他得到了蒋介石的谅解，蒋表示："捐弃前嫌，团结御侮"，接受了汪精卫的提议，任命阎为太原绥靖公署主任。就这样，阎锡山再度合法地统治着晋绥两省。之后的蒋介石更无力顾阎，抗战期间，他只到太原视察过一次，见到阎锡山父亲时，口称老伯，行

了鞠躬礼。但阎锡山却始终小心谨慎地提防着蒋介石。

由于日军的步步进逼，全国抗日民主运动的日益高涨，特别是由于中共统一战线政策的宣传，使阎锡山在全面抗战到来之时，终于暂时收起了防共、反共的一套，表示愿与共产党合作，允许在山西成立抗日进步团体"牺盟会"，并邀请共产党人薄一波主持军政训练委员会，训练了大批进步青年。周恩来同志曾代表中国共产党和八路军与阎谈判合作抗日事宜，其间，阎锡山请周恩来帮助他制定第二战区作战计划。周恩来仅用了一天就把计划写完，阎锡山看后连声说："写得这样快，这样好，若能这样打，中国必胜。"可就在这时，一团疑虑升上阎的心头，他在想，这样长此以往山西会不会姓共？随后，便采取措施，极力限制中共的活动和发展。

阎锡山就是这样苦心经营他的三窟。正如他自己表白的，"抗日要准备联日，拥蒋要准备反蒋，联共要准备反共"，是"联"还是"反"，又以他的"以我为中心，存在第一"为标准。对阎锡山来说，存在就是真理，需要就是合法。为了存在，只要需要，就是投敌卖国、当汉奸也可以，当有人指责他总是防左而不积极抗日时，他却说："我们是讲对错，不分左右，十五的月亮是中、是对，过与不及是左是右。"今日中国，应该在抗战到复兴上求十五的月亮，不要找上旬或下旬之左或右。抗战是手段，复兴是目的，求抗战的十五月亮，更进一步求复兴的十五月亮，才是今日对错的标准。阎锡山简直是松花蛋掉进油罐里——又臭又滑。

三个窟窿，对阎锡山来说是各有千秋。经营日本的窟窿，保证了他在抗战中付出了最少的代价；拥蒋使他获取了合法的统治地位；联共又使他披上了积极抗日的外衣，他甚至因此而恬不知耻地往自己脸上贴金，说自己和"延安毛"（毛泽东）一样是当时"中国真正抗战的人"。真可谓一箭三雕。

不打自倒

阎锡山走进会议室满脸堆笑，一点乖张暴戾之气也没有，大家感到，几个月来，还未见过这副嘴脸，真有些奇怪。还没容人多想，阎锡山又开了口，他态度极其和蔼地对秘书吴绍之说："你把李代总统来的电报念给大家听听。"

1945年，日本投降后，抗战时逃到隰县西坡底的阎锡山，急忙率军跑下山来摘桃子。他以第二战区受降长官的名义，凭着他与日军和伪军的老关系，得到了一个完整的太原。8月30日，匆匆到达太原的阎锡山，又看到了巍巍双塔，他激动不已，发誓今后再也不离开这块属于他的土地。

日本这个靠山倒了，阎锡山又辟新径，他网罗纳粹分子，拉拢美帝国主义特务头子陈纳德，并勾结由帝国主义分子所操纵的天主教中的败类。企图凭借这些反动家伙，重新恢复其对山西的反动统治，继续做他的土皇帝，以实现其所谓的"自由"。

然而，人民是决不允许历史倒退的。在两个中国之命运的决战中，历史的巨轮碾碎了阎锡山的独立王国。

1949年3月，太原已在人民解放军的重重包围之中。太原城变成了一座饿城、死亡城。铁路、公路运输早已无济于事，空运交通行将断绝。十余万市民挣扎在死亡线上。阎锡山成了真正的活阎王，只急得他夜不安枕，神不守舍，坐卧不宁，暴躁不安。他再也装不出昔日那副"微笑和蔼"的面孔了。相反，他手中时常拿一根木棍，不论亲信和部属，见了就想打，请示或回答公事的人员见了就想骂。虽然，1、2月间，他在给来太原的几个外国记者讲话时，曾慷慨激昂地指着桌子上装有毒药的一些小瓶说："我决心死守太原，与城共存亡，太原如果失守，我就和这些小瓶同归于尽。"可那只是吹吹牛，骗骗外国记者。可现在，他看来真的只有死路一条了，他怎能不急？

太原被围之后，阎锡山就急于图谋逃跑道路。他指使在南京的亲信向代总理李宗仁和美驻华大使司徒雷登等巧于周旋，以期得到国民政府行政院长之职，这样，太原形势紧急，他可飞往南京任行政院长，太原形势缓和，他又可在太原统治山西。他的如意算盘行将实现时，李宗仁变了态度，宣布何应钦为行政院长，并电阎道："'您'名望很高，不敢以行政院长委曲"，"当然副院长一席便未便屈就"。阎接电后，差点气晕了，但因解放军日益逼近太原，急于要找条逃跑之路，因而复电云："为了拯救晋民，名位高下，在所不计，虽副席亦可也"。

3月29日下午2时，20个重要部门的负责人，忽然接到阎锡山要开紧急会议的命令，便匆匆来到绥靖公署阎公馆的会议室。当阎锡山走进会议室时，大家清楚地看到，他满脸堆笑，一点乖张暴戾之气也没有，大家感到，几个月来，还未见过这副嘴脸，真有些奇怪。还没容人多想，把那副已经摘掉的骗人假面具又罩到脸上的阎锡山开了口，他态度极其和蔼地对秘书吴绍之说："你把李代总统来的电报念给大家听听"。吴起身念道："和平使节定于月杪飞平，党国大事，诸待我公前来商决，敬请迅速命驾，如需飞机，请即电示，以便迎迓，宗仁、俭印。"阎锡山总算捞到了这颗稻草。吴读完电文后，阎还假惺惺地征求大家有何意见，并欺骗道："也许三天五天，也许十天八天，候和平商谈有了结果，我就回来。"说完他便立刻起身，坐上汽车风驰电掣般赶奔飞机场，在解放军的大炮射击下，匆匆登机，逃出太原，飞往南京。

4月22日，人民解放军向太原发起总攻击，不到两天，就将阎军全部消灭，24日黎明，解放了太原。彻底结束了阎锡山38年的反动统治。

逃亡南京的阎锡山，仍然没有忘却"狡兔三窟"的寓言故事，他深知，自己恐怕再也回不了山西了，于是便又建新的三窟。他将他的继母和二媳送往台湾，在台北建立了阎公馆；将他的四子志敏和四媳裴彬送往美国，在美国建立了寓所；又派他的内弟徐士琪及五子志惠，在日本建立了巢穴。这样，他将来无论蛰居台湾或流亡海外，便都有了藏身之所。但他并不甘心就此退出历史舞台。在这同时，他正窥伺着再行投机政治的良机。

4月23日，南京解放，在极其混乱的情况下，行政院长孙科下台了。这又给了阎锡山

一个绝好的机会。他在蒋介石和李宗仁之间，运用两面手法，终于，以守城"名将"，和坚决反共的政治招牌，在 CC 系的摇旗呐喊声中，于 6 月 3 日，当上了国民党反动政府的行政院长。他并不以此为满足，当上行政院长后，他又对总统之职垂涎三尺。他在李、蒋之间，居中调解，抬高身价；他还接见了成批的立法委员和中外记者，吹嘘他死守太原的办法和收拾残局的意见，企图取得一些政治垃圾和反动舆论的支持；他还数度拜见美国大使司徒雷登，一再表现自己反共的本领。他想，美国政府试验了蒋介石的战时总统，又试验了李宗仁的和谈总统，最后，总统职位，必可通过美国，落到自己身上。直到 10 月 1 日，毛泽在天安门宣布中华人民共和国成立，阎锡山还在四川做困兽之斗，推行他的所谓"总体战"，并制定了"军政一元化"的作战方案。但螳臂终难挡车，12 月 28 日，人民解放军即逼近成都，阎锡山只得飞逃台湾。

离开了他的独立王国，离开了他的军队，他的土地，阎锡山便很难有所作为，因此也失去了被主子利用的价值。1950 年 3 月，重又当上总统的蒋介石，把阎锡山这条无用的狗一脚踢开，只给他挂了个总统府资政和国民党中央评议委员的空头衔，阎锡山只好匿居阳明山石硼"种能洞"闭门读书。但江山易改，本性难易，他仍狗改不了吃屎，直到 1959 年，香港《直报》记者和他谈话时，他仍强打精神说："诸位别看我阎锡山已经老了，真个一旦反攻号响，看吧，我还要请求领健儿们再打几个胜仗给国人看看，我有信心；生从太原来，我这把老骨头仍将活着回太原去。"

可只过了一年，阎锡山就在台湾寿终正寝了。

一代枭雄

中华名人百传

商界名人

王书利⊙主编

导　读

　　巨额财富是商界巨人们共同的特征。他们从事着不同的行业，积累财富的方式也各有不同，但却都演绎着财富增值的神话。他们有的出身贫寒，年纪轻轻就挑起了家庭的重担，但他们并没有被贫穷和困难所吓倒，而是凭借勤奋、聪慧和坚持，从积累第一桶金开始了自己的创业之路；他们有的出身富贵，但却没有沉溺在优越的物质生活中，而是让祖辈的产业在自己的经营下变得更加辉煌；他们有的也曾经失败和彷徨，但这些最终都成了他们成功路上的助力……企业家是社会的脊梁。他们同政治家、军事家、科学家、艺术家一样，具有独到的品格和才能，他们不仅为社会创造了物质财富，还留给了我们可贵的精神财富。他们选择项目，眼光独到犀利，具有政治家的远见卓识；他们处变不惊，指挥冷静睿智，具有军事家的坚定毅力；他们深谙规则，屡屡出奇制胜，具有科学家的创新精神；他们挥洒自如，做事游刃有余，具有艺术家的潇洒魄力。每个成功者都是相似的，但又有着各自的特质。

　　本卷《商界名人》选取了中国古代历史上最具代表性、最优秀的几十位商界精英，叙述他们的奋斗历程和成功智慧，让您真正站在商界巨人的肩上，从他们的失败、成功、奋进和感悟中学习智慧经验、收获成功之道，为将来的成长、成才、成功打下坚实的基础。

商界鼻祖

——范蠡

名人档案

范蠡：字少伯，春秋末期的政治家、军事家和经济学家。楚国宛（今河南南阳）人。著作有《计然篇》《陶朱公生意经》等。享年高龄，几近百岁，被称为中国商人圣祖。

生卒时间：前536年~前448年。

安葬之地：1、湖南华容。2、湖北石首。范蠡墓之谜，有待后人破译。

性格特点：足智多谋，善于理财，知进知退，善于自保。

历史功过：公元前四九六年前后入越，辅助勾践廿余年，终于使勾践于公元前四七三年灭吴。范蠡以为大名之下，难以久居，遂乘舟泛海而去。后至齐，父子勠力耕作，致产数十万。齐人闻其贤，使为相。范蠡辞去相职，定居于陶（今山东定陶）经商积资巨万，称"陶朱公"。

名家评点：范蠡既能治国用兵，又能齐家保身，是先秦时期罕见的智士，史书概括其平生"与时逐而不责于人"。史学家司马迁称："范蠡三迁皆有荣名。"；史书中有语概括其平生："与时逐而不责于人"；世人誉之："忠以为国；智以保身；商以致富，成名天下"。

忠且不愚

范蠡，先秦著名的政治家、军事家、思想家、谋略家、大商人。范蠡生卒年不可考。关于他的身世，《史记》语焉不详。在东汉袁康、吴平辑录《越绝书》和东晋虞预《会稽典录》这两本地方文献中，都有关于范蠡出身的记载。

根据《越绝书》和《会稽典录》的记载，范蠡字少伯，系楚国宛县三户人（宛，今河南南

阳;三户,在今河南淅川县西北),范蠡自以为家世衰落,地位低贱,就披头散发,假装疯子,举动豪爽,不同凡俗。当时文种担任宛令(令,一县之长),听说范蠡有驭世之才,曾经派小吏去察访,小吏回来报告说:"范蠡是本国狂人,生来就有疯病。"文种却笑着说:"我听说。一个贤俊饱学的能人,肯定会被俗人讥笑为狂人。因为他对世事有独到的见解,智慧超人,非寻常人所能及,所以才被毁谤,这是你们一般人所不懂的。"于是就驾车去寻找范蠡。范蠡不知文种有否诚意,故一再回避。后来,经文种再三拜访,范蠡看到文种不见到他绝不罢休,为这种求贤若渴的诚心所动,便对他的兄嫂说:"近日有客人来,请借我一套衣服、帽子,我准备见客。"两人一见如故,侃侃而谈治国之术及霸王之道。谈论终日,志同道合,成了莫逆之交。当时楚王无道,他们感到在楚国没有发展前途,认为东南有条件建立霸王之业,范蠡就请文种弃官与他一起往东南行。他们先到吴国,因有伍子胥在,发挥不了作用。范蠡认为"吴越二邦,同气共俗,地户之位,非吴则越",要施展霸王之道,"何邦不可乎"?于是两人就离吴至越。在越国受到勾践的礼遇,被封为大夫,勾践常常整天与他们谈论国事。

勾践三年(前494),越王勾践听说吴国在国君夫差带领下,昼夜操练军队,虎视眈眈,随时可能大举进犯越国,焦急不安。勾践觉得与其坐等吴人来打,莫如先发制人,趁吴国准备得不够充分,胜负之数也许未定。于是召集群臣,商议北上破吴之计。

大夫范蠡深知勾践心情急躁,对吴军的实力缺乏清醒的认识,越国同吴国开战,时机与条件均不成熟,不具备取胜的希望,于是劝勾践切勿冒险犯难。《国语》中描述范蠡的规诫是用极富哲理的语言表述的:

持盈者与天,定倾者与人,节事者与地。……天道盈而不溢,胜而不骄,劳而不矜其功。夫圣人随时以行,是谓守时。天时不作,弗为人客。人事不起,弗为之始。今君王未盈而溢,未盛而骄,不劳而矜其功,天时不作而先为人客,人事不起而创为之始,此逆于天而不和于人。王若行之,将妨于国家,靡王躬身。

然而,此时的勾践已被自己幻化的胜利前景陶醉得忘乎所以,对范蠡的逆耳之言怎么也听不进去,一意孤行,实施征吴计划。范蠡眼看勾践即将给越国招来一场灾难,于是毫不犹豫地再次进谏:

不可,臣闻兵者凶器也,战者逆德也,争者事之末也。阴谋逆德,好用凶器,试身于所末,上帝禁之,行者不利。

然而勾践还是不听。越王曰:"吾已决之矣。"于是调动全国精兵三万人,北上攻吴,与吴兵战于夫椒(太湖中山名)。结果,勾践大败,仅剩五千残兵,退守会稽山(今浙江中部,主峰在嵊县西北),又被吴军团团围住。勾践身陷绝境,眼望败鳞残甲,亡国之忧,萦绕于怀。他凄然对范蠡说:"我不听先生之言,故有此患。眼下如何收拾危局?"范蠡是一位有远见的政治家,在这国破军残的紧急关头临危不乱,从容机敏,表现出清醒的政治家的气魄和胆识。他说:"君王其忘之乎?持盈者与天,定倾者与人,节事者与地。"当前国

家处于危亡之际,就要用"人道"来稳定国势、转危为安。怎么样才能实现这一点呢？他说："卑辞尊礼,玩好女乐,尊之以名。如此不已,又身与之市。"范蠡认为在吴大军入境,越仅剩五千残兵退栖于会稽之上、国破军残的情况下,要保存越国,唯一的办法是与吴讲和。用谦卑的言辞对吴王赔不是,对他十分尊敬有礼;把古玩珍宝和能歌善舞的美女贡献给吴王,用极尊贵的君名来称呼吴王;如果吴王还不肯罢休,那越王就以身往事吴王。一句话,千方百计,议和存越。

勾践听从了范蠡的计谋,派大夫文种前往吴军大营请求议和,前提条件是"勾践请为臣,妻为妾。"就在吴王想要答应的时候,受到吴王夫差的骨鲠大臣伍子胥的极力阻挠,结果是徒劳一场。勾践闻报,痛不欲生,心想杀妻毁室,然后与吴王决一死战。范蠡、文种劝阻了他。二位大臣认为硬拼不是办法,他们通过冷静分析,认为吴王夫差好美色,权臣太宰嚭贪财,这是可钻之隙。于是,越国先用美女、宝器买通太宰嚭,使之转献吴王夫差,然后再派文种前去乞和。

文种见到吴王,说道："大王如能赦免勾践,越国情愿尽献珍宝,举国上下降为臣民。倘若不许,勾践将尽杀妻子,毁尽宝器。然后率领五千名士兵和大王决一死战。真的厮杀起来难免使大王蒙受损失。杀掉一个勾践,怎能比得上获得整个越国呢？望大王三思。"文种的话分析了利害,软中带硬。谗臣太宰嚭在一旁帮腔说："越国已经降服为臣民,若能赦免越王,的确对吴国有大利。"吴王夫差心有所动,便要许和。这时,大臣伍子胥谏阻说："今不灭越,后必悔之。勾践贤君,种、蠡良臣,若反国,将为乱。"可是吴王根本听不进去,最终赦免了越王,撤军回国。

伴君入吴

越王勾践自从会稽解围后,返回越都,原想让范蠡主持国政,自己亲自去吴国屈事夫差。范蠡说：

对于兵甲之事,文种不如臣;至于镇抚国家,亲附百姓,臣又不如文种。臣愿随大王同赴异国。

范蠡表示：

辅危主,存亡国。不耻屈厄之难,安守被辱之地,往而必反,与君复仇者,臣之事也。

但当时勾践对前往吴国为质的前途是十分悲观的,认为此行必死于吴国："今寡人冀得免于军旅之忧,而复反系获敌人之手,身为佣隶,妻为仆妾,往而不返,客死敌国。若魂魄有(知),愧于前君;其无知,体骨弃捐。"但范蠡认为在此存亡之际必须坚定信念,方能转危为安：

闻古人曰："居不幽,志不广;形不愁,思不远。"圣王贤主,皆遇困厄之难,蒙不赦之

耻,身拘而名尊,躯辱而声荣,处卑而不以为恶,居危而不以为薄。……君王之危,天道之数,何必自伤哉?夫吉者凶之门,福者祸之根。今大王虽在危困之际,孰知其非畅达之兆哉?

范蠡认为在政治斗争中,荣辱、祸福、吉凶、安危都是可以转化的。当事者应处卑而不以为恶、居危而不以为薄,虽处穷厄之地,不移复国之志。勾践依议,委托文种暂理国政,然后收拾库藏宝物,装成车辆,送往吴都;同时在国内选出三百三十名美女,三百人送给夫差,另三十人暗送太宰嚭。勾践携带妻子和大臣范蠡等前往吴国。

大约在勾践四年(前493),越王君臣数人到达吴都见到夫差,当即进献美女宝物,并低声下气地极力奉承献媚;再经太宰嚭一旁帮腔,勉强取得夫差的谅解。夫差派人在阖闾墓侧筑一石室,把勾践夫妇、君臣驱入室中,脱去所穿衣冠换上罪衣罪裙,使其蓬头垢面地从事养马等贱役。每当夫差乘车出游,勾践都要手执马鞭徒步跟在马车左右。路过通行闹市时,吴人指着说:"那个就是打了败仗的越王,快来看呀!"讥讽嘲弄之声不绝于耳。勾践低头急走,把羞辱和仇恨深深地埋在心底。

勾践居于石室,出入于马厩,范蠡侍奉于左右,寸步不离,并随时开导、出谋划策。一天,夫差召见勾践,范蠡侍于身后。夫差觉得范蠡是个人才,就对范蠡说:"寡人闻贞妇不嫁破亡之家,仁贤不官绝灭之国。今越王无道,国已将亡,社稷坏崩,身死世绝,为天下笑。而子及主俱为奴仆,来归于吴,岂不鄙乎!吾欲赦子之罪,子能改心自新,弃越归吴乎?"

但范蠡矢志不移,婉言回绝了吴王:

臣闻亡国之臣不敢语政,败军之将不敢语勇。臣在越不忠不信,今越王不奉大王命号,用兵与大王相持,至今获罪,君臣俱降。蒙大王鸿恩,得君臣相保,愿得入备扫除,出给趋走,臣之愿也。

于是吴王夫差并不相强,仍使勾践、范蠡回到石室,并派人暗暗探察君臣、夫妇所作所为。但见他们竭力养马、洒扫,昼无怨恨之语,夜无嗟叹之声。夫差满以为他们诚心降服,无心还乡复国,便放松了对他们的警惕。也正是范蠡处危不惊、矢志不移,含垢忍辱、患难与共的精神感召了越王勾践,使勾践得以忍受了一个君主几乎无法忍受的屈辱和痛苦。"越王服犊鼻,着樵头。夫人衣无缘之裳,施左关之襦。夫斫剉养马,妻给水、除粪、洒扫。三年不愠怒,面无恨色。"

有一天,吴王夫差登姑苏台游嬉,远见勾践夫妇端坐在马粪堆边歇息,范蠡恭敬地守候在一旁。夫差说:"勾践不过小国之君,范蠡无非一介之士,身处危厄之地,不失君臣之礼,也觉可敬可怜。"太宰嚭在一旁讲情说:"愿大王以圣人之心,哀穷孤之士。"从此,夫差便有释放勾践回国之心。

一次,夫差染病。范蠡知道是寻常疾病,不久即愈,便与勾践商定一个计策,让他去尝粪卜疾,取悦于夫差。勾践求见吴王,探视他的病情。勾践伸手蘸起夫差的一滴大便,

放在口里咂了咂，大声祝贺说："大王之疾，近期即可痊愈。"夫差询问缘故，勾践依照范蠡所嘱，说："臣曾跟人学过医术，只要亲尝一下病人粪便，可知生死寿夭，大王粪便味酸而苦，与谷味相同，由此知道大王之病不必忧。"

夫差听其言、见其行，心里十分高兴，立即决定：勾践夫妇搬出石室，可住附近民房，仍然养马。不久，夫差病愈。正如范蠡预料的那样，吴王决定释放勾践回国。并命人在文台置办酒席，隆重地欢送勾践还越。伍子胥大怒，对夫差说："勾践尝大王粪便，是吃大王之心。"夫差不听，吴王曰："越王迷惑，弃守边之事，亲将其臣民，来归寡人，是其义也。躬亲为虏，妻亲为妾，不愠寡人；寡人有疾，亲尝寡人之溲，是其慈也。虚其府库，尽其宝币，不念旧故，是其忠信也。"遂赦越王归国。范蠡含垢忍辱、以求伸的谋略，对于像越国那样的兵败国弱、根本无力组织还击的情况下，无疑是正确的。正如韩非所说："勾践入宦于吴，身执干戈，为吴王洗马，故能杀夫差于姑苏。……故曰：守柔曰强。"孟子认为勾践的入吴侍奉吴王是"以小事大"，赞许其策略为"智"。荀子认为由于策略得当，导致最后勾践取胜而能与齐桓、晋文、楚庄、吴阖闾相比，成为春秋五霸之一。

振兴越国

约勾践七年（前490），勾践在吴拘役三年后回到越国。当时越国国土非常狭小，据《吴越春秋》卷八记载："吴封地百里于越，东至炭渎，西至周宗，南造于山，北薄于海。"炭渎在今绍兴县东六十里，周宗地不详，可能在今萧山境，南含会稽山地，北界当在钱塘江，真可谓小国寡民。而且由于战争破坏，又是满目疮痍。越国的恢复和发展，首先必须制定正确的国策。勾践由于与范蠡有患难与共的经历，所以他更倚重于范蠡。勾践说："不谷之国家，蠡之国家也，蠡其图之。"就是说，我的国家，就是你范蠡的国家，希望你好好谋划它。勾践真诚地愿将整个越国托付给范蠡，要他全盘秉持国政，率意而行。但是，范蠡认为在行政理民方面文种比他更内行，建议由文种主内，由他专注对外事务，即根据形势的变化决定战守与和平。他颇有点自负地说：

四封之外，敌国之制，立断之事，因阴阳之恒，顺天地之常，柔而不屈，强而不刚，德虐之行，因以为常；死生因天地之形，天因人，圣人因天；人自生之，天地形之，圣人因而成之。是故战胜而不报，取地而不反，兵胜于外，福生于内，用力甚少而名声章明，种亦不如蠡也。

范蠡提出了一整套振兴越国的有效措施：

首先，充分利用自然条件，努力恢复发展社会经济。范蠡说：

节事者与地。唯地能包万物以为一，其事不失。生万物，容畜禽兽，然后受其名而兼其利。美恶皆成，以养其生。

他认为,采取有效的政治措施就应效法"地道"。只有大地能包容万物成为一体,使各种事情都不失其时。生育万物,长养禽兽,然后受其功名而兼有其利。万物不论美恶,大地都一视同仁,使他们成长,人类则依赖它们养生。他认为恢复发展经济,确保人们能得以生存,这是振兴国家的先决条件。

其次,稳定社会,抚民保教,等待时机。范蠡说:

时不至不可强生,事不究不可强成。自若以处,以度天下,待其来者而正之,因时之所宜而定之;同男女之功,除民之害,以避天殃;田野开辟,府仓实,民众殷;无旷其众,以为乱梯。时将有反,事将有间,必有以知天地之恒制,乃可以有天下之成利;事无间,时无反,则抚民保教以须之。

他认为,要振兴越国,必须保持国家的稳定。一切都要等待时机,不可以硬来,更不要轻举妄动。应当顺乎自然地处于当世,正确估计、推测天下的时势。等到机会到来的时候,把不利于自己的局面扭转过来,并根据当时对自己最适宜的情况,把扭转的局势予以巩固。他认为当务之急是要使男女都努力从事耕织,除去危害人民的东西,避开天灾带来的灾祸,使田野开辟,府库充实,民众生活日趋殷实;要努力稳定社会,不要使民众旷时废世,否则民众会因贫困而产生怨心,就会成为导致叛乱的阶梯。他认为天时是会循环往复的,人事是会有隙可乘的,一定要掌握事物发展的规律,才能获得天下的成利;如果人事还不是有隙可乘,天时还没有回复,那就抚恤人民,保护人民,教育人民,以等待时机的到来。

再次,"左道右术,去末取实",富国强兵。越王勾践曾向范蠡询问"古之贤主圣王之治"的谋略,范蠡告之以"圣主之治,左道右术,去末取实"。勾践又问:"何谓道?何谓术?何谓末?何谓实?"范蠡说:"道者,天地发生不知老,曲成万物不名巧,故谓之道。道生气,气生阴,阴生阳,阳生天地。天地立,然后有寒暑、燥湿、日月、星辰、四时,而万物备。""术者,天意也。盛夏之时,万物遂长。圣人缘天心,助天喜,乐万物之长。""末者,名也。故名过实,则百姓不附亲,贤士不为用。""实者,谷也,得人心,任贤士也。"范蠡认为圣贤之王治理国家只能顺天意,根据自然法则办事,而且要名实相符,那样,人心安定,贤明之士也会来归附,国家就兴旺发达了。范蠡说:"知保人之身者,可以王天下;不知保人之身,失天下者也。"越王问他:"何谓保人之身?"他说:"人得谷即不死,谷能生人,能杀人,故谓人身。""天地之间,人最为贵。物之生,谷为贵。""且夫广天下尊万乘之主,使百姓安其居,乐其业者,唯兵。兵之要在于人,人之要在于谷。故民众,则主安;谷多,则兵强。王而备此二者,然后可以图之也。"范蠡认为,在敌强我弱、天下纷争、战事频繁的情况下,要转弱为强、以报吴仇,必须发展农业,增殖人口,富国强兵,即所谓"民众则主安,谷多则兵强",二者具备,然后可以图霸天下。这是范蠡为越国制定的基本国策。

在范蠡的政治谋略中,体现了朴素辩证法和自发唯物主义的思想。范蠡认为政治斗争是有一定规律可循的,人们要想在斗争中取得胜利,就必须按客观规律办事。范蠡说:

"上帝不考,时反时守,强索者不祥;得时不成,反受其殃。失德灭名,流走死亡。有夺,有予,有不予。"他认为上帝是靠不住的,唯一可靠的是当时的客观条件,关键是要掌握时机。如果违背了客观条件的许可,上帝是不会帮助你的;客观条件不具备,你硬是要求成功,必然会倒霉。但是如果有了有利的客观条件,你不当机立断去争取成功,那也是会遭殃的。上天对于国家是:有的它起初很强大,后被别国征服消灭(有夺);有的给予好的命运,使它日益富强(有予);有的上天抛弃它,使它灭亡(有不予)。所以,范蠡说:"圣人随时以行,是谓守时。"所谓"时",就是指某一时候的客观条件,也即有利时机。"圣人"应该按照当时的客观条件,决定自己的行动,这叫作"守时"。也就是说,凡事要按照客观规律办事。范蠡又认为在政治斗争中双方力量的强弱不是一成不变的,而是可以互相转化的。范蠡说:"阳至而阴,阴至而阳;日困而还,月盈而匡。"阳到了极限,就会转为阴;阴到了极限,也会转为阳。太阳走到西天的尽头,第二天又从东方的天际升起;月亮到盈满的时候,就开始一天天地亏缺。由于阴阳二气的互相对立和互相转化,天地、日月以至万事万物都是互相对立、互相转化而不断发展变化的。范蠡据此观察当时吴越两国的斗争,认为"赢缩转化,天节固然",就是说,事物时多时少,国家时强时弱,这种盈虚消长、互相转化是客观存在的,好比四季的变换交替一样。认为"时将有反,事将有间",就是说,客观形势将会走向它的反面,事情将会发生变化,人们在发展变化的过程中可以找到有利于自己的机会。也正是基于对这一辩证观点的认识,范蠡在吴强越弱的形势下,致力于促使强弱转化的实现。范蠡认为在政治斗争中要根据客观形势发挥主观能动作用。范蠡说:"天因人,圣人因天;人自生之,天地形之,圣人因而成之。"他认为客观形势的造成及其发展有赖于人,"天地"只为人们提供一个客观条件,而人们主观努力与否、主观能动作用发挥的大小,直接关系到成功与否、成功的大小。所以"圣人"应该既能善于利用天地提供的客观条件,又能充分发挥主观能动性,去争取事业的成功。形势是客观存在的,而人们对它的认识及据此所采取的措施,却是主观的东西。如果分析正确、举措得当,就会在斗争中取得胜利;反之,必败无疑。范蠡说:"天时不作,弗为人客;人事不起,弗为人始。"在客观形势不利于我们的时候,应该只取守势,不要进攻。"得时无怠,时不再来。"在客观形势于我们有利的时候,就要利用这种形势,抓住时机,立即行动。"天予不取,反为之灾。"因为客观形势是在不断发展变化的,如果由于主观上的错误,没有及时利用时机去夺取胜利,就会反而遭受损害。而对抓住时机、充分发挥主观能动作用,范蠡更有形象的比喻:"从时者,犹救火、追亡人也;撅而趋之,唯恐弗及。"机遇,对人们来说可能稍纵即逝。所以,善于抓住时机的人,就像救火、追捕逃犯,应当快步奔跑,唯恐不及。

出兵灭吴

勾践回国后,苦身劳心,发愤图强,不用床褥,积薪而卧。又悬苦胆在坐卧之处,饮食起居，必先取而尝之。夜里常常暗自流泪，恨恨地喃喃自语："你忘了会稽之耻吗？"同时，他尊贤礼士，敬老恤贫，以求得百姓拥护。他还奖励生育，积聚财物，演练士卒，修甲厉兵，始终不敢懈怠。对吴国表面仍极尽奴颜婢膝之事。范蠡亲到民间选了美女西施、郑旦，遣香车送给吴王。同时引诱吴王大兴土木，建造楼台馆所，沉湎于酒色犬马之中。另一方面，暗中亲楚，结齐，附晋，最大限度地孤立吴国。

公元前486年，勾践归越四年了。这时越国国库充实，土地垦辟，人民乐为所用。于是勾践便要报复吴国，一雪会稽之耻。范蠡告诉他天时未到，不可轻举妄动，谏阻说："上帝不考，时反是守，强索者不祥。得时不成，反受其殃，失德不名，流走死亡。有夺，有予，有不予，区无蚤图。"下一年，勾践见吴王奢淫无度，"乱民功，逆天时，信谗喜优，憎辅远弼"，认为伐吴的时机已到，再次征求范蠡的意见，范蠡仍以"天时未至"作答。

过了一年，吴王夫差准备发兵攻打齐国。越王正希望吴国劳师费饷，便推波助澜，亲率官员前去朝贺，赠送大批礼物。吴国君臣享此荣耀，颐指气使，人人自喜。唯独老臣伍子胥闷闷不乐，劝谏曰："未可，臣闻勾践食不重味，与百姓同苦乐。此人不死，必为国患。吴有越，腹心之疾，齐与吴，疥也。愿王释齐先越。"极力奉劝吴王应放弃攻齐，早日击越。可是吴王不听，发兵伐齐，败齐于艾陵，俘虏了齐国的高氏、国氏两大老牌贵族回吴。吴王责备子胥，子胥说："您不要太高兴！"吴王很生气，子胥想自杀，吴王听到制止了他。越国大夫种说："我观察吴王当政太骄横了，请您允许我试探一下，向他借粮，来揣度一下吴王对越国的态度。"种向吴王请求借粮。吴王想借予，子胥建议不借，吴王还是借给越了，越王暗中十分喜悦。子胥说："君王不听我的劝谏，再过三年吴国将成为一片废墟！"太宰嚭听到这话后，就多次与子胥争论对付越国的计策，借机诽谤子胥说："伍员表面忠厚，实际很残忍，他连自己的父兄都不顾惜，怎么能顾惜君王呢？君王上次想攻打齐国，伍员强烈地进谏，后来您作战有功，他反而因此怨恨您。您不防备他，他一定作乱。"嚭还和逢共同谋划，在吴王面前再三四地诽谤子胥。吴王开始也不听信谗言，于是就派子胥出使齐国，听说子胥把儿子委托给鲍氏，大怒，说："伍员果真欺骗我！"子胥出使回国后，吴王就派人赐给子胥一把"属镂"剑让他自杀。子胥大笑道："我辅佐你的父亲称霸，又拥立你为王，你当初想与我平分吴国，我没接受，事隔不久，今天你反而因谗言杀害我。唉，唉，你一个人绝对不能独自立国！"子胥告诉使者说："必取吾眼置吴东门，以观越兵入也！"

伍子胥死后，吴王宠信太宰嚭，朝政更加腐败昏暗。这时，勾践认为伐吴的时机成熟，向范蠡征询意见，问道："吴王已杀伍子胥，阿谀之徒日众，可否伐吴？"范蠡再次以"天地未形"对之，不同意立即发动征吴战争。越王勾践十四年（前483），吴国蟹食稻，农业歉收，百姓饥贫，勾践认为天时人事均对越国有利，于是再次征询伐吴的意见，范蠡仍不同意，理由是"天应至矣，人事未尽"。这次，勾践被深深地激怒了，他怀疑范蠡故意拖延伐吴的时日，气愤地质问说："道固然乎？妄其欺不谷邪？吾与子言人事，子应我以天时；

今天应至矣,子应我以人事,何也?"范蠡平心静气地劝慰勾践,此时伐吴时机之所以尚未成熟原因是天时、地利、人事三者还未相参。因而不仅仍须耐心等待,而且自己还应制造荒淫奢侈的假象,以麻痹吴国君臣,使之放松警惕,诱导他们向最荒唐的方向发展,以便造成伐吴的最佳条件:

夫人事必将与天地相参,然后乃可以成功。今其祸新民恐,其君臣上下,皆知其资财之不足以支长久也,彼将同其力,致其死,犹尚殆。王其且驰骋弋猎,无至禽荒;宫中之乐,无至酒荒;肆与大夫殇饮,无忘国常。彼其上将薄其德,民将尽其力,又使之望而不得食,乃可以致天地之殛。

据文献记载,这年正值越国获得丰收,勾践采用了文种的一条毒计,奉还吴国一万石蒸熟了的粮种。吴国见子粒肥大,认为是良种,留做种子,结果颗粒不收,酿成大灾。

公元前476年,伐吴的条件终于成熟了:一方面,越国经过近二十年的精心准备,国力强大,君臣同心,民气昂扬;另一方面,夫差倾全国之力,北上中原争霸,使国力严重消耗,后方空虚,"吴王北会诸侯于黄池,吴国精兵从王,唯独老弱与太子留守",且国内君臣、军民之间矛盾重重,不能组织有效的抵抗。于是范蠡建议勾践立即兴兵伐吴。越国"乃发习流二千人,教士四万人,君子六千人,诸御千人",发动突然的奇袭,吴国仓促应战,太子被杀。夫差在黄池闻此噩耗后,不敢张扬,暗派使臣,一如越国当年兵败椒山一样,卑词厚礼,请求勾践赦免吴国。范蠡对勾践说:"现在还难以使吴国灭亡,大王且准和,待机再给予毁灭性打击。"于是勾践赦吴,班师回国。

四年后,越王勾践再次北进伐吴。吴军慌忙应战,惨败于笠泽(今太湖附近)。越军继续挥师,将吴都姑苏团团围住。范蠡审时度势,主张对吴军采取长期围困的策略,他对勾践说:

臣闻古之善用兵者,赢缩以为常,四时以为纪,无过天极,究数而止。天道皇皇,日月以为常,明者以为法,微者则是行。阳至而阴,阴至而阳;日困而还,月盈而匡。古之善用兵者,因天地之常,与之俱行。后则用阴,先则用阳;近则用柔,远则用刚。后无阴蔽,先无阳察,用人无艺,往从其所。刚强以御,阳节不尽,不死其野。彼来从我,固守勿与,若将与之,必因天地之灾,又观其民之饥饱劳逸以参之。尽其阳节,盈吾阴节而夺之。宜为人客,刚强而力疾,阳节不尽,轻而不可取。宜为人主,安徐而重固,阴节不尽,柔而不可迫。凡陈之道,设右以为逢年牝,益左以为牡,蚤晏无失,必须天道,周旋无穷。今其来也,刚强而力疾,王姑待之。

上面一席话,突出表现了范蠡深厚的军事素养和高超的智谋韬略。他深谙吴国的国势军力,知道它已是强弩之末,经不起持久对峙的消耗。只要不理会其挑战,对吴军采取围而不战的策略,必然不断增强其心理压力,就会导致最后的崩溃,达到"不战而屈人之兵"的目的。勾践采纳了范蠡的意见,依据双方形势,以我为主,打打停停,围而不歼,竟达三年之久。公元前473年,吴军全线崩溃,首都没有经过大的战斗即被越军攻克。吴王夫差带领他的嫔妃、大臣，携带大量珍宝，在一支敢死队的保护下，逃到姑苏台上固守，同时派出使者向勾践乞和，祈望勾践也能像十年前自己对他那样宽容，允许保留吴国社稷，而自己也会像当年的勾践一样倒过来为之服役。越王勾践一度犹豫不决。但此时的范蠡却丝毫不为所动，力劝勾践拒绝吴国的求和之请：

臣闻之，圣人之功，时为之庸。得时不成，天有还形。天节不远，五年复反，小凶则近，大凶则远。先人有言曰："伐柯者其则不远。"今君王不断，其忘会稽之事乎？

一席话虽然使勾践坚定了灭吴的初衷，但是，以后由于吴国求和的使者"往而复来，辞愈卑，礼愈尊"，就使勾践又陷入犹豫之中。范蠡为了使勾践不再动摇，只得再一次进谏，以激烈的言辞刺激他：

孰使我蚤朝而晏罢者，非吴乎？与我争三江、五湖之利者，非吴邪？夫十年谋之，一朝而弃之，其可乎？

勾践认为范蠡的道理讲得特别充分，就把对付吴王及其残余势力的事宜交给他全权处理。范蠡于是"左提鼓，右援枹"，以胜利者的雄姿出现在吴国使者面前，义正词严地宣告：

昔日上天降祸于越，委制于吴，而吴不受。今将反此义以报此祸，吾王敢无听天之命，而听君王之命乎？

于是"击鼓兴师以随使者，至于姑苏之宫，不伤越民，遂灭吴"。

灭掉吴国后，勾践玩弄假仁假义的权术，封夫差于甬东（会稽以东的海中小岛）一隅之地，使其君临百家，为衣食之费。夫差蒙受此辱，悔恨交加。他深悔当初不听伍子胥之言，才有今日之耻。夫差无脸在黄泉下再见忠良，于是以麻布蒙面，拔剑自杀。随后，勾践诛杀佞臣太宰豁，吴国也蒙受一番洗劫。

勾践平定了吴国后，在范蠡的谋划下，"北渡兵于淮以临齐、晋，号令中国，以尊周室"。周元王派人赏赐祭祀肉给勾践，称他为"伯"。勾践离开徐州，渡过淮河南下，把淮河流域送给楚国，把吴国侵占宋国的土地归还给宋国。把泗水以东方圆百里的土地给了鲁国。当时，越军在长江、淮河以东畅行无阻，诸侯们都来庆贺，越王号称霸王。

功成身退

范蠡也因谋划有功，官封上将军，位极人臣，其政治生涯达到顶峰。依人之常情，此后的范蠡就应该心安理得地享受他应得的荣华富贵了。然而，就在这个节骨眼上，范蠡却采取了一个似乎有悖于常理的惊世骇俗的行动，功成身退，对于到手的官位、权力、财富和荣誉弃之如敝屣。"范蠡以为大名之下，难以久居，且勾践为人，可与同患，难与处安"，于是上书勾践，决定辞官去职："臣闻主忧臣劳，主辱臣死。昔者君王辱于会稽，所以

不死，为此事也。今既以雪耻，臣请从会稽之诛。"话虽说得委婉含蓄，但去意明确。勾践览奏，出乎意料，震惊之余，威胁说："孤将与子分国而有之，不然，将加诛于子。"勾践的态度早在范蠡的意料之中，但他决心已定，对勾践的威胁以掷地有声的六个字做了回答："君行令，臣行意。""乃装其轻宝珠玉，自与其私徒属乘舟浮海以行。"当勾践知悉其出走的消息时，范蠡已经乘风破浪，航行在万顷波涛之上。勾践知道范蠡已经与自己绝决，但自己对他的功劳应有所表示，于是下令以环会稽三百里作为范蠡的奉邑。此举自然只有象征意义，是做给其他臣子看的。

范蠡跳出是非之地，没有忘记风雨同舟、共同患难的同僚文种曾有知遇之恩，遂投书一封，劝说道：

"狡兔死，走狗烹；敌国破，谋臣亡。"越王为人，长颈鸟喙，忍辱妒功。可与共患难，不可与共安乐。子今不去，祸必不免！

文种接书后，半信半疑。他一方面认为自己功劳显赫，在臣民中有崇高的威望，勾践不见得忍心杀他；另一方而也不愿抛弃刚刚享受到的荣华富贵，因而没有当机立断，尽快离开越国，只是对勾践采取消极态度，"称病不朝"。这时有人向勾践进谗言，诬陷说文种图谋作乱，于是勾践赐剑一把，并告诉文种说："子教寡人伐吴七术，寡人用其三而败吴，其四在子，子为我从先王试之。"令其引颈自杀。据《越绝书·内经九术》的记载，文种为勾践贡献的是"灭吴九术"而非七术，其内容是：

一曰尊天地，事鬼神；二曰重财币，以遗其君；三曰贵粜稿，以空其邦；四曰遗之好美，以为劳其志；五曰遗之巧匠，使起宫室高台，尽其财，疲其力；六曰遗其谀臣，使之易伐；七曰强其谏臣，使之自杀；八曰邦家富而备器；九曰坚厉甲兵，以承其弊。

勾践在灭吴的全过程中，的确是充分运用了文种的"九术"，配以范蠡的军事和外交谋略，才取得了最后胜利。这个九术，显示了文种过人的才智和老谋深算。然而，文种却同当时一般追逐富贵利禄的文武之士一样，陷入了"当局者迷"的误区。他只知道自己凭才干与功劳可以从君主那里市得富贵利禄，并把它作为自己最重要的人生追求，却忽视了重要的一点：君主既有权给予臣子富贵利禄，同时也有权随时收回富贵利禄，还可以牺牲那些功高震主的臣子的生命以维护自己君位的安全，正因为如此，历史上才一再上演兔死狗烹的悲剧。后来，唐朝大诗人李白曾有《越中览古》诗云："越王勾践破吴归，义士还家尽锦衣。宫女如花满春殿，只今唯有鹧鸪飞。"

范蠡在政治上，在为人处世上对后世留下了深远的影响。他对振兴越国的功绩，受到后人一致的肯定。他的思想，受到了广泛的重视。如任继愈主编的《中国哲学发展史》对范蠡的思想做了很好的论述，肯定了"范蠡的天道思想在认识自然之天的本来面貌上起了很大的推进作用"。侯外庐主编的《中国思想史纲》指出范蠡的思想值得重视，他也讲"天道"，但他是从自然规律来理解的，"在他看来，所谓'圣人'善于把握人与天（自然）交互作用的规律，并且能正确地利用事物发展转化的时机"。他把这一原理应用到军事

思想中,特别强调"时"的概念,即在战争中及时掌握时机的重要性。冯友兰著《中国哲学史新编》认为在范蠡的政治策略中,"体现了朴素辩证法和自发唯物主义的思想"。又认为范蠡成为当时有名的大商人,"这是他利用他所有的对于客观世界的规律的认识,经营商业取得的成果"。

范蠡乘船漂洋过海到了齐国,更名改姓,自称"鸱夷子皮",即盛酒的皮袋子,在海边住下来,自食其力,耕于海畔,苦身勠力,父子治产,没多久,致产数十万,可以想见他经营有方。齐国贵族知悉范蠡的真实身份以后,钦佩他的才能,聘请他做了齐国相。根据各种情势推断,他在齐国为相的时间不长,也没有留下显著的政绩,就又辞官了。他辞官的理由很简单,用他自己的话说:"居家则致千金,居官则为卿相,此布衣之极也。久受尊名,不祥。"于是交出相印,"尽散其财,以分与知友乡党",然后悄然远行,来到陶(今山东定陶),"以为此天下之中,交易有无之路通,为生可以致富矣"。他自号陶朱公,父子家人宾客,各司其职,利用陶为天下之中的优越的地理位置,进行大规模的商贸活动。"逐什一之利,居无何,则致赀累巨万","十九年之中,三致千金",成为闻名天下的富商大贾,活了七十多岁,得以终其天年。在今日山东的定陶、枣庄、滕州和肥城,都有陶朱公的坟墓。由于范蠡后半生主要从事商贸活动,不少地方留下了他的足迹,因而一些地方附会其古迹并不奇怪。根据唐人《括地志》记载,范蠡真实的坟墓位于今日山东肥城的陶山,墓址选在松柏覆盖的向阳的山坡上,当年,它背靠半环形的险峻的山岭,面对波涛浩渺的湖水,林壑幽深,人迹罕至,比较符合范蠡不慕荣华,漠然处世的品格。

范蠡之所以成为中国人公认的商人之鼻祖,一是因为他经商致富,三致千金,"子孙修业而息之,遂至巨万",是一个成功的富商大贾;二是因为他总结出一套经济理论,是不亚于管仲的大经济学家。范蠡的经济思想比较丰富。他当时已经朦胧地意识到,包括经商在内的人的活动,必须顺应不以人的意志为转移的客观规律才能成功。他对急于伐吴、盲动冒险的勾践说,"人事必将与天人地相参,然后乃可以成功",如果"逆于天而不和于人",任意妄为,则必然失败。

《史记·货殖列传》所引的"计然之术"比较集中地反映了范蠡的经济理论:

知斗则修备,时用则知物,二者形则万货之情可得而观已。故岁在金,穰;水,毁;木,饥;火,旱。旱则资舟,水则资车,物之理也。六岁穰,六岁旱,十二岁一大饥。夫粜,二十病农,九十病末。末病则财不出,农病则草不辟矣。上不过八十,下不减三十,则农末俱利,平粜齐物,关市不乏,治国之道也。积着之理,务完物,无息币。以物相贸易,腐败而食之货勿留,无敢居贵。论其有余不足,则知贵贱。贵上极则反贱,贱下极则反贵。贵出如粪土,贱取如珠玉,财币欲其行如流水。

范蠡强调农末俱利是其经济理论的一大特点。他要求既不谷贱伤农,也不要谷贵伤工商,因为经济的发展,社会的稳定,需要调动农与工商双方的积极性。他认为谷价在三十至八十之间波动是正常的,超出这一范围,国家就应以平粜的政策进行干预。农末俱

利的观点是范蠡首次提出来的,其平籴政策为战国时李悝和后世不少封建王朝所继承。成为一项利国利民影响深远的政策。只是后世的传统经济思想过于强调"重本抑末",丢掉了范蠡"农末俱利"的理论精华。

范蠡商品经济的理论丰富而深邃。如他认为商品"贵上极则反贱,贱下极则反贵",不仅是对商品运行规律的认识,而且包含着对价值规律的朦胧猜测。正常的商品价格只能围绕价值上下波动,太贵与太贱都背离价值。范蠡还认为,商业活动尽管充满风险,有其捉摸不定的一面,但毕竟有规律可循,因为商情在很大程度上是可以预测的。他主张在准确预测商情的基础上,运用"积蓄"原理,在商品流通中通过贱买贵卖的不等价交换,获取最大利润。为此,要贮物以"待乏","旱则资舟,水则资车",但又不能囤积居奇,物价看涨时不能惜售,必须加快货物与资金的周转,并以高质量的货物去赢得市场,"务完物,无息币"。物价涨到一定水平即有利可图时要毫不犹豫地抛出;相反,物价跌至一定程度时则大力收购。这就是"贵出如粪土,贱取如珠玉,则币欲其行如流水"。范蠡这些对商品运行规律的认识十分难能可贵,可惜在中国封建社会里,由于"重本抑末"的传统经济思想占据主导地位,范蠡的商品经济意识未能发扬光大。

朱公住在陶地,生了小儿子。小儿子成人时,朱公的二儿子杀了人,被楚国拘捕。朱公说:"杀人者抵命,这是常理。可是我听说家有千金的儿子不会被杀在闹市中。"于是告诫小儿子探望二儿子。便打点好一千镒黄金,装在褐色器具中,用一辆牛车载运。将要派小儿子出发办事时,朱公的长子坚决请求去,朱公不同意。长子说:"家里的长子叫家督,现在弟弟犯了罪,父亲不派长子去,却派小弟去,这说明我是不肖之子。"长子说完想自杀。他的母亲又替他说:"现在派小儿子去,未必能救二儿子命,却先丧失了大儿子,怎么办?"朱公不得已就派了长子,写了一封信要大儿子送给旧日的好友庄生,并对长子说:"到楚国后,要把千金送到庄生家,一切听从他去办理,千万不要与他发生争执。"长子走时,也私自携带了几百镒黄金。

长子到达楚国,看见庄生家靠近楚都外城,披开野草才能到达庄生家门,庄生居住条件十分贫穷。可是长子还是打开信,向庄生进献了千金,完全照父亲所嘱做的。庄生说:"你可以赶快离去了,千万不要留在此地!等弟弟释放后,不要问原因。"长子已经离去,不再探望庄生,但私自留在了楚国,把自己携带的黄金送给了楚国主事的达官贵人。

庄生虽然住在穷乡陋巷,可是由于廉洁正直在楚国很闻名,从楚王以下无不尊奉他为老师。朱公献上黄金,他并非有心收下,只是想事成之后再归还给朱公以示讲信用。所以黄金送来后,他对妻子说:"这是朱公的钱财,以后再如数归还他,但哪一天归还却不得而知,这就如同自己哪一天生病也不能事先告知别人一样,千万不要动用。"但朱公长子不知庄生的意思,以为财产送给庄生不会起什么作用。

庄生乘便入宫会见楚王,说:"某星宿移到某处,这将对楚国有危害。"楚王平时十分信任庄生,就问:"现在怎么办?"庄生说:"只有实行仁义道德才可以免除灾害。"楚王说:

"您不用多说了，我将照办。"楚王就派使者查封贮藏三钱的仓库。楚国达官贵人吃惊地告诉朱公长子说："楚王将要实行大赦。"长子问："怎么见得呢？"贵人说："每当楚王大赦时，常常先查封贮藏三钱的仓库。昨晚楚王已派使者查封了。"朱公长子认为既然大赦，弟弟自然可以释放了，一千镒黄金等于虚掷庄生处，没有发挥作用，于是又去见庄生。庄生惊奇地问："你没离开吗？"长子说："始终没离开。当初我为弟弟一事来，今天楚国正商议大赦，弟弟自然得到释放，所以我特意来向您告辞。"庄生知道他的意思是想拿回黄金，说："你自己到房间里去取黄金吧！"大儿子便入室取走黄金离开庄生，私自庆幸黄金失而复得。

庄生被小儿辈出卖深感羞耻，就又入宫会见楚王说："我上次所说的某星宿的事，您说想用做好事来回报它。现在，我在外面听路人都说陶地富翁朱公的儿子杀人后被楚囚禁，他家派人拿出很多金钱贿赂楚王左右的人，所以君王并非体恤楚国人而实行大赦，却是因为朱公儿子才大赦的。"楚王大怒道："我虽然无德，怎么会因为朱公的儿子布施恩惠呢！"就下令先杀掉朱公儿子，第二天才下达赦免的诏令。朱公长子竟然携带弟弟尸体回家了。

回到家后，母亲和乡邻们都十分悲痛，只有朱公笑着说："我本来就知道长子一定救不了弟弟！他不是不爱自己的弟弟，只是有所不能忍心放弃的。他年幼就与我生活在一起，经受过各种辛苦，知道为生的艰难，所以把钱财看得很重，不敢轻易花钱。至于小弟弟呢，一生下来就看到我十分富有，乘坐上等车，驱驾千里马，到郊外去打猎，哪里知道钱财从何处来，所以把钱财看得极轻，弃之也毫不吝惜。原来我打算让小儿子去，本来因为他舍得弃财，但长子不能弃财。所以终于害了自己的弟弟，这很合乎事理，不值得悲痛。我本来日日夜夜盼的就是二儿子的尸首送回来。"

范蠡曾经三次搬家，驰名天下，他不是随意离开某处，他住在哪儿就在哪儿成名。最后老死在陶地，所以世人相传叫他陶朱公。

风险投资第一人

——吕不韦

吕不韦：姜姓，吕氏，名不韦。战国末年著名商人、政治家、思想家，后为秦国大臣，卫国濮阳（今河南濮阳滑县）人。吕不韦是阳翟（今河南省禹州市）的大商人，故里在城南大吕街，他往来各地，以低价买进，高价卖出，所以积累起千金的家产。

生卒时间：公元前292年~公元前235年。

安葬之地：洛阳市东约20公里的偃师市南蔡庄大冢头村东。

性格特点：善于投机，精于谋划。

历史功过：他以"奇货可居"闻名于世，曾辅佐秦始皇登上王位，任秦朝相邦，并组织门客编写了著名的《吕氏春秋》，其门客有三千人。即《吕览》。也是杂家思想的代表人物。

名家评点：纵观吕不韦的一生，他的很多观点，做事的方法，就是到了现代，仍然是比较超前的，甚至当代一些所谓成功人士，他们成功的路子上，仍然留有吕不韦的影子。从此我们也可以看出，吕不韦的确是一千古奇人。但成功一世的吕不韦，由于利欲心太重，没有像范蠡那样，事业达到顶峰后急流勇退，最后落了个自杀身亡的悲惨结局，这也是吕不韦给我们那些成功人士留下的最大教训，也最值得那些成功人士三思。

阳翟巨商

战国末年，秦、楚、燕、韩、赵、魏、齐七国争城掠地的较量更加激烈。随着时间的推移，战守进退的形势愈来愈对秦国有利。秦国军队兵锋所指，所向披靡，统一六国，只是个迟早的问题了。

连年征战虽然造成整个社会的剧烈动荡，给各国民众带来极大的灾难；但也应该看到，由于战争本身以及为了战争的需要，各国相继变法革新，使生产力得到解放，战国社会呈现出前所未有的繁荣景象。农业、手工业特别是商业空前兴盛，涌现出一个靠贩运经营而致富的商人阶层。

在这种情况下，大商人吕不韦出现了。

吕不韦的先祖本是卫国濮阳（今河南濮阳县西南）人，后来举家迁居阳翟，遂定居在这。这阳翟，虽然不是通都大邑，地理位置却非常优越。它濒临淮水支流颍水，地势平坦，水陆交通都很方便。向西可到秦国都城咸阳，东进可趋齐国都城临淄，北上就是魏国都城大梁和赵国都城邯郸。

吕不韦的父亲凭着商人的精明，看准了这是一个经商的好地方，于是变卖田产，果断做起贩贱卖贵的营生。于是阳翟城里，人们经常看到一老一少早出晚归，有时多日不见，回来时肩扛担挑，全都是异国他乡的奇货特产。就这样父子二人辛苦经营，生意越做越大，钱越赚越多，逐渐地积累起千金家财，虽说算不得富甲天下，却也是阳翟一带远近有名的殷实人家。

眼看着吕氏家业兴旺，生意昌隆，吕不韦的父亲喜不自胜。他踌躇满志，整天盘算着怎样广进财源。他还常常对吕不韦讲述春秋时期陶朱公的故事，言语之间充满欣羡和向往。

吕不韦深受其父影响，他完全继承了其父的精明、狡诈和贪得无厌，所不同的是他更富于冒险精神和赌徒心理，一旦看准一桩买卖，他会整日整夜地谋划，而后便义无反顾地去付诸实施，不达目的誓不罢休，哪怕花再大本钱也毫不犹豫。说来也怪，经吕不韦筹划的事情，十有八九皆会成功，很少有过失算。渐渐地，父亲也对他刮目相看，遇到一些决定不了的事情，做父亲的反而要向儿子讨教。

物换星移，时光如梭，吕不韦随着父亲跑遍了中原各国，咸阳、大梁、邯郸等通都大邑到处留下了他的足迹。但是吕不韦只对赵都邯郸感兴趣。

在吕不韦眼里，邯郸是一个发财致富的好地方。当时邯郸城已有数十万人口，人文荟萃，百业兴旺，四方商贾云集，交通顺畅，东可到齐都临淄，西可达三晋腹地，北去有幽燕，南下通大梁，是黄河以北最大的商业和手工业中心。

吕不韦特别崇拜邯郸大商人郭纵。这郭纵靠着冶铁和贩卖铁器，奇迹般地成为邯郸首富，令吕不韦钦羡不已。

邯郸城还有一大吸引人的特色，就是遍布歌楼舞馆、茶坊酒肆，还有美丽多情的邯郸女子，对远客行商更有着不可抗拒的诱惑。每次到邯郸，吕不韦总是希望多呆一段时间。他有时真想结束走东闯西的生涯，就在邯郸城里做个富佬算了。碰上赵国和别国打仗，或者秋雨连绵，河水泛溢，他们就不得不在邯郸呆上数月甚至半年。吕不韦这时就可称心如意，到城里各处尽情游冶狎笑，放浪形骸。

吕不韦在邯郸结识了许多红粉知己。吕不韦有的是钱财，对熟识的女子也乐得慷慨

解囊,百般投其所好。一个偶然的机会,吕不韦遇到一位美貌的邯郸歌女,一见钟情,干脆明媒正娶,朝夕相伴。不过在当时,吕不韦做梦也想不到,这位名为赵姬的女子,日后竟然成就了一番惊天动地的事业。

奇货可居

吕不韦娶了赵姬之后,着实神魂颠倒了一阵。那赵姬温柔多情,善解人意,而且能歌善舞,貌若天仙。吕不韦如获至宝,恩爱有加,痛痛快快地享受了一段温柔乡的旖旎和温馨。

半年后,吕不韦开始厌倦这种生活了。他本来就不是好色之徒,更不是多情种子。美女,只能暂时使他愉悦,却不能使他长期沉溺其中。商人的本性迅速在他身上复苏,赚钱,才是他的天职;看着自家财富不断增值,他的心里才会真正踏实。

怀着一丝淡淡的落寞,吕不韦信步走上邯郸城宽广的街市,浏览着两旁鳞次栉比的店铺货摊,他的心头掠过一阵快慰,甚至亲切。他喜爱听那铁铺里传出的叮当之声,喜欢看那擦肩而过、川流不息的人群。他在心里暗暗感叹,怪不得常言道:天下熙熙,皆为利来;天下攘攘,皆为利往。看这些忙忙碌碌的男女老少,为了求得衣食微利,就这么蝇营狗苟,乐此不疲。想想这样过一辈子,也实在有点可悲。他忽而联想到自己,蓦然一惊,他不也是这些人中的一个吗? 这些年精打细算,四处奔忙,也就是比一般人多赚了一点钱,大不了财运亨通,以后混到郭纵那份上,又有多大意思呢? 那么,干什么有意思呢? 当国王大概有意思吧。他不止一次见到过赵王车驾出行的情景,怒马华车,前呼后拥,浩浩荡荡,威风凛凛,那才叫不枉此生呢! 说起财富,那更是谁也比不上国王,金银珠宝就不在话下,山川城邑包括人民,都归国王所有。吕不韦甚至产生几分妒意,他突然觉得,自己那千金家财简直少得可怜。

吕不韦正在胡思乱想,冷不防和一个人撞了个正着。那人"哎呀"叫了一声,吕不韦猛然吃了一惊,赶紧向那人赔不是,一边抬眼望去。这一看,心里暗暗称奇。只见此人生得五官端正,面若傅粉,唇若涂朱,浓眉下一双秀目略带幽愁,举止优雅,宛如玉树临风。虽然衣着与常人无异,却自透出一种非凡的雍容气概。

那人见吕不韦两眼盯着自己看,微微颔首一笑,扬长而去。

吕不韦这才回过神来,赶忙走到一个卖铁器的小摊前,问摆摊老人:"请问老伯,方才过去的人是谁?"

老人回答说:"想必你是刚来邯郸不久,他就是秦国王太子安君王的儿子异人。"

"噢,他为何会在这里?"吕不韦好奇地问道。

老人说:"他现在是秦国的人质,日子很不好过。秦王根本不关心他的死活安危,屡次三番派兵来攻打赵国,赵王早就想除掉他,幸亏有人替他求情,这才侥幸保住性命。不过活着也是受罪,从前还算是上宾,如今赵王震怒,将他软禁在丛台客馆,削减了日常用度,出入花费非常拮据,和穷光蛋没什么两样。"

老人一边说一边摇头叹息。吕不韦听完,心里一动,他那商人的敏锐告诉他:此人是一件奇货!说不定,多年来萦绕心头的梦想和抱负,就要依靠此人来得到实现。

吕不韦顿时觉得茅塞顿开,精神大振。他匆匆回到家中,见到父亲劈头就问"耕田播种能得几倍的利润?"

父亲大惑不解,儿子今天怎么啦?不过他还是做了回答:"这谁都知道,一分耕耘,十分收获,耕田之利最多十倍。"

"那么像咱们这样贩卖珠宝玉器呢?"吕不韦仍然一脸神秘。

"这你应该比我清楚,珠宝之利至少百倍。"父亲耐着性子说道。

吕不韦脸上露出一丝得意,摇头晃脑地问:"那么,如果扶立一人为王,把江山社稷、国家大权掌握在手中,又能获利几倍呢?"

父亲吃惊地瞪大了眼睛,死死盯着吕不韦,他相信吕不韦说这话绝不是信口开河,其中必有缘故。儿子必然有自己的计划。于是便认真地说:"那样的话,所获之利何止千万倍,简直无法估量。"

吕不韦便把刚才的事情和自己的计划告诉了父亲。末了说道:"这件事花的本钱大,成功的把握也大。重要的是一旦成功,我们就能一步登天,享不尽的荣华富贵,还可光宗耀祖,青史留名,强似现在这样惨淡经营,东奔西忙。"

父亲听罢又惊又喜,喜的是儿子的计划的确细致周密,前景诱人;惊的是这样一桩空前绝后的大买卖,绝非儿戏。他郑重叮咛道:"此事干系重大,若有闪失,倾家荡产,身败名裂不说,甚至还会祸灭九族啊,千万要谨慎从事!"

吕不韦郑重地点点头。得到父亲的支持,吕不韦心里有底了,下一步他要做的就是尽快弄清这位秦王孙的全部底细。

功夫不负有心人,吕不韦很快打听到有关异人在赵国做人质的来龙去脉。

原来,秦昭王二十八年(前279),秦王与赵王在渑池相会,通过和赵国智勇双全的蔺相如的反复较量,秦王没有占到任何便宜,于是不敢轻视赵国,与赵王制订盟约,并选派一名质子到赵国做人质。对于质子的人选,当时还曾经费了一番斟酌。当时太子安国君有二十多个儿子,均为诸姬妾所生,而安国君最宠爱的华阳夫人却没有儿子。按理说这二十多位王孙都有被选作人质的可能。当时王孙异人的母亲夏姬由于得不到宠幸,郁郁寡欢,竟然一病不起,年轻轻就离开人世。如此一来,赴赵国为质的命运就自然而然地落在异人头上。

这异人去赵国没几年,秦国就对赵国发动战争,好像根本忘记了还有一位质子在赵国。赵国这边呢,一受到秦军进攻,自然就迁怒于秦国质子。在王翦大举攻赵时,赵王把

一腔怨恨向异人发泄，下令将异人斩首。正在危急的时刻，幸亏平原君犯颜直谏说，异人在秦国并不得宠，杀了他对秦国不会有丝毫损害，而且落个不讲信义的名声，让天下人耻笑。秦国还可以此为借口，把以后讲和的路子也堵死了。异人这才死里逃生。尽管如此，赵王余怒未消，将异人迁到邯郸东北的丛台。还派大夫公孙乾作"陪住"，以监视异人的起居行止。同时，削减了异人的各种日常开支和供应。异人此时呼天不灵，叫地不应，在悲观绝望中苦熬时日。

吕不韦掌握了这些情况后，马上认识到，异人之所以会落到今天这种地步，根本原因是他在秦国地位太低，要借他做文章，就必须抬高他的身价。而要做到这一点，就一定得从秦国王太子安国君和华阳夫人身上找到突破口。对了，莫非是天意助我，华阳夫人不是没有儿子吗？异人不是没有母亲吗？对！这么办！吕不韦差点笑出声来，他好像看到了美好的未来。

咸阳之行

吕不韦知道要通过"馆伴"公孙乾这关才能接近异人。这公孙乾是赵王宠信的大臣，素以忠于职守闻名，虽然他面子上和异人客客气气，却时刻牢记着自己的职责，对异人进出交游监视得很严。吕不韦经商多年，深信金钱的威力，通过关系，在第一次见面时，他就送给公孙乾黄金百镒。这一招果然有效，公孙乾不仅对这位韩国商人的慷慨留下了深刻印象，而且很快成了关系密切的朋友。于是，吕不韦往丛台跑的次数逐渐增多。一天，两人在饮酒谈天，凑巧看到异人，吕不韦假装不认识，问公孙乾道："此人是谁？"

公孙乾为了减少不必要的麻烦，一直没有告诉吕不韦有关异人的情况，这时见吕不韦问起，也就不再隐瞒，把异人的来历说了一遍。

吕不韦装出一副惊讶的神色说："早就听说有位秦国王孙在赵国做人质，不想今日在此目睹，也算是长了一回见识。"他接着话锋一转，恭维地说："赵王将此重任交托于君，足见倚重之意……"

公孙乾嘴上虽客气地推托，但心里却美滋滋的。

不久，公孙乾特意摆下一桌酒席，宴请吕不韦。吕不韦当然不会放弃这一机会，应邀而来。宾主落座之后，吕不韦看着满桌美味珍馐，用商量的口气对公孙乾说："多谢君之盛情，今日理当开怀畅饮。但是，只有你我二人，未免过于冷清，何不将那秦王孙一起请来助兴？"

公孙乾说："你不提起我倒忘了。"当即差人去请异人。不一会儿，异人来到，公孙乾介绍二人认识，然后对异人说："这位吕先生素来豪爽，你今日不必拘谨，尽可开怀畅饮。"

于是三人重新落座，一边聊着闲话，一边频频举卮。吕不韦心里有事，不时观察着异人的神色,寻找与他接近的机会。

说来也巧,喝到半酣之时,公孙乾起身入厕,吕不韦赶紧凑近异人,压低声音说:"秦王如今年纪老迈,安国君最宠爱的华阳夫人没有儿子,因此,殿下那二十几个兄弟谁都未得到专宠。殿下何不趁此机会设法回到秦国,拜华阳夫人为母,做她的亲儿子,以后这王储之位就非你莫属。"

异人一听这话,悲从中来,两眼含着泪讲道:"我哪敢存此非分之想,现在万念俱灰,别无他求,只要能回归故土就谢天谢地了。我如今就好比笼中之鸟,身不由己,心急如焚,一听到谁说起秦国,就伤心难受,只恨想不出脱身的办法!"

吕不韦不敢耽搁,干脆单刀直入地说:"敝人尽管够不上豪富,但为了替殿下分忧,愿携带千金到秦国去说服太子和华阳夫人,迎接殿下回国,怎么样?"

异人如见到了救星,两眼放射出热切的光芒,"假如如君所言,他日异人得以富贵,定与先生平分共享!"

公孙乾回来后,见到异人神色有些异样,心里犯疑,便问吕不韦:"你们刚才在说什么?"

吕不韦早有准备,不慌不忙地答道:"我在向王孙打听秦国的玉石价格行情,谁知王孙离秦多年,详情并不知道。"

公孙乾疑云顿消,他急忙岔开话题,"来,今天咱们不谈别的,喝他个一醉方休。"说着给吕不韦斟个满卮,三人你来我往,直饮到天晚方才尽兴而散。

此后,吕不韦经常得以见到异人。有一次,乘别人不注意,吕不韦偷偷送给异人五百金,让他笼络买通身边的杂役人等,为日后行事打好基础。异人拿着这些钱,把上上下下那些公孙乾的手下人全都打点了一番。这些人以前嫌秦王孙寒酸,颇有侮慢之意,现在得了钱财,态度马上变了,侍奉得周到不说,王孙有事,他们还主动相帮,对王孙的监视也大为松懈。

吕不韦安顿好秦王孙,立即为计划中最关键的一个步骤——咸阳之行做准备。临行前,他又拿出五百金,买了许多秦国罕有的珍奇古玩、玉器宝珠,带在身边。

一到咸阳,吕不韦顾不上旅途劳顿,就赶忙四处去打探消息,考虑着怎样才能接近华阳夫人。很快便得到一条重要线索,原来这华阳夫人和当今秦王的母亲宣太后一样,都是楚国人,她还有个姐姐也在秦国。

吕不韦不敢贸然行事,先买通华阳夫人姐姐的家人,向他的女主人传话说:"王孙异人在赵国做人质多年,无时不在思念太子和夫人,特意托韩国商人吕不韦给太子和夫人捎来孝敬之物,此外还有薄礼送给姨娘,略表孝心。"门人说毕,将一函金珠宝物献上。

华阳夫人的姐姐楚姬,平日仗着其妹得宠,养尊处优,此时一见珠宝,心中大悦,破例走出来跟吕不韦相见。楚姬说:"王孙的美意谨领了,还劳尊客远道跋涉,愧不敢当。王孙在赵国这么多年,还未忘记故国吗?"

吕不韦动情地说："岂止不曾忘记，王孙在邯郸简直是度日如年啊，终日以泪洗面，思念着太子和夫人，他坚信太子和夫人终究会救他回国的。他的最大愿望，就是回到太子和夫人身边尽孝。他还经常说他早年丧母，无亲无故，夫人就是他的唯一亲人了。"

楚姬被深深打动了，神情有些凄然，沉默良久，关切地问道："王孙近来怎么样？"

吕不韦叹了一口气说："由于秦王屡次攻伐，使赵王怀恨，几次欲杀王孙，幸亏赵国的臣民极力保奏，替他说了不少好话，这才侥幸保住性命，不过处境更加险恶，思归的念头也更急迫。"

楚姬有些诧异地问道："赵国臣民为何要保奏秦王孙呢？"

吕不韦答道："王孙贤孝无比，每逢秦王、太子和夫人寿诞，元旦朔望，四时八节，他必定沐浴焚香，清斋素食，对着西方祝祷，赵国人全都知道。而且这王孙还十分礼贤下士，轻财重义，广结诸侯宾客，信义著于四海。因此赵国臣民不忍看他无辜遭诛。"

吕不韦说着，又将价值五百金的金珠宝贝献上，说："王孙不能亲自归侍太子、夫人，特意献上这些珍玩以表孝养之意，还望姨娘代为转达。"

楚姬不再问了，事情已经很明了了。她一面吩咐家人好生款待吕不韦，一面亲自去见华阳夫人，把异人的情况一五一十说了一遍，又拿出那些珍奇古玩。

华阳夫人喜出望外，在心里顷刻对王孙异人有了十分好感，她又请姐姐转达对吕不韦的感激之意。

楚姬回到府中，把去见华阳夫人的情形叙了一遍，吕不韦高兴地意识到咸阳之行的第一步已经成功了。

几天之后，楚姬再度造访华阳夫人，这次她是受吕不韦之托，前来为异人做说客的。一见面，姐姐就开门见山地说："我常听人说，以色事人者，色衰则爱弛。现在夫人事奉太子安国君，虽然恩宠有加却没有子嗣。最好的办法就是在诸子中选其最为贤孝者，收为自己的儿子，让他将来继承太子的地位。如果这样，夫君健在时不用说，就是夫君百年之后，嗣子为王，依然可以母仪天下，威势不减。现在对你来说，不过就是说一句话，将来却受益无穷。如果等到年老色衰以后再要提什么要求，谁还会帮你呢？依我看这王孙异人不但贤孝，而且乖巧，他自知不是长子，其母又失宠早亡，所以自愿依附夫人。在他来讲，固然可以借此成为嫡子；而对夫人来说，无疑为长享富贵奠定了基础。"

华阳夫人听完，觉得很有道理，笑着对姐姐说："此事容我再作考虑，等一有机会我就去做太子的工作。话说到这一层，我长享富贵，总不会忘记姐姐吧。"说罢两人都会心地笑了。

当夜，华阳夫人整备了一桌丰盛的酒菜，与安国君对饮。酒过三巡，华阳夫人忽然掩面而泣。安国君吃了一惊，赶紧问是怎么回事，华阳夫人拭泪说道："妾有幸在东宫侍奉太子，深受眷爱，可惜却没能生下儿子。真怕将来色衰爱弛，再无容身之地，那将多么凄苦，每念及此，就不由伤心落泪。"

安国君听了，不由松了口气，笑道："夫人何必多虑，你我长相厮守，有我在，谁敢对你不恭！"

华阳夫人娇声说道："眼下自然无虞，然而待到大王百年之后，殿下掌国，必然要立太子，到那时母以子贵，谁还会把贱妾放在眼里？"

安国君心中暗暗感慨：女人的心思就是细，他恍然明白了宠姬的意图，她不但要保住王后的位子，还想做太后。不过，仔细一想，她的忧虑也不是没有道理。想到这里，安国君反问一句："那么依夫人之意呢？"

华阳夫人于是把自己的想法全说了出来："贱妾想了多日，早想对殿下诉说，苦于没有机会。妾意欲在殿下诸子中选一位贤孝出众的收作儿子。据贱妾所知，王孙异人最合适。妾见过南来北往的客人，都对异人交口称赞，若得此子为嗣，妾身就有靠了。"

"王孙异人？"安国君感到不解，"他不是在赵国做人质吗，夫人怎会想到选他？"

华阳夫人说："殿下明鉴，妾早就听从赵国回来的人说，那异人既贤能又有孝心，在赵国人人皆知，开始妾还不大在意，可巧最近他又托人给殿下捎来不少珍奇古玩，说是表示一点孝敬之心，他还盼着能亲自孝敬殿下呢！这样的儿子上哪去找！"

安国君被说动了，更重要的是他不忍拂华阳夫人的美意，"难得异人如此有心，那就依夫人便了。"

华阳夫人破涕为笑，但是她心里仍觉得不踏实，半喜半嗔地说："只怕殿下今天高兴，允诺了贱妾，等明日听了别人一番言语，又反悔了，岂不是让贱妾空欢喜一场！"

安国君说："夫人若不相信，愿刻符为据。"说着，取来一块玉符，刻上"适嗣异人"四个字，然后从中间一剖两半，他拿一半，另一半由华阳夫人保管。

华阳夫人意犹未尽，又问："妾不忍心让王孙在异国他乡受苦，何不尽快把他接回来呢？"

安国君说："此事谅不难办，我明天奏明大王，迎异人回国就是。"

哪知事情并不像安国君想得那么简单，当时秦赵两国战争正紧，秦昭王一口拒绝了太子的请求。

安国君不敢再争，只得闷闷不乐地回到东宫，华阳夫人一时也想不出他法。

吕不韦得到消息后，马上想到了另一个重要人物。

这个人就是秦昭王后的弟弟杨泉君，当时正受宠。吕不韦设法拜见杨泉君，一见面就问："君要大祸临头了，还意识不到吗？"

杨泉君大惊失色，急忙请吕不韦赐教。

吕不韦说："君的门下人人身居高位，养尊处优，作威作福；但是太子安国君的门下大多默默无闻，人微言轻。如今大王年岁已大，一旦山陵崩，太子就将继位。太子掌权，其门人必定会挟怨报复，君的败亡指日可待，可不是要大祸临头吗？"

杨泉君顿时慌了神，"先生觉得怎样才能避祸呢？"

吕不韦说："鄙人有一计，可保君久享富贵。你知道太子没有嫡子，华阳夫人为此很焦急。如今王孙异人以贤孝闻于诸侯，众望听归。不过他眼下正在邯郸做人质，处境很不妙。君如若通过王后向大王进言，将异人迎回秦国，做太子的嗣子，这样异人无国而变为有国，太子无子而变为有子。太子和异人必然得从心底感谢王后，永思报效。王后尊宠不衰，君不也就跟着永享富贵吗？"

杨泉君十分感激吕不韦的点拨，当天他就把这些话对王后说了，王后又对秦昭王说了许多王孙异人的好处。

秦昭王见王后发话，再不好驳回，只得说道："就依王后之见，等赵国派人来讲和，我设法迎异人回国就是。"

安国君和吕不韦见走王后的路子都难以奏效，赶忙商议对策。安国君问吕不韦："父王显然是推之辞，先生有什么妙策？"

吕不韦说："大王有他的难言之语，如今秦赵是正在交战的敌国，怎可能轻易放质子回国呢？小人拼得倾尽千金家业，去贿赂赵国权臣，无论如何也得尽快救异人回国。"

安国君和华阳夫人都非常高兴，当即拿出黄金三百镒交给吕不韦，请他转交异人，用作打通关节的使费。

王后又拿出二百镒黄金，请吕不韦转给王孙。华阳夫人为异人做了一箱新衣，另外赠吕不韦黄金百镒，还预拜吕不韦为异人的师傅，请他转告异人，不要心急，很快就可返回故里。

忍痛割爱

吕不韦圆满完成了咸阳之行的计划。回到邯郸，他把此行的经过对父亲叙说了一遍。

父亲很高兴，这些日子他总是提心吊胆，牵肠挂肚，生怕儿子遇到麻烦，看来这些担心全是多余的。

第二天，吕不韦准备了一份厚礼送给公孙乾，然后去见异人，把王后、华阳夫人和安国君所说的话转告了他，又将五百镒黄金和衣物呈上。异人喜不自禁，充满感激地说："衣服我暂且留下，黄金就由先生拿去，以后凡有需要花钱打点的地方，全听先生安排。"

吕不韦开始积极为异人出逃做准备。依照他的计划，少则几个月，多则半年便可让异人离开赵国，可是谋事在人，成事在天，总也找不到机会。这一拖就是几年，而且其间又发生了一件吕不韦所始料不及的事件。

大约就在吕不韦自咸阳归来不久，他那位如花似玉的赵姬怀孕了，吕不韦非常高兴，这么多年奔波，年纪老大不小的了，也该有个儿子来继承香火了。于是他对赵姬更加温存体贴,盼着孩子快快降生。

不久,吕不韦在居处宴请王孙异人和公孙乾,酒席办得十分丰盛,三人又说又笑,觥筹交错,酒至半酣,异人忽然提出:"久闻先生新纳一位美貌且善歌舞的姬妾,能否同饮几厄。"

吕不韦稍微迟疑了一下,笑着说:"既然王孙赏脸,就让她为二位敬酒助兴,请勿见笑。"说着差人唤赵姬出来见客。

一位袅袅婷婷的女子从珠帘后款款步出,公孙乾和异人看得呆住了,只见她乌云高耸,蛾眉淡扫,明眸皓齿,光彩照人。她轻移莲步来到席前,向异人和公孙乾叩了两个头。

二人这才如梦初醒,忙不迭地作揖还礼。

吕不韦又让赵姬手捧金厄敬酒。赵姬便一阵风似的款款飘到异人和公孙乾面前。异人完全被迷住了,忘记了饮酒,眼前只见赵姬的情影在晃动。

赵姬敬完满,接着便为宾客起舞助兴。只见她缓移金莲,轻舒广袖,就在酒席前的毡毯上翩然起舞,大垂手,小垂手,忽而疾若流星,忽而缓若浮云,看得人眼花缭乱,目不暇接。袖带过处,暗香浮动,罗袜生尘。公孙乾和异人不禁啧啧赞叹,神魂颠倒,如痴如醉。

赵姬走后,这里宾主继续饮酒再饮。直喝得天昏地暗,公孙乾终于不胜酒力,趴在座上呼呼睡去。

异人呢,心里还在想着赵姬,仗着八分醉意,涎着脸皮对吕不韦请求道:"异人多年孤身在赵国为质,寂寞难熬,今日见此绝色女子,心向往之,难以自已,因此斗胆乞先生以此姬赐我。"

吕不韦的脸色刷地白了,他真想当下就狠狠教训这秦王孙一顿。为了他,他吕不韦不惜倾家荡产,东奔西走。别的什么都可以给,唯独这姬妾却不是随便能够送人的。可是,吕不韦终究没有发作。他转眼一想,我破家奔走为了什么,还不是为了日后异人登上王位,我好攀龙附凤,一步登天吗!此时如果贸然行事,很可能使异人无地自容,以至怨恨于我,那样可就前功尽弃了。再说,女人有的是,我就成全了这秦王孙吧。谁让我摊上这奇货呢!说不定这是一件好事,赵姬已有孕在身,假如苍天佑我,我那未来的儿子还有王者之分呢。

吕不韦想到这,马上转怒为喜,平静地说:"不才为殿下谋划归国之事,千金家产尚且不顾,现在何在乎一介女子呢?但是,此女年幼害羞,我恐她执意不从,反而拂了殿下的好意。不如容我下去问问她,用好言相劝,能为殿下铺床拂席,也是她的造化。"

异人听了非常欢喜,一再向吕不韦表示感谢。这时,公孙乾已经醒来,二人便一齐告辞返回丛台。

当晚,吕不韦郑重地对赵姬说:"秦王孙非常喜欢你,今天的情形你大概也看得出来。他央我将你赐他为妻,你意下如何?"

赵姬语气坚决地说:"妾早已是君的人了,如今又有孕在身,君怎忍心将妾抛弃,转赠

他人！此事万万不可。"

吕不韦压低声音说："你以为我忍心与你分开吗？可是如今我为了这秦王孙的事，已经倾尽家财，好比是骑虎难下，拒绝他就会功亏一篑。另外我想，你一辈子跟着我，到头来也不过是个商人妇，没有更好的出路。假如跟了秦王孙，将来就是王后。还有我们那未出世的孩子，如果有幸是个男身，日后前途更是不可限量。看在夫妻一场，你就答应我吧。"

赵姬不再坚持，柔声说道："君所谋划的是不同凡响的大事，妾怎敢不从？但是念及夫妻恩爱，实在不忍割舍。"说着泪如雨下。

吕不韦抚摩着赵姬安慰道："来日方长，等日后得了天下，我与你依然做夫妻，决不相负。"

第二天，吕不韦匆匆赶到丛台，公孙乾说："我正想与异人登门道谢，怎么又劳动大驾！"

吕不韦强颜欢笑，向异人说："殿下昨日所言之事，经我与小妾再三劝说，她已允诺，蒙殿下不弃，今日即可送来侍奉殿下。"

异人扑通一声跪拜于地，喜出望外，不知所云。

公孙乾此时才明白是这么回事，但他并未感到奇怪，从他的职守来说，异人在赵国娶妻生子并非坏事。他也早从异人的举止看出了端倪。此时他乐得凑趣，主动提出由他来当谋人，一面赶忙吩咐手下人张罗娶亲。

异人得了赵姬，欣喜万分，终日温香软玉，恩爱异常，不久，赵姬告诉异人她怀孕了。异人不知其中原委，依旧满心欢喜地等着孩子的降生。

秦昭王四十八年（前 259）正月初一，赵姬产下一子。这孩子长相十分奇伟，啼声辽亮，异人相信"应运之主，必有异征"的古训，认为此子骨相非凡，又生于正月，今后必有一番作为，于是取名政，并随赵姬姓赵。这位赵政就是日后威名赫赫的秦始皇。

吕不韦也早就得到孩子出生的消息，高兴之余，又有一种说不出的感觉。他就如一个野心勃勃的赌徒，将全部家当都押上了，而且眼看就胜券在握，这是最刺激的时刻。

苦尽甘来

时光悠悠，一转眼，小赵政已三岁了。

秦昭王五十年（前 257），秦国大将王龁带兵围困邯郸，日夜攻城，城中人心恐慌，一夕十惊。赵王一气之下，又要杀掉异人。

吕不韦觉得事不宜迟，如果不设法让异人逃走，他就彻底破产了。于是，他拿出家中全部积蓄，凑成六百金，用三百金贿赂邯郸城南门守门将士，谎称全家从阳翟来到邯郸做

生意,不巧正逢秦军围困,思乡心切,打算出南门回阳翟去。守将得了好处,一口答应下来。

吕不韦再拿百金送给公孙乾,说了自己欲回阳翟老家的打算,为了不引起猜疑,还请求公孙乾去向南门守将通融。公孙乾当然满口答应,并且是一说就成。

吕不韦又找个借口,将赵姬母子秘密接到赵姬母家,说好日后伺机接回秦国。

一切准备好后,吕不韦特意来向公孙乾告别,并宴请公孙乾及其手下。这些人不知是计,个个喝得酩酊大醉,人事不省。到了半夜时分,吕不韦让异人换了装束,混在仆人中间,大摇大摆出了邯郸南门。

一出城,他们没有朝阳翟方向去,而是绕了一个大弯,朝着城西秦军大营疾行。天明时分,他们遇到秦军前哨,吕不韦指着异人说:"这是在赵国做人质的秦王孙,你们赶快带他去见主帅。"

王龁闻报,赶忙将一行人迎入大帐,取衣冠与异人换了,当下设宴款待。饭后,对异人说:"大王亲来督战,行宫距此不过十里,你可拜见大王。"

秦昭王一见异人,喜上心头,一直问寒问暖,早忘了以前的不快。考虑到前方战事正酣,他派人护送异人一行返回咸阳。

安国君与华阳夫人听说异人回来了,真是喜从天降,马上传令在中殿候见。特别是华阳夫人,既兴奋又紧张,不断在脑子里想象着异人的模样。

一见面,华阳夫人先愣住了,只见异人头戴南冠,足穿豹皮靴,短袍束带,俨然一副楚人打扮。华阳夫人惊奇地问:"吾儿久居邯郸,为何却是楚人装束?"

异人说:"不肖男日夜思念慈母,知母是楚人,特制楚服,以表达对母亲的忆念。"他当然不会说,这些都是吕不韦的主意。

华阳夫人动情地说:"你就是我的亲儿子!"

安国君也插话说:"吾儿可改名子楚。"随后又问了子楚出逃的细节。

子楚便将吕不韦破家相救的经过,如实叙述了一遍。

安国君听后感慨不已,马上召见吕不韦,用感激的口气说:"如果不是先生,差点就见不到我这贤孝的儿子。我先赐你良田二百顷,宅第一所,黄金五十镒,暂作安家之用。等父王归来,再重重封赏。"

从此,子楚就在华阳夫人宫中住下,吕不韦也在咸阳安身立命。不久,秦昭王兵败归国,太子安国君率王孙子楚到郊外远迎,顺便为吕不韦美言了几句。昭王封吕不韦为客卿,食邑千户。以此为契机,大商人吕不韦开始了其富有传奇色彩的政治生涯。

公元前251年,秦昭王病死,太子安国君继立为王,即孝文王。孝文王立华阳夫人为王后,子楚为太子。

秦国既立新王,赵国为表示和解,特意把赵姬母子送回秦国。

孝文王是个短命的国王,按照司马迁《史记·吕不韦列传》的说法,是即位一年就驾

崩。还有一种说法，说是就在昭王葬礼期间，孝文王设宴管待群臣，席散后，回到宫里就不行了。秦国朝野都认为此事大有蹊跷，怀疑的焦点自然就集中到吕不韦身上。以吕不韦的为人，为达到自己的目的，不择手段，任何事都做得出来，他完全可以用金钱买通孝文王的近侍，在酒中下毒置孝文王于死地。虽是怀疑，却无人敢言。一来没有真凭实据，二来惧怕吕不韦的威势，谁都知道吕不韦和太子子楚的不寻常关系，搞得不好反而引火烧身。

就在秦国上下狐疑不定之时，吕不韦已经与几位大臣拥立子楚为王，这就是秦庄襄王。赵姬自然而然立为王后。儿子赵政为太子，改"赵"姓为"嬴"姓。至于华阳夫人，自然成了太后，被尊为"华阳太后"。庄襄王又想起其生母夏姬，追尊为夏太后。

庄襄王掌国，最大的受惠者还要算是吕不韦。秦王未忘记当初对吕不韦许下的诺言，对吕不韦言听计从，尊宠有加。不久，相国蔡泽识趣地辞去相位，吕不韦便堂而皇之地当上丞相，封为文信侯，食河南洛阳十万户。吕不韦当初倾尽家财买下的奇货，终于为他换回无法估量的利益。

吕不韦担任丞相后，确实尽心尽力。在他的策划下，秦国不断向东方六国发动战争，领土急剧扩张，实际上揭开了秦统一六国、结束七雄割据局面的序幕。

吕不韦上任之初，就发起攻灭东周的战争。原来，东周君王听说秦国连遭国丧，人心不稳，以为有机可乘，就派人游说诸国，联合讨伐秦。吕不韦得到消息，就对庄襄王说："西周早已灭亡，而东周还一直苟延残喘，自认为是周文王、武王的后代，以天下宗主自居，不时挑起事端，不如派兵灭掉，以绝后患。"

庄襄王当即拜吕不韦为大将，率兵十万讨伐东周。结果不费吹灰之力便生擒东周君，占据巩城等七邑，最终灭掉东周，时间是公元前249年。

公元前246年，庄襄王忽染重病，吃了御医开的药，毫不见效，眼看着病情一天天加重。

吕不韦得到消息，急忙赶到宫里探视。见到庄襄王时，吕不韦吃了一惊，病情比他预料的还要严重，看来随时都有晏驾的可能。

吕不韦站在庄襄王榻前，看着秦王那奄奄一息的样子，猛然想起了许多往事，他清晰地记得与异人邂逅的每一个细节，他心里产生一种哀怜的感觉。蓦然，他一下子想到赵姬，不，现在应该是庄襄后，还有他的儿子赵政。如果不是眼前这位庄襄王，他吕不韦应该有一个多么美满的家庭啊，娇妻爱子，家富余财，唉，莫非鬼使神差，命运把他这个阳翟商人推到今天这个地步，得到的东西早已不足为奇，而失去的在他看来，此时尤其令他惋惜和向往。正是眼前这位庄襄王夺去了他最心爱的东西，他本该憎恨他才对。吕不韦内心那一丝怜悯很快烟消云散，他盼着庄襄王早死。

庄襄王不久就驾崩了，据身边近侍和御医所见，丞相吕不韦又来探望过一次，还关心地带来一些上等药材，这些药服后，病势不但未能减轻，反而加重。至于究竟是不是吕不

韦有意谋害,史籍无考,只有天知道。不仅如此,就在庄襄王弥留之际,宫中又传出闲言,说丞相和王后关系暧昧,来往频繁。幸好庄襄王这时已无知觉,否则他就是在九泉之下,也不会瞑目的。

嬴政即位

庄襄王死后,太子嬴政即位,时年十三岁,尊庄襄王后为太后,封其母弟成蟜为长安君,军国大事皆由丞相吕不韦决定。

吕不韦此时好不神气,在他心目中,如今的秦国已与嬴氏无关,全都属于他吕家的天下,不是吗,他的儿子做国王,以前的姬妾现在是太后,他自己呢,名为一人之下,万人之上,实际上是一手遮天,政由己出。

尤其令吕不韦欣慰的是,太后果然没有忘记昔日的旧情,还在一往情深地想着他。两人自从庄襄王病重时起,就过从甚密,到现在更是肆无忌惮,幽会的次数越来越多。朝臣听到风声,也都畏惧吕不韦的权势,敢怒而不敢言。

太后对吕不韦既钦佩又爱怜,她钦佩吕不韦的机敏和老谋深算,她是吕不韦所有计谋的知情者和见证人。作为女人,她对吕不韦处心积虑所追求的东西并不感兴趣,她更看重的是感情上的满足。她对眼前的状况也感到心满意足,儿子前途远大,她又能与意中人时时相会,没有比这更好的了。她多么希望这种日子能够天长地久,永不改变啊。

在这种意识支配下,庄襄太后就常常有意在年幼的秦王嬴政面前称道吕不韦的好处。小嬴政小不懂事,哪里懂得这其中的奥妙,他也乐得把任何事都推给吕不韦,自己轻轻松松、悠闲自在地做他的秦王。

不久,为讨母后的欢心,秦王又加封吕不韦"仲父"称号,顾名思义,一层是表明,吕不韦辅佐幼主,尽心尽力犹如父辈,另一层当然寄托着太后那秘而不宣的恋夫情结。

吕不韦的权势和宠荣已经达到无以复加的程度。他的家业也日见庞大,仅家里的家童就有一万多人。有一年,吕不韦父亲去世,葬礼极度奢华。朝中文武、四方诸侯宾客前来吊丧的人络绎不绝,车马如潮,把咸阳街道都堵塞住了。其场面之壮观,礼仪之隆,超过了秦国诸王的葬礼。

秦王政四年十月,一场罕见的蝗灾袭击了秦国,只见大群蝗虫自东方飞来,遮天蔽日,使得秦国的庄稼颗粒无收,粮价飞涨。吕不韦见到官仓粮食渐少,深感忧虑。他想,眼下唯一的办法就是向民间收购粮食,但那样又得花费多少库银呢?忽然一个主意闪过,让他想起自己当初在邯郸经商时的情节,他太了解商人了,财富积聚到一定程度,金钱对他们的诱惑,远不比官爵的吸引力大。再说官爵又不摊什么本钱,要多少有多少。

吕不韦很为自己的想法得意,和手下幕客密议之后,颁布了一道法令:百姓人等无论

贫富,纳粮千石即可晋爵一级,多纳不限,依次升迁。本来自商鞅变法时,就规定了自公士到彻侯共二十级爵位,吕不韦此令一出,富商大户,纷纷以粮买官,一时间弄得乌烟瘴气。后世卖官鬻爵,始作俑者就是吕不韦。

吕不韦还有一块心病,就是当时养士成风,以养士而闻名天下的是齐国孟尝君、楚国的春申君、魏国的信陵君和赵国的平原君,这四公子分别养有食客数千人,门人中三教九流,鸡鸣狗盗什么样人都有,有的雄辩,有的机敏,有的豪侠仗义,有的才高八半。四公子依靠这些人与国君分庭抗礼,参与各国政治、军事事务,令人刮目相看。可是秦国虽然强大,却没有这样重贤养士的人。这简直和大国的地位不相称,实在是一种耻辱。但是,这豢养食客并不是一件容易的事,需要雄厚的经济实力。在秦国,也就是他吕不韦有这个实力。

于是,吕不韦便张榜招贤,四处罗致奇才异能之士,不久,门下就聚集食客三千人。

与四公子不同的是,吕不韦招揽门客,并不甚看重勇夫猛士,却十分注重文才。原来,吕不韦有他自己的想法。他素来善于谋略,瞧不起那些头脑简单的勇夫。再说秦国猛将如云,军力强大,无须再蓄养征杀之士。还有一个原因,其时许多善辩之士纷纷著书立说,广为流传,不但天下闻名,还可传之后世,永垂青史,这一点特别令吕不韦眼热。吕不韦本是商人出身,没有条件去著书立说,但他可以借助这些擅长舞文弄墨的门人,以实现自己的愿望。

待到一切准备就绪,吕不韦就令门下凡能撰文者,每人把自己所闻所见和感想都写出来,等到文章交上来后,五花八门,应有尽有,古往今来,上下四方,天地万物,兴废治乱,士农工商,三教九流,皆有所论及,许多文章还有重复。吕不韦又遴选几位文章高手对这些文章进行挑选、归类、删定,依照十二纪、八览、六论整理成二十余万言的一部书,取名为《吕氏春秋》。为了慎重起见,成书后,吕不韦又让门人修改了几遍,直到确实感到满意为止。

吕不韦对此书非常看重,夸口说该书是包揽了"天地、万物、古今"的奇书。例如在相当全书总序的《序意篇》中,对十二纪的论述也能见其一斑:"凡十二纪者,所以纪治乱存亡也,所以知寿夭吉凶也。上揆之天,下验之地,中审之人。若此,则是非可不可无所遁矣。"

吕不韦还想出一个绝妙的宣传该书的方法,他请人把全书誊抄整齐,悬挂在咸阳闹市,悬赏千金,声称如果有谁能改动一字,就赏给千金。

消息传开后,人们蜂拥而至,却没有一个人能对书上文字加以改动。这不一定就证明《吕氏春秋》字字珠玑,达到了尽善尽美的程度,而非常可能是因为人们都惧怕吕不韦的威势,没有人愿意出头罢了。但是,这样一搞,其轰动效应却是巨大的,《吕氏春秋》和吕不韦的大名远播东方诸国。

今天看来,《吕氏春秋》容纳了先秦各家的学说,名义上是兼采百家之长,实际上并没有把各家学说融会贯通,然后通过总结和提炼,提出新的观点和理论体系,而是东抽一点西摘一点,把各家相互矛盾的学说,拼凑在一块,更像是一部百科全书。正因为如此,后代将它当作战国末期杂家的代表作。值得一提的是,这部毕竟写于战国时期,其中保存了不少古代的遗文佚事和思想观念,具有一定的参考价值。

《吕氏春秋》虽然在秦都咸阳的闹市上红极一时,可是秦国的一些文武大臣却颇不以为然,将军樊於期就不止一次私下讥讽吕不韦沐猴而冠,纯粹是为了哗众取宠,欺世盗名。有的大臣虽然没有明说,却都有同感。吕不韦听说后,对樊於期怀恨在心,决心报复。

秦王政五年,赵将庞煖联合韩、魏、楚、燕诸国兵马十几万人,共推楚公子春申君黄歇为上将,讨伐秦国。虽然很快被秦军打退,但是吕不韦却余恨不消,以此为借口,派大将蒙骜和张唐督兵五万伐赵。

吕不韦此举有几个用意,一来他刚刚扬了文名,还要夸耀武功。二来借机排斥异己,报复樊於期等人。

果然,蒙骜大军出发三日后,吕不韦又令长安君成峤同樊於期领兵五万前去接应。门人不知道吕不韦的用心,提醒道:"长安君年纪太轻,恐怕不能担当大将之任。"

吕不韦不置可否地一笑说:"我自有安排。"

众人不知吕不韦的用意。只有樊於期最明白不过。这樊於期尽管是一介武夫,却工于心计,野心勃勃。他早就对吕不韦骄横专断的做法看不惯,对吕不韦纳妾盗国的行径更是深恶痛绝。此次吕不韦派他和长安君出征,分明是不怀好意。他思来想去,决定策动长安君造反。

蒙骜与赵将交战,由于地形不利,被赵国军队围困,便派张唐来催长安君火速带兵救应。那长安君年方十七岁,根本不懂进退攻守,于是召樊於期商议。樊於期认为时机已成熟,就对长安君说:"当今秦王并不是先王的骨血,只有你才是先王的亲生儿子。文信侯如今把兵权交给你,绝对是心怀不良。他是眼看你渐渐懂事,怕真相泄露出去,你会与当今秦王过不去,因此表面上似乎很重用你,实际上是把你支开。因为文信侯出入宫禁,与王太后宣淫不止,他们夫妻父子欢聚一处,所忌恨的只有你。这次出征,如果蒙骜兵败,文信侯必定治你我二人的罪,轻则罢官削爵,重则身首异处……"

长安君果然在极大震惊和愤怒下起兵造反。樊於期又以长安君的名义草拟了一份"讨吕檄文",历数吕不韦种种丑闻,鼓动吏民响应,檄文完成后,樊於期派人沿路四处散发。一面发兵攻取州县,四方响应。

但是这次起事注定不会成功。长安君懦弱无知,樊於期勇而无谋。本来设想打出先王嫡子的旗号,再传檄宣告吕不韦的阴私,一定会四方响应。却不曾想到,秦王政名正言顺,又有吕不韦牢牢控制着内外大权,将军们也都忠心耿耿,一纸檄文根本起不了多大作用。不久,胜负之数就见出分晓,樊於期在大势已去的情况下独自一人逃到燕国,后来自

愿献头帮助荆轲刺秦。长安君呢,走投无路,最后开城投降,被秦王政下令处斩。

表面上吕不韦是除去了两个心腹大患。事实上,这次事变给吕不韦带来的麻烦并不少。樊於期那篇檄文不但在秦国臣民中产生了不小影响,而且特别可怕的是它也深深刺痛了秦王政。尽管秦王政在杀长安君时态度决绝,然而吕不韦却从他那痛苦、迷惘的眼神里看到了更可怕的东西。

饮鸩而死

秦王政已成长为聪明睿智,极有主见的君王。通过这次平定长安君叛乱,吕不韦彻底领教了这一点。任凭大将王翦求情,庄襄太后又亲自代子谢罪,长安君还是魂归九泉。吕不韦倒吸了一口凉气,联想到自己与赵姬犯下的欺君之罪,还有其他有关自己的各种传闻,秦王政心里是怎么想的呢? 他要是翻脸无情可怎么办? 尤其糟糕的是太后根本不考虑后果,也没有意识到潜在的危险,还是照样频频宣召他进宫幽会,来满足她那炽烈的情欲。

吕不韦决不愿意引火烧身,他不是那种为了儿女私情而甘冒政治风险的人。他意识到:他和太后之间的暧昧关系该结束了,但他不知如何脱身。吕不韦又犯难了,太后也是不能得罪的,必须想个两全其美的办法。吕不韦绞尽脑汁想来想去,只有找个人代替自己去侍奉太后这条办法可行。但是有一点,此事必须一步一步来,慢慢说服太后才行。

吕不韦差人四下打听性欲强盛的男子,门人很快禀报道,咸阳闹市有个无赖嫪毐,以大阴著称,附近淫荡的妇人都争着跟他来往。新近又因奸淫触犯刑律,正等候判决。

吕不韦听到这个消息,十分高兴,急忙派人将嫪毐保释出来,留在府中当舍人,准备等待机会再献给太后。

当时,秦国的风俗是每年农活完毕后,全国狂欢三天,以便在劳作之余放松放松。在这几天里,凡是一切杂耍游戏,皆摆满大街小巷,供人们观赏。谁要是什么超乎常人的绝活,也都在此时亮相。

为了试探嫪毐的本事,也为了诱惑太后,吕不韦就在这天用桐木做了一个车轮,让嫪毐用阴茎穿在车轮内旋转,毫无妨碍,旁观的人皆哈哈大笑。

吕不韦故意使人把此事当作奇闻说给太后听。等吕不韦与太后私会之时,太后果然向吕不韦打听嫪毐的情况。神情尽管有些羞赧,可是话语中分明透露出欣羡之意。吕不韦见时机已到,便把自己的想法和盘托出。太后最先不肯,经不住吕不韦花言巧语陈述利害,便答应了。

下来的事情吕不韦都谋划好了,他先派人告发嫪毐犯有奸淫罪,依照秦律当判腐刑。吕不韦又买通行刑人员,假戏真做,在众目睽睽之下嫪毐被推进行刑室,随着一阵惨叫,

一团血肉模糊的东西扔了出来,其实是驴子身上的。

而后拔掉嫪毐的胡子眉毛,装作被阉割的样子,混在内侍之中送进后宫。往后的事就不用细说了。第二天,太后重重奖赏了吕不韦,以表谢意。没几天工夫,太后与嫪毐已是打得火热,形同夫妻。

吕不韦暗暗庆幸及早脱身,再不会有任何危险了。可是万万没想到,他物色的这个替身,竟成了他的催命鬼。

太后和嫪毐相处不久,便有了身孕。太后害怕生孩子时被人发现,就谎称有病,再让嫪毐贿赂卜师,故意称宫中有鬼,当远避西方二百里之外。秦王正猜疑吕不韦,心想母后离咸阳远些也好,就建议:"雍州(今陕西凤翔)正在咸阳西二百多里,且有现成的宫殿,太后住在那里最好不过。"

于是太后带着嫪毐迁往雍城大郑宫。这里僻静无人,两人更加无所顾忌,太后竟在两年之中连生二子,养在密室中。太后还奏称嫪毐代王侍养有功,请封给其土地。秦王政遵从太后之命,封嫪毐为长信侯,把山阳的土地赏赐给他。这嫪毐小人得志,胡作非为,结党营私,声势更是超过文信侯吕不韦。吕不韦这时候才有些后悔,但为时已晚。

秦王政九年(前238),在秦王政在雍城行冠礼期间,酒席宴上,嫪毐与中大夫颜泄产生争执,嫪毐自恃与太后的关系,殴打并辱骂颜泄。颜泄又惊又气,便向秦王政告发嫪毐实非宦者、秽乱后宫等罪行。秦王政当即发兵搜捕,将嫪毐等人犯全部抓获。通过审讯,事实果如颜泄所言。不仅如此,令秦王政震惊的是,这都是吕不韦所谋划的。而以前那些关于吕不韦与太后私通的传闻也都得到了证实。

秦王政感觉受到了莫大的欺骗和羞辱,他恨吕不韦,恨嫪毐,恨母后。他下令诛灭嫪毐三族,将母后流放到雍城。对于吕不韦,本来下决心要处死,因念及拥立先王的功劳,而且那些宾客辩士纷纷前来游说求情,这才免其死罪,夺去相印,勒令返回河南封地居住。

吕不韦回到封邑之后,各国得到消息,争先恐后地遣使者来请吕不韦,想让他去当丞相。使者你来我往,络绎不绝。秦王政担心吕不韦效力别国会对秦国不利,于是给吕不韦送去一封信,信中写道:"你对秦国有什么功劳,秦国封你河南之地,食十万户。你与秦国有什么亲缘关系,敢自称仲父。请马上举家迁往巴蜀!"

吕不韦清楚,秦王政这是在逼迫他,话说得很绝,全无半点怜惜之意,显然是要置之死地而后快啊。他自知罪孽深重,大限临近,于是仰天长叹一声,饮鸩而死。

吕不韦死后,他的门客合谋将其偷偷葬在洛阳北邙山下。

吕不韦一生机关算尽,刻意钓奇,尽管风光一时,却不能善终,实在是他个人的一大悲剧。秦王政十九年(前228),也就是吕不韦死后七年,那位与吕不韦结下不解之缘,在历史上声名狼藉的庄襄太后病死,跟庄襄王合葬一处。九泉之下她终究还是回到了庄襄王身边,永远陪伴着他。

秦王政二十六年,也就是公元前 221 年,吕不韦跟赵姬的儿子嬴政,终于扫平六合,统一中国,自称为"始皇帝",建立了中央集权的一统大帝国,中国历史又翻开了划时代的一页。

中华名人百传

商界名人

红顶商人

——胡雪岩

名人档案

胡雪岩：名光墉，号雪岩，安徽绩溪人，生于1823年，有独特的经商之道，他在杭州创办的胡庆余堂国药号，晖眴一时，资金最高达白银三千万两以上，田地万亩。清光绪元年（1875年）胡雪岩助左宗棠督办新疆军务有功，被慈禧太后论功赏胡黄马褂、晋一品红顶戴、封布政使衔，从而有了"红顶商人"的雅号。

生卒时间：1823~1885年。

安葬之地：杭州西郊。

性格特点："仁""义"二字作为经商的核心，善于随机应变，而决不投机取巧。善于用人，以长取人，不求完人。

历史功过：他富而不忘本，深谙钱财的真正价值，大行义举，在赢得美名的同时，也得到了心灵的满足；他经商不忘忧国，协助左宗棠西征，维护了祖国领土的完整；在救亡图强的洋务运动中，他也贡献了自己的一分力量，建立了卓越的功勋。当然，他也未能摆脱商人以利益为第一位的俗套，且在生活方面极尽奢靡，但毕竟人无完人、瑕不掩瑜，胡雪岩这位了不起的商人身上有许多值得今人学习的东西。

名家评点："胡雪岩是悲剧时代的悲剧人物，当时太平天国运动正在进行，列强对中国进行着文化侵略和经济侵略，李鸿章和左宗棠推行洋务运动，各方面关系非常复杂。他这样一个绝顶聪明的人，在这样的历史背景下产生和发展，并且张扬自己，并且最终消亡下去。他这个人好接近又难慈，讲义气又圆滑，既不过分又不短分寸，他把孔子的中庸之道在为人处世上用到了极致。"——二月河

店倌生涯

费行简《近代名人小传》在谈到胡雪岩成功的原因时指出："然光墉特幸逢时会,非真有奇计雄略。"我认为,说胡雪岩没有韬略不尽符合史实,而说他"幸逢时会"却是客观之论。

起自钱庄杂役的胡雪岩之所以能够成为晚清呼风唤雨的头号"官商",是有着特殊的历史背景的。

胡雪岩生于 1823 年(道光三年),卒于 1885 年(光绪十一年),历经清代道光、咸丰、同治、光绪四朝,适逢一个新旧嬗变、纷纭复杂的大变动时代。

首先,内忧外患交相煎迫,国库极度虚乏,时势需要商人扶危纾难。

近代以前,华夏民族虽与周边异族几经逐鹿,但整个国家的生存、发展并不因此受到威胁,相反,在与异族的冲突中不断维护和扩大了大一统的局面。这使封建统治者滋长了文化优越感,故步自封。近世前期二三百年间,明清专制政权实行闭关和抑商政策,中国错过了从传统社会向资本主义社会过渡的有利时机。到 18 世纪末、19 世纪初,进入"悲风骤至,日之将夕"(龚自珍语)的封建末世,与经过资产阶级革命和工业革命而国力大增的欧美资本主义国家相比,整整落伍了一个时代。

胡雪岩 18 岁那年,即 1840 年(道光二十年),鸦片战争爆发。大不列颠军队挟坚船利炮打败了中国装备落后的八旗、绿营,于 1842 年 8 月 29 日(道光二十二年七月二十四日)逼迫清政府签订中国近代第一个不平等条约——中英《南京条约》。第二年,又订立中英《五口通商章程》和《五口通商附粘善后条款》(又称《虎门条约》)。通过这些条约、章程和条款,英国侵略者强占香港;勒索 2100 万元赔款(不包括 600 万元广州"赎城费");逼迫中国开放广州、福州、厦门、宁波、上海五口为商埠;规定"值百抽五"的低税率;还攫取了领事裁判权(又称治外法权,即外国人在华犯罪由本国处理,不受中国法律制裁)和片面最惠国待遇。继英国之后,美、法两国分别胁迫清政府签订中美《望厦条约》和中法《黄埔条约》,扩大领事裁判权的范围,并获得在通商口岸自由传教的特权。"墙倒众人推",中国遭遇国难时,西方其他一些国家,如:葡萄牙、比利时、瑞典、挪威、荷兰、西班牙、普鲁士、丹麦等,也乘虚而入,与英、法、美"共同分享"侵略特权。

战后 10 年间,本来就深受封建统治之苦的百姓又加上了帝国主义压迫这一重负,生活境况更加恶化,纷纷铤而走险,仅《清实录》道光、咸丰两朝所载,1842~1850 年(道光二十二~三十年),全国武装起义就有 92 起。1851 年 1 月 11 日(道光三十年十二月初十日),广东花都区人洪秀全(1814~1864)在广西桂平市发动中国历史上最大的一次农民起义——太平天国革命。在不到 3 年的时间内,太平军势如破竹,先在永安建国,继而迅

速挺进两湖,奠都南京,接着又溯江西征,挥师北伐,在相当长时间内,占有大片地盘,与清廷分庭抗礼。在此期间,上海与福建的小刀会,两广天地会红巾军、北方捻军、贵州苗民、云南彝民和回民、陕甘回民、山东白莲教、浙江天地会也纷纷举行反清起义。

中国内战使列强有隙可乘,他们趁火打劫。1856~1860年(咸丰六~十年),由英、法两国出面,美、俄幕后支持,发动了第二次鸦片战争,迫使清政府签订《天津条约》和《北京条约》,规定:公使驻京;开放牛庄(实行时改营口)、登州(改烟台)、台湾(选台南)、潮州(改汕头)、淡水、琼州、汉口、九江、南京、镇江、天津11处为通商口岸;承认鸦片贸易合法;洋货运内地只抽2.5%的子口税;各海关邀外国人帮办税务;洋人可自由进入内地传教、通商、游历,其商船和军舰可驶入长江各口;割九龙司地方的一区给英国;赔偿英、法军费各800万两。经此变故,外来势力从沿海扩大到长江流域,从华南伸展到东北,中国的领海和内河主权、海关和贸易主权、司法主权受到侵害,特别是公使驻京一条,意味着官派入京的洋人再不是康乾盛世时行面君之礼的"贡使",而是以条约为护符、恃武力为后盾的公使,这对以"万邦来朝"的"天朝大国"自居的清王朝不能不说是个致命的打击。

道光以后内战外祸的结果使社会生产遭受严重破坏。素称"鱼米之乡"的东南地区兵燹之后,死亡枕藉、流离皆是。以浙江为例,各地册报的荒地多达112366顷又74亩,省会杭州这座繁华的历史文化名城到1864年(同治三年)太平天国被镇压下去时,已呈现"断瓦颓垣,蒿蓬没路,湖山佳胜,遍地腥膻"的残破景象,城乡人口也从道光末年的81万锐减至几万。

与此同时,旱、涝、蝗、饥、疫等自然灾害也相当频繁,如1871(同治十年),杭州、余杭遭受大雹,房屋塌损;湖州龙卷风蔓延百里,卷走数村;诸暨、萧山大雷雨,有的地方村无完屋。1872年(同治十一年),孝丰、嘉兴、嘉善、桐乡、石门、海盐、慈溪、镇海等地地震。1873年(同治十二年)夏、秋,杭、嘉、湖、绍大旱歉收。1874年(同治十三年),武义宣平山洪爆发,平地水深数尺;镇海、慈溪大疫,死者甚众。1875年(光绪元年),杭州府各县水旱相继,飞蝗蔽天。以上仅是1871~1875(同治十年~光绪元年)浙江自然灾害中的荦荦大端,至于全国各地的灾情那就更加不胜枚举了。

鸦片走私、战争赔款、内战军费加上各省局卡官夷贪污中饱,所有这些因素使得清政府财政状况不断恶化,1864年(同治三年),户部库储从1850年(道光三十年)的800万两降低到结存"实银"仅6万余两,按咸丰年间任刑部员外郎、1876年(光绪二年)任驻英副使的广东番禺人刘锡鸿的说法,到同治、光绪年间,京外各库存款较之道光末年十不及一二。

国库磬悬必使百业受困。19世纪中、下叶正是举办洋务、筹边固防之时,常有请款之奏,而清政府财政捉襟见肘。任何一个政权都需要物质基础作统治基础,晚清财政的窘态为拥有殷实资本的商人介入国事提供了客观前提。

其次,商品经济发展和欧潮澎湃东来冲击传统的农商本末观,为商人施展抱负创造

了较前宽松的氛围。

中国封建社会大一统的专制政权是建立在小农经济基础之上的,这一本质决定了封建政府对极易引起人口流动、破坏小农经济稳定性的商品经济采取苛刻的态度,奉行以农稼为本、以工商为末的政策。秦始皇(公元前246~公元前210年在位)在著名的"琅玡刻石"上刻有"上农除末,黔首是富"八个字,意思是提倡农耕、反对经商才是富民之策,此为抑商政策的滥觞。刘邦(公元前202~公元前195在位)建汉后,"乃令贾人不得衣丝乘车,重租税以困辱之",并发布市井子孙"不得仕宦为吏"的规定,将抑商政策加以系统化。而汉武帝(公元前140~公元前87年在位)更把抑商政策付诸行动,他在公元前119年颁布"算缗令",向大商人、高利贷者征收财产税,规定每2000钱抽税一算,他还鼓励知情者揭发,叫作"告缗",这样一来,中等以上商贾大多破产,而汉政府发了一笔横财。

自汉有轻商之律,历朝统治者奉行不变。明太祖朱元璋(1368~1398年在位)甚至规定:允许农民穿细纱绢布,而商贾只许穿布;农民之家只要有一人经商,也不许穿细纱。这种在服饰上严别农、商等级的做法甚至延至清代前期,欧阳兆熊、金安情《水窗春呓》记载:"下人服饰不准用天青,即商贾亦然。"

传统中国崇农抑商的政策和儒家"不患寡而患不均"的教化导向使"商为末业""商人为四民之殿"的观念深入人心,无论政府立国施政还是民间世俗生活一直被"末修则民惷,本修则民怨"的原则所左右。

然而,商品作为一种特定的社会经济载体,起着沟通人与人之间、地区之间联系的纽带作用,社会发展需要商品经济,谁也无法回避这个客观事实。加上封建政权租赋仰给农田,往往竭泽而渔,导致种田勤苦而利薄,经商安逸而利厚,受实际功利的驱使,总有那么一批人会不顾政府的贬黜去闯荡商海,所以商品经济在封建高压下依然有缓慢的发展,到明朝中、后期,已在磨难中出现资本主义萌芽,中国封建社会母体内的变革因素已悄悄萌动。进入晚清,偏离传统轨道的进程因为鸦片战争的爆发而呈现跳跃式的轨迹。战后,由于门户洞开,各国大量输销工业品、掠夺农副产品和工业原料,中国被迫卷入世界市场,男耕女织的自然经济结构首先在东南沿海和长江流域受到冲击。第二次鸦片战争以后,列强通过控制海关、航运、财政、金融等经济枢纽,把经济活动拓展到中国广大腹地,并深入穷乡僻壤,从而进一步加速了中国封建经济的解体。加上19世纪60年代以后,中国举办洋务新政,开办一批近代军事、民用工业,这就促使传统的以手工劳动为基础的自然经济向以大机器生产为基础的社会化商品经济过渡,社会出现力田稀、服贾繁的局面。

另一方面,晚清以降,西方物质文明、生活习俗、自然科学和社会科学知识通过洋货输入、传教布道、租界展示、出洋考察和大众传播等各种渠道传入中国,这至少从以下两方面对中国产生潜移默化的影响:

其一,欧潮东渐与商品经济联合冲击传统社会安贫守道、默奢尚俭的固有观念,致使

去朴从艳、斗富竞奢成为愈演愈烈的社会时尚。薛福成（1838～1894 年，江苏无锡人）《庸盦笔记》记载道光年间南河河道总督、道员、厅讯诸官饮食衣服车马玩好恶极奢侈，他们吃的猪肉就有 50 余种做法，其中一法：把猪关在室内，雇人手执竹竿追打，待猪叫号奔绕至死，菁华集于脊背，宰工迅捷划取其背肉一片，这样烹调出来的猪肉甘脆无比，但一桌宴席就约需 10 头猪，其余猪肉全被扔到沟渠。有客人眼见此景，不免惋惜，屠夫司空见惯，笑说："何处来此穷措大，眼光如豆。我到才数月，手揆数千豚，委之如蝼蚁，岂惜此区区者乎？"另有鹅掌，做法是：在地上笼铁，用炭火加热，驱鹅环奔，鹅跑不了几圈活活烫死，厨工只取集中菁华的两掌，其余鹅肉就丢弃了，每席所需不下数十只鹅。

捞得一官半职做资本、挥霍国帑民财的官员固然骄奢淫逸，而下层暴发户丝毫也不比他们逊色。孙静安《栖霞阁野乘》记述有个助饷百万、赐二品头衔的洪姓盐商起居服食甚至超过王侯。1868 年（同治七年）仲夏，洪某在家宴客消暑，客人只见楼阁峥嵘，洞虚缥缈，丘壑连环，亭台雅丽，四壁紫檀雕镂，苑囿水池微澜，"筵上榴、荔、梨、枣、苹婆果、哈密瓜之属，半非时物。……馔则客各一器，常供之雪燕、永参以外，驼峰、鹿胤、熊蹯、象白，珍错毕陈。"酒酣人热，主人即命布雨，一时，池面龙首四出、甘霖滂沛，烦暑顿消。原来是洪府仆人坐在用西洋皮革制成的龙的背上鼓水而上。

晚清斗富竞奢之风使商业利润具有更大的诱惑力。对荣华富贵的向往导致世风不古，人心躁动，人们开始挣脱传统社会片面强调"重义轻利"的怪圈，不再以言利为耻，洋务运动时期上海书局编的《记闻类编》中有一篇《运会说》，内中讲到："古则教以人伦，今则课以文艺。古以师儒为重，今以财货为先。故古之士以致君泽民为己任，今之士以饱欲肥家为要务矣。"寥寥数语真切地反映出晚清社会义利、本末观的变化。

其二，西学，即西方资产阶级民主主义文化，包括那时的社会科学和自然科学，广泛传入中国，伴随着民族危机日益加深，人们通过考察中西政教，探究强弱之本，越来越感到学习西方的必要，其中有一条即是借鉴西方国家以商立国的经验。早在第一次鸦片战争以后，林则徐（1785～1850 年，福建侯官〈今福州〉人）、魏源（1794～1875 年，湖南邵阳人）就提出"利商"主张，到 19 世纪 70 年代中后期，涌现出以王韬（1828～1897 年，江苏长洲〈今吴县〉人）。马建忠（1844～1900）年，江苏丹徒〈今镇江〉人）、薛福成、郑观应（1842～1922 年，广东香山〈今中山〉人）、汤寿潜（1857～1917 年，浙江山阴〈故里今属萧山〉人）等人为代表的早期改良派，他们亲历了洋务运动，又广泛阅读了新式报刊和译著，既了解西方国情，又熟知本国积弊，他们欣赏西方各国"平时谋国精神专在藏富于商"，认为：中国只有振启痼癖、尽快发展资本主义才能跟上世界大势；一个国家只有先富起来才会强大，而要致富，必须大力发展工商业。为此，他们除了建议设议院君民共主、制洋器、来西学、兴教育才之外，还呼吁"工商立国"。早期改良派反复强调商业在整个国民经济中的地位，用薛福成的话说："握四民之纲者，商也。"郑观应甚至提出："欲制西人以自强，莫如振兴商务。"基于对商业的推崇，早期改良派主张把工商业者的社会地位由"四民之殿"提

高到"四民之首",理由是:"士有商则行其所学而学益精,农有商则通其所植而植益盛,工有商则售其所作而作益勤。"

早期改良派在强调振兴工商的重要性的同时,还就如何发展工商业提出自己的主张,包括废除厘金制度、改革海关税率、引进外资、延聘洋匠、派人出洋学习先进技艺、限制经济运行中的官权干预行为、推广商办,等等。早期改良派的重商主张反映了新生的民族资本主义的发展要求。

马克思、恩格斯指出:"人创造环境,同样环境也创造人。"如上所述,胡雪岩所处的时代既有内忧外患频仍交袭的创痛,又有心潮激荡、网罗打破的感奋。这是一个忧患与希望并存、机遇与挑战同在的时代,而他正是在这大变动的环境中把握机遇,成为朝野注目的一代巨贾。

关于胡雪岩的籍贯,比较流行的说法是安徽绩溪,上海辞书出版社 1982 年出版的陈旭麓、方诗铭、魏建猷主编的《中国近代史词典》和 1989 年版的《辞海》均持此说,杭州胡庆余堂博物馆展览厅的胡雪岩生平简介也赫然写着胡雪岩是安徽绩溪人。

然而,1993 年第 5 期《近代史研究》刊登安徽师范大学历史系欧阳跃峰先生题为《胡光墉籍贯考辨》的文章,对上述说法提出质疑。

据欧阳先生考证,说胡雪岩是安徽绩溪人的史料有两条:其一是沙沤的《一叶轩漫笔》,但他对胡生平事迹最早仅溯至助左宗棠西征,而且述事十分简略,对西征前的活动丝毫没有涉及,更谈不上对胡雪岩幼时情形作一交代,近代掌故学家徐一士(字相甫,浙江嘉兴人)编纂的《一士类稿》(初版于 1944 年),广泛搜罗有关胡雪岩的史料,撰有长达1.4 万余字的"谈胡雪岩"专条,可谓极尽探赜索隐之功,文中对《一叶轩漫笔》关于胡雪岩籍贯的说法就表示怀疑,指出:"胡为杭人,盖无异词,此独曰绩溪,或其祖籍耶?"其二是 1948 年 8 月上海《春秋》杂志上刊登的东方慧的《胡庆余堂创办人:豪门鼻祖胡雪岩》,然而此文主要是针对国统区运用官僚、豪门资本发国难财的奸商而发,着眼政治意义,从学术上看却颇多舛误,比如文中说胡雪岩"本年发财本年破产",实际上胡雪岩在 1872 年(同治十一年)资产就达 2000 万两以上,而破产则是 1883 年(光绪九年)的事。仅此一端就可知作者仓促成文,连基本史实都没加推敲,更不会花费时间对胡雪岩的籍贯寻根问源了。

欧阳跃峰先生在文中列举许多说胡雪岩是浙江杭州人的史料,如:秦缃业、陈钟英、《平浙纪略》说胡雪岩是"杭州绅士",陈云笙(代卿)《慎节斋文存》说胡是"浙江钱塘人,"王安定《湘军记》说他是"浙绅",李慈铭《越缦堂日记》说他是"杭人",这些人与胡雪岩同时代,其中秦缃业、陈钟英还与胡雪岩一样亲身经历了 1860(咸丰十年)、1861 年(咸丰十一年)太平军两次围攻杭州的事情,他们的记载是较为可信的。

欧阳跃峰先生还列举稍晚一些的记载,如李宝嘉《南亭笔记》说胡是"浙江巨商",汪康斗《庄谐选录》说胡是"杭人",刘体智《异辞录》说胡是"杭之仁和人",易宗夔《新世说》说他是"浙之仁和人"，费行简《近代名人小传》说他是"浙人"，蔡冠洛《清代七百名人传》说他是"浙江人"。这些人大多是清末民初文坛著名人士，其中汪康年是杭州人，生于1860年(咸丰十年)，胡死时他已26岁，刘体智是胡雪岩破产时担任查抄事务的浙江巡抚刘秉璋的四公子，这些人几乎众口一词地说胡雪岩是杭州人。特殊的经历和关系使他们对胡雪岩的了解比别人要直接些，详细些。尤为重要的是，1862年(同治元年)左宗棠奏请以胡雪岩办理粮台和1871年(同治十年)李鸿章为胡雪岩请赏时，都说胡"籍隶浙江"，1873年(同治十二年)左宗棠为胡雪岩母亲请赏御匾时说胡是"浙江绅士"。胡曾被授布政使衔，为候补道员，按照惯例，他事先需向朝廷呈报履历、写明籍贯。晚清"中兴三大臣"中的两个重臣左宗棠和李鸿章都在呈览皇帝的奏折中正儿八经地说胡是浙江人，很有可能就是以胡本人的填报为依据的。此外，宣统年间(距胡雪岩去世仅20余年)撰修的《杭州府志》也说他是"仁和人"，由此，欧阳跃峰提出：在没有找到足以证实胡雪岩为安徽绩溪人的确实史料之前，完全有理由将其籍贯改写为浙江杭州。

平心而论，欧阳跃峰先生这篇考辨文章搜罗史料很广，逻辑推理也下了苦功。笔者也曾接触到一些记载胡雪岩是浙人的史料，在此聊作补充，如：许瑶光所著、记载太平天国围攻杭州史事的《蒿目集》说胡是"杭绅"。浙江图书馆古籍部所藏《雪岩外传》，发行于1903年(光绪二十九年)，距胡雪岩去世不足20年，正文前附有"西湖冷眼叟"谨表的《读〈雪岩外传〉价值》，称文中所记"即除去公案，事事纪实"。而该书扉页"浙东市隐"作的序就说胡雪岩"世居浙江"。另有民国《杭州府志》，该志本之1879～1886年(与胡雪岩生命历程的最后几年相始终)重修的光绪《杭州府志》，钱塘人吴庆坻提学总裁其事，当时任浙江督军的卢永祥称吴"长于乙部，兼综掌故，抱遗订坠"杨复后序说此志"考订不厌求精，……芟繁芜，正伪夺，专校勘"，这样一部考证严谨的志书上也记载着胡是"仁和人"。

看来，说胡雪岩是杭人，并非无稽之谈，问题是我们是否就可据此断言"胡雪岩是安徽绩溪人"这一说法是空穴来风呢？我曾走访筹建杭州胡庆余堂中药博物馆时去绩溪挖掘史料的赵玉城先生，据赵先生说，他是1984年去绩溪的，在那里没有胡雪岩的谱谍资料及遗迹，但县志办的人说胡是绩溪人是无疑的，而且他说，胡雪岩创办胡庆余堂后不久，叫人编写的《膏丹丸散集》中，也写着胡雪岩是绩溪人。

胡雪岩籍贯问题因胡雪岩家谱没有存世，胡氏后人有的过世，有的散居，无法取得联系而成为暂时解不开的谜团。但至少有两点是值得我们深思的：

一是从地缘关系上看，祖籍是祖先迁徙前居住过的地方，籍贯是指一个人的祖居或出生地，也指登记入户籍的地方。很多家族经几世迁徙，在当地居住时间长了，祖辈的寄籍往往就成了孙辈的原籍，例如：我们提起近代民主革命家、国学大师章太炎，会毫不迟疑地说他是浙江余杭人，遍阅与他同时代或稍后的证载也众口一词。其实章家从明朝鼎盛时期从浙江分水迁往余杭东乡，到章太炎这一代时已居余杭四五百年，时间一长，就没人说他是分水县人了。前举胡雪岩同时代及稍后的人记载胡是杭州人，估计也属类似情

形。

二是康熙中叶到嘉庆、道光之际的一百数十年,徽商兴盛,实力超过明代,徽州的休、歙、祁门、婺源、黟、绩溪等县从商如流,移徙四方,足迹遍及全国。杭州地处贯通南北商运路线的大运河的南端,本是东南名城、丝织业中心,木材集散地,又是两浙盐业的营销点,这就吸引徽州的丝绸商、木材商、盐商来此淘金。徽人几乎把持了两浙盐业;在木材贸易上,他们把皖南、闽、浙山区木材运集于此,然后转运北方。由于徽商在杭州人多势众,以至于杭州的某些地名也打上徽人的烙印,如:钱塘江畔的"徽州塘"就是徽人弃舟登岸的地方,"徽州弄"即徽州盐商居处,"小江村"是歙县江村人聚居地。我们难保来杭经商的徽商中没有胡雪岩的先世。

鉴于上述原因,我认为,徐一士先生提出的胡雪岩的祖籍可能是绩溪的设想还是有一定道理的。《浙江文史资料选辑》第32辑(1986年)刊载的黄萍荪原作、王遂今补充的《"红顶商人"胡光墉(雪岩)兴衰史》干脆明确指出:"胡光墉,原籍安徽绩溪,寄籍浙江杭州。"在我看来,在没有发现可以否定这个说法的确切史料之前,这样的提法是审慎的。

1823年(道光三年),胡雪岩呱呱坠地,父母为他取小名叫"顺官"。他的父亲名鹿泉,号芝田,自幼喜欢读书,成年后有高士之风,隐居不仕,母亲金氏,生育四个儿子,胡雪岩最大,下有月桥、秋槎、鹤年三个弟弟。胡雪岩发迹时,其父早已故世多年,他对母亲侍奉至孝,金氏晚年患病,他祈天祷神,亲自抓药端水。胡雪岩对兄弟也很友善,各选购良田美宅相赠。

30年代《上海半月》杂志曾刊登胡雪岩曾孙胡亚光所写的、记述其曾祖父生平的《安定遗闻》,内中讲到胡鹿泉曾召集家人说:"欲兴吾家,其惟顺儿乎。吾私蓄二千五百余金,今悉以赐顺儿,使顺儿将来有十而百、百而千倍之利益,则吾亦瞑目矣"。从中可见,胡鹿泉颇有点商业头脑,对长子胡雪岩寄予发财致富、光大门楣的厚望,这一方面固然与胡鹿泉有识人眼光有关,另一方面也从侧面反映出幼时的胡雪岩已表现种种聪颖过人的素质。

胡鹿泉去世时,胡雪岩年纪尚小,家中虽有一点私蓄,但养生送死,坐吃山空。困于经济条件,胡雪岩无钱延师入塾,全靠自学,才粗通文墨。为了养家糊口,作为长子的胡雪岩经亲戚推荐,进当地一家小钱庄当学徒。

钱庄也叫钱铺、钱店,是中国封建社会金融业的主要组成部分。鸦片战争以前,适应商品经济发展的需要,全国各地就有了钱庄。鸦片战争以后,随着开埠通商,钱庄扩大了经营活动,通过调拨资金,起着促进商品流通的作用。钱庄内部大体分工有内场、外场、信房、库房,等级森严,职员视上一级职司有无出缺而定升迁。胡雪岩进钱庄学生意,从扫地、倒尿壶等杂役干起,由于他诚恳、勤快、活络,所以三年师满,就立柜台,成了这家钱庄正式的伙计(营业员),后来,又获得东家和"大伙"(相当于经理)的器重,分管"外场"。"外场"俗称"跑街",主要从事联络客户、放款和兜揽存款的业务。

在封建社会,"万般皆下品,唯有读书高",只有读书人才有机会蟾宫折桂、升官发财,所谓"书中自有黄金屋,书中自有万钟粟,书中自有颜如玉"。然而,胡雪岩的家世和店绾的社会地位决定了他不能沿科举正途去跻身仕林,倒使他在仰人鼻息的生活体验中看透世态炎凉,这对他日后的生活和脾性起着潜移默化的影响。胡虽不擅文墨,却洞悉世故,练达人情。

因为胡雪岩日后飞黄腾达的缘故,人们在追溯他的店绾生涯时,平添了几分传奇色彩。汪康年《庄谐选录》卷十二就记载这么一个传说:一天晚上,身为钱庄伙计的胡雪岩睡在柜台上,半夜时分,忽听人声,急忙叫醒众人起来,果然抓住一个小偷。

这人叩头言道:我穷困潦倒,难以过活,才越墙进店行窃。不料刚进门,就见一金面神卧于桌上,因此惊骇欲绝。众店伙闻言,私下都认为胡是奇人。

说胡雪岩天生是个财神,未免过于穿凿附会。但胡雪岩在任钱庄店伙时,通过改变他人命运而使自己的前途发生重大转折,倒是实情。

胡雪岩在钱庄当差之际,正当清廷遭受太平天国起义冲击之时,军费开支剧增,而财政入不敷出,为筹钱粮,政府开捐,公开卖官鬻爵。那时,杭州城里,捐班、候补人员也多得很。他们花了钱,纳了粟,就巴望发放出去当个知县、知府或道台,以便利用职权、搜刮民脂民膏,捞回买官本钱后发笔横财。但这些人当中,有的在候补期间已身无财物,有的虽然谋到了差使,上任之前却也少不了上、下打点,所以,他们往往要到钱庄先借上一笔,作为官场"投资"。胡雪岩作为钱在跑街,主要就是跑这些人的放贷生意。

陈代卿(字云笙,四川人,同治、光绪年间曾在山东做官)《慎节斋文存》记载了胡雪岩接济王有龄的事。

王有龄(? ～1861),字雪轩,福建侯官人,幼年时跟随父亲来到浙江。后来,他父亲死于任上,眷属滞留浙江,难归故里。王有龄虽在道光中叶就捐了浙江盐大使,但没钱进京。据陈代卿记载:有一天,钱庄跑街胡雪岩碰到王有龄,他见王生相不凡,却穷困潦倒,便说道:看你不是平庸之辈,为啥落魄到这般地步?王有龄把自己的处境告诉了胡雪岩,胡问他需多少钱,王说需500两银子。胡约王第二天到茶肆边品茗边闲谈,胡雪岩自称刚好为东家收了一笔500两银子的款子,叫王有龄拿去快快赴京图个官职。王有龄不肯接收,说:"此非君金,而为我用去,主者其能置君耶? 吾不能以此相累。"胡雪岩年纪虽轻,却沉稳得很,他对王有龄分析:自己只有一条命,东家索夫,反而收不回500两银子,所以犯不着这样做。他叫王有龄只管放心地把这些银子拿去,只是希望王有龄得志后快快回返,不要忘了他。王有龄携了银子北上,在天津遇到故交何桂清侍郎(字丛山,1816～1862 年)。

这何桂清是云南昆明人,当年王有龄的父亲任浙江观察使时,何桂清的父亲是官署的看门人,幼时的何桂清聪明伶俐,王有龄的父亲非常喜欢他,叫他入塾与王有龄共读。何桂清长大后,娴熟于文章,道光年间进士及第,历任编修、内阁学士、兵部侍郎。江苏学

政、礼部与吏部侍郎等职。1854年(咸丰四年),任浙江巡抚,1857年(咸丰七年)升任两江总督。1860年5月初(咸丰十年润三月上旬),对付太平天国的清军江南大营全线崩溃,何桂清逃出常州,临行还击毙跪留绅民10多人。6月,何被革职拿回。1862年(同治元年)底,被清政府处死。

不过,那是后话。此时,邂逅王有龄的何桂清身为赴南省查办事件的星使(皇帝的使者),神气着呢。他劝王有龄不必进京,写信介绍王去拜谒与他有私谊的浙江巡抚某公。

王有龄持了信函去见浙抚,果得器重,被委任粮台总办。王得了官,立刻去告诉他的患难知交胡雪岩,把从前所借500两银子加上利息还给他,并感谢再三,还叫胡雪岩辞去原来的东家,支持他自开钱庄,号为"阜康"。后来,王有龄因粮台积功保举知府,1855年(咸丰五年),授杭州知府,后升道员,1860年(咸丰十年)升浙江巡抚。随着王有龄的官越做越大,胡雪岩也水涨船高,接管粮台,除开钱庄外,还开起好多的店铺,成为杭城一富。

黄萍荪原作、王遂今补充的《"红顶商人"胡光墉(雪岩)兴衰史》指出:王有龄于1841年(道光二十一年)就来浙江,历任新昌、慈溪、仁和县知县,父死,回闽守丧,不久又很快回浙,1855年任杭州知府,算得上一帆风顺,未必有向胡雪岩借钱这样的事情,所以作者认为《慎节斋文存》的关于王有龄"落拓"之说的记载未必可信。

我认为这一说法理由不充分。《清史稿》列传182"王有龄"条说王"道光中捐纳浙江盐大使",道光帝爱新觉罗·旻宁(即位后改名绵宁)1820~1850年在位,道光中期当在1830~1840(道光十~二十年)之间,1830年(道光十年),胡雪岩还不到10岁,即使到1835年,他也才虚龄13岁,按照常规情理,钱庄不可能会让一个13岁的孩子充任担有收款、放贷重任的"跑街"。由此,我们可以把王有龄邂逅胡雪岩的时段压缩到1835~1840年(道光十五~二十年)之间,王有龄是1841年以后才当上浙江地方县官的,那么在没有找到确切的史料之前,谁能肯定他在1835~1840年间没有向胡雪岩告贷的可能呢?

蔡冠洛《清代七百名人传》记载了发生于胡雪岩钱庄店倌生涯中的另一件大事:胡雪岩在钱庄干了几年后,有一天,忽然来了一个身穿戎装的人,自称湘军营官,因军中断粮,想借2000元,鼓鼓士气。那天碰巧店中主事的人都外出了,胡雪岩自作主张借给了他。老板回来后大怒,将胡赶出店门,不久,营官来还钱,问"以前慨然借钱的少年怎么不在?老板谎称病了。实际上,胡雪岩被斥退后,穷无所归。有一次踽踽独行湖边,正好被营官撞见,营官惊问:你为什么这样憔悴?胡雪岩说:为借钱给你,我被赶了出来,失业已好久了。那位营官怅叹自己连累了胡雪岩,于是,他把胡雪岩请到军营里去,换衣进餐,并把在作战中"暴得"的10万资财借给胡雪岩,叫他自开钱店。

以上两书对胡雪岩发迹的原因说法不一。而胡雪岩的曾孙胡亚光在《安定遗闻》中则另有一说:胡雪岩学生意的阜康钱肆主人姓于,没有儿子,他很欣赏胡雪岩勤敏、有胆略,病重时,把胡雪岩召到榻前,吩咐道:你的才识比我高百倍,我的店虽小,但好好经营,

不怕没有用武之地。随即以全肆相赠,数额不过5000两银子。但胡雪岩经营有方,把这小钱肆发展成银号。

以上各种说法虽有不同,但大致反映出店倌时期的胡雪岩就能急人所难,敢作敢为,这是他日后取得成功的一个重要原因。中国有句古话:"己欲立先立人,己欲达先达人"。

西征借款

与胡雪岩同时代并有来往的安徽宿松人段光清(1798~1878年,号镜湖,1859年(咸丰九年)任浙江按察使,翌年太平军攻克杭州时因潜逃被革职)在《镜湖自撰年谱》1860年(咸丰十年)条目中说:"有起于钱铺小信姓胡,名镛,字雪岩者,骗人资本,此时已自开钱店,与官场人往来。"文中虽没具体交代胡雪岩是怎样"骗人资本"的,却使我们获知,胡雪岩至迟在1860年已自开钱店。

钱店是开张了,不过,若是没有以后轰轰烈烈地扩大业务,胡雪岩充其量也只不过是个中产阶级中知名度不高的一员。心高志大的胡雪岩当然是不会安于现状的。

波平浪静,练不出精悍的水手;动荡的环境,才能产生弄潮的风流人物。胡雪岩这个自开钱店的小老板正是在乱世的摔打中成功地生财,太平天国运动、洋务新政、西征等重大历史事件成了他走向事业巅峰的契机。

洪秀全领导的太平天国农民军在1853年(咸丰三年)攻克南京后建都,改名天京,随即分兵东征、北伐和西征。

在太平天国起义影响下,久受封建压迫和剥削之苦的浙江人民也纷纷举事。1851~1855年(咸丰元年~五年),鄞县、奉化、于潜(今属临安)、太平(今温岭)、嘉善、临海、宣平等地发生多起民变和会党暴动,特别是1855年2月瞿振汉领导的乐清虹军(红巾军)起义,曾经建军建政,瞿振汉自称"浙东除暴安良虹军统帅",设局办事、布告安民,这是响应太平天国的有计划、有准备的一次武装起义。浙江境内的起义打击了清政府在浙江的封建统治,也为太平军入浙奠定了良好的基础。

太平天国农民军在东荡西扫的征战中,分别于1855年(咸丰五年)、1858年(咸丰八年)、1860年(咸丰十年)、1861年(咸丰十一年)四次进入浙江。其间,省城杭州在1860年和1861年两度被太平军攻占,因1860年(咸丰十年)是农历庚申年,1861年(咸丰十一年)是农历辛酉年,当时的人就把太平军第三、四次入浙称为"庚辛之变"。

庚辛之变是胡雪岩大发展的起点。

让我们先谈庚申年的事。1860年初,清朝湘军迫攻安庆,张国樑(1823~1860年,广东高要<今肇庆>人)所部占据江浦与九洑州,天京形势危急。鉴于清军江南大营每年靠浙江济饷72万两,太平天国领导人制定了进攻其饷源要地湖州、杭州以吸引清廷江南大

营兵力、解除天京之围的"围魏救赵"之计。

担任杭州一路任务的是1859年（咸丰九年）被洪秀全提拔为忠王的李秀成（1823～1864年，广西藤县人）。1860年2月10日（咸丰十年正月十九日），他率军从安徽芜湖出师，于2月下旬占领广德，在那里留驻大队人马后，以轻骑6000人打着官兵旗号、穿戴官兵衣帽作伪装，于3月初走莫干山间道日夜疾驰，在余抗击败浙江按察使段光清部，于11日上午到达杭州武林门外。随即攻打武林、钱塘、涌金、清波等城门，接着又扎营万松岭等处，在城外各山结壁垒、插战旗，还在清波门外西竺庵一带挖地道、埋地雷。3月19日（二月二十七日），清波门地道猝发，轰塌城墙10多丈，太平军先锋、附近居民和部分反正的兵勇联合作战，杀死督战的署盐运使缪梓，第一次占领杭州。浙江巡抚罗遵殿以及署布政使、杭嘉湖道、宁绍道台、署杭州知府等一大批文武官员被杀的被杀，自尽的自尽。

太平军进攻杭城时，富商豪绅纷纷外逃，钱江舟楫为之一空。而"此时已自开钱店"的胡雪岩却处变不惊，始终以实际行动为清廷效劳，他向按察使段光清建议"自练一军以作亲兵"，并推荐"精于教练"的陈县丞招勇训练。段光清依议，在胡雪岩的钱庄里存银千两作为募兵经费。虽然陈县丞最终仅募得数十名兵勇，花费银子200余两，但余银仍存胡雪岩店中。由此可见，胡雪岩的钱庄已与军界搭上了钩。

太平军袭取杭州后，江南大营统帅和春果然中计，调兵遣将分批援浙，其中就有胡雪岩当钱在跑街时接济过的落难朋友王有龄，他从江苏带兵马驰援。

李秀成见调虎离山计已奏效，于3月24日（三月初三日）在杭州城厢遍插旗帜设为疑兵，然后出涌金门，日夜兼程北返，于5月上旬与陈玉成（1837～1862年，广西藤县人）率军10余万，一举捣毁江南大营，终于解除天京之危。

李秀成所部主动撤离浙境，那王有龄现成当了浙江巡抚，倾心倚重胡雪岩，既"委办粮械"，又让他"综理漕运"，王还以浙江巡抚的名义通令全省："凡解饷者必由胡某汇兑，否则不纳"。这样，胡雪岩几乎掌握了浙江大半的战时财经，成为抚署签约房上宾。他利用这一特权和战时江浙遍处不安、交通阻滞的客观因素，于"其间操奇赢，使银价旦夕轻重，遂以致富。"不过，在赚钱的同时，胡雪岩也想积点"阴德"。杭城经庚申战乱，死者枕藉，在太平军撤离后，胡雪岩捐资买椟（一种小棺材）或两人一棺，雇人埋尸于湖上。

以上是胡雪岩在庚申渐变中的表现，下面让我们再看看他在辛酉渐变中的情况。

1861年4月底、5月初（咸丰十一年三月底），太平天国侍王李世贤（183～1865年，广西藤县人）率部由江西玉山进入浙境，这是太平军四入浙江中规模最大的一次。5月，李世贤率军进克金华府城，此后倚此为重要据点，建立侍王府。接着，攻克武义、兰溪、永康。八九月间，太平军陆容部攻占东阳、黄呈忠部进驻诸暨牌头。在此期间，驻嘉兴的陈炳文部攻占石门、海盐、平湖一带，稳定嘉兴外围。9月下旬，李秀成也率部由赣入浙。此后，太平军兵分几路出击浙江全境：李世贤一支攻温州，其右路连克遂昌、松阳、处州、青田，左路经缙云克仙居、台州、黄岩、太平（今温岭）、乐清；李秀成部将陆顺德一支经桐庐、富阳攻占萧山、绍兴;李世贤部将黄呈忠、范汝增率领的军队攻下诸暨、嵊县后,一路经上虞、余姚、慈溪,一路经新昌、奉化,两路围抄,于12月9日(十一月初八日)进占宁波。李秀成所率的一路经桐庐、临安攻克余杭,进逼杭州,并用箭射谕劝降。

此时的杭城"西只存一被围之湖城,东只存一弹丸之海宁,各路诸将(指清军)纷纷退保杭州,……以数万众群聚于区区一顷之西湖,即使贼(统治者对农民军的诬称)不攻,城不陷,而饷绝兵哗,内患亦作矣。"真可谓四面楚歌!

11月上旬,太平军攻破城外馒头山及望江门、候潮门、凤山门外的清军营地。接着,在凤凰山、清波门一带挖地道,又在海潮寺至凤凰山顶沿线架木城,围攻杭州。

经过数十天的长围久攻,杭州城内到11月初就粮尽,一升米价值一两银,还唯恐无处买。满街饥民哀号不绝,饿莩遍地,凡草根、树皮、水草、浮萍、旧牛皮箱等物,无不取食,饿极了的人们甚至将人尸分割煮食。

杭城被围缺粮之际,胡雪岩和湖州豪绅赵炳麟受王有龄委派,微服冒险赴上海采运粮米和军火。可是没等他返城接济,大局已不可支。12月29日(十一月二十八日)上午,李秀成督令谭绍光、邓光明、陈炳文、童容海等部,从望江、凤山、候潮、清波四个城门扒城而入,第二次克复杭州。两天后,又攻破不听劝降、负隅顽抗的旗营。浙江巡抚王有龄、杭州将军瑞昌失城自杀,署布政使麟趾、按察使宁增纶、学政张锡庚、盐运使庄焕文、粮道暹福、浙江提督饶廷选、总兵文瑞等高、中级将官几十人均死。

再说胡雪岩从上海采办军需军粮后,押着货船,联帆20余艘,驶入钱塘江来。然而,他最终没有进城,个中原委,有三种说法:

一是胡亚光《安定遗闻》,说胡雪岩的船行至江上,杭州城破已二日,他思忖事已至此,不如将粮械报效别路清军。

二是许谣光《蒿目集》中的说法,许在书中有"闻杭州告陷书感"一诗:"沪渎收洋米,钱江阻飓风。绅耆胡与赵,空自效公忠。"按此说法,胡雪岩、赵炳麟是遭飓风扑舟而没能入城。

三是张荫椠、吴淦《杭城辛酉纪事诗》的说法:"海角云帆赳日催,香粳万斛载将来。只愁饷道重围隔,连日官军打不开。"据作者在诗后的按语,杭州将围时,城内官绅曾建议王有龄筑傅城,土垒直接江干,以备粮道被切断,但王有龄没有采纳。所以,胡雪岩"由海道运粮至江干,……粮至,不能冲围而入"。这一说法与民国《杭州府志》中"光墉航海运粮兼备子药力图援应,由海道入钱塘江,为重围所困,不得达遂"的记载完全一致。

那么,胡雪岩究竟到哪里去了呢?

原来,他利用太平军水师不足、不能全部控制江面这个空隙,装扮客商模样,分散货船,溯江而上,投奔引师东进的新任浙江巡抚左宗棠去了。

左宗棠(1812~1885年),字季高,湖南湘阴人。道光十二年(1832年)壬辰科举人,后连续三次参加会试落第而归,遂弃科举事业而专治经世之学。太平军起义爆发后,左

在家乡办团练，久居湖南巡抚张亮基幕府，主持用兵筹饷，后来，张调抚山东，左才辞归，赞湘抚骆秉璋幕。左宗棠喜以诸葛亮自况，有"左师爷"之称。在太平军连克苏、湖、杭地区之后，左宗棠被清廷特旨擢为四品京堂，襄办曾国藩（1811～1872年，湖南湘乡人）军务，他从湘勇、郴勇、桂勇中招募5000人，号称"楚军"。

1861年（咸丰十一年）太平军第四次入浙并席卷浙江全境时，左宗棠率军从皖南婺源移屯赣东广信（今上饶），受命"督办浙江军务"。1862年1月23日（咸丰十一年十二月二十四日），经统辖苏、皖、赣、浙四省军务的两江总督、协办大学士曾国藩保荐，左宗棠继失城自缢的王有龄而成为浙江巡抚。

在安徽婺源时，左宗棠所部"饷项已欠近五个月"，饿疲致病及战死者很多，"士卒病者愈半，物故者亦近千人。"此番进兵浙江，更是缺粮短饷、困难重重。对此，左宗棠感到非常苦恼。正当他愁眉频蹙之时，胡雪岩会逢其适，前来拜谒。这可从1862年1月29日（咸丰十一年十二月三十日）左宗棠所上《官军入浙应设粮台转运接济片》中得到印证：

"臣军业已入浙，所有饷需一切，自应设粮台转运，以资接济。……现拟暂于江西广德府设立粮合，为收支军饷子药总汇，再于玉山设立转运局，随时转运，以利师行。……闻籍贯浙江之江西候补道胡光墉，急公慕义，勤干有为，现已行抵江西，堪以委办台局各务。……以浙江之绅办浙江之事，情形既熟，呼应较灵。"

先前，胡雪岩仗着王有龄的宠信发财致富，没少被人议论，那么，他这个商人是怎样得到湘军头目左宗棠的信任的呢？对此，陈代卿《慎节斋文存》有段记载，说是左宗棠听到别人对胡雪岩的议论后，为考察其行端，试探着命胡在10天之内筹米10万石，这本来就够困难的了，而胡雪岩显得比左宗棠还焦急，他说："大军待饷十日，奈枵腹何？"左问："能更早乎？"胡说："此事筹之已久，若待公言，已无及矣。现虽无款，某熟诸米商，公如急需，十万石三日可至。"要在三天内筹齐10万石粮，在战争环境下简直有点异想天开。然而，胡雪岩办到了，而且干得很出色，这不是他能变戏法，估计这批粮就是前此从上海运来而未能入杭后隐匿别处的。胡雪岩在左宗棠面前成功地展示了一番自己的能量，左在喜出望外之余，命胡"总办粮台如故，而益加委任。"

另据欧阳昱《见闻琐录》，杭州被围时，有候补道王某曾托胡雪岩为其存放10万两白银。胡眼看干戈满地，想到怀此重资，弄得不好会招致杀身之祸。他探知衢州府谷价低贱，就用这笔银款买谷20万石，各存其地。1862年（同治元年）春，左宗棠率军由江西跃入浙西，进攻开化、遂安、江山后，大举进攻衢州，准备以此为基地，夺取全浙。但是由于缺粮，士兵想要哗变。胡雪岩闻讯，"罄所买谷以献"，左宗棠赞叹胡为"一时豪杰"，予以重用。

胡雪岩获得左宗棠的信任后，经常以亦官亦商的身份往来于上海、宁波等洋人麇集的通商口岸。他除了经办粮台转运、接济军需物资之外，还利用与洋人打交道的机会，为左宗棠勾结法籍宁波海关税务司日意格、法国驻宁波的军官德克碑和法国驻宁波舰队司令勒佰勒东，要他们募集士兵约千人，由法国军官训练，用洋枪洋炮装备，组成"常捷军"，这支中法混合的雇佣军人数最多时达 3000 人，曾与清军联合进攻宁波、余姚、奉化、上虞、绍兴、富阳等地。

1863 年（同治二年）3 月，左宗棠已授闽浙总督，因新任浙江巡抚曾国奎（1824～1890 年，湖南湘乡人）尚未到任，左仍兼浙抚，负责浙、闽军务。9 月下旬至 12 月中旬近三个月时间内，他指挥清军和"常捷军"与太平军在余杭——杭州一线多次作战。

1863 年 12 月 17 日～1864 年 2 月 15 日（同治二年十一月初七日～同治三年正月初八日），随着太平军在长江下游的重要城市苏州失守，毗邻江苏的嘉兴府所属的平湖、乍浦、海盐、澉浦、嘉善、海宁和桐乡等地的太平军守将纷纷投敌，杭州因周围防线逐步瓦解而成为一座孤城。

1864 年 4 月 1 日（同治三年二月二十五日）清晨，左宗棠军队在德克碑"常捷军"的洋枪洋炮掩护下，攻破了杭州城。7 日，左进驻杭州。清廷因左军攻下杭州，特加左宗棠以太子少保衔，并赏穿黄马褂。为左宗棠综理粮台的胡雪岩也衣锦还乡了。

连年战争使浙江满目疮痍，左宗棠 1863 年（同治二年）在《沥陈浙省残黎困敝情形片中》就指出："在浙江此次之变，人物彫耗，田土荒芜，弥望白骨黄茅，炊烟断绝。……残黎喘息仅属者，昼则缘优荒畦废圃之间，撷野菜为一食，夜则偎枕颓垣残壁之下，就土坎以眠。音时温饱之家，大半均成饿莩。忧愁至极，并其乐生哀死之念而亦无之。有骨肉死亡在侧，相视漠然不动其心者。"那情景真够惨的。

为收拾残局，左宗棠在入驻杭州后，选派员绅"设立赈抚局，收养难民，掩埋尸骼，并招商开市"。胡雪岩是左宗棠处理善后所借重的人物，他经理赈抚局务，设立粥厂、难民局、善堂、义塾、医局，修复名胜寺院，整治崎岖不平的道路，立掩埋局，收敛城乡暴骸数十万具，分葬于岳王庙左里许及净慈寺右数十大家。

胡雪岩还恢复因战乱而一度中止的"牛车"。牛车是因水沙而设的一种交通工具。从前，钱塘江水深沙少，船只几乎可以直达萧山西兴。后来，东岸江水涨漫，形成数里水沙，每当潮至，沙土没水，潮退后却又阻於泥。贫家妇女没钱雇轿，只好艰难地迈着小步在泥沙中跟跄而行，时常还有陷踝没顶之患。此时，胡雪岩恢复并捐设牛车，迎送旅客于潮沼之中，大大便利了百姓。

为了缓解战后财政危机，胡雪岩向官绅大户"劝捐"，如，他曾向段光清劝捐 10 万两，段推三阻四，结果只捐一万。段光清的《镜湖自撰年谱》还举了绍兴富户张广川的例子，说胡雪岩指使在太平军攻陷绍兴时死去的署绍兴知府廖子成的侄子在湖南递禀，告发廖子成之死是因为张广川集乱民戕害所致。结果，京城来了谕旨，着浙江巡抚查问。行文传到在上海做生意的张广川处，吓得他挽人求情，宁愿捐洋 10 万元，这才获免。段光清在文后叹道："胡光墉之遇事倾人，真可畏哉！"

张广川被罚捐是否冤枉，因旁无佐证而无从考释，然而当时为富不仁的富商豪绅确

也不少。还在 1862 年(同治元年),左宗棠在一次上疏中就指责浙江富绅杨坊、俞斌、毛象贤等十数人"身拥厚赀,坐视邦族奇荒,并无拯卹之意,且有乘机贱置产业以自肥者。"胡雪岩罚捐,锋芒毕露,少不得要得罪这样一批人,幸得左宗棠明白其中难处,1864 年(同治三年),胡雪岩具禀杭嘉湖捐务情形后,左宗棠对捐务有起色殊感欣慰,并在批札中写道:"罚捐二字,亦须斟酌,如果情罪重大实无可原者,虽黄金十万,安能赎其一命乎!"这对不法富商无疑是当头棒喝,相信他们听了这样的话自个儿心中也会掂量,与其坐罪犯法,不如多捐钱财,大事化小、小事化了。

除了上述事务,入城后的胡雪岩仍代理藩库,各地解省银两非胡经手,省局不收。高阳先生就此事在《红顶商人》一书中这样写道:

"胡雪岩放低了声音说:"我为什么要代理藩库?为的是要做牌子。阜康是金字招牌,固然不错;可是只有老杭州才晓得。现在我要吸收一批新的存户,非要另外想个号召的办法不可。代理藩库,就是最好的号召,浙江全省的公款,都信托得过我,还有啥靠不住的?"

——以胡雪岩之口,剖析其乐于代理藩库的原委,虽是文学语言,却也基本符合史实,而且入木三分。

牌子做出来了,生意自然源源而来。清军攻取浙江后,大小军官将掠得的财物,从数十到十数万两不等,存入胡雪岩的钱庄,胡借此从事贸易,设商号于各市镇,每年获利数倍,不过几年,家资已逾千万。

中国是四大文明古国之一,在相当长时期内走在世界文明的前列,加上自然经济使中国"无所不有,原不藉外夷货物以通有无",这使封建统治者养成妄自尊大的心理,把外国贬称为"夷",称外国人为"夷人"。

然而,跨入 19 世纪以后,中西方文化差距越来越大。西方资本主义国家经过工业革命国势日强,而中国处于封建末世,可悲的是统治者仍昧于时势,沉湎于"天朝上国"的迷梦。只是经过两次鸦片战争的创痛,面对数千年来未曾有过的变局,才开始明白傲慢不足拒坚船,清议不能抗利炮。林则徐"最早睁眼看世界",魏源提出"师夷之长技以制夷",第二次鸦片战争后,李鸿章(1823~1901 年,安徽合肥人)等识时务实的大吏率先用"洋"代替"夷",预示着中国人对世界大势的认识正发生根本变化,传统的"夷夏"之辩为对等的华洋之称所取代。伴随着民族危机的加深和振邦兴国运动的展开,效法欧美东瀛以振启锢弊、救亡图存日渐成为近代中国历史的主题。

19 世纪 60~90 年代,清统治者中一部分中央和地方的官僚倡导学习和引进西方先进科技、文化,从军事、政治、经济、文教乃至外交各个领域开启中国的近代化进程,旧时称这段史事为"同光新政",后被历史学家命名为"洋务运动"。

与胡雪岩关系密切的左宗棠在道光末年就读过魏源所著,介绍世界历史、地理、政治、宗教和科技的《海国图志》,对魏源"师夷之长技以制夷"的主张推崇备至。在以后的仕宦生涯中,他了解到泰西弃虚务实、制作精妙,就更加迫切地希望把魏源的主张付诸实践,他曾呼吁:"中土智慧岂逊西人,如果留心仿造,自然愈推愈精。……意十年以后,彼人所恃以傲我者,我亦有以应之矣。"透露出学习西方、自强御侮的热望。

早在率所部与"常捷军"在浙江配合镇压太平军的过程中,左宗棠就已深深体会到"轮舟为海战利器",1864年(同治三年),他引法国将领德克碑、日意格考求西方机器制造,仿造小火轮,在西湖试行,这是他办洋务的前奏。然而,他正式办洋务是在担任闽浙总督以后以及陕甘总督任内。虽然,那时的左宗棠为了对付太平军余部和捻军、解除西北边患,还是横戈立马、忙于征战,受客观条件限制,其洋务事业的影响没有李鸿章那么大,但因为有着自己的特色,还是具有代表性。

办洋务在当时的中国是非常之举,急需谙通华洋事务的人才,左宗棠少不得又要借重以帮助他镇压太平军起家、与洋人有来往而又办事精干的胡雪岩了。

胡雪岩襄助左宗棠创办的洋务事业,主要有以下几端:

1.福州船政局

1864年11月(同治三年十月),左宗棠从闽浙总督离浙赴闽。到了福建,见军政、吏治、民生因循粉饰、凋敝已久,就于第二年正月上了一个奏章,说:"今欲修明政事,必先求治事之才",要求把在浙江的胡雪岩(当时已有"福建候补道"头衔)与新授浙江督粮道周开锡、记名道吴大廷、刑部员外郎张树荄4人调入福建,以资差委,获得同治皇帝(即爱新觉罗·载淳,1856—1875年)的谕允。

1866年(同治五年),在胡雪岩的献议下,左宗棠上奏朝廷,要求在福州创办一个船政局,他说:"欲防海之害而收其利,非整理水师不可;欲整理水师,非设局监造大轮船不可。"并提出造船的五年计划,预算300万两。他指出:虽然创办之初可能会出现花费多、成船少的现象,但从长远看,"轮船成,则漕政兴,军政举,商民之困纾,海关之税旺,一时之费,数世之利也。"而且,还可通过造船实践摸索出经验,由钝而巧,由粗而精,提高中国的制造能力。

左宗棠的建议获得清政府的批准。这年8月,他亲至福州海口罗星塔购买马尾山下200多亩农田作为厂址,由于选址马尾,福州船政局又叫马尾船政局。左以胡雪岩"为不可多得之员",派他与法国人德克碑、日意格共同商定《船政事宜十条》,制定了最初的规章制度,"凡局务及出入款项,责胡光墉一手经理"。

正当筹办工作紧锣密鼓地进行之时,清廷调左宗棠任陕甘总督,出关西征(镇压回、捻起义,平定阿古柏政权)。为了不使处于草创阶段的福州船政局半途而废,左宗棠荐举林则徐的女婿、原江西巡抚沈葆桢(1820~1879年,福建侯官<今闽侯>人)继任福建船政大臣,同时奏明清廷,称胡雪岩"才大心细","为船局断不可少之人,且为洋人所素信之人",表示可赋此人以重任。一切安排妥当之后,左宗棠于1866年底离闽赴陕。

左宗棠身虽西行,心犹东注,他与沈葆桢、胡雪岩等人保持密切联系,对福州船政局

的建设仍倾注热情。而留在福建的胡雪岩深知自己肩上的担子不轻,自然也不敢辜负左文襄的嘱托,他辅佐沈葆桢,承担了筹措工料、聘请匠师、雇工、开艺局(技术学校)等具体而又重要的事务性工作。在他的辛勤奔走和筹划下,船局聘请了法国人日意格、德克碑为正、副监督,向国外订购了机器、大铁船槽,引进外国(主要是法国)工程技术人员,还设立了"求是堂艺局",招10余岁的聪俊少年,延聘洋师讲授外语、图书、算学,培养督造、管驾等方面的技能。随着转锯厂、大机器厂、水缸厂、木模厂、铸铁厂、钟表厂、铜厂及储材厂的相继建成,1868年1月18日(同治六年十二月二十四日),福州船政局正式开工。第二年6月10日(同治八年五月初一日),该局建造的第一艘木壳轮船"万年青"号(排水量1450吨)下水。到1874年(同治十三年),这个局共造出15艘船,而且已遣散外国师匠,自行制造。

福州船政局比1867年(同治六年)李鸿章在上海办的江南造船所还早一年,是中国第一家新式造船企业,也是当时中国最大的船舶修造厂。虽然,与外国相比,在造船技术上还存在很大的距离,但它具有开风气之先的意义。

2.甘肃织呢总局

还在筹建福州船政局时,左宗棠就开始考虑发展民用工业。他在1866年6月25日(同治五年五月十三日)的奏折中指出:要以制造轮船为起点,"由此更添机器,触类旁通。凡制造枪炮炸弹,铸钱,治水,有适民生日用者,均可次第为之。"做了陕甘总督以后,左宗棠在西北地区除了先后办过西安机器局、兰州制造局、兰州火药局等军工企业外,还把创办民用企业的决心付诸行动,创办了与福州船政局齐名的甘肃织呢总局。

1877年(光绪三年)冬天,被秦翰才先生(1896~1968年,原上海文史馆馆员)称为左宗棠身边的"机械化的总兵"、掌握了近代科技知识的甘肃制造局委员赖长(字云亭,广东人)用自造的机器把当地所产的羊毛织成一段呢片呈送左宗棠验看。左宗棠将它与本地所织的"褐子"和外国输入的洋绒相比,觉得赖长所织的呢片与洋绒级相似,质薄而细,牢固耐穿,而且比褐子美观多了,有心想推广织造。可赖长说自制的水轮机不敢自信得用,若是购得外国机器更省工力,就可大规模兴办起来。

第二年,左宗棠把赖长画的图样随信附上,寄给在上海的采运局委员胡雪岩,嘱咐胡雪岩购置全套织呢、织布火机,"到兰仿制,为边防开此一例。"

胡雪岩在获得清廷批准后,就按左宗棠的指示,在上海与德商泰来洋行接洽购机事宜,托泰来洋行经理哆喱呗(R.Telge)代为在德国购置机器和招聘技术人员。后来,由胡雪岩经手,向德方定购了全套小型的毛织机器,包括每架360锭的纺机3架、织机20架、洗毛机3架,其余有和毛、烘毛、刮毛、修毛、染色和磨光等机多架,还配有24匹和30匹的蒸汽发动机各一台。胡雪岩雇请德国技师去安装机器和传授技艺。

1879年(光绪五年)春,机器开始运往兰州。当时,大小机器共有4000箱之多,先由德国运抵上海,再用招商局轮船拖到汉口,用民船运送上岸后,动用千百人力、兽力和

大车,抬的抬,驮的驮,载的载。由于机器笨重,交通工具落后,加上山道崎岖,很多路段是边开山劈路边运输的,最后一批机器直到1880年(光绪六年)5月才运抵兰州。这年9月16日(八月十二日),工厂正式开工,其时只开一半织机(10架),每天成布8匹,每匹长50尺,宽5尺。

甘肃织呢总局比李鸿章的上海机器织布局还要早,是我国第一个机制国货工厂,也是洋务运动中最早的一家官办轻工企业。

3.开凿泾河

西北地区缺雨干旱,蔬菜、棉花等庄稼专赖渠水,地亩收成多寡取决于渠水多少。所以,左宗棠到了西北,在水利上着实花了一番功夫。

泾河在西北是令人伤脑筋的一条河,长期以来,只有郑、百、利民三渠引泾灌田,左宗棠不以此为满足。平凉西北数十里为泾水发源处,平南数十里为汭水发源处,两水到泾州合流,水势才渐渐变大。左宗棠认为:若在上源引渠,就可得数百万顷膏腴之壤,节节作闸蓄水,还可通水筏,这样方能为关陇创万世之利。

1877年(光绪三年),西北大旱,左宗棠用以工代赈的办法开挖泾河。他先前听人说起外国有开河机器,就叫上海采办转运委员胡雪岩去访求。胡雪岩向德国购买了一套,并雇了几位德国技师。1880年(光绪六年)的秋天,机器连人都到达泾源工地,先开了一条长200里的正渠。由于渠底布满坚石,人力施工有很大难度。为了把渠加得宽些、挖得深些,也为了使工程进展更迅速,德国技师建议再买开石机器。胡雪岩又受左宗棠的委托,添购开石机。尽管机器办来以后的工程情况因无记载而不得知,但距此20多年后的1908年(光绪三十四年),宁夏知府赵惟熙(江西南丰人)招商承办甘肃宁夏垦牧公司时,这些机器还在。赵惟熙派洋工程师前往察看、增修,以备应用。胡雪岩帮助左宗棠引进机器,在古朴荒凉的西北高原用西洋新式机器开河凿渠,可算是个创举。

此外,左宗棠还曾聘用德国技师未海厘在距肃州城不远的文殊山尝试开采金矿,采金的一副小机器就是胡雪岩捐购的,于1879年(光绪五年)附在掘井机器一起批解鄂台转运到此;左宗棠在新疆引进蚕桑,发展农业生产,胡雪岩在浙江代募熟悉养蚕、种桑的人以及种田能手,送往新疆,向当地百姓传授生产技艺。

左宗棠曾残酷镇压太平军、捻军和回民起义,应予谴责,但他办洋务时,太平天国农民起义已被镇压,而东南海疆、西北边塞的民族危机显得十分尖锐,所以,其所办的洋务事业在抵抗外国侵略者、开发大西北方面发挥了积极的作用,如:1874年(同治十三年)夏,日本利用琉球渔民被害事件为借口入侵台湾,沈葆桢亲赴台湾布防,当时调用的军舰和商船都是福州船政局制造的。在10年以后的中法战争中,海战主力福建水师就是用福州船政局生产的船舰装备起来的。船政局还培养了一批中国近代早期的用新式军事、科技知识武装起来的海军军官、造船专家和技术人员。船政学堂人才辈出,群星灿烂,第一届毕业生中就有甲午海战中以身殉国的民族英雄邓世昌(1849~1894年,广东番禺

人)、近代启蒙思想家严复(1854~1921年,福建侯官<今闽侯>人)。至于甘肃织呢总局,虽然不到3年就因交通不便影响销路、锅炉炸裂等原因而停工,但作为我国第一个机织毛纺企业,它在经济落后的西北地区树立了学习西方先进技术、自强求富的典范,并为西北近代工业的发展培训了技术骨干。

左宗棠的洋务事业中都有胡雪岩的一份功劳。左在给胡雪岩的一封信中谈到船政局事宜时称赞胡"阁下创议之功伟矣。"由于在举办洋务新政上态度一致,两人还鸿雁频传,交流思想,如左宗棠在给胡雪岩的一封信中说过:"中国枪炮日新月异,泰西诸邦断难挟其长以傲我耳。"

作为一个商人,胡雪岩在办公事的时候,自然不会忘了角逐营利。1866年(同治五年),左宗棠在奏设福州船政局时就曾说过:引进外国机器,开办造船厂,是破天荒的事,机器好坏也难以辨识,所以托人购觅时,要"宽给其值,但求其良"。这个"宽给其值"就给经手采办的人留下价格上的"虚头"。胡雪岩在经办洋务中到底得了多少"回扣",虽然无从推算,但他公私兼营,使自己的私囊在这个时候急剧膨胀起来却是事实。不过,他协助左宗棠举办洋务这个行动还是值得肯定的。

19世纪60、70年代的西北边陲很不平静:太平军和捻军进入陕、甘活动,陕、甘、宁地区的回民普遍举行反清暴动;新疆各地发生排满、反汉、杀异教徒的仇杀变乱,封建割据政权林立;俄、英外来势力浑水摸鱼,挑起边衅。清廷曾调刘蓉(字霞仙,湖南湘乡人)、杨岳斌(字厚庵,湖南善化人)两位湘军首领支撑陕、甘危局,无奈他们束手无策。新疆伊犁地区甚至有两个满族将军(常清和明绪)死于变乱。收拾西北糜烂局势这副千斤重担最后落在了左宗棠的肩上。

1866年9月(同治五年八月),55岁的左宗棠由闽浙总督调任陕甘总督之后,就出关西征。西征包括"攻捻""攻回"和收复新疆等军事行动。当时担任上海采运局务的胡雪岩购军火、借洋款,对左宗棠的西征予以积极的支持。

1.镇压捻军和陕、甘回军

1862年(同治元年),太平军扶王陈得才(?~1864年,广西浔州<今桂平>人)率部攻武关、越秦岭,入陕"往联回众"。渭南、同州、华州等地的回民纷纷起义,反抗清政府民族压迫政策,接着,咸阳、长安、蓝田、鄠县等地也起来响应太平军。以后反清斗争不断扩大到北至高陵、富平、蒲城、泾阳、三原、耀州、同官(今铜川市北),西至兴平、乾州、邠州(今彬县)、醴泉(今礼泉县)的一大片土地。受陕西回民起义的鼓舞,甘肃回民也迅速起义,形成以河州(今临夏)、狄道州(今临洮)为中心的马彦龙、马占鳌部,以灵州(今灵武)、金积堡为中心的马化龙部,以肃州(今酒泉)为中心的马文禄部等几支规模较大的回民武装。

1864年(同治三年)底,西北地区太平军与捻军(太平天国时期由捻党转化而来的北方重要农民起义军)共推遵王赖文光(1827~1868年,广西人)为首领,联合组成新捻军。

新捻军"易步代骑","以走致敌"（采用马上运动战术拖垮敌人）。1866年（同治五年）秋，分为东、西两支。西捻军由梁王张宗禹统率，从河南入陕，于这年底逼近西安，1867年（同治六年）初在灞桥附近歼灭湘军30多营。

这样，"捻自南而北，千有余里；回自西而东，亦千有余里"，"捻回合势"，西北局势，风雨飘忽。

1867年（同治六年），清廷任左宗棠为钦差大臣，督办陕甘军务，率军镇压捻军和回民起义。

左宗棠在浙江镇压太平军时，在宁波、绍兴一带与法国帮凶军有过合作，深知洋枪洋炮的威力，况且此番要对付的捻、回军不是旧时操鸟铳、持刀矛的乌合之众，譬如，据有金积堡的马化龙就拥有洋枪近3000枝，而且堡垒坚固。所以，左宗棠到陕甘用兵也充分利用西洋军火。作为他后勤干将的胡雪岩常驻上海，就经办这事。

胡雪岩主要向德国购买军火，种类有七响后膛枪、七响后膛炮、飞轮开花炮、义目炮（音译）。这些武器后来在清军作战中发挥了作用，如1869年（同治八年）农历五月，西征军兵分三路向马化龙的据点金积堡发起进攻，因该堡墙高4丈、厚3丈许，周围9里多，外围有570余所堡寨，固若诚关，久攻不下，结果动用了从普鲁士进口的后膛来复线大炮等新式武器强攻。又如，马文禄盘踞的肃州自古以来就是西北重镇，城高3.6丈，厚3丈多，外环阔8.3丈、深2丈的壕沟，1873年（同治十二年）左宗棠攻打肃州时，动用了后膛大炮，有18磅，也有24磅的，在那个时候，已经算很厉害的重炮了。

对胡雪岩广购洋器，使清军"实资其用"的劳绩，左宗棠心中有一本明明白白的账，他在1873年5月（同治十二年四月）的一件奏折中说："上海为洋商荟集之所，泰西各国洋炮武器，泛海来售，竟以新式相耀。臣于闽浙总督任内，饬胡光墉挑选精良。……嗣调督陕甘，委办上海转运局务，兼照料福建轮船事宜，胡光墉于外洋各器械到场，随时详细禀知，备陈良楛利钝之情形，伺其价值平减，广为收购，运解军前，臣军实资其用。其购到普洛斯（即普鲁士）后膛螺丝开花大炮及后膛七响洋枪，精巧绝伦，攻坚致远，尤为利器。"

胡雪岩为左宗棠用兵陕甘所办的第二件事是筹饷。

西北地区自古以来就贫瘠寒苦，甘肃和新疆两地的财政费用即使在太平盛世也靠江苏、浙江和四川等富裕省份接济。然而，经过太平天国和第二次鸦片战争连年的战火，这些省份民生凋敝，自顾不暇。此外，经过几年兵事，交通落后的陕甘地区物价飞涨比其他地区更严重，兵勇每人每天吃2斤细粮就需银一钱多，即使按月颁给实银，也只管填肚子，没有余饷。当时，陕西每年缺饷140万两，甘肃每年缺饷300余万两，合计两省缺饷总在400万两以上，难怪左宗棠忧叹："筹饷难于筹兵。"

西征经费来源靠各省协饷，清朝中央政府偶尔也会从海关洋税和别省盐务中点拨一些，但为数不多，而各地协饷不能按时拨解、拖欠几月都是常有的事。出兵征战总须士饱马腾，所谓"兵马未动，粮草先行"，所以每当青黄不接时，左宗棠只好奏请借洋款救急。

在左宗棠之前，1853 年（咸丰三年）上海小刀会起义时，原"十三行"同顺行行商、上海苏松太道吴健彰为防守上海，曾向洋商借了 12.7728409 万两，这是中国历史上第一笔具有地方政府性质的对外借款，左宗棠在 1867 年（同治六年）上奏"请援江苏沪防例"，即是援引此例举借外债的。

具体经办借洋款事务的是胡雪岩，他所借用于镇压陕甘捻军和回民起义的外债有两笔：

第一次在 1867 年（同治六年），借规元 120 万两，月息一分三厘，期限半年（1867 年 7 至 12 月）。债权人混称洋商，估计不外乎英商汇丰银行和怡和银行等两三家。指定闽、粤海关各代借 24 万两，浙海关代借 42 万两，江汉关代借 12 万两，江海关代借 18 万两。本息除江海关部分以该关应解甘肃协饷抵付外，其余都由各该省布政使把应解甘肃协饷拨关代付。

第二次在 1868 年（同治七年），借规银 100 万两，利率与第一次相同，期限也只半年（1868 年 3 月连闰到 11 月），指定江海关代借 15 万两，浙海关代借 35 万两，闽、粤海关各代借 20 万两，江汉关代借 10 万两。

除了购军火、借洋款之外，胡雪岩还捐冬衣支前，1872 年（同治十一年），甘肃大寒，而兵燹之后百货昂贵，加上当地居民对种棉织布之利没有足够的认识，边地冰雪严寒，将士受冻倒毙者很多，左宗棠忧叹："无衣之患，甚于无食"，幸得胡雪岩未雨绸缪，预先动用为七旬老母做寿的钱捐制加厚加长棉衣 2 万件，并亲率亲属逐件按验，有制作不善者立令更换，另外还劝捐棉衣裤 8000 件，这些冬服均于 1872 年 8 月运交西征军后路粮台，使左军"所全甚多"。

有了胡雪岩鼎力相助，左宗棠专意进剿，于 1868 年 8 月上旬，（同治七年六月底）将西捻军击灭于山东海滨后，迅速率军返回西北，继续对付回民军，于 1873 年（同治十二年）最终扑灭回民起义。在此期间，左宗棠晋太子太保衔，授协办大学士。

毋庸讳言，胡雪岩协助左宗棠残酷镇压太平军、捻军和陕甘回族下层群众的反清斗争，是他人生中的污点，应予谴责，但他协助左宗棠裁定回军集团则又另当别论。陕甘回民起义军形成的回军集团的领导人大多为当地封建主，如马化龙掠夺了大量财富，富甲一方，还纳资捐官；回军头领对朝廷的态度也反复无常，与广大回族劳动群众有根本区别；特别是当时英、俄窥伺我西北，边疆已出现危机，而回族割据集团中的某些封建主为了自己的私利，竟然认贼作父，如盘踞肃州的马文禄与新疆割据势力勾结，接受了乌鲁木齐"清真王"妥得璘（一译妥明）的封号，当沙俄侵占伊犁、威胁乌鲁木齐时，他居然阻挠清军入疆，陕甘回军首领之一的白彦虎后来还投入沙俄怀抱，成为民族败类，综览当时国内外复杂的形势，我们不能简单地全盘否定胡雪岩协助左宗棠平定陕、甘的行动。

2.收复新疆

新疆自古以来就是中国领土，从西汉起，中国文献上记载的"西域"指的就是新疆和

其他与之有联系的地方。清朝前期,新疆属伊犁将早管辖,各个要地驻有由旗人担任的都统、参赞、办事和领队,县级或县级以下的政权大多由当地的宗教、民族头人担任。新疆境内有 10 多个民族杂居,人数最多的是维吾尔族,约占总人口的 75%。

1864 年(同治三年),受陕甘地区回民起义的影响,天山南北的回族、维吾尔族人民奋起抗清,先后占领库车、乌鲁木齐、哈密、玛纳斯和喀什噶尔旧城,并于 1866 年(同治五年)初攻占伊犁大城(今伊宁)。可是,少数封建主趁机窃取了反清武装的领导权,建立封建神权割据政权,主要有库车为中心的黄和卓政权、以乌鲁木齐为中心的妥得璘政权、以叶尔羌为中心的阿布都拉门政权、以和阗为中心的马福迪政权、以喀什噶尔为中心的金相印和思的克政权。它们互相攻战,使新疆遭受割据混战的灾难。

金相印为扩大势力,向中亚细亚安集延人的伊斯兰浩罕汗国乞师,早就居心叵测的浩罕摄政王乘机派其帕夏(将军)阿古柏于 1865 年(同治四年)率军侵入南疆,在攻占喀什噶尔后,继续攻掠周围地区。两年后,阿古柏悍然成立"哲德沙尔"国(七城之国),自称"毕条勒特汗"(有福之王)。1870 年(同治九年),阿古柏又侵占了北疆吐鲁番和乌鲁木齐等地区。在阿古柏的军事恐怖统治和残酷掳掠下,新疆社会生产力遭到严重破坏,人民生活于水深火热之中,甚至出现买卖奴隶的倒退现象。

新疆地区的复杂形势使外国列强有机会染指。

新疆境内有号称"世界屋脊"的帕米尔高原、高耸入云的天山和阿尔泰山,这些构成中国的西北屏障,沙俄早就觊觎这片土地,1864 年(同治三年),它就通过《中俄勘分西北界约记》割去中国西北边疆 44 万多平方公里的领土。19 世纪 60、70 年代,又大举进攻中亚细亚的希凡、布哈拉、浩罕三个汗国,建立起"俄属土尔克斯坦",并狂妄地称新疆为"东土尔克斯坦"。1817 年(同治十年),沙俄以帮助清政府"安定边疆秩序"为名,强占中国伊犁地区,设官屯殖。阿古柏侵占新疆后,沙俄悉心笼络,于 1872 年(同治十一年)和 1874 年(同治十三年)两次订约,以承认阿古柏伪政权为"合法的独立国"、阿古柏为"艾米尔"(统治者)作为交换条件,趁机扩大了在新疆的贸易特权。

与此同时,征服印度后就对喀喇昆仑山北面的中国南疆领土垂涎三尺的英国侵略者不甘心眼睁睁看着沙俄独霸新疆,1873 年(同治十二年)秋,英国全权使节福锡斯率 300 人的使团携英国女王维多利亚致阿古柏的亲笔信和英印总督送给阿古柏的几千支步枪,来到喀什噶尔,于 1874 年(同治十三年)正式与阿古柏签约,以承认阿古柏"艾米尔"地位、提供大批枪支弹药的条件,取得在"哲德沙尔"国所辖范围内驻使、设领事、通商、货物入口仅纳低税或免税等特权。

俄、英插手新疆,使新疆问题更加复杂化。

在新疆岌岌可危的同时,日、美侵犯台湾,东南海疆警报频传;英国在中缅边境制造事端,侵略我国西南边疆。

面对极其严重的"边疆危机",京师内围绕"海防"与"塞防"何者为重这个议题展开

了激烈的争论。曾国藩提出全力肃清甘肃回民起义，把玉门关以外暂时放一放再说，身为文华殿大学士兼直隶总督的李鸿章马上赞为"老成谋国"之见，说"新疆不复，于肢体之元气无伤；海疆不防，则腹心之大患愈棘。"主张撤出塞之军、停西征之饷，匀作海防。李鸿章一定调，相当一部分廷臣和地方督抚鼓噪附和，如刑部尚书崇实、山西巡抚鲍源深提出：花费大笔费用出兵西北，即使获胜，收复新疆这块万里穷荒之地，也是得不偿失。山东巡抚丁宝桢、江苏巡抚吴元炳、漕运总督文彬、湖南巡抚王文韶等有远见的官员则认为：沙俄的威胁最大，应全力注重西征。当时，手握重兵、处于西北边陲前哨的陕甘总督左宗棠认为：塞防与海防二者并重，但由于日本侵入台湾事件已经了结，相比之下，西北边疆强敌压境、失去大片土地，事态更为严重，所以"停兵节饷，于海防未必有益，于边塞则大有所妨。"他还指出：国家领土应该寸土必保，何况北自乌鲁木齐以西、南自阿克苏以西的新疆有"富八城"，并非反对派所说的那样是一片蛮荒，他反复强调"重新疆者，所以保蒙古；保蒙古者，所以卫京师；若新疆不守，蒙古不安，匪特陕、甘、山西各省之边域时虞侵掠，防不胜防，即直北关山，亦将无安眠之日！"

左宗棠收复新疆的主张代表了维护国家领土主权完整的民族利益，得到朝野上下有识之士的支持。清廷权衡利弊得失，于 1875 年 5 月 3 日（光绪元年三月二十八日）发出"六百里加紧"逾旨，任命左宗棠为钦差大臣督办新疆军务。1876 年（光绪二年）春，左亲率 220 营大军第二次出关西征。

要收复沦陷十多年的新疆，困难是很多的：既要以南方人深入沙漠作战，又要面对政敌散布失败主义论调、冒政治风险；既要对付有英、俄、土耳其帮衬、实力非同小可的阿古柏政权，又要在国库空虚的情况下筹措巨额军费，在路途艰险的条件下辗转运输军用物资。1874 年（同治十三年），左宗棠在写给沈葆桢的一封信中提道："西事筹兵非难，惟采买、转运艰阻万状。"这个时候，办理左军上海采运局务多年的胡雪岩少不得又要大显身手，效力后勤了。他除了在上海搜集中外各报的消息，为左宗棠提供情报，把新近开办的胡庆余堂药号所制的诸葛行军散、胡氏群瘟丹等药品运往前线之外，最主要的还是从购买军火和筹措借款两方面支援西征。

左宗棠在用兵陕甘镇压回军的过程中就利用了洋枪洋炮的威力，而此番出兵新疆，要讨伐的阿古柏以及回民叛徒白彦虎等人有英、俄两国提供的新式武器装备军队，比陕甘回军更加强悍，要不是多办一些质量好的新式枪炮，这仗是很难打的。聪明的胡雪岩深感这次肩上的担子比前次更重，他在上海详细察看外洋兵器的利钝好坏，等到价格稳定或降低时，广为收购，一有新式武器，随时购解西北，源源接济左军大营。

左宗棠在尚未接到"钦差大臣督办新疆军务"的任命之前，就根据清廷的旨意部署部队入疆备战，配给大量西洋军火。1874 年（同治十三年）正月，记名提督张曜和总兵桂锡桢出关时，左宗棠曾配给连架劈山炮 10 尊、布鲁士二号螺丝后膛炮一尊、七响后膛枪 30 枝、布鲁士后膛开花大炮一尊。同年农历三月，原乌里雅苏台将军金顺（后任乌鲁木齐都统)出关时,配给开花大炮一尊;1875 年(光绪元年)左宗棠受命钦差大臣督办新疆军务后,调遣继刘松山接统老湘军的湖南湘乡人刘锦棠(1844~1894 年)率湘军 25 营(包括董福祥等人的甘军)作为主力部队,配备了最精良的武器,除随带原有武器外,另配开花后膛大炮 2 尊、车架开花后膛小炮 4 尊、后膛七响枪 300 枝、快响枪 80 枝,后又拨给大洋火100 万颗、标响枪子 2.8 万颗,大号、三号开花后膛炮 2 尊,各配炮弹 500 余枚,七响后膛洋马炮 300 枝,每枝配子弹 80 排,每排 7 发,来福前膛马洋炮 500 枝,每枝配子弹 300 发,合膛大号洋尖子 15 万颗,还拨过田鸡炮,配弹 500 枝,这是当时最新式的炮,射程有好几里路。担任刘锦棠后援的侯名贵炮队出关时,配带大炮 2 尊、车轮小炮 4 尊、七响马枪 340枝,每枝配子弹 80 排,每排 7 发。这些枪炮大多是德国制造、由胡雪岩采运来的。新疆之役,双方都动用了新式武器,略具近代战争的规模,不过,由于胡雪岩买的德制枪炮质量靠硬,使官兵在武器装备上胜过阿古柏军。1877 年(光绪三年)攻打达坂城时,用胡雪岩购来的枪炮测准连轰,打得阿古柏军震惧无措,畏之如神。

对胡雪岩购运军火帮助收复新疆的功绩,左宗棠曾予高度评价。1878 年 5 月 15 日(光绪四年四月十四日),他在《道员胡光墉请破格奖叙片》的奏折中说:"胡光墉自奏派办理臣军上海采运局务,已历十余载,转运输将,毫无失误。……关陇新疆速定,虽曰兵精,亦由器利。则胡光墉之功,实有不可没者。"他在给胡雪岩的一封信中这样说道:"安集延(指阿古柏部)亦有洋制枪炮,亦有开花子,然不如尊处所购之精,足见足下讲求切实,非近今自命知洋务者所能及也。"从中我们可以知道,胡雪岩所购西洋军火主要用于平定阿古柏政权、捍卫祖国领土主权,而且,他与那些自我标榜熟谙洋务而又不懂行、盲目引进外国机器的人不一样,办事讲求实标,具有很强的责任心,他精心选购洋枪洋炮又及时运抵前线,能做到"毫无失误",是很不容易的。

胡雪岩支持左宗棠收复新疆所做的第二件大事是代借洋款。

左宗棠拉了一支大军深入西北去作战,怎能没有足够的军饷?然而,由于当时中央政府"部藏无余",各省"库储告匮",加上沿途穷苦,缺乏生财之道,要依靠别省协济,而协饷数目最大、厘金收入较高的东南沿海省份自己面临海防吃紧的现实问题,往往先己后人,拖解或少解饷银,这就使左宗棠西征大军陷入困境。左宗棠出兵新疆时,原来请拨年饷 400 万,其中划 60 万给陕西,其余作为西征军饷,后来户部又议拨各省关厘金接济,这样一来,名义上每年可统收 800 余万,但实际上由于各省短交,到位的不足 500 万两。当时,左军军需、军粮、军火、军装、转运、赈抚、津贴、召募所需款项没有另立项目,全靠挪移饷项应急,加上随着战局的推进,需要撤遣冗兵、招抚土匪、安插回民,给甘肃旧有各军发盐菜、粮食、寒衣、转运费、一月满饷,这些都离不开银子,预算全军年需 810 万两,与实收数 500 万两相比,短缺 300 余万两。饷事令左宗棠伤透脑筋,每到冬尽腊初,他总是急得绕帐彷徨,不知所措。

在万般无奈的情况下,左宗棠动了借洋款的念头,可是洋人信不过左大帅,要胡雪岩

作保才依允，这样，左宗棠又借重胡雪岩举借洋债。

1875 年（光绪元年）春天，胡雪岩以粤海关、江海关、浙海关名义分别向英商怡和洋行借 100 万两、英商丽如洋行借 200 万两，年利率 10.5%，期限 3 年，每半年还本付息一次。

1877 年（光绪三年），胡雪岩以浙、粤、江、江汉四个海关的名义向英商汇丰洋行借贷 500 万两，期限 7 年，每年还本付息一次。这次，汇丰银行只允借金镑，月息一分，胡雪岩按左宗棠的意思表示先令和规元比价常有升跌，只要借规元，结果，由德商泰来洋行认包英镑和银圆的比价，中方不管外汇盈亏，只要多出 2.5 厘的利息。

1878 年（光绪四年），胡雪岩向华商乾泰公司和英商汇丰洋行各借 175 万两，年息 15%，从 1879 年（光绪五年）始，6 年为期，每半年还本息一次，由广东、浙江、江苏、福建、湖北五省各在应解甘肃协饷项目下每年 20 用万两，交各省海关代付。

此外，1881 年（光绪七年），左宗棠虽已离开西北奉召在京，但因政府拨给甘肃、新疆的款项尚无着落，应继任的杨昌濬（？～1897 年，湖南湘乡人）和刘锦棠的要求，又叫胡雪岩代借 400 万两外债，年息 9.75%，6 年为期，前两年每半年付息一次，第三年起每半年还本付息一次，由陕甘藩库收入担保。

胡雪岩所借的上述洋债连同 1867（同治六年）、1868 年（同治七年）所借用于陕甘用兵经费的两次借款，都要付很高的利息。1867～1879 年（同治六年～光绪五年）的五笔外债总计 1195 万两，到 1880 年（光绪六年）在左宗棠西征经费报销案中，已付出利息 428.18 万两（其中包括别的短期零星的贷款利息），而 1877 年（光绪三年）的借款还有 3 年息金要付，1879 年（光绪五年）的借款还有 4 年息金要付，如此算来，贴赔的利息至少要占借款总数的一半。这的确是惊人的高利贷！因此，西征借款当时很受人非议，上海《申报》发表题为《贷国债说》的评论文章，指出：以海关收入为抵押，举借这样数额大、利息高的洋债，"此为中国古今未有之创举，然失利亦无有甚于此者。夫泰西诸国之贷债也，其息大率每年百两之五、六两耳，今中国乃竟倍其数而付之，且必责关票以为凭，暂解燃眉之急，顿忘剜肉之悲，重利让之他邦，贫名播于邻国"，简直是"饮鸩止渴"。汪康年《庄谐选录》也揭露："左文襄西征时，苦军饷无所出，乃令胡为贷于某银行，以七厘行息。……其实此款即由银行印刷股票，贷诸华人，以四厘行息，三厘则银行与胡各分其半也。"书中还讲到某年外国银行办事人员回国，香港各界洋人为他们钱行，正坐间，忽然有一人站起来发问："诸君今日钱某，为公事乎？为私情乎？"众答："自然是为公事。"那人不紧不慢地言道："那胡雪岩为左大人经办借款，曾告诉我四厘行息，我昨获见其合同底稿，乃是七厘行息，却是为何？"办事人员都神情懊恼，哑口无语，众人失色退席。1879 年（光绪五年），正在出使欧洲英、法、俄等国的曾国藩的长子曾纪泽（1839～1890 年）11 月 15 日（十月初二日）阅读从上海寄到驻地的《申报》和函牍，英国人葛德立来访，两人交谈多时，讲到胡雪岩代借洋款，洋人得利息八厘，而胡雪岩开报公项则一分五厘，曾纪泽在当日的日记中写

道："奸商明目张胆以牟公私之利如此其厚也，垄断而登，病民蠹国，虽籍没其资财，而科以汉奸之罪，殆不为枉。今则声势日隆，方见委任。左相，大臣也，而瞻徇挟私如此，良可慨已。"这是把左宗棠和胡雪岩一块儿责骂了。

高利息借洋债，算算经济账当然是划不来的，问题是如果没有这些贷款，何以秣马厉兵？在各省协饷积欠成巨、频催罔茫的情况下，左宗棠为免悬军待饷，争取速赴戎机，不得不吞下被政敌攻讦为"仰鼻息于外人"的苦果，息借外债，虽然代价大了一点，但终究保证了新疆仍在中国版图之内，总的来讲，是值得的。

左宗棠委托胡雪岩借洋款时，曾有"息银听阁下随时酌定"的表态，后来在实际操作中，利息上确有"虚头"，宓汝成先生曾根据徐义生《中国近代外债史统计资料：1853～1927》。

由此可见，胡雪岩利用清政府所付利息率和实支贷者的利息率之间的差额，吃了"回扣"。图利是商人的本性，胡雪岩也难免其俗。不过，在西征大军嗷嗷待哺、各方互相推诿的困难时刻，胡雪岩于万里之外四处奔走筹借洋款，协助左宗棠西征保住新疆，应该说，还是有一点爱国心的。

值得一提的是，由于内受时任两江总督的沈葆桢和李鸿章等人的奏驳，外有英国公使威妥玛(Thomas Francis Wade，1818～1895年)等人的作梗，加上各洋行由于多次受金融恐慌影响，流动资金短缺，借洋款并不是一件轻松的差使。1876年9月29日(光绪二年八月十二日)，左宗棠在致部将刘典的信中就提道："闻今年海口缺银，出息三分尚无借者，不知明年又将何如，已致信胡雪岩，问其如何设法。"出三分高息也无从借款，看来这市面真够紧张的。结果，胡雪岩却以低于这个标准的利率(几次借款最高利率是月息一分三厘)，办到了左宗棠忧心而无力办到的事，真是不负所望。也正因如此，左宗棠倚之愈重，1877年(光绪三年)底，胡雪岩从杭州回上海途中在余杭塘栖遭遇沉船事故，旧病增剧。左宗棠在1878年4月12日(光绪四年三月初十日)写给陕西巡抚谭钟麟(1822～1905年，湖南茶陵人)的信中表示对胡雪岩"殊为悬系"。

西征军由于得到军火、军饷接济，士气倍增，于1876年8～11月(光绪二年六～九月)，夺回乌鲁木齐及其附近地区，收复北疆大部。1877年(光绪三年)春，光复吐鲁番、托克逊等南疆八城。5月，阿古柏死，结束了在新疆10多年的野蛮统治。新疆终于平定。

对胡雪岩为西征借款，左宗棠曾给予高度评价，1878年3月27日(光绪四年二月二十四日)，他在给谭钟麟的信中写道："弟饷事全赖东南协解，论采运转输之劳，雪岩、若农之功伟矣。至无中生有，绝处逢生，则雪岩之功，实一时无两。"认为胡雪岩筹饷、筹运的劳绩实与前线擎旗杀敌者无异。同年4月22日(三月二十日)左宗棠在致谭钟麟的信中又讲到："然就筹饷而言，弟不能得于各省方面者，仅得之于雪岩。平心而论，设无此君，则前敌诸公亦将何所措手？"

这样的评价应是左宗棠有感于胡雪岩与他万里同心而发出的由衷赞语。

夹缝求生

从太平天国时期到1880年（光绪六年）前后，在二十来年中胡雪岩经过苦心经营和冒险奋斗，从一介钱庄店伙成为头戴珊瑚红顶帽、身穿黄马褂的朝野注目的头号官商；从家无长物到拥有银号、钱庄、当铺、药号、丝行，最阔时"积资三千万有奇"，这个数字几乎相当于1880年前后国家一年财政收入的半数。费行简《近代名人小传》说"同治间，足以操纵江浙商业，为外人所信服者，光墉一人而已"。其实，其影响所及何止江浙一隅！由于胡身份特殊，资金雄厚，经营网络遍布全国大埠，所以"一切商贾，莫不仰其鼻息，尊之曰财神，以其能左右市面也"。其影响也不限商业一域，连国家财政都赖其调拨，《异辞录》载："国库支绌有时，常通有无，颇恃以为缓急之计。"

当时谈胡雪岩，谁不信其建万世不朽之基，立永久不败之地。然而，富贵无常势，荣华如浮云，"福兮祸之所伏"，胡雪岩的事业发展到顶峰，危如累卵的局面也出现了。

作为左文襄公手下的红人，胡雪岩自然不讨左的政敌李鸿章派系的欢心，而胡在息借外债时多有"虚头"，也留人话柄，于是，诸事频受掣肘。萧瑟的秋意开始笼罩繁荣商厦，终使一代巨贾胡雪岩家破人亡。

据民国《杭州府志》记载：胡在"光绪九年以业丝为西商所持，大折阅，所营商业皆败，人争惜之。"胡雪岩在给子嗣的亲笔遗嘱中也指出自己"做丝生意亏本，累及公款，又累私款。"可见，经营生丝与外商竞争失败是胡雪岩破产的直接原因。

让我们追溯一下事情的来龙去脉。

18世纪60～80年代，英国格拉斯哥大学的机械修理工詹姆士·瓦特（James Watt，1736～1819年）把原始蒸汽机改造成可用于大工业的发动机，第一次把热能转化为真正有用的机械运动。到19世纪20年代，欧洲各国的丝织业相继采用蒸汽机进行生产。由于蒸汽机比不稳定的风力、费用贵而又不听使唤的畜力、要求有足够的落差而又受季节限制的水力要优越得多，不但节省了费用，而且大大提高生产效率，因此，英法等国的丝织业迅速发展，对蚕茧和生丝的需求量急剧增长。地大物博而又积弱不振的中国成了它们觊觎的对象。鸦片战争以后，列强就以上海为基地，设立茧行、丝行、开办丝厂，加紧掠夺中国的蚕茧丝业，倾销洋货，在丝绸业中营建半殖民地的经济网络。由于有不平等条约作护符，到70～80年代，洋商日益掌握丝价的主动权，通过抑价收购榨取中国蚕农的血汗、打击经营丝业的华商。

胡雪岩在1875年（光绪元年）前后开始做丝生意。"鸟争一口食，人争一口气"，他不满洋商操纵中国利权、华商无能与竞的现状，利用资金雄厚的优势，派人遍买丝茧，试图通过控制货源垄断居奇，与洋商做一番较量。结果，有一段时间确实出现了"市值涨落，国外不能操纵,农民咸利赖之"的令人鼓舞的局面。应该说,胡雪岩挽回利权、保护本国丝商和蚕农利益的愿望是可贵的。然而,他因此招致各国丝商的忌恨。洋商不甘心被胡所挟、在交易中处被动地位,于是联合抵制,加上时局动荡,情况很快发生变化。

1881~1882年(光绪七~八年)间,胡雪岩陆续收购生丝8000包,超过当年上海生丝总量(1.1万包)的2/3。1883年(光绪九年)新丝出场,胡雪岩进一步收购,到这年的5月份,他已囤丝1.4万包,投入资金高达2000万两。不料,这年意大利生丝丰收,消息灵通的部分洋商转往意国贩运,可胡雪岩对国际生丝市场的行情缺乏可靠情报,还乐观地认为浙江当年气候不好影响蚕桑,生丝供应相对减少,他正好利用这个时机为华商争气谋利,所以他坚持待高价再沽。恰在这时,上海市场因交易低落而银根吃紧,加上中法两国纠纷升级,进入战争状态,法国兵船游弋吴淞口,截查进出口的船只,弄得人心惶惶,加剧了金融市场的恐慌。各国丝商趁机相约不收购生丝,市场丝价直线下跌,1883年9月初(光绪九年八月),上等四号辑里丝每包价格是427.5~428.5两,到11月15日(十月十六日)下降到375~376两。11月下旬开始,胡雪岩既苦于资金周转不灵,又担心堆积如山的丝货存贮久了变质,只好忍痛牺牲血本,低价(最低时每包362.5两)分三次向洋商抛售生丝共1.5万包。

虽然,胡雪岩与洋行关系密切,但他敢于尝试打破洋商把持中国丝业的局面,华而实在《胡雪岩、渠本翘比较观》一文中指出胡不愧是"财大心胸大的商界健将","如果不以成败论英雄,胡雪岩挑起的这场丝茧大战,很有点苍凉悲劲的史诗气息。"

关于胡雪岩营丝亏本的经过,欧阳昱《见闻琐录》记之甚详:"其年新丝将出,遣人遍天下收买,无一漏脱者,约本银二千万两,夷人欲买一斤一两而莫得。无可奈何,向胡说愿加利一千万买转此丝,胡谓非一千二百万不可。夷人不肯,相持数月,复托人申前说,胡言仍不二。……至次年新丝出,胡邀人集资同买,谓再收尽,则夷人必降服,必获厚利。……然无一人应者,于是新丝尽为夷买,不复向旧丝也矣。胡急甚,反托人向夷人说:愿依初议卖,夷人笑而不应。再言仅求归本银,仍笑而不应。复婉转言之,夷人曰:'必欲卖,非损本银八百万不可。'胡知其答价无改移,念丝存至二三年,便变坏无用,不得已卖之。初欲居奇,不料操之太过,折利银一千万,折本银八百万,折一年息银不算,二千万两出,一千二百万两归家,资去其丰矣。"

按上述说法,胡雪岩斥资2000万两收囤生丝,亏折了800万两,可是《慎节斋文存》说他"折耗至六百余万金",蔡冠洛《清代七百名人传》记载:胡雪岩"始以屯丝三百万,待价违时,色尽变,十不获一。"如果说,亏空数记载误差200万两还不算太大的话,那么,关于囤丝资金数额300万与2000万两之说实在悬殊得离谱了。《"红顶商人"胡光墉(雪岩)兴衰史》记载:《浙江丝绸史》(浙江人民出版社1985年版)作者之一求良儒先生根据以下两条理由,认为胡雪岩囤丝值2000两之说难以置信:

其一,据1922年(民国十一年)黄炎培等编的《最近四十五年来中国对外贸易统计》

中所列《历年蚕丝输出数量价值比较表》，1883 年（光绪九年）全国生丝出口量是 96,139 担，价值 19,258,469 两，内中自应包括经丝、野蚕丝、乱丝头、同空丝在内，说囤上品丝——湖丝的胡雪岩囤丝价值 2000 万两，竟超出当年全国输出总值，显然违背常理。

其二，杭州市商会的档案中保存着一份"胡雪岩与埃特姆生生丝成交合同"，内记：

> 湖丝柒仟零柒拾包
>
> 四号辑里　价格叁佰陆拾贰两伍钱（每包）
>
> 款交　汇丰银行
>
> 光绪九年十月三十日
>
> 经手　徐棣山
>
> 执笔　章辰谷

照此合同计算，成交总值为 2,562,870 两。除此之外，虽还有削价脱售的，但估计胡收购数值没有 2000 万两之巨，亏损也不会有 800 万两之多。

虽然，胡雪岩做丝生意亏空的数额有不同的说法，但不管怎样，拥资二三千万的他按理不至于因此破产。无奈"人怕出名猪怕壮"，胡大官人的盛名使胡雪岩成为社会公众人物，一举一动受人瞩目，况且他的亏空额虽不至于让他掏空积蓄，但毕竟是一笔了不得的巨款，如此这般，市面上便传言四起，说他"头寸失灵"，"头寸"也作"头衬"，是商业用语，意为款项。钱庄付出款大于收入款（缺头寸）时需四出张罗款项，就叫"调头寸"。胡头寸摆不平的传言搅得人心惶惶，人们纷纷前往提款，这样一来，胡雪岩的钱庄、银号穷于应付，拆东墙补西墙，顿现斗大的窟窿。

为了调集资金，也为了扳回丝业造成的损失，胡雪岩到上海做银钱投机生意。当时沪上流行一种"买空"赌局，即买银价、钱价、英洋价的涨跌，或者买英洋。据欧阳昱《见闻琐录》记载："价涨买时，定曹平银六钱八分（按：即 0.68 两），换英洋一元。如涨至六钱八分一二厘以上，则我赢。落至六钱七分九八厘以下，则我输。买落反算，银钱价可类推。"富户申买由钱肆作保，只凭口说，不必提交实银，买卖均在局中进行，输赢由钱肆结算，局里以每 100 元提 5 元的标准抽取手续费。由于此间价格暴涨暴跌，顷刻可赢输银子成百上千两，市民明知是陷阱，还是按捺不住心中的贪欲和好奇，争买若狂。胡雪岩有一天把市井中的钱全买了，限三日卖，吩咐三天之内钱肆不得放出一钱，三天以后他适时卖出，果然捞了一票，赢银 200 万两。尝到甜头后，他又去买空，结果输了 400 万两。

这个时候，胡雪岩偏偏又后院起火，上海阜康钱庄的档手（经理人）私下将各省陆续汇来应付兑款的协银弥补了自己的亏空。分驻各省的钱庄、当铺号友中有些人沉湎声色酒马，久而久之，开销巨大，不免私自侵吞存款，也成尾大不掉之势。

眼见大局不支，胡雪岩急赴金陵（南京），谒见时任两江总督的左宗棠，细述原委经过，并说："即今早计，除完公项外，私债尚可按折扣还。再迟，则公私两负矣。"左宗棠同意胡宣告"倒债"（指借钱打折减还，甚至不还），即日电发各省号同时关闭。

到 1883 年 12 月 5 日（光绪九年十一月初六日），胡雪岩在上海、北京、镇江、杭州、宁波及湖北、湖南的所有阜康银号、钱庄都上了排门。

危急时刻，与胡雪岩有直接利害关系的左宗棠当然竭力为他弥补善后。1882～1884 年（光绪八～十年），身为两江总督的左宗棠曾三次从金陵来到上海，每次都找胡雪岩晤谈，据《申报》记载，第一次是 1882 年 6 月 10 日（光绪八年四月二十五日），"侯相（指左宗棠）答拜诸西官后，又至陕甘粮台（指上海采运局）与胡雪岩观察略谈片刻；"第二次是 1883 年 10 月 22 日（光绪九年九月二十二日）晨九点钟时，"胡雪岩方伯（布政使的别称）诸侯相座船禀见，叙谈良久，礼意有加。侯相即于十点钟登岸拜客，……于粮台局拜访胡雪岩方伯聚谈片刻。"第三次是 1884 年 2 月 26 日（光绪十年正月三十日）："侯相在制造局用午膳毕，……至粮台局。因胡雪岩观察往金陵，即经李秋坪太守恭迎侯相入内稍坐。"可见，左宗棠、胡雪岩在阜康破产前后活动频繁，尤其是第二次，即破产前一个多月，左刚到上海，胡即往船上谒见，胡走后才一个多小时，左又回访，当有急事相商。第三次在破产后一个多月，左来上海而胡已去金陵，虽不相晤，却说明事情紧迫。按照情理推断，他们所商恐怕即是那时的破产清账事宜。另据《北华捷报》记载：左宗棠也曾试图力挽阜康颓势，"左督下令阜康复业，他并为此拨付 30 万元"。可是，挡不住京、沪等地大官僚竞相提款，原本可以应付过去的局面终于支撑不住。

阜康的巨额存户大多是官吏，胡雪岩宣布"倒债"，他们岂肯善罢甘休？如：刑部尚书、协办大学士文煜在粤海关监督、福州将军肥缺内贪污赃款甚巨，此时因给事中邓承修弹劾，经顺天府兼尹毕道远、府尹周家楣查复，文煜在阜康有存款 70 万两。狐狸尾巴既然已露，文煜索性疏请捐出 10 万两报效公帑，先把皇帝嘴巴封住，其余请求追还。各地官僚也纷纷效尤。朝廷凭空可得一笔"外快"，当然也起了查抄的劲头，终于下达逾旨，谓："现在阜康商号闭歇，亏欠公款及各处存款，该商号江西候补道胡光墉着先革职，即着左宗棠饬提该员严行追究，勒令将各地亏欠公私款项赶紧逐一清理，倘敢延缓不交，即行从重治罪。"

当时，户部飞咨各省扣抵着追，其中命令两江总督核追胡雪岩侵取西征借款的行用补水银两（指交际应酬、保险、装运、水脚等费）10.6 万余两。实际上，当年左宗棠知这笔款项只能以公了公，由胡雪岩具报，经陕甘督院部堂咨会，户部早已核销，是有案可稽的，但此时户部却以"滥支"为借口，重算旧账。

两江总督一职在 1884 年（光绪十年）底因左宗棠到福建养病而由曾国藩的弟弟曾国荃代理。他在复户部的公函中指出："前值收还伊犁，俄人多方狡展，和战未定，而关内外防营须饷孔殷。"在这种情况下，左宗棠"深恐因饷哗噪"，才举三笔西征借款，共 1595 万两，"虽其所费较多，而其所全甚大。"并说胡雪岩"若仅委员之虚名，而其平时交接酬酢，丝丝入扣，一旦缓急相依，即竭力以图。……奉公非不谨饬。""此番案属因公支用，非等侵吞"；该款"早经报销"，"而纪纲所在，或不得不慎重出之。"朝廷不应"失信"；而且，"选

当各省歉荒,强邻逼处,亦幸得借款之可恃",看在胡雪岩借款接济的份上,要放他一马。所以,曾国荃要求户部从中斡旋,向皇帝奏请免追胡雪岩于西征款中扣存的水脚行用补水银两,并表明"嗣后不得援以为例。"

曾国荃总算为胡雪岩说了几句公道话,但在当时的一片查抄声中,这无疑是孤掌难鸣。经过两年的追查清理,各省开报胡雪岩亏欠公款数目由浙江着追者达 161.39 余万两,亏欠江海、江汉以及两江采办军火、电线等经费 78.68 多万两(这个数字还不包括由各省关自行着追的款项),亏欠绅民私款难以估算。

胡雪岩所亏公私款项目纷繁,数量巨大,断断续续扣抵,拖延三年,到 1885(光绪十一年),由浙江着追的公款尚有 49.81 余万两,由两江着追的公款尚有 20.81 万两。屋漏偏遭连夜雨,这一年 9 月 5 日(七月二十七日),74 岁的左宗棠在福州病逝,胡雪岩更失去了靠山。当时,正好遇着户部尚书阎敬铭办事雷厉风行,盯住胡雪岩不放。阎是道光年间进士,1859 年(咸丰九年)到湖北总管过粮台营务,后来先后当过湖北按察使、署布政使、署山东巡抚,镇压过宋景诗起义军和捻军,他既有在地方为官的阅历,又善于理财,1882年(光绪八年)新任户部尚书,第二年充军机大臣,"新官上任三把火",他走马上任后就碰到胡雪岩侵吞公帑私款的大案。

阜康倒闭时,阎敬铭以户部名义飞咨各直省扣抵着追。此时,他见胡雪岩拖延三年尚未完缴,认为胡"居心狡诈,若任其亏空,不予严惩,年复一年,公款必致无着"。何况当时京外各约大多仍由商号汇兑,"非惩一儆百,流弊无所底止。"晚清刑部有个《诈欺官私取财条例》规定:对京城内开钱铺侵蚀兑换现银票存钱文、闭门逃走的人,可以立即拘拿送刑部监禁,同时查封其寓所资财及原籍家产,并羁押在京家属,限令两个月内将侵匿银钱全数完缴,逾期不执行者,连管事人及铺伙所侵吞的,也要计入藏匿数之内,数目在一万两以上者,可定绞监侯(绞刑、缓期执行)。对照这一条例,阎敬铭认为:胡雪岩通过银号侵取官私银两,比钱铺侵蚀兑存票钱还要严重,胡在各省的银号钱店同时关闭,官民受害不独京城一处;胡期满三年尚未清还,已大大超过《刑部诈欺官私取财条例》所定的两个月期限。仅从上述三条来看,胡已罪不可逭,何况《大清律》另有规定:起运官将长押官及解物人若有侵欺者,计脏以监守自盗论。胡雪岩曾以江西候补道主管上海采运局,月支薪水银 50 两,通过与各省的公文往来,承领公款,又一手包办、管领起运的具体事务,所以亏空公款,实属监守自盗,罪更难容。鉴于上述种种理由,阎敬铭于 1885 年 12 月 17日(光绪十一年十一月十二日)奏请"一面速将已革道员胡光墉家属押追着落,扫数完缴,"同时请求"饬下步军统领衙门、顺天府五城、浙江巡抚暨各直省督抚,将胡光墉原籍财产及各省寄顿财产,查封报部,变价备抵。"阎敬铭的奏折得朝廷批准。

可是,阎敬铭上奏之前,胡雪岩早于 12 月 6 日(十一月初一日)忧惧而死。

要把胡雪岩逮捕入狱的圣旨 12 月 30 日(十一月二十五日)到达浙江。当时的浙江巡抚就是《异辞录》的作者刘体智的父亲刘秉璋,他是安徽庐江人,1860 年(咸丰十年)进

士及第,选翰林院庶吉士,曾领兵转战江、浙、鲁、豫,1883 年(光绪九年),新任浙抚,就遇阜康倒债,于是设局清理,令候补州县几十人监收胡氏各典。此番接旨后,刘秉璋当即密札杭州知府吴世荣督同仁和、钱塘两县令前去胡家查看,只见灵柩停放在堂,仅有桌椅箱橱等木器,并无银钱细软贵重之物,连所住之屋,也是租自朱姓。据该家属胡乃钧供称:"所有家产,前已变抵公私各款,现今人亡财尽,无产可封。"

按照厘捐总局所列胡雪岩应缴公款完欠清单,北京、上海、汉口、杭州、宁波、福州等地的阜康银号、钱庄以及胡雪岩在江浙和两湖开设的 26 家典当铺所有货本器具屋基都被抵债。此外,价值数百万的胡庆余堂和价值数十万两的元宝街胡家花园住宅(这座名园巨宅穷极奢华的状况将在下面一章叙述)落到了最大债权人文煜手中。

文煜巧取豪夺了胡庆余堂,但又想打扮得冠冕堂皇,于是他把胡庆余堂全部厂、店、房地产作价 20 万,采用树德堂和记文煜与丰义堂恒记陈滢生合作经营的形式。胡庆余堂药铺由陈滢生用恒记股名以 14 万两出面顶受(实际上还有树德堂和记、世真堂原记及宝善堂顺记入股)。上述两方面的受盘,文家占了绝大部分(180 股)。1884 年(光绪十年),在获得左宗棠批准后正式订立买卖契约,写明卖价共 18 万两,分胡庆余堂药铺杜绝卖契,大井巷、小井巷和涌金门的厂店房屋基地生财卖契以及贴绝契、截贴契四种。

胡庆余堂换了主人后,经营方针照旧不动,生意仍做得很好。到 1899 年(光绪二十五年),文、胡两家又订了一张契约,全文如下:

"立合同议据胡庆余堂药号,今议得本堂于光绪二年开设杭省大井巷地方,原系胡雪岩先生建造房屋,创立胡庆余堂雪记药业,生意兴旺,四远驰名,成为上等不朽之基。嗣因文氏与胡氏有存款交涉,而胡氏于光绪九年间业丝大亏,一时周转不及,凭中即将胡庆余堂雪记药业连同房屋生财全数替与文府和记为业,以清款项。当文氏接项时,仍以胡庆余堂雪记开张,胡雪记三字连在牌字之上,声名远著,虽穷乡僻壤,无人不知,有关生意出入。经当时公同酌议,于庆余堂红股一百八十股之内提出八股分润胡氏昔年创业之劳。以故文氏接开至今,日增月盈。今固胡氏邀同原中,将雪岩先生前戤元宝街老屋全所,另立杜绝卖契,归文府管业,以抵前项。三面议定,又加胡氏红股十股,连前八股,共计十八股,并立支折一扣,每年预交余利洋二千四百元,以资胡氏家用,余俟三年分红,再按股均涨。所有胡氏前立戤据红票等件,眼同掣销外,尚少红票,倘日后检出作为废纸,从此各款全清,毫无纠葛。是系两相允洽,各无异言。以后不增不减,永为定例,相与庆余堂历垂不朽。恐后无凭,立此合同议单一式二纸,永远存照。

   允议:志静轩 胡绒

     胡品三

   见议:张筱浦 许奎圃

     范毓峰 王文联 陈松溪

   代字:邵春圃

光绪二十五年正月

再批：阜康原欠文氏红票银五十六万两，又红票抵银二万两，又潘伟如账抵银二万两，现在元宝街房屋绝卖找价银十万两，尚有红票四万两，俟后检出，作为废纸。并照。"

这张契约把胡雪岩生前拥有元宝街宅第及红票斥为"戡"（旧指冒牌图利），首先就盛气凌人地置胡家于不利地位，胡家把胡庆余堂抵给文煜还不够，还被迫将元宝街住宅也送给文煜，虽然文书上有 10 万两房屋绝卖找价，但事实上胡家分文未到手，仍作为还给文家的债款。从上述契约可知，胡家仅靠文煜给的 18 股招牌股维生，而这并非是文家特别开恩，而是胡雪岩开药店行"仁术"的善报，也是胡雪岩经营有道的结果。

1911 年（宣统三年）辛亥革命以后，浙江军政府没收了满族官僚文煜在浙江的产业——胡庆余堂，登报标卖，此是后话。

胡雪岩一生苦心经营的事业就这样付诸东流，胡败时已 20 多岁的同里人汪康年有这样一段评说：

"综胡之一生言之，抑亦一时无两人也。当其受知湘阴相国（指左宗棠），主持善后诸事，始则设粥厂，设难民局，设义烈遗阡，继而设善堂，设义塾，设医局，修复名胜寺院，凡养生送死赈财恤穷之政，无不备举，朝廷有大军旅，各行省有大灾荒，皆捐输巨万金不少客，以是屡拜乐善好施之嘉奖，由布政使衔候选道被一品之封典，且赠及三代如其官，外人之商于华者，亦信为巨富，中朝向之假贷，苟得胡署名纸尾，则事必成，至于委巷小民，白屋寒士，待胡而举火者，咸颂胡祷胡不置。呜呼，何其盛也！及其败也，此方以侵蚀官库被县官闭告，彼即以伙友无良挟赀运遁告，身败名裂，莫为援手，宾客绝迹，姬妾云散，其后判若两人。呜呼，何其衰也！岂生平所获皆不义之财，故悖入者亦悖出欤？抑务广而荒，受逾于器，人满则天概之，故及身而败欤？梁武帝有言曰：'自我得之，自我失之，亦复何憾。'其斯人之定论也夫。"

胡雪岩的破产并没给清政府造成太大的损失，截至 1886 年 3 月（光绪十二年二月），所欠公款基本完缴，但以下三个方面的影响却是需要做一番交代的：

首先，胡雪岩破产引发经济恐慌，导致市场主动权旁落。

胡雪岩鼎盛时期，拥资巨万，操纵银行达到旦夕轻重的程度，所以他的银号、钱庄搁浅后，市面马上受到震动。在杭州，胡雪岩的阜康、德馨两个大钱庄一亏倒，绸庄、皮货庄交易锐减，各丝行"停秤不收"，"城中各业无处不紧张"，所有交易都凭现钱成交，"日日如除夕光景"。《庄谐选录》记载："江浙诸省，于胡败后，商务大为减色，论者谓不下于庚申之劫（指 1860 年太平军攻浙）"。其实，波动所及，何止江浙。在北京，原有恒兴、恒和、恒利、恒源四大钱庄，人称"货殖之总会""钱庄之冠"，可是，阜康北京分号一倒，市井哗然，人心不定，"人咸以收执银钞不若收存现银为妥"，"持票向四恒取银者，不绝于途，街衢几为之塞。"结果造成银价上涨，街市萧条等连锁反应，生于 1894 年（光绪二十年）的江苏吴江人、掌故学家范烟桥称此事也算得"都市之变"。

作为 19 世纪下半叶中国商界的健将，胡雪岩鼎盛时期一度甚至掌握通商口岸市场的主动权，如《异辞录》所言："江浙丝茧，向为出口大宗，夷商把持，无能与竞。光墉以一人之力，垄断居奇，市值涨落，国外不能操纵。"在与洋商的竞争中，胡的民族意识相当强烈，而且作风泼辣，结果"夷商畏胡金多，遇大小交易，恐为所阻持，尚不敢过于狠毒。"然而，胡雪岩一破产，洋商见华商无人与之抗衡，欲控制中国市场。《见闻琐录》作者欧阳昱正是在这个意义上，发出"胡虽不足道，实系中国商贾盛衰之大局也"的感叹。胡雪岩的破产造成中国商界相当一段时间内呈现万马齐喑的局面。1903 年（光绪二十九年）春，"渐东市隐"在海上寓庐为《雪岩外传》作的序，对此有客观的表述：

"自君一败，而中国商业社会上之响绝音沉者几二十年。……纵偶有一二海上经商、略涉商学以问欧洲之津，然胆脆量狭、枝枝节节而为之，欲如君向之冒险直任，即集当今诸商董而问之，亦佥自谓勿如也。……独至商会之无力，有足令人抚髀长叹者，中国梦梦，吴山沉沉，安得雪岩再生？"

其次，胡雪岩破产使平民储户遭受最惨重的损失。

当时索债以归还官款和贵族大吏的存款为先，各善堂、行号、铺户，有力者尚能勒取其居室的器具、古玩作为抵偿，"是时贾商贩竖挟胡氏物出售者，其类不可胜数，……至于清亡而未已。"而一般平民百姓，特别是懦弱的家庭妇女，熬吃俭用，好不容易置下的一点积蓄，所偿只有十分之二三，大多数还无可追索，只好饮恨吞声。本书第三章第三节曾提到有个和尚携资 500 元存放胡雪岩在杭城的典肆，当时店伙拒纳，和尚在门外敲了三天三夜木鱼，经胡雪岩亲自过问才得如愿。可是一年后，胡雪岩倒债了，和尚前去取款不得，又不停地敲木鱼，店伙对他说："和尚，汝昔以三日三夜之力而敲入，今欲以三日三夜之力敲出，不可得也。"结果，该典肆以女人衣裤折价相抵。那个和尚手持女人衣裤，哭着说："僧携此他往，诚不知死所矣。"

虽然，胡雪岩倒债确系迫不得已，但此事客观上败坏了风俗。当时有些奸商趁机效尤，浑水摸鱼，借"倒债"之名有意侵吞他人财产。《见闻琐录》记载苏州某县有个人曾代理福建按察使，富称百万，开了数十家当典、钱铺，大家以为此人可靠，官绅商贾寄存动辄成千上万，连孤寡妇女也存几十两在其铺内生息。可是，有一天，此公尽闭诸铺，扬言"资本大亏"。他欠债 180 万，所留货物产业仅 20 余万，大多数储户无法取偿，"号哭欲死而已"，小业主遭此亏折，做生意缺了本钱，"苏垣因之闭市数月。"事实上，此人并非真的亏空，而是眼见存款累积益多，"阴萌恶心，诈言亏折"，事先派两个儿子把财产运寄到安徽等地了。此类事件在 1883 年（光绪九年）胡雪岩倒债后的二、三年间时有发生，户部尚书阎敬铭认为之所以出现这些"从来罕有之事"，是因为奸商见胡雪岩亏空后并没得到严惩而无所忌惮，结果导致"京外屡为骚动，市井益为萧条"。所以，阎敬铭在 1885 年（光绪十一年）奏请法办胡雪岩时，毫不客气地指出："败坏风气，为今厉阶，则自己割道员胡光墉始"。应该说是有一定道理的。

再次，胡雪岩破产使胡家昔日的体面、财势烟消云散。

胡雪岩意识到大事不好后就遣散姬妾，允他们回房检点金银细软，出外自觅生路。最早离去的人所得不亚于中等人家的财产；后来风声更紧，将行籍没家产之举，遣散者所携大不如前，但还是珠翠满头、绮罗披身；到胡雪岩病重垂死之际，所遣之妾已是两手空空走出胡家。这些女子在胡雪岩风光时是他的玩偶，此时"树倒猢狲散"。据裴毓麟《清代轶闻》记载：胡雪岩有个小妾挟金离开胡家，来到上海，居住枇杷门巷为妓，自称"金红仙"，不久改嫁一陶姓男子，因不容于正妻而被赶出陶家，只得重操旧业，改名黛云。她初操杭州话，时间一长，始习吴侬口音，人皆知金黛云是南朝齐时钱塘名妓苏小小的同乡，加上她颇有姿色，一时艳声四播，而金黛云不愿长堕风尘，希望择人从良。她中意昆陵人中山君，积下千余金，交给他代储于银行。不料中山君别娶一人，黛云郁郁寡欢，后嫁一个做药业生意的宁波人，生了两个女儿，又因故离异。黛云拖带二女，只得复出接客，终因岁月无情，色衰爱弛，比不得从前车马如云，终至负债累累，被迫典押二女。几年以后，中山君顾念旧情，解囊相助，金黛云才赎回已是少女的长女，但为了维持生活，黛云长女以金秀兰之名操起母亲干过的行当。离开胡家时多少携带一点资财的金黛云运途尚且如此颠沛，胡雪岩那些空手出门的下堂妾境遇如何可想而知。

胡雪岩的母亲金氏在胡雪岩事业如日中天时，因母以子贵，又兼本人对慈善事业多有参与，而受朝廷赐匾。当年胡雪岩曾在西湖云林寺为母亲做寿，从山门直到方丈所住的屋子都挂满寿文，几无空隙，官绅亲戚登门祝寿者络绎不绝。胡雪岩破产身亡不久，80多岁的胡金氏也随之一命呜呼，但胡家已倒运，亲友避匿唯恐不及，前去悼念的人寥寥无几。而且胡家已受查抄之令，恐人议论，丧仪一切从简。假使胡母早三年而逝，谅必备极哀荣，这个老妇人真可谓以寿为戚。

杭州风俗，每年中元节（七月十二日）那天有盂兰盆会，即由绅商为首，出缘簿募化，在庙内设经坛，用冥钱拯济孤魂。胡雪岩死后的第二年中元节，有轻薄子故意在胡家门前设一醮坛，在墙上高挂蟒袍、补服、大帽、皂靴、烟具、赌具，旁悬一把团扇，上题"雪岩仁兄大人法正"，可谓刻薄之至，胡氏家人精神上所蒙受的痛苦由此可见一斑。而且他们的日常生活也受到冲击，胡庆余堂和元宝街老宅被文煜家占去，他们只得向朱姓租屋，后来，依胡庆余堂的18股招牌股（年得分利洋2400元，其余三年分红时再按股均派）为生。

胡雪岩大起大落的命运令人兴感，1902年（光绪二十八年）"秦淮词客"在抱山堂题词，开首即道："紫气盈盈满浙东，逼人富贵欲朦胧。五城十二楼皆幻，荣辱升沉一笑空。"范烟桥在其所著《茶烟歇》中也慨叹："其盛也勃如，其衰也倏焉，有如南柯之梦。"

据说，当年胡雪岩富甲天下、仆从云拥的时候，观者啧啧称羡，视为"神仙中人"，而某公独讲："雪岩义近冰山，恐勿能久耳"。不久果然被言中。可是，把胡雪岩倒运归咎于意指冰山的"雪岩"两字，显然谬不堪击。那么，究竟是什么原因导致风光烜赫的"红项商人"一夜之间破产的呢？

业丝失利固然是胡倒运的直接原因,但我认为那只是一根导火线,在这起偶然事件背后隐藏着个人素质、社会背景等内在的、必然的因素,浮躁骄奢便是其中一个方面,具体表现在以下两点:

1.浮夸自矜,坐井观天。

《孙子兵法》有句名言:"知彼知己,百战不殆",它作为一种谋略也适用于商界:经营者要获得成功,除了需要充分估计自身的实力,组织企业内部的生产、经营,还必须掌握竞争对手的各种信息,熟悉与竞争相关的有关国家和地区的政治、经济、市场等情况。

近代中国由于国门洞开、华洋互市、整个经济形势呈现出与传统社会迥然不同的势态:商品与货币运动频繁复杂、商业网络扩大,中国被动地进入世界市场,华洋矛盾日趋激化、控制与反控制斗争尖锐,所有这一切要求经营者不仅要有管理和组织生产的实际经营才能,而且要具备适应近代商品经济发展的丰富的人文科学知识和自然科学知识。运用人文科学知识观察社会和人际关系的变化,运用自然科学知识及时发现、利用新的发明。

胡雪岩年少时为了生计,被迫早早辍学,本已先天不足,而白手起家致富的经历使他自信得近乎自傲,有大官援助更使他带上旧式暴发户常有的骄矜,这在李宝嘉《南亭笔记》记述的一件事中就有反映:胡雪岩雅好古董,府第门庭若市,但他没有能力也没有时间辨识真伪,只是拣价格昂贵的买下。一天,有个古董客人出售铜鼎,开价800两银子,并说:"此系实价,并不赚钱也。"胡雪岩听了反而很不高兴,他说:"尔于我处不赚钱,更待何时耶?"结果,如数给了古董商银子,挥之使去。浮夸自矜的性格导致胡雪岩在国际交通、欧潮东来的形势下故步自封,做了井底之蛙,这就使他在知识结构上"后天失调。"结果,他在经营上,基本承袭传统的诚贾良商的规范,缺乏近代化生产的开拓意识,而且对于国际行情缺乏足够的了解,造成其经营活动的主观性和盲目性,这在"丝茧大战"中有突出反映。1882年9月底(光绪八年八月中旬),每包上等丝在英国伦敦售价为16先令3便士,但在上海,由于人为操纵,折合英镑竟达17先令4便士,而胡雪岩不知行情还大量收购,到1883年5月(光绪九年四月),所囤生丝多达1.4万包,而且当年意大利生丝丰收,消息不灵的胡雪岩只看到那年浙江气候欠佳影响丝茧收入,还等着卖高价呢!结果,这一跤跌得够惨,祸及一生事业。

陈栩在《雪岩外传》第一回中借袁姓老者(书中仙人化身)对尹芝(被胡雪岩聘来改造花园的湖北名士)讲的话,揭示出不明商学是胡雪岩失败的一大原因:"此老立于商战之世,素来不明商学,全靠这些天生的宿根,动要与外人争衡,窃恐骄奢事小,顽固祸大,逃不过盛极必衰的道理,冰消瓦解,便在指顾之间。"该书序三"西湖冷眼叟"的《读胡雪岩外传价值》告诫人们:希望胡雪岩的生平"能使不明商学之人,幡然变计。见如胡大先生之魄力,左宫太保(即左宗棠)之靠山,而处此物竞天择优胜劣败之商战剧台,尚不能以顽固使气用事,况等而下之者,可不急开商智,求合群以自保险耶?"应该说,胡雪岩浮躁虚

狂、忽视知识装备造成的损失是惨重的，而留给人们的思考也是相当深刻的。

2.土木声色、挥霍无度。

胡雪岩暴富后，就在上海和杭州等地营建豪华宅第。其中尤以杭州元宝街园宅最为富丽。该宅第从1864年（同治三年）开始建造，胡从四川、云南、贵州、广西等地购运大批名贵木材，从太湖等地选运有"皱、瘦、透、丑"特点的假山石，从山东菏泽等地移栽"魏紫""姚黄"等各种牡丹。花费大量人工物力屡毁屡造，务求既有皇家花园的规模，又有西洋建筑的风格，《雪岩外传》第二回描述元宝街胡宅外观：

"只见四拐角上，真有一只石元宝横嵌在地下；那街道可有四匹马可以并行，中心凸起，西边低下，也像元宝心的形势；街地上全是青石海漫，两面墙脚石，砌有一人多高；一片黑墙，打磨得和镜子一般，人在那里走都有影子；仰面看那瓦脊，竟要落帽，可有五、六丈高。"

外观气势巍峨壮观，内部布局和陈设当然也是顶呱呱的，宅内有五开间正厅五进，还有楠木厅、四面厅、十二楼阁。舒目窗外，可见"四百"，即百竿竹、百章梅、百株桃、百本桂。另辟园林，包括曲廊、小桥、荷花池、牡丹台。鬼斧神工的假山、水池，精雕细琢的飞楼画阁，隐约于花梢树杪之间。盖顶碧瓦、五色玻窗、外国水法塔灯无不炫耀着主人的财势。据《雪岩外传》描述，胡雪岩正室夫人所住的百狮楼，用了一百只紫檀木磨成、以黄金作眼睛的狮子做栏杆。又如影怜院，西边云石砌墙，嵌了西洋金边大镜，窗白都是用云铜铸成半个香炉状，用大螺丝镦在上面，那窗槛踢脚用整块紫檀板。还有滴翠洞，四面峭壁嵌满碑迹，一根铜管一头插入一口围着石栏、做成水池模样的方井，一头直盘山壁，仿过山龙的样子，从垒垒下坠的石乳间润下滴滴有声的泉水，在四周绿得发醉的草木影映下，滴泉显得格外葱翠。

元宝街胡宅在落入文家之手后，屡次被拆卖，到民国时期，废园充作浙江兴业银行财产，该行内部结构大多是楠木厅的旧料。《"红顶商人"胡光墉（雪岩）兴衰史》的原作者黄萍荪先生在1933年去元宝街胡氏故宅时，还看到一座三间双层的别院，占地不足一亩，但屋檐的落水管全是赤铜的，已经干涸见底的荷花池底用锡浇铸，朱漆栏杆都用楠木作料，厅内四壁贴面的五色碗沙虽因经历岁月沧桑而斑斑驳驳，但稍加拂拭，依然光彩夺目。而陈栩的《雪岩外传》出版时，离胡雪岩去世不到20年，比黄先生访胡氏整整早20年，何况这个少时就爱好小说诗词的胡雪岩的同里人，为写作《雪岩外传》，极有可能去实地采风，到胡宅走马观花。此外，更有书前"西湖冷眼叟"的《读胡雪岩外传价值》为证："是传即除去公案，事事纪实。""近欲亲游胡大先生住宅者"（说明当时确有访游胡宅的人），如果困于游费不资，可看此传，因为"传中乃记载分明，何工所造，何人所监，有原有委，次叙井井。得此一部，可省无数埠力游资，而滴翠诸洞，宛然如在目前矣。"根据以上材料分析，《雪岩外传》对胡宅的描绘并非夸大其词。

总而言之，元宝街穷极奢华，据《申报》报道，有个外国官员到杭州，不住官方的迎宾

馆而宁愿下榻胡府。

胡雪岩除了营建豪宅，还沉溺声色。有一次看戏，正好碰上名伶周凤林初次登台，胡与另一富翁李长寿遥遥相对，争着给重赏。胡雪岩命人用筐盛银千两，顾之如雨，即使数十年以后，也没人像他这样出手阔绰。

胡雪岩的日常起居十分讲究，每天早晨起床，由仆佣端着翡翠盘，盘内放着青、黄、赤、白、黑各色宝石若干枚，胡凝神注视，"养目"一个钟点后，才起来盥洗。

胡雪岩酷爱女色，又喜欢微服冶游，经过街市，若看到姿色秀美的女子，他往往会派门客登门说合，身价再高也不在话下，而且还给其家人安排美差。

在风流的私生活中，胡雪岩也处处显露出暴发户趾高气扬的神气，《南亭笔记》记载：有一次，胡雪岩穿着旧不拉几的衣服到一妓家，那妓女久混风月场，见惯了多少千金买笑的达官贵人，见他这副穷酸相，便懒得理会，只有一老妇人殷勤招待。第二天，胡派人送老妇两个蒲包，打开一看，尽是亮灿灿的金叶。妓女大悔，就遣老妇人跟踪上门，请胡老爷命驾。胡果然再度光临，然而他只是捻须微笑，不发一语。又有一次，胡雪岩经过一家裁缝铺，有个苗条女子倚门而立，胡便注目于她，女子察觉后，惊羞之下，关门入内。胡雪岩非常生气，派人向其父亲提媒，欲纳为妾，女子的父亲开始不同意，胡许以七千元后才答应下来。胡雪岩择日设宴请客，宴散入洞房后，胡开樽独饮，醉后命女子裸体卧于床上，又命仆人在旁高举巨烛，他回环审视，高掀鬓髯，放声大笑，说："汝前日不使我看，今竟何如？"说完匆匆出门，宿于别房。第二天，派老妇传话："房中所有悉将去，可改嫁他人，此间固无从位置也。"就这样，胡雪岩仗着有财有势，侮辱了良家女子又将她休弃出门。此女是因冒犯胡雪岩而被休的，也有人因胡喜新厌旧遭抛弃，胡强买美女，通常过三五夜或一两个月，就给银数百两，任其改嫁，《见闻琐录》上说"凡买而旋遣者，殆数百人。"

被胡雪岩看中的美女有贪图钱财不顾名节的，但也有性刚气烈至死不从的，据传胡雪岩寻花问柳也曾闹出人命来。《见闻琐录》记载，有个穷秀才，家有姿色过人的妻子，偶然被胡雪岩撞上。胡叫人拿了500两银子利诱秀才卖妻给他做妾，秀才坚决不从，但胡的手下人把银子扔在地上，命轿夫来抬秀才娘子。秀才惊慌失措，其妻却拿定主意："不去，大祸必至。妾有以报君，断不失身"。她怀藏小刀，到胡府门口下轿时，骤然用刀刺喉而死。秀才闻讯，悲愤欲绝，告到衙门。无奈胡雪岩与官府关系密切，至交颇多，他们压下状纸不予受理。冤气满胸的秀才不肯罢休，他听说知巡河到姑苏的彭刚直为人正派，肯为百姓办事，于是奔到他的舟前投状。不料，彭不愿卷入地方争讼中，不予受理，秀才泣道："彭公亦复如是，已矣！冤莫伸矣"。他把状纸放在怀中，投水自尽。彭见其确有冤情，命人救起，但已气绝。彭看罢状纸，直接到杭州提审胡雪岩。胡自恃背后有靠山，不把小小的彭刚直放在眼里，他轻描淡写地算说此系小事一桩，只需厚礼祭葬死者就可。彭勃然大怒，说："强取妇女，丧人两命，尚云小事乎？"他命人捆绑胡雪岩，准备请示刑部后杀了他。全城官员听到消息，都来求情，彭一概不听。还是浙江巡抚棋高一着，他说：

"全省公项,俱胡经手,猝杀之,无从查核。请拘系十日,清理公项,再杀何如?"稳住了彭以后,巡抚命发八百里加紧驿马,讨救信送到陕西左宗棠处。左亲写书札,代为缓颊:"姑念其助饷大功,此次乞宽宥,再不悛,即置重典。"彭刚直向来敬重左宗棠,至此,只得在严词申饬胡不得再犯以后放了他。

以上细节,采诸野史·笔记,难保无渲染处,聊备参考。不过胡雪岩广置姬妾却是事实。《雪岩外传》说他连妻带妾有 12 个,号称"十二金钗",《异辞录》说胡有妾 10 余人,《慎节斋文存》说有 24 人,《南亭笔记》说有 36 人。这些粉妆玉琢、黛绿脂红、珠翠争辉、锦绣耀眼的妻妾分处胡府内几条长巷的楼屋中,犹如皇宫的永巷。她们与胡雪岩一起过着酒池肉林、欢歌笑宴的奢侈生活。每天晚上,侍婢用银盘盛好写有各楼姬妾的牙牌,胡雪岩随手抽取一枚,侍婢即按照牌上所镌姓名,呼入侍寝。花晨月夕,诸妾遵命穿着五颜六色的衣服连翩而坐,胡雪岩左顾右盼,以此为乐。有时诸妾穿上写着"车""马""炮"字样的红、蓝色比甲,登上画为方罫,也可读(拐),指棋盘上的方格子的盈丈高台,遥遥对峙,胡雪岩与夫人在栏杆上用竹竿指挥她们,号称"下活棋"。

胡雪岩由于纵欲过度,精力不继,有人投其所好,献"京都狗皮膏"。当时市面上通行的春药都是煎剂或者丸药,虽奏效一时,但时间一长容易引发其他疾病,而狗皮膏只消贴于涌泉穴,事后即揭去,其药性不深入脏腑,所以比其他春药好得多。不过,北京城内所售假货居多,即使是真的,如不到火候也没有效果,只有一家独得秘传,擅名于时,但为了牟取暴利有时也以旧充新。为此,胡雪岩每年派人携资数万特地入京监制,以供一年之用。

奢俭既是伦理学概念,也属经济学范畴,自先秦以来就为众多的思想家所关注。儒家提倡"温、良、恭、俭、让",这其中的"俭"就是要求人们节欲安贫、勤俭立身;墨家反对"繁饰礼乐以淫人",倡导节用;韩非断言"侈而惰者贫"……凡此种种,无不包含鲜明的伦理道德上的褒贬,给人们的价值取向和伦理原则带来很大的影响,战国时期的白圭弃官从事珠宝生意,并贩运农产品和手工业品,由于采取"人弃我取,人取我与"的辩证经营策略,生意越做越旺,司马迁《史记·货殖列传》说他成为富可敌国的大富翁以后,依然薄饮食、节衣服。明清时期的晋商虽饶有资财,但安于俭素。应该说,历史上自奉俭约的良贾代不乏人。然而,也有相当多的商人由于拂不去郁结心头的"商为四民之殿"的传统观念的阴影而出自卑产生自矜的逆向心理,试图以一掷千金来体现自身的价值,另一方面他们也有互相攀比的心理,还有应酬场面、张扬名气的实际需要,所以他们致富以后,往往挥金如土,如:清代康乾时期的扬州盐商所得利润一半用于肥家润身,他们纳妾、宿妓、赌博、建造豪华宅第,阔婚厚葬。《清稗类钞》记述有个盐商想一次花掉万金,竟然吩咐门客买了许多金箔,置于镇江金山寺塔上,顺风扬去,顷刻散落草树间,不可收拾。还有一人用三千金买了苏州不倒翁,倒入水中,河道为之堵塞。这种远远超出社会发展实际水平的高消费虽然一定程度上促进了商品经济的发展,但严重损耗资本积累,不利于扩大再

生产,而且助长奢侈浪费的歪风邪气,烜赫一时的徽商到清后期日趋没落,固然起自嘉庆时盐务改制以及道光时食盐纲法改为票法,然而,斗富竞奢导致财力消乏亦是个不可忽视的原因。

唐朝诗人李商隐,(约813~858年,怀州河内<今河南沁阳>人),在《咏史》中有"历览前贤国与家,成由勤俭破由奢"之句,遗憾的是胡雪岩对奢可败业这个道理的认识远不如早他一千年的李商隐来得清醒。捐资得官的他虽然转化为集工商、金融于一体的新型资本家,但依旧带有深深的封建烙印。他的勃勃雄心在依红偎翠中日渐消磨,他的相当一部分的资金在土木声色中如水逝去。纸醉金迷、骄奢淫逸的生活使盛极一时的徽州商帮走向没落,当然更能毁了单枪匹马的胡雪岩的事业和前程,正如裘毓麟《清代轶闻》中所讲:"……俭为商人美德,苟穷奢极侈,虽雄才大略,如胡雪岩,尚不免于失败。"

可叹胡雪岩枉自聪明一世,重蹈了旧式商人浮躁骄奢的覆辙。其由盛而衰的一生再次证明:创业难,守业更难;治家之道,犹在节俭。

在沧海桑田的历史运动中,人类既是剧作者,也是剧中人,其活动必然受社会历史这个大舞台的制约,正如马克思所言:"人们自己创造自己的历史,但是他们并不是随心所欲地创造,并不是在他们自己选定的条件下创造,而是在直接碰到的、既定的、从过去承继下来的条件下创造。"斯大林在1934年7月23日对英国作家赫·乔·威尔斯讲的一句话进一步把这个道理通俗化,他说:"但是一个最有才华的统帅,如果环境对他不利,他就不能达到你所说的那种目的"。

联系到胡雪岩,我们不难明白,如果把其破产仅仅归咎于虚骄自大、不谙商学、大兴土木、沉湎酒色、出手豪奢等个人素质上的问题,那只是皮相之谈,还须从社会历史原因作深层的分析。

可以想见,太平之世加上重商、恤商的氛围是任何一个经营者所企盼的最佳投资格局。然而,胡雪岩不幸身处中国沦为半殖民地半封建社会的大气候之下,其经营活动身不由己地笼罩着忧患时代的阴影。

其一,外国资本主义攫取中国利权倾轧华商。

胡雪岩一生遭遇了鸦片战争、第二次鸦片战争、边疆危机和中法战争的劫难,烽火连年、哀鸿遍野破坏了正常的经商环境,尤为严重的是列强逼订《南京条约》《虎门条约》《望厦条约》《黄埔条约》《天津条约》《北京条约》《烟台条约》等一系列不平等条约。勒索巨额赔款,割占领土,开辟中国沿海和长江流域20座城市为通商口岸(除了本书第一章提到的两次鸦片战争后开放的16处之外,1876年9月13日<光绪二年七月二十六日>签订的《烟台条约》又增加宜昌、芜湖、温州、北海四处),攫取领事裁判权、最惠国待遇以及公使驻京、口岸租地造屋、自由传教等特权。并从以下四个方面对中国经济构成直接威胁:

一是降低税率。1842年(道光二十年)签订的《南京条约》规定英国商人"应纳进出

口货税、饷费、均宜秉公议定则例",开了协定关税恶例,剥夺了中国的关税自主权。

1843年10月8日(道光二十三年八月十五日)签订的《虎门条约》附粘《海关税则》,所定61种出口货物和48种进口货物的税率都比鸦片战争以前大为降低,还规定未列入该税则的进出口货物一审"值百抽五"。第二次鸦片战争期间,英国为首的资本主义列强通过1858年(咸丰八年)的《天津条约》和《通商章程善后条约》,进一步降低38种进口货、22种出口货的税率,取消常关税(水陆交通要道或商品集散地所在机关区收的通过税),规定外货人内地只征"2.5%的子口税(相对于海关所在口岸〈母口〉的内地常关、厘卡所在地〈子口〉征收的各种捐税)。1876年(光绪二年)中英《烟台条约》进一步规定租界内洋税免收厘金,洋货运入内地全免各项内地税而只交子口税。这些规定使中国在长达半个世纪的时间里,成了世界上进口税率最低的一个国家。

二是把持海关。早在1854年(咸丰四年),英、法、美驻上海的领事趁内战之机,攫得当地海关的管理权。第二次鸦片战争期间签订《通商章程善后条约》,进一步明确规定中国海关由英国人"帮办税务"。1861年(咸丰十一年),总理衙门任命原上海税务司的英国人李泰国(Horati D Nelson Lay,1832~1898年)为总税务司,他把上海半殖民地化的海关管理制度逐步推广到广州、汕头等商埠。两年后,英国人赫德(Robert Hart,1835~1911年)继李泰国为总税务司,任期长达48年。赫德制定并推行了由外国人管理的中国海关制度,根据这个制度,在1864年(同治三年)委派英、法、美及其他外国人担任包括台湾在内的中国沿海12个商埠和长江沿岸的九江、汉口的海关的税务司,税务司以下的高级职员也是清一色的外国人,以后新增海关照此办理。列强通过把持海关,控制中国的财政收入,干涉中国的内政、外交,扩大自己的势力。

三是控制航行权。1844年(道光二十四年)中美《望厦条约》规定美国兵船可以到中国沿海各港口"巡查贸易",列强各国在"利益均沾"的名义下纷纷援引,攫取了在中国的沿海航行权。1858年(咸丰八年)《天津条约》规定外国商船可在长江各口往来,这又使列强拥有了内河航行权。1862年(同治元年)美国商人在上海成立旗昌轮船公司,也名上海轮船公司(Shanghai Steam Navigation Company),经营沪粤、长江两大航线,1867~1872年(同治六~十一年)间垄断了长江航运。1867年,英商太古洋行组织中国航业公司,先开沪港航线,1875年(光绪元年)增辟长江航线,后来,陆续扩展中国沿海以及中国到海外的航线,在南京、上海、宁波、广州、九江、汉口、香港等地设码头和堆栈。此外,英商怡和公司在上海、香港等地也经营航运。太古公司和怡和公司后来居上,在相当长时期内,简直成了旧中国航运业的主宰。

四是在中国设立银行。1845年(道光二十五年),鸦片战争结束才三年,英国丽如银行就在香港设立分号,这是出现在中国土地上的第一家外国银行,1848年(道光二十八年)它在上海设立分行。进入50年代,上海、广州、香港等通商口岸出现英国的汇隆、呵加剌、有利、麦加利和法国的法兰西银行。1864年(同治三年)英商汇丰银行设总部于香

港,第二年开始营业,并在上海设立分行,这是第一家将总行设在中国境内的外国银行。以后,随着外国资本的侵入,外商银行日渐增多。这些银行为洋行洋商提供汇兑、进出口押汇、打包放款、信用透支等财务上的便利;通过向清政府高利贷款,控制中国政治和财政收入;通过向华商放高利贷,控制贸易、赚取高息。

拥有上述侵略特权的洋商与仍带有封建残余的近代华商在商场竞争,谁居上风是可以想见的。经历过那个时代的欧阳昱在《见闻琐录》中就已一针见血地指出:"自各口通商后,利之操纵尽归外洋。……华商遂如鸟在笼中,闭放由人,不能自主矣。"

欧阳昱在福建时,就亲眼目睹了业茶华商受洋商挤兑的情形:某年初春茶到,众华商商议公立契约,限期7天,非按所定的统一价格不卖。洋商恐怕以后被华商所制,相约不买。双方对峙两三个月,竟无人问津。于是,华商中投资多的人深恐茶叶久存霉烂、亏损巨大,本钱小的人担心卖不出去,连微薄的一点资金也会赔进去,借钱作本的人更加担心时间拖长,付不起重息。渐渐地,他们把事先的约定抛到脑后,私下向洋商求售。洋商窥破其中的隐情,更加刁难,非得压价四、五倍才收购。结果价值100万的初春福茶卖后统计仅五、六十万。"足迹半天下"的欧阳昱"见二十年来,以业茶破家者,十之八九,商贾日失志,市肆日减色。问其故,皆曰:'利柄操于夷人,华商不能与争所致。'"实际上,在半殖民地半封建的近代中国,何止茶商如此,民族工业者普遍遭受厄运。

其二,封建政府对本国工商业者不但无力保护,而且多方滋扰。

鸦片战争以后,中国的领土完整和主权独立受到严重破坏,政府丧失了保护本国工商业的能力,如:在外国税率高达60%的烟、酒,却以食物的名义输入中国,1869~1870年(同治八~九年),镇江海关曾建议对洋酒、洋烟征收重税,遭到赫德的反对,这样合理的事清政府也不敢力争。又如:1880年(光绪六年)农历十月,轮船招商局和众轮船运货到美国,该国海关不援值百抽五之约,而抽取10%的关税,这违反"利益均沾"的原则,结果,清政府不敢出面交涉,商民亏折难以数计。

封建政府对外软弱妥协,对内却变本加厉。早期改良派郑观应曾揭露:"官不能护商而反能病商,……封雇商船、强令承役。只图自利,罔恤民生。"清政府之所以没有惠工恤商,是因为它把重农抑商作为安身立命的国策。虽然在鸦片战争以后,清廷被迫开埠通商,但还是有相当一部分顽固分子认为商品经济"荡心志,败风俗,糜钱刀,甚至交通蛮夷,输致琛诡,射利取赢,是率天下而离南亩者也"。顽固派拒绝开办新式工业,如1868年(同治七年)有个何姓盐商在江苏句容买下一座山,准备采煤,被地方士绅视为异端而遭驱逐。1882年(光绪八年),商人何崑山在广州议设自来水公司,因地方士绅以"破坏风水"为由拼命反对而没有建成。60年代开始,清统治集团中虽分化出一批主张开办新式工业的洋务派,但他们在拓展近代实业时附带着为自己牟取私利、扩大势力的私心杂念,凭借政治特权,以官督商办,官商合办等方式,垄断近代实业。如1880年(光绪六年)李鸿章在上海办机器织布局时就声明:10年之内,华商要投资织布业只许附股搭办,不准

另行设局。在这种情况下，风气虽有一定程度的开化，但民办工商业还是受到抑制，即使办起来，也受到政府苛捐杂税的剥削和大大小小的官吏敲诈勒索，其中危害最大的是厘金。这种税于 1853 年（咸丰三年）由刑部侍郎帮办江北大营军务雷以诚（1801 或 1806？~1884 年，湖北咸宁人）在扬州仙女庙（今江都）等处首先设卡开征，1857 年（咸丰七年）开始通行全国。这种清政府为筹集镇压太平天国的军费而征收的货物通过税，在太平天国被镇压下去以后，并没撤销，前后举办了五六十年之久。厘卡日增加上卡丁差吏额外需索，加重了工商业者的负担。

综上，中国近代工商业者身处外国资本主义和本国封建势力双重压迫的逆境。为了在夹缝中求生存，他们常常左依右附，巴结外国资本主义、本国封建主义势力，表现出妥协、软弱的一面。

胡雪岩较早与洋人打交道，由于财大气粗，被洋人推为"中国第一人"，西征借款，洋人不听被清廷倚为肱股之一的左宗棠的话，而宁愿相信胡雪岩这个商贾一诺，规定借款合同必须由胡某人画押才行，双方关系的密切程度由此可见一斑。然而，交情归交情，生意归生意，洋人与胡的关系是建立在利益原则之上的，一旦利尽，必然谊散。作为中国近代工商业资本家中的一员，胡雪岩同样受着因为风气未开、交通落后加上列强控制海关、金融、航运等主动权而造成的恶劣的投资环境的制约。予胡雪岩致命一击的丝茧大战就是受攫取侵略特权的外商联合排挤的结果，刘体智《异辞录》对此看得相当清楚："光墉虽多智，在同光时代，海陆运输权久失，彼能来，我不能往，财货山积，一有朽腐，尽丧其赀。于是不得已而贱售，西语谓之'拍卖'，遂露窘状。"丝业失利牵累银号、钱庄生意，正当胡雪岩需要大量资金周转的紧要关头，"外国在华银行拒绝办理它们多年来习惯于举办的短期信用贷款"，使已出现的上海金融恐慌，更趋严重，这场因外国银行拒绝斥资而加剧的金融市场的紊乱风波，终于使胡雪岩等一大批华商陷于灭顶之灾。

胡雪岩是一个与封建势力有着密切关系的"红顶商人"，他一辈子都在费心思巴结权贵，不失时机地为朝廷效犬马之劳，以求托庇官场。然而，这种官商勾结、互相利用的关系在瞬息万变的商业竞争和人事浮沉面前显得是那样的苍白、脆弱。胡雪岩拥资二三千万，生丝亏损不到一千万，按理不至于败如山倒。但是危急时刻，清朝官府既不敢对洋人稍加抑制，也没有为胡雪岩提供帮助，相反，他们乘胡之危投井下石。

当时，上海关有一笔由胡雪岩作保向外商借的款项到期，可上海道邵小村观察听说胡雪岩做丝生意亏本，竟然赖着不付本息，结果外商向担保人胡雪岩索债，风声四播，胡雪岩的信誉受到极大损害，各地的大官僚竞相到阜康提款，又人为加剧资金周转的困难。不多时，胡雪岩开在各地的银号、钱庄终于闭歇。据 1883 年 12 月 9 日（光绪九年十一月十日）《申报》报道，上海的阜康号一倒闭，上海道立即派了刺史谢湛卿去封闭胡雪岩开在浙江的 4 个当典行。

朝廷下了查抄逾旨，有人甚至要把好几年前征得左宗棠同意、已经报销在案的西征

商界名人

借款行用补水银款也要翻出来重查,幸得署两江总督曾国荃代为援颊,才免予追究(详见本章第一节)。追查公款风声很紧,作为储蓄大户的达官贵人为了追回私款更是不遗余力,侍郎孙子授是负责查封胡雪岩在杭资产的浙江巡抚刘秉璋的同年(咸丰庚申科<1860>同榜登科为进士),在阜康存有万金,他托"清流派"人物、署都察院左副都御史张佩纶(1848~1903年,直隶丰润<今属河北>人)致信刘秉璋代为说项,说什么:"子授得失,尚觉坦然,而家人皇遽,虑无以为生计,乞为援手。"据《异辞录》记载:当时,"京朝外省追债之书,积之可以丈尺计"。

胡雪岩有个叫德馨的官场朋友,差不多在这时升任浙江布政使。《南亭笔记》记载:阜康骤然倒闭后,德馨曾密遣心腹到藩库提取2万两银子赴阜康,代为偿付不足千两的储户的存款。有人对此疑惑不解,说"是库银也,焉得如是?"德馨却胸有成竹地说:"无妨也,吾尚欠伊银二万两,以此相抵可也"。他还派心腹告诉胡雪岩,夜半三更后将亲自去胡府。到约定的时辰,德馨果然微服来访,与胡雪岩彻夜长谈。第二天,将胡雪岩所有的契据合同满贮四大篓抬回署内,叫幕僚"代为勾稽"。韦庆远先生的《论清代的典当业与官僚资本》(载1989年中国社会科学出版社出版的《明清史辨析》一文就引此材料,断言德馨"出大力为之弥缝善后,这说明他们之间具有密切的共同利害关系"。陈德中《胡雪岩商政谋略》一书(改革出版社1996年出版)也据此认为德馨是胡雪岩"落难时的官场朋友",并说:"能在落难中得如此一位朋友做此帮助,也算是对胡雪岩平日广种福田的回报了"。可是,我根据史料分析,认为上述说法不符实际。因为胡雪岩死后,浙江巡抚刘秉璋在给朝廷的奏章中清清楚楚地写着:由于胡雪岩被律以官法,还要面对雪片般飞来的追债文书,刘巡抚担心"事急生变,奇顿隐匿",也就是说怕打草惊蛇,胡雪岩狗急跳墙藏匿财产,"因密商升任藩司(明清时代布政使别称)德馨",然后才有了德馨"亲至其家,婉辞开导,令其将所领公款数目及各典资本全行开送。"经核计,"尚足相抵"。即使前述《南亭笔记》那条记述德馨夜访胡府的材料,紧接其下也明明白白地记着:"后所还公款,皆出于是(指从胡府抬回藩署的四大篓契据)。人始服德之用心。后德谓人曰:'余岂不知向胡追迫,倘胡情急自尽,则二百余万之巨款将何所取偿乎? 我非祖胡,实为大局起见也。'"由此可见,"与胡素相得"的德馨在胡危难之时,非但没有拉他一把,反而通过拿出2万银子替胡还债(其实事后也可追充返回)诱出了四大篓的契据合同。德馨不久被保举为江西巡抚,恐怕与他卖力为朝廷查封胡家财产有关。

在清偿债务时,清朝官员又趁机巧取豪夺,如文煜以70万的存款获取胡庆余堂和元宝街胡宅。

胡雪岩的惨败与清统治集团内部的派系斗争也有一定关系。胡是左宗棠手下倚为财政臂膀的红人,而左宗棠与李鸿章各为湘、淮军首领,本来就互分畛域,加上清廷为了防止汉族地主势力过分膨胀,故意利用湘、淮军之间的矛盾,让他们互相牵制,这使双方关系更加微妙。70年代,围绕边疆危机,双方展开"海防""塞防"之争,这虽然是在抵御

外国侵略上的政见分歧,却也包含着湘系和淮系集团之间的利害冲突。在左宗棠率军西征时,李鸿章又散布流言蜚语,说什么:"左倡率一班书生腐官,大言高论,不顾国家之安危。即其西路调度,不过尔尔"。虽然左宗棠最后收复了新疆,但左、李却已交恶。对于左宗棠的洋务事业和西征活动均深资其力的胡雪岩,李鸿章断然不会有多少好感。那个欠账不还、坏了胡雪岩信誉的上海道邵小村就是李鸿章的下属亲信。他之所以敢对胡雪岩卡脖子,恐怕是因为他深知:李伯相不愿把视为自家地盘的上海变成接济左侯相的饷源。

综上所述,胡雪岩的破产有个人素质上的原因,更是受帝国主义、封建主义势力联合打击的结果。早在 1903 年(光绪二十九年)"浙东市隐"为《雪岩外传》作的序中对此就已有深刻认识,文中指出:"夫以君之冒险进取,能见其大,使更加以学问,而又得国家保护之力,以从事于商战最剧之舞台,我中国若茶若丝若金银镑元,商业之进步,必大有可观,岂必一蹶不振,竟至于是乎?"

悲剧的历史导致"红顶商人"的悲剧命运!

亦官亦商第一人

——盛宣怀

名人档案

盛宣怀：出生于江苏常州府武进县龙溪，字杏荪，又字幼勖、荇生、杏生、号次沂、又号补楼、别署愚斋、晚年自号止叟。清末的一个政治家、企业家和福利事业家，官僚买办。

生卒时间：1844 年～1916 年。

历史功过：十一个第一：1. 1872 年拟定中国第一个集商资商办的《轮船招商章程》；2. 1880 年创建中国第一个电报局——天津电报局；3. 1886 年创办中国第一个山东内河小火轮公司；4. 19 世纪 70 年代在湖北"勘矿"；5. 1896 年接办汉阳铁厂逐渐发展为真正称得上钢铁联合企业——汉冶萍煤铁厂矿公司；6. 90 年代后期修筑中国第一条铁路干线卢汉铁路；7. 1897 年建成中国第一家银行——中国通商银行；8. 1895 年创办中国第一所正规大学——北洋大学堂，1897 年在南洋公学首开师范班，这是中国第一所正规高等师范学堂；9. 1902 年创办中国勘矿总公司；10. 1904 年在上海创办红十字会并于 1907 年被清政府任命为中国红十字会首任会长；11. 1910 年办成私人的上海图书馆。

名家评点：清末的一个政治家、企业家和福利事业家。

招商局内

盛宣怀字杏荪，号愚斋，1844 年出生于江苏常州府武进县龙溪。盛家世代官宦，盛宣怀的父亲盛康曾先后任湖北、浙江的道员。按照这个家族的传统，盛宣怀应该通过科举，

求功名，入仕途。但是他自从22岁童子试之后就屡试不第。三次落第之后，盛宣怀放弃了科举之路。1870年，他在李鸿章幕僚杨宗濂的推荐下，投在李鸿章麾下，任行营内文案兼充营务处会办。由于盛宣怀的父亲与李鸿章私交深厚，盛宣怀从此得到李的器重，第二年便升到相当于知府的官职。

1871年河北大水，盛康让盛宣怀到淮河两岸等地劝募，集资购粮，然后集中于上海，再从上海运到天津散放。这是盛宣怀第一次涉足福利事务。通过上海的赈务活动，盛宣怀结识了上海许多实力人物，并广播善名，为他今后在上海及全国的活动打下了基础。

1872年，李鸿章开始主持创办轮船招商局，以打破外国公司对航运的垄断。盛宣怀和朱其昂是最初筹备小组的核心成员，臂膀怀名。成立之后，朱其昂成为第一任总办。当时轮船招商局的资本非常微薄，只有来自政府调拨的官款，向民间招募商股完全不成功。由于经营不善，才半年就亏损严重，朱其昂引咎辞职。随后，李鸿章从广东找来了两位赫赫有名的买办——唐廷枢和徐润。唐廷枢担任总办，徐润和盛宣怀一起担任会办。据说当初向李鸿章举荐唐、徐的正是盛宣怀，但是等唐、徐到位之后，盛宣怀和他们却开始了一场激烈的权力争夺。

唐、徐原本都是来自广东香山的洋行买办，富有经商经验，并且熟悉外国公司的运营规律。经过他们重新制定制度和章程，招商局得以广招商股，拓展业务，扭亏为盈。在唐、徐得意之时，盛宣怀采取了低调的姿态。此时盛二十七八岁，但似乎反而比三四十岁的唐、徐更为稳练老辣。盛宣怀当时在招商局一不占股权、二不要财权、三不拿薪金，完全一副临时驻局的官方代表人姿态。

但盛宣怀并非全无作为，在对抗外国公司的过程中他曾有突出的表现。招商局享有清政府的优先政策，规定官物运输必须由招商局优先运输，其中以漕米为重中之重，是招商局的支柱业务之一。加上当时国人在招商局成立后都更愿意搭乘本国的船只，外国公司不得已大举降价，结果陷入困境，美国旗昌公司因此倒闭。招商局顺势将旗昌公司的轮船及码头等一并收购，实力增强不少。这一过程就是经过盛宣怀之手。此外盛宣怀在与太古、怡和等巨头的商战中也起了关键作用。虽然没有投入很多个人股本，但他负责的免税、缓息等与政府项目有关的"优惠政策"在关键时刻起到了决定作用。

与此同时，代表商股的唐、徐与代表官股的盛宣怀之间的内讧则愈演愈烈。官商双方都认为自己贡献最大，实力最大，盛和唐、徐之间产生了矛盾。盛宣怀骂唐、徐："景星（唐廷枢）专说大话，一派糊涂，并不看账；雨之（徐润）常出局外，料理私事，不预局务。"徐润则骂盛："口蜜腹剑，空心大老，强权督办，巨石压卵，既沾其名，复沾其利。"一时间招商局内可谓唾沫四飞。由于唐、徐忽视了对资本总存量的估算，使商股的股本在与英美巨头的商战中销蚀惨重。盛宣怀乘机从当时的两江总督沈葆桢那里请来了190万两官债，使官股占优，招商局内的资本发生重大转移，"官督"的色彩加重了。

但是盛宣怀犯了一个操守上的通病，收受回佣，也就是回扣，遭到了御史的弹劾。弹

劲之后，盛宣怀有三年时间不再过问招商局的事，转而由李鸿章委派去从事湖北的铁煤矿事业和另一项全新的事业——电报。到 1883 年，盛宣怀成为中国四大海关之一——天津海关的督办。但是在天津，他又一次触犯了财务纪律，挪用海关钱粮来资助电报事业，混淆各个部门的经费，因此受到处分，经过多方说情才未被降职。此时在天津逗留下去已经没有意义，而恰好上海的招商局又一次对盛宣怀打开了大门。

当时唐廷枢已经远赴开平主持煤矿，招商局由徐润主掌。徐润在官场的关系远不及盛宣怀，被动地陷入了官府和外商的夹缝之中——官方拖欠支付，洋方则索要高昂至极的船只修理费。招商局内的职员也不服从徐润，纪律溃散，财产被严重私吞。当时开平煤矿缺款，徐润挪用了约 40 万两给开平煤矿，招商局本身的赤字已经高达 560 万两。1883 年，世界金融风暴影响到上海，徐润在上海的私人地产亏损高达 250 多万两，于是徐润又挪用了近 17 万两。盛宣怀就是在这个时候从天津回到了上海。唐、徐挪用公款的事很快就被披露，先后离开了招商局。1885 年盛宣怀当上了招商局的督办，重订章程，从太古轮船公司"挖"到了郑观应作为臂膀。此后招商局的资产一度扩充至 2000 万两。

电报网络

鸦片战争，五口通商之后，英、美、法等国数次要求在中国建立电报线，均被清政府拒绝。但到了 19 世纪 70 年代，清政府对列强的设线要求开始无力招架，勉强同意设线，但是规定"电线沉于海底，其线端不得牵引上岸"。当然，英美各国自然对清廷的规定置若罔闻，不仅设海底线，而且架设了岸线。当时中国的官界和商界都萌发了自建电报的想法。其中便包括盛宣怀与胡雪岩。而他们的后台，分别是李鸿章与左宗棠。当时左宗棠被委派为两江总督。在他即将赴任时，胡雪岩提出："左公可知李鸿章打算办电报的事？左公不日将去两江，何不也试一试，压一压他的气焰也好。"

左宗棠于是上奏折，提出开办电报和通商救国的要求。李鸿章探得风声，很是着急。盛宣怀宽慰李说：朝中对电报的事一直犹豫不定，王公大臣和各地巡抚都认为电报必惊民扰众，变乱风俗；左宗棠猛一出头，自然成为众矢之的；等争议的风头过了，我们的准备工作也就绪了，然后去争取朝中的同意要容易得多。而与此同时，盛宣怀带着李鸿章的亲笔信悄悄前往上海，请太古轮船公司总经理郑观应出山，共商办电报之事。

正如盛宣怀所料，清廷为了电报一事争吵不休。慈禧认为当务之急是从日本手中夺回琉球群岛，电报之事还是从长计议。左宗棠只得空手南下。胡雪岩暂时办不成电报，便将全副精力投到茶叶、丝绸生意上去。而郑观应看了李鸿章的信，大受感动，离开太古，与盛宣怀一起，开始了办电报局的准备工作。盛宣怀请示李鸿章后，先在大沽北塘海口炮台与天津之间架一条短途电报线，小试牛刀。

天津的电报线架成后,李鸿章请醇亲王等朝廷显要亲临试验,评议很好。李鸿章这才正式奏请,并很快得到批准。1881年盛宣怀被清廷正式委派为电报局总办,主持电报局。又创办电报学堂,培养技术人才。1882年,英、法、美等国商人准备成立万国电报公司,架设上海至香港的水线,垄断利权。为了阻止这一电报网的建立,盛宣怀游说各地商人自行建设沿海口岸的电报线。他还移用了手中矿业的资金来铺设上海至广东、宁波、福州、厦门等地的电报线。随着电报网络的建立,盛宣怀掌控了全国的信息命脉。而随后他利用电报信息所实现的商业和政治行动简直堪称"信息不对称"的精彩演绎。

1883年法军进攻驻越南的清军,中法战争爆发,清廷命左宗棠领战。左宗棠每次征战都需要大笔资金做后盾,而胡雪岩则是左宗棠幕中的筹款高手。此次中法交战,胡雪岩自然又要奔走一番。李鸿章和盛宣怀趁此机会重创胡雪岩。

胡雪岩常年囤积生丝,垄断生丝市场,控制生丝价格。随着电报成为商业通讯的重要手段,盛宣怀所掌控的电报系统使胡雪岩在各地的买卖情况一览无余,这些商业情报帮助盛宣怀完全掌握了先机。胡雪岩5年前曾代表清政府,以私人名义向汇丰银行借款650万两,约定期限7年,每半年还一次,本息约50万两。1882年他又帮助清政府向汇丰银行借了400万两。清廷承诺,这两笔款子都以各省的协饷作担保。虽然真正使用这笔款项的是清廷,但经手人却是胡雪岩,洋行只认定胡雪岩为债务人。这笔借款每年由清廷以协饷的方式来补偿给胡雪岩,通常每年的协饷一到,上海道台府就会把钱送给胡雪岩,以备他还款之用。盛宣怀此时找到上海道台邵友濂,直言李鸿章有意缓发这笔协饷,时间是20天。邵友濂属于李派,虽然畏惧左宗棠,但料想缓发20天没有大碍,就照办了。

这20天对胡雪岩的打击可谓致命。盛宣怀早已向洋行放风,说胡雪岩的资金即将告罄,造成洋行的焦虑,纷纷向胡雪岩催款。左宗棠此时远在北京军机处。由于事出突然,胡雪岩只好从自己的阜康银行调来80万两银子,先补上了这个漏洞。胡雪岩也认为清廷的协饷总归会发放,不过是晚发20天而已。然而盛宣怀却通过电报,对胡雪岩一切调款活动都了如指掌,当估计胡雪岩的银子已经陆续调出了阜康银行,正是空虚之际,就放出风声,造成阜康银行提款挤兑风潮,直接导致阜康银行倒闭。胡雪岩不久即忧愤而死。

官督商办

1892年,上海机械局织布局毁于大火。织布局是当时中国最早的纺织企业之一,李鸿章花了约十年建成这个厂,当时投产仅两年。织布局被烧毁后,盛宣怀出面善后,在其基础上创办了华盛纺织总厂。后来还和张謇对半分领了张之洞购买的一批机器。张謇筹办大生纱厂时,因为招不到民间股本而焦虑万分。盛宣怀一开始答应认股筹资,甚至

和张謇定了约。但是大生纱厂开工后资金告急，张謇几度向上海求助，但盛宣怀默不作声，含糊推脱，急得张謇在上海路灯下彷徨无措。盛和张，一个是"官商"，一个是"绅商"，境遇真是大不相同。张謇从此与盛宣怀产生了龃龉。辛亥革命后，因为孙中山和黄兴通过盛宣怀向日本借款，张謇十分不悦，此是后话。

1894 年甲午海战之后，李鸿章失势。盛宣怀转而投靠张之洞，督办全国铁路事务。1898 年盛宣怀由张之洞委派修筑"卢汉铁路"（卢沟桥至汉口），到 1906 年全线通车，后改称京汉铁路，至今仍是我国南北交通的大动脉。盛宣怀办铁路受到非议很多。他任职十年共造成铁路 5 条，共 2100 多里，全部以对外借款的方式完成。借款数额巨大，而盛宣怀家族的财富也与之成正比而急剧增长。盛宣怀向外国借款的回扣极高，例如修建沪宁铁路时与英国借款的回扣为 10%，后来唐绍仪接班后与英国借款时的回扣是 4.5%，比盛宣怀的少了 5.5% 仍有利可图，可见盛宣怀的回扣之高。沪宁铁路如此，其他铁路的情形也相差不多。

除了铁路，盛宣怀又承办了洋务派旗下的钢铁和煤矿事业。19 世纪末的中国还没有一个真正的钢铁厂，钢铁完全依赖欧美进口，清政府处处受制于人。1890 年，时任湖广总督的张之洞上书光绪皇帝奏请开办湖北汉阳铁厂，并同时开采早在几年前就已勘测到的大冶铁矿。经过三年筹办，被寄予众望的汉阳铁厂终于正式炼钢投产。但刚一投产就出现了问题——虽然湖北有几处煤矿，但成分不良，炼出的焦炭不适合炼铁，只好从英国、比利时等国购买焦炭，路途遥远，价格昂贵，使铁厂时常陷于停顿。投产两年，铁厂已经亏损 560 万两。1896 年，盛宣怀应张之洞之邀，接办汉阳铁厂和大冶铁矿。盛宣怀此时接过的可以说是一个烂摊子。如果找不到煤矿，汉阳铁厂将成为一片废墟，只得在邻近省份开辟新的煤源。

盛宣怀请了一位德国矿师，经过化验和比较后认为，沿江两岸只有江西萍乡的煤灰分少，磺磷轻，最适宜炼铁。于是决定在萍乡开办煤矿。消息一经传出，立刻引起了萍乡当地小煤窑主的强烈阻挠。盛宣怀通过张之洞向光绪求助。光绪给他推荐了一个人——珍妃的老师文廷士。在光绪和慈禧的"帝后之争"中，各为其主的文廷士和盛宣怀素有不和。慈禧终究是占上风的，文廷士也就被贬回了江西老家。回家后他开办了一些商号，在当地很有影响力。为了开矿，盛宣怀还是找到了文廷士。昔日的对头联起手来，很快收购兼并了许多小矿井。1898 年萍乡煤矿建成，也就是后来的安源煤矿。

据《汉冶萍铁厂矿记略》称：1910 年时，汉阳铁厂已有炼铁炉 3 座，年产生铁 14 万~15 万吨，大小炼钢炉 6 座，年产钢 7 万吨；大冶铁矿每年可产铁矿石约 50 万吨；萍乡煤矿每年出煤约 60 万吨，炼焦 18 万吨。1908 年 3 月，"汉冶萍煤铁矿股份有限公司"正式成立，由盛宣怀任总理。

此外，盛宣怀还获准成立了中国第一家银行——招商银行，于 1897 年 5 月在上海开业。在整个洋务运动中，盛宣怀直接参与控制的企业之多，可谓中国第一人。他控制了

全国的电报业，又独揽轮船、银行、邮政、铁路、煤矿、纺织等诸多大权，被称为"一只手捞十六颗夜明珠"的实权者。当时，清政府当权者也都给予了盛宣怀很高的评价。李鸿章自不必说，屡屡向朝廷推荐，称赞他是"为人所不能为"的"有用之材"。张之洞也称赞盛宣怀是通晓"官法""商业"和"洋务"的能人。甚至连慈禧也曾说过：今日看来，盛宣怀是不可少之人。

自27岁入李鸿章之幕，盛宣怀从一名不第秀才，成为代言官方利益的经理人，然后又因为其商业上的扩张而获得了很高的官职。他所聚敛的财富甚至超出了李鸿章。有确凿的证据证明盛宣怀去世时，留给尚活着的五个儿子（原有八子五女）的家产共计2000万两银子（整个汉冶萍公司的亏空也大约不过700万两），真是天下无二，富可敌国。盛宣怀可以说是19世纪末中国"官督商办"制度最大的受益者。

策划"东南互保"

1900年的中国因为"义和团"而陷入了混乱和飘摇。义和团运动的发源地在北方，蔓延的范围也基本局限在北方。当整个北方混乱到不可收拾的时候，南方却显得宁静和平，维护着原有的商业和社会秩序。

导致这种情形的原因是：当清朝中央政权要求南方各省支持义和团"灭洋"的时候，南方各省的封疆大吏们做出了一个决定：联合各国领事，东南各省互保。实际上也就是一次抗旨的行为。这样大规模的地方官员抵制中央命令的行为在整个中国封建历史中都没有先例。在历史上这次事件被称为"东南互保"。而盛宣怀是"东南互保"最核心的人物之一，电报系统再一次帮助他掌握了全国的信息命脉。

义和团"扶清灭洋"的旗号得到了慈禧的认可。很快义和团运动席卷山东、直隶，清廷支持义和团行动的暗示已经得到官方渠道的证实。盛宣怀此时正好是全国电报事业的总管。由于职务关系，他最先看到了朝廷指示南方各省大员"召集义民"，准备利用义和团攻击外国势力的命令。这时，盛宣怀竟然大胆把朝廷的电报扣押下来，然后立即给时任两广总督的李鸿章发了电报，提出自己的主张。

盛宣怀在这封电报中预测，如果清廷驱逐各国公使，各国将对华发动军事攻击，大清帝国必定崩溃，因此提出各省总督必须"联络一气，以保疆土"的建议：

千万秘密。廿三署文，勒限各使出京，至今无信，各国咸来问讯。以一敌众，理屈势穷。俄已据榆关，日本万余人已出广岛，英法德亦必发兵。瓦解即在目前，已无挽救之法。初十以后，朝政皆为拳匪把持，文告恐有非两宫所出者，将来必如咸丰十一年故事，乃能了事。今为疆臣计，各省集义团御侮，必同归于尽。欲全东南以保宗社，诸大帅须以权宜应之，以定各国之心，仍不背廿四旨，各督抚联络一气，以保疆土。乞裁示，速定办

李鸿章立即把这封电报转给了两江总督刘坤一、湖广总督张之洞。南方的官员们历来在政治表态上的惯例是模棱两可,八面玲珑。但这一次,他们却一反常态,出奇一致地阻止慈禧召集义民,希望清廷对义和团"坚决剿灭,以绝后患"。张之洞明确下达了对义和团"实力弹压"的命令。在南方官员看来,义和团南下意味着颠覆已经成型的经济秩序和利益格局,这是他们所不愿看到的。

1900年的长江两岸是英国商人的巨大市场,因此义和团的举动引起了英国人的极大恐慌。英国政府决定向长江派遣军舰,以保护英国在长江流域的"特殊利益"。清廷向外国宣战的前四天,即6月17日上午,英国驻汉口代理总领事法雷斯奉英国外交大臣的指令去拜会张之洞。法雷斯说:"如果长江流域发生动乱,英国政府可以提供切实的军事援助。"这个外交辞令的弦外之音是:如果义和团蔓延到长江流域,英国将向这个地区出兵。张之洞立即回答:如果需要援助的时候,会和英国领事协商的;但是,这里不会发生什么严重的事情。对于张之洞这样的大吏来说,他们既不愿义和团的蔓延,也不愿外国军队长驱直入。而生意人,特别是有大笔生意和家有万贯的富豪在这个时候是最希望安定的。这也可以解释盛宣怀为什么敢于扣押朝廷电报,策动各省抵制皇命。

6月21日,消息传来:清朝政府宣布自即日起与各国正式进入战争状态。就在南方大员们对这份《宣战诏书》揣摩不定的时候,清廷要求各省立即派遣兵力"北上勤王"的圣旨到了。中国官场历来的潜规则是,官员们贪污、受贿事小,但抗旨是绝不可僭越的雷池,因为这相当于挑战皇权。

但这一次南方官员们玩了一个辞令技巧,没有执行清廷的命令。李鸿章给朝廷发去了一封电报"此乱命也,粤不奉诏",把这个旨意归结为"乱命",所以不予服从。紧随其后,湖广总督张之洞、两江总督刘坤一、闽浙总督许应骙、四川总督奎俊等联合抵制了北上的命令,并与各国领事达成了《东南互保章程》。这份章程是由盛宣怀帮助张之洞和刘坤一起草的,在盛宣怀的《愚斋存稿》中记录了"互保章程"的九款内容:

一、上海租界归各国共同保护,长江及苏杭内地均归各督抚保护,两不相扰,以保全中外商民人命产业为主。

二、上海租界共同保护章程,已另立条款。

三、长江及苏杭内地各国商民教士产业,均归南洋大臣刘、两湖总督张,允认真切实保护,并移知各省督抚及严饬各该文武官员一律认真保证。现已出示禁止谣言,严拿匪徒。

四、长江内地中国兵力已足使地方安静,各口岸已有的外国兵轮者仍照常停泊,唯须约束人等水手不可登岸。

五、各国以后如不待中国督抚商允,竟至多派兵轮驶入长江等处,以致百姓怀疑,借端启衅,毁坏洋商教士的人命产业,事后中国不认赔偿。

六、吴淞及长江各炮台,各国兵轮不可近台停泊,及紧对炮台之处,兵轮水手不可在炮台附近地方练操,彼此免致误犯。

七、上海制造局、火药局一带,各国允兵勿往游弋驻泊,及派洋兵巡捕前往,以期各不相扰。此军火专为防剿长江内地土匪,保护中外商民之用,设有督巡提用,各国毋庸惊疑。

八、内地如有各国洋教士及游历洋人,遇偏僻未经设防地方,切勿冒险前往。

九、凡租界内一切设法防护之事,均须安静办理,切勿张皇,以摇人心。

简单说来,"互保"的立场就是:南方的官员们不支持义和团,并愿意保护洋人在华的安全和利益;同时希望洋人不采取军事行动,与中方以和平状态进行正常的通商贸易。

"庚子之乱"最后以义和团的失败和洋人的胜利而告终。在动荡结束后,清廷认为盛宣怀善于与外国人打交道,希望盛宣怀入京与外国议和。但盛宣怀觉得北京的政治太不可靠,推脱不肯。盛宣怀所管理的许多事业如电报、矿业、海关、铁路等是北京清廷的主要收入,因此北京对他也奈何不得。慈禧回銮北京后对义和团运动期间有功的人员进行褒奖,保全山东的袁世凯和倡议东南互保的盛宣怀均加封了太子少保衔。

"铁路国有令"与清朝覆没

1908 年盛宣怀进入中央政权,成为邮传部侍郎。1911 年 1 月,在袁世凯失势之后,盛宣怀被封为邮传部大臣,接替原来的铁路总办袁世凯的亲信梁士诒,总管全国铁路事宜。此时的清政府已经越来越无力把控局势。政治上立宪的呼声,以及经济上民间资本的日益崛起,这个已经腐败的王朝渐渐容纳不下新生的力量。

就任邮传部大臣之后,盛宣怀提出"铁路国有"政策,下令将已经承诺由民间商办的川汉铁路和粤汉铁路路权收回作抵押,向英、法、美、德四国银行借款 600 万英镑,以统一全国的轨道。但此时四川、广东、湖南、湖北等地已经有不少民资入股,突然的"国有令"严重损害了他们的利益。

1911 年 6 月 1 日,盛宣怀和督办大臣端方联名向四川总督王人文发了一封电报:对川汉铁路公司已经用掉和现存的资金,由政府一律换发给国家铁路股票,概不退还现款;如果四川的商人们一定要退还现款,那么朝廷只能向外国借债,并将用四川省的财政收入作抵押。也就是说,政府不仅收了路,而且连股金一起收了。

王人文收到这封电报之后,知道这电报内容一旦公布,必然大乱,于是学了盛宣怀在义和团运动中"东南互保"的那招按下不发。但是 6 月 7 日,盛宣怀和端方径直发电报给川汉铁路公司驻宜昌总理李稷勋,询问是否见到电文。王人文无奈,只得发布了这条电文,顿时舆论哗然。盛宣怀一再催促王人文迅速清查铁路公司各地账目,以便接收。

6月13日，四国借款合同寄到成都，四川盐政部部长邓孝可撰文《卖国邮传部！卖国奴盛宣怀！》，痛骂"盛大臣卖国奴"。6月17日，川汉铁路公司在成都岳府街上宣布成立保路同志会。保路会领袖罗纶登坛，开口便说："川汉铁路完了！四川也完了，中国也完了！"言罢大哭，顿时满场号啕，甚至连在场的警察也受到感染而悲泣。

王人文同情保路运动，几度向清廷致电为保路运动请愿说情，同时谴责盛宣怀出卖路权、国权，要求治以欺君误国之罪，并愿意自己承担"同等之罪"，"以谢盛宣怀"。结果王人文被革职。

随后清政府派端方在湖北调选新军入川"平乱"，结果却是湖北新军发动了武昌起义，满清王朝以土崩瓦解之势迅速覆灭。当时的御史王宝田在给皇帝的奏疏中就说："此时鄂事决裂，实由川民之变；其致变之由，由于收回铁路国有之政策。而主张此事者，则邮传部尚书盛宣怀也。"也就是说盛宣怀成了清朝覆没的第一号责任人。他被马上革职，政治生命基本结束。

盛宣怀为什么主张铁路国有？盛宣怀自己曾试图说明"收归国有"的原因："乃数年来，粤则收股及半，造路无多，川（四川）则倒账甚巨，参追无着，湘鄂则开局多年，徒资坐耗。竭万民之脂膏，或以虚糜，或以侵蚀。恐旷时愈久，民累愈深，上下交受其害，贻误何堪设想！"故将铁路"收归国有，定为政策"。（见《府君杏荪行述》）

这段话并非完全没有根据。根据张之洞的门生汪康年所记录，在盛宣怀之前，中国铁路的"商办"其实空有其表。当时积极参股铁路的民间资本很多，但是股东会议没有多少影响力，铁路公司的经理层即便没有绩效也坐享薪水，将时间耗费在各种内讧上。七八年中，集款一二千万两，但是修成的铁路甚至不过一二百里。相比之下，盛宣怀修建卢汉铁路时采取的机制是向外国借款，三位主管由两个中国人和一个外国总工程师组成。外国工程师必须绝对服从盛宣怀以及另外两位中方大员。这种机制还算有效，6年间修成了1200余里，1904年获得纯利237万两，次年的纯利是353万两。比利时银行获得纯利的20%，作为还贷，其他则成为清政府的国库收入。

另外商办铁路账目相当混乱，被官员亏空甚多，欠款已经无法追回。而当时盛宣怀的资金都投放在负债累累的汉冶萍公司，没有现金可以偿还商股，所以才下令用填发股票的形式偿还商股。这种方式对四川的广大商民来说无异于股本石沉大海，一去无回。民众对丧师割地、年年赔款、国穷民困的愤懑和不满终于爆发出来。

晚清时期的铁路借款已经成为一个复杂的历史争论。晚清政府借债修路有情势所逼的成分。甲午战后，列强企图以直接投资的形式承办铁路。如果由外国直接承办，则意味着清政府不拥有这些铁路的主权。如果放弃修建铁路，中国将更处于不利地位。借债造路，尽管也损失了一定利权，但至少在名义上清政府对各借款铁路仍拥有主权。也正因为进退两难，清政府缺乏谈判筹码，经常被迫接受苛刻的借款条件。

但清政府借债筑路，也不能说完全被动，同时抱有均衡列强在华势力的目的。西方

列强以路权为手段,通过铁路的延伸以期达到瓜分之效。清政府没有实力强硬回击,只有尽可能采取牵制策略。其做法是:让一个强国在另一个强国的势力范围内修路,形成列强互相牵制的格局。例如,当俄国据有东清铁路和南满支路特权后,张之洞便建议从英国借款修建关东铁路,以便"使俄从中有阻隔,彼尚有所顾忌牵制"。在修建卢汉铁路时,为了促使比利时迅速签约,盛宣怀与美国签约借款修建粤汉铁路。而粤汉铁路向美国借款又是为了阻断英国在整个华南的势力范围。均衡列强势力的意图,在清政府签订各个借款合同过程中,都有明显的体现。

在清朝的上层统治集团中,对借债筑路的政策并没有达成共识。张之洞和盛宣怀等人,希望借助外国资金和技术来启动中国的铁路事业,但统治阶层的绝大多数成员对外国资本是充满恐惧的。上海最早的英文报纸《北华捷报》(North China Herald)曾评论清政府对外资的态度:"虽然职权从张总督手里转移到盛督办手里,原来只用本国资金的念头肯定并没有放弃……对于外国人的不正常的恐惧,已经在政府心目中成为一种骇人的东西……"

如果仅从纯粹经济的角度去看待外债的问题,外资对于当时财力、技术和管理都极度匮乏的中国工业不失为一条先遣之路。进入现代之后,人们对外债已经报以开明态度。韩国在"二战"之后不仅借外债,而且将民族工业出售给外国,在掌握技术后再逐渐赎回。大宇和三星就是这样发展起来的。

但问题的另一个关键点是,盛宣怀在借款的过程中,为自己牟取了太多私利。如果盛宣怀没有收取巨额回扣,那么他在道义上就会强壮很多,以后他的孙女婿邵洵美也就不至于被鲁迅骂作"祖上积了阴德……得了一座大宅子"云云。鲁迅还专门写过一篇名为《从盛宣怀说到有理的压迫》的杂文讽刺民国政府发还盛家家产一事。

功过评说

盛宣怀被革职之后便东渡日本,他在中国的产业一度被查封。1912年孙中山当选为临时大总统之后,为了筹集军款,只好向工商巨头求助。当时任临时政府实业总长的张謇便是积极为孙中山筹款的人,以大生纱厂作担保,向日本三井洋行借款80万元,但仍不够。孙中山和黄兴又求助于盛宣怀。孙中山通过赴日代表对盛说:"民国于盛并无恶感,若肯筹款,自是有功,外间舆论更激,可代为解释……"并表示愿意有条件地发还盛家的不动产。

孙中山提出向日本正金财团出让汉冶萍公司50%的股权,但此事未能谈成。盛宣怀私下认为孙中山"有理想而无经验,不足与谋也"。根据夏东元《盛宣怀传》,盛宣怀之所以这么说是因为他听说孙中山也要实行铁路国有政策,但是将中国铁路全部交给外国经

营,比他借款修路还要激进。

虽然借款的事未能谈成,不过 1912 年 12 月,盛氏的家产由江苏都督程德全下令发还。盛宣怀又举家迁回了中国,定居上海,继续担任招商局副董事长和汉冶萍煤铁公司董事长。1916 年,72 岁的盛宣怀在上海去世。盛家为他举行了极其隆重的葬礼,大出殡轰动上海,耗资 30 万两白银,送葬队伍从斜桥弄(吴江路)一直排到外滩,租界当局还专门安排了交通管制。而他留下的遗产价值 2000 万两,甚至超出了李鸿章家族,盛家的确堪称当时的首富了。盛家的财富当然引人侧目。1928 年,蒋介石政府以"卖国"的罪名查封了盛氏家产,不过 1933 年 4 月又命令清理发还。鲁迅那篇著名的杂文就是写于盛氏家产再次发还的时候。现在已知的盛家在上海的产业包括南京路上的仙乐斯舞厅、火车北站对面的 100 多幢里弄住宅、新闸路上的辛家花园、现在的淮海中路 1517 号花园洋房等等。

盛宣怀去世之后,对盛宣怀的评价就成了史学界和舆论界的一个争议。长期以来,对他的评价主要是负面的。台湾史学家苏同炳在 1978 年出版的《中国近代史上的关键人物》一书中写道:"纵观盛宣怀之一生,唯一可称道的地方似乎只有两点。第一,是他一生中所办的慈善事业颇多,这是很难得的德行。至于第二点,则是他在办理交通建设事业之时,捐资倡办北洋大学及南洋公学,培养人才,振起教育之事。"虽然总体上苏同炳对盛宣怀持贬抑的态度,但至少肯定了他在教育和公益事业两方面的贡献。

1895 年 10 月 2 日,盛宣怀通过直隶总督王文韶,禀奏光绪皇帝设立新式学堂。经光绪批准,成立天津北洋西学学堂。后更名为北洋大学,此为中国近代史上的第一所官办大学,也就是天津大学的前身。在北洋大学,他聘请美国教育家丁家立负责掌管,并聘请了一批外籍教员。开设了法律、土木工程、采矿冶金、机械工程等学科,都是为了应对当时经济和外交的需要。另外,他还围绕北洋大学建立了中国第一所新式师范学院和第一所小学,连同北洋大学堂二等学堂(相当于大学附中),这就形成了一个较为完善的三级学制。

在首创北洋大学堂后,盛宣怀又筹建了南洋公学(今交通大学),亲自担任公学督办,聘何嗣焜为总理(校长)、美国传教士福开森(John Calvin Ferguson)为监院(相当于教务长)。采用"官督商捐"方式集资,在上海徐家汇北部选定校址,购地造房。南洋公学于 1897 年 4 月 8 日正式开学,包括师范院(师范学堂)、外院(后改为附属小学堂)、中院(中学);以后又逐步设立特班、政治班、商务班、译书院和东(日)文学堂。仅在办学初期的 8 年内,就选送 58 名优秀学生分别去日本、美国、英国和比利时等国留学深造,攻读铁路工程、机器制造、商务和政治等科系。因为与这两所大学的渊源,现在南开大学、天津大学、上海交通大学和西南交通大学、西安交通大学都树有盛宣怀的塑像。

至于公益事业,盛宣怀从早年起就参加赈灾,对福利和慈善事业一直抱有热情。1904 年,日本和俄国为争夺殖民地在中国东北发动了战争,为救护东北三省的中国难民,

盛宣怀和工部尚书吕海寰召集上海官绅和外国公使，成立了万国红十字会上海支会，由盛宣怀出任会长，这就是中国红十字会的起源。红十字会募集了 20 多万两银子，派义务工作队赶赴东北，救助难民数万人，并对他们进行赈济、医护、资遣和留养。1906 年，清政府签署日内瓦公约，正式加入国际红十字会组织。

其实盛宣怀作为一个商人，从狭义的"在商言商"的角度看，他就是一个彻底的逐利者。所以他会通过官商的身份牟利，甚至牺牲民间商人的利益，从经济发展的角度看，盛宣怀作为一个高层官员不算太失败，在当时内焦外困的窘境下，他灵活利用手中的资源，同时也采取一些具有超前意义的做法，突破保守派的阻拦，引进了许多新生事物，使近代工业逐渐深入中国。但是，从企业家道德的角度看，盛宣怀为自己牟取利润的方式和数额是有污点的行为。即便排除意识形态的因素，这些污点也足以使盛宣怀始终无法摆脱被批评和诟病的阴影。

台湾史学家吴相湘曾经说："盛宣怀在清末的政治地位之重要，不下于李鸿章、张之洞、袁世凯，而所从事的事业皆关于国家关系之大计，尤非李、张所能比。"而苏同炳针对这段"过分溢美"的评论说道："假若他（指盛）身后所留的财产确实只是'颇为富有'，而并非银数千万两之巨，我们对于吴先生的恕词，应该是有理由可以接受的。如今我们所见的事实既是如此，则盛宣怀之一生，总难洗尽他唯利是图而长袖善舞之恶名了。"

盛宣怀的子女凭借盛宣怀留下的财富和人脉，纷纷与豪门联姻，形成一个庞大的家族网络。当时刚刚留洋回国的宋子文追求盛家的七小姐，盛夫人却认为宋家不过是个传教士家庭，门户不匹配，因此阻挠了这段恋情，可见当时盛家的眼界之高，同时也可以看出人的命运沉浮多么富有戏剧性。盛氏的第二代到了解放后有的漂泊海外，留在大陆的人晚年由于受到"文革"等历史事件的冲击，大多比较潦倒凄凉。

盛宣怀的孙儿辈中，最有建树的是盛毓度。盛毓度早年留学日本，先后毕业于东京成城学园及京都大学。由于其祖父的关系，回国后一直出入上流社会。20 世纪 50 年代初，盛毓度再次东渡日本，经营一座中国宫殿式的留园饭店。如今留园饭店已经是日本名流显要宴请聚会的场所之一。盛毓度同时也是中日邦交史上有贡献的政治家，在 20 世纪 70 年代为中国与日本恢复邦交出力不少。1975 年，周恩来总理邀请盛毓度全家回国参观、探亲。1986 年 6 月，上海交通大学举办 90 周年校庆，盛毓度全家应邀参加庆典。1993 年盛毓度去世，归葬在上海归园公墓。盛宣怀的其他孙儿也大多经商，上海的新亚饭店、锦亭餐厅等就有他们的参与。

职业银行家与非职业外交家

——陈光甫

名人档案

陈光甫：原名辉祖,后易名辉德,字光甫,以字行世。江苏镇江人。1909 年毕业于美国宾夕法尼亚大学,同年回国。

生卒时间：1881~1976 年。

历史功过：1911 年辛亥革命后,任江苏省银行监督。1914 年转任中国银行顾问。翌年 6 月创办上海商业储蓄银行。1927 年任国民政府财政委员会主任委员,负责为蒋介石筹募军饷。同年创办中国旅行社。1928 年出任江苏省政府委员、中央银行理事、中国银行常务董事和交通银行董事等职。1931 年与英商太古洋行合资开设宝丰保险公司。1936 年 3 月,任国民党政府财政部高等顾问。1937 年,任大本营贸易委员会中将衔主任委员。抗日战争时期,历任国民参政会参政员,国立复兴贸易公司董事长,中、美、英平准基金委员会主席。1947 年任国民政府委员,并主管中央银行外汇平衡基金委员会。1948 年当选立法委员。1950 年陈光甫将上海商业储蓄银行香港分行易名为上海商业银行,在香港注册。1954 年定居台湾。1965 年上海商业储蓄银行在台北复业,任董事长。1976 年卒于台北。

名家评点：中国银行家。中国旅游业创始人。

沃顿商才

陈光甫生于 1881 年,是江苏镇江人。他的父亲陈仲衡有八个子女,陈光甫排行第二,幼时体弱多病,发育迟缓,直到七八岁才学会说话。陈仲衡曾在家乡从事进口火油生意,小本经营,颇为艰难。后来去汉口,在一家外商的报关行谋职。陈光甫那时 12 岁,随

父来到汉口,在父亲做事的报关行当了7年学徒。

学徒生涯的艰苦是不消说的。"进餐时则侍应盛饭,客至则奉茶敬烟,以及一切琐屑之事,店役所不为的,无不尽委学徒。""凡添饭斟茶,以及早晚开门上锁之役,无不为之。晚间卧于地板之上,热天则露宿凉台,饭时常不得饱。"除了忍耐,学徒的另一条生存之道就是察言观色,看菜下碟,善于辞令。许多学徒出身的人被这种严厉的训练所改造,养成八面玲珑、长袖善舞的待人习惯。陈光甫后来的确也善于周旋,广交朋友,不过他并不喜欢投机取巧。这段生活给陈光甫留下的印记很深,后来他曾多次向人提起这段经历,劝人做事时要不畏艰难,不怕吃苦。

身在洋行,那时陈光甫所能看到的榜样自然就是能流利使用英文的华人高级员工。所以在7年学徒生涯中,他一直苦学英文和金融知识。终于在18岁时考入了汉口海关邮局。3年后,他"跳槽"到了汉阳兵工厂任英文翻译。就是在这段时间里,他受到了汉口日本正金银行买办景维行的赏识,成为景家的女婿。

1904年是陈光甫人生的转折之年。这一年美国举办规模空前的圣路易斯世博会,清政府为振兴国势,决定组团参加,并由皇室贝子溥伦率团前往。陈光甫因为通晓英文与商务,加上岳父与湖广总督端方交好,被湖北省选为参加世博会的工作人员,第一次出国游历。这段为时7个月的经历令陈光甫眼界大开。他在这里看到了当时最先进的电子管收音机、自动交换电话、福特T型汽车以及电动公共汽车等等,深受震撼。博览会结束时,他决定留在美国求学。这个决定得到了景维行的支持,同时他申请到了官费津贴,开始了在美国6年的留学生活。

陈光甫先后就学于辛普森大学、美以美会大学。1906年转入宾夕法尼亚大学沃顿商学院,4年后他从这所顶级的商学院取得商学学士学位。毕业后,他又到百老汇信托公司实习两个月,才启程回国。在宾大,创办者富兰克林的教养之路深刻地影响到陈光甫的精神世界。富兰克林出身穷苦,但他"从天空抓到了闪电,从专制者手中夺回了权利"。他经商、从政、研究科学都取得了令人嫉妒的成就,他的自传几乎成为当时美国青年的教科书。

对陈光甫来说,以富兰克林为代表的美国资本家展示了一种新的生活和伦理观念:尽力赚钱,精于职守便是美德;享受生活,但是严格克制本能冲动。其实这便是韦伯笔下的"清教徒资本家"。韦伯也曾经说过,如果有人问富兰克林为什么赚钱,他必定会回答:"你看见办事殷勤的人么,他必站在君王面前。"意思是说,勤奋乃是受到神意嘉许赞赏的德行。对年轻的陈光甫来说,获得这个精神世界使他在得到知识之外,真正被现代的观念所充实和武装。他在这里所获得的内心动力已经远远超出了他的父亲、师傅以及岳父向他指出的道路。那种混杂着沉闷和放纵、懒惰和贪婪、自卑和自傲的中国旧式商人之路已经失去了希望和吸引力。

逃脱政坛

1909 年,陈光甫学成回国,此时正是晚清剧变在即的敏感时刻。陈光甫最初回国时通过景维行和端方的关系,在江苏财政局任职,得到江苏巡抚程德全器重。不到两年,辛亥革命爆发,程德全用竹竿挑去抚衙大堂屋上的几片檐瓦,便宣告革命,由江苏巡抚变成了江苏都督。陈光甫被任命为江苏省财政司副司长,受命将官钱局改组为江苏银行,陈光甫担任总经理。这是陈光甫涉足银行业的初次实践,并因此结识了一群银行界的朋友。

但是局势急转。1913 年 3 月 20 日,袁世凯刺杀宋教仁,孙中山和黄兴发起"二次革命",号召讨袁,旋即失败。袁世凯巩固政局之后着手清除异己,听说江苏银行曾经为革命党提供经费,曾经下令捕杀陈光甫。幸而袁世凯的秘书长张一麐曾经和陈光甫一起在程德全手下共事,另外算是同乡,有些交情,为陈光甫说情,才使陈光甫逃脱杀身之祸。而继任江苏都督的"辫帅"张勋下令陈光甫将江苏银行储户名单上报。这是陈光甫命运的第二个转折点。他认为银行有义务保护储户秘密,拒绝呈报,同时提出辞呈。这场风波被上海《大陆报》记者周锡山知晓,便把事实真相披露于报端,陈光甫得到社会广泛赞誉。据说孙中山在海外也对陈十分赞许,后来在陈创办上海银行后曾托孔祥熙送了一万元股金,宋氏家族也入股 5000 元。

陈光甫辞职时 34 岁,决定创办一家银行。这个决定乍一看颇不可思议。当时中国的金融业不外乎几种类型的玩家——实力雄厚的外资银行、传统模式的钱庄,以及由政府或商人经营的本土银行。这些信贷机构数量繁多,但对市场的定义是雷同的——他们都紧紧盯住了掌握中国绝大部分财富的权贵巨贾。因此,当时银行业的财富实际上就是在这个人数极为有限的圈子里循环流动。例如北方当时颇有新派作风的金城银行创办时,北洋军政官僚和前清遗老的存款就占了 90%。

银行的资本来源过分依赖于官僚权贵或者政府存款,这种存款非常不稳定,一笔存款的转移就会对银行的经营产生致命的打击。而民国初年政局动荡,那些凭借政治军事特权得来的财富很可能随着政治军事力量的坍塌冰消瓦解于片刻之间。另外,银行也苦于不能为聚集起来的资金找到合理的出口,资金来源的不确定性使他们不敢也不愿意向工商业投资,而必须捕捉短期见效的机会。于是银行家必定只能投机于房地产、证券或者政府公债,明知饮鸩止渴却也不能自拔。

与巨额的投机热钱形成鲜明对比的是,当时中国的工商业却常常陷入资金短缺的境地,告贷无门,如热锅蚂蚁。从张謇到荣氏兄弟,大多数工商业者都曾经为了借款而愁肠百结。另一个反差则是,由于银行家们只认为权贵巨贾才有价值,所以当时不论是外国

还是中国银行都不针对普通市民营业。换句话说，在那个时候银行不是普通市民进出的场所，它们门庭过于气派，许多洋行只用英语工作，加上对小储户施以白眼，令普通商民敬而远之。

陈光甫的策略无异于在密林中另辟一条蹊径，这条蹊径在当时看来还完全是一片榛莽。他决定开一个以普通市民为服务对象的"平民银行"，将散落在民间的财富聚敛起来；至于资金的投放，他选择工商实业——在资金的来源和出口两个方向上同时尝试两个长期被忽略的领域。这条道路从理论上来说当然是更合理和更健康的，但它是一个聚沙成塔的积累过程，比投机要艰难和费时许多。更何况陈光甫创业时两手空空。

上海商业储蓄银行（简称上海银行）创业之初资本号称 10 万元，而实收只有 8 万元，直到临开业之前，仍未凑足 10 万元之数。庄得之（常州人，信义洋行的买办，盛宣怀的妻弟）投资 2 万元，就是最大的股东了，因此当上董事长。陈光甫只有 5000 元股份——其中一部分还是庄得之垫付的，当了总经理。其余股东包括中国银行上海分行副经理张公权、浙江实业银行上海分行经理李铭（李馥荪）和浙江萧山通惠公纱厂上海办事处主任王晓籁——这几位后来都成为大金融家和实业家。

10 万元开一家银行，实在是太少了，其资本额是当时上海各家银行中最少的。十里洋场，豪门似海，这个自称"平民银行"的新来者可以说近乎寒酸。陈光甫刚刚放弃的江苏银行资本总额是 100 万元，同年成立的盐业银行拥资 190 万元，资本最小的中华商业储蓄银行也有 25 万元，甚至连当时稍具规模的钱庄，如永丰、福康、顺康，资本额也要超过上海银行。所以 1915 年 6 月举行挂牌开业典礼的时候，陈光甫连银钱公会的董事朱五楼都不敢请，因为怕朱不赏脸反而出丑。

以小博大

上海银行设在宁波路 9 号，门面也小，职员也少，人称"小小银行"。既然已经定位为"小"，陈光甫索性将"小"发挥到极致，推出了"一元起存"的服务——只需存入一元就可以开户，并且不收服务费。刚一推出时，银行业认为陈光甫此举无异于自杀。陈光甫却很清楚自己没有资源，所以只能选择一条相对艰苦的服务平民的道路，"从小处做起，为人所不屑为"，"人争近利，我图远功"。何况，小额储蓄并非如他人想象的那样无利可图，因为大量小存户反而比少量大存户稳定性强，可供银行投资运用的周期更稳定，所需要的准备金也更少。小则小矣，但积少成多，反而可靠。这似乎像是 20 世纪初之中国对"长尾理论"的一次演绎。事实的发展证明了这种业务确实是吸收社会游资的好办法，并且有利于形成良好的业态。

当时业内同行不能理解陈的做法——服务几百名小客户不如攀附一个官员，只需大

笔一挥就是几万、几十万的存单,何其省事。他们认为银行是上层社会的专属品,只需要符合上层社会的口味即可。但陈光甫自己曾经去汇丰银行试图开户,结果被拒绝,深感刺痛,以自己的体验推而广之,他认为中国的普通社会阶层有许多闲散资金正缺乏愿意提供服务的银行来存放。

有一天,一位同行人士背着100枚银圆来到上海银行,要求开出100个账户,故意刁难。陈光甫接到报告,告诉职员照办。这个故事被同行笑话,但却得到市民的好评如潮,认为终于有一家真正的市民银行,一时间林林总总的各色普通人争相到上海银行存钱。原先与银行素无缘分的市民阶层也可以拿到存折,每天前来储蓄的人挤满柜台。

上海银行的做法已经颠覆了银行业的一贯做派。但陈光甫并不满足于此,他将银行业彻底地转化为一种服务业,颇有现代社会"顾客为上帝"的风范。面对这些刚刚获得权益,还有点忐忑的市民,服务态度是至关重要的,因为他们非常敏感,尤其不能忍受蔑视。为了让普通市民不感觉心理压迫,陈光甫命令各上海银行各个支行的门要比一般银行小。后来建起了总部大厦,还特意把几米宽的大门封闭了,出入改走边门——"我行往来多系中下层小户,如果银行搞得太阔气,小额储户就可能不敢上门。"

1931年上海银行另建新楼,虽然此时上海银行已跻身大银行之列,陈光甫仍坚持他朴素亲切的一贯作风,新楼二层以上全部清水红砖。但临近开业时,陈光甫却不惜重金,特地从美国邀来一位银行建筑设计师,对营业厅内部进行布置,从柜台摆放、柜员位置,到顾客排队、休息区域的划分,都进行了精心设计,"凡安设桌椅等等,均需在适当地位,为顾客力谋便利,为行员兼谋办事上之敏捷"。经过合理安排,上海银行的存款柜得以实行柜员制,即行员一人负责从验票到付款的全过程,顾客省心省力,受到广泛欢迎。

此外,上海银行还开办了代收电灯费、电力费、自来水费和代发工资等业务,不避繁杂,为市民提供广泛而贴心的服务。上海银行还办理小额家用汇款,一般也是免费的,如果收款人所在地没有分支机构,就设法通过就近分支机构将钱款转过去。在30年代,上海银行国内汇款总额为全国银行业之冠,成为一笔巨大的无息周转资金。

30年代初,上海银行在全国各地开设了多家分行。在一地开设多家分行,也是上海银行首创,此前银行在一地往往只开设一家分行。在视察青岛分行时的一次聚餐上,陈光甫问分行经理:"吾等当如何服务社会?"经理回答:"我等应以和易之态度、平等之精神待客,不论百元之客,还是一元之客,皆需竭诚接待。"经理自以为回答得十分得体,等着陈光甫表扬,陈却说:"即无一元生意之客,亦需恭慎款接,况有一元之贸易乎?客即来往,其来往之厚意已可感。"将服务之心用到这个程度,吸引存户实在也是很自然的事了。

上海银行的存户主要是一般公职人员、职员、教师、自由职业者、家庭主妇、一般个体经营者等。到1936年,上海银行的储户共计15.7万余人,按当时人口5亿计算,那么每3000人中就有一人在该行开户。正是这些小人物,把上海银行的储蓄存款额从1915年的57万元增至1926年的3244万元,在当时的全国百余家银行中存款额排名第五。又十

年,到 1937 年 6 月,上海银行存款总额接近 2 亿元,约占全国私营银行存款总额的 1/10,遥遥领先于其他民族资本银行。

积极心态

与吸纳资金时的"服务社会"的口号相对应,上海银行投放资金时提出"辅助工商"的方针。当时多数银行争相投资房地产,陈光甫并不赞成。他认为房地产业利润虽高,但占用资金大,周转周期长,不易脱手,属于高风险投资。与陈光甫的个性相仿,上海银行经营稳健,在整个 20 年代,上海银行投入到房地产和有价证券的资金比例,在银行业里始终是最低的,其中投资房地产的金额,一般仅占存款的 3% 左右。相反,他大量放款于有信誉、有前途的工商企业,比如荣家的申新、福新,张謇的大生集团等,看重这些企业的稳健回报。实际上这些企业不论最后是否存活下来,但上海银行总是把握良好的介入时机,在发展的上升阶段取得回报,却并没有和失败的企业一起没落。换句话说,上海银行创造了一个准确放贷的奇迹,鲜有失手。

按照当时中国银行业的水准,许多银行放贷缺乏扎实根据,往往因为人际关系或表象而放款。陈光甫则认为熟悉程度根本不足以为据,就是资产的多寡也很难作为信用的依据,因此他提出将"对人信用"改为"对物信用"——上海银行绝大部分贷款都是有抵押品的。

当然抵押还不足以对冲所有的风险。陈光甫建立了一套严密的风险控制机制。1919 年上海银行成立调查部,这是上海最早的银行征信机构,也是行业内十分领先的做法。调查部的主任就是后来的金融名家资耀华,当时从日本京都帝国大学经济学院毕业回国不久。调查部的主要工作是进行信用调查和经济调查。在信用调查中尤为注重借款人的三 C:Capital(资产)、Capabillty(能力)和 Character(人格)。为了考察借款人的三 C,上海商业储蓄银行调查部建立了详尽的客户档案。资耀华一上任,就以上海电话簿为基础,展开了分区、分街道、分企业和分商号的拉网式调查。一段时间后,调查部获得了大量个人和商户的信用状况资料,并各自划定不同等级。对于经济调查亦有详尽的内容,如押款商品的调查、编制重要商品市价周报、调研经济形势等等。

调查部在银行内部处于非常重要的地位,他们对于放款往往可以发表具有举足轻重的意见。例如对上海一些巨商富户,像荣氏兄弟、刘鸿生等,即使尚未与上海银行发生业务往来,上海银行已经将他们列为重点目标客户,暗中收集和研究他们的材料,包括他们的实力多少,当年盈亏、经理的管理方法以及负责人的性格等等。有时不仅要知道其财产情况,而且要了解对方的品质、家庭和社会关系、经营作风等,因为这些对于他所经营的企业成败都有关系。调查部将调查来的情况分户列卡,材料逐渐积累到几十个箱子,

这都是上海银行开展业务的依据。

信用调查制度效果显著，经常促成一些与众不同的决定，但是都建立在扎实的数据基础上。北京政府总理段祺瑞的女婿奚东曙，在天津经营一家商号，摊子铺得很大，平时出手阔绰，许多银行都巴结奉承贷款给他。但上海银行调查部获知，此人经营作风不正，暗中从事投机倒把生意，随时可能发生风险，于是命令对他的贷款要严加防范。果然不久以后，奚某因经营失败逃之夭夭，许多银行遭受巨额坏账损失惨重，而上海银行因未雨绸缪，丝毫无损。

与此相反的例子则是美国保险巨头史带（C.V.Starr）及其美亚保险公司。史带最初从美国来到上海时，只有随身携带的一只小皮箱，穷愁潦倒，一直借宿在亭子间里，而且其貌不扬，诨号"歪嘴史带"。不料几年后此人便发迹了。1919年，史带在上海成立了美亚保险公司；1921年又成立友邦人寿保险公司。史带的发迹史，是淘金上海的传奇故事之一，但也使许多人视其为滑头生意之王，敬而远之。上海银行调查后则认为，史带的公司是一个成长型的企业，而史带本人"饶有资产，信誉殊佳"，因此购入了不少美亚公司的股票，后来都获利丰厚。

另外，陈光甫成立了一个放款委员会，提倡集体决策。每一笔放款都必须经过放款委员会的会议研究，决定数额和责任人，并对会议进行记录。放贷的过程坚决照章办事，不予情面。荣氏家族当年也曾入股上海银行，约占20%的股份，是大股东，因为荣宗敬的哲学是"今天搭股一万元，明天就要用它十万、二十万元"。另外，荣宗敬与陈光甫的私交也相当不错。但1934年荣家的申新纱厂拖欠借款时，陈光甫毫不留情面，照样对纱厂进行代管代营。荣宗敬大发雷霆，声称"我没有办法管了，一切让你们管好了"，但是陈光甫并不改变做法。

与吸纳存款时积少为多的做法相对应，上海银行向中小工商业者提供小额贷款，这种贷款一般在100~200元之间。在上海银行静安寺分行，为解人燃眉之急，只要有二人担保，即可贷款给个人500元以下之金额，利息一分。曾有一家水果摊要求借款，工作人员颇感为难，陈光甫得知后指示照办。数年间发放的小额贷款十万元，除一笔以外，其他全部到期收回。到1936年底，此项小额信贷信用借款累积金额为320余万元，累积人数为17000人，呆账成分仅合万分之五。陈光甫甚至把银行家的金手指伸向了无人敢染指的农村，上海银行农业放款截至1935年，总余额曾达600余万元，贷款区域分布于10省72县，贷款之合作社及仓库凡900余处，与银行发生金融关系之农民计达20余万人。

对这种小额贷款业务，陈光甫看作是"送银行到社会去"，值得冒险尝试。一则"借款于人，使解一时之厄，人非木石，讵无感激之心，故轻易不肯丧失其信用"，二则"天生我人，非令我等仅做饭囊衣架，实欲使我等从事于人群互助之工作，我等苟有一分可扶助人，或为人服务之能力与机会，必需尽此能力，捉此机会以为之"。

上海银行就这样从一个着眼低端市场的银行迅速成长。1915年成立之初，资本额只

有 10 万元,到 1921 年变为 250 万元,增加了 24 倍;存款额 1915 年年底为 57 万元,1926年是 3244 万元,增加了 56 倍;12 年间,净盈利为 355 万元,平均年盈利率达到 20%以上,的确是令人瞩目的业绩。

在上海银行之外,陈光甫还开办了中国的第一家旅行社。1923 年 8 月,上海商业储蓄银行旅行部正式宣告成立,以后又在各地设立分部。旅行部早期业务以客运为主,其服务项目众多,诸如代售国内外火车、轮船票,预订舱位,代办出国手续,运输行李,发兑旅行支票等,均包罗其中。这些业务利润微薄,为外资旅行社所不屑,所以在这里陈光甫取得了和办银行类似的聚沙成塔的成功。1927 年 6 月 1 日,旅行部自立门户,改名"中国旅行社",旅游线路覆盖到中国的名川大山。"招待所"一词,就源自中旅社的实践。陈光甫很注意在旅行中交织爱国熏陶。1933 年,他还请美国记者斯诺(也就是后来前往延安,写下《西行漫记》的斯诺)撰写了 5 本介绍中国名胜的英文小册子,寄往海外,印数达 20万份。中旅社在各地开办的旅社后来在抗战中还发挥了重要作用。

正道求财

上海银行的发展看起来是一个奇迹,但并非一路顺风顺水。陈光甫也并不是一个痴气的书生。相反,在许多局面中,陈光甫表现出和体察顾客心理一样敏锐的判断,并且善于运用微妙的手腕。

1927 年,蒋介石率领的北伐军到武汉时,为筹军饷,国民党曾命令武汉的银行界停止兑付现金,引起武汉一带金融秩序的动荡。其他银行均照令执行了,而唯独上海银行我行我素,凡在停兑日之前存入银行的,一律付给现银;凡在停兑日之后存入银行的,则按存款日的钞票市价支付。这是陈光甫亲自给汉口分行经理唐寿明的命令。因为陈光甫认为只有照样兑现才能巩固银行的信誉。汉口分行为此损失了一百多万元,但是赢得储户信任,风波平息后,存款反而激增。

这件事当然引起蒋介石的不满。所以等国民党军即将要打败北洋军阀,陈光甫便积极弥补关系。蒋氏进驻上海后,向工商界摊派"二五库券"时,陈光甫很是卖力,和虞洽卿一起对蒋氏提供了大量资金上的支持。当时包括中国银行的张公权因为摊派而提出辞职,荣宗敬因为拒不认购甚至被通缉。陈光甫都在其中打圆场,令各方都得到体面的台阶可下。加上陈光甫和孔祥熙是在美国时候的旧交,所以陈和蒋氏政府的关系维护得比较融洽,虽然陈实际上在日记中曾暗骂蒋是"新军阀"。

1931 年上海银行遇到一场规模空前的挤兑风波。这一年长江流域大水,上海银行在武汉押款用的 40 万担食盐被水淹没,化为乌有。不久东北发生"九一八"事变,国家局势急转直下,上海的储户也受到影响,开始恐慌。而此时又恰逢英国宣布废止金本位。国

内外债券暴跌。上海银行对于风险很大的有价证券业务虽持稳健态度，但毕竟也曾涉足经营，损失自不可免。坊间风传上海银行汉口损失巨大。客户们大为恐慌，唯恐自己受到损失，争相涌向上海银行，提取存款，造成了一次提存风潮。风潮从 9 月 22 日爆发。上海银行门前人头攒动，拥挤不堪。上海银行平日所备的准备金被大量提走。而且势头有增无减，从汉口蔓延到南昌、九江、南京，上海总行也大受冲击。

陈光甫一方面命令全体行员泰然处之，来者不拒，满足所有兑现要求，要若无其事，不流露任何紧张神色；另一方面他开始动用各种社会关系。陈光甫和张公权交情很深，一起经历过不少风浪。这次张公权鼎力相助，破例允许陈光甫以新造的银行大楼作为抵押，借给 80 万元现银，并在白天把现银成箱地运抵上海银行，故意堆放在银行大厅中，让前来挤兑的市民可以看到。另外一个帮助陈光甫过关的则是上海"大佬"杜月笙。

陈光甫深知帮派力量在上海通天达地，便请同乡杨管北与杜月笙联系。杨管北祖上为镇江豪富，他本人是大生纱厂一厂董事、三厂常董，在大达轮船公司和南通地产都有股份，是杜月笙的重要经济顾问。杨管北受托找到杜月笙。杜月笙早已风闻上海银行的风波，看准这是一个在金融界扩张势力的机会，答应帮忙。杜月笙要求势力范围内的烟馆和赌场老板凑足二百万元现款，第二天早上等上海银行一开门便存放进去，他本人则亲自带了一百万元现款，以他的户名存入上海银行。据说当时杜月笙的汽车停在取款的长队前，杜和他的随从从人群面前走进银行。不一会儿，银行职员喜形于色奔出大门，告知等候提款的客户："杜先生存进一百万元。"市民认为杜月笙决不会做蚀本生意，不一会儿便散去大半。有些人害怕杜手下的流氓寻衅，也离开了。陈光甫燃眉之急得解，对杜月笙当然有所报答。后来杜月笙主办的中汇银行新建大厦落成，营业规模扩大，陈光甫立刻以"堆花"方式，将五十万两白银存入中汇银行，让杜月笙白用一年，利息分文不取。此事也可以看出陈光甫还是颇有经营人脉的技巧。

但是陈光甫显然并不属于依靠手腕获得成功的类型。手腕只是他必要时候的工具，陈的成功根本还是来自对商业模式和商业伦理的把握。在晚清和民国初期，曾经叱咤风云的山西票号纷纷宣告倒闭，人称"清亡晋商亡"。为什么拥有多种优势的票号，生命力依然如此脆弱，竟然在满清灭亡之后，全面分崩离析？而当时实力不如票号的钱庄以及更现代化的银行，后来能够一步步地壮大？根本原因是经营模式。票号当年依靠的是与满清达官显贵的关系，完全走上层路线。比如乔致庸就以与高官交际而闻名，甚至慈禧西逃时就住在乔家堡。因为有官僚做靠山，票号利润丰厚。但正因如此，它离现代银行的距离也就越来越远。对政府和官僚的依赖就像吸毒一般日益上瘾。

但时代终究还是变了。陈光甫独树一帜，看中了一个真空地带，结果陈光甫不但赢得了人心，还赢得了商机，这个新生的草根银行实际上反映出了社会阶层力量对比上的变迁，这个趋势没有为故步自封的晋商所预见，但却为受过现代教育的新生代银行家所捕捉。山西票号紧靠清政府，而上海银行联袂民间企业，虽然都以逐利为出发点，但眼光

和思维方式的差异,造成了两者命运的不同。

"敬远官僚,亲交商人",是陈光甫的经营路线,这句口号可能会让如日中天时的山西票号笑掉大牙。但是山西票号称雄海内外数十年,却几乎没有扶植出什么大企业。陈光甫则不同。他的上海银行虽然小,却和近代史上最重要的几位企业家并肩成长,包括张謇和荣氏兄弟。1934年,荣氏的申新纱厂陷入困境,几乎被拍卖。陈光甫竭力奔走,促使南京国民党财政部出面设法挽救。陈光甫的上海银行,与民族工商业可谓同气连枝,但他从来分清生意和人情的关系,从来不因为私交而放贷,而是公事公办地要求抵押。由此可以管窥陈所代表的现代化经营模式。

商人的精神世界是一个有趣的话题。中国近代商人的精神世界往往混杂并存着许多元素,开放与自闭,自尊与自卑,传统与现代。他们有许多人是既受过私塾教育,也受过西方教育;既有中国传统土人的儒家理想,有的甚至还带着些许佛家的出世,却同时接受了西方的现代历史观、社会观和商业观。中国商人喜欢用"商道"来描述经营的本质规律。在近代企业家中,荣氏家族比较完美地诠释了"商道"——逐利的本能,冒险的勇气,躲避危险时妥协的柔韧性,顺应大流的灵活机变,有效的控制力等等。荣氏的哲学更容易融入中国传统的世俗智慧,而相比之下陈光甫所表现出的商业伦理更具一点西方色彩——他并不利用政治机会和非理性的投机活动来追求经济成功,而是追求通过智慧和勤奋、远见和谨慎来求取财富,同时还抱有服务社会、辅助工商、改善民生、开启民智的社会诉求。最重要的是,他的眼界超出了特权阶层,看到了草根或者说平民社会的力量——这些都隐约投出现代资本主义商业伦理的影子。

忍辱负重

一个国家的政府在自己的官员中找不到合适的人选出国外交,而一个商人的影响力竟然扩大到大洋彼岸,以至于被点名要求代表中国出使交涉——这样的局面大概在整个外交史上也是极为少见的。在蒋介石政权时期,陈光甫两次以既非官员,亦非职业外交家的特使身份,在美国财政部点名要求的情况下,代表中国政府出使美国,一次达成了《中美白银协议》,一次则在抗战初期为中国争取到两笔具有突破意义的贷款。这两次外交任务的硕硕战果足以让陈光甫自豪地跻身外交家之列。但在这个过程中,陈光甫个人所忍受的屈辱和愤懑却也令人深感作为一个弱国公民的无奈和酸楚。

白银曾经是流通于全世界的硬通货,作为银本位的国家,中国自明朝以来在国际外汇市场中就具有决定意义。但是历史进入20世纪,世界发生了剧变,中国白银的故事也从此被改写,中国被动地放弃了世代沿用的银两,进入了现代币制时代。这个变化从中美之间的一场"白银外交"开始。

1934年6月，罗斯福为了笼络从事白银生意的利益团体，签署了《1934年购银法》，由政府出面设法抬高银价。大洋彼岸的这项立法对中国来说，意味着作为中国货币的白银将大量外流，导致通货紧缩，经济凋敝。果然实行后一个月内，中国市场陷入萧条，商家纷纷破产。8月，中国财政部长孔祥熙顾不上正常的外交程序，直接向罗斯福呼吁，但是美国并不配合。中国政府只好放出信号，表示可能放弃银本位，美国也无动于衷。10月，中国政府又颁令开征10%的白银出口税，结果又遭遇日本浪人大规模武装走私白银。孔祥熙向美国提出希望稳定银价，但是没有谈成。

中国在无奈之下走上了币制改革之路。在国际银价飞涨之际，中国放弃银本位，并把手中的白银换成外汇，作为新货币的准备金，不失为一项解决办法。1935年11月，国民政府推出了"法币"。但要获得充足的外汇储备金，仍然需要求助于白银的大买家美国。美国财政部长亨利·摩根索（Henry Morgenthaw）提出了苛刻的条件，要求中国的法币与美元挂钩，由美国专家来监督货币的改革，并要中国把售银所得存在美国。孔祥熙非常气愤，表示中国新货币不与任何外币挂钩。他甚至威胁说："在最坏的情况下，中国仍可以在国际市场上抛售白银，但这对中美双方都没有好处。"

美国权衡了自己的经济实惠和安全利益，态度有所转变。一方面，它想利用这一机会坚持让法币与美元挂钩，以便扩大美国在中国的经济利益；另一方面，也担心日本会利用中国的财政困难进一步扩张，美国最终还是选择了支持中国币制改革。其中一个重要原因是，日本在中国金融市场暗中套购中国外汇。这令美国十分担心，所以美国开始积极帮助中国巩固新生的法币。

此时孔祥熙和宋子文都因为别的原因不愿离开中国。宋子文推荐资深的外交官王正廷赴美，但摩根索更希望中国的代表是一位财政专家。摩根索的助手劳海（Archie Lockhead）曾与陈光甫有业务往来，对陈光甫的人品和能力均很尊重。另外，上海银行1933年曾出资在南京金陵大学农业经济系设立两个客座教授席位，聘请美英专家各一人。其中美方教授是卜凯（J.Lossing Buck，美国女作家赛珍珠的丈夫，后离异），此人同时也是摩根索在中国的私人代表，对陈光甫评价很高。由于这些关系，摩根索指名希望中方给陈光甫一个财政部高级顾问的身份率团来美。1936年4月初，陈光甫一行三人抵达华盛顿。由此，陈光甫开始了其业余外交家的辉煌业绩。

作为中国最出色的民间银行家，陈光甫以他的诚信和干练赢得了美国人的尊重。他不辱使命，在1936年5月与摩根索以换文的形式达成《中美白银协定》，确定了美国在中国购银的数量和价格，并且形成了中美之间在国际银价问题上的价格同盟。摩根索甚至建议，如果中国愿意在0.47美元/盎司的价位封顶，他就愿意在0.42美元/盎司的价位托底。这一结局在三年的艰苦谈判之后可以说是一种"双赢"。根据这个协定，美国向中国购买了7500万盎司白银，它巩固了法币的地位，更使中国在没有经历金本位过渡阶段的情况下直接实现了货币现代化。中国从传统农业社会向现代工业社会的过渡在内外力

的推动下艰难地展开。正如南京大学美国史教授任东来所指出：“中国无法控制白银的外流，显然是它自身衰败和边缘化的结果和标志。但是，现代化固有的不可抗拒的力量最终又使这场危机包含了重大的转机。中国几乎是在内外交困之中，置之死地而后生，建立了现代化的货币制度。”

事实上，“白银外交”的意义不止于金融。如果考虑到这一时期日本对华侵略的不断扩大和加深，中国通过售银而与美国建立起来的合作关系相当重要，非同一般。特别是陈光甫与摩根索良好私人关系的建立，为其以后从美国争取援华抗日贷款打下了基础。而摩根索至少在抵制日本对华经济扩张方面与中国达成了默契，他还有意把中美财政问题牢牢地限定在“纯金钱”的层面上，从而避免来自美国国务院中对日绥靖派的干预，为1938年以后美国对华贷款开了一个很好的先例。

《白银协定》签署不到两年，中日之间的战争便全面爆发了。国民政府孤立无援，只能寻求美国的帮助。当时政权内的人士在美国活动了一年多，未能争取到任何实质结果。1938年9月，蒋介石召回驻美大使王正廷，派遣胡适为驻美大使，因为胡适在美国学界深受欢迎。与此同时，第二次指派陈光甫赴美争取贷款。这实在是一对奇特的外交组合——两个人都不是职业外交家，也不是政坛中人，却在国难当头之时担负了关系国运的千钧重任。台湾著名民国史专家吴相湘写到，“这时正值广州武汉战局紧张，我国孤立无援，而国内最负众望的两位学术界银行界领袖‘临危受命’飞渡大西洋前往美国，这在当时是非常重要而且是再无其他选择的两颗‘棋子’。”胡适后来一直称自己的大使生涯是一颗“过河卒子”，说的也是当时国民政府外交上的被动以及对美交涉的艰辛。

陈光甫的使美，与其说是受中国政府主动派遣，倒不如说是中国政府应美国的要求而派遣的。摩根索自1936年与陈光甫谈判达成白银协定后，对陈的印象非常好。1938年7月在访问欧洲时，摩根索在与当时中国驻法大使顾维钧谈及此事时，一再赞扬陈光甫的人品，对陈“异常钦羡信任”。事实上，早在1938年6月，摩根索、劳海、卜克及国务卿赫尔（Cordell Hull）等人就曾协商，认为中国委派陈光甫商谈贷款是中国的唯一机会。

但是陈光甫一开始却一再谢绝涉足此事。一则美国国会中绥靖之声高涨，商界也不愿与日本破裂。二则在国内陈光甫早已领教过国民政府的低效与混乱，认为没有前途。所以一开始，宋子文只得推荐了浙江兴业银行总经理徐新六作为赴美人选，但是徐在从香港飞往重庆途中座机被日军击落身亡。在此情况下，陈光甫勉强接受。

在美财政部驻华参赞尼克尔森的建议下，陈光甫选定桐油作为贷款抵押品。对美国而言，桐油是美国军需物资；对中国而言，桐油则属中国当时最大宗的出口品，可能争取到较多的贷款。这个思路与他经营银行时抵押贷款的方式一脉相通，事实也证明是明智的。

1938年9月9日，陈光甫一行三人由美国军方掩护，秘密到达美国。

由于事前调查详尽，陈光甫在谈判中已经主动提出收购、管理乃至车辆运输等细节问题如何解决，利害关系十分明确，很快得到美国财政部的认可。10月25日恰是中国重

镇武汉失陷当晚,摩根索专门邀请陈光甫与胡适到家中做客,宣布贷款一事。胡适后来致函摩根索,再三强调这是值得纪念的一个夜晚——"正当中国局势危急的时候,这一笔钱,真是有救命与维持体力的作用,也是心脏衰弱时一针强心剂。而由此'桐油计划'确立,英国之购料借款与币制借款亦相继获得成功。中国国际信用,大加改善,关系之重大,不言而喻。"

但协议虽然在财政部通过,美国国务院却不肯放行。由于日本占领武汉,美国官员担心中国政府会放弃抵抗,同时又顾虑日本会指责美国违反中立。陈光甫灵活提出应变办法——中国成立一家商业公司,负责收购桐油;同时在纽约注册一家世界贸易公司。贷款合同将在世界贸易公司与美国进出口银行之间订立,由中国银行纽约经理处担保。这样,贷款从表面上看完全成为美国公司与美国政府银行间的业务关系。摩根索对此十分满意,理直气壮地宣布"这是商业,不是外交"。1939年2月8日,陈光甫以世界贸易公司董事长身份与进出口银行签订了借款合同,得到2500万美元的贷款。

此时,陈光甫再次发挥了他审时度势、体察各方心理的细密的心思。他向孔祥熙建议将借款留存在美国,并直接用于在美购货,以此"交好毛财长(摩根索)开日后接济之门"。1939年6月底,全部桐油贷款用于在美购物,所购商品包括汽油、润滑油、有线电材料、运输桐油车辆、粗布、无线电材料、军用车辆设备、配件等,皆为中国抗战的紧俏物资。桐油贷款名为商业贷款,实际上基本全部用于抗日战备,因此,许多美国外交史学家都把该贷款视为"罗斯福当局转变东亚政策,开始实施遏制日本的开始"。

桐油贷款虽然有开援助先河的意义,但是仍不足以满足抗战需要。宋子文曾通过其他渠道试图借款,但遭到拒绝。因此陈光甫要求回国的请求被孔祥熙阻止,继续留在美国争取贷款。1939年5月开始,陈光甫和胡适二人开始与美国各方交涉争取新贷款。陈光甫研究美国的需求,认为锡矿对美国有吸引力,于是在9月份便非正式向美财政部提出中国可以用锡矿为抵押品申请贷款,得到了对方的赞同。同时,陈光甫向孔祥熙建议立即先运500吨锡到美国,"先行交易,以利其行"。

但此次借款十分不顺利。日本自"桐油借款"之后便着意破坏桐油运输干线,使中国政府无法顺利履约。而在国民政府内部,中国的高官和富商们虽国难当头,但都在美国维持着巨额的私人存款,致使美国人责问中国人为什么不用自己的钱。陈光甫和胡适只能马不停蹄,反复奔走在华盛顿与纽约之间。胡适四处演讲,宣讲中国抗战的决心与努力;陈光甫则在政商两界多方活动。

1939年12月6日,陈光甫再访摩根索。在长时间谈话后,陈光甫告诉摩根索这一天是他的59岁生日,如果能得到摩根索的允诺,实在是一件最好的生日礼物。摩根索听后,大为感动。陈光甫后来回忆该事件时称之为"奉旨度生辰"。同时,胡适也两次会见罗斯福总统争取贷款——胡适与罗斯福在哥伦比亚大学时曾是同学。另外,陈光甫还以世界贸易公司董事长身份游说美国汽车业巨头,向他们保证如果中国再获贷款将继续购

买美国汽车。

由于陈光甫与胡适两人的积极努力与默契配合，终于额外为中国争取到了2000万美元的贷款额度。就当时的环境而言，这的确是一次成功的游说和极为不易的外交成就。4月20日，陈光甫与美进出口银行正式签署了滇锡贷款合同。

滇锡借款谈成后，陈光甫深知国内桐油、锡矿运输状况恶劣，必定影响中国以及他个人的信誉，因此要求回国亲自管理两项贷款的缮后工作。国民政府决定任命他为经济作战部部长（亦称贸易部长），陈光甫坚决不受，不愿进入政界"周旋中国复杂环境"。

但他亲自到昆明督促运输，甚至顶着日军轰炸危险亲自考察缅甸公路。这一时期恰逢国际市场上桐油价格上涨，因此又建议国民政府对桐油进行更高效的统一管理。到1942年3月，中国提前两年还清了桐油贷款本息，美国舆论认为这是"世界战时国际债史上所罕见"。美国商务部特此致电孔祥熙表示祝贺，尤其对陈光甫及其同仁的努力表示钦佩与赞叹。胡适也非常佩服陈光甫："弟默察光甫诸人在美所建立之采购输运机构，真能弊绝风清，得美国朝野敬从。不但在抗战期中对国家取得外人信用，亦可以为将来中美贸易树立久远基础。"可见陈光甫个人的信用已被国际视为中国国家信用的一个标志。

胡适与陈光甫两人在这段特殊的外交生涯中也结下了深厚的友谊，后来胡适还特意在送给陈氏的一张照片上写下了他那首有名的打油诗，以纪念两人当年在美求援的日子：

"偶有几根白发，心情微近中年。做了过河卒子，只能拼命向前。"

陈光甫争取贷款之际，正值中国抗日战争最困难时期，这两笔贷款颇有鼓舞士气的意义。此后，中国又依照类似模式以钨砂和金属矿砂为抵押取得另外两笔贷款，所以有许多史学家认为，陈光甫是扭转美国绥靖心态逐步走向中美同盟的关键人物。

虽然成就辉煌，名扬海内外，但是陈光甫在这个过程中内心却经历了许多幻灭。一方面，出于爱国之心，陈光甫愿意为国家尽力；但同时看清政治的腐败，在晚年尽力避而远之。这一点在胡适笔下十分生动。1939年桐油借款将成的时候，胡适在日记中写道：

"光甫来深谈，他很高兴。光甫办银行三十年，平日只有人求他，他不消看别人的脸孔，此次为国家的事，摆脱一切，出来到这里，天天仰面求人，事事总想不得罪美国财政部，这是他最大的忠诚，最苦的牺牲。我很佩服他这种忠心。"

陈光甫做此事，真是没有一点私利心，全是为国家。他有时也很愤慨，说："我头发白了，还来受这气恼，何苦来！"

陈光甫以弱国之使的身份，完成了当时许多职业外交家都未能完成的求援重任，但却付出许多人格与尊严的代价，内心不无悲凉。他在日记中写道："余在此接洽事宜，几如赌徒场中掷注。日日揣度对方人士之心理，恭候其喜怒闲忙之情境，窥伺良久，揣度机会已到，乃拟就彼方所中听之言词，迅速进言，藉以维持好感。自1938年9月以来，无日不研究如何投其所好，不敢有所疏忽。盖自知所掷之注，与国运有关，而彼方系富家阔

少,不关痛痒,帮忙与否,常随其情绪为转移也。"这段内心独白,让我们真正理解了什么是"忍辱负重",一个积弱的国家幸而有许多这样的忍辱者才得以生存。

心留缺憾

1947年,蒋介石希望有社会声望的无党派人士出任国民政府委员,其中之一就是陈光甫。1949年初,李宗仁打算派一个重量级代表团,到北平和平谈判,其中也有陈光甫,可见陈光甫当时的影响力。国共两党都想争取他,而"他既对国民党有很多的失望和不满,但他对共产党的了解也极为有限,有忧虑,有恐惧"。

对于共产党如何看待自己,陈光甫是充满疑虑的。当时《大公报》以"江浙财阀、浙江财团领袖"字眼称呼陈光甫,令他深感不安,并耿耿于怀。他还在日记中写道:"我是银行家,一个资本主义制度的代表;在政府和共产党人处于战争状态的时候,我曾两次被作为工具去华盛顿为政府寻求财政援助;我通常被认为是亲美分子。"对自己在共产党政权中可能的境遇,陈光甫是抱悲观态度的。但是他对蒋也已经完全失去希望:"蒋于国事,无论懂与不懂,一切必须亲为裁决,不旁谘博询,不虚心下问,信任佞人,致成今日之局面。"

所以他决定寓居香港——"比较无共党势力地方为香港,可以当作昔日之租界。迁居此地,一如前清官员往青岛一样,久而久之,他们忘记我们了。且此地尚有朋友,可以与美国通信,看看报,读读书,有相当自由,此为最宝贵之精神食粮也。"

大陆解放后,陈光甫在香港默默注视内地局势的变化。上海银行还在继续营业,但情况已经不同,工会权力的膨胀尤其令他感到意外。他认为工会的权力已经超出合理的范围,干涉到经营,是失当的做法。实际上,陈光甫沿袭自资本主义体制内的观念已经和共产党最初的经济政策发生了冲撞。

章士钊、黄炎培、李济深都曾几次致信陈光甫,邀请他北上参与新中国的建设。但陈光甫一直犹豫未决,直到上海银行业务中发生了一场风波。1949年9月15日该行经手的一笔950万港币款项,因港方查补第二密码,延迟一天,正碰上英镑贬值。上海的中国银行国外部要他们赔偿损失,甚至暗示有吊销执照或没收外汇的可能,要他们迅速解决,不要节外生枝。

陈光甫托人将此事的前因后果转告主管部门,希望有公允解决。留在上海的管理层只想"财去人安乐",但是陈光甫却表示"余意不在痛惜财物,而在判明是非"。此事后来又惊动陈毅、叶剑英等人,但解决终于没有让陈光甫感到满意,不久大陆又开始了"三反""五反"运动。从此以后,他再没有北上的打算。1954年,陈光甫和他的上海银行落户台湾。一直到1976年,陈光甫以96岁高龄在台北去世。

1949年2月1日,陈光甫留下了一篇非常重要的日记,这一天他谈到了对企业家精

神的许多精辟见解，其中无疑包含了他的切身体会：

"往昔私人企业之动机与目的，不外牟利与个人享受，而衡量一事业之成败，亦以其获利能力为主，其他不与焉……

开明之私人资本家近年来已有所觉悟与转变，而其最主要者即为标榜服务社会。换言之，即私人企业之目的已不仅为盈利，而兼有其理想。简化所称之理想，不外为增加对社会之便利，提高人民之生产能力，与乎惠及一般就业水准。

我国私人企业迄未能有此境地。由于政治之不清明，社会之封建，与乎民众知识之落伍，私人企业从始即无西方之基础，多数私人企业除牟利与享受之想望，更无所谓'理想'。其间虽有少数开明人物抱有远大之胸襟，但往往不能不与社会妥协，环境与局势使其'理想'受折磨与阻挫，即便有所表现，亦属非其本来面目。"

其实作为一个商人，陈光甫的一生算得上极为成功；但他之所以是一个非凡的商人，却正是因为他心中的这种缺憾感。

家族巨豪

——孔祥熙

名人档案

孔祥熙：字庸之，1880年9月11日（清光绪六年八月初七）出生于山西省太谷县一个亦商亦儒的家庭。祖父孔庆鲜。其父亲孔繁慈是清末贡生，早年做过票号生意，曾在票号担任过文案，因染上吸鸦片恶习，家境逐渐衰落。1900年，孔祥熙因为毕业成绩优异而被潞河书院推荐往美国欧柏林大学（Oberlin College）继续深造。次年秋，孔祥熙抵达位于美国中部俄亥俄州的欧柏林大学，主修理化课程；两年以后，又兼习社会科学。1905年夏，孔祥熙从欧柏林大学毕业，又考入位于美国康涅狄格州的著名学府——耶鲁大学，并于两年后荣获经济学硕士学位。

生卒时间：1880~1967年。

安葬之地：纽约市北郊哈兹代尔的斐思克立夫墓园。

性格特点：自私贪财。

历史功过："蒋家天下陈家党，宋氏姐妹孔家财"。孔子第七十五代玄孙——孔祥熙，走出太谷城；他从一个拣煤渣的孩童，到美国留学成为博士；他在民国政坛上平步青云，最后成为"一人之下，万人之上"的南京政府行政院长，兼任财政部长，权倾朝野；他纵容妻儿，以权谋私，坑了国家，肥了自己；他把家产从"山西首富"变成"民国首富"。

名家评点：美国最大的官方报纸《纽约时报》立即发表评论道："孔先生是一位有争议的人物，很难相处，喜欢闲谈，但是他从来不发出明确的指示。至于他的能力，他像所有银行家那样精明，但不是一位有政治家风度的理财家。"

复兴祖业

孔祥熙，字庸之，1880 年 9 月 11 日生于山西太谷县城正西二华里的程家庄井儿院。有关孔祥熙的家世出身，历来大多认为是"名门望族"。许涤新认为，"孔家原来是'土财主'"，"孔祥熙的老家是山西的忠诚信票号……"；孟天桢认为，孔祥熙从小生活在"富足安乐的大家庭里，融融泄泄，整天都是笑语欢声，幼年非常之幸福"；美国人斯特林·西格雷夫则称孔家"乃孔圣人之嫡系后裔，更重要的是，孔家极其富有"。

其实，在山东曲阜孔氏家族保存两千多年的孔氏家谱中，本没有关于这支世系的记载。发迹后的孔祥熙拉拢了时任黄河水利委员会委员长、山东曲阜孔氏八房的孔祥榕和孔丘的奉祀官"衍圣公"孔德成，收买了一些孔氏家族，为他篡改重修孔氏家谱时补续了上去。他又把太谷县孔家的家谱改头换面，说是明末李自成起义时，有一房孔氏家族搬迁到山西太谷县落户，才有了他家这一支系。1930 年，在孔府为大修族谱而组织的募捐活动中，已任财政部长的孔祥熙自称是曲阜纸坊村人，也捐了 2000 元在纸坊村里建立了家庙。这样，孔祥熙名正言顺地成了第七十五世"孔丘公爵"。

不过，从山西孔氏家谱中可知，孔祥熙的先世在山西，当过黎城、交城等地知县，其后也有经商的。他的曾祖父孔宪昌，16 岁应童子试时，曾独占鳌头。但当他与太谷孟轲的后裔孟洋争夺拔贡名次失败后，却咯血而死；在病中立下遗嘱，不许子孙再进场赴考。那时山西票号正煊赫全国，孔家便弃儒经商了。

孔祥熙的祖父孔庆麟，究竟是翰林五品官，还是富商大贾，学界尚无定论。父亲孔繁慈自幼浪荡成性，不务正业，中年嗜好鸦片，到孔祥熙出世时，家境已趋破落，祖遗财产，仅剩北寺石不到 30 亩的不毛之地和程家庄的 25 间瓦房。近 30 亩地产又是归孔祥熙的父辈兄弟 5 人共有。可想而知，孔家的经济不会很阔绰，比起太谷首富曹家来实在太寒酸了。

1886 年，孔祥熙的母亲庞氏因吸鸦片致病而又无钱医治，丢下 6 岁的儿子与 3 岁的女儿孔祥祯去世了。于是孔繁慈带领子女，到太谷县城西南 15 里的岳家所在地南张村，开办一所私塾，勉强维持生计。这样度过了 4 年光景。孔祥熙的外祖父庞某没有土地，仅经营一小商铺，卖些杂货，本小利微，无力资助孔氏父子改善现状。在旧社会，富家男子三妻四妾本习以为常，何况早年丧妻续娶更是理所当然。可孔父失偶不但未续，反而携儿扶女弃家流寓他乡，以至鳏居终生，这很难说不是穷困所致。

此时的孔祥熙家因无以为生，常依靠典当度日，他还常和穷孩子一起背篓拾煤渣。然而，封建家庭的家教又使他有别于一般穷孩子，他总是念念不忘传说中的祖辈的富贵与排场。人情冷暖，世道沧桑，不能不在他那幼小的心灵上刻下深深的烙印，他总希望有朝一日能够复兴祖业。所以早年的孔祥熙决不会放过任何有利的机缘。

19世纪末叶,美国基督教公理会到中国传教。美国传教士丁嘉立在1880年来到山西。传教之初就受到信奉孔教的一些封建士大夫的指责,遭到抗击帝国主义侵略的中国人民的反对。当时中国人把洋人视为"洪水猛兽",并且形成一种社会舆论,认为"好人不进教,进教没好人"。这种社会思潮有力地阻止了人们信教,传教士们便纷纷在中国开办学校和医院,以文化渗透的影响,扩大侵华势力。到19世纪末,这种学校和医院已经遍布山西各地。

1890年初,孔祥熙的脖子上长了一个大疮。孔繁慈带儿子看了中医,可毫无效果,急得他像热锅上的蚂蚁,逢人便求医治良方。在绝望之余,便不顾族人的反对,带儿子到太谷县城基督教会办的仁术医院看病。洋大夫殷勤治疗,父子俩感激万分,很快就与洋人结为朋友。孔祥熙经教会医院治疗后很快痊愈,医生把这归功于上帝的恩赐。治疗期间,孔祥熙跟着一些外国人参观教堂、学校和教会机构,天真无邪的儿童心灵完全被与中国传统文化风格迥异的西方文化迷住了,最后他随其父一起加入了基督教。这使他未来的生活出现了奇变。

这年春天,基督教会在太谷县城内南街办的华美公学招收新生。孔祥熙一听说便提出了入学要求,其父慨然应允。当时,列强对中国的侵略步步加紧,太谷人民也和全国人民一样,对于洋人、洋教、洋学堂非常反感。族中一些长者便出面干涉孔祥熙入洋学。孔繁慈采用两面手法,假意向族人表示:"只上学,不信教。"实际上他们父子都已是基督教徒,但族人不知真相。外国传教士允其免费上学。一开始,学习科学浅说和圣经摘要两门课程,每天早上做一次礼拜,每星期三有祈祷讲经会。一年以后,科学浅说改为数学、格致(包括物理、化学、生物等科),外加讲解基督教教义的哲学。华美公学的教员多为洋教士,因孔繁慈与洋教士过从甚密,并屡表忠心,所以被吸收为学校教员。

孔祥熙在华美公学学了5年。1895年毕业前夕,美国传教士魏录义决定亲自送他到河北通州公理会开办的潞河书院去。临行前,孔父对魏录义感激涕零,说道:"只要祥熙来日学业有成,我一定叫他永不忘你的爱护栽培之恩,叫他认你为父!"

潞河书院创办于1867年,1905年以后由基督教长老会、公理会和伦敦会合办,改为华北协和大学,后又与汇文大学合并改为燕京大学。潞河书院的教员多为欧美传教士。学校教育的根本目的是通过传教培养亲西方的青年,英国传教士李提摩太就曾说他们的传教活动,实属一种"经济侵略的甜言蜜语"。孔祥熙在潞河书院经常跟随洋教士到各处传教。

另一方面,由于教会学校管理宽松、消息灵通,维新变法思潮、革命派的影响均或多或少地波及到了潞河书院。孔祥熙因接受了资产阶级思想的教育,也经常和同学们一起议论时局,抨击清政府的腐败。当他得知兴中会章程中有"四方有志之士,皆可仿照章程随处自行立会"的规定后,便于1899年联络进步青年李进芳等十余人,在潞河书院成立

了兴中会通州分会,对外用"文友会"的名义进行活动。他们常秘密聚会,酝酿反清;并曾潜入紫禁城,谋刺慈禧未遂。

1900年,由山东兴起的义和团运动迅速蔓延到各省。延续多年的反洋教斗争这时汇成高潮。到处焚烧教堂,杀洋人,所向披靡。潞河书院被迫停课。在回乡途中,孔祥熙耳闻目睹义和团对洋人的惩治后,决定要救家乡的洋教士。他日夜兼程,赶回太谷,但洋教士已被逮捕关押。他设法救出麦纳等3名女教士,送入山中,辗转逃到潞河书院。未能获救的教士则将遗书、遗物托他转交其亲属。义和团由太原到太谷后,除惩办洋人外,有些华籍教徒亦受牵连。在义和团四处搜捕的情况下,孔祥熙从程家庄逃到祁县张堡隐匿数日,总算逃脱了义和团的惩罚,后只身躲到任榆次县知县的叔父孔繁杏家。待风头一过,他便来到北京另谋出路。

在义和团运动善后过程中,八国联军和不少传教士,得到清政府默许后,疯狂反扑,残害中国人民。1901年9月,孔祥熙与张振福陪同美国传教士文阿德到山西处理善后,积极筹划对义和团的报复。他们密谋策划抢占孟氏花园,"收旧教会,作改葬信徒茔地",并协助公理会大办改葬仪式,逼令全太谷城官民披麻戴孝,为"洋大人送葬"。这些事情的许多主意都是出自孔祥熙,因而麦纳把他称为"华夏英雄",也就不足为怪了。

然而,山西毕竟是孔祥熙的故乡。因此,他又劝列强放弃在山西进行大规模报复的打算。他认为山西教案之所以发生,乃巡抚毓贤制止不力所致,与一般平民无涉。经他的一番劝说,义和团志士虽仍有不少被害,但山西大部分地区受损不大。列强同意山西教案单独解决,但山西全省要更多地向西方开放,举办实业、开设学校。

孔祥熙的调处,得到了李提摩太的赏识,也引起了李鸿章的注意,决定以"议和大臣一等肃毅伯"的身份,发一纸官员护照,送孔祥熙去美国留学,并电请中国驻美国公使伍廷芳予以关照。

与此同时,复校后的潞河书院也同意资助孔祥熙赴美留学。1901年秋,孔祥熙由美国女教士、老师麦纳亲自护送赴美。几经周折,方于1903年6且正式入欧柏林大学就学。他在该校先学理化,后转学政治、经济等社会科学,历时3年,获文科学士学位。1906年夏毕业后,他又考入耶鲁大学研究院,专攻矿物学,翌年秋获理化硕士学位。在美国学习生活的6年中,孔祥熙学识大进,眼界大开。他不仅接受西方资产阶级思想的教育,而且学到了不少科技知识,还结识了不少中美人士,为其后来在中国政坛上发展,奠定了基础。

学成归国后,孔祥熙致力于办学。他携带着欧柏林大学"中华团"的学友们募捐来的巨款和部分庚子赔款,回到了故乡太谷县。在美国同学康保罗和洋大夫韩明卫的支持下,孔祥熙先把教会在太谷县城南关的一处蒙馆接了下来,挂起了学校的牌子。他为学校取了个意味深长的名字,叫"铭贤学校",意为纪念被义和团杀害的传教士而办。

学校办起来了,但原来的蒙馆只是一处四合院,很不利于进一步发展。为了振兴太谷基督教会事业,扩大铭贤办学规模,孔祥熙同康保罗、韩明卫反复进行了研究,最后议定:把设在太谷东关孟家花园遇难教徒墓区的仁术医院和贝露女校,移到南关来扩建;而铭贤学校搬迁到东关花园里进行大规模建设。1909 年秋,调迁活动正式开始,孔祥熙亲自率领学生,自己动手"大搬家"。从此,铭贤学校就正式在太谷东关定居下来,孔祥熙在这里进行了大规模的建设。他自己则举家乔迁到校内原孟家财主居住的别墅里去。那处小别墅建筑别致,景色宜人,既有中式楼房、套院、唱堂会小戏台,又有假山、鱼池、回廊、花园。经过维修,雕梁画栋,金碧辉煌。孔祥熙住进去,真是神气极了。

他不仅重视铭贤的校舍建设,而且对教学设施也颇费苦心。他网罗人才,聘请教师,购买仪器、书籍。头几年,他不仅当校长而且当老师,讲授史地、英文、矿物学等课程。孔校长讲授的主要课程没有多大反响,他本人当作游戏的体育课中的"操练"却引起了社会的注意。学生们手持木枪,按照从美国搬来的士兵持枪动作进行操练。同学们欢迎的原因是当时为数不多的现代中学还没有这一课程,大家感到很新鲜。太谷商会却大惊小怪,以为太谷来了什么"军事家",特地盛邀孔祥熙为商团教官;警察局也上门聘他为局顾问。一夜之间孔祥熙便成了当地名人。

辛亥革命爆发后,太原 10 月 19 日宣布光复,从省城逃出的残兵向太谷县城流窜。为避全城洗劫之灾,当地名门大户吁请孔祥熙出面维持治安、保卫县城。孔祥熙一口应承,自称"太谷义军司令",组织商团和铭贤学生军到城墙上守卫。他和太谷商会决定:紧闭城门,不许任何兵马进来。有一次,一群散兵来到城下,扬言要攻下城池,洗劫太谷。孔祥熙便在北门上与溃兵们进行谈判,并动员商家出资 3000 两银子,将这些逃兵一一打发了去。此后,孔祥熙在太谷的名声很快传播出去。附近七八个县的大户和地方当局,都知道太谷县出了个名流——孔祥熙。

孔祥熙留学归国后因致力创办铭贤学校,在提倡教育、培养人才方面取得了一定的成绩。但他的个人生活却连遭不幸。孔祥熙第一次婚姻发生在 1908 年,夫人是他在潞河书院上学时的同学兼老乡韩玉梅,婚后两人在孟家花园里,开始了幸福的家庭生活,恩恩爱爱,难舍难分。谁料好景不长,辛亥那年,年迈的父亲孔繁慈因病去世了,孔祥熙悲痛万分。可又祸不单行,父亲去世不久,妻子韩玉梅又患了时属绝症的肺结核离他而去了。孔祥熙极度悲痛,难免要睹物思情,他一天也不想再在铭贤学校呆下去了。这时,巧逢孔祥熙的好友王正廷邀他赴日任东京中国基督教青年会总干事。青年会是美国教会办的争夺中国青年的组织。孔祥熙慨然应命,把校务交代给美国人伍乐福,自己东渡扶桑,另觅新途去了。

孔祥熙在东京除参加青年会的活动外,还追随孙中山从事了一些革命活动。因此,他在日本又结识了一批新朋友。其中就有他未来的岳父,大力资助孙中山革命军费的宋耀如。他俩的相识,原本只是由于教会事务方面的接触,但相互熟悉后,宋耀如对孔祥熙颇有好感,他认为孔祥熙的经历和自己极为相似,将来会成大器,于是两人便结为忘年

交。这样,孔祥熙就成了宋家的座上客,自然和宋的大女儿宋霭龄熟识了。

宋霭龄从小在较为开明、封建色彩较为淡薄的家庭环境中长大,1903 年 5 月 28 日离沪赴美,进入梅肯市卫斯里女子学院留学,成为中国第一批女留学生之一。在美期间,她曾随参加"教育考察团"的姨夫温秉中列席美国官方组织的白宫招待会,年仅 16 岁的宋小姐竟不畏权势,与美国总统作了交谈。宋霭龄一回国,就由父亲安排给孙中山当英文秘书。孔祥熙与宋霭龄曾在纽约的一次留学生聚会上有过一面之缘。此时在东京,因孔祥熙常去宋家,孔、宋两人很快就处得亲热起来,丧偶不久的孔祥熙对宋霭龄发起了一波又一波的求爱攻势;而宋霭龄了解到孔祥熙有志于"发展教育,发展实业",打算不久回国干一番大事业的想法后,也十分仰慕他。再加上宋耀如夫妇对孔祥熙这个未来的女婿感到十分称心。因此在不久以后的 1914 年春,两人便在横滨结婚了。

孔宋联姻为孔祥熙带来了一些特殊的关系,这些关系不久便成为把他推向经商理财和仕途顶峰的潜在动力。

一是和孙中山的关系。孙中山在政界有崇高的威望,袁世凯等北洋军阀反动势力一直没有停止对他的迫害。因此孔祥熙追随孙中山存在相当的风险,在险恶的斗争环境中,孙、孔之间建立了深厚的友谊。此外,在孙中山和宋庆龄热恋时,宋家几乎所有的成员均激烈反对,只有大女婿孔祥熙深谋远虑,力排众议,最早接纳孙中山,并力劝宋家其他成员承认孙宋联姻,因而他深得孙中山的信任。以后孙中山建立革命政权时,孔、孙间的友谊和关系成为孔祥熙的政治资本。追随孙中山,改变了他的人生道路,使得这位太谷名流走上了一条通向权力巅峰的道路。

二是和宋家的关系。曾闻名中外的宋家王朝在宋耀如时期还默默无闻。孔宋联姻时,宋耀如只是一位上海滩的实业家、孙中山的朋友,以及基督教活动家。可在孙宋联姻、蒋宋联姻后,以宋家为纽带组成了旧中国政治舞台上最强大的政治集团。这一政治集团在蒋介石统治时期形成四大家族,操纵、控制了国民党政权,孔祥熙在其中既发挥作用又是最大受益者。

三是和蒋介石的关系。孔祥熙到孙中山身边工作时,蒋介石早已成为孙中山府上的常客,因蒋学过军事,故被急需军事人才的孙中山重视。孔祥熙来东京后,蒋介石对这位精通商道财运、身材矮壮、态度永远那么谦恭的山西人,印象特别深。蒋宋联姻后,蒋干脆把国民党政权的财务大权交于连襟孔祥熙和大舅子宋子文。蒋介石对孔祥熙政治上的发展和财富的积累作用最大,如果说孙中山只是为孔祥熙进入国民党统治核心提供了入场券,那么蒋介石则为他提供了一份可带来无数政治、经济利益的委任状。

孔祥熙梅开二度成亲之后,精神大振,急欲回国大展宏图,宋霭龄也十分支持他。1914 年秋,他辞去东京青年会的职务,宋霭龄也请妹妹宋庆龄接替了孙中山英文秘书的差事,两人双双返回山西太谷县。

回国后,孔祥熙继续主持铭贤学校,并开始经商赚钱。宋霭龄除主管家政、相夫敛财

外,还在铭贤兼教英文。

不久,孔祥熙在家乡的影响及与洋人的关系引起了阎锡山的重视。阎锡山在发展同外国宗教、商界人士的关系时,要借助孔祥熙的力量,故经常约请他到太原会商山西军政要务,还聘请他任督军公署参议。孔祥熙对阎所推行的"从安定中求进步"和推行的蚕桑、植树、水利、天足、剪辫、禁烟等六项"村政改革",给以大力支持,并要求铭贤学生在假期返乡时,向邻里广为宣传讲解。他认为阎的施政内容和他自己所主张的"改革社会""提倡教育、振兴实业"是殊途同归的。1918 年,驻华各国公使来太原参观华北运动会,孔祥熙应阎的邀请担任高级招待员,他向来宾详细介绍了山西的教育概况和省政措施,并担任山西晋池、五台山等各胜地的导游。由于他的宣传鼓吹与热心接待,使洋人对山西"模范省"留下较深的印象,从而也使他博得了阎锡山由衷的赞许。1920 年美国驻华公使柯兰率领参赞、武官等来晋访问时,经阎再次面恳,孔祥熙主持了接待工作。

这一时期的孔祥熙还曾为地方做过一些有益的事。如 1919 年山西大旱,若干县灾情严重,哀鸿遍野。其时北洋政府欠饷欠薪自顾不暇,遑论赈济灾民;而阎锡山爱财如命,吝于拔毛。于是孔祥熙挺身代灾民请命,向华洋义赈会贷得赈灾款美金 100 万元,用以工代赈的办法,在晋南修筑公路来救灾。此举不仅救活灾民无数,对发展省内交通、开发地方经济也起了促进作用。孔祥熙因此受到了北洋政府、山西当局和太谷民众的赞许。在 20 世纪初的社会背景下,孔祥熙能如此行事,实属不易,故他一度颇得民心。

不过,孔祥熙这一阶段费心最多的还是如何发家致富的问题。

包销煤油

孔祥熙携妻从日本回到中国,就是打算经营实业,发家致富的。早在日本期间,当他看到孙中山的革命事业尚处于低潮,暂时并无胜利的把握时,就有了这一打算。而宋霭龄更认为,理想主义是糕饼上的糖霜,糕饼只有靠动力才能烘烤,而动力只有靠钱才能买到。因而两人只要一谈到钱便极为兴奋。

有人说,孔祥熙浑身上下充满经济细胞,具有经商的天才和遗传因素。此话颇有几分道理。经商者最重要的便是善于捕捉市场信息,在这方面孔祥熙并不逊于旧中国任何商人。

他回国时适逢第一次世界大战爆发,帝国主义交战各国都急需军火。美国乘机大发军火财,到处求购铁矿石以制作枪炮。孔祥熙一下就认准了这一行情,一回山西便去阳泉矿山交涉,以每吨 1 元银两的价格购进了一批铁砂。他把铁砂运到天津,以每吨 1 美元的价格卖给了美国商人。当时 1 美元折合银圆 1.5 元,这样一转手,孔祥熙便谋得了一笔暴利。

第一次买卖的意外成功，给孔祥熙经商以很大的鼓舞和冲动。为了赚取更多的金钱，孔祥熙决心把买卖做得更大点。可是干什么好呢？这让初次下海的孔祥熙颇费了一番心思。

那时，美英等国都正在大量向中国倾销煤油。在明清时代，中国人夜间照明靠的都是植物油，"注豆油或菜油于盏，引以草心，光荧荧如豆"。这种油盏灯耗油量大，效率又低。自从外国煤油销往中国后，因其价廉物美，煤油价格只为菜油的一半，且"灯明亮远胜油灯"，于是，"上而搢绅之家，下至蓬户翁牖，莫不采用洋灯"，而旧式油盏灯则渐被淘汰。这样一来，煤油进口的数量就随着大为增长。这就使帝国主义各国向中国倾销煤油的竞争加剧了。

美国的美孚石油公司、德国的德士古石油公司、英国的亚细亚火油公司纷纷改变营销策略。他们感到，仅由直接雇用的少数买办去推广业务，已日益不能适应需要了，于是逐步改进和发展了买办制度，使之更好地为他们的侵略和掠夺服务。因此，除了一部分外商企业仍然保持买办的名义外，很多外商企业采取了各种买办制度。主要的办法有四种：经销制、合伙制、雇佣中国人任外商企业的高级职员制、延揽掮客制。名义虽变，性质依旧。

所谓经销制，就是把中国划分为大小若干地区，每一地区物色一个他们认为适宜的中国商人为其包销产品，商人根据包销数量交付一定的保证金，在产品销出后提取一定的佣金。例如美孚石油公司曾依靠它在全中国各地的经销机构，而深入穷乡僻壤，大量倾销煤油，因而也造就了大量没有买办名义的买办商人。早年的孔祥熙便是包销了山西全省煤油的大买办商人。

在当时的山西及太谷，在煤油传入之前设有许多专营植物油业的油店和油面店，人们夜间照明就用铁灯点油。后虽因时代进步，学会了制造蜡烛，但专供水利、夜行、大户人家商店点用。孔祥熙看到了煤油的价值，无论是从价格上或效果上看，煤油均胜过植物油和蜡烛，将来一定会成为人们夜间照明的必需品，有大利可图。所以他选定了这宗买卖，便去找洋行商量订货。可一打听才知道，贩运煤油需要先筹备20万元的本金，光凭倒腾铁砂所赚的钱是远远不够的。怎么办？孔祥熙灵机一动，便开始从亲戚、朋友身上打主意。

他首先想到了他的第二任岳母倪桂珍。倪桂珍出身富有，据说其外祖母是大科学家徐光启之后。她5岁时便跟着一位家庭教师学习汉语、书法、经书，8岁时进布里奇曼女子学校读书，这在两个姐姐都还保持着三寸金莲的岁月里，已是既新鲜又很了不起的壮举了。14岁时入上海佩文女子中学。倪小姐多才多艺，端庄漂亮，这些都遗传给了子女。正当父母担心其心爱的小女儿因天足才高而无法找到婆家时，刚从美国回沪不久的传教士宋耀如，因不喜欢小脚女人，经人介绍相识后，便表示愿意和倪小组结为秦晋之好。日后孔宋联姻，倪桂珍便成了孔祥熙的岳母。

孔祥熙明白，岳母掌管着宋家的一切，只要她发话，借一笔资金是毫无问题的。他把自己的打算和宋霭龄商量，她也十分赞同。于是夫妇二人便专程赶到上海宋府借钱。倪桂珍听了大女婿发展商业的宏伟蓝图后，颇为赞赏，拿出自己的一部分积蓄给了孔祥熙，并且表示："这笔钱赞助你们办大事业，不必归还了。"为显示自己大家子弟的气魄，孔祥熙固执地给老岳母写下了借据，保证在自己赚到了利润后，便尽快还上本金。

可是这笔借款离 20 万元的本金还很远。挪用铭贤学校的经费吧，一来为数有限，二来铭贤的经费主要是从美国资本家那儿来的，学校里有美国人和教会的监督，不好办。思虑再三，孔祥熙又打起了一房远亲的主意。这房远亲就是创办广茂兴药材庄的叔祖父孔庆丰家。这时，孔庆丰早已下世了，家里的经济实权掌握在孔庆丰的小老婆手里。孔庆丰的这位遗孀当时在太谷城里很有名，论年纪她比孔祥熙也大不了几岁，人很精明能干，家里大小事务一律由她做主。由于孔庆丰在世时，对孔祥熙父子加入基督教大为不满，所以两本家并无多少联系，关系很冷淡。

孔庆丰死后，孔祥熙从美国留学归来，那遗孀便对他另眼相看了。她十分羡慕外国的生活，认为他见多识广，很愿意与之接近。而孔祥熙自打回到太谷后也亟欲打开局面，结识太谷富豪，曾主动过府拜见过她，认过亲。两人都有重修旧好的愿望，一回生，二回熟，孔祥熙很快就同这位与自己年龄相仿的叔奶奶亲如一家了。他每次外出，总要从外地带回些零食去孝敬她，她家有什么事也总是托孔祥熙去办。还在他赴日本之前，有一次，她曾拿出一批首饰珠宝委托孔祥熙替她变卖，据知情人透露，价值"不下十万余金"，孔祥熙承揽此事不久便跑到日本去了。这批珠宝一直没有卖出。

现在，他虽觉得不便开口直接去向她借款，但把她委托变卖的珠宝首饰卖了，不也是钱吗？想到这里，孔祥熙豁然开朗，于是变卖了这批首饰珠宝。"奶奶"那里怎么交代呢？这也难不倒孔祥熙：他买了一些新鲜别致的洋玩意作礼物，领上宋霭龄去"奶奶"家认亲。宋霭龄一见她就下跪磕头，口中连呼"奶奶"，把她哄得不好再问首饰珠宝的事。

就这样，孔祥熙终于把自己贩卖煤油的资金筹备齐全，并兴致勃勃地上天津找美孚石油公司联系推销煤油的业务去了。美孚石油公司为打开中国市场，曾不惜工本大做广告，廉价推销，辅以赠送煤油灯和灯罩。初期每箱 2 听，售价 1.5 元，亦即每听不到 8 毛钱（每听 30 斤），比植物油便宜，亮度则在植物油之上，整听购买还可得到价值一二角的铁皮听子。所以孔祥熙一开始选择了美孚石油公司。

该公司的主管人员审视了一下孔祥熙，只答应向他少量供货，批发极少的煤油、棉纱、洋布等物给他，并告诉他，若想大量趸发承当该公司的包销人，则必须先找一家银行作担保。当时的孔祥熙，能凑足本金已经很不容易了，哪有余钱存银行？没有存款在银行，又有哪家银行肯为在商界尚默默无闻的他担保呢？他沉思良久，忽发奇想：何不自己开办一家银行？

1915 年秋，孔祥熙回到太谷城里找富商、财主们商量，欲发起创办一所"裕华商业储

蓄银行"。但应者寥寥，无奈，他硬着头皮，决定在太谷西街南门楼道巷租下一处宅院，先挂出"裕华商业储蓄银行筹备处"的招牌再说。尔后便重金聘请了协成乾票号营业主任牛九宜担任银行经理，并由牛邀来协成乾票号天津分庄经理温惠人、汉口分庄经理郭连第、北京分庄会计王吉甫、天津分庄文书程志友、太谷总号伙友郭秀山等充当职员。

孔祥熙与牛九宜商定，自己出资银行开办费 10 万银圆，分两次交付：一次是 1915 年的冬标，先交 5 万元；一次是 1916 年的春标，再交 5 万元。所谓"春标""冬标"是一种标期，乃是民国以前人们做买卖的一种定期结算时间。因为过去各地买卖货物均以现白银（元宝）结账，大宗交易，平时不便运送现银，就规定了一年分春、夏、秋、冬四个标期。每到规定的时间，各地统一结算，因恐歹人沿途抢劫，便要将现银派镖局护送。民国后镖局虽渐停办，但一切收缴现款，大多仍沿用标期结算。因而，孔祥熙办裕华银行时，这种标期结算办法在太谷依然通行。

牛九宜很信任他，硬是支撑着把"裕华商业储蓄银行"操办了起来。可是到了 1915 年冬标期，牛九宜一直不见他的人影。直到冬标末日的下午，孔祥熙才急匆匆由天津赶回，交给牛九宜 2 万余元的本金。标事既到尾声，款项尚差很多。来祝贺的太谷各路过标客商，对此议论纷纷。有人说"孔祥熙是基督教徒，究竟难讲信用"，又有人甚至嚷着要取存款。牛九宜感到外界既无好评，对内又先失信，将来很难顺利开展业务，故也对孔祥熙颇为不满。孔祥熙见此情景，也着慌了，他保证所欠本金到 1916 年春标时一准付清，这才好不容易稳住阵脚。

然而，1916 年春标到时，孔祥熙并未履行诺言。原来，从 1915 年底到 1916 年春，孔祥熙确实全力以赴在天津活动，但他的主要精力不是放在筹措裕华银行的本金上，而是一门心思想先把贩卖煤油的公司办起来。他拿"裕华商业储蓄银行"的招牌为自己做担保，并竭力向外商宣传该银行乃是由著名票号"志诚信"与"协成乾"改组的，实力雄厚，因而博得了美孚石油公司的信任。正当该公司准备将在山西省包销煤油的业务交给孔祥熙时，他反倒挑拣起外商来了。他嫌美孚石油公司利润低且曾不信任他，又早在太原有开义聚公司办理包销，故决定另觅他途。

恰在此时，孔祥熙听说英国亚细亚火油公司给买办们让利较厚，保证金也仅要 25000 英镑，便果断地跳槽，抛弃美孚，想充当亚细亚火油公司的推销人。该公司的规模仅次于美孚，但其潜在势力却很大，在我国许多大城市均设有分公司或办事处，各处均设有油栈、油罐、装听间和铜匠间，在沿江、沿海还建有码头，备油船停靠。亚细亚火油公司在中国实行划区经营，计有上海区、南京区、汉口区、重庆区、天津区、青岛区、厦门区、广州区、汕头区、福州区等，其中天津区辖天津、北京、牛庄、郑州等地，有油库 3 座、储油站 8 处、办公楼 2 座、区辖储油站 20 余处、加油站若干。除运销壳牌煤油及石油制品外，该公司还经营白蜡和蜡烛等物。

亚细亚火油公司的买办可分四种，即买办、代理人、油库买办和华经理。在外商不能

设分公司的地方,该公司便设代理处,其营业范围根据交通及营业状况划分,往往超过数县。各代理处一般设有储油站,货物到站后,便交代理人保管、经销,代理处的日常开支,依据预定的营业额由总公司津贴。代理人按照总公司规定的价格出售货物,按件计佣金,不受货价涨落影响。孔祥熙便是这样一种买办。

一切准备就绪以后,孔祥熙就占用了原应供裕华银行使用的大部分款项,设立了"祥记公司"。然后,他向亚细亚火油公司交付了25000英镑的保证金,便以"祥记公司"的名义,取得了在山西全省包销亚细亚火油公司壳牌煤油的总代理权。这样,孔祥熙便成了英国亚细亚火油公司的"代理人"。

牛九宜因在1916年春标时,没得到孔祥熙许诺的"裕华本金",便在背地里把他大骂一顿,表面上以"业务难以进行"为由,一气之下决定辞职,经孔再三挽留无效,遂连同其邀来的5名职员,一齐离去。孔祥熙也顾不了这么多了,忙着在太谷城西大街买到一处临街的大院,把"祥记公司"总号操办了起来。"裕华商业储蓄银行"在牛九宜等人离职后,业务已经停顿,但孔祥熙觉得招牌不能取消,因其有担保各洋行的责任,况且他并不甘心失败,仍图在银行界有所发展。于是他将银行原址退租,移到太谷西街祥记公司院内,并将"商业储蓄"四字去掉,另以"裕华银行"四字作招牌。他请来太谷钱庄外勤赵仲三担任经理,继续营业。同时在天津宫北也设立了裕华银行,经理是东北商人乔佩训。当时津、谷两行资本并没有确定数目,先以临时存款作周转资金,两行职员约30余人。孔祥熙把他五叔、曾做过清朝举人和一任知县的孔繁杏,安置在裕华银行内任驻行监察。总的说来,这时期的裕华银行业务发展有限,与天津银行界联系很少,银行界戏称裕华银行是"母银行",因他没有加入银行"公"会。

就这样,孔祥熙的"祥记公司"和"裕华银行"都成立了起来。祥记公司除经营煤油外,还经营碱面、白糖、洋腊、肥皂等杂货。这些货物从天津上岸后,先装火车运到榆次,再以榆次为中心,分销到山西各县去。

这一独家经营,终于使孔祥熙成了一个不小的买办商人,每年都给孔家带来可观的利润。不久,榆次人贾继英步其后尘包销了美孚石油公司的煤油;开义聚公司也在太谷设庄;祁县城内韩永若也开了福聚煤油公司,专销德士古石油公司的煤油,在太谷也设分支机构。但这些人的买办活动始终未能动摇孔祥熙在山西全省包销亚细亚壳牌煤油的垄断地位。

包销英商亚细亚壳牌煤油是孔祥熙生平第一次独自进行的大规模经商活动,他从中获得了两条宝贵的经验:选准投资方向和垄断性经营。在以后的赚钱生涯中,孔祥熙始终没有放弃这两条法则。宋霭龄对丈夫的这套本领极为欣赏,称其"赚钱赚得很得法","似乎天生有一种理财的本领"。

转向政界

孔祥熙并不满足于在商界捞钱，还想在社会上，在政界大显身手。可是在山西，阎锡山大权独揽，他在山西政界已培植了一帮私党，牢牢把持着各部门的实权，外人根本插不进去。虽然阎锡山曾一度很重视孔祥熙，但"督军公署参议"只不过是一个虚衔，对孔祥熙来说，山西没有政治上的发展余地，因此他便把从政的视野移向山西省外。

1922年2月6日，华盛顿会议签订了关于中国问题的《九国公约》，宣称"尊重中国主权独立及领土与行政之完整"，决定将山东主权由日本交还中国。为办理交接事宜，北洋政府决定成立一个专门机构，即"中日鲁案善后督办公署"，任命王正廷为公署督办，由他组织公署人员。他立即想到了老朋友孔祥熙，便聘请他任"外交协办，专任公署实业处处长"。同年3月，孔祥熙赴济南就职。4月间，由于第一次直奉战争爆发，公署迁到北京。6月2日，中日双方才经过谈判正式换约，开始了具体的接收谈判工作，成立了"鲁案中日联合委员会"，王正廷任委员长，孔祥熙作为中方委员，专任和日方代表矢野真等人商办邮电业务的交接事宜。不久以后，孔祥熙又负责起草协定，并任接收分委员会委员。到12月间，一切议妥后，公署人员都赴青岛办理接收，孔祥熙则去负责接收胶澳商埠电话局。

1923年3月，王正廷又拉孔祥熙到中俄交涉事务公署当坐办。该公署专门负责和苏联谈判解决外蒙古问题、中东路问题、中苏邦交问题。8月，苏联驻华大使加拉罕抵达沈阳，先与张作霖进行会谈。王正廷为了掌握东北会谈情况，就派孔祥熙为公署驻奉代表前往沈阳。于是孔祥熙便来往穿梭于京奉两地，这使他结识了张作霖、张学良父子。但中苏谈判一直不太顺利，孔祥熙便又作为孙中山的代表，来往于北京、上海、广州之间，就南北谈判、武力统一、分省自治和国民会议等问题，磋商于北洋政府和军政府。只因南北对立之势日益严重，双方无共同之处，故孔祥熙劳而无功。

在这之后，孔祥熙遇到了一次扬名天下的机遇，那就是主持孙中山先生的葬礼。孙中山于1925年初北上至京后，因旧病复发，住进了协和医院。孔祥熙怀着沉重的心情，代表家族央求医院尽力为孙治疗，但院长刘瑞恒还是向他递交了孙中山的病危通知书。他赶忙和宋庆龄以及孙中山的随行人员紧急会商，决定开始准备后事。2月24日，孙中山自料不久于人世，便召集汪精卫、孔祥熙等人到床前口授了一份遗嘱。3月12日，孙中山先生与世长辞。孔祥熙先垫支5万元购置了一口铜棺将孙中山入殓。广州国民党中央任命孔祥熙为"总理治丧处主任"，由他全权负责葬礼。此举反映出国民党上层对孔的重用及孙、孔间的亲密关系非同一般。因为当时在北京具体操办葬礼的有李大钊、林伯渠、于树德、汪精卫、宋子文、吴稚晖等人，他们均为国民党中央执行委员和中央监察委

中华名人百传

商界名人

员，却偏让在国民党中央无职无权的孔祥熙任治丧处主任，足见其地位之特殊与重要。

北洋政府表示要为孙中山举行"国葬"，广州国民政府以"北洋政府为不合法政府"、无权国葬总理为名，予以拒绝。在孔祥熙的安排下，3月19日，灵柩由铁狮子胡同移至中央公园社稷坛大殿。24日，发丧致祭，前后参加致祭悼念的达14万余人。30日，孔祥熙又代表宋庆龄和治丧处去北京东站迎接苏联专员多米诺和苏联政府赠予孙中山先生的玻璃钢棺。4月2日，在数十万人的护送下，孙中山先生的灵柩又移至西山碧云寺，安放在金刚宝座塔石龛内。

通过主持孙中山的葬礼，孔祥熙和孙中山的亲戚关系已在社会上公开，他立时便成了众所周知的人物，在全国政界、商界留下了深刻印象。4年以后，在蒋介石主持的异常隆重的奉安大典活动中，孔祥熙又具体负责、指挥移灵、迎灵、奉安等事项。1929年6月1日，孔祥熙率领国府委员、中委、亲友把刚从北京运抵南京浦口的总理灵柩移上灵车，缓慢地向刚落成的中山陵园运行，马路两旁向总理灵柩致敬的市民达50余万人。到达中山陵陵前广场后，孔祥熙指挥杠夫把灵柩抬向祭堂和奉安墓内，鸣礼炮101响，全国民众停止工作，默哀三分钟。至此，孙中山先生的后事才全部结束。

孙中山逝世后的一年间，北方政局极不稳定。曾合作推翻曹锟、吴佩孚的冯玉祥、张作霖争夺激烈；吴佩孚也联合昔日的对手张作霖、段祺瑞，一致对付冯玉祥；二方四派斗得鸡犬不宁，最后大打出手，冯玉祥及其国民军被赶出京津地区。在此背景下，孔祥熙这个中俄交涉事务公署坐办根本无事可做。考虑到在政治上已无所作为，他便于1925年底回太谷铭贤学校过年去了。正逢学校经费紧张，孔祥熙决定再度赴美，一方面为铭贤募集资金，一方面也可向华侨宣传孙总理的遗教。

1926年春，孔祥熙抵美后先回到欧柏林大学，见到了阔别已久的老师和同学，向他们详细汇报了铭贤学校创办和发展的情况及当前的困难。校长和老师们对他创办铭贤的功劳给予了充分肯定，授予孔祥熙法学名誉博士学位。对于铭贤学校的经济困难，欧柏林大学提交霍尔基金会进行了专项研究。霍尔也是该校毕业的学生，生前是美国著名科学家，电解制铝法的发明者，因拥有电解制铝的专利而成了富翁。1914年霍尔去世时，立下遗嘱将自己的财产作基金，用以扶助贫困学生上学和举办教育事业。欧柏林大学遵嘱组织了霍尔基金会。这时，基金会成员一致赞成从霍尔基金中拨给铭贤学校65万美元，让孔祥熙把这笔钱以铭贤学校的户头存入美国银行，每年的利息作为铭贤常年办学经费，由美国银行负责定期寄给铭贤学校。得到这笔资金后，孔祥熙欣喜万分，他兴致勃勃地向老师们表示，回国后要把铭贤学校再升格一步，办成设有八个系科的大学。不过，孔祥熙的升格许诺直到1943年才成为现实。

1926年冬，孔祥熙回到广州。轰轰烈烈的北伐战争已使全国半壁江山成为国民党的天下，国民政府的管辖范围开始由两广地区向全国扩展，即将成为名副其实的全国政权。孔祥熙一到广州，即被国民政府任命为"中政会广州分会委员、广东省财政厅长兼理后方

财政部务"。就这样,孔祥熙跻身于国民政府重要职务圈中去了。

他留守广州期间,革命形势发展较快。次年元旦,国民政府正式迁到武汉办公。3月间,武汉国民政府考虑到已收复各省百业待兴,便增设了实业部,身在广州的孔祥熙被任命为实业部部长。但他却于月底从广州赶到上海,为蒋介石做拉拢各方势力的工作。4月1日汪精卫由欧洲返回沪上,孔祥熙和宋霭龄立即出面宴请汪精卫和蒋介石,欲捏合蒋汪合作反共,未果。几天后,他又代表蒋介石出面和西方银行代表、江浙财团代表、黑社会代表会谈,为即将成立的南京政府募集资金,并寻求政治上的支持。这一系列游说活动均大获成功。4月12日,蒋介石发动了反革命政变;18日,又在南京另立国民政府。从此宁汉对峙,争斗不已。在这扑朔迷离的政治斗争中,孔祥熙为蒋介石立下了几件大功。

首先,促使冯玉祥、阎锡山归顺了南京政府。蒋介石在打败吴佩孚、孙传芳的同时,基本上统一了南方的各路实力派。北方的冯玉祥早在1926年9月就已参加北伐阵营,可在宁汉分裂时他一直举棋不定;而阎锡山虽说表面上支持南方北伐,可晋绥军对娘子关外的奉军挂起了免战牌。蒋介石感到,如能拉住冯阎二将,则称雄于国民党,压服武汉的汪精卫派、上海的西山会议派、元老派便易如反掌。冯玉祥、阎锡山均为孔祥熙的旧友,拉拢冯阎非孔莫属。冯、阎也想利用其实力取得在全国政治生活中的发言权,故被孔一拉就走,双双倒向蒋介石,反对武汉国民政府,迫使武汉方面于1927年7月15日也公开反共。冯、阎归顺后与蒋介石、李宗仁一起,分掌南京政府四个集团军总司令。

其次,促成了宁汉合流。南京国民政府成立前后,当务之急是要把武汉、上海两地的政治力量集中到南京来。1927年4月初,孔祥熙已说服宋子文来到上海,宋子文一走,武汉国民政府的财政部、中央银行顿时陷于瘫痪。这对于促使武汉方面与南京合流起了相当作用。

再次,巧牵红线撮合蒋宋联姻。蒋介石为取得美英支持,需要寻找一些亲英美派人士为自己搭桥。于是,他想同著名英美派宋氏家族联姻,目标选准了年轻貌美的宋美龄。然而,宋家成员大多对他不感兴趣,连意中人宋美龄对有过几次婚姻经历的蒋介石也没啥好感,这可苦煞了蒋介石。善于用商人眼光进行决策的孔祥熙、宋霭龄挺身而出了。他俩主动承担起说服宋母倪桂珍、宋家长子宋子文、当事人宋美龄的任务,最后一一说服了他们。蒋介石趁热打铁,加强了对宋美龄的求爱攻势,终于于1927年12月1日了却了一桩心事。但蒋介石又"此地无银三百两"地对《字林西报》记者声明:"此种结婚,并非政治结婚。"

另外,孔祥熙还为蒋介石首次下野后的复出奔走呼号。1927年8月12日,蒋介石以退为进,宣布下野。孔祥熙比谁都清楚蒋下野的用心:并非真正隐退而是为揽取更多更大的权力。因此,蒋介石一离开南京,孔祥熙便开始为其复出忙碌起来了。他奔走于宁、汉、沪、粤、晋、豫间,拉拢各方"苦心疏解,历时数月,极尽调护斡旋之力"。他向胡汉民、

何应钦、李宗仁、白崇禧、冯玉祥、阎锡山反复强调，国民党的政权、军队及党本身，一刻也离不开蒋介石的领导。在国民党各方面的努力下，最后，各派因推不出一个可以服众的首脑，便同意让蒋介石复出。1928 年 1 月，蒋介石恢复"国民革命军总司令"一职，2 月兼任"中央政治会议主席、中常委、组织部长、军委会主席"等职，历时五月有余的下野闹剧便收场了。

由于孔祥熙为蒋介石频频出力，终于与蒋结成了政治盟友。蒋介石为了酬谢他在公私两方面所做的诸多贡献，在国民党二届四中全会上，经谭延闿提名任命孔祥熙为"国府委员兼工商部长"。从此以后，孔祥熙步入了稳定的仕途生涯，官运、财运均十分亨通。

1928 年 3 月 27 日，孔祥熙正式出任工商部长。上任伊始，立即发表了《工商行政宣言》的施政纲领。他历数国内"工商衰败""民生日蹙"的种种事实，声称"自当以休养生息，恢复元气为第一步，以积极准备，力图发展为第二步"，"并以全民福利为主旨，以中外合作为方术"，"谨遵总理民生主义及建国实业计划，力谋发展国家富源，改善人民生计"等。

在此指导思想下，孔祥熙提出了"修订工商法规、革新税制"，"奖励工业改良、改善工商管理"，"举办国营大工业"，"利用外资、振兴大规模之工商业"等 16 项具体任务。为此，他主持制订了工商法规百余种，提交国民政府审议颁布，其中较主要的有：工会法、商会法、票据法、公司法、海商法、工厂法、船舶法、商标法、交易所法和保险法等，其目的在于从工商方面来加强南京政权的统治，在当时工商法规极为缺乏的情况下，是有一定积极作用的。不久，他又在国民党二届五中全会上，提出开办国营钢铁厂、举办国营细纱厂等八个重点建设项目的提案。

孔祥熙主持制订的这些法规、计划，就当时中国国情而言，虽算不上宏图巨制，但也还是很振奋人心的，可真要实施起来却并不容易。1930 年元旦，孔祥熙对自己两年来的工作主动进行了回顾和小结。他自诩办了 11 件大事，但和《工商行政宣言》的内容比较，16 项计划中也仅完成了二三项，而八大工程则几乎无一动工兴建。

中原大战结束后，蒋介石为巩固自己的统治，于 1930 年 11 月 12 日至 18 日在南京召开了国民党三届四中全会。全会推蒋介石兼行政院院长，并相应调整了行政院各部，将工商部和农矿部合并为实业部，任命孔祥熙为实业部长。这使孔祥熙的权力又增大了，更激发了他大办实业的雄心。他再次向全国发布了《实业行政宣言》，提出了"开发东北、西北、西南各省荒地，移农植边"和"奖励农村渔收，开发矿藏"等宏伟设想。此后，孔祥熙确也干过一些实事。在工商业方面，他应商民要求，抵制外国过剩商品的倾销，会同财政部拟定了《倾销税法施行细则》，"以维国内实业"，并设立"国货审查委员会"和"国货陈列馆"等以提倡国货。在农业方面，为"改进农业生产方法""改善农村组织"及"促进农民合作"，孔祥熙在实业部专门成立了"中央农业推广委员会"，由实业、教育、内政三部及国民党中央民众训练委员会共同派员组织、掌管全国的农业推广工作。在林业和渔牧业

方面,设立"中央模范林场"专司林区荒山造林及林政示范等事宜;设立"中央种畜场",以"统筹全国种畜改良"。另外,孔祥熙还专门召集工业、农业、矿业三司的负责人,共同拟定了"十项实业计划"。不过,这个十项计划和他当工商部长时公布的八项工程一样,在其任内几乎无一兑现。

孔祥熙任工商部、实业部长的1928~1931年间,宋子文为财政部长,两个连襟要为蒋介石扫平各路新军阀和"围剿"红军东奔西忙,筹集款项和物资,故根本无法集中精力去发展工商、实业。1931年,日本帝国主义发动"九一八"事变后,内忧外患又使"百业凋敝、民生困苦","国民经济濒于破产",自然更无财力物力可资进行工商、实业建设,正如孔祥熙自己所承认的,"因时事多艰,未能多所建树"。

"九一八"事变发生后,蒋介石采取不抵抗、依靠国联解决的方针,使东北迅速沦陷,激起了全国人民的公愤。执行对日妥协退让政策的外交部长王正廷,因此遭到请愿学生的痛殴,国内各反蒋派别也纷纷活动,迫蒋下台。在内外交困的局面下,蒋介石再次使用"以退为进"的伎俩,于12月15日通电辞去国民政府主席、行政院长和陆海空军总司令的职务。孔祥熙立即表示与蒋同进退,到年底行政院改组时,便辞去实业部长之职。可是以孙科为行政院长的国民政府,因无力应付财政、外交危机,很快就陷入困境。1932年1月下旬,蒋、汪经过密谋后合流,由汪精卫接任行政院长,宋子文任副院长兼财政部长。3月6日蒋介石复出重掌军权,孔祥熙亦随之复出,于4月13日被特派为"中华民国考察欧美实业特使"出国访问。

于是,孔祥熙于9月间偕妻带子作欧美之行,名为考察欧美实业,实则是受了蒋介石的秘密委托,向德、意等国接洽购买军械、飞机和在中国设厂自制军火等事宜。他们首先到达美国,孔祥熙拜会了胡佛总统,并视察了美国的一些军火工厂和大型企业。然后又乘船来到欧洲,先后访问了英、法、德、比、意、捷克等国。在德国,孔祥熙参观了几处著名的军火工厂,视察了一些军营,观看了军事演习。他对德国军队训练有素十分钦佩,便代表蒋介石请求德国政府派一批军事专家去中国任教官。后来蒋介石办的"庐山军官训练团"里的许多德国军事顾问就是孔祥熙这次赴德聘请到的。在德期间,孔祥熙还订购了大批德国军械。在意大利,墨索里尼多次接见了他,并告诉他:"中国要发展军事实力,应该从空军着手。空军发展比较迅速,所需经费也少于海军。而在未来战争中,胜败取决于空军。日本是海军强国,中国要赶上日本,发展海军收效太慢,而空军,三五年内就可见成效。"孔祥熙立刻将此意电告南京,为蒋介石所采纳。于是他当即决定将200万美元的庚子赔款余额,全部用来购买了20余架"菲亚特"轰炸机,并聘请了一批意大利顾问来华帮助建立空军。在英国,孔祥熙与英国财政专家商讨了改进中国经济的方法。1933年3月,孔祥熙一行回到了中国。

4月6日,孔祥熙接替与蒋在财政方针上时有分歧的宋子文任中央银行总裁。此时,蒋介石因积极"剿共"使军费支出猛增。国库收入每年仅1500万元,而每月支出则达

2200万元,其中军费一项即达1800万元,只好依靠发行公债和向江浙财团告贷暂时维持。对此,行政院副院长兼财政部长宋子文和江浙财团颇为忧虑。9月宋子文出访英美回国时,发现国库又增加了6000万元的新亏空,他一气之下,便去找蒋介石评理,两人大吵了一通,宋子文愤而提出辞职。10月29日,蒋介石批准宋的辞呈,以孔祥熙继任行政院副院长兼财政部长,并仍兼中央银行总裁。

孔祥熙这次没再发表什么施政宣言,他心里明白,自己接下的本来就是个烂摊子,再加上当务之急是要为蒋筹措"剿共"经费,这可真难为他了。为此,孔祥熙在主持国民政府财政的11年间,可谓费尽了心机。他上任后,除继续采用增税、借债等办法为蒋介石筹措军政费用外,在抗战前的主要财政措施有:减轻田赋附加,废除苛捐杂税,创办直接税,从财政上增强中央对地方的控制;对中央、中国、交通三银行进行增资改组,以财政控制金融;实行法币政策统一币制,垄断金融操纵国计民生;整理旧债,恢复"债信",为举借新债做准备等。

1934年4月,孔祥熙赴长江中游皖、赣、鄂、湘等省考察民政和财政状况时,不得不承认苛捐杂税的"剥削悉索",使"人民生活,日益穷困,社会经济,日益凋敝,国家财政,永无好转之日"。他认为欲改善财政状况,增加收入,必须废除苛捐杂税,使民众安居生产,才能培植税源。5月下旬,他在第二次全国财经会议上,便着重解决确定地方预算、整理地方财政、整理田赋减轻附加、废除苛杂改良税制和土地陈报中央等案。会后即由财政部明令各省执行,并规定今后不准再增加田赋附加和不合法捐税。对于地方税收的损失,则以烟酒牌照税收入及印花税收入的四成,拨归地方以资弥补。据统计,至1938年底各省废除的苛捐杂税达5000余种,废除的税额年达6700万元,减轻了百姓的负担。除以此笼络民心外,也使地方实力派不能用苛捐杂税来予取予求,反得依赖中央的贴补来维持地方财政,从而增强了南京政府对各省的控制力。上述措施的推行,确也增加了南京政府的财政收入,从1934年到1937年,财政收入分别是9.18亿、9.57亿、9.90亿、15.11亿元。蒋介石对此"深感惊奇意外",因而更加信任重用孔祥熙这位襟兄了。

孔祥熙在任中央银行总裁后不久,很快就明白了光凭中央银行的实力,是无法担当起南京政府的钱袋任务的。当时,中央银行发行的纸币不过4200万元,较中国、交通两行的发行量少得多,中央银行常因不能按期拨款而引起地方军政首脑的不满。他接任财政部长后,就积极谋划如何去增强中央银行的实力,并把执金融业牛耳的中国、交通两行吞并过来。1934年5月,他将中央银行资本增额为1亿元;次年3月28日,又明令中国银行为政府特许的国际汇兑银行,资本总额增为4000万元,官商各半,蒋介石决定以宋子文为董事长;4月又将交通银行改组为发展全国实业银行,增资为2000万元,官股六成,商股四成,董事长为孔的亲信胡笔江。三行增资改组,名义上是解救金融和经济恐慌,实际上是对中、交两行的巧取豪夺,强化了孔祥熙及宋子文在金融界的垄断地位。在增资改组中、交两行的同时,豫鄂皖赣四省农民银行又被改组为中国农业银行,蒋介石兼

理事长,孔祥熙任董事长。至此,以四大家族为首的官僚资本集团,以"国家"的幌子达成了对中央、中国、交通、农业银行的充分控制,为下一步进行币制改革、统一发行和控制整个金融界铺平了道路。

30年代中国货币的混乱已到了非调整不可的地步。在清末以前,白银一直充任通货。自清末成立银行以来,纸币大量出现了,但因各行自办发行,加上各地军阀割据,故全国通货名目繁多,造成国家财政金融长期失控。民国以来,历届政府均欲搞币制改革,因种种原因终未实行。1934年5月,美国政府突然抛出了白银国有政策,用抬高银价的办法大量收购白银,使我国白银大量外流。日本人也在华北和上海将大量白银私运出境,使形势更为险恶。国内公众对纸币能否继续兑现已失去信心,从而出现了资金外逃和窖藏白银现象,沪、宁等地则发生提存挤兑风潮。这种情况迫使国民政府必须痛下决心尽快实行币制改革,以稳定国内金融。1935年11月3日,在宋子文的积极参与下,孔祥熙发布了《金融紧急处分令》,规定自次日起,以中央、中国、交通三行所发行的钞票定为"法币",逐渐收回三行以外的钞票;将白银收为国有,限期以法币收兑;集中保管法币准备金;法币汇价由三行无限制地买卖外汇来加以维持。在国际上,改革币制虽然遭到日本的反对,但孔祥熙等人利用英、美在华利益受日本威胁的矛盾,在法币的外汇比价上先与英镑、后又与美元挂上勾后,接连获得了英美两国的支持。至此,法币改革大功告成,避免了一场可能使南京政府垮台的财政金融危机。

很显然,由孔祥熙出面领导、得到宋子文积极支持和参与的这次币制改革,是使以四大家族为核心的买办官僚垄断资本日后得以加速膨胀的重要原因。但从客观上看,这次改革统一了中国长期混乱的货币发行,有效地防止了白银外流,促进了民族工商业的发展。1936年,中国工农业生产出现了一个空前的好年景,不能不说是币制改革的直接成果;另外,币制改革也为其后我国进行八年抗战奠定了财政基础。

整理旧债,恢复"债信",也是孔祥熙较为关注的财政措施。1936年2月28日,孔祥熙被指派为整理内外债委员会委员长。不久,南京政府决定:本年由财政部发行"统一公债",分甲、乙、丙、丁、戊五种,共14.6亿元,调换以前发行的39种公债中之33种,以资整理。此举对财政部而言,能收到化零为整偿付便利、拉长债期减低利息和巩固债信之功效。孔祥熙在外债问题上,又与有关国家分别交涉,先后达成减免欠息、陆续偿还的协议,从而恢复了债信,为抗战期间国民政府利用外资和举借外债铺平了道路。当然也为他个人日后从事公债投机提供了便利。

由于孔祥熙在抗战前采取了上述四项财政措施,使蒋介石能源源不断地获得大量军政费用,终于在对红军的第五次反革命"围剿"中得手了,在国民党内镇压异己亦均获成功。此后,南京政府便开始进行了一些经济建设。

孔祥熙在抗战前主持的经济建设项目主要有发展实业、复兴农业、建设交通、兴修水利等。就南京政府有限的经济建设而言,这四项却也抓到了实处。孔祥熙虽说缺乏有效

统筹全国经济的能力，但在南京政府大政方针确定后，还是能够分清轻重缓急，突出重点的，并取得了一些成就。这也是孔祥熙比之于宋子文的高明之处，宋子文主持财政的六年间，机械地照搬西方经济法则，在充满东方人际特色和无视经济规律的南京官场，他的主张难免会和蒋介石发生冲突。孔祥熙则成功地把西方经济法则加入东方特色，即经济规律和行政命令相结合，始终让经济法则服从于蒋介石的政治反共、军事剿共的基本路线。故此，孔祥熙才能把持财政大权 11 年有余，才能放手进行一些大的调整和基本建设。

发展实业。这是孔祥熙经济建设战略中的重头戏。在工商业方面，他较看重官僚资本的"官"营企业，轻视民族工商业。他根据蒋介石"攘外必先安内"的基本方针，优先考虑的是"国防经济"，以国家资助的形式，支持为数不多的军火工业和战略物资生产部门，直接为镇压人民、进行"剿共"内战服务，当然也为八年抗战出过力。此外，孔祥熙还兴办、吞并了一些民用工业实体，也建立了一些西方国家已经普及但中国才刚萌芽的新兴工业、交通运输部门。到 1935 年，官僚资本所拥有的经济实体总资本已占全国工业资本的 10%，企业盈余上缴达 4000 万元，次年达 4100 万元，分别为同年赋税收入的 7%。此类企业最具买办性，但借用外国的先进技术、资金、设备、管理制度、人力，是落后国家的企业迅速提高技术、效益的捷径，从经济发展的角度讲是允许的。当然其买办性也是显而易见的，孔祥熙在同英美等国的合作中，时常会牺牲国家的政治主权与经济利益。

复兴农业。中国历来是个农业大国，农民问题至关重要，蒋介石、孔祥熙在这一点上还是有所认识的。孔祥熙在任实业部长时即有所重视，任财政部长后更为发展农业做过一些实事，较之其他基建项目来，其投资数额大、规模广，只是收效甚微。因为他不想改变封建土地所有制，没有实行孙中山"耕者有其田"的农业政策。

建设交通。孔祥熙在美国留学数年，深知交通问题对于现代社会的重要性，故他很重视对交通建设的投资。南京政府成立后的前 10 年间，这一时期先后担任交通部长的有王伯群、朱家骅等人。这 10 年中，数交通建设成就最大。铁路建成新线 7500 余公里；公路建设也很有成绩，到抗战爆发时，建成了以兰州为中心、以四川为中心、以长江中下游为中心等三大重点公路网；航运方面的成绩要好于公路建设；在航空建设方面，孔祥熙分外感兴趣，宋美龄也很关注航空事业，故航空部门的经费能得到保证，技术、规模均有所发展，与当时世界航空运输业的差距也不算大，只是尚未能自行设计制造飞机。

兴修水利。南京政府先后对海河、黄河、淮河、长江、珠江五大水系进行过治理，兴建了一些水利工程，但由于孔祥熙没有提供足够的财力，水利工程收效不大。还有的工程项目立了项但未上马，如三峡工程。在四大经济建设项目中，水利建设完成最差。

综上所述，孔祥熙在抗战前主持财政和参加领导经济建设的过程中，为以四大家族为首的带有买办性质的官僚资本主义的发展奠定了基础，客观上对旧中国学习西方先进的科学技术、利用外资及社会经济的发展起到了一定的积极作用。

受命危难

孔祥熙虽然在从政前因成为英国亚细亚火油公司的代理人而发了一笔财,但他真正的发达却是依附于蒋介石之后。亦官亦商的特殊身份,既可为他继续经营私人企业服务,也可为他以权谋私,牟取暴利大开方便之门。

他的私人企业,除前文已述的祥记公司和裕华银行外,在商业方面主要还有广茂兴和晋丰源商行。这两家商行原来经营中药材生意,抗战期间迁往重庆,什么投机生意都做。裕华银行是孔祥熙私人企业的核心,负责人都是他的心腹,总经理一直由铭贤学校总务主任武渭清担任。孔祥熙喜欢搞独资经营,不讲求外表,不重视宣传。不过,在工业方面,他搞过几个合伙组织,多数是挂个名,个人并不出资,由有关银行参加或放款。其中比较知名的是和刘鸿生合伙办的中国火柴原料厂、中国毛纺织厂和西北毛纺厂,以及由傅汝霖出面与四川地方财团合办的中国兴业公司,由盛苹臣实际经营掌握的华福烟草公司。在文化事业方面,孔祥熙接办了"四社",即《时事新报》《大晚报》、英文《大陆报》和申时通讯社。"四社"本由张竹平经办,因得罪了蒋介石,为蒋所取缔,无法维持,负债累累,最后只好让给孔祥熙。

从他经营的私人企业看,是赚了一些钱,但不可能敛财很多,最多只能达到百万富翁之程度,绝不会成为亿万富翁。由此可见,他的私财只能是从营私舞弊、贪赃枉法而来。他在国民党当政时期,手握财政、金融、经济大权,以权谋私的机会颇多。他的身边颇多贪污之徒,而他的背后又有宋霭龄、宋美龄的支持,故他完全可以放手捞钱,大可不必像其他民族资本家那样兢兢业业去经营工商企业。

1933年4月6日,孔祥熙就任中央银行总裁后,首先关心的是他自己设在天津的裕华银行,他示意副总裁陈行(字健庵)于5月15日密函中央银行天津分行经理李达,与裕华保持特别联系。李复函称:"健公副总裁钧鉴:顷奉本月15日钧函,敬悉种切。温君襄忱,前曾在津任国贷银行经理,与达极为相熟,此次在津任国货银行经理,仍常聚晤。总裁于该行(裕华)既甚注意,遵当与该行特别联系。至推行钞票一节,容俟温君到津,与之面洽,再行函报。"由于中央银行的扶植,裕华银行的发展异常迅猛,孔祥熙对此并不避讳,且津津乐道,以显示他家早已开设银行,而他则早就是银行资本家了。

随着官位权势的不断升格,孔祥熙的财也越发越快,越发越大。在抗战前,他走了两条发家捷径。

一条是通过军火贸易索取大量佣金。

南京政府的军火贸易本来与中央银行及财政部无甚瓜葛。一开始,蒋介石是假手上海租界内欧美各国兼营军火生意的洋行向国外洽购,由军政部军械司及兵工署负责,其

他部门不得插手，军政部长何应钦因此大发洋财。那时的财政部长宋子文见此情景，分外眼红，就借口中间回佣吃亏甚大，乃向蒋介石建议应向厂商直接洽购，并改由财政部接洽，这样便可改用分期付款办法，缓解国库困难。宋不仅建议，并且立即付诸行动，亲自向国外订购武器，因质量精良，大为蒋介石赞赏。于是，蒋也就将购置军火的事权交宋主持。

孔祥熙在1932年出访欧美时结识了许多军火商，这为他插手军火贸易创造了极为有利的条件。孔接任中央银行总裁和财政部长后，留用了宋子文在任时专办洽购军火事项的全部人马，这些人对他也忠心耿耿，终于使他独揽了南京政府的军火贸易。因中央银行不能直接出面，孔祥熙便专门成立了中央信托局。该局有两个主要业务，都是见不得人的：一个是储蓄处；另一个便是专办军火贸易的易货处。易货处由中信局副局长张度兼任经理，李耀煌、吴敬安任副经理，孔祥熙自兼中信局理事长，张嘉璈以中行副总裁兼任局长。一切用人行政，都由理事长掌握。对外接洽、签订合同，虽由中信局出面，实际事权均操之于孔。

在中央信托局成立初期，自1932年至1935年，通过该局所购军火，包括航空器材、军械、汽车、汽油及海防设备，据中信局档案所载，已达1.389亿元。回佣一般为价款的20～30％，有时甚至高达40％。贸易额越大，回佣便越丰，表面上由厂商照洋行经销旧例付给中信局，在合同内扣除，但实际上还有变相的佣金，如企业的股权、专利让给、独占经销等等。孔祥熙及其前任宋子文从中着实捞到了不少好处，每年至少可获利百万元之巨，有些年份捞得更多。孔祥熙个人究竟从军火贸易中赚了多少佣金，从未有人能弄清楚，但自然不在少数。

抗战前孔祥熙的另一生财之道是从事公债投机。

他在整理旧债，恢复"债信"的过程中，始终没有忘了乘机为自己谋取私利。他凭借手中的特权，屡次操纵公债市场，肆无忌惮地进行投机倒把的勾当。孔祥熙从事公债投机并不直接出面，而是靠他妻子宋霭龄、小舅子宋子良及其亲信徐堪和陈行所组成的七星公司去进行。这个公司和上海青帮头目杜月笙关系密切，故可里应外合，兴风作浪。

首次投机是制造"廿三关"库券收回换发的谣言。1934年财政部发行"民国23年关税库券"1亿元，按照公债发行条例的规定，每百元实收98元。根据以往的惯例，银行有40％的利润可得（因拍卖行情一般在六折左右），所以乐于承受。当"廿三关"库券在上海证券交易所拍卖时，因七星公司暗中哄抬，开出的市价却在70元以上。银行界觉得这个行情一定站不住，于是纷纷卖出"廿三关"，七星公司则乘尚未结价之前大量买进。银行界根据过去的经验，认为财政部迟早要与银行结价，因此存在笃定思想。后来市价越做越高，才发觉其中有诈，不免恐慌起来，因而不得不在市场补进。七星公司立即乘机散布谣言："政府准备收回廿三关税库券，改发24年关税公债一亿元。"1935年2月11日，他们以76元高价收进，市价直线上涨，涨逾4元停拍。停拍后谣传将涨到100元，超过票

面,暗盘仍会续涨。12 日,市场各帮的眼光都集中在"廿三关"上,买卖极为旺盛。银行界继续在市场补进,不料七星公司突然大量抛售。13 日,各报登载财政部发言人的谈话,声明没有收回"廿三关"之事,但市场仍有谣言,盛传本月内即有收回的可能。一时间,市价狂涨暴跌,最高价做到 81.8 元,最低为 70.4 元。不少自命消息灵通的人,跟随七星公司大量买进,刹时便倾家荡产,有的甚至家破人亡。

原来,这是七星公司所布置的一幕骗局。他们做多头(看涨者先买后卖称"多头",看跌者先卖后买称"空头")完成计划后,即由徐堪将"决定收回廿三关"的消息有意识地泄露给刘子余。刘为中国实业银行设立的中记号经理,他得到这个消息后,认为是"看见骰面子押宝",于是大做多头,从而吸引了一大批想发财的银行家跟进。其中押注最多的是孔祥熙、徐堪的亲信——中国实业银行储信部经理沈宝昌,他集资投入 50 万元,"廿三关"市价暴跌后,因刺激过甚,突发脑溢血而死。这次"廿三关"风潮,完全是孔祥熙、徐堪等摆下的迷魂阵。他们不惜牺牲自己的几个亲信,放出"收回廿三关"的谣言,把"廿三关"的价格抬到饱和点,然后自己大量出货,张网捕鱼,大发横财。

第二次是制造"九六公债"停止上市的谣言。九六公债是 1934 年由财政部发行的六厘英金庚款公债。该公债虽无利息,但在市场上,远期债券比近期债券约高 2 角。1935 年大陆银行储信部经理沈季宣、副理钱翼如见有利可图,便在每个月散户多头调期(即卖出近期,买进远期)时,干起了"无本套息"的勾当,每月赚进 4000 元。以后越赚越多,钱翼如便得意忘形了,将这办法透露给他的亲家蒋履福。事为七星公司知悉,认为有机可乘,便故意制造了九六公债应当停止上市的谣言。此举立刻引起恐慌性抛售,市价暴跌,七星公司则乘机化成许多户头,分向各经纪号充作散户买进。沈季宣、钱翼如不知是圈套,便以补空姿态抬价买进,七星公司立即以高价卖出,获利颇丰。俟沈、钱等人获知真相,为时已晚矣!

第三次是统一公债发行前利用权力在市场上打击对方,引发了轰动全国的公债风潮。在上海证券交易所这个投机市场中活动的各种人物,都是敏感性极强的。当时政府财政入不敷出,迟早一定崩溃,也是尽人皆知的。在同一情况下,有人看跌,便做空头;有人看涨,便做多头,见仁见智,各有不同。单就白银国有改行法币以后的证券市场,即有两种截然相反的看法。一种是看涨,理由是:改法币后外汇基金有了美国的靠山,法币价值从此稳定,银根松滥,存款利息一定降低,公债和法币已结成一体,与其存法币不如投资于公债,既有优厚利息,又能按期还本;另一种是看跌,理由是:法币并没有现金储备,故不可能给国家公债提供保证准备,从此证券没有出路,况且政府发行法币可以不花利息,以后毋需再发行公债,更不必顾虑公债信用,因而公债一定会延期减息。乃至停付本息若干年。两种理由,均言之成理。

七星公司也就利用这些心理,在 1936 年统一公债发行前夕,导演了一幕出色的大翻戏。首先是通过他们的代理人大陆银行沈元鼎、国货银行瞿季刚等人大放利多谣言,并

由中央银行降低套息利率来哄抬市价，最高时全部债券都涨到八折以上，以证实前面那些利多消息。就在这时，七星公司便以多翻空，大量抛出债券，市价顿时暴跌。一时间，市场谣言纷起：有的说公债将延长还本期限10年，停止付息；有的说即便不停止付息，亦将减息为2厘。因此市价一致看小，纷纷卖出。上海总商会电请南京财政部表明态度，澄清谣言，维持债信。孔祥熙复电时，既不承认，又不否认，只是含糊其词地回答说："政府整理公债，就是维持债信"云云。银行界手中债券最多，当然最为关心，便推钱新之等5人到南京与孔祥熙联系探询真相。钱等返沪后，虽然心中有数，但也不敢道破真相，而市场谣言不息，市价仍然继续下跌。

于是很多人均认为债市行情有利于做空头。大陆银行储信部大量卖出，经理沈季宣本人卖出更多，而建设银公司宋子良却乘低价大量收进。由于空方集团力量不弱，市场仍然疲软，宋子良便收罗一些人，手持保证金，分向各证券号做上门多头交易，借以造成利多空气。同时，宋子良还利用政权关系，由财政部命令上海证券交易所："为了制裁奸商扰乱金融，操纵债市，所有公债卖户均应一律现货交易。"此项严格措施，在上海交易所是没有前例的。当时大陆银行储信部卖出债券过多，无物可交，感到十分狼狈。幸由四行储蓄会、交通银行、中国实业银行等大力支援，借给现货过关。但所受损失已无可挽回，沈季宣本人更弄得焦头烂额，虽未追随其兄沈宝昌走上绝路，但后来竟做了汉奸。上海沦陷后，沈季宣出任日方华兴银行总经理兼维新政府的财政部次长。

利多消息一出，公债行情又重新暴涨。孔祥熙及其亲信徐堪、陈行、宋子良在涨涨跌跌中左右逢源，赚到了3000万元的暴利，而很多银行家及更多的散户则在短短的几天之内，便弄得倾家荡产，甚至自杀。到1936年2月1日，孔祥熙在上海宣布发行统一公债和"复兴公债"的计划，这场公债风潮也由财政部以"经逐一查核，尚无公务员及本部人员投机操纵情事"几句轻描淡写的话，批复上海证券交易所而不了了之。

孔祥熙及其亲信利用七星公司进行公债投机的勾当，起初真可谓神不知鬼不觉。后来人们才渐渐了解了七星公司的内幕：总后台是中央银行总裁、财政部长孔祥熙；财政部副部长兼钱币司长徐堪总负责，他常由南京赶到上海，在中央银行副总裁陈行的办公室内，手持对讲电话，不停地发号施令，兴风作浪，陈行在旁协助，参与机密；国华银行董事长、中国建设银公司总经理宋子良则经常用电话向国贷银行拨头寸。真相大白以后，一传十，十传百，于是全上海的工商界都知道有一个"三不公司"。所谓"三不"，是指在人格上，"徐堪不堪、陈行不行、宋子良不良。"足见人们对官僚买办资本操纵市场的切齿痛恨是何等之深！

1936年12月12日，发生了震惊中外的西安事变。消息传到南京后，国民党中央常委会、中央政治会议立即召开紧急会议，商讨如何解决事变。以何应钦、戴季陶等为首的"讨伐派"主张严惩张学良、杨虎城拘禁领袖的"犯上"行为，组织讨伐军，迫使张、杨释放蒋介石。孔祥熙虽以行政院代院长的身份主持政局，但对"讨伐派"的强硬主张却无力改

变。于是,会议一结束,他立即赶到上海,向宋美龄通报事变消息和会议结果。最后,孔祥熙和宋子文、宋美龄等人共同努力,响应了中国共产党坚持和平解决的正确主张,遏制了"讨伐派"的图谋,促成了西安事变的圆满解决。

西安事变后,国共合作的谈判开始进行,南京政府也较为积极地做了一些抗战的准备工作。恰在此时,英国发生了王位更迭,新国王乔治六世定于1937年5月12日举行加冕典礼。蒋介石正想派人赴欧美各国寻求政治上、经济上的援助,为抗战的全面爆发作外交上、军事上的准备,因此便借机任命孔祥熙为中国特使赴伦敦参加乔治六世的加冕典礼。

1937年3月20日,孔祥熙再度出使欧美,除参加英王加冕典礼外,他还肩负着向欧美各国洽商借款及购买军火的秘密任务。他先乘船抵达意大利,然后经过瑞士、捷克、德国到达英国首都伦敦。在加冕仪式上,英国外相艾登在向国王乔治六世介绍中国特使时,称赞孔祥熙是"统一中国财政,整理中国税制,改革中国通货,恢复中国国际信誉,平衡中国政府预算"的"伟大理财家"。此话虽不免言过其实,但极有助于孔祥熙在欧美的外交活动。加冕典礼结束后,他又去了瑞士、意大利,然后转道法国、比利时,到了德国。这次到德国,孔祥熙受到了希特勒、戈林的接见,颇为得意,误认为在未来的中日战争中,德国会支持中国,可后来的事实恰好相反。不过,他在德国订购了大批军火,并迅速派船运回了中国,"七·七"事变后均用于抗战。

6月中旬,孔祥熙突然决定赴美活动,这是公开的日程中没有的。他在美期间活动相当频繁。23日接受耶鲁大学所赠博士学位;27日抵华盛顿,与摩根银行的拉门特等银行家晤谈并达成协定,将太平洋建设银行借款500万美元之事落实了;28日会晤美国财政部长摩根索、国务卿赫尔;29日又会见罗斯福总统,对中日问题坦诚交换意见,并获得罗斯福的许可,订购了一批汽油,交由美轮从速运抵香港转广九路内运,以备战时之需。"七·七"事变发生后,他在美国又活动了十来天。

7月19日,孔祥熙自纽约再抵伦敦。与英国有关部门商谈并签订建筑广梅铁路借款合约;8月4日签订建筑浦信铁路借款合同;还与英方商定,俟机会在伦敦发行债券3000万英镑。7月26日,孔祥熙收到蒋介石发来的"大战已开始,和平绝望,希在国际方面多所接洽"密电后,便决定离英后再去法国巴黎商洽借款。在巴黎活动一阵子后,他又赴柏林与德国经济部长沙赫特洽谈。此外,他还出席了国际联盟会议,要求国联通过支援中国、制裁日本的决议。孔祥熙在欧洲活动时,按照蒋介石的指示,每到一地,便向所到国家的政府和民众揭露日本帝国主义的侵略阴谋,谴责侵略者屠杀妇女、儿童、老人,抢劫民间财产的罪行,呼吁世界各国的有识之士支持正在进行艰苦抗战的中国人民。

直到10月中旬,孔祥熙才返国。抵沪时,上海已处于日军包围之中,他只得在法租界码头登陆,潜回自己的寓所住了一夜,便匆匆返回南京了。他这次在欧美的活动,对危难中的中国做出了积极贡献,抗战第一年中国政府就收到了4笔贷款,总计4亿法郎、

4700万英镑。

日军于12月13日占领南京前后，国民政府先迁武汉、后迁重庆办公。蒋介石为在民众中树立自己决心抗日的领袖形象，便提出辞去行政院长职务，专心指挥前方战事，并提议让孔祥熙接任院长之职。1938年元旦，孔祥熙就任行政院长，兼任财政部长、中央银行总裁、农业银行董事长、中国银行董事长、中央常委等职，旋又兼四行(中央、中国、交通、农业四银行)联合办事处副主席，成为抗战时期国民政府主管财政金融的首脑。

然而，孔祥熙所面临的财经形势却非常不妙。由于东部发达地区不断陷入敌手，国家的财政收入迅速减少。抗战前国民政府的主要收入是关税、盐税和统税，三者总额占财政收入的77.2%，而沿海地区的收入又占这三种税收总额的80%以上。"七七"事变前政府每月财政收入在3700万元左右，均超出国家预算收入计划。事变后，财政收入锐减，1937年8月至12月每月平均财政收入仅1600余万元，只及预算收入的一半。而由于战争爆发，军费支出大增，估计每日仅军费支出就要500万元，全年需18亿元，超出国家财政总收入的3.6倍。因而财政问题是关系到国家生死存亡的大问题。

为坚持抗战，在财政上对军事、经济、交通、教育等各方面都须给以支持。在蒋介石主持下，孔祥熙在完成战时财政、保障供给方面，采取了一系列措施。

首先调整了战时财政政策。1938年3月，国民政府制订了《抗战建国纲领》，决定"推行战时税制，彻底改革财务行政"。于是，孔祥熙对战时财政政策作了第一次调整。一是增加货币发行。他认为"迨战事发动以后，抗战建国，同时并进，通货之需要，因之更行殷切，发行较短，自有相当之增加"，因而从1939年以后，政府就通过"四行"大量发行货币。二是调整税制，增加税收。主要是将原来作为间接税的所得税、遗产税、非常时期过分得利税、印花税等改为直接税。三是举借内债和外债，以弥补财政赤字。从1937年至1940年，共募集公债35.8亿元，美金9414万元，英镑1900余万镑；举借外债3.2亿美元，302.6万英镑。四是在国内开展募捐献金活动，同时争取海外华侨的募捐。

在抗战头3年，由于调整了财政政策，尽管每年仍有大量财政赤字，但尚能支持前方抗战和后方生产的局面。1941年前后，孔祥熙又对财政政策做了调整。太平洋战争爆发后，中国后方的对外联络基本中断了，后方各种物资严重缺乏，物价上涨，财源枯竭。于是他从三方面着手再一次调整了财政政策。一是改革财政收支系统，二是强调增加财政收入的主要办法是增加税收和举借内外债，三是加强财政管制，一方面增加财政收入，一方面尽量减少不必要的开支。这一次的财政新措施推行后，由于通货膨胀难以抑制，加上国民党政治上日益腐败，所以未起什么积极作用，相反不同程度地起了扰民作用。

其次，加强了金融管制和运用。"八一三"事变后，沪宁等地发生了提存风潮，远在国外的孔祥熙急令各银行休业两天，随即于8月15日颁布《安定金融办法》7条，对防止巨资转移，支持抗战起过一些作用。又令"四行"组织联合办事处，成为战时金融枢纽。为建立战时金融网，孔祥熙命令"四行"于1939年底以前在西南、东南、西北各省重要地区

设立行、处。1942 年 7 月,他又将"四行"业务进行调整,使之各归专业,将法币发行权集中于中央银行;在《非常时期银行法》中规定商业银行不得经商囤货或代客买卖货物,银行职员不得利用行款经营商业。在外汇管理方面,1938 年 3 月 14 日,孔祥熙以财政部训令公布了《购买外汇清核办法》,由官方管制外汇买卖,他最初的设想是欲通过此法稳定法币币值。但因美英等国银行不大支持,自行挂牌进行外汇交易,孔祥熙等官僚买办们又一味依附英美,致使外汇市场出现了官价汇率与黑市汇率并存的局面,有限的外汇很快被套购一空。所以此项措施非但未有成效,反而"给敌人操纵之柄,来摧残我们抗战的经济"。在黄金管理方面,孔祥熙于 1939 年 9 月规定黄金收归国有,禁止自由买卖,由官方规定价格集中收购。此举在战时本无可非议,问题在于收购来的黄金并未用于抗战,而是成为官僚买办资本增值的一大财源。孔祥熙加强金融管制的上述种种措施,取得了一些效果,但也为其大发"困难财"提供了便利。

第三,推动战时后方的工农业生产。为发展战时生产,保障后方供应,支持前线抗战,孔祥熙制订了一系列政策。如协助沿海沿江工厂内迁;通过统购统销政策,指导生产,发展经济。为改善大后方的经济环境,他又逐渐增加经济建设投资,1940 年达到 13 亿元,占同年行政费用的 2.7 倍,从而建成了一批较先进的工矿企业。对农业则采取扶农政策,到 1941 年,每年发放农业贷款均在四至五亿之间。发展战时生产的一系列政策,对坚持长期抗战起到了一定的作用,增强了抗战所急需的经济实力,但由于政策本身的局限性和执行时出现偏差,也带来了不少问题。

总之,孔祥熙在发展战时财政经济方面采取的这些措施,确实为我国的抗日战争尽了自己的力。但是,由于他确定战时财经政策的基点是蒋介石的片面抗战路线,故当蒋介石转向"消极抗日,积极反共"之后,这些政策也日益暴露出其不恤民本、苛征重敛及趁机扩展官僚买办资本的一面。

譬如,孔祥熙的统购统销政策,本是为了保证从原料、加工、生产、销售的整个产供销系统的正常运行,稳定大后方的生产和市场。可不久便成为控制原料供应,控制各种物价的垄断政策,使工农业生产急剧下降。又如:财政部拨出的经建资金,出台之初起过一些积极作用,可不久就变相为官僚资本及孔宋财团挪用,成为操纵市场、压制民族工商业、扩张官僚买办资本的投机资本。

资本大膨胀

孔祥熙亦官亦商、弄权求利。从他的一生来看,早年成为买办商人只能算是经商发展的初级阶段,进入国民党领导核心圈的前 11 年间(1926～1937 年),也只能算是奠定了发家的基础,孔祥熙进入发财高潮是在艰苦的抗战年代里。

在抗战期间，孔祥熙在使以四大家族为核心的官僚买办资本不断膨胀起来的同时，更是充分利用统筹全国财经的便利条件，掌握市场供求关系，预知国家财经政策的转变和统购统销物资、市场物价的起落，伙同自己的妻儿、亲朋、门生，选择投资方向，转手倒卖紧俏物资和美援物资及军火，进行证券、黄金、外汇等金融投机。这类权力下的交易，使得孔家在商场连连得手，聚敛了巨额资财。虽然任何人都无法准确估计孔家财产的确切数字，但完全可以断定孔家确属旧中国的首富。

孔祥熙大发"困难财"的方式虽然五花八门，归纳起来不外乎两种，即：投机与走私、掠夺与鲸吞。

1937年底，孔祥熙兼任理事长的中央信托局撤退到香港后，由其子孔令侃以常务理事的身份直接管理。孔令侃大权独揽，不仅直接管辖中央银行和中央信托局一切大小事务，而且连代表江浙财阀的交通银行和南四行、北四行、小四行，也都要插手干预。孔令侃是个骄横跋扈之徒，他对过去捧蒋介石上台的江浙财阀中一般首脑人物，除个别几个像叶琢堂、杜月笙、许世英外都颐指气使，直呼其名。交通银行董事长胡笔江（1938年在香港乘飞机经过广东上空，被日本飞机拦截击落而丧命）在生前曾对人说：有一次，孔令侃打电话给他说："你是笔江吗？我是刚父（其字），你马上到我办公室来一下，有事商量。"胡笔江发牢骚说："这个孔大少爷，怎么一点礼貌都不讲，我和他父亲是朋友，算是他的长辈，开口就叫我名字，召之即来，挥之即去，一点都不客气。"对胡笔江尚且如此，其余之辈，更不必谈了。

1938年秋，广州被日军占领，中央银行广州分行、总行业务局外汇部和发行局分别迁到九龙和香港办公。这就给孔家走私贩私、鲸吞公款创造了极好的条件。他们利用美国钞票公司、英国德纳罗钞票公司，开足机器，无准备金、无限额地大量印刷钞票，供给国民党政府军政费用，造成恶性通货膨胀，而孔家却把国家的金银外汇、侨胞捐款，悉数转入其私人腰包。

中央信托局副局长赵季言是宋霭龄的私人账房，买卖金融外汇、外国股票，大部分由他出面联系成交。在香港经营美国股票外汇的新丰洋行的一位接电话的女职员李乃莉曾说：中央信托局几根专线，是他们最忙的客户。孔家要哄抬操纵市面，可以一声令下指挥其他银行，代他们兴风作浪，投机倒把。银行界有些人与赵季言关系密切的，近水楼台，跟着买进卖出，多少也捞到一些好处。但是有关市价大起大落的内幕消息，赵季言从不向外界透露，因此深得宋霭龄的信任。

1939年夏，中央银行外汇平准基金委员会，奉美国政府指示，为限制中国国外资金转移，决定冻结中国私人账户在美国的存款。由美国驻重庆代表福克斯向孔祥熙秘密传达了这一决定，孔祥熙不动声色，借口要向蒋介石请示，立即用私人电台密告远在香港的宋霭龄。当天下午，在香港半山的孔公馆召见赵季言，要他第二天立即飞赴美国，把孔家在美国的存款全部化名转移。赵季言在短期内完成任务后，密电告诉宋霭龄让其放心。次

日，重庆便正式公布了美国的这一决定，外汇市场大为波动。江浙财团、政学系、CC 系均措手不及，对孔家这一手恨之人骨。而孔家这样一来，更全面掌握了中国外汇管理的大权。

就在这一年，中央信托局设了两个专案，即所谓"28 年度兵工储料专案"和"合步楼"中德易货专案。前者是蒋介石为暗中获得德国军火而设立的，由孔令侃负责。孔令侃受命后立即在中信局内成立了一个兵工储料处，安插了不少孔家大小爪牙。后者是代德国几家大商行利用中国资金，在沦陷区收购中国土产或其他物资，运往德国，折充还贷款。孔令侃利用这两个专案，大搞走私活动，捞了不少钱。

广州、香港沦陷以前，香港英国当局允许中国一些机构改头换面，在香港进行半公开的活动，转运外援物资。孔祥熙看准这一机会，在香港设立了西南运输公司。该公司机构庞大，业务广泛，运输繁忙。广州沦陷后，中国与外界联系的通道只有滇越铁路和滇越公路了，西南运输公司又乘机控制了这些交通命脉。在运送旅客及中央银行所发钞票的同时，该公司常打着行政院或财政部、中央银行的招牌，装运孔家的走私货物。后来，孔令侃又在中信局成立运输科，派孔家最忠实的管家、原中央银行庶务科主任林世良为主任，买了一大批卡车，打着"28 年度兵工储料专案"和替中央银行运钞票以及装运特种物资的旗号，拼命地运送走私物资。

孔家走私贩私的物资门类很多，大到冰箱、沙发，小到烟酒、罐头、卫生纸，以至到孔二小姐（孔令俊）的几条狼狗所吃的进口狗饼干，甚至还明目张胆地从事贩毒勾当。1939 年，杜月笙和戴笠搞到 100 余吨鸦片烟土，和法国欧德南洋行商定由其包销到东南沿海以及华北沦陷区、印度支那等地。为了通过关口检查，杜月笙亲自登门拜访了孔祥熙，并一次送上贿金 500 万元。孔祥熙一向与戴笠有隙，但见钱眼开，便大笔一挥，发放通行证，根本无视政府禁烟的明令。

到 1942 年前，滇缅公路已成为抗战大后方对外的唯一交通线，孔家的走私活动也更为猖獗了。这使国民党其他军政要员们分外眼红，便纷纷效尤，购买卡车，巧立名目，自搞运输，参与走私，造成滇缅路上一片混乱。一些未沾上光的官员，便上书蒋介石要求整顿。蒋便于 1941 年冬，派其表弟俞飞鹏，以军委运输统制局副主任身份驻仰光专办缉私。1942 年春，日军进攻缅甸，俞忙于撤退，沿途放火烧了滇缅路上的不少物资，引起了很大公愤。当时任昆明行营主任的龙云曾声称，俞飞鹏若经过昆明，他将下令捉起来立即枪决，以平民愤。俞飞鹏只好偷偷回到重庆，蒋介石当然不会杀他。

为了转移目标，设法找一个替罪羊，蒋介石命戴笠抓些走私的典型案例。戴笠就把林世良专办的满载走私物资的卡车扣留起来，林的死对头汪建才借机向军统局提供了平时搜集的大量林的违法材料。俞飞鹏也向蒋介石哭诉，说林世良倚仗孔家势力，假公济私，阻挠军运，以致他号令不行，无法统制，才造成巨大损失。蒋介石只好丢卒保车，下令逮捕林世良。林世良自以为后台硬，手里有孔家这张王牌，所以毫不在乎，与他女友赵某

通信时，还认为这只是一点误会，不久就可以解决。孰料他的靠山孔令侃正在美国，远水救不了近火；孔祥熙又正受到黄埔系和戴笠的内外夹攻，为了保护自己，只好同意杀之灭口。林世良终于还是被枪毙了。

孔家在大肆走私的同时，还大搞囤积居奇，牟取暴利。据说在重庆孔家的黑库就有好几处，在中央制药厂囤积过大批药品，在一些企业的库房囤积过各种物资。有一次，重庆的经济警察查封了一处地下仓库，里面堆满了棉花。事发后，孔家派人前去通融，原来这里的棉花，一半是一位四川军阀的，另一半则是孔祥熙的。弄得警察骑虎难下，最后只好悄悄启封了事。

像这类投机与走私的事例真是不胜枚举，而孔祥熙的掠夺与鲸吞更是触目惊心，最典型的要数轰动一时的"美金公债案"了。

搞公债投机，在抗战前便是孔祥熙的拿手好戏。抗战期间，他更是肆无忌惮。1942年，国民政府为筹集资金，便从美国贷到的5亿美元中拿出1亿，发行"同盟胜利美金公债"。规定照官价汇率交付法币，到期由中央银行兑付美金，这时官价汇率是法币20元合美金一元。初发行时，社会上不知这笔公债确有准备，买者寥寥；以后宋子文借到美金的消息陆续传开，而且黑市汇率已达法币100元合美金一元，于是买者踊跃，到1943年春，销售额已达5000万美金之巨。

孔祥熙一看有利可图，便于10月15日密函国库局将该项公债停售，尚未出售的5000万美元公债，悉数由中央银行业务局购进。按照正规手续，国库局在收回后，应立即转交业务局承购，缴存国库。可国库局长吕咸拟定的一封签呈竟说："查该项美券销售余额，为数不赀，拟请特准所属职员，按照官价购进，符合政府吸收游资原旨，并以调剂同人战时生活。"然后又选定一个最"利市"的日期递请孔祥熙审批。孔祥熙对这笔美金公债早已馋涎欲滴，就大笔一挥，批了个"可"字，但不签名，而是盖了个"中央银行总裁"的小官章。

吕咸履行完合法手续后，就开始分期分批全部侵吞这批美券。第一批3504260美元，照官价折合法币70085200元，全部送给孔祥熙一人独吞。不久，他们又购进第二批美券共7995740美元，照官价合法币159914800元，由财政部有关职员瓜分。吕咸拟报签呈的时间是1944年1月，此时美金公债券的最低价是一美元折250元法币，最高价是273元法币。他们即便以一美元折合200元法币的价格售出，然后按官价20元售出的全部价款缴入国库，转手之间仍可鲸吞法币2069982000元，真是骇人听闻！

可是他们还不满足，仍想继续把剩下的近4000万美元公债也瓜分干净。不料，因中央银行职员内部分赃不匀，有人将此事泄露了出去。重庆各报纷纷予以曝光，一时间，舆论哗然，孔祥熙立刻成为众矢之的。正当他如坐针毡之际，美国向盟国发出了一个建立国际货币基金组织，成立世界银行的倡议。蒋介石为让这位襟兄摆脱困境，便顺水推舟，任命孔祥熙为中国"特命全权代表"，率领代表团赴会，好去美国暂避风头。

但国内的反孔浪潮并未因其出国而平息，反而愈演愈烈。1944 年 9 月，国民党召开三届三次国民参政会，傅斯年、黄炎培等 30 余人联名发表了《民主与胜利献言》，不指名地谴责了孔祥熙贪赃枉法的种种罪行，并要求彻底查处美金公债案；到会议最后一天，还有 48 人要求监察院纠劾官吏贪污失职。在如此强劲的反孔浪潮中，蒋介石实在无法再保护孔祥熙了，加上美国方面也以孔氏以权谋私为名要重庆方面更换财政首脑，他只好暗示在美国的孔祥熙辞职。孔祥熙见大势已去，至 1945 年 10 月，被迫连续辞去了所有职务，仅挂了个中国银行董事长的名衔，从此便退出了政治舞台。

不过，孔祥熙并未彻底忘情于官场，曾试图东山再起。一次是 1946 年夏，四川地方绅士刘存原等 60 人曾上书蒋介石，请孔祥熙"主持川政"，孔祥熙亦曾动了心，后考虑到"国内思想纷乱，政治环境较前复杂，明争暗斗，波涛汹涌"，便表示"不愿再膺负任何政治职责"。另一次是同年伪国民大会召开前后，孔祥熙联络各方，想谋个立法院院长的位置，后因政学系、CC 系的联合抵制，他也就偃旗息鼓了。此后，孔祥熙才算正式告别了政坛。

抗战胜利后，孔祥熙虽不居高官，但当他看到宋子文推行的外汇开放政策和压低外汇牌价，实在是买办事业千载难逢的良机时，便又大规模扩充商业资本。1945 年底，他去美国近一年半后回到重庆，亲自领导了孔家财团大陆时期的最后一次扩张活动。在大小官员大发"胜利财""接收财"的混乱状况下，孔祥熙夫妇指导孔令侃等子女迅速把大后方的私产转移到了上海和南京等东部经济中心，并指导他们如何选择投资方向和确定投资规模，如何成立新的公司。在抗战胜利后的四年间，孔家赚取的钱财并不少于抗战八年时期，特别是在利用经济情报和政治特权，炒黄金、美钞、证券等方面，达到了前所未有的疯狂程度。

但孔祥熙下野后很少再直接出面投机经商，主要是由其儿子孔令侃、二女儿孔令俊继续扩张孔家财团。在抗战期间，孔祥熙把祥记公司、广茂兴、晋丰源等三个旧商号的经营管理权交给了孔令俊，组织了祥广晋联合总管理处。抗战胜利后，孔令俊在上海四川路独自开办了嘉陵公司，把杜月笙拉来入股，专门从事外汇黑市交易，获得了巨额利润。

孔令侃在抗战期间曾因私设电台被香港当局驱逐出境。离港赴美后，他与在美访问的宋美龄一起，认识了一些美国大资本家，因而取得了很多美国大厂商在华的总经销合同。回国以后，他便在上海成立了扬子建业股份有限公司，聘请了一批外国人任总、分公司的正副经理。他们为其和德国颜料垄断集团挂上了勾，取得了英商利威公司的特约经销权，并与美国通用汽车公司建立了联系。扬子公司进口一辆"奥斯汀"或"雪佛莱"牌小轿车，成本只需 1800 美元，却大多以 5000 美元的高价出售。该公司的迅速发展得到了孔祥熙任董事长的中国银行的特殊照顾和大力支持。当时，一般人很难得到官价外汇，可孔令侃弄个上千万元的官价外汇却易如反掌。其时，法定汇率是一美元合 12000 元法币，可黑市汇价则合 40000 元法币，故光在汇率差价上，孔令侃便可发一笔横财。

到 1948 年，全国物价飞涨，商家争先恐后囤积物资。扬子公司可谓上海商界公认的囤户之首。就在这时，蒋经国为整顿上海经济秩序，到上海"打老虎"来了。他本想先拿杜月笙开刀，且抓了其子杜维屏，不料却被杜月笙将了一军。在浦东大楼召开的上海巨商大会上，杜月笙发言道："我杜月笙原来是一个坏人，什么坏事都做过，但自从总统执政以来，承他看得起我，把我当作一个好人，我杜月笙就没有做过坏事。今天我的小儿子囤积了 6000 万元的物资，违犯了国家的规定，是我管教不好。不过我有一个要求，就是请蒋先生派人到上海扬子公司的仓库去检查检查。扬子公司囤积的东西，尽人皆知是上海首屈一指的，这样才服人心。"讲完之后，他即离座而去。蒋经国只好说："我一定派人去扬子公司检查检查……"并起身送杜出了大门。会后，蒋经国本想下狠心封了扬子公司的仓库，可最后由于宋美龄出面干涉，扬子公司还是逍遥法外了，杜维屏自然也无罪释放，蒋经国的打虎运动只得草草收场，孔令侃则越加无所顾忌了！

扬子公司究竟在囤积和倒卖中赚了多少钱，是无法弄清楚的。仅据 1947 年账面结汇数，已结清的有 182 万美元，2.1 万英镑，4.5 万瑞士法郎，尚未结清的有 90 万美元，出口结售外汇 95.48 万美元，9.5 万英镑和 26.6 万瑞士法郎。

纵观孔祥熙在抗战后至解放前的经商史，由他私人名义，或以夫人、儿女等名义投资的企业相当多，除了前文已述的外，还有庆记纱号、强华公司、大元公司、恒义商号、升和商号、纽约扬子贸易公司、光大瓷业公司、益中实业公司、中华书局、永宁印刷厂、新华玻璃厂、淮南路矿公司、温溪造纸厂、科发药房、屈臣氏汽水公司、阜新面粉厂、福泰夹板厂、中国农业机械公司等。孔祥熙、孔令侃在这些公司中均担任过董事长等要职。由于孔祥熙在这期间是国民党要人，曾先后担任财政部长、中央银行总裁、行政院院长等许多要职，孔氏家族所经营的企业涉及金融、工业、商业等诸方面，有的自主经营，有的充当外国企业经销商。因而这些企业一般被称之为官僚买办资本。

离开官场赴美国

离开官场后，孔祥熙回到了上海西爱咸斯路（现永嘉路）老宅，他虽然还挂了个中国银行董事长的头衔，但手中基本无甚实权，故很不得志；再加上门庭冷落，满腹牢骚又无处诉说，所以心情极为沮丧。

蒋介石尽力在精神上予以抚慰。1945 年 10 月 10 日，颁给孔祥熙胜利勋章一枚。1947 年元旦，蒋介石又颁给他一枚"空军大同勋章"；上海市政府也聘请孔祥熙去中央广播电台上海分台发表讲话，庆祝民国 36 年元旦，可这一切都难以抚平他那因政治失意而遗下的心灵创伤。为了排解忧愁，消磨时光，孔祥熙主动联络一些老朋友，参加各种非官方活动。他曾亲自去码头为受蒋介石排挤两赴美考察水利的冯玉祥送行；又和于右任联

名上寿文,协助操办了杜月笙六十大寿庆典活动;还为杜公子维新、维屏娶亲做了证婚人。

但是,从财界大亨跌落为普通寓公的孔祥熙还是无法找到心理平衡的支撑点。于是1947年春,他干脆决定赴北方"潇洒走一回",散散心。当他到达北平时,李宗仁以北平行辕主任的身份,在中南海怀仁堂组织了盛大的欢迎宴会;又在故宫太和殿前广场上召开了北平各界人士参加的扩大纪念会,请孔祥熙与大家见面并发表演说。会后,燕京大学、朝阳大学、中国大学都盛情邀请他到校讲话。孔祥熙任名誉校长的燕京大学,还专门为他在颐和园组织了大型游园会,并请他主持了该校的毕业典礼,向他献旗献花。孔祥熙还抽空到天津走了一趟,天津银行界两次公开宴请了他。南开大学校长张伯苓专门组织了欢迎会,并请他向学生训话。孔祥熙在政坛的形象虽然不佳,但由于他一生重视教育,因此平津两地的教育界并未因他下野而怠慢他。

这次平津之行让失意已久的孔祥熙心情开朗了许多,于是他又决定回山西老家看看。这时,人民解放战争正处于由粉碎敌人重点进攻转入全面反攻的前夕,山西的人民解放军已展开了正太战役和晋南战役。太谷县的地方人民武装展开的反蒋、阎斗争也十分活跃。在这样的形势下,孔祥熙回山西来,而且执意要回老家看看,阎锡山虽不便阻拦,但也放心不下,便派了部队保护他返回太谷,并嘱其不要在家乡久留。

就这样,孔祥熙回到了阔别已久的太谷故乡。他先去铭贤旧址,视察了因八年战乱而变得满目疮痍的校园,又去父母的坟头上进行了一番祭扫。他仿佛已经预感到这是他和故乡的诀别,心情十分沉重。他草草嘱咐学校的留守人员要保护好学校财产及孔家祖坟后,便匆匆离去,返回城中孔家故宅。他清点了自己在太谷的房地产,吩咐手下人将所有能转移的值钱的家当尽快转送香港和海外。办完这些事后,孔祥熙决定不在太谷过夜,立即返回太原。后又取道青岛、南京返回上海。这是孔祥熙最后一次回故乡探望。

回到上海后,孔祥熙清理了一下自己的财产,欲把能带走的东西尽量转移到海外。同时,他又放出口风,说宋霭龄"身体不好",应送她到美国"住在靠近纽约医疗机构的地方"。宋霭龄便先去美国为孔家财产的大转移打前站了,稍后她从美国来电说自己"染患重病,情况严重",须进医院动手术,要孔祥熙前往。1947年秋,孔祥熙以"为宋霭龄治病"为名,离开上海去纽约,从此以后,他永远离开了中国大陆。

孔家兄妹在上海逐渐将庞大的资产收笼并转向纽约,先期到达纽约的孔祥熙则在曼哈顿及时处理,投入再生产,这再次显示出孔祥熙那过人的精明和独到的眼光。在新中国成立之前,在外逃的资本家、大商人及官僚买办中,只有孔祥熙在转移财产上几乎分毫无损,这和他有充裕的时间做准备大有关系。从这个角度来看,孔祥熙被迫过早地退出政治角斗场未尝不是一件好事。到1949年下半年,当有些富豪为一张去台湾或海外的船票、机票争得不可开交时,孔家早已将其从中国人民身上搜括来的钱财全部投入了美国市场。

从 1948 年起,孔祥熙夫妇一直住在纽约里弗代尔,身为中国银行董事长兼纽约市分行董事的孔祥熙,一周内总要抽出两三天时间驱车到华尔街走走。1949 年 1 月,他辞去中国银行董事长一职。在这期间,他为支持蒋介石做最后挣扎,曾竭力争取美国从经济上继续援蒋,并受蒋之托,参与过支持杜威竞选总统的活动。但国民党内一些人并不领他这份情。

随着国民党政府行将就木的时刻愈来愈近,国民党内部掀起了一股追究失败责任的风潮。1949 年 5 月 13 日,立法院通过了一个《为中共破坏和平,支持政府对中共继续作战之决议》,该决议除顽固坚持反共反人民的立场外,还提出了向孔祥熙、宋子文等人征借美金的紧急动议。他们断定,孔祥熙是中国当时最大的富翁,也是贪财最多的在野官员,故要求他带头向政府捐款;孔祥熙顿时又成了舆论攻击的焦点人物。在此以前已经有人在公开发表的文章中直言不讳地抨击他,提出应将他"开除党籍,注销国籍"。

1950 年 7 月,偏安台湾的国民党当局把孔祥熙等一帮所谓"党国元老",一律特聘为"总统府资政",实际上,台湾的国民党政务根本用不着远在纽约的孔祥熙操劳。于是他便专心经营"中国银行纽约分行",一方面继续为台湾当局争取美援,一方面又可将纽约分行变成孔家财团的融资点。孔家财团在美国的经营范围颇广,涉及石油、建筑、股票、期货、批发等领域,分别由其三个子女负责,孔祥熙因为屡遭美国舆论的谴责,所以不便亲自出马,只得与妻子一起退居二线指挥。

美国舆论界最关心的是孔祥熙的个人财产问题。有人于 1950 年初在美国翻译出版了陈伯达所著《中国的四大家族》一书,该书披露孔祥熙有一大笔财产存在美国银行。消息一传出,便有好事者展开了调查。3 月 2 日,中美文化协会主席、远东问题专家柯尔勃首先致书孔祥熙,询问他是否同意由美国财政部公布他本人在美国的存款数字。孔复函表示同意。美国官方后来虽然公布了中国人在美存款总额,但是未具体公布孔祥熙、宋子文等人的资产数。于是翌年 3 月,美国舆论继续攻击孔祥熙。《纽约晚报》编辑市朗著文称:据他估算,孔、宋在美国的存款达 8.5 亿美元之巨,并建议他们"自动捐出 3 亿美元,先纾台湾之急"。几天后,美国广播评论员皮尔逊在纽约市广播电台介绍世界富翁时,也把孔祥熙列入其中。一时间,孔祥熙成了美国人关心注目的中国最大的贪官。由于声名狼藉,他在美国不得不深居简出,不参加大的社会活动。

对美国新闻媒介有关孔家财产的种种报道,孔祥熙抱定主意,默不作声。直到纽约《生活》杂志记者吕超登门造访时,他才进行了一次所谓"辟谣",声称:"我家的祖辈、父辈历来经营票号、商号,家产总算富有。不过,几十年来,由于通货膨胀,战乱频仍,祖产大部分损失了。本人投资于国内各工商事业的资本,这次大陆沦陷也整个荡然无存。目下生活所需,不过是剩下的一点积蓄而已。"美国舆论界当然不会相信这一谎言。

稍令孔祥熙感到安慰的是,美国的一些政界名流与他保持了一段良好关系。曾当过孔祥熙私人律师的路易斯·约翰逊当了国防部长之后,经常与他来往。新罕布什尔州的

参议员斯泰尔斯·布里奇斯也经常邀请他到家里小聚，视其为上宾。还有后来担任了美国总统的尼克松，也是孔祥熙的老朋友。1950 年尼克松竞选参议员之时，孔祥熙曾派次子孔令杰到洛杉矶给他捐了一笔款，并游说加利福尼亚州的大批华裔选民投尼克松的票。从此孔家和尼克松家建立了联系，尼克松夫妇经常到纽约里弗代尔孔祥熙的别墅去拜访。

随着年龄的增加，孔祥熙的思乡情绪越来越浓，睡觉时经常梦见自己回到了山西老家，梦见他苦心经营多年的铭贤校园。但他始终未像李宗仁那样放弃拥蒋反共的基本立场，故从未有过投奔大陆的念头。于是他便把思乡情怀寄托到台湾，来到纽约的国民党要员一般也都要到孔宅拜访。1956 年宋霭龄回到台湾，宋美龄和蒋介石都出场迎接、长叙，不少人为之捧场，这使孔祥熙产生了回台湾定居的想法。考虑到国民党内派系斗争仍激烈异常，他先委托曾任"台湾省主席"的魏道明赴台窥察行情。不料魏刚披露出一点孔的意图，就遭到陈诚和蒋经国的反对。他们利用新闻媒介，大造反腐舆论，表面上大骂豪门，实则是影射攻击孔祥熙。他见苗头不对，便不再痴心妄想了。

60 年代后，年过 80 的孔祥熙落叶归根之心日甚一日，多次对自己的亲友说"我是中国人，我死也要死到中国"。蒋介石听说后感慨万千，深表同情，便于 1962 年 10 月上旬亲自打长途电话邀其返台颐养天年。10 月 23 日，孔祥熙以为 76 岁的蒋介石祝寿为名，在二女儿孔令俊陪同下，离开美国飞抵台北，蒋介石、陈诚、蒋经国、张群、于右任等大员均亲临松山机场迎接。不久，他住进"荣民总医院"治疗白内障。12 月 5 日和 6 日，蒋介石、宋美龄先后来探视问候了他。出院后，孔祥熙担任了台湾中华书局的董事长。1964 年 1 月，蒋介石又特任他为中国国民党中央评议委员会评议委员。

孔祥熙本想在台湾了此残生，不料到 1966 年 12 月，因心脏病复发，为防病情迅速恶化，只得再度赴美治疗。抵美后定居于纽约长岛蝗虫谷菲克思巷。1967 年 7 月 22 日，孔祥熙病危，被送进了纽约医院。弥留之际，他召来了妻子宋霭龄、儿子孔令侃、孔令杰和女儿孔令仪、孔令俊。只见他骨瘦如柴的手不停地撕扯着身上的盖被，有时又仿佛怀着无限嫉妒似的死死盯住身旁的一个人。在公证人的询问下，他艰难地立下遗嘱。"欧柏林……50 万……"孔祥熙每吐出一个字，嘴就像吞咽食物似的一张一合。公证人把耳朵放在他嘴前，听清楚后回头对继承人们说："孔博士说，捐献 50 万美元给他留过学的欧柏林大学，设立一项奖学金。"当公证人好奇地询问到孔祥熙在美国有五亿美元以上的谣传时，他噙着眼泪，摇了摇头，显出一副摸不着头脑的神态说："……垮台……投资……"公证人一边同情地点头，一边记录，并回头对诸位继承人说："孔博士说随着国民党政府垮台，他失去了自己的全部投资。"

1967 年 8 月 16 日，孔祥熙衰老的心脏停止了跳动，享年 87 岁。美国最大的官方报纸《纽约时报》立即发表评论道："孔先生是一位有争议的人物，很难相处，喜欢闲谈，但是他从来不发出明确的指示。至于他的能力，他像所有银行家那样精明，但不是一位有政治家风度的理财家。"8月22日,在纽约第五大道29号街大理石协同教堂举行了葬礼。台北方面派出由宋美龄、蒋纬国等5人组成的代表团参加葬礼,并带去了蒋介石颁发的"总统褒扬令","以示政府崇报耆勋之至意"。孔祥熙生前的中外好友100多人也出席了葬礼。灵柩被送至纽约市北郊哈兹代尔的斐思克立夫墓园暂厝。

事后,蒋介石还亲撰一篇2500余字的《孔庸之先生事略》的祭文。9月2日,蒋介石又在台湾举行了孔祥熙追悼会,并书挽幛。6年后的1973年10月19日,宋霭龄也在美国病故。

民族资本家

——荣德生

名人档案

荣德生：名宗铨，字德生，号乐农居士。江苏无锡人，我国著名的民族工商业家。新中国成立后，历任全国政协委员、华东军政委员会委员和苏南行政公署副主任等职。1952 年 7 月病逝于无锡。

生卒时间：1975～1952 年。

安葬之地：梅园茶果场西的孔山南麓。

性格特点：爱国有正义感。

历史功过：早年经营钱庄，后在无锡、上海、汉口等地开设茂新、福新面粉公司和振新、申新纺织公司等企业。至民国 11 年（1922 年）已拥有 12 家面粉厂和 4 家纱厂（后申新纱厂增至 9 家）。

名家评点：有"面粉大王"和"棉纱大王"之称，是中国最大的民族资本家之一。

申新搁浅

1934 年 7 月 4 日，是荣氏企业史上最暗淡的一个日子，申新搁浅了。

这一年荣德生的四子荣毅仁只有 18 岁，20 多年后，他仍清晰地记得那天上海报纸上的大字标题："申新搁浅"。他当时在上海圣约翰大学读书，看到报纸，一下子呆住了。他心中有个大大的问号："申新是一个有关民生的事业，怎么会搁浅呢？"

荣氏申新纺织企业从 1915 年的 1 个厂、1.29 万枚纱锭起步，前后不到 20 年时间，此时，已拥有 9 个厂，纱锭总数超过 55 万，还有 6 万多线锭、5000 多台布机，占有全国纱锭

总数的 20.6%。申新的发展之快、事业之大，完全当得起"突飞猛进"四个字。按其生产能力，每日夜可出纱一千件，出布一万四五千匹，消耗棉花三千二百担，是中国最大的纺织企业。直接在申新工作的职工至少有三四万人，加上家属和运输、营业等间接靠申新生活的大约在十几万人以上，每天交税万元以上，仅三年半就已超过一千万元。研究荣氏企业的陈文源算过一笔账，1932 年荣家 9 个纺织厂织出来的布有 1.0236 亿米，可以绕地球赤道 2.55 圈。

其实申新并不是 1934 年一夜之间突然搁浅的，此前四年连续都有巨额亏损，主要原因当然是市面不好，自 1921 年以来整个花纱市价起落极大，16 支"人钟"牌标准纱也不例外，上下落差如同波峰谷底。据上海商业储蓄银行调查，以 1933 年 4 月申新出产的 20 支"人钟"纱为例，每件成本 218.33 元，市场价却只有 204 元，每生产一件就要亏本 14.33元。荣宗敬沮丧地感叹：板贵棺材贱。不大动笔的他写下《纺织与金融界》一文说："无日不在愁城惨雾之中，花贵纱贱，不敷成本；织纱成布，布价亦仅及纱价；销路不动，存货山积。昔日市况不振之际，稍肯牺牲，犹可活动，今则纱布愈贱，愈无销路，乃至于无可牺牲……盖自办纱厂以来，未有如今年之痛苦者也。"经济学家马寅初对"花贵纱贱"如此解释：花贵是因为国产棉花不足，纱贱是因为日本棉纱倾销。

申新搁浅的另一原因是税赋太重，1928 年，南京政府开征特税，实行一物一税，荣宗敬曾一度兴奋过。但他没想到特税不但没有减轻负担，反而大大加重了民营企业的负担，便利了在华的外国厂家。申新被抽去的特税达到 1 500 多万元。他写信给银行家陈光甫等人说，我国实业尚在萌芽时代，受时局影响，纺织业更是岌岌可危，希望他们能呼吁政府减税或免税，如果再不体恤商艰，多方剥削，只有停机歇业，坐以待毙。然而，荣德生大女婿、主持汉口申四福五（即申新四厂、福新五厂）的李国伟记得，当上海、武汉的纱厂向财政部长孔祥熙提出新税加重企业困难时，他开口就骂纱厂捣蛋："有困难，你们为什么不想法子克服？成本高了，你们为什么不让它降低？"

特税规定每袋面粉征统税一角，而未实行特税的地方，每袋只征 6~7 分。特税开征后，各地仍巧立名目，加税、加捐的情况不断发生。面粉已征了统税，面粉袋还要另外征税，1931 年 2 月 12 日，荣宗敬以福新面粉公司名义写信给宋子文说，面粉袋用的都是华商机织布匹，这种布袋印上彩色商标以后就是废物，袋皮只是面粉的附属物，希望能够免税，这样既合乎一物一税的原则，也合乎提倡国货的宗旨。为要求小麦免税单全国划一，面粉特税全国一律平等，他多次给麦粉特税局写信，呼吁对本国民营面粉业不要重征，对进口面粉无论如何要重征。但都没有得到任何回应。

此外，还有一个不能忽略的因素是，身为荣氏企业掌舵人的荣宗敬和几个儿子投机失败，光是他们投机洋麦、洋花之类的亏损就达 1 200 多万元，总公司这一项利息支出就在 500 万元以上，申新撑不住了。荣毅仁后来找到的答案也没有回避投机失败这个因素——"在前几年美国开始的国际性的不景气，影响到了中国；日本侵占了东北，日本纱

厂又利用它雄厚的资本,在我国各地展开剧烈的倾销竞争,排挤了我们的市场;国内连年内战,交通破坏,苛捐杂税,农村破产,民不聊生;再加上申新本身的盲目经营,出品质量不好,利用交易所进行的投机失败。"

不过,有一个原因荣毅仁没有讲到,他姐夫李国伟说,由于过分追求发展,荣氏企业一贯通过借债来扩大规模,所以经常陷入高利贷的债务拖累,经济基础并不稳固,一旦遇到金融变动,或市场不景气,便会捉襟见肘,周转为难。

自1933年起,荣宗敬不断给国民政府有关人物写信,希望他们能体恤和支持这家民营企业,几乎空荡荡没有回音。

银行、钱庄要债的都来了,同仁储蓄部传言荣家要倒了,赶紧提取存款。荣家这次经济危机比刘鸿生企业略早一点,他们的企业扩张也差不多,都是发展得太大、太快了,不同的是荣家主要集中在两个行业,不像刘鸿生在许多不同行业都有投资。

到1934年3月,申新在上海的厂几乎已全部抵押出去,中国银行、上海商业储蓄银行等几家关系密切的大银行不肯再放款,只有靠16家与荣家熟悉的往来钱庄暂时维持。此时申新负债累计达6 375.9万元,全部资产总值不过6 898万元。到这年6月底,到期的500万应付款,没有头寸可以应付,申新没有什么可以给银行抵押,钱庄到这时也不肯放款。荣宗敬常常挂嘴边的那句"债多不愁,虱多不痒,债愈多愈风凉"再也说不出来了。在逼得最厉害的时候,宋汉章、陈光甫两个银行家在荣家陪他一个通宵,就是怕他倒下去。申新一倒,中国银行、上海商业储蓄银行都会受到很大影响。光是上海商业储蓄银行一家贷款就有1 200多万元,主要是厂基、机器和货物的抵押款。

申新搁浅前几天,陈光甫总要在申新总公司等到深夜一二点。15年后他不无后悔地说:"荣宗敬的申新企业是全国纺织企业中最大的,为了增加银行存款,巩固我们的地位,我们乐意与他合作;而他当时急需资金来更新扩大,自然也希望与我们合作。结果,没有充分调查他的实际需要和个人性格,我们就提供了大笔贷款给他,导致我们资金周转困难,甚至影响了活期存款的运行。"

申新系统之外,茂新面粉有4个厂,福新面粉有8个厂,一辈子要强的荣宗敬提出退职,由福新元老之一王禹卿接替总经理,王禹卿时任福新七厂经理兼总公司面粉营业部主任,王尧臣(王禹卿之弟)为福新一厂、三厂经理、六厂副经理、七厂厂务经理。自从申新不断扩大,福新面粉系统的业务除了订购外麦、每月财务结算月报,实际上都由王禹卿掌握,虽然福新8个厂除了一厂、三厂,荣家都有控股权。1927年以后面粉业的扩张步伐缓了下来,但在稳健的王氏兄弟手里,面粉这一块常有盈余。金融业的债主都希望荣家能以面粉厂来补贴纱厂的亏空,在他们眼里王禹卿有信用,申新如要再借款非王禹卿出面担保不可。但荣宗敬、王禹卿之间有矛盾,荣宗敬认为茂新、福新、申新都是自己创下的子孙万世之业,王禹卿则认为他纵子投机,损害股东利益。但这个时候,荣宗敬不得不向王禹卿求援,尽管他内心不愿放手。荣宗敬、王禹卿会谈几次,都没谈成,两人经常大声争吵,一次会上甚至发生激烈冲突。因此,荣宗敬又想找纺织专家李升伯出来代理。

一天凌晨4点,在申新九厂俱乐部楼上睡觉的厂长吴昆生,睡梦中忽然听到下面礼堂有人在哭,起来一看,原来是荣总经理。荣宗敬对他说:"我弄勿落了(我做不下去了),欠政府的统税付不出,政府却要来没收我几千万财产,这没有道理!我现在一点办法都没有,你去通知各厂厂长和工程师来。"

等各厂厂长、工程师陆续到齐,天已亮了,大约6点左右,荣宗敬只讲了一句:"我现在已没有办法,希望你们去请李升伯出来做代总经理,你们要向他提出保证,绝对服从他。"李升伯不仅是棉纺专家,还是申新债主之一荣丰钱庄老板的儿子。8点多钟,他们一行到达李家,李升伯问什么事?他们说:"申新不能倒,靠它生活的有10万根'烟囱',无论如何要请你出来做代总经理,把申新维持下去,荣宗敬没有办法干了。"李升伯回答:"我没有考虑过,荣宗敬已同我谈过几次,譬如打仗,要靠正规军,杂牌军队是打不好的。"说完,即径自上楼去了。听了他们回来的汇报,荣宗敬说:"那么还是叫王禹卿出来代理吧。"

当时,申新9个厂只有无锡的申新三厂情况还好,无锡还有茂新面粉厂有点力量,到最紧急时,荣宗敬不断打长途电话向弟弟荣德生求援,但荣德生感到以无锡的几个厂去支援上海,力量不够,没敢答应。6月底的到期款有五百万元之巨,没有二三百万现款是没法解决的。6月28日,荣德生长子荣伟仁被他伯伯派去和父亲面商,到无锡已是晚上,他要父亲带上全部有价证券到上海救急,话说得很坚决,"否则有今日无明日,事业若倒,身家亦去"。荣德生当时正在喝茶,执壶在手,他想如果茶壶裂了,即使有半个壶在手,又有何用?回首往事,荣家创业之艰难一一浮现眼前,1934年并非他们第一次遇险,此前1908年、1912年、1922年曾三次遇险,1922年冬,他们的债务达300万元以上,遇到上海"信交"风潮,许多交易所倒闭,各行庄纷纷紧缩银根,向荣家催还欠款,他们陷入创业以来的第三次危机,被迫向日本东亚兴业会社借款350万日元(折合220多万两规银),条件非常苛刻,年利息1分1厘半,比一般高出近4倍,以申新一、二、四厂全部财产为抵押品,以转移三个厂所有权作为设定抵押的手续。后来荣德生自述:"借款成功,签字,人人安心,喜形于色。"然而,没有一次危机能和眼前这次相比,考虑再三,他决定到上海挽救大局。(1939年荣伟仁早逝,荣德生痛苦地说上次挽救荣氏企业是荣伟仁的功劳。)荣德生彻夜未眠,给上海打了11个长途电话,托宋汉章与张公权商量,得到回话是:"有物可商量"。他带上家中所有的有价证券,赶凌晨4点的火车去上海,到上海只有7点多。9点多,他将证券带到中国银行点交,立约签字,先向中国银行、上海商业储蓄银行两家银行押解500万元。

16家往来钱庄的老司务或学生,一夜没有离开上海江西路申新总公司的大门口,知道荣家有了办法,才各自散去。人们当时普遍认为申新资负倒挂,荣宗敬经手债务太多,无力清偿,再加之信用不足,说话已不能算数,过去举债扩厂,全力发展,靠的是信用,信

用一失，一切都完了。荣德生魄力虽不及乃兄，但脚踏实地，说话可以算数。

王禹卿只干了几天，就感到申新这个摊子难以维持。他当时个人资产大约一二百万，担心连累自己，不愿继续做下去。为此，他和荣宗敬在总公司吵了起来，荣宗敬认为王禹卿既然答应了怎么能说不干就不干。吵到后来，愤怒的荣宗敬手击桌子，击碎了玻璃台板。正好上海商业储蓄银行副经理李芸侯过来，连忙把他们劝开。

对于申新开出来的支票，银行方面一定要有王禹卿签字才肯认账，然而，中国银行、上海商业储蓄银行两家银行只付到 280 万元，王禹卿就拒绝签发支票，其他贷款就此止付，申新开的支票都吃了退票，这一天就是 1934 年 7 月 4 日，申新搁浅。

7 月 13 日，《新闻报》正式发表《荣宗敬启事》，年过 60 的他自称年迈多病、精力不继，从 7 月 1 日起请王禹卿为总经理，李升伯主持纺织部，陆辅臣主持面粉部，深恐外界不明真相，特此启事。

这个启事虽然见报，但王禹卿和李升伯还是不愿干。无奈之下，荣宗敬只有复职，7 月 20 日，他给各钱庄去信，表示自己不得已复职："从事整理工作，对于前欠款项不论抵押、信用，自当一律偿还。"

荣家与《申报》老板史量才有交情，《茂福申新总公司卅周纪念册》首篇序言就是史量才写的，对荣家事业评价很高。申新总公司会计部有个职员陈述昆，经常与史量才一起看戏，算是戏友，荣宗敬就让他找史量才，想通过史量才向金城银行等"北五行"借款。史量才当即打电话和金城银行经理商量。过几天，他约荣宗敬去家里谈，提出资金由他和中国银行、上海商业储蓄银行及"北五行"协商解决，但申新得在组织上彻底改组，废除总经理，改设董事会，荣宗敬为董事长，上述银行及各钱庄各推一个常务董事，共同处理日常重要事务，其他一般董事由申新股东及各债权行庄推选。厂务方面物色一个总工程师来统一领导，做到统一品质、降低成本。他还劝说荣宗敬让两个儿子出国深造。史量才说："企业如果不能公私分明，破除面情，困难就难以彻底解决。"

事后，史量才对陈述昆说："荣宗敬的家族观念很深，没有革除旧一套的决心，所以要求北五行支援资金也没有成为事实。"荣宗敬把企业看作是自家王国，他所津津乐道的无限公司组织形式，其实就是家族统治。史量才的意见，他当然不会接受。（以后银团接管申新，荣宗敬本来只处于监察地位，但他认为体面攸关。当年 12 月 18 日，上海商业储蓄银行棉业研究会开会得出结论，荣宗敬家族观念太深，他的子侄辈分掌各厂实权，难以交出。）

对于荣氏企业为什么不能改组为有限责任公司，荣伟仁告诉代表中国银行参加申新银团的姚崧龄，申新之所以有今天，全靠荣氏兄弟声誉，才有号召力量，如果改组为有限公司，荣氏不能整个负责，申新对外信用，不免减色。

艰难创业

从 1934 年 6 月以来,荣宗敬不断向南京政府有关部门求助,给实业部、财政部、棉业统制会等部门都写过信。薛明剑奔走宁、沪,与汪精卫、陈公博折冲,遍访各界要人,请他们支持维护民营工业,并得到吴稚晖、史量才等人的帮助。荣家希望能发行公司债券来渡过难关,荣德生到南京当面向行政院长汪精卫提出这一要求。汪精卫答复是交给实业部办,实业部则说派人到上海调查之后再说。

当年 7 月,实业部提出《申新纺织公司调查报告书》,这份由李升伯执笔的报告书对荣家很不利,甚至可以说是致命的。报告书认定申新已资不抵债,负债总额达 6 376 万元,全部资产约 5 903 万元(其中固定资产 3 723 万元全部作了抵押借款的保证品),过去都是以借债还债、利上滚利的手段应付债权,近年借债困难,则靠签发远期本票和预约栈单来周转,生产成本越来越高,困难越来越大。报告书严厉批评申新无组织、无管理,经营毫无系统,结论是:"该公司资力、人力,俱不足以经营此大规模之工业,以致累及方面甚多。长此以往,为害更烈。"

报告书提出两条应对方针:一是由政府责成该公司速行清理,以 6 个月为限,如果清理不成,由政府派员清理;二是由政府召集债权人,组织临时管理委员会经营各厂,以 6 个月为限。6 个月后,依据公司法成立新公司,在临时管理委员会经营期内,政府应借给申新 300 万元作为营运资本。

实际上是实业部长陈公博想乘人之危,盘算由财政部拨款 300 万元接管申新,变成国营企业,其理由很冠冕堂皇,维持荣氏是一事,维持申新事业又为一事。申新如今已资不抵债,荣宗敬信用已失,如果仍以他为中心,无法维持。

荣宗敬对实业部不说"救济"而说"整理"大为不满,得知这一消息,更是气愤难忍,"实业部想拿三百万元来夺取我八九千万元的基业,我拼死也要同他们弄个明白。"他给孔祥熙、蒋介石写信,发出"民商何罪,申新何辜"的呼号,在写给蒋介石的信中还有一句硬话:"在民商毕生致力于此,为不忍坐视事业之崩溃,鞠躬尽瘁,又何敢辞?"

对于这个报告书,荣宗敬当然不服,1934 年 8 月 6 日,他在给汪精卫的信中说:"平心论之,组织不健全,管理不妥善,无可讳言;岂有无组织、无管理,而可创办二十一厂,奋斗三四十年者?"

同一天,他给薛明剑写信说:"创业易,守业难,三十余年如何过去,不可专家一评而前功尽弃。我做事专家尚未入学,可笑,可笑。"

要强的荣宗敬面临一生中最严峻的一次存亡危急关头,叫天不应,呼地不灵,同情他的实业部商业司司长张翼后说:"可怜大王几被一班小鬼扛到麦田里去。"

此时，无锡籍的国民党元老吴稚晖再次拔刀相助，亲自给汪精卫、陈公博、孔祥熙等人写信，而且直接写信给蒋介石。1934 年 7 月 18 日，正在牯岭避暑的蒋介石复电，对于维持荣氏兄弟实业事，已告知孔部长，孔祥熙已回复："荣宗敬事极表同情，自当设法维持。"财政部确实派人到上海调查，并且与实业部意见不同。7 月 27 日，吴稚晖给汪精卫的信中有这样一段话："弟以成败论英雄，觉营业之开展有如荣宗敬、陈嘉庚诸君，其才必非寻常，维持其业，并当维持其人。棉业而有荣先生，为值得维持之一人。"

对于实业部想借"整理"之名将申新收归国有，无锡纺织厂联合会致电南京政府行政院表示反对，且对实业部的估价也表示异议，认为其低估了申新资产。无锡申新三厂、天津市纱厂业同业公会、河北省各纱厂都公开表示，人民毕生惨淡经营的实业，如果政府乘人之危收归国有，于法于理都令人心寒，以后还有什么人再敢投资实业？

如果不是财政部、实业部之间出现分歧，孔祥熙不愿陈公博得到申新这块大肥肉，不给实业部拨款，这些反对或许统统都会归于无效。此事，实业部最终没有在行政院会议上正式提出讨论，汪精卫只是口头说："由荣氏本人大加整理。"

申新侥幸逃过了被国有吞没的一劫，但巨额债务还是没有办法解决，银行要组织银团来管理申新一、二、五、八这 4 个厂，消息传到荣宗敬耳朵里，他非常气愤，把一本账簿往桌上一甩，说："就让他们来管好了！"不过，他心里不服也没有办法，债欠下了，8 月 15日银团与上述 4 厂签订"补充应运借款合同"，除了监督资金使用，银团从人、财、物三方面进行全面控制，连经营管理包括买棉花这样的事都抓在手里。荣宗敬当然很不高兴，每天到总公司来上班，自己创立的 4 个厂却不能做主了，他情绪很坏，常发脾气，一次看到送来印有银团字样的账单，他竟把栈单撕掉，愤愤地说："我没有办法管了，一切让你们管好了！"8 月 31 日，他在写给陈光甫的信中抱怨说："眼光手段，各人不同，以支配一二万纱锭之眼光手段支配二三十万纱锭，其不能游刃有余者情也，亦势也。"

参加过银团的姚崧龄回忆，中国银行派花纱业出身的朱树吾专管购买原棉，上海商业储蓄银行派留日学纺织工业出身的童侣青管理棉纱推销，"总公司最初并不十分合作。"所谓"总公司"就是指荣宗敬。

申新六、七、九这几个厂，虽然也由银团垫款营运，但银团只处于监督地位，不直接参与经营管理，情况有所不同。

创业不易，守业也难。1934 年 8 月 1 日申新内部组成"申新改进委员会"。8 月 4日，荣宗敬在写给吴稚晖的信里黯然说："以后唯有埋头苦干，死里求生，一身做事一身当，不敢再作种种幻想。"申新的制度确实存在许多问题，上海当时最有名的会计学家、创办立信会计事务所的潘序伦受托，花两年时间给申新总公司和各厂查账，从会计专业角度出具过一份《改良申新纺织公司会计制度意见书》，提出四条具体办法：一是组织改良会计委员会，二是实行成本计算，三是划一记账方法，四是设立主计处，申新既无严格的成本核算，记账方法也新旧混杂，没有财务审计制度。

但面对金融枯竭，即使有新组织、新管理，也是巧妇难为无米之炊，荣宗敬认为只要有 300 万元，自己就可以舒展自如，于是，他不停地想办法，通过史量才找"北五行"的路没有走通，他又安排薛明剑通过黄炎培找交通银行董事长钱新之，钱表示为难，客气地拒绝。他又试图向外商银行借款，也不成。他想通过叶琢堂向蒋介石求助，连回音都没有，他不死心，1934 年 8 月 16 日直接给蒋介石写信，另外也给汪精卫、孔祥熙等写信，在给汪精卫的信中他提出具体要求，希望统税能准予记账，发行公司债券或由政府担保向银钱业借 500 万或 300 万元。结果，统税催逼如故，公司债券毫无眉目。从此荣家对政府不再存有幻想。而各方要债不断，他只有到处请求宽限。1934 年 12 月 17 日，"申新改进委员会"主任荣伟仁给华栋臣写信诉说实情："弟自七月间来总公司，空拳赤手，应付八方，此中苦况，绝非局外人所知。现在虽到山穷水尽地步，然不得不竭力挣扎，冀打开一条出路。"

到 1935 年 1 月下旬，按合同，银团对申新一、二、五、八 4 个厂的垫款营运期满，如果要继续，银团要作为主体管理工厂，忍耐了半年的荣宗敬不肯答应，认为银团只能监督财务，不能过问生产，最后妥协，按原合同维持申新一、八两厂，二、五两厂暂时停工，4 000 多工人一下子失业。这是荣氏企业最艰难的日子，此时离他们兄弟筹办第一家工厂已有 35 年。

石磨起家

荣氏兄弟为什么会走上实业之路？荣宗敬说自己年轻时崇拜张謇，认为只有多办工厂，发展工业，才能"杜侵略""抵外货"。《茂福申新卅周纪念册》中有一篇《总经理自述》说到他的创业动机，主要是受到洋粉、洋纱倾销中国的刺激，认为衣、食是人生基本需要，解决这个问题最好就是多办面粉厂、纺织厂。

荣氏兄弟十四五岁到上海钱庄做学徒，待遇都是压岁钱 2 元，月规钱 200 文。1896 年，他们父子三人和他人合资，在上海开了一家小小的广生钱庄，股本只有 3 000 两，其中荣家占一半。这年哥哥宗敬 24 岁，弟弟德生 22 岁。1898 年，3 个合伙人因为 3 年无利而退股，广生钱庄从此成为荣家独资，他们兄弟以后把这一年作为纪念荣氏企业周年的起点。荣德生希望四子毅仁能成为他衣钵的继承者，管教很严，荣毅仁童年时，晚上常陪着父亲乘凉或烤火，父亲把创业的经过讲给他听。

他们为什么会首先选择面粉？

荣德生做了几年钱庄学徒，之后到广东的税务机关当差（在厘金局做帮账），来往于广东、香港，看到办新事业有大利可图，于是萌生出自办的念头。经过留心观察，他确定，红——火柴，黑——煤，白——面粉和纱，都是人民生活必需品，其中做面粉最好，因为他

发现在 204 种商品过境税中,只有面粉进口可以免税,处处受到特别照顾,说是供应外侨的"洋人食品"。而且,面粉免征营业税。

往来香港对他的影响不可小看,初到香港如同到了外国,满山灯火、马路、上山的吊车、夜不拾遗的社会风气都在他年轻的心中刻下了深深的印痕。1900 年 8 月"八国联军"进京,北方大乱,他正好回乡,在香港等船很久,每天去问船期,埠头都是一片雪白,是装卸面粉时落下的一地粉屑,他一步步走在粉地上,想到每年洋粉进口不下千万包,不如自己来办。

与此同时,在上海经营广生钱庄的荣宗敬发现,在上海和江南各地的汇兑业务中,绝大多数是买卖棉、麦的汇款,其中上海英商增裕面粉厂和华商阜丰面粉厂办麦的汇款又占大半。"八国联军"进京,上海市面萧条,只有北运的小麦、面粉畅销无阻。长期在荣宗敬身边工作的荣得其问过他,为什么不办别的厂,而要办面粉厂和纱厂?他回答:第一,民以食为天,每个人都离不开;第二,周转快,原料今天进厂,明天就有成品出来。人家问他,那么你为什么不做米生意呢?他说:我从前做过米生意,曾贩米到天津,蚀去 2 000 元。因为米不同于面粉,没有加工过,所以不容易赚钱。

荣氏兄弟从不同角度得到一个共识,就是办新事业"吃、着两门最妥",面粉业可为。

在开办面粉厂前夕,荣德生偶遇一个和尚,给他看相:"你不宜读书做官,气色已露,不是官,不是商,地位高于道府,但是无印。廿五至卅五露头角,四十五大佳,名利双收,以后一路顺风。"其实,真正使荣家事业发展的"不是气色或祖坟,而是战争"。庚子之战、第一次世界大战甚至抗战、内战,都带来市场景气,成全了他们的发展。

庚子年(即公元 1900 年)的"八国联军"事件,成为荣家办实业的起点。这一年广生钱庄盈余有 4900 两。有一天,荣宗敬偶然路过无锡西门外的太保墩,看到荒地 20 多亩,一水潆洄,交通便利,是个较为理想的厂址,商得弟弟同意,着手购地集股。1928 年,他回望创业起点时感叹,如今到无锡西郊,见有烟囱干云、机声轧轧,谁不知茂新一厂,可是,有谁能想到 30 年前这里还是荒烟蔓草、人迹罕至的太保墩?追忆前尘,不禁有沧桑之感。

做过广东税务局总办的朱仲甫是荣家世交,正好卸任闲居,也想做点事,他们商定集股 3 万两,各认一半。以 3 000 两为一股,兄弟各以 3 000 两入股,另外再集 9 000 两。实际招到了 13 股,取厂名为保兴面粉厂。当时全国面粉厂只有区区四五家,他们去参观取经,连主要的轧粉车间都不让进。到 1902 年保兴正式投产时,全国开工的面粉厂也只有 12 家,其中属于民族资本的 8 家,保兴是规模比较小的一家,只有 4 部石磨、3 道麦筛、2 道粉筛,但是以法国石磨配英国机器,价格比较便宜,可以互补不足,而且有 60 匹马力的引擎当时也是较为先进的。办厂之初,荣德生在这方面就显示出过人天赋。1921~1931 年的《海关十年报告》称荣氏是中国面粉工业的创始人。

无锡有 2 000 多年的历史,有山有水,山有锡山、惠山、龙山、灵山……水有太湖、京杭大运河,西南面紧挨烟波浩渺的太湖,大运河穿城而过,其他各种河道交错(现在有许多河被填了修路,成了死水),水道畅通,加上地处苏南,是长江三角洲最好的位置之一,交通便捷,无锡自古繁华。1905 年,荣氏兄弟办企业不久,沪宁铁路沪锡段通车,一下子缩短了两地的距离。无锡成为近代民族工商业的发祥地之一不仅有地理原因,无锡人性格中喜欢独立、创造、爱好自由的精神,也自然地变成企业精神,加上无锡有长久的商业传统,容易形成风气。吴稚晖有个说法,无锡人富于"两发主义",第一是"发痴",第二是"发财"。要成一番事业,如没有发痴的坚决毅力,必致中途失败;任何事业不抱有"发财"希望,即无百折不回的意志。这就不难理解,南通只有一个张謇,而无锡不止荣氏一家,至少还有杨家、唐家、薛家、周家等企业家族,它赢得"小上海"之誉并不偶然。

但是当荣氏兄弟在 1900 年创业时,无锡风气未开,先是地方士绅告他们擅自将公田、民地圈入,官府查对并无此事。这些人又告保兴面粉厂的烟囱妨碍文风,还有谣言说烟囱要用童男童女祭造,才竖得起。官司从无锡打到常州,又从常州一路打到南京,靠了合伙人朱仲甫的官场人脉,最后两江总督批示:"土为四民之首,立论尤当持平,烟囱既隔城垣,何谓文风有碍?"保兴面粉厂不仅获得 10 年专利,听说无锡知县还为此被摘了顶戴。

1902 年 2 月,保兴面粉厂正式生产,一个日夜可出面粉 300 包。当时无锡土粉行很多,本地面粉需求只有一二百包,但浙江、上海一带酱园业需要的面粉都到无锡装船,外销面粉量很大。因为市井传言机器粉颜色很白,里面掺和有毒的洋药;所以,他们还要加上土粉才能销出去。1903 年,面粉厂没有大的起色,合伙人朱氏见无利可图,提出退股。荣氏兄弟表示荣姓股份绝不出让,反而增股到 2.4 万两,占了近半数,成为最大的股东。此时股本扩大到了 5 万两,又添了新机,改名为茂新面粉厂。到 1905 年,每天有 500 两的盈余。弟为经理,在无锡管厂。兄为批发经理,常驻上海,主要管广生钱庄。荣德生每天只睡 6 个小时,早起晚归,心情却很愉快。

荣氏兄弟的事业从 4 部石磨开始,等到石磨改成钢磨,大如圆桌的石磨才宣告退休。1910 年拆下后,先放在厂里,梅园建成,就被移了过去。4 部石磨,一共 8 爿,设在豁然洞旁的小广场,正好是 8 张茶桌。1964 年,其中 4 爿分别为南京和北京的博物馆收藏,留在梅园的 4 爿"文革"中被砸毁。2007 年 2 月初,我在梅园"乐农别墅"前看到的三张石桌,就是幸存下来的十四片碎片按原样用铁箍箍成的三爿石磨。它们不仅是荣家事业的见证,也成了中国企业史上的重要文物。

茂新最早的厂房已被日军炸毁,现存建筑是 1946 年重建的,包括麦仓、制粉车间、粉库和灰色的三层办公楼。车间外,我们今天还能看到两台圆筒状的扬麦机(除尘器),以及两条依墙而立、高达 9 米的螺旋形转梯,这是当年从英国进口的原装设备,面粉打包后就是通过转梯从五楼滑到一楼,然后用小推车推走。厂区紧挨码头,遥想当年,闻名遐迩的绿"兵船"面粉就在这里装船,运往全国甚至世界各地。茂新面粉厂旧址,作为民族工

业的发祥地,现在已成为"无锡民族工商业博物馆",河水依然静静地流淌着,只是已变得浑浊不堪。

面粉大王

从 1906 年到 1908 年,茂新连续三年巨额亏损,主要原因是国内麦收不佳,美国面粉倾销,麦贵粉贱,无利可图。1908 年,荣家面临第一次经济危机,荣宗敬因卷入投机风潮,亏本 5 万两,牵动钱庄资本,广生钱庄摇摇欲坠。摆在他们兄弟面前只有两条路,一是求助朋友,帮助苦渡难关,但这条路很难,债主纷至沓来,往来行庄都不信任他们,荣德生自称这是入市以来最困难棘手的一次。二是将钱庄歇业,集中力量办工厂,兄弟两个商量,决定保茂新、振新(1907 年他们与别人合伙在无锡开办的纱厂),不保广生。他们从此发愤用力,专心办厂。做出这个选择毕竟是痛苦的,钱庄是与父亲一起创办的,是他们创业的起点。

1909 年,茂新虽然还能开机,但有些股东不相信这个厂还有转机,就将票面价 100 两的股票以 10 多两出售,荣宗敬只用 200 两就买下 14 股。

到 1910 年,茂新因为机器新,面粉品质好,营业出现转机,开始使用"兵船"商标,还在这一年于南京举办的南洋劝业会上得了三等奖牌,荣宗敬深感荣幸。(直到 1923 年 5 月,"兵船"商标才在商标局正式注册。)

1912 年,茂新再次因资金周转困难、原料跟不上,陷入困境。荣德生自述这是创业以来的第二次风险。正在危急之时,听说无锡到了大批川麦,各厂因市面不好,不敢放手进货,货主急于回川,愿意赊欠,等面粉卖出再付款。靠这批麦子,他们顺利度过了这次危机。这一年,面粉业兴旺,茂新扩大生产,又添新机,又建厂房。"兵船"牌开始走俏,成为面粉市场的名牌,价格超过阜丰出产的名牌"老车"。当人人为茂新面粉叫好时,往往只想到是美式机器好,而不知荣氏的奥秘是在选麦子上,他们把熟、坏麦都剔去了。一年下来,茂新大大赢利,还清历年所有欠债,还盈余数万两,荣氏在面粉业的蹿升由此开始。茂新面粉在开机生产 10 年后异军突起,从此信用大著,销路大增。

在上海创办的福新面粉厂,继续沿用"兵船"商标。荣家之所以把面粉企业从无锡开到上海,起因是 1912 年的面粉旺市,茂新负责办麦的浦文汀、负责销粉的王禹卿两个人,一个办麦很有经验,在麦号中有信用,一个销粉很有办法,他们都是荣氏面粉厂的得力干将,不愿长期做伙计,私下合计另外办厂,但资金不足,和各自兄弟(王尧臣、浦文渭)一起只凑起 2 万两,在上海看好了一块地,光是厂房建筑费就要 4 万多两,还要买机器和流动资金。事为荣宗敬所知,他没有责备浦之汀、王禹卿,只对他们说自己愿意合伙投资,和他们一起办新厂。以后,荣氏企业集团的"三姓六兄弟"之说由此而来。荣氏兄弟共同出

2 万两,一共 4 万两,还是不够,荣宗敬出面向熟悉的茂生洋行订购机器,分期付款。福新就这样在上海办了起来,1913 年开机,品牌借用"兵船",牌子硬,货没出来,就已被订购出去,货款预付,周转金不用愁。办麦也和茂新搭在一起,信用、关系一切现成,购进麦子,付的是上海 7 天期的商业汇票,小麦当天装船运到上海厂里只要一个晚上,再有一天就变成了面粉,此时批发商已收到预付的货款,兑现汇票在时间上还绰绰有余。所以,福新一开厂就很顺利,几个月就赚了 4 万多。荣、浦、王三姓六兄弟合伙的福新系统在上海滩迅速扩张,福新二厂、三厂、四厂接连出现,1916 年开始筹办福新五厂,伸展到了汉口,在上海则一直开到八厂为止。

源出太湖、穿越整个上海市区的母亲河苏州河沿岸,荣氏企业的烟囱一个又一个地冒烟,福新各厂商标沿用"兵船"为主,加了一些其他品牌,比如福新五厂的"牡丹",福新七厂的"天竹""渔翁",福新二厂的"寿"等。荣德生以后在 1917 年的记事中不无得意地说,昔日老友此时都当上了经理。这是第一次世界大战给他们带来的空前机会。荣氏兄弟嗅觉敏锐,荣德生到 70 岁时回想起来内心还很满足。大战一起来,他在 1916 年就认定可以放手做纱、粉,原因很简单,都是必需品。也正是世界大战给中国面粉提供了出口机会,国外向茂新订购"兵船"面粉,一次就是几万包甚至几十万包,"兵船"走向英、法、澳大利亚和南洋各国,"兵船"面粉成了中国出口的标准粉。因为供不应求,价格大大上涨。1926 年,"兵船"面粉在美国费城的万国博览会上获得奖状,上海面粉交易所规定以"兵船"为标准粉。

荣氏兄弟遇上了一个天赐良机,在他们创业之初,中国面粉企业只有寥寥几家,到 1915 年之前也只有 73 家,而从这一年到 1921 年的 7 年间一下子出现了 81 家。中国从一个面粉输入国变成了输出国。1914~1918 年,茂新、福新面粉系统以租办、收买、扩建等方法,不断扩大生产规模,之后,这个势头才慢慢缓下来。

1913 年,茂新拥有美机钢磨 24 座,日产 5 500 包,1918 年又添了 12 座,日产达到 8 000 包。因为生产不过来,他们还租用了无锡惠元面粉厂,称为茂新二厂,1919 年又自己办了茂新三厂,另外还有租过泰隆和宝新 2 家面粉厂。整个无锡一共才 5 家面粉厂,有 4 家是荣家的,占资本额的 80%。山东济南靠近原料产地,他们又新开茂新四厂,仍以"兵船"为商标,只是加上黄、绿、红、蓝、白等不同颜色。为了拓展市场,他们在每个环节都动足了脑子,比如提高代销佣金,比如在面粉袋里放铜圆,作为"彩头"。就是他们用的粉袋也要比其他厂的大而且布质好。

到了 1921 年,荣氏兄弟已有茂新、福新共计 12 个面粉厂,从最早的 4 部粉磨增加到 301 部,每日夜可出面粉 7.6 万多袋,占全国面粉产量的 23.4%、全国民族面粉业资本的 31.4%,生产能力扩大了 250 多倍,发展速度之快,放在整个中国企业史上都是空前的。(到 1936 年,茂新、福新 12 个厂每日夜可出面粉 9.65 万袋,占全国(关内)的 32.7%。)

1916 年,荣德生自印《理财刍议》,主张多办工厂与世界经济竞争,国人已经把他们

看作大实业家。进入 1919 年，茂新、福新成为中国面粉业的龙头，"面粉大王"（"麦粉王"）的名声就是这时传开的，但荣氏兄弟丝毫也不敢懈怠，荣德生还是和以前一样低调，毫不自夸，而且勤俭不改，事必躬亲，了解他的人都很推崇他。他常说自己并无大资本，更没有依赖他人，完全靠兄弟同心合力，靠勤劳耐苦，专心事业，力谋扩充，造福人群，才有今天。他说办企业是为社会造福，不是为自己享福。他本人与同事、工人同甘苦，大家无不敬服。

他们在本国的竞争中已处于绝对优势，每年冰冻封港前，北方粉庄向上海大量抢购面粉，一次就要一二十万包，小厂根本没这个能力，即使阜丰这样的大厂有时也应付不了，加上"老车"牌在北方不如"兵船"牌吃得开，所以北方的大订单常常是他们的。上海靠海，水路运费比陆运便宜得多，面粉北销从上海装船到天津，再转华北、东北各地，反而比靠近天津的济南运费更低。本国麦子不够，要从国外进口洋麦，他们要的量大，整船运来，成本也便宜得多，出口面粉时整船运出，同样水脚便宜得多。荣氏企业之所以一路扩大规模，有他们的精心考虑。

纺织大王

荣氏兄弟在面粉业大展身手的同时，在纺织业也得到起飞的机会。早在 1905 年，他们就和同族荣瑞馨等人合伙，在无锡办了振新纱厂，1907 年 2 月开机，所产"球鹤"纱曾经风行无锡、常州等地，可以与日纱名牌"蓝鱼牌"相匹敌。荣德生担任振新经理，有意扩大振新，甚至想办 4 个纱厂，从无锡发展到上海、南京、郑州，将 3 万纱锭扩大到 30 万。1914 年秋天，他到原料产地郑州选好了厂址，但他没有决策权，董事会上听了他的想法，其他股东惊慌地说，照这样赚钱，股东永无希望拿到现钱。他回答："要拿大钱，所以要生产，照 3 万锭能赚几何？"而当时的纱厂还没有一家超过 3 万锭的，所以在大多数股东眼里已经很大。此事堪称企业史上"燕雀安知鸿鹄之志"的故事。就在此时，大股东荣瑞馨指控他账目不清，甚至打起了官司，虽然荣德生打赢了，但合作很难继续下去，最后荣氏兄弟选择退出振新。

申新就是在这种情况下诞生的，全称是"申新纺织无限公司"，资本以他们兄弟为主，共投资 30 万元。1915 年，他们买下苏州河边周家桥 24 亩地，一个废油厂的旧址，四周一片荒地，没有街市，连马路也没有。等到申新出现，附近才陆续有了店铺，土路也变成了柏油路，周边的繁华从老照片上可以感觉到，厂门前两旁的行道树虽然新种，店面楼房却很气派。

1916 年，申新开机时只有 12 960 枚纱锭，规模不如振新，但是，正如申新大门口的"业精于勤"横额所说，荣氏兄弟有信心。他们采取无限公司形式，就是吸收振新的教训，痛感有限公司股东的束缚太大，一旦意见分歧，没办法发展。无限公司没有董事会，股东会没有大权，总经理掌握全权，也就是权力集中于荣宗敬一个人。无限公司股东的股份只能转让给内部的股东，章程规定"股东非经其他股东全体允许，不得以自己股份之全数或若干转让于其他人。"而且企业可以随便改组，有利于他们兼并其他股东，特别是小股东，运作完全以荣家为中心。

申新开办，赶上了中国纺织业乃至整个工商业的黄金时代，开机就赢利。1917 年，他们买下日商"恒昌源"，改名申新二厂。中国自有纱厂以来，华资企业被外资买下的屡见不鲜，外资纱厂被中国人买下，荣家几乎是唯一的，这也是中国棉纺工业史上华商纱厂购并日商纱厂的唯一一例，成为当时华商纺织界的荣耀。1919 年，他们集资 150 万在老家无锡筹办 3 万锭的申新三厂，因为荣瑞馨不希望振新纱厂的卧榻之旁有他人酣睡，从中作梗，费了一番周折，靠了张謇的帮助，江苏督军齐燮元关照无锡当地县长，好不容易才办成。却因为世界大战，他们订购的机器姗姗来迟，到 1922 年 1 月 31 日才正式开机出纱。申新三厂横跨无锡的梁清溪河两岸，东岸是纱厂、布厂，西岸是公事房、职员宿舍，及发电、轧花、修机等部，有桥相通，南通太湖，北邻运河，离铁路线很近，位置很好，设备精良，鼎盛时有工人 6000、职员 120 多人，许多管理制度的创新、劳工自治区等都由此试验。

有人说，面粉和棉纺对于荣家，如同车的两轮、鸟的两翼，相辅相成，相得益彰。1903 年保兴改为茂新时，资本不过 5 万，到 1922 年已拥资 1 043 万，19 年中增长 207.6 倍，其中荣氏兄弟俩占全部资本的 70% 以上，面粉厂从一个发展到 12 个，有员工 2 025 人。截至 1921 年，荣家的纺织厂也从 1 个发展到了 4 个，有 10 850 名员工，19 万枚纱锭，日出纱 500 件，布 6 000 匹。与 1918 年相比，1922 年全国棉纺业的纱锭数增加了 1.1 倍，申新是 9.4 倍，全国织布机台数增加了 1 倍，申新是 1.7 倍，占有全国民族资本纱锭的 20%，布机的 28%，成为中国纺织业当之无愧的首席代表。

1919 年，荣宗敬在上海江西路 58 号买下 2.8 亩地，1921 年造起一座英国城堡式的办公大楼，称为"三新大厦"。建筑耗费 35 万巨款，由各厂分派。此前，茂新批发处先是附于南市的广生钱庄，后迁到三洋径桥临江里，没想到 20 年后，茂新、福新、申新总公司有如此气派的办公楼，这在当时还是少有的，大概只有大生集团在上海建的南通大厦可以相比。2008 年 1 月的一个黄昏，我在江西路上找到这幢见证了荣氏企业盛衰的三层办公楼，即使今天看来规模仍不小，因为顶上插公司旗的小塔楼消失了，我一时心存疑虑，仔细对比了老照片才敢确定。

《茂福申新卅周纪念册》上说，总公司的地位如同人体的头脑，各厂是"五官百骸"，总公司对各厂一视同仁，希望它们平均发达。他们的关系比唇齿还要密切。总公司下面主要有两个账房，一个外账房，办理进货、出货的手续单据，并向各厂汇报，另一个银账房则专管银钱出纳和资金周转。茂新、福新、申新各厂分别经营，会计独立，各有股本，照股分红，厂长总揽厂务，分别负责，但各厂的采购和销售成品，都要通过总公司，总公司简直就

是申新的花纱布市场和福新的麦粉市场。那时的电话号码很杂,无锡茂新一厂、三厂是两位数,二厂是三位数,济南茂新四厂是四位数,福新、申新各厂的电话有三位数,也有四位数。茂新面粉、福新面粉、申新纺织总公司的电报挂号是5399,总经理室电话1053,总办事室和储蓄部2538,五金部6293,银账房4584,规模和做派上俨然都已是一家现代型企业。苏州河畔,荣氏企业星罗棋布,市场遍及全国,远到海外。

每天中午,上海的各厂长一定都要到总公司向总经理请示,总公司说到底就是荣宗敬个人集权的体现和他威望的化身。48岁的荣宗敬第一次在可容纳上百人的会议厅开会时,难以抑制内心的兴奋。国内舆论界把荣氏兄弟誉为实业界的"骑士",日本的小学课本中有专文介绍荣宗敬自强不息的创业故事,他豪气万丈地说:"从衣食上讲,我拥有半个中国。"一贯低调谦虚的弟弟也不无骄傲地说:"事业几满半天下。"

1921年以后,中国的纺织业开始走下坡路,从这一年到1931年的10年间,华商纱厂改组、出租、停工、出售、归债权人接管的共有52家,荣家却不断收购或添资扩厂,从1925年到1931年的6年里,申新从4个厂扩展为9个厂,我称之为中国企业史上独具魅力的"荣宗敬速度"。1925年4月,穆藕初创办的德大纱厂归了他们,改为申新五厂。1929年1月,他们购进英商东方纱厂,改为申新七厂。同年,他们在申新一厂旁边新建申新八厂。1931年初,他们又买进有6.9万枚纱锭的三新纱厂,改为申新九厂。同年10月,买进上海厚生纱厂,补了申新六厂的缺,原来的六厂是在常州租用的。申新9个厂纱锭达到52.15万枚,布机5000多台,雄居全国纱业首席。这一年荣宗敬59岁,离他50岁50万锭、60岁60万锭的宏愿已不远。几十年后,黄裳到无锡采访荣德生,还在访问记里感叹:"申新已经有了九厂,振新却还是振新,寂寞地留在了无锡。"

申新不断扩大的原因之一,是荣家"面粉大王"地位已确立,老牌的"阜丰"等都被甩在了后面,加上原料小麦不足,国产小麦只能满足半年生产,洋麦供应也只能维持两三个月,本国的面粉厂生产力已经过剩,这一块不再发展。福新曾计划办第九厂,在上海买了100多亩地,靠近铁路,水陆交通发达,厂房图纸也出来了,但计算下来,还是原料供应不上,最后放弃。纱厂方面则还有发展空间,而且竞争激烈,外国人特别是日本人在中国开了许多纱厂,外资纱厂的纱锭远多于本国资本,喧宾夺主,雄心勃勃的荣氏兄弟有意顶上去,不断扩大申新规模,增强跟外商的竞争力。

申新的"人钟"牌棉纱成为上海华商纱布交易所的标准样纱,人钟纱、人钟布、人钟线一度风行,申新的自办刊物就叫《人钟》。无锡公益工商中学学生参观交易所时,目睹以"人钟"牌纱为标准。"人钟"牌受到欢迎,市场上出现了假冒,申新曾发表启事抨击鱼目混珠、以伪乱真的恶劣行为。申新厂多,有的好货色不愿用各厂公用的"人钟"商标,纷纷自创品牌,"宝塔""铁锚""龙船""仙女""美人""四平莲""好做""特别好做"等相继出现。申新三厂的"好做"牌,用花、拼花、用料,都是荣德生亲自配准,其拉力、颜色上乘,受到各布厂欢迎,价格高,不与纱布交易所出入。到1924年,因为"人钟"牌质量下滑,纱布交易所决定改以统一纱厂的"金鸡"牌为标准纱。

借鸡生蛋

李国伟回忆，荣宗敬常对他们说："茂新、福新、申新各厂得力于：造厂力求其快，设备力求其新，开工力求其足，扩展力求其多，因之无月不添新机，无时不在运转；人弃我取，将旧变新，以一文钱做三文钱的事，薄利多做，竞胜于市场，庶几其能成功。"李国伟将自己主持的汉口申新四厂，清花、粗纱、精纺、摇纱四部门日夜两班，分别以"和衷共济，力求进步"这八字作为班名，以之支持荣宗敬的经营作风。

荣德生自述多年用功研究西方经济学说，调度经营超过一般工商界人，能预见市场的变化，稳妥地对付各种情况。辛亥革命前后，荣氏兄弟北上南下，考察湖州、杭州、蚌埠、济南以及苏北、河南、湖北等许多地方，每到一处，对小麦、棉花的生产，面粉、纱布的销售都进行仔细调查。荣德生经常自诩，自己经营的事业得力于选择原料，在选择麦子、棉花上都很讲究。

茂新面粉的质量就是从原麦抓起，凡是受潮、可能起霉变的小麦全部不要，在比较了全国小麦之后，他觉得四川麦子质地最好，所以主要选用川麦做原料。选麦子的秘诀他是偶然发现的。1911年各地水灾，他有一天在无锡惠山喝茶回来，偶尔看到夕阳返照，墙上水痕有三四尺高，马上想到堆栈里有些麦子可能变坏了，取样一看，果然如此。从此，荣家麦庄和粉厂不收、不用潮坏麦，就是掺杂石砂的麦子，也要雇人逐粒剔出，绝不苟且。

从1903年在江苏产麦区姜堰设立第一个麦庄起，荣氏企业先后在安徽蚌埠、山东济宁、江苏泰州、东台、扬州、常熟、镇江等地设立麦庄。面粉规模扩大后，一旦新麦登场，就会大量收购，规模小的企业只能随购随做，等到市场上没有麦子，就只能停产，而茂新、福新不会有这个问题，可以长期生产。

国内小麦的市价行情也要看他们的出价，如果小厂先开价，等他们开价更低，小厂就吃亏了。如果他们开价低，各地粮行不肯卖，行情定不下来，他们可以指示不收货，迫使降价，因为内地粮行大都资金不多，不能大批存货，长期兜行情，小麦又源源而来，每天大量吃进，必须放出，否则会把资金搁死，周转不动。所以，他们最多观望几天就会屈服。茂新面粉厂早就联合上海、无锡的7家面粉厂，组织了"办麦公会"，1908年他们集体确定"办麦规条"，一直保持共同进退，控制麦价和粉麦换价。

每当新麦登场时节，他们就有意抛售面粉，来压低粉价和麦价，上海的粉价一跌，各地粉价、麦价随之下跌，他们就可以买到廉价的原料。这是当年福新一厂厂长浦松泉透露的生意经。福新在各地设有自己的麦庄，但什么时候开始收麦，价格、数量都要等上海总公司麦务部的电报，麦务部对各地麦庄的指示则根据上海面粉市场的起落，有利时就

指示收,不利就指示停。收麦一般通过当地粮行,佣金不过 1% ~ 1.5%,粮行则通过乡行,也不直接从农民手中收。因为需要量大,他们对乡行、农民又不够了解。

申新公司收棉花也是如此,在江苏太仓、常熟等产地都设有收花处。荣宗敬的一个过人之处是他能看出别人的弱点,抓住对自己有利的时机。市面银根紧时,他大量抛棉花,月底交割时逼对方收现货。如果手中没有现货,他便调大量车辆到申新各厂的仓库运存棉来交付。上海市场棉价一跌,全国行情跟着下滑。这时,他命令各地分庄大量收花。上海抛出一万担,各地收进几万乃至十万担。到 1929 年以前,荣氏企业办麦处、办花处和批发处遍布无锡、苏州、常州、镇江、南京、太仓、杭州、平湖、常熟、扬州、高邮、姜堰、泰州、济南、九江、汉口等地。

"建厂要力求其快"就是前面提到的"荣宗敬速度"。"设备力求其新",就是时时重视更新机器,这一点即使实业部在 1934 年 7 月以贬为主的调查报告书中也承认,荣家无论是自办厂还是收买的厂,起初都规模不大,设备简陋,这是时代的原因,他们却能随时代的进化,逐渐更换。恒源昌、东方纱厂本来设备老旧,多年后再来看由它们改造而成的申新二、七两厂就大不一样了。荣宗敬本人虽不懂新设备、新技术,但他相信外国机器,早年他曾为振新纱厂买了先进的发电机,装的马达在当时内地工厂中是第一家,安装后效能非常好。追随他多年的荣鄂生说:"宗先生脑筋新,真是了不起。"在荣氏兄弟心目中,原料好,机器新,就能赚钱。

荣宗敬经常以分期付款的方式向洋行订购机器。由于早年订购机器能严格按合同规定的期限分期付清,绝不拖欠,建立起了良好信用。以后,他们就用这个办法大量买机器,不断更新设备、扩大规模。1916 年,荣家派荣月泉到欧美实地考察面粉、纺织工业,在美国订购了最新式的面粉机器。荣德生说哥哥"添机成癖",其实两人在这一点上想法一致,他也喜欢新机器,他们都觉得与其留着现钱,不如多添机。他女儿荣漱仁回忆:"我父亲和伯父都具有兴办工业的信心和决心,所办各厂大多由小而大,从租地、租屋、欠机、添机人手。平日财无私蓄,一切资金除拨出一部分作为地方公益和建设之用外,全部放在企业的营运上面,一有盈余就力图扩大再生产,从没有其他置产、谋利和奢侈享用的思想。他们两位老人家都时时刻刻不忘记添机建厂,更新设备,使用新式机器,同时又常常注意机械的维修保养。事实教训了他们,机器新、管理好、成本低,才能赚钱,否则就要亏本。就是使用外国机器,也要悉心研究休会,懂得它的性能,才能发挥机械的全部能力。"

在引进外国设备上,荣氏兄弟动足了脑子,重大项目一定派技术员前去考察,再三比较设备优劣,价格高低。和哥哥相比,荣德生求稳健,不赞成全部用外国的,认为都到外国买新机器那是买不起的。为了节约,一般成套设备只引进外国的主机,配套的辅助设备力求自造。甚至按实际情况改进外国进口的机器设备,往往比原来效果还好。比如使用美国产的面粉机产量、质量都上不去,荣德生组织工程师研究,发现设备是针对美国小麦杂质少、清麦设备要求不高的特点设计的,而中国麦杂质泥灰多。于是他们自己进行

改进,加添 5 号直立打麦机和风箱等装置,同时加添自行仿造的圆筛,增置荞麦机。面粉日产量从 2400 包提高到 3 400~3 500 包,质量也提高了。1937 年 4 月,荣宗敬在元锡申新三厂股东会上提议添机,荣德生知道财力不足,又不便当面违背兄意,就说预备自造。他在无锡自办了一家公益机器广。

"扩展力求其多",是指荣氏企业滚雪球一样壮大,并无雄厚的大资本作后盾,而是靠一文钱做三文钱的事,靠他们在金融界的信用。1914 年荣宗敬 42 岁生日时,弟弟到上海祝贺。荣宗敬说办厂就和滚雪球一样,只能往前滚,不能停,这样,别人还在犹豫,自己已发展壮大。他的愿望是自己 50 岁时拥有 50 万纱锭,60 岁时有 60 万锭,70 岁时有 70 万锭,80 岁时有 80 万锭。弟弟也认为"要拿大钱,所以要大量生产"。

办钱庄出身的荣宗敬,不断向行庄借款来扩大企业。他曾对金融界的人说:"你有银子,我有锭子,我的锭子不怕你的银子。"他至少以个人名义在 7 个钱庄、2 家银行、1 家保险公司有投资,以公司名义在 3 家银行有投资,多的几千股,少则几十股,包括上海正大银行、中国国货银行等。他在上海商业储蓄银行开始投资 20 万,后来增加到 45 万,成为大股东。他也是中国银行的董事。对他喜欢在银行、钱庄搭一点儿股份,他弟弟和其他人都不太理解。他对身边的人说:"他们要懂得这个道理还早呢,我搭上一万股子,就可以用上他们十万、二十万的资金。"

有一事可以说明,1928 年 2 月 23 日,因为荣宗敬对上海商业储蓄银行总经理陈光甫有一些误会,但两人毕竟交情不是泛泛,陈写信给济南分行经理、后来做了福五、申四副经理兼营业部主任的华栋臣说,当初约荣宗敬入股上海商业储蓄银行,银行与实业家的这种结合完全是纯洁的,不存在其他念头,更不是交易,事实上,自己多年来对荣氏企业的越权帮忙太多了,七八年中的放款已超过本行资本一半就是证明。按银行章程,以本行股票在本行用款是大忌。如在国外,一查出,就要受法律处分。

除了寻求银行、钱庄的支持,荣宗敬解决资金的另一个秘诀,就是"肉烂在锅里"。有人问过他,为什么人家关厂,而你却一片片多起来? 他回答:"我是有钱就要开厂,人则有钱就分掉。"这其中道出了荣氏企业发展的奥秘之一。申新总公司会计部的荣得其证实,申新除了股息,一般不发红利给股东,盈余不断滚下去,用来扩大再生产,就像烧肉,老汁水永远不倒出来。别的厂就不同,红利都分掉,所以积累不起来。

1913 年福新一厂开办时就议定:三年不提取红利,用来扩充企业,股利也存在厂里生息,以扩大资本。福新系统其他厂以后也按这个规则办。扩充企业基本上没有添什么新投资,就是靠滚雪球的办法。

申新一厂最初只有 30 万元股本,到 1918 年为止,把全部盈余红利 30 万元都加入股本,只是给股东发了个收条;1919 年的盈余红利有 80 万元,分掉了 30 万元,另 50 万元入了股本;1920 年盈余红利有 97.5 万元,只提出 7.5 万元的零头分派,其他 90 万元都加了股本;1921 年盈余 60 万元全部添了股本。

这与申新的无限公司形式有很大关系,荣氏兄弟对有限公司的弊端有切肤之痛,荣德生到老都主张无限公司,坚决反对有限公司。有限公司一旦股东有分歧,就不能发展,而企业经营要迅速抓住时机,容不得半点迟疑和拖沓。荣氏企业后来都采取无限公司形式,荣氏企业能不断扩大和这个组织形式密切相关,重大决策荣宗敬一个人在沙发床上就能决定,有限公司的集权不可能做到这样的高度集中。

1927 年,荣氏企业发出《劝告同仁储蓄宣言》,筹集 100 万银圆作为基金,自办"同仁储蓄部",吸收职工和外界存款,充分运用生息资本。储蓄部采取定期储蓄、定期复利储蓄、定期取息储蓄、零存定期储蓄、零存整取,以及通知储蓄存款、活期储蓄存款、礼券储蓄存款、活期流通存券等存款形式。到 1928 年,在南京、汉口、无锡、济南等地共设立了37 个分部。

1921 年后,棉纺业的黄金时代迅速消逝,棉贵纱贱,许多企业包括穆藕初的德大、张謇的大生等纷纷衰落,被银团接管甚至倒闭、拍卖。面粉业一度也出现了滑坡,1922 年茂新、福新各厂都有亏损(约 50 万),1923 年茂新各厂继续亏损。从 1922 年到 1924 年,申新亏损累计已有 130 多万。在纺织业不景气的时代,荣家反其道而行,申新继续扩大,到1931 年达到顶点。市面不好,为什么他还要买别人办不下去的厂?不少人想不明白,荣宗敬却自有想法:第一,收买旧厂比新建厂便宜;第二,对申新来说,添了一家厂,总公司只要添一本账即可,人手也不用添,工程师、职员都只要从各厂抽调,负担反而可以减轻(买下老厂,旧职员归原主遣资),小职员提升几个,薪水又不必马上提高;第三,对总公司来说,只要添一本账簿,也不要另设一个经营管理机构;第四,减少一家纱厂也可减少竞争对手,申新并进一家厂,力量更大,竞争更有利。因为产额越多,进料、销货越便宜,管理、营业的费用也越节省。

另有一点,他没有说出来,规模越大,就越不可能倒掉,因为牵动社会越深。

1931 年 11 月 1 日,厚生纱厂正式移交,当月 23 日就能开工,这就是申新厂多的优势,从其他厂分一些职员、技术人员过来,物料甚至连报表之类都可以随时挪移。何况,在收买或租用老厂时,荣氏企业实际上没有付出多少现钱,主要是通过债务转移过户的办法,在银行、钱庄账上转一个户头而已。被租办和收买的企业往往都经济困难,可以杀价。1929 年买东方纱厂向汇丰银行贷款 200 万;1931 年买三新纱厂,对方开价 40 万两,可以欠款,但要先付 5 万两佣金,荣宗敬手头没钱,就找开钱庄的亲家孙直斋贷款,孙直斋说,多没有,只有 5 万两,他说正好就要 5 万两。同年买厚生纱厂,厚生急于出手,出价很低,他手头没钱,同样向原债主几家钱庄押款,实际上没有付款,只是转了个账户。钱庄老板为什么相信荣家,不相信厚生?因为荣家企业多,这个厂不好,还有别的厂,而厚生老板只有一个厂。

荣宗敬在买下三新纱厂后,常说:"厂子不管好坏,只要肯卖,我就要买。我虽然没有钱,人家肯欠,我就要借。""多买一只锭子,就像多得一支枪。"这句话早就成了他的一句

名言。在负债扩大这一点上，兄弟俩有共识，荣德生早年就提出"欠入赚下还钱"的想法，这和荣宗敬说的"先借后赚再还"是一致的。1931年底总公司负债超过了4000万，荣德生将负债扩张称为"借鸡生蛋，以蛋孵鸡"。许多人不理解荣氏兄弟拼命扩厂，他的解释冠冕堂皇："对外竞争，非扩大不能立足。况吾国人口众多，而工业生产落后，产品不敷供应，仰求外洋。近年失业者增多，无法找到工作。如此一想，非扩大不可。在别人看来，贪心不足，力小图大，风险堪虞，实皆不明余志也！"

1932年申新的营业报告书说，自1929年以来，艰难困苦中仍添了25万枚纱锭，2400台布机。还有一个深层次的原因，不知荣宗敬有没有意识到，或者意识到了没有说破，申新规模越大，银钱业就不得不给它放款。有人说，对于银行、钱庄，申新"真是食之无味，弃之可惜"。申新困难时，有一家银行借给它40万元，还不敢对外人讲。上海商业储蓄银行借给茂新的款非但不收回，还继续借钱给它发工钱。即使1934年的那次大危机，银行其实也没有按借款合同严格执行，只是想维持申新不倒。申新债务官司最多时，法院给申新贴了很多封条，贴多了，也就没人当一回事。法院为什么不敢把申新关门？因为申新厂多人多，一旦倒下，那么多工人失业，这已经不是荣家的问题，而是一个严重的社会问题，会牵动整个上海。

但是拼命扩厂，负债经营，有利也有弊。申新到1931年负债已达4000多万，其中原因，荣宗敬在4月18日中国工商管理协会的聚餐会上说得很清楚，纺织业和面粉业近年来和日、英等国竞争日见剧烈，艰难备尝，加上税项负担过重，交通不便，运输成本过高。原料品质不佳，工厂管理不科学，还有金融方面利率太高等因素，企业的处境越来越困难。其实，荣氏企业的自身因素也不能忽略，申新短短十几年从一个厂扩大到九个厂，不是有充足的资本，而是靠借债，一旦金融不再输血就会出现重大风险。这是造成申新1934年搁浅的根本原因之一。

拍卖风波

1934年申新搁浅令荣宗敬元气大伤。此后，他的生命只剩下4年。这要比7年前遭蒋介石通缉的那一次严重得多。

1927年5月，国民党势力抵达长江流域，摊派"二五"库券，要求上海华商纱厂认购50万元。作为上海纱厂联合会主席，荣宗敬不愿接受，表示"各厂营业不振，经济困难，实无力担负"。他们在5月4日的紧急会议上议决，决定勉强认购12.5万元，由他和吴麟书出面向钱庄暂借，各厂按纱锭数分摊。他还想以10万元了事。结果蒋介石恼怒，以荣宗敬"甘心依附孙传芳"，"平日拥资作恶、劣迹甚多"等借口，密令无锡市政府立即查封他在无锡的产业、荣巷的家产，通令军警缉拿。

5月15日下午到晚上，荣家在无锡的企业，车间、磨坊、打包间、账房、栈房，连煤堆都贴上了封条，在荣巷回字形的建筑里，一家十六七口人被赶到天井。好歹最后荣德生这一边没有被封，封条一直到晚上11点才贴完。刚从上海回来的荣德生又急着赶往上海，劝说倔强的哥哥："权当火灾，烧了一家工厂，50万相比之下不算多。"

荣宗敬住在上海租界，还可以安然无恙，天天到江西路的总公司上班，租界工部局派出巡捕保护。1925年12月16日，他在自己家招待孙传芳吃饭是事实，那时孙传芳居有最繁华的长三角，如日中天，号称"五省联军总司令"，他以纱联会名义在家设宴招待孙传芳一行，史量才等作陪。当夜，孙传芳就登轮去了南通，仅此而已。此事，当时的《纺织时报》有过报道。此前3月29日，作为上海29个工商界代表之一，蒋介石曾和荣宗敬握手言欢，承诺要保商惠工，蒋介石只不过找个借口，给点颜色看罢了。

5月17日，上海总商会第二次临时会议讨论了荣宗敬家产被封并遭通缉一事，决议进行援救，推穆藕初、王一亭为代表前往南京。国民党元老吴稚晖、蔡元培都出面为他说话。5月21日的《申报》报道，吴稚晖以无锡老乡身份致电蒋介石说，未曾听说荣宗敬依附孙传芳，也无为富不仁之事，何况他首倡实业救国，兴办工厂，历尽艰辛，无锡人的许多优点集于一身。蔡元培在蒋介石面前剖白："元锡荣氏身为商界巨擘，非为个人谋财致富，而致力社会公益，尤其是兴办教育，称誉海内，堪称张謇第二。荣氏是关心国事、热心社会的实业家，政府理应大力保护，方能安定商界局面。"据说，张静江也为他说了好话。

最后，"库券"如数买了，6月4日，蒋介石下令对无锡荣家启封，并撤销通缉令。一天阴云随风而散。荣氏兄弟以后几乎不再提起此事。

到1935年4月，申新的负债总额达到6 527.3万元，全部资产只有6 219.6万元。债、税交逼，荣宗敬穷于应付，四出告贷，焦头烂额。各厂每月按例交纳的贴费也常拖欠或不交，总公司连日常开支都没有着落，陷入了困境。荣宗敬几次想以面粉厂盈余来支持申新，受到王家兄弟抵制，王禹卿几次写信给中国银行、上海商业储蓄银行，不为申新和荣宗敬担保债务，荣宗敬给吴昆生写信，抱怨自己管不了福新面粉系统。

此后，债务讼案不断，荣宗敬采用律师的意见，不断上诉，实际上就是以支付诉讼费来拖延时日，等待转机。他呈请行政院，要求密令司法部转达上海各法院，遇到这类诉讼，设法缓和，不要让他为债主所迫宣告破产。申新企业毕竟牵连10万根烟囱，一旦破产，大批工人失业，会造成社会不稳，这一点南京政府自然明白，1935年7月4日行政院真的给司法部下达了这样一个密令。

就在此时，又发生申新七厂拍卖风波。申新七厂是1928年买下的英商东方纱厂，当时以全部厂基、房屋、机器等价值500万的产业向汇丰银行抵押借款200万银圆，1934年底到期，申新还不出本利，请求转期，愿意交全部利息和押款的一部分，汇丰不答应，不顾第二债权人（中国银行和上海商业储蓄银行及13家钱庄组成的银团，这个厂也抵押给他们了）以及上海第一特区地方法院假扣押的布告，不按中国法律程序向法院申请拍卖，径

自以 225 万的低价拍卖,据说买主有日商背景。汇丰的理由是按合同到期不赎取,它就有权不经过中国的法律手续任意处置。申新法律顾问过守一认为,按中国的民法,拍卖要向法院申请。按国际法原则,汇丰在中国境内,应受所在国的法律约束,所以拍卖是非法的。法院在汇丰的封条上,再加了封条。

申新七厂共有 5.6 万纱锭、7 100 线锭,有 2 300 多工人赖此为生。荣宗敬说,我们兄弟不能坐以待毙,唯有奋力抗争,才能力挽狂澜。荣德生的看法是,官也可,商也可,内外要分清,就是不能落入外人手中。荣宗敬对记者说,中国实业到此地步,前途实不堪设想,自己一个人的损失事小,对于工人和整个实业界前途的影响事大。他甚至痛心地表示:"不如将各厂一齐停闭,金钱、精神,反少损失。"

拍卖事件发生时,荣家向金融界巨头、国民党当局求助,希望中央银行垫款 200 多万元赎出。荣宗敬后来感叹:政府漠视,银界旁观。其实,中央银行、上海商业储蓄银行也讨论过此事,就是赎出之后改为国营。上海的报纸就政府是否应该拨款资助荣家展开公开争论,唐有壬公开批评荣宗敬缺乏现代管理,吴稚晖和陈公博之间另有一番针锋相对。薛明剑等奔走各处,申新各厂职员联合会、中华国产厂商联合会、上海华商纱厂联合会纷纷出来说话。申新七厂工人在 1935 年 2 月 28 日的《申报》发表宣言,誓死反对,并集会表示不惜任何牺牲,要与工厂共存亡。上海各报社论一致谴责汇丰,社会舆论普遍激愤,黄炎培等知识分子发表文章,从法律、经济、社会等方面讨论申新七厂的问题。在这种情况下,南京政府派人到上海和汇丰银行磋商,事情就拖了下来。买主本想把厂址改建码头,不料激起众怒,退缩了,汇丰银行最后妥协,拍卖没有成交,与申新重签合同转期到 1940 年还清,年利息从 8 厘降为 7 厘。

扭亏为盈

到了 1936 年初,市场上仍是花贵纱贱,漫漫黑夜,看不到头,多出一件纱不过多亏一些本,不出纱,停工又不行。荣宗敬常到中国银行诉苦,要求帮助。有一天,宋子文对他说:"申新这样困难,你不要管了,你家里每月 2 000 元的开销,由我负担。"原来宋子文早已计划好了,想趁机吃掉申新,改组成有限公司,增加资本,然后发行公司债,旧债以债券来还,这是 1935 年 5 月就谋划过的。宋子文想把债务分成五等,第一等是营运借款,第二等是不动产抵押借款,第三等是行庄无抵押借款,第四等是个人储蓄存款,第五等是荣家和其他股东的存款,按等依次偿还,所有银行利息减为 5 厘。连申新总经理的人选都选好了,即中国银行总稽核霍宝树。

荣宗敬不敢当面拒绝,到上海商业储蓄银行去,说自己不能接受宋子文的要求。该行副经理李芸侯看到他非常痛苦,像要哭的样子。这是 1934 年申新搁浅以来遭遇的最

大危机。1936年2月11日，荣伟仁量给李国伟的信中很担心："政商合办之事，在中国从未做好，且商人无政治能力策应，必至前功尽弃。事关股东血本，生死问题，非努力理争不可。"同一天，荣宗敬给宋子文写信，不敢直言以免得罪，只是说："弟于一、三、四、八等厂，因系股份公司，未经适当手续，似难一时独断。其余各厂系弟个人事业，并无股东关系，自宜酌听尊裁，不敢多持成见。"并把荣德生的来信转交，曲折表示自己不同意。另一方面，荣德生恳请吴稚晖出面，婉转向宋子文拒绝。

宋子文找陈光甫谈了一次，陈光甫当面不好反对，回去和李芸侯商量，李芸侯说："我们行里负担客户存款为年息八厘，借给申新一千几百万元，利息是年息一分，如果减为五厘，则我行非亏本不可，计每年要亏五十万到六十万元，这是不能接受的。"陈光甫说："我没有办法反对宋子文，你负业务上的责任。明天宋子文在他家开会，你代我出席应付，他问起我，说我有病好了。"

次日下午2点，在宋家开会，与会共五人，宋子文、代表浙江兴业银行的徐新六、代表上海商业储蓄银行的李芸侯、另有中国银行的霍宝树等两人。桌上摆了个大蛋糕。宋叫霍宝树把打印好的整理申新的英文文件逐段念，念一段，问大家有没有意见。最后，李芸侯发言："这个办法，敝行不能同意。"宋子文惊问："光甫已同意了！"李芸侯说："这笔款子是我放的，所以归我负责。照这办法，我行肯定要亏本，还望宋部长大力帮助我们渡过难关。"宋子文说："那么如何办呢？中国银行也是同意的。"李芸侯说："或者把上海商业储蓄银行借给申新的款项转给中国银行，中国银行是发行银行，问题不大，我们行就承担不了。"众人听了，脸色骤变，宋子文说："这样就不能再谈下去了。"会不欢而散，桌上的蛋糕也没有人碰过。

荣家再次逃过一劫。

情况一直到1936年秋天开始发生变化，棉花丰收，价格下跌，纱、布价格上扬，市场转好，申新各厂由亏转盈，停工的申新二、五两厂也开工了，虽然还在银团控制下，但荣氏兄弟很开心，信心十足，抓住机遇"做生活"。洋行避开银团，暗中来兜售纱锭、机器，一心扩大规模的荣宗敬力主添机，公司门庭若市。讲究节约的弟弟则专心在无锡公益铁工厂自造机器，从美国留学回来的儿子荣一心也力主仿造，预计每月可造纱锭5 000，每天可造新式织布机8台，性能比日本、英国的同类机器还好，价格却便宜一半。1936年是荣氏企业转机的一年，申新陆续添新机，各厂的规模比1932年扩大，尽管大笔的债务没有还去。

可惜，不足一年，"七七事变"的枪声响了。

工业先觉

荣家创业时代，企业管理都以工头制为主，工厂管理系统一般分文场、武场，武场负

责一切技术责任，包括试验、装机、修机、加油、保全等，管技术和生产，以总工头为首。文场负责行政工作，包括人事、工资、领料、记工账、记录产品数量等，管行政、后勤，以总管为首。文场从总管到领班都是不懂技术之人，身穿长袍大褂、文气十足地来往于各个车间，武场懂技术，看不起文场，工人中流行"文场是饭桶，老的是老饭桶，小的是小饭桶"的说法。文场的权限只管得了女工和小工的进出，权力都掌握在武场手里，工头如同厂王，这种管理方式弊端很大。申新三厂总工头沈阿富在厂里权势煊赫，进车间，一般职员和女工头都要起立。另外，一切五金材料、煤炭的购进、老师傅的进出，都要经过管电气间的工头，连老板也不能过问。全厂一共两部包车，一部是荣德生的，还有一部就是电气间工头屠阿兴的。

1924年，荣宗敬化装参观几家日商纱厂后，心有所动，想在申新三厂推行学生制（技术人员）来代替工头制，有意辞退总工头和几个工头。从上海到无锡，快下火车时，他又改变了主意，对工业学校毕业的申新三厂领班楼震旦说："你们最好能互相合作，理论和经验结合起来，各用所长，就更好了。我们总公司的账务，就是这样用两班人的。"钱庄学徒出身的荣宗敬习惯的还是旧式账簿，即使采用新式簿记，也是新旧并用，新的为表，旧的为里，互相抄转，他常说："从来旧学为体，新学为用，最合时宜。我不采用银行的纯新式，我们是旧账新表，中外咸宜。"他所津津乐道的新旧并用，其实在1934年上海商业储蓄银行的调查报告看来，申新各厂会计制度各自为政，没有统一记账方法，总公司财务科用旧式簿记，会计科用新式账册，工作重复，这样的财务制度很不健全。"厂里去一工人，马路上多一游民。"荣德生担心出事，荣氏兄弟决定采取折中方案，新、老两派分头管理，比较利弊得失，由新派管理生产效率低的老式美式纱机，由工头掌管新的、出货好的英式纱机。结果，不到一年，新派系统面目一新，通过管理等方面的革新，生产效率赶上并超过了老派。于是荣氏兄弟决定取消文场与武场的管理组织形式，工头发生恐慌，煽动工人打职员，引发流血工潮，荣宗敬亲自到无锡解决，态度坚决："你们不要学生子办不到，否则我情愿关厂，你们不干算了。"荣德生主张走中庸之道，在人事上不排斥新派，也不立即取消工头制，而是逐步淘汰，先冷一冷。由新派主持在技术方面进行改革，根据泰罗制原则，仿照日本纱厂操作法制定出一套清花——钢丝——粗纱——细纱——洛摇全过程的"标准化工作法"，总工程师汪孚礼自编小册子，授课讲解，指导工人具体操作。1932年2月，汪孚礼在《人报》月刊发表文章称，三厂工潮解决后，"虽无多大的成绩可言，而环境却已改良不少。总经理昆仲睹此气象，颇觉可喜。"短短几年，改革成效显著，1934年得到上海商业储蓄银行独立调查报告的肯定。以后，申新四厂、一厂、二厂都有程度不同的改革。

荣德生认为，工厂办得好不好主要靠工人，工人的生活安定与否，文化水平的高低，直接影响生产。他自许"恩威并用"，如果说推行严格的《工务规则》是"威"，那么惠工政策、劳工自治区无疑就是"恩"。1923年，他在申新三厂开始推行职工福利措施，1926年

倡办"劳工自治区",到1933年正式推行,与中华职业教育社合作,在劳工教育和改善福利两方面下手。教育方面,相继开办了不收费的职工子弟小学和工人晨、夜校,有一千六七百人参加过识字班。此外还办过多期工人养成所,分女工养成班、机工养成班,以及艺徒训练班。从1928年秋天到1932年,办过三期申新总公司职员养成所,从1929年3月正式开办,由留学英、日归来的纺织专家沈泮元主持,半天上课,半天实习。

惠工政策包括发生活补贴,上班期间工人免费在厂就餐;垫支服装费用,统一为工人制作服装、被褥,分期扣款;除花柳病外一律免费医疗(一直实行到1936年);增加假期,每人每月例假3天,假内放电影、演戏等;还有带薪年假制度,只要职工服务满一年,经主管同意就可以休息两星期。服务满十年,就可以休息三星期,休息期间照发工资。妇女产假、职工生老病死、因公致残等都有规定。因公致死发抚恤费、安葬费50元,一般死亡发丧葬费6元。有人说,申新三厂的制度文化富有人情味,但它也有严格的一面,比如规章规定职员要戒鸦片、戒赌博、戒酗酒、戒斗殴、戒调戏妇女,一旦违反立即解雇。

劳工自治区分为单身女工、男工以及工人、职员家属四个宿舍区,其中单身女工区可容上千人,房租则由副业生产、膳食下脚、工会补贴等收入拨付。分区、村、室三级,工人自己推选各级负责人进行管理,室有室长,村有村长,区有区长。被褥、铁床、枕头、席子、衣箱等都由工厂供应。在单身男女工人区,每室都选举知识较高的工人作为小导师,休息时间教大家粗浅文字。自治区辟有园圃,有鱼塘、鸡场、鸽场,工人业余可以种花果蔬菜,养鸡鸽兔鱼。河北高阳两个实业家苏秉璋、李福田详细参观了劳工自治区,食堂、浴室、菜场、运动场、公园、戏院、代笔处、职业介绍所、民众茶园、合作社、职工医院、劳工图书馆、公墓,以及劳工储蓄、劳工保险……让他们目不暇接。自治区还设有"自治法庭",由工人推出5个裁判委员,解决相互之间的纠纷。隔壁有个"尊贤堂",供奉关羽、岳飞、戚继光等人,遇到有人不讲理,就叫他去这里宣誓。另有一个"功德祠",因公受伤殒命或在申新三厂服务十年以上而有功绩于工厂的,可以入祠,接受全厂公祭。

社会各界和新闻界纷纷到无锡来参观,国内外报刊报道很多。国际劳工总局特派员伊士曼赞叹不已,称之为"工业界先觉"。1935年7月6日上海《新闻报》发表记者陆治的报道,称之为"劳动界仅见之成就":"离开隆隆机声的所在,踏进环境新鲜的自治区,触入眼帘的,是整齐的树木,清洁的道路,娇丽的花草。我们置身其间,好像在达官巨商的园庭中,绝不会想象到这原来是工人的居住区域。"苏秉璋他们在参观日记中说:"劳工自治区,称得起组织周详,管理得法,俨然是超出现社会的一个优良小社会。所以该厂职工,都能安其居,乐其业。"抱着取经、学习心态前来的他们感慨"无论哪一种企业的成功,必须先从加惠工人着手。因为工人是工厂的基本势力,也就是工厂的生命线,要使他们的精神有寄托,能安居乐业,事业方面自然随之改进。反之未有不失败者。"

申新三厂总管薛明剑提供了一个数据,1936年生产的每件纱、每匹布,与1933年劳工自治区开办之初相比,成本大大下降、产量却增加了。

李国伟在汉口申新四厂也做了一些改革，比如引入懂技术的学生，申新四厂、福新五厂给工人提供福利保障也比较早，包括补贴膳食，暂垫衣服费用，办消费合作社、储蓄所，每月放假三天，放电影、演戏，在医疗卫生和抚恤方面也学申新三厂。

1936 年，申新三厂的劳工自治区初告完成，荣德生很高兴。从 1937 年起，荣德生在申新三厂推行成本核算法，天天结账，他不无得意地说自己发明了"日结""周结"和"月结"制度，盈亏一览无遗。此外，划一记账方法，会计科目绝对划一，损益计算方式乃至传票格式和付款单据的保存也都划一。荣德生有个打算，到 1939 年，他们兄弟创业 50 周年时，要在无锡开一个盛大的纪念会，将所办工厂、学校和自治慈善事业的历史、各种纪念实物一一陈列，请人参观，在太湖山水之间建博物馆、大会堂，地皮都陆续在买了，路基也动工了，树已在种秧苗。对于企业的发展，他有很多打算，想由面粉而扩大到各主要食品，由纱布扩大到印染、丝绸、麻葛等，机器从翻砂、铁工扩大到重工业，能自造各种母机，办学从小学到大学，筑路则环太湖接通。他要使无锡不仅成为工业中心，而且成为市政建设的模范。对无锡的城市化，他早就有过构想，1912 年写的《无锡之将来》，1915 年 8 月发表的《无锡宜拆城以改良地方说》中，建议无锡向太湖边拓辰，把锡山、惠山都涵盖到城中。1927 年，他提出"太湖实业港"建设计划，疏浚运河，将濒临长江的江阴、濒临太湖的宜兴、长兴、吴兴、吴县、吴江等地连成一体，变成繁盛的大商埠。

这些计划不幸被残酷的战争打断，但他始终没有放弃梦想，1946 年，荣德生又起草了《今后之无锡》，这个小册子至今还没找到，但大致内容可以从同年 4 月 14 日他接受《人报》记者采访的《谈建设大无锡》中可以看出，他的主要意见是把江苏、无锡、常州打成一片，成为一个人口数百万、雄视京沪的大都会；修建由江阴港直达无锡的主干路，作为大动脉，开辟新工商区和住宅区，修建舒适的旅馆；由社会和政府共同努力，计划在五年内实现这个目标。他的"大无锡"之梦再次被内战打断。

经济先驱

1928 年 1 月，荣宗敬自述从事实业 30 年，不敢说对国家社会有多少贡献，但他斩钉截铁地说，只要自己做得到的，任何艰难困苦在所不辞，也是尽国民一分子之义务而已。

1934 年 8 月 4 日，他在申新搁浅危机中写信给吴稚晖，自称是一个纯粹商人，绝无政治意味，然爱国之心，未敢后人。早在晚清立宪运动中，荣氏办的企业尚无大起色，但已进入江南新兴实业家行列，在"预备立宪公会"的会员名单上可以看到他们兄弟的名字。

每次抵制外货，他们总是很积极。1919 年"五四"运动中，上海罢市响应，6 月中旬，荣宗敬宴请上海的欧美商家，有个书面讲话，谴责日本违反世界公理，政府不良分子措置不良，不顾民心，所以才引发各界一致抗议，他称之为中国几千年来"第一之奇特"，连微

不足道的贩夫走卒都表现出爱国诚意,罢课、罢市、罢工十多天仍安静如常,没有一丝暴动。他认为,这是由于受到世界文明国家的感化的缘故。

1925年"五卅"惨案发生,荣宗敬当即以总经理名义在三新系统各厂、各部门发出布告,呼吁所有荣氏企业同仁使用国货,自6月1日起一律不买舶来品,以此来纪念"五卅"惨案。他在上海总商会的《罢市宣言》上签字,给罢工的工人照发工资。当然,在商言商,他不能忍受长期的罢市,所以他向纱联会提出结束罢市办法,即由商会推举的代表协助外交当局,参照穆藕初提出的条件,和各国领事、工部局据理力争,如果对方接受了条件,应该劝说商家开市。

1929年陕西发生大旱,荣宗敬和穆藕初等人发起,上海纺织界捐赠大量应急棉种。

"灯泡大王"胡西园的回忆录说,有一次他从南京回到上海参加"中华工业总联合会",报告和财政部交涉工业税的情况,说几经折冲,终于迫使财政部让步。会后漫谈,荣宗敬指着他说:"我们工业界是要有这样一个年富力强而有头脑的人来干事,这样工业界才可以少受不必要的牺牲。"

1931年"九·一八"事变后,荣宗敬多次呼吁抵制日货,草拟计划书递交南京政府。当年10月20日,他写给李济深的信里说,爱国为国民分内之事。12月13日,荣德生等103人在无锡发起"国难自救会",相约三条,其中第二条是:"促进民主政治之实现。对于一切有碍社会利益、危害民权之势力,共抗争之。"

1932年"一二八"事变发生,上海停市3个月,申新在上海的7个厂先后停工,其中申新九厂停工759小时,损失惨重。无锡申新三厂给前线将士送去香烟5万支、面包600只,茂新面粉400包。当年4月,上海各界名流给洛阳国难会议接连发了两份电报,提出革新政治、抵抗外侮的要求,荣宗敬、刘鸿生、穆藕初这些实业界头面人物都列名其中。

1937年"七七事变"后,荣氏兄弟把茂新四厂库存的几万包面粉和数千担小麦,以记账方式给第三集团军做军粮。"八一三"事件后,他们第一批捐出5万袋面粉及大量慰劳品。无锡各界组织抗敌后援会,荣德生以"乐农氏"之名首先捐助面粉1万包,后来又捐出2万包,其中1万包用来救济难民。

卢作孚受迁厂委员会主任翁文灏之托,赶到无锡面见荣德生,希望荣家将工厂迁到大后方,最后只迁出了一家公益铁工厂。10月9日起,日机不断空袭无锡,堆栈被炸,工厂停工,看着苦心经营多年的事业毁于一旦,以节俭守成著称的荣德生流下了痛苦的泪水,他不断写信给上海的哥哥报告无锡方面的损失。

上海没有迁出一台粉磨、一枚纱锭,这是荣宗敬的决定。申新八厂号称"五新",新厂房、新机器、新人才、新出数、新产品,拥有126台最新式的英国精纺机,日商最为嫉恨,日军轰炸机投下了18枚炸弹,当场炸死70多人,伤350多人。无锡、上海两地企业设备被毁纱锭187484锭、布机2 726台、粉磨36部,分别占了32.9%、51.4%、10.4%,2/3的荣氏企业没了。12月,茂新一厂、申新三厂被炸,荣家的发祥地茂新变成一片瓦砾。

在孙子荣智权的记忆里，爷爷荣宗敬是一个"拿得起，放得下"的人，"虽然很忙，事很多，但是他睡觉的时候，很快就能睡着。不像有些人有很多烦恼的事，就容易睡眠不好。"但真正大难临头，他也未必能安睡。在废墟和灰烬中，他悲愤交加，有一天读着弟弟从无锡寄来的信，他突然脑溢血倒下，挡车工人出身的三太太处理得当，侥幸脱险。一醒过来，他就马上派人到日占区查看厂房、机器设备的受损情况。

12月29日，上海租界沦为"孤岛"之后，出现一个宣称完全慈善性质的"上海市民协会"，荣宗敬是发起人之一，他申明自己不属于任何党派，纯系一商人，这个新组织没有政治性质，只是想自救，并帮助租界难民回到家园，重操旧业。正是这种迫切愿望使他走出了这步险棋，当时，有朋友担心这个协会是否有"维持会"性质，劝他莫坏了一世清白。他认为只要宗旨纯正，不问结果。"我的事业这样多，而且大部分在战区，我不出来维持叫谁来维持？"第二天，"协会"中最活跃的南市电气公司总经理陆伯鸿遭暗杀，"米大王"顾馨一受到威胁。随后，荣宗敬也收到一封署名"一个不愿做亡国奴者"的来信，这实际上是警告，他的住宅周围也被监视起来。儿子荣鸿三成天陪着他，朋友、弟弟都劝他不宜再留在上海。

1938年1月4日夜，65岁的荣宗敬悄然出走香港。

荣氏兄弟都喜欢吃汤圆，而且喜欢荣家风味的，哥哥喜欢小汤圆，弟弟喜欢大汤圆。荣宗敬去世时离元宵节只有五天，他还没来得及吃一碗他最喜欢的小汤圆。病倒的那天，他微觉头晕，四肢无力，流泪哭了，身边的人写信到上海向荣家亲人汇报。没想到他竟一病不起，1938年2月10日（正月初九），他在香港不情愿地合上了双眼。

一星期后，国民政府在重庆发布褒扬令："荣宗敬兴办实业，历数十年，功效昭著，民生利赖。是次日军侵入淞沪，复能不受诱迫，避地远引，志节凛然，尤堪嘉尚……"

3月8日，他的灵柩运回上海，直到1943年9月才下葬无锡。2007年初春，我在梅园一带辗转打听，终于在太湖大道边上找到了他的墓地。站在荣宗敬的安息地，太湖就在眼底，湖中的小岛、岛上的塔尖都清晰可见。一位村民告诉我，"文革"时红卫兵把墓掘开，还要砸独木棺，守墓人拼死保护，才得以保全，她小时候曾亲眼目睹这一场景。荣宗敬之墓在面向太湖的半山上，1982年在原地修复，1994年再次整修过，占地很大，沿着高高的台阶上去，墓前有联："民族经济先驱，创业精神楷模。"横批是"功在华夏"。

烟波水月

荣德生在汉口得知哥哥噩耗，放声痛哭，一连昏厥两次。哥哥的死对他打击太大，他常常通宵失眠。他们兄弟一直相处得很好，从未对金钱斤斤计较，甚至连一些新开工厂的股权都没有明确划分。

噩耗传至上海，金融界纷纷前来索债，16家钱庄同时起诉，法院批准传人，荣氏企业岌岌可危，远在汉口的荣德生，采取的应对之方是逐件和解，承诺分期归还。由于寝食难安，忧虑过度，他在汉口病了一场，1938年5月24日才来到上海租界，次日他到总公司办公，想起哥哥在日的一切，不觉黯然神伤。他与银团达成共识，将申新每月盈余分为三成，一成还银团，一成还诉讼和解的各钱庄欠款，一成还无抵押的零星欠款及维持总公司开支。

但是，他回上海后没有顺理成章地接任总经理，是他自己不愿，还是大房的侄子们不想由叔叔继位？其中原因十分复杂，他本人只隐约透露过一点，"侄辈都能自立，须防小人离间。"而且他寻思当时的环境，纵有经济长才也难展抱负，决定不问公司事务，并暂时不问世事，一切都等待战争结束。

抗战进入第三年，日本人威胁利诱，要申新三厂与他们合作开工，他始终不答应，说："宁可毁灭搬空，绝不合作。"1943年，日军要强行收购申新一厂八厂的产权，他严词拒绝，说："我是中国人，绝不把中国的产业卖给外国人。"并写下一副自勉的对联："心正思无邪，意诚言必中。"

1939年，荣德生在租界高安路的一个弄堂里建了一幢三层小别墅，主体建筑都是黄色粉刷，装饰线条和柱式为白色，转角都是圆形，外观简洁而柔和，朴素而大方，远没有他哥哥的别墅那么奢华和气势，如同他们不同的性格。别墅现在为徐汇少年宫使用，门前有一块文物保护的牌子。庭院里有几棵少见的百年雪松，其中一棵大雪松，松针繁茂。

他在这里深居简出，或面壁静坐，锻炼养生，或一丝不苟地写毛笔字。他开始收购古董字画，不仅是欣赏消遣，更不是附庸风雅，他说经过兵火蹂躏，中国古代文物一定大量散失毁坏，如果不收集保存，日后恐怕就来不及了。他甚至想在太湖边建一个博物馆，保存这些收藏。

他说自己从小做钱庄学徒，以办厂、事业为重，但他未尝忘农，别字就叫"乐农"。他在"梅园"修的别墅取名"乐农别墅"，那是一幢简朴的半中半西的二层小楼，三间二进，外表毫不起眼，里面也不奢华，遮掩在一片梅花和绿树之中。豁然洞读书处的学生、江南大学的教授曾先后把这里当宿舍。

梅花是他的最爱，1912年，他在离太湖边不远的山坡上买下一处旧时的私家花园，并陆续在周边买地扩大，几年间种下梅花3 000株，加上其他花木，到1914年粗成规模，他自称"一生低首拜梅花"，亲手题写"梅园"二字。近百年后，梅园初建时他在大门口手植的紫藤仍在，梅花依旧年年盛开。张謇有诗"梅花早说梅园好"，荣德生没有把梅园据为私有，关起门来独自享受，而是免费对外开放，梅园从此成为无锡重要一景。小商小贩在梅园穿梭来去，荣德生不但没有将他们挡在外面，反而为梅园能给他们带来生计而高兴。当年有人甚至称他为"梅园孔圣人"。多年后，作家郁达夫来梅园，曾在里面的太湖饭店（1926年建）小住，他在《感伤的行旅》中说："我在此地要感谢荣氏竟能把我的空想去实

现而造成这一个梅园,我更要感谢他既造之后而能把它开放,而又能在梅园里割出一席地来租给人家,去开设一个接待来游者的公共膳宿之场。"

梅园有一副对联:"万顷烟波宜水月,一生知己是梅花。"1949 年梅花开时,荣德生看见游客满园,有人折花,他心中忧虑,这种公德心何时才能普遍改进?1955 年 9 月,荣毅仁根据父亲遗愿,将梅园送给当地政府,只保留乐农别墅一部分作为父亲纪念处。

1929 年,荣宗敬用茂新的分红 11 万元,也在紧靠太湖的小箕山建了一个"锦园",一切由荣德生设计安排,和梅园一样不收门票,终年开放,不加任何限制,锦园平时不如梅园热闹,只有每年夏天荷花开时,游客才会多一些。

1943 年初,69 岁的荣德生听说无锡的先人墓木被偷砍,抗战后第一次返回故乡,荣巷家中已 6 年无人住,门窗残缺,屋内布满蛛网和灰尘,连一个落座的地方都没有。只有门前的河水还是那么清澈。梅园门口的一对大梓树不见了,园内建筑门窗都无,匾、对皆空,只有老梅开花分外精神,暗香浮动,疏影横斜,比起往日更胜,6 年不见,久别重逢,梅花仿佛在含笑迎接他。登临山顶,环顾太湖的湖光山色,依旧美好。他在梅花和细雨中凝望徘徊,不知不觉布衫已湿。

荣德生又悄悄去了荣家的发祥地茂新面粉一厂,眼前只有一圈围墙,以及幸存的水箱、烟囱,现场一片狼藉。他还悄悄去看了受到日本人大肆破坏、当时仍被占着的申新三厂,自治区房子已拆去一座,其余七座还在,门窗皆无。车间,机器虽有损失,但日本人还能开出一万锭生产。这里的车间、工场、货栈、电气间,都是他熟悉得不能再熟悉的,他一遍看下来,就已清清楚楚,什么机器少了几台,什么设备被毁了,什么还在。同年 8 月,日军将申新三厂交还荣家自管,事实上还不可能去整理生产。

荣德生只读过五六年的私塾,但中国文化的教养不浅,有传统道德修养的根基,他自己广泛印刷送人的《人道须知》可以为证。1942 年他完成《乐农自订行年纪事》,回顾了前 60 年的人生历程,创业的欣喜和艰辛(以后续编写到 70 岁为止),无锡籍学者钱基厚在序言中称之为一部中国实业史。这一年,儿女们要为他庆祝 70 岁生日,他力拒,认为国难家忧哪里谈得上庆。四子荣毅仁出资刊印《乐农自订行年纪事》,为他祝贺生日。不过,到生日那天还是很热闹,昆曲名家俞振飞等来唱堂会。这也是他和丁夫人的金婚纪念,已有孙男孙女 25 人、外孙男女 37 人。回想当年,他致力事业,家务全由妻子主持,流光匆匆,忽已 50 年,20 岁结婚时的爆竹声还在他的耳畔回响,当时他在广东三水河口的厘金总局当差,同事送了有名的佛山鞭炮"一万响"两串,长有二丈,值银 12 两,燃放时要搭一个毛竹架,花轿抵门,劈劈啪啪响了足有一个小时,无锡人当时还没见过这样的鞭炮。他后来虽娶了一个家道中落的小姐为二房,但与丁夫人的夫妻情分很深。1945 年日本投降后的第一个"双十节",他和老妻走上喧腾的上海街头,一起感受胜利的气氛。

力主从俭

荣宗敬少时得过一场伤寒,头发尽落,后来长出一些头发,扎一把小辫子,被邻居叫作"小辫子"。荣德生幼时迟钝,4岁才开口说话,8岁还没上学,被叫作"二木头"。

兄弟俩性格不同,经营作风上也有许多不同。

荣毅仁说:"我伯伯和父亲的经营思想作风各有特点。我伯伯重业务,主张做交易所,我父亲反对交易所,重视生产成本。伯伯重洋,喜欢请外国人,重视科学知识;父亲重土,比较保守些。他办茂新时,就相信工头,对外国人有敌对心理,他相信自己厂里培养出来的人。如对待汪孚礼和薛先生(小学教师出身的薛明剑,申新三厂总管)就有所不同。薛先生的意见,言听计从;汪孚礼的建议,就要肚里算笔账了。伯伯着重上海,开工厂集中于上海,认为上海是交通、金融中心,经济调度便利,电力没有问题;父亲着重内地,他计划向南京、徐州、连云港、郑州发展,买了一批地皮,认为内地这一带出产原料,工人工钱便宜。"

这与薛明剑的回忆基本一致,他说,荣宗敬相信外国人,重视新设备、新发明、新技术;荣德生重乡谊,重土器,相信土工程师、匠人、工头,不赞成子女全都出国留学,相信延请专家传授技能,更相信自己培养出来的学生、同乡和亲属,而且常说,"我们只好向外国人借钱来用,切不可把我们的钱存在外国人手里。借钱或借机器来供我经营事业,可以赚出来还他。如果把有用的钱存在外国人手里,无异自杀"。所以他始终只愿借外汇,从未存过外汇。

当然,荣德生不是排斥完全外国的新生事物,对新设备、新技术、新思想和新的行为方式,他还是能接受的。民国元年以来,他一再呼吁政府派学生出国,他自己也送多个儿女出国留学,回来参与企业管理。

荣宗敬个子不高,比弟弟矮了几乎半个头,但眉毛特别浓。因为他魄力大,做事大刀阔斧,一往无前,富有冒险精神,有人称他为"无锡拿破仑"。1934年7月27日,想吞掉申新的实业部长陈公博给吴稚晖回信说,自己和荣宗敬不熟,只是交谈过几次,认为他主观稍强,不大听人劝谏,但他的冒险精神颇有过人之处。其观察是准确的。

但他的冒险并非蛮干,他办事灵活,善于开拓,遇到大事,就是处于困境都能做到内心镇定、沉稳应付。经济学家方显廷的英文回忆录中说,他常常躺在沙发床上一边品茶、一边深思熟虑,然后做出他生意上的重大决定。

他生前就有一种批评声音,认为他虽然是有头脑、有毅力的企业家,只是囿于时代环境,有时难免急功近利,不够稳健。他对交易所冒险大有兴趣,他深知弟弟办事稳健,不肯冒险,认为其不懂市场。他的生意经是,交易所变化万千,无非多头、空头。做空头,就

是等行情下跌吃进来，但他买了棉花并不在交易所重复抛出，而是运往各地批发处推销，上海市场老是不饱和，届时就逼空头交现货，他们只能从市场收购补进，纱价因此上扬，他就赚了。按他的经验，无论做空头、做多头，都要有资本，银根吃紧他就大量抛棉花，等多头们吃不住了，就让各地收花处大量买进。他的经验别人无法复制，因为他有 32 个收购站，16 个批发处，分布各地，网络遍及全国，而且他是无限公司，资金、原料、成品都归总公司，大权集中，办事便捷。他常做的是稳扎稳打的花纱套做，只见他手拿算盘，口中念念有词，花价多少，多少斤制成一件纱，合原料成本多少，再加工资多少、利息多少，再以纱价比较，有厚利，他就大批进棉花，同时抛出相应数目的棉纱。算盘和毛笔是他一生最熟悉的东西。

有一个时期，他也买过房地产，但房屋出租常常收不到房租，他就说："算了吧，还是卖掉的好。"后来就把这批房产卖了，即使房产走势一度很好，他未再涉足。

弟弟佩服哥哥的魄力和果敢，承认"事业之大，实由兄主持，才有此成就也"，但认为哥哥不够稳重，办事冒险，大举借债扩厂，企业受银行、钱庄控制，他心里常有过虑，担心资金周转上出现问题。他一贯不主张买破烂的老厂。对哥哥的投机，他也不满，认为风险太大，一旦失利会牵累整个事业。他认为这两点是哥哥的不足。在他看来，人才可以自己培养，机器可以自己制造，然后放手大做，否则就不容易办好。薛明剑记得他还说过，事业不宜集中在上海，上海叫"上海滩"，总有一天要坍，办厂要分散到全国，有一天能出国，到南洋去，那才是真正的事业。

在荣氏企业内部，人们称哥哥"宗先生"，称弟弟"德先生"。下属曹启东说，"德先生稳健，宗先生冒险。人家不能发展，而宗先生能发展，这是带冒险性的。记得当时收买三新纱厂前，我曾陪他去参观。我说：'人家都说买三新不大好。'宗先生说：'你要知道，凡事不进则退。'"三新纱厂前身是李鸿章 1888 年创建的上海机器织布局，是中国第一家机器纺织厂，产权几经变迁，五易其名。1931 年，荣家以 40 万两买下，改名申新九厂，后来是赢利的一家。

兄弟俩一个冒险，一个稳健。不过，他们发展事业的进取心是一样的，即使极其困难时，荣德生也主张扩充，他说："人家看见我们还在不断开厂扩展，欠给我们的钱也就放心了。"这是办企业的一种策略。

稳健自有好处，荣宗敬毕竟有看走眼的时候。1917 年他在上海看中恒昌源纱厂，是个老而破旧的厂，想买下来，弟弟认为旧机器不好，不应该买，不如在无锡新办一家，哥哥说"地好"，紧靠苏州河，水陆交通都极为便利。弟弟认为，仅地好无益，不如地偏而机新。他劝不动哥哥，最后以 40 万两买下，就是申新二厂，结果连年投入了六七百万两银子，弄得焦头烂额，吃了不少苦头，一直没有赢利。

申新七厂也一直没能上轨道，荣德生到 71 岁时还在感叹，自己当年劝哥哥"地段好无用，还须人事好"这句话应验了。东方纱厂在杨树浦路上，前临马路，后通黄浦江，大小

船舶可以直靠栈房码头,交通极为便利。这是个老厂,原名瑞记纱厂,德商办的,一战后归英国人,改称东方纱厂。荣宗敬要买这个厂时,正好江浙军阀之间发生"齐卢战争",荣德生和长子伟仁、四子毅仁等都在荣宗敬家里避居,叶琢堂跑来兜售东方纱厂,哥哥认为沿浦地好,要买,叫侄儿伟仁陪同去看厂。弟弟不赞成,认为外国人都搞不好,买下来不会有好处,所以不许伟仁陪去,弄得伟仁左右为难,只能偷偷陪伯伯去。

当年申新九厂工程师龚树标80岁时对记者说:"荣德生也不是说不要发展企业,他主张稳扎稳打,赚了一块钱,搞一块钱的事业,再赚了两块钱,再搞两块钱的事业。哥哥就不是这样,他有一块钱,要做十块钱的事。所以他们两个兄弟的特点正好是相辅相成,哥哥是雄才创业,弟弟是老成持守。"还有人评价:"荣德生的守业敬业精神与荣宗敬宏观上的高度指挥,心心相印密切配合;荣宗敬的敢于创新冒险,荣德生的善于守业稳妥,取长补短相辅相成,终成一代伟业。"

荣毅仁也说,父亲不是不赞成扩厂,主要是认为经济困难,应该先把已有的几片厂办好,然后再发展。他伯伯则认为,多一爿厂,就多一个赢利机会,也就多一个还债机会。他一天不看见锭子,心里就不舒服,常常轻松地说:"债多勿愁,虱多不痒,债愈多愈风凉。"

兄弟俩个性、风格不同,想法也时有不同,甚至有争论,感情却始终很好,父亲故后更有相依为命之感。有重要事情,荣宗敬会从上海赶回无锡,与弟弟商量,谈得很热烈。荣毅仁当时年纪小,却清楚地记得。大体上,创业之初,从茂新、振新到申新一厂时期,以荣德生的意见为主,到福新、申新大发展时,以荣宗敬主张为主,他的冒险精神开始全面显露出来。大多数时候,弟弟总是服从哥哥的决定。所以,荣德生在申新二厂有占4成股份,在申新七厂,兄弟俩各占3成股份。只是在1921年集股30万在汉口办申新四厂时,他不同意,认为"财才两缺",不应该举债办厂,最初没有入股,直到1933年火灾后重建才入股,这是唯一的例外。

在祝贺兄嫂60岁的文章里,荣德生说,家兄一生营业靠的不是充实的资本,而是充实的精神,精神才是立业之本。他解释,这个"精神",就是《易经》里说的"天行健,君子以自强不息"。

幼时被叫作"二木头"的荣德生,为人稳重、踏实,考虑问题精密细致,一步一个脚印,相信种瓜得瓜。外界对他的印象是乐善好施、为人宽厚,做事谨慎诚实,说话算数。在下属眼里,他做事稳健,对人和顺,和蔼可亲。荣毅仁说,他经常和职工交谈,不论职位高低一视同仁,在厂里午餐,他和一般职员同桌就餐,除非有客,从不另外加菜。他从不无端发火,也不动辄训人,但下属犯了错误,有渎职行为,他会不分亲疏一律严处,就算至亲也照章办理,乃至辞退。

他办企业成功,本来口袋里从不装钱,后来因为遇到没饭吃的人需要救济,所以总往口袋里装些钱。(当然无锡的荣氏族人对他有不满,认为他抠门,不如他哥哥的印象好。)

他说自己的事业是日积月累而成，不能只用于个人吃、穿、游戏，而于社会生产无补。办工厂解决社会就业，就是最积极的慈善，要胜于一般善行。所以，他倡导世人有余力要多办厂。

在荣毅仁眼里，父亲节俭自奉，生活俭朴，平日一袭长衫，布衣布鞋，一顶普通的瓜皮帽，饭食简单，只是夏天喜欢吃西瓜，熟悉《诗经》的荣德生会想起"七月食瓜"等诗句。他不吸烟、不喝酒，不喜欢宴会，晚年完全素食。他连一张白纸都不舍得浪费，练字时，他常在一张纸上先写小楷，再写中楷，然后写大楷，最后把纸积成捆给仆人去换烟。他甚至用香烟壳写便笺。

一发现子女有挥霍现象，他就会严词苛责。对儿子的要求尤其严格，要他们从基层做起。次子荣尔仁19岁进申新三厂实习，在车间和工人一样日夜翻班，做了三年多公务员，然后派到日本考察学习，回国做申新三厂助理，跟总工程师汪孚礼学习，24岁以后到上海申新系统做厂长。四子荣毅仁是学面粉的，从15岁起，一到寒暑假，他父亲就会安排他到茂新面粉二厂去实习体验，和职员一起食宿，经常打电话询问他是否在厂，有时还会顺便到厂里来查看。1956年4月荣毅仁在《人民画报》发表《申新纺织厂的命运》一文说："父亲希望我能成为他的衣钵的继承者，管教很严。"

1947年，这位怀抱实业救国、衣食救国理想的实业家对《江苏民报》记者说，自己还不够称"大王"，生平致力面粉、纺织事业，不敢稍有懈怠，如今已年迈，好在已把下一代分配得"势均力敌"，7个儿子，除过世的长子外，老二、老三、老五专力纺织，老四、老六、老七悉心面粉。记者感叹，一个事业家自有其成功之处。

荣宗敬一心都在企业上，他弟弟在怀念文章中说："先兄气魄宽广、大度磅礴，遇事勇往直前，自奉俭约，除生活必需外，全部资财放在扩充事业上，不足则借款为之。余时加力阻，主稳扎稳打，兄辄不顾，力图扩大。因此，一遇逆风，即难收拾。"

即使全盛时期，荣宗敬仍会直接抓企业管理，连生产环节都要过问，三太太就是他在纺纱车间遇到的，每次看到总经理来，她总是紧张得手忙脚乱，还会断头，但他并不训斥，而是动手帮她接断头。后来她就做了他的三太太，两人相处甚笃。1924年夏天，他化装成工人，到上海的日商丰田纱厂现场考察，看日本人怎样管理，后来同意申新三厂改革工头制的念头，最初就是这样萌芽的。

筹办申新三厂在无锡买地时，荣德生常常不肯放盘，对方如果出价高，宁愿不买。荣宗敬则认为，只要地好，贵一点甚至高一倍两倍都要，一再叮嘱薛明剑，遇到这种情况，就将涨高的价钱瞒了他弟弟，付在他个人账户上，让他弟弟知道仍旧是老价钱即可。申新三厂办劳工自治区，荣德生主张因陋就简，只求实用、不求形式。荣宗敬每到无锡，见到办事人总是说："很好，很好，快些大力扩充为第一。"接下去一句："我弟不肯用的钱，付在我私人账户内好了。"

和弟弟不大一样，荣宗敬认为"排场是公司经济实力的外场表现"，他用的车是1918

式林肯牌黑色轿车,1921年他在江西路建造气派的办公大楼,他弟弟心里就有不满,觉得用人既多,耗费日增,而且从此多事。有下属回忆:"宗先生买西摩路住宅,也是欠钱买的,但不是为了享受。因为当时一般银钱业都讲究场面,有没有自己的住宅,关系到信用问题。还有如订购洋麦、洋花,请人家到家里来吃饭,他们看到有这样好的住宅,就会产生好的印象。"

他买下英国人的一幢三层花园大洋房,门楣、窗沿都有美轮美奂的雕花,窗户全是当年进口的彩色拼花玻璃,高大的立柱、整齐的石级,钟塔般的楼角在绿荫中隐现,其中有个大餐厅,可以招待上百亲友、下属,壁上有一幅硕大的上海地图,沿着苏州河和黄浦江,用红圈标注总公司和所属各厂的位置,他指点自如,意气风发。"荣公馆"靠近繁华的南京西路,现在是陕西北路186号,繁茂的樟树枝伸出了高大的石砌围墙。这和高安路18弄荣德生旧居的反差一目了然。

荣宗敬讲究排场,但个人日常生活仍比较俭朴,荣公馆的大餐厅据说是维多利亚风格装饰,英式高靠背椅,够奢华的,荣家吃饭的人多,经常要开五桌,八人一桌,每桌不过两荤两素一个汤,许多时候也不过是咸菜肉丝汤。他自己每天的早餐,是他喜欢的白汤面疙瘩,加一小碟白糖,他吃得有滋有味。

1932年,荣宗敬夫妇60岁双庆,他担任着21个企业的总经理,正处于人生巅峰。1932年9月1日下午,穆藕初、刘鸿生、陈光甫、张公权、杜月笙、张啸林、王晓籁等四百多人,从上海乘专列到无锡祝寿,曾为《茂福申新卅周纪念册》写序的穆藕初送他一首诗,前两句是:"商场事业孰如君,果敢精神矫不群。"发表在9月4日的《大晚报》上。荣巷、梅园、锦园,三处寿堂,盛况空前,无锡城中万人空巷。当时物价便宜,一席菜不过10元,但酒席也花费了5.04万大洋。

两年后荣德生60岁生日,就没有这样做,他说灾祸频仍,哀鸿遍地,不愿铺张浪费,力主从俭,只想和亲友故旧小叙一日,所发请柬数额有限,结果上海、无锡等地仍有一二千人来祝贺。寿堂设在荣宅承德堂,早晨吃寿面,中午设宴。他自己则到梅园避寿,终席不见。有记者在"三乐堂"前见到荣宗敬,见他精神很健,扬着浓眉说:"这次诸事都办得简单的,前年他们替我浪费了六七万元,太无意思。现在我们递减费用,至多不过四千元。将来环湖马路动工建筑,几座大桥梁,就预备由个人捐助的。"

兄弟脾性不同,荣德生的座右铭是:"发上等愿,结中等缘,享下等福;择高处立,就平处坐,向宽处行",沈兆霖1852年写的这副隶书对联现在挂在梅园的"诵豳堂"大厅,听说他晚年起居室挂的即是此联。他常说粗茶淡饭、布衣长衫足矣。他把60岁生日收到的亲友寿银大约6万全数捐出,建造沟通蠡湖和太湖的大桥——宝界桥,汽车可以对驶,正好有60个桥洞,被称为"江南第一大桥"。1948年春天,无锡籍著名学者钱穆应邀到江南大学任教,住在荣巷楼上,每到周六下午,荣德生夫妇都会从城里来,住在楼下,周日下午离开,晚饭后,他们必定会在楼上或楼下畅谈两小时左右。

钱穆问荣德生，毕生获得如此硕果，有何感想？他回答，人生必有死，两手空空而去。钱财有何意义，传之子孙，也没有听说可以几代不败的。这番话可以看作一代实业家的财富观。他说一生唯一可以留作身后纪念的就是这座大桥，回报乡里的只有此桥，将来无锡人知道有个荣德生，大概只有靠这座桥。其实又哪里只是此桥，不说别的，抗战胜利，荣氏企业陆续复工，无锡人中就传出："德生先生又回来了，他的大烟囱冒烟了，我们的小烟囱也可以冒烟了。"

有一次，荣德生对钱穆谈起自己兄弟俩年轻时和同乡友人游杭州，在西湖楼外楼晚餐，席散下楼，被乞丐包围，不胜感慨。无锡城外各酒家也有这样的现象，乞丐都是壮年失业。他们办厂的最初动机之一就是救助社会失业，为百姓解决就业问题。

钱穆观察他的个人生活，饮食、衣着、居住都很节俭，住宅虽然比较宽敞，但也质朴无华，佣人不多，不像是富豪气派。而且，他的日常谈吐也是诚恳忠实，没有丝毫沾染交际场合那种应酬套路，更不像文人作假斯文态，俨然是一个不识字、不读书的人，每句话都是直抒胸臆、如见肺腑。钱穆说他的人生观和实践一致，在他身上可以体会到中国传统文化中优良的一面。

扩大企业

荣氏兄弟一个主外，一个主内。一个长住上海，一个留在无锡。一个擅长决策，有开拓冒险的能力；一个善于守成，有很强的管理能力。一个性格上有几分霸气，是拿主意拍板的角色；一个性格谦恭，甘当配角，处处维护兄长权威。哥哥大权独揽，办厂添机成癖，举债扩厂是常事，弟弟处处让兄，哥哥殁后，荣德生说过："回想先兄在日，余无一不推兄为先，由兄总揽全局，企业得有今日之扩大。"

荣德生平生厌恶为富不仁、专为私利的人。对于办企业成功，他自认为，无非遇到了有利机会，集腋成裘，以致有成。在他看来，企业家不同于资本家，资本家有可能累积黄金至二千八九百条而不做任何事，真正的企业家应该是事业迷。他深感从事企业的人大都仅以企业作为发财的过渡，一旦发了财，就不想再谋企业的发展。无锡除了他们兄弟是"事业迷"，唐家、薛家等创业者也都是。他说哥哥是"大迷"，自己是"二迷"。

他们兄弟的经营作风有许多不同，但在企业管理方面仍有不少共同之处，荣鄂生这样概括：

"第一，他们两位先生，是老板，也是工作人员，事无大小，都要直接过问。与其他大企业主有一种大老板作风，凡事不亲自过问，是不同的。两位先生来自民间，生活方式始终不变，德先生为尤然，他不赞成住洋房，甚至不赞成用抽水马桶。第二，两位先生对人一片至诚，银钱业相信他们这种诚心，知道他们不是靠欺骗度日的。故从光绪三十四年

以后,经历了三四次极大的风波,都能挺过去,还是由于得到银钱业的帮助。第三,用人、行政方面,对厂经理完全信任,厂里用人,行政归厂经理负责,不来掣肘。"

自创办申新三厂以来,荣德生的主要心思就放在这个厂,他自认缺乏纺织知识,所以终日观察、办事,不敢疏忽,每天早出晚归,除了到申新三厂和茂新办公,还常去批发所向客户了解情况,没有特殊情况,从不间断。长期追随他的薛明剑说,荣氏兄弟创业时,非午夜不睡,早晨6点就起身,终年如此。事忙时,往往只买粗点充饥,绝不稍自宽假,数十年如一日。自律严,对下宽,有过失,也每多原谅,但对子侄辈要求则很严格。荣德生最推崇"仁",把"仁"当作立身之本,七子二女的名字中都带一个"仁"字。一次申新三厂失火,附近职工纷纷赶来救火,他交代门房把这些人的姓名一一记下,却不让进厂。他说:"这些人都是厂里的忠臣。厂烧了,保险公司会赔偿,可以再造。忠臣烧死了,就不好找了。"这些人以后都受到提拔、重用。

他们兄弟的用人,旁人往往不大看得懂,总公司会计主任许叔娱投机失败,亏蚀了公司七八十万,荣家竟没有对他采取什么特别严厉的措施。申新的技工跳槽到别的厂做工程师、技师,从不阻拦,如要回来也可以。薛明剑最难忘的一件事是,在筹建申新三厂时,荣德生对栈房的司镑人员说:"到年底结账,如果栈房比账上多了东西,我是要停你生意的'。司镑一定要公平,是多少镑多少,不能少镑多进。少镑多进,这是偷窃行为。你能偷人家的,也就能偷我的。"

只有初中学历的小学教师薛明剑有真才实学、品德高尚,1919年9月筹办申新三厂时,荣德生一再邀请这个比自己小20岁的年轻人出山,委以总管重任(后来叫总管理处处长),主持日常厂务,长达18年信任不减。薛氏果然不负所托,对申新三厂贡献卓著,劳工自治区等都是他经手完成的。1933年以后,荣宗敬多次要薛明剑去上海任申新二厂经理等职,荣德生认为薛明剑是自己的左右手,坚持不肯。

兄弟俩再忙,每天也要看几种报纸,对世界大势很留意,有所心得就会转陈政府,前后不下数十次。1912年民国初兴,荣宗敬不无激动地写下《振兴实业发展经济以惠民生计划书》,提出纱布为民生必需品,不能仰仗他人,中国四万万人口,只有二百多万枚纱锭,不能满足国人需要,发展工业是当务之急。同年9月,全国第一次临时工商会议在北京举行,荣德生作为无锡商会代表与会,提出扩充纺织业、兴办制造机器母厂、选派留学生学习实业工艺等三项议案,北京各报全文转载,工商总长刘揆一很重视这一提案,国务院秘书长约见他,商谈具体实施办法。与会的各省代表100多人,提交议案80多件,他的3个议案全获通过。

1922年12月,荣宗敬以华商纱厂联合会名义写信给北洋政府,请求暂行禁止棉花出口,并免征花纱布税厘;1924年,荣德生再次到北京参加全国实业会议,提交保障纱厂营业和规范交易所买卖两个提案,虽获通过,但因时局关系未能实施;1925年9月关税会议之际,荣宗敬联合同业向北洋政府提出两个提案:第一,洋货进口一律征税,外侨食品不

得除外;第二,洋粉进口,如需运往内地,一律征收落地税。

荣德生喜欢读书、写字,他自订的行年记事多次提到"每日闭门看书""每晚必看书至十时后"。1900 年,26 岁的他在广东常till书店找书,惊喜地发现了《事业》杂志、《美十大富豪传》等书,年过古稀时他对记者说:"自念平生,颇得力于美国十大富豪之传记。此十人之传记,计有八种传记,至今尚能背诵无讹。"

1934 年 4 月 1 日,他在梅园"豁然洞读书处同学会"成立会上说,读书不仅是学校时的专业,应该养成一种习惯,做到老,学到老。历史,尤其是元、明、清的历史离得近,不可不读。

72 岁那年他脱险归来,对记者说:"本人每日从不空闲度过,埋头做事,暇时读书写字。人家以为我是工业中人,其实本人半生即消磨于文字之中。人生观效学美国,分内所入薪金、分红、官利,全部消耗用去。家中不藏金子,仓库别人管理。对于钱的观念,认为随地可取,随地可用,已感知足,金条吃下,梗塞喉咙,数十年如一日。"记者说:"荣氏谈话,语多哲理,且富有朝气。谈话时,先坐后立,自称立时气顺,坐则气促。唯语音低微,娓娓若与家常叙旧。"

1949 年,黄裳到无锡采访荣德生,访问记发表在 10 月 17 日、18 日的《文汇报》上,黄裳看到他"上身穿着白粗布的小褂,下面是灰士林布裤子,扎着裤脚管,一双布鞋,精神很好。"他的房间里,"从地上堆得高高的一包包用报纸包着的旧书"。那年他已 75 岁。

荣德生信佛,也信方士、巫术,既敬和尚,又尊"仙人"。他早年想以堪舆为业。每次遇到大事,他都要到寺庙进香。每逢大兴土木,他要请"仙人"宣示动土时间、方位等。他属于过渡时代的人物,"他相信中国旧的一切。在他的自述中,可以看到很多有关风水、相面、梦示、扶乩的记载",一次他生病,如果用西医打针的方法,马上就会好,但他却坚持用中医治病,结果挣扎了 3 个月才起床。

风水、扶乩是他特殊的喜好,他还会夜观天象。钱庄学徒满师后,他最想做官,父亲荣熙泰认为他走不了这条路,总共只读过几年书,考是考不取的,捐又捐不起。做大官必须科举出身,做小官对上要奉承,对下要搜刮,很不好,于是一再告诫他"小官不可做,大官无此才具,安心商业,亦能发达"。他见到有位马医门庭若市,很是羡慕,一度大读医书,但他父亲认为学医不容易,未必能成,即使有成也要等到中年,不如开店容易发展。他对风水堪舆大有兴趣,想当风水先生,开钱庄后一有空都看这类书,自称读过的书不下数百种,见过的有名地图不下数千,而且受过名师指点。对风水地舆之道他有几十年经验,办企业后四方奔走,对风水仍处处留心。50 岁后,每当春秋佳日,他有空时,常会约上同好数人,外出寻地,足迹几乎遍及江南名山。父母的墓地是他选定的,许多厂址也是。他在选厂址时要反复查验古籍,根据《杨公堪舆记》的一句诗"吴淞九曲出明堂",他找到远在上海市区外的周家桥,买下当时荒芜一片、周边到处是坟墓的废油厂,在这里建起了有名的申新一厂。

贡献社会

荣氏兄弟常对子侄辈讲"有力量要贡献社会",这里面既有父亲荣熙泰对他们的影响,父亲临终前嘱咐他们:如有余力,要尽力于社会,从一家到一族一乡推至一县一府。更有张謇这个榜样对他们兄弟的影响,荣德生平生推崇并处处仿效张四先生。1914年,他在北京初见张謇,谈及中国商人多不研究法律,所以和外商订立契约往往吃亏,遇到交涉,自己的立场也都站不住,商会以后应注意倡导研究法律。30年后,他仍清楚地记着这次谈话的内容。

张謇以大生纱厂为起点,建设家乡南通,荣家同样以实业为基础,开发无锡也是靠近荣巷的开原乡一带。梁启超说起中国的地方自治,常以无锡与南通并举。1943年,荣德生70岁时,钱厚基将无锡与南通、荣氏兄弟与张謇兄弟相提并论。张謇在1919年谦虚地表示,南通不如无锡。1928年3月,虞洽卿为《茂福申新卅周纪念册》写序,开首就是:"吾国之所以实业名著者,南通张氏外,端推无锡荣氏。"

1920年,荣宗敬与张謇等合组左海实业公司,有过宏大规划,想在上海新开商埠、建立工厂、经营航运,最后都没有成功。

1921年张謇已68岁,荣德生到南通参观各种社会事业,心有所感。他说,南通成为模范县,就是因为有一个张謇,如果全国各地都有张謇这样的人,则不愁国家不兴,自己不过一介平民,不敢谋国,所以,只能从家乡做起,逐步推广。1928年,他与人合作组织垦殖公司,在江阴、常熟的长江沿线修堤坝,垦殖沙田,计划种棉花等(到1937年已开垦上万亩)。1931年,他在连云港种了很多白杨,计划开火柴厂,还想开发连云港。

1946年9月,荣德生七子荣鸿仁、九女墨珍和孙子智明出国留学,临行前,他再三叮咛:"在外不必以学位为目标,只要在事业上学会实用本领,一生受惠矣。"他留意观察过回国的留学生,大凡致力于办事业的往往有成就,走入仕途的多学非所用,不但对国家社会无益,而且自误,至为可惜,还不如做农工有益于生产。

荣德生个人生活虽然俭朴,但他对公益事业比较慷慨,特别是办学。1912年他就有意在无锡办图书馆,1913年开始大量收书,1915年在荣巷建房,1916年"双十节"正式开馆,取名大公图书馆,免费向社会开放。这是整个苏南第一家由私人开办的公共图书馆。在他看来学问是天下公器,不分阶级,所有读者都是朋友。藏书从最初的9万多卷,到抗战前增加到18万卷,其中有大量古籍乃至珍本、孤本、绝版书。(1920年,南洋大学建图书馆,他们兄弟曾捐款万元。)抗战胜利后,他回到无锡,大公图书馆损失惨重,目睹一片狼藉的书柜,他痛心疾首:"毁去有用之书,等于摧毁人才,即置之重典,亦不为过。此种文化上之损失,实较企业上之损失更严重也。"(现在无锡图书馆的"荣氏文库"还保存着

大公和他私人藏书幸存的 10 多万册图书,经史子集以外,乡贤著作和地方志、医书尤多。)

1920 年,他资助李石曾、郭秉文周游各国,呼吁退还"庚子赔款"。

1926 年,重修始建于北宋的无锡南禅寺妙光塔,荣氏兄弟捐款 5 000 大洋。1933 年,荣德生将梅园附近浒山脚下 20 亩地赠给开原寺,并捐资建寺。1947 年修复著名的历史遗迹东林书院时,他一次就捐了 50 万元,现在还能在石碑上看到记载。

造桥修路、兴学育才更是他一生耿耿在念的。从 1916 年起,他们兄弟发起资助修建荣巷直达梅园、全长 9 公里的开原马路,1918 年出资修了无锡火车站到锡山、惠山的通惠路,长 3.8 公里,1922 年他们兄弟因造桥修路受到过北洋政府内务部褒奖。此外还有环湖马路、城乡各支路包括申新路、德溪路等,到 1929 年合计已有 80 多里。1922 年他参与组建江锡长途汽车公司,最早的"开原公共汽车公司"也是他们在 1928 年发起的,到这一年,他们在造桥修路方面的捐资已在 20 万元以上。

1929 年,荣德生独资发起"千桥建筑会"(简称"千桥会",又称"百桥公司"),在无锡、常州、丹阳、宜兴等地城乡,捐资建造的大大小小的桥至少有上百座,现在找到的有 102 座,其中保存完好或基本完好的就有 42 座,最有名的是 1934 年造的宝界桥。同年,荣毅仁在上海圣约翰大学读书,校区横跨苏州河,没有桥,往来靠木船很不便,他父亲捐款 5 000 美元建造了一座人行木桥,取名"学堂桥"。

这种追求本身已不是传统的善举、回报社会那么简单,两位无锡学者张铁民、陈明生提出了很好的见解,这是以工业化推动城市化的一个典型案例,是工业化时代企业家带动社会转型的体现。

他们知道人才是事业的基础,人才的盛衰关系到国运的隆替,而中国人才不多的根本原因就是教育不普及。1906 年,荣氏兄弟在无锡梁溪河畔的荣巷创办第一家公益小学时,创业未久,并无大钱。荣德生认为立身处世,30 岁是负责任的开始,当时正好提倡新学的风气起来,他就把荣家私塾改为小学。两年后,又办了第一所竞化女子小学。从 1906 年到 1915 年的不足 10 年间,他们在荣巷、梅园等处,共办了 8 所男女小学。最初还有其他人的捐助,后来他们兄弟独立承担常年经费。公益第一小学规章开首明确:本校由荣宗敬、德生昆仲独资创办,故定名为荣氏私立公益第一小学校,贫寒子弟可以免费。他们的办学成绩受到社会肯定,曾获得教育部的一等金质褒章,1915 年 3 月 13 日,《新无锡》报上刊登消息《荣德生捐资兴学得奖志闻》。1918 年,教育总长亲自给荣氏兄弟题匾。1921 年 8 月 26 日,陶行知陪同美国教育家孟禄博士来参观。"安得如君千万辈,全华儿女作干城。"康有为以这两句诗赞美荣氏办学。

1926 年春天,公益、竞化联合举行 20 周年纪念会,近千人参与。合影中可以看出学生校服齐整。他们在游艺会上表演京剧、舞蹈、歌唱,有英文会话,还有歌剧《葡萄仙子》,以生动的形式演绎雪、雨、太阳、风、露和植物的关系,展现植物发芽、长叶、开花、结果、果

子成熟的过程,以及几种鸟、兽、虫对于植物的需要。我曾到过拥有上百年历史的公益小学,现在叫无锡市荣巷中心小学,风雨操场依稀还能想见当年的情形,其中有一块特别的石头,刻着"天降山海"四个字,见证了荣家祖先迁居无锡梁溪河边 600 多年的历史。水池仍是当年,只是浮满了青苔,已经不是活水。"山清水碧古荣巷……独开风气为众望",校歌中回望百年,荣氏办学之功绵远不灭。

1919 年,荣氏兄弟在无锡创办公益工商中学,前后用去 25 万元。两兄弟每年捐赠都在上万元,这部分钱主要是茂新面粉厂的利润。开校时,钱基厚在祝词中称他们兄弟不尚空谈,以实业家办教育,可与南通张謇相比。学校重实践,荣德生手书"和平耐劳"四个字作为校训,勉励学生"求实学为实用"。为了给工科学生提供实习制造机械的工场,荣德生开办了公益机器厂,还有给商科学生实习的商店、银行。第二届毕业生到上海参观华商纱布交易所、面粉交易所、商品陈列所、总商会、商业图书馆,以及大名鼎鼎的南洋兄弟烟草公司、商务印书馆总厂、上海商业储蓄银行、交通大学、商科大学。当然也看了申新、福新各厂。一位叫安文奎的学生在《参观及旅行笔记》中逐日记下行程,喜忧交加地说,商品陈列所的光怪陆离,商务、南洋兄弟的规模宏大,华商纱布、面粉两交易所的营业昌盛,申新、福新、上海商业储蓄银行当事者的眼光魄力,永安、先施两大公司的五光十色,这一切都让他欣喜,然而沪上繁华几乎全在租界,又令他忧虑。

看看当年商科学生的论文题目,可能今天的大学生、研究生都会惭愧、惊讶,宏观如:《解决今日中国实业问题》《关税自由权》《进货出货概论》《论中国实业不振之原因及救济之方策》《银行与实业之关系》《我国货币制度亟须改革议》《生产论》等,微观如《旧式簿记与新式簿记之比较》《商标浅说》《广告论》《推广商品销路之方法》《无锡兴办商埠论》《宜兴之陶业》《银行实习谈》。当然也有与商业本无直接关系的论文《天下兴亡匹夫有责论》《自由平等真解》等。

这些论文出自中学生之手,荣德生大概不会失望。科学家钱伟长、经济学家孙冶方都是公益工商中学的学生。公益校友活跃于无锡工商、新闻、教育、劳工各界,无形中形成了当地很有影响的"公益派"。

而梅园的"豁然洞读书处"则有旧时书院性质,始自 1927 年,终于 1937 年,办了 10 年,分甲乙两班,各两年,分别相当于初中和高中,除了荣氏子弟,还有外姓子弟,前后毕业的学生近百名。豁然洞在梅园高旷之处,山下梅花千树,远处太湖在望,荣毅仁的作文《豁然洞记》中说,泛舟五里湖,远望浒山苍郁,如同炮台,在百千梅花丛中,豁然洞就在炮台的腋下,夏可避暑,冬可保暖。1929 年在豁然洞边上的"经畲堂"建成,读书处移到那里上课。读书处注重人格训练与陶冶,课程设置以国文为主,尤其重视作文,加上英文、算术、国术、修身等,都请名师执教。

我在"经畲堂"看到过陈列的《梅园豁然洞读书处文存》复印件,从 1929 年到 1935年,共印过 4 集,收入 41 个学生的几百篇作文,还有不少诗词、对联,其中有荣伊仁、荣毅

仁等的作文,都是手稿复印的。荣德生在序言中说,自己不是科学家、文学家,但由经商阅历而知,为人常识不可不充足,文字不可不通顺。梅园里的读书声曾是一道独有的风景,吴稚晖等每次游园,都要来豁然洞听课听读,地质学家丁文江在太湖饭店养病半年,每天都来听读书声,他对人说,读书声医好了他的神经衰弱症。多年后,荣德生回顾自己的办学生涯,最自豪的就是公益工商中学和豁然洞读书处,认为后者毕业生多精研学理,品德优良。

1936年冬天到1937年春天,吴稚晖等人建议将复旦大学迁到无锡扩建,荣德生得到这个消息很高兴,太湖边风景宜人的大力嘴,几乎胜过有名的鼋头渚,只是尚未开发,他买下上千亩山地,捐赠给复旦大学作校址。1937年3月28日,吴稚晖、钱新之和复旦校长李登辉、教务长章益等再次到大力嘴勘察,荣德生在梅园设宴款待。三个多月后抗战爆发,复旦迁锡之事成了泡影,但他并没死心,1945年11月到1946年3月,他又为此事奔走,积极准备校舍,迎接正准备从重庆东迁的复旦来无锡上课。不久内战爆发,此事最终未成。1938年、1940年,抗战烽火中,荣家仍在上海办了中国纺织印染工程补习学校,以及三年制的中国纺织染工业专科学校(1946年变成四年制的中国纺织染工程学院)。

自办一所综合性大学,荣德生早有这个心愿,他觉得子孙留学费用太大,如果国内大学好,就不必出去。在太湖边办私立大学成了他多年的心结,1947年10月27日,江南大学开学典礼在荣巷临时校址举行,他致辞说,远在1916年到1917年间,他和吴稚晖同游太湖,吴稚晖认为在湖滨兴学最理想,他很赞同,过了20年,这个理想才得以实现。校址选在湖滨的后湾山,处于梅园、锦园之间,春有梅花,夏有荷花,湖山之胜可以与杭州的之江大学相媲美。这是荣家独资创办,完全私立性质,是无锡第一所现代意义的大学,分文学、理工、农学三个学院,有农艺、食品、电机、机械、数理等系,次年8月新校舍落成,专门增设了全国首创的三年制面粉专修科(以后办了第一本面粉专业刊物《面粉通讯》),1949年还增设了超前的工业管理系。

为办好江南大学,荣家重金聘请教授,上海、南京不少教授到这里兼课,每周风尘仆仆地赶来。专职的如钱穆(文学院长)、金善宝、牟宗三、韩雁门、唐君毅(教务长)、朱东润等教授,他们待遇优厚,授课钟点费比一般大学高出两倍,还有小车接送,荣家把荣巷、梅园的宅子给教授住。邹秉文、金善宝是有名的农业科学家,自1920年起,上海面粉公会和荣德生每年资助5 000元,给东南大学农科研究所106亩地,让其开辟小麦试验场,作小麦品种的研究。金善宝在这个试验场工作近6年,到过江苏不少地方,收集各种小麦种子,做科学试验,选出"姜堰黄皮""武进无芒"等优良品种,深受农民欢迎。荣家的茂新、福新面粉企业在姜堰、武进这些地方也都有自己的麦庄。

江南大学采用学分制、学(课)程制、学时(期)制三结合的"三学"制度,强调启发式教学和坚实的基础课、专业课并重,其办学特色就是一个"实"字,荣德生给学生讲话,希望他们学以致用,不必好高骛远,力戒好大喜功,要脚踏实地,从头做起。事实上,"实"并

不是简单地叫学生追求狭隘的实用，江南大学的人文气息就非常浓厚，从 1948 年 3 月 8 日开始，在学术讲演周会上，学生有幸聆听钱穆演讲的《文化及人生》《中国文化之精神》，还有唐君毅、牟宗三等教授讲文化、哲学和人生，先后办了 12 次。许多理工学院和农学院学生选修了钱穆的《中国通史》《秦汉史》，唐君毅的《哲学概论》、牟宗三的《逻辑学》等。哲学家许思园教授夫妇一直住在梅园著书立说，每月领 500 元薪俸（一般教授只拿三四百元），他们从来没有上过课。江南大学里清寒学生可申请全免或半免学费，学校还提倡他们勤工助学。记者在开学当天看到，学生的伙食每人一盘菜，半碟青菜，半碟茭白炒蛋，与当时飞涨的物价相比所收的伙食费着实便宜。

当年学生回忆，1948 年春天，校董主持进行全校性的统考，不分院系专业，统一题目，统一考试，只考英文、语文，考卷由校外教授命题，不难不偏，但数量多、涉及知识面广。统考成绩优异有奖，不及格的，这门课就要重读。每天晚饭后，江南大学附近，太湖畔、田埂小路上、鱼塘边，学生三五成群，散步谈心，爱唱歌的有骆驼歌咏团，爱京剧的有江社，爱运动的有一个个球队，还有读书会、诗社等，《春潮》《原上草》《世纪风》等壁报也很活跃。左翼的思潮也影响了这个校园。但太湖边不是世外桃源，时局动荡，物价飞涨，一天一个价，急风暴雨迫近江南，荣德生虽也不无担忧地说过"唯费用过大，不易维持"，但在最艰难的情况下，他仍表示"江南大学理工、文、农三院照开"。

1952 年 10 月 29 日，存在了 5 年的私立江南大学在院系调整中消失，此时离荣德生生命的终点已近。

三足鼎立

1936 年底，荣氏企业共欠债 8 000 万元，从 1938 年到 1940 年，上海租界的"孤岛"经济有过一个畸形的黄金时代，申新二厂、九厂出产的"金双马"大大获利，福新面粉二、七、八厂也连年赢利。申新九厂成了当时最大的华商纱厂，"双马"棉纱成为市场标准纱，"双马"栈单成为投机市场的交易筹码。从 1939 年到 1940 年，申新、福新几个厂已还出 6000 万元债务。

太平洋战争爆发，"孤岛"沦陷，申新二厂、九厂的花纱仓库被日军封闭，1942 年启封时遇到物价暴涨，币值下跌，汪精卫政府以 1∶2 回收法币，2 000 万元只作 1 000 万元，申新乘机还清所有债务。1942 年 7 月 2 日，银团在《新闻报》刊登公告，宣布全部退出，申新完全回到荣家手里。

荣德生大为喜悦，"陈年积欠，至此全扫，可谓无债一身轻矣。"

然而，自荣宗敬逝世后，笼罩在债务危机、战争阴云下的荣氏企业内部，渐渐出现了裂痕，大房、二房之间矛盾浮现。1940 年，大房和二房因为申新九厂股权发生冲突，本来

申新九厂的股权证一直存放在英商麦加利银行保管箱里,要打开保管箱需要大房鸿元和二房伟仁两人的印鉴。据说,原来两房的股权相差不多,但发放股息和红利时,二房少得多,荣德生对此不满。大房的人在荣伟仁1939年死后曾向其妻子要过图章去开保险箱,二房因此怀疑大房修改了原有股权比例。开过保险箱一事,银行口头承认,却不愿意出具书面证明。

荣德生毕竟还能顾全大局,当申新四厂订购的1.9万纱锭运到上海,却没有办法运往武汉时,他决定按原价给申新九厂,不愿意让纱锭躺着。女婿李国伟等人不太愿意,他函电交加,说服他们。对此持有异议的华栋臣也承认他有"远谋计划",是出于对荣氏企业的公心。

失去荣宗敬这位主心骨之后,荣氏企业的瓦解是早晚的事。实际上,在1934年的申新大危机之后,荣宗敬在公司的绝对权威也发生了微妙变化,王禹卿主持的福新面粉系统不受他的领导,连荣德生也有过上海、无锡分立的想法,吴昆生掌握的申新九厂,荣宗敬女婿王云程(王尧臣的儿子、王禹卿的侄子)掌握的申新一厂,荣德生女婿李国伟主持的申新四厂、福新五厂都开始有了离心倾向。

抗战将终时,二房荣尔仁提倡"大申新主义",拟订一统荣氏企业的"大申新"计划,但在荣家的内部会议上就通不过,大房荣鸿元当场反对:"我喜欢捎着瓜子做买卖,高兴时去卖,不高兴时自家吃吃。"就是荣德生也不支持儿子的"大申新"计划,他自己想通过定股权数的办法统一申新的思路,也未能推行。1944年10月16日,在美国留学的弟弟荣研仁写信给荣尔仁,反对他的"大申新"计划,认为应该"加强"而不是"扩展"。因为资金缺乏,要集中力量积累流动资金,何况荣家经验只限于面粉、纺织,就算有了资本,也缺人才和经验。加上荣家经营企业的方法大多过时,总公司已有名无实。

股东中有人提出申新是无限公司,无限公司的总经理没有世袭的,是不是改为有限公司?对此内部也有分歧,王禹卿赞成,荣德生坚决反对,儿子荣尔仁和他不统一,在代他出席福新股东会时表示赞成。他在无锡得知,来信否定自己委托过荣尔仁,令他儿子十分难堪,几乎要脱离父子关系。荣鸿元应其他股东之请,把申新一厂改成有限公司,他坚决不同意,拒绝拿津贴。

战后,荣氏企业自然形成了三足鼎立局面。大房第二代以荣鸿元为代表,名义上掌握申新一、六、七、九及福新一、二、三、四、六、七、八厂,称为"申新总公司"。其实,大房荣鸿元能控制的只有申新六、七厂,福新系统在上海的几个厂都是王禹卿主持,申新九厂经理吴昆生是开厂元勋,又是荣宗敬老友,鸿元兄弟都得执子侄礼,实际上是半独立状态,申新一厂是王云程主持,独自发展。二房以荣德生为代表管着申新二、三、五和茂新四个厂,以及新创的天元等厂,称"申新二、三、五厂总管理处",一共12个厂。抗战胜利后,他在废墟中重建无锡茂新一厂,那是荣家发迹的企业。二房因为父亲在,大体上统一,只是各兄弟分别有自己主持的企业。李国伟的"申四福五"系统,成立了"申四、福五、建成、宏

文、渝新五公司总管理处"。抗战时西迁的这一支,迁川之前,全部上海股东、部分汉口股东都极力反对,甚至说"宁弃之江中,不愿迁之于川"。这个系统后来在重庆、宝鸡发展壮大,纺织、面粉以外又发展出机器、造纸、煤矿等,尤其在荒僻之地的宝鸡创造出了一片新工业区——秦宝工业区,各界名流、要人、将军、外国代表团纷纷前来参观,惊叹一片荒凉中创造出的战时奇迹。林语堂从美国归国参观,申新厂方请他给全体职员演讲,他赞许他们生产的纺织品质量好,由此做的中式衣服保暖、舒适、简便,以后外国人也许不穿西服改穿中式服装了。林语堂在美国出版的英文著作《枕戈待旦》,特别介绍这里的窑洞工场,称这是他见到的中国抗战期间最伟大的奇迹之一。

抗战时期,国民党政府对企业的摊派严重,仅 1942 年,就连续三次向申新四厂、福新五厂摊派军粮、公债,收走面粉 1 430 包,公债 50 万元。1944 年,向宝鸡的申新四厂摊派不下百余次,特别是地方军政机关,经常强借强要或面粉或棉纱。但企业仍有厚利,李国伟掌握的"申四福五"系统急剧膨胀,发展到 11 个企业,抗战胜利时仅美元就积存了 300 多万元。李国伟改变"申四福五"的分红制度,原来荣氏企业分红一直按 13 成分派,10 成归股东,3 成归总经理、经理及其他职员。自 1939 年内迁后,李国伟改为 14 成分派,10 成归股东,4 成归职员。这个办法直到 1941 年才获荣家勉强同意。他还鼓励高级职员入股,老丈人不赞成增加新股,担心冲淡老股,认为无限公司只能股东升股或股东间让股。老股东中怨声四起:"你招了许多新股东进来,将我们的汤冲淡了。""一只橘子八瓣,从前是八个人吃,现在橘子仍旧是八瓣,要十六个人吃了。"荣家与李国伟的矛盾凸显,到 1941 年翁婿几乎要翻脸上法庭,协调的结果是,由荣家保持申新四厂、福新五厂 60% 以上股权,其中大房占 31%、二房占 29%。

在对外交涉、购买原料、出售产品等方面,荣家大房、二房还能配合,一个拳头出击,毕竟是"肥水不流外人田"。但是,当 1948 年标购汉口的"军政部纺织厂"时,大房、二房达成了一致,李国伟志在必得,并不买账,不肯放过近水楼台。

1947 年,荣氏企业纱锭占全国 15%,占民营的 22.9%;粉磨生产能力占全国 25%,都未恢复到战前的规模。国民政府接收所有日伪纱厂,组成庞大的国营"中国纺织建设公司"。荣德生对此很有意见,认为民营纱厂以后的日子不好过了。对于国营企业的与民争利,和国民党一味取财于民的沉重税赋(累进所得税高达 85%),他斥之为杀鸡取卵、竭泽而渔,充满愤慨地责问:"国何能裕? 民何以安?"他说,一个政权只要让人民安居乐业,民生优裕,收税即可。如果能充分发挥民力,不必国营,国用自足。如果不能使用民力,即使一切官办,也没有用,只是徒增浪费而已。当然,他一贯认为,赋税不合理,只能力争,不可私偷或逃漏,一切都要循序渐进,不能求速效。

1947 年 4 月,荣鸿元等 4 个民营纱厂代表联名辞去"纺织事业管理委员会"委员:"既不能为政府贯彻政策,又不能为同业图谋生存。"此时包括荣氏企业在内的民营企业逐渐陷入了四面楚歌之中,这种困境局外人并不清楚。这年 5 月 10 日《大公报》报道,傅斯年

在参政会上质询行政院长张群，申新纱厂每年赢利可观，为何政府又贷款200亿？荣鸿元给傅斯年发去专函，澄清两点，一是申新从未得到政府贷款，平时周转都靠商业行庄，利息很高；二是申新纱锭战前60万，只有一半开工，加上市场困难，处境并无优越。此信同时在15日的《商报》上刊登。

死里逃生

1946年4月24日上午，荣德生突然在上海被绑架，先被劫到小车上，几经转折到了一条小船，他只能蜷伏在里面，大小便都不能自由。第一天只给了他一块硬饼干，知道他牙齿不能咀嚼，第二天给了他三块软饼干、一块蛋糕，夜里转到一个石库门楼上，没有窗户的小黑屋，硬木铺板，白天也没有光线，不准点灯或蜡烛（只有写信等必需时才点）。在黑屋的伙食还比较优待，早上给他两个鸡蛋，中午和晚上一碗饭、一碗粥，菜是豆腐、咸菜、黄豆、鲫鱼、鲥鱼、炒蛋，周而复始。

他回忆，在这一个多月里，"除了我有痔疮毛病，每天不能换布和睡硬木床不舒服外，其他一切还可以"。最让他感到痛苦的是，绝对不许咳嗽吐痰，绑匪说"痰咽到肚里去，可以收到润肠的效果"。这一招果然见效，他后来对记者笑着说："我原来患着便秘毛病，在那里天天一堆恭，痰能润肠，这倒是我在匪窟里生活得到的教训和收获。"

他身上带的东西都被细细检查，5个图章的用途被再三盘问，他逐一解释，一个是应酬文字用的，一个刻着"往生是寿"是喜庆文书用的，一个刚铸了不久，有年月可证。他们问得最细的是一个小银章，他回答："这印章是重要的，但并不能单独领钱用，厂里要向银行支钱，协理、经理盖了章，还要我盖了这个章才发生效力，但单有我的图章，根本是领不到钱的。"

案发后，1946年8月4日的《大公报》、9月7日的《文汇报》、9月10日的《新闻报》都曾公开报道。荣德生在黑暗世界中34天，不能看书，也没有纸笔，终日无事，吉凶未卜，思潮翻滚，从世界、国家、社会到事业、家庭，一一想过，念平生经验，如万一不幸，未能传至后人，至为可惜。时值蒋介石60岁，他在黑暗中，生死关头还拟了一副寿联："战绩空前廿四史，胜利联盟五大洲。"他想自己如果能脱险，要刻两个印章，一是"曾入地狱"，一是"再生之德"。午夜睡不着，他说自己多次看见白光，所以他心里很安定，觉得有神护，不至无救。匪徒住在隔壁，只隔一层薄板，他骗他们自己耳朵不好，重听，其实都听得清清楚楚。大约第19天，警察、宪兵检查，已敲开大门，绑匪也子弹上膛，预备警察一上楼，就采取最后手段，结果化险为夷。因为绑匪组织严密，有女人，有小孩，警察敲门，女人在小孩屁股上一拧，小孩就哇地哭了，女人装着叫骂，开门的装得泰然，对警察说：我们是住家，将警察哄了回去。第24天，有人敲开门，高声问："三厂袁世凯在里面吗？"结果

也被开门的应付过去了。（"三厂"就是申新三厂，"袁世凯"是指荣氏。）

他在小黑屋给家人共写了5封信，家人只收到2封，字句都经过绑匪逐一研究，连最后"灯下"两个字都被涂了。

绑匪最初开价勒索百万美金，他回答："我是一个事业家，不是一个资本家，我所有的钱全在事业上面，经常要养活数十万人，如果事业一日停止，数十万人的生活就要发生影响。所谓资本家，是将金钱放在家里，绝对不想做事业……诸位这次把我弄来，实在是找错了人，不信你们去调查。"

绑匪的调查结果和他说的大致吻合，他身上带的一个手折也可证明，他家庭和个人收支都记录在上面，绑匪详细核算过，每月支出600多万，收入400多万，虽然表面上富可敌国，实际上当时每月入不敷出。经过反复的讨价还价，最后赎金降到50万美金。他作了最坏打算，向绑匪要来纸笔立下遗嘱，要求他们无论如何送到荣家，内容共四点：一是叙述兄弟创业的艰难经过；二是绑匪要50万美金，这笔钱照他的事业而论，本来无所谓，但企业流动资金不多，如果拿了这笔钱将影响整个生产，使大批工人失业，所以他宁可牺牲个人保全事业；三是告诫子弟要绝对重视先人所创事业；四是嘱咐家庭琐事。这个遗嘱对绑匪震撼很大，简直就是"原子弹"，有一个看守竟在最后关头知难而退，借故脱逃。这是他本人脱险后的自述。

他以为，这次绑架是有黑心商人起意，利用匪徒，本意想将他灭口，因为匪徒爱钱，他才能生还。警备司令部破案后，说是荣家派人把款秘密交给绑匪，荣德生才获释，这完全是谎言。此案扑朔迷离，从各种迹象看，无疑有着更深的背景，后面有军警特，是一次警匪勾结的绑票案。绑匪出示的逮捕证，赫然是"第三方面军司令部"的，绑架用的汽车是向淞沪警备司令部副官处借的，而且司机直接参与，破案后缉获的罪犯就有第三方面军第二处处长毛森手下。交款地点就选在警备司令部隔壁，5月25日，荣家派人送钱时被警备司令部拦截，随即发还，27日，又是警备司令部标记的车把两大皮箱美金取走，车上只有一个司机。第二天晚上，荣德生被系住双眼，由绑匪雇车（先三轮车、再汽车、再人力车），送到其女婿唐能源家。

荣德生发现，绑架他时，撑篙的"船工"一天看完《宪法草案》《政治协商会议记录》，看守他的人眉清目秀，写一手好字，两天看完《青城十九侠》，不同于一般绑匪，估计有初中以上程度。警备司令部稽查处的知情人回忆，是毛森下令逮捕荣德生，时值毛人凤新任国防部保密局局长，授意毛森和稽查处处长陶一珊一起破案，向社会宣传，又将敲诈的巨款做赏金。毛森和陶一珊除了自己拿奖金，还送了毛人凤和司令宣铁吾各一份，替宣铁吾买了一辆豪华的美国轿车。被缉捕的都是从犯，共15人，处决了8人。

荣德生归来后发还的十二三万美元赃款，先给警备司令部送去破案赏金两笔共8万。剩下的钱又被警备司令部索要走了，还不够，荣家只好到市上收了10多万美元，前后总共付出了60多万美元，由申新各厂按纱锭数分摊。

鬓发全白的荣德生死里逃生，骨瘦如柴，腿软不便行走，在家休养。令他意想不到的是，慈善机构、学校、社会团体要他捐款、借款的函电雪片般飞来，光上海就有 50 多个团体，外地的更多，有许多都是各路军政要人出面，得罪不起的（包括江苏省主席、无锡县长、国民党江苏省党部书记长），还有自称"失业军警人员"的，带有恐吓勒索性质的有数十起。有人多次找上门来，起因就是他脱离险境后对记者说的那句话，领回勒索余款捐给慈善机构。威震商界数十年的荣德生几乎成了惊弓之鸟，他在 1947 年 2 月的私信里感叹说，即使得到金窟也难办。

在此之前，1940 年夏，时为申新二厂经理的荣尔仁曾被驻扎浦东的伪军头目丁锡三组织匪徒绑架，关了 58 天，花了 50 万法币（约合当时 3 万美元），是大房荣鸿元设法筹的款。1941 年 7 月 27 日，申新九厂经理吴昆生和儿子吴中一双双被日伪绑架关押 1 个多月，付出了几千件"双马"牌棉纱。

无锡谢世

荣宗敬故后，大房第二代和第一代毕竟不同，熟悉内情的人回忆，1949 年前，大房荣鸿元一家从华贵的大轿车到旅行轿车、吉普车、货车，应有尽有，去中外富人常去的虹桥俱乐部玩乐不过瘾，在虹桥路自建了大花园，几乎每天下午和周末都要到花园别墅去，常在那里请客，请客的杯盘、菜肴都是在市里准备好了派专用汽车送去的。上海商业储蓄银行副经理李芸侯目睹荣鸿元、鸿三兄弟当时的奢靡生活，荣公馆里整天都是赌钱、跳舞，大开酒筵。研究上海老房子的宋路霞说，现在淮海路上的美国总领事、日本总领事官邸分别是荣鸿元、荣鸿三的住宅。

1948 年 9 月 4 日，荣鸿元以"私套外汇、囤积居奇"的罪名被捕，在提篮桥的特种刑事法庭上当庭放声大哭。当时国民党发行金圆券，实行外汇管制，申新六厂要买印度棉花需外汇甚急，因此犯规。当时蒋经国在上海整顿经济秩序，案发之后，荣家风声鹤唳，申新各厂都不敢存外币、金银，荣家上下私房钱藏的金银外币也都换了金圆券，最喜欢玩钞票和金银币的荣鸿三，收集世界各国的纸币、金银币，吓得把所有收藏拿出来换成几乎是废纸的金圆券。在荣鸿元被拘前，中国水泥公司常务董事、大通纱厂经理胡国梁，美丰证券公司总经理韦伯祥、永安纱厂副总经理郭棣活等相继被捕，花费巨额美金才得获释，金城银行部经理周作民也曾被传讯。

荣家虽然请了章士钊等三位名律师，但关键还是靠行贿。因为通货膨胀，对方要的不是纸币，基本上都是棉布、棉纱、面粉栈单，还有房子，大约折合 50 万美元，荣鸿元关押 77 天，幕后交易就进行了 70 多个晚上。到 11 月 18 日开庭，荣鸿元被判刑 6 个月，缓期 2 年。荣鸿元元气大伤，出来不久就去了香港。经此打击，大房掌握的企业、资金 1948 年

后几乎都迁出了大陆。现在他家在上海唯一的纺织企业——中美合资上海申南纺织有限公司，还只有十几年历史，厂门前挂着美国星条旗，大门内有董事长荣鸿庆手书的厂训，今日的申南已不复申新当年的气派。

宋子文做行政院长时，荣毅仁主持的茂新面粉厂曾代粮食部收购小麦加工成面粉。宋子文于 1947 年下台。1949 年 5 月，荣毅仁突然以"军粉霉烂案"被上海地方法院起诉，罪名很多，包括"侵占公有则物""盗卖公有财物便利入私"等等，甚至说东北的国民党军队吃了他的霉烂面粉才打败仗。原定 5 月 25 日开庭，也就是上海"变色"那天，结果没有开成，但还是在收监威胁之下，被敲去 10 根金条、5 000 美元。

直到古稀之年，荣德生还有雄心勃勃的"天元计划"，要重新开创一个新的"天元实业公司"系统。他说自己不是资本家，而是事业家。1942 年他替国家拟订"大农计划"，主张在甘肃、青海等西部地方首先推广，工、农、牧、学并举。午夜梦回，他常常含泪："计划未成，抱负未抒，深觉痛心。"

对于成功，他有自己的理解，1934 年，他在"豁然洞读书处同学会"成立会上说，百工百业都可以成功，并非只有挤在政治一条路上，成了达官显贵才算成功。他在 1946 年绑架脱险后说，国人说他是大实业家，他说自己不敢当，如果能再尽力 10 年，将理想一一实现，或许可以言大。大多数国人没有远大目光，以为他饱暖坐食，终生都已足够，何必再赚钱，而不知他的抱负，就是要办大规模的事业。所以，他一辈子都不骄矜，诚惶诚恐，如履薄冰。

1949 年春天，以画梅闻名的画家周怀民送他一幅《梅园主人赏梅图》，他手书"妙笔天然"一幅回赠，如今匾额还挂在梅园"诵豳堂"。周怀民在梅园对他说："德老，你何不自己也大笔一挥，把你所久练的画梅，画一枝起来，供大家欣赏呢？"他回答："谈何容易，书画一事，非有真实的功夫，聪明的天资，决不可为。所谓七分功夫，三分天资。不要说我对书画不够资格，并且也没有资格做商人。"大家听了都笑起来，他说："这不是虚言，也不是自谦，现在做生意，真不比战前了。"他的感慨是沉重的，也是严肃的。其实，不光是抗战后，多数时候，他都保持着这种心态。

荣德生坚决不离开故土，荣毅仁则坦言自己当时曾左右徘徊，举棋不定，"听了谣言，对共产党也是害怕，怕留在国内生活自由没有保障，但跑到国外去做白华要受尽白眼，而且事业又都在国内，感到前途茫茫。再三思量：我是一个中国人，我爱我的国家……我想我还是留在祖国的土地上，等着瞧吧！"

"生平未尝为非作恶，焉用逃往国外。"况且荣德生认为自己一直服务工商界，从未参加过政治。1948 年下半年，申新三厂部分机器正准备拆迁台湾，他一听说，就亲自赶往码头，把机器搬回来。1949 年 2 月，他秘密派人到苏北解放区考察。无锡易手前后，他每天乘包车在街上露面，表示自己还在无锡。儿子荣毅仁说他不走的原因很多，一是从未出国，创业以来与外国资本竞争，对外国没有好感；二是他不愿抛开首创的事业；三是绑票的伤痕尤在；四是他对国民党政府战后的一些措施不满。抗战胜利后，国民政府以 200:1

回收伪币,他积存的 370 多万教育基金、50 多万慈善基金一夜之间被贬值。1947 年,他曾愤然写下"课税横征猛于虎"的诗句,1948 年 1 2 月 8 日的私信中,他表示对国民党的"抽税之狠,不知人困"深恶痛绝。所以他说:"我不相信共产党会比国民党还坏。"

　　1952 年,荣德生在无锡谢世,墓地是热衷风水的他亲自选的,背靠孔山,面向梅园,周围种了他喜爱的梅花,随葬品是一套线装的地舆学书、一只他随身多年的镀金壳钢机芯打簧怀表。比起他哥哥的墓地,显得有点寒碜,占地、气派都不可同日而语"文革"期间荣德生之墓被毁,遗骸无存,两件陪葬品下落不明,1984 年按原样重修的只是个衣冠冢,墓碑上是画家刘海粟题的:"中华实业家梅园主人荣宗铨先生之墓",里面放着一件荣德生穿过的衣服,一册他手书的《乐农自订行年纪事》。

民国棉花专家

——穆藕初

名人档案

穆藕初：名湘玥，上海浦东人。

生卒时间：1876~1943 年。

历史功过：创办了上海厚生纱厂、郑州豫丰纱厂，分别任总经理及董事长兼总经理职。其间，还办植棉试验场，著《植棉浅说》，致力改良棉种和推广植棉事业。民国 6 年，参与发起成立中华职业教育社，任中华职业学校校董会主席。民国 7 年当选上海总商会会董，2 年后连任。民国 9 年，发起组织上海华商纱布交易所，被推为理事长。同年又被聘为北京政府农商部名誉实业顾问，次年，集股在上海办中华劝工银行。民国 10~14 年，担任公共租界工部局顾问。民国 11 年秋由上海总商会推派，北京政府农商部任命其为首席代表，出席在美国檀香山召开的"太平洋商务会议"。民国 12 年，辞去厚生纱厂总经理职务。民国 13 年，豫丰纱厂被迫由美商慎昌洋行接办。民国 14 年，又辞去德大纱厂的总经理之职。民国 16 年，当选上海总商会临时委员会执行委员。民国 17 年以后，出任国民政府工商部常务次长和实业部中央农业实验所筹备主任。民国 21 年一·二八事变发生后，他和史量才、黄炎培等人组织地方维持会，支持抗日。抗日战争爆发后，任上海市救济委员会给养组主任、国民政府行政院农产促进委员会主委、经济部农本局总经理。

名家评点：被外国人誉为"第一人物"。

中国第一人物

"在我的记忆里，父亲的藏书特别多，他的书房就如同现在的小小超市，柜柜相连很

是紧凑，是捉迷藏的好地方。在我印象中，书房里有一本书特别大，八开本、真皮烫金包装，足有好几斤重，书名叫《中华近代名人传》，里面有 200 位人物，每人一页，配有正面半身照及中文、英文小传。半个世纪后我专门到北图去查找这本书，发现它仍然是我所见的书中最大、最重的一本。"

1943 年，穆藕初去世时，幼子穆家修只有 10 岁，很多年以后，他在纪念父亲 130 周年诞辰时说，印象最深的就是美国人勃德等编的这本大书，这是 1925 年上海一家传记出版公司出版的，翻开第 61 页的穆藕初中文小传，最后有这样几句话："以外貌言，无有知其为中国之棉业大王者。君为人和蔼，交友以信，举止正大，见识宏远，中西人士无不乐于相处。噫！如君之才高德备，诚可谓中国第一人物矣。"

被外国人誉为"第一人物"的穆藕初当年只有 49 岁，他创办的几个企业相继失败，他大病了一场。他在病中回望半生的奔波劳碌、成败得失，反躬自省，写下《藕初五十自述》，这也许是中国企业家亲手写下的第一本自传。

穆藕初一生中拥有无数"第一"，他是第一个拥有美国硕士学位并回国办厂的实业家，在 1914 年的中国，毫无疑问，他站在了时代的前面。同时，他也是在一个最有利的时机开始创业。同乡好友黄炎培追忆，他虽然早年就学习商业，如果不是立志上进，到夜校苦读英文，"终其身不过一商人而已"。他生在一个普通的棉业世家，只读过 8 年私塾，做了 11 年的花行学徒、职员，却自学英语，当上龙门师范英文教员、海关职员，还做过铁路警察长。1907 年，已经 32 岁的他深感振兴实业的必要，尤其想致力于农业改良，一心去美国留学。两年后，在妻子、朋友、亲戚的资助下他终于登上赴美的轮船，是年 34 岁，被威斯康星大学的同学戏称为"穆老爷"。

他在威斯康星学英语、普通知识，然后进伊利诺伊大学学农业，最后到塔克塞斯农工专修学校学纺织，研习科学管理法。1913 年，科学管理法创始人泰罗的《科学管理理论》问世不久，他就远道前往当面请教，穆家修说，穆藕初从南部的得克萨斯赶到费城，登门向泰罗求教。所谓弄斧需到班门，他是唯一一个直接向泰罗求教的中国人。

他出国留学有很强的目的，在那个时代的留美学生中，他的阅历之丰富也是罕见的，和一般留学生单纯的求知不同，他从怎样种棉花，怎样种好棉花，怎样把棉花纺成纱、织成布，到怎样办工厂，怎样管理工厂，有目的、整套的系统学习，黄炎培之子、水利学家黄万里感慨地说："这样有计划的、跨专业、多学科、成套学的留学生，在他之前没有一个。我留学回国已五十多年了，也还没听说有这样学成归来的第二人。"

1914 年，穆藕初留学归国那年已 39 岁，当时他有两个选择，进入肥皂业或纺织业。经过调查，他决定做纺织业，但没有资本，在哥哥穆湘瑶（穆湘瑶，1874～1937 年，字恕再，又名抒斋）及一些朋友的支持下，8 个月才筹措到 20 万两资金，其中他个人只借到 1 万两银子的投资。

1915 年 6 月，位于杨树浦的德大纱厂（无限公司）开机，哥哥为总经理，他为经理，实

际主持厂务，纱锭不过 10 400 枚，但他办纱厂从一开始就和别人不同：一是改良棉花，也就是从原料抓起。1915 年 1 月他创立"穆氏植棉试验场"，前后至少花了 5 年时间研究棉质，1918 年开始招聘实习生。当年 10 月，他和聂云台等 4 人发起"中华植棉改良社"，在江苏、河南、河北、湖北等地买下 1 500 多亩地，开辟棉花试验场，大力推广种植美国的脱籽棉。经他倡议，上海华商纱厂联合会设立植棉委员会，买美棉种子送给各省试种，提供植棉技术咨询，印刷改良植棉的小册子，用最通俗易懂的文字向棉农解释改进植棉的方法，其中有他自己写的《植棉改良浅说》，1917 年 8 月第一次就印了上万册，还在《申报》发布广告，任何人都可以索要，诗人应修人 1919 年是一个钱庄职员，写信给他："设棉场，办纱厂，衣被众生，天下欢腾，先生真实业家也。" 1921 年春天，上海纱联会把棉场都交给邹秉文主持的南京高等师范农科办理，每年资助经费 2 万元。二是引入科学管理法，从工厂的管理入手。穆藕初亲手制定《工人约则》《厂间约则》《罚例》等一整套厂规细则，仅总罚例就有 81 条。在这些规则中也不乏人性化的因素，比如工人偶有过失，不要大声呼斥，使其在众人面前失去体面等。以后，他办厚生，曾亲自修订《德大、厚生两厂服务约则》，包括总则、厂约以及厂员、告假、账房、栈房、验花、物料、车务稽查等约则，共 29 项。

德大创办之始，穆藕初事必躬亲，白天监督、指挥工人安装机器，晚上规划各车间报表的样式，建立严格的报表统计和财务管理制度，他将亲拟的报表样本交给各部门车间负责人参照填写，一日一报，内容包括生产进度、原材料消耗、成品数量等，以便及时掌握耗材、用工、用时、数量、质量等动态情况。这在当时都是创新，在此以前，中国的企业没有科学的报表，他设计的报表因此逐渐被各企业效仿。

在管理上，他一开始就着手以工程师、技术员制代替传统的工头制。在财务上，他虽然仍保留了旧式的单式记账方式，但已引入复式记账法。在生产上，他采用当时领先的新机器。他的革新之举轰动上海，《申报》曾多次报道，厂还未开机，就因引入当时国际上最先进的美式纺织机，而被称之为"中国实业界之一线光明"。10 多年后，他在 1931 年的中国纺织学会新年联欢会上演讲时，感慨地说，晚清时最早办纱厂的至少是个候补道，无所谓工程技术，只要责成工头多少棉花进厂，出多少棉纱就可以了。他回国之时各厂情况也大致如此，都是低效率的工头制，没有专门的工程师，一切都由工头支配。有的厂门口还供着"关圣爷"。当然他也不是完全不用工头，但工人进厂一律要经过厂方统一考试，工头推荐的工人也要通过考试才可。

曾长期追随穆藕初的毕云程称他是一个"没有资本而富有天才的民族工业家"。德大纱厂的成功靠的不是雄厚的资本（1 万多纱锭不过是个中小企业），靠的是新机器、新技术，特别是新的科学管理法。一句话，他给中国企业注入了新元素。1916 年 6 月，北京商品陈列所举办产品质量比赛，德大纱厂的"宝塔"牌棉纱名列第一，质量超过一般华商纱厂，也优于外商产品，被誉为"上海各纱厂之冠"。当时，全国最细的纱一般只达到 42 支，只有南通大生纱厂和德大纱厂偶尔能纺出 48 支的纱。他说："出纱之优劣，三分在机

器，七分在人为。"还说，"这不能不说是实行科学管理的结果。"

1915 年 6 月 28 日，郑孝胥到杨树浦参观德大纱厂，在当天的日记中说，"机器乃英厂最新之式，用电购于电气公司，凡一万零四百锭，可增至一万七千锭。厂中工人约六百人，每日夜出纱一万磅，现市纱价十六支者每包九十两。皆上海人资本，其资为无限公司。"

穆藕初把泰罗的书译成中文时取名《工厂适用学理管理法》，1916 年 11 月由中华书局出版，译稿所得不过 100 元，出版之后如同石沉大海，10 年之中只卖出 800 本，其中 100 本还是他自己买了送人的。（直到 1928 年前后，因为民族企业规模扩大，管理要求提高，这本书突然走俏，短期内就卖出三四千册，科学管理法开始为各方注目。）

为尝试科学管理法，减少劳力，提高效率，穆藕初在德大挑出 40 名精干女工，将原来两个人管一部车改为一个人管，工资则由每天 4 角提高到 6 角，也就是一人做原来两人的工作，结果出品数量、质量都一样。但是，三天后，这些女工纷纷抵制，不愿这样做，说再这样做下去要生病，一再换人都是如此。经调查，他才恍然大悟，原来是其他 400 名女工不许她们做，如果一人抵两人，就会有一半工人失业。因此，不许她们做，再做就要她们"吃生活"（"吃生活"是上海话，意思是挨一顿揍）。最后他作了妥协，推出减少废花的奖励制度，给每人加工资，让她们极力减少废花，就是奖励工人节约原材料，效果显著。工资支出虽然加大，但废花少了，还是合算。这样做就是抓质量，创优质产品。

穆藕初一贯认为科学管理才能出效益，在办厂实践中逐步将泰罗的科学管理法本土化，与泰罗强调时间、动作不同，他更强调人的因素。他把自己的管理法归纳为五个化，即纪律化、标准化、专门化、简单化、艺术化，其中艺术化就是要使人在工作中感到乐趣，从而提高效率。穆家修告诉我，穆藕初很早就注意改善劳工条件，盖俱乐部，让工人上夜校。他认为只有工人爱干，才能干好工作。

根据多年的经验，穆藕初总结出科学管理的 4 大原则：无废才、无废材、无废时、无废力；概括出当经理的 8 条标准（会自己找事情做、有能力解决疑难、度量大、有事业心、懂得爱惜机器、恰如其分节约花钱、善于把握机会等），并进一步简化为经理的"5 个会用"：会用人、会用物、会用时、会用钱、会利用机会。

佩六国相印

德大的迅速成功，使穆藕初在上海实业界一举成名。1916 年初，一批富有的颜料商人想投资 120 万两办一家厚生纱厂，请他主持。1918 年 6 月 27 日，与德大相邻的厚生正式开工，他可以两厂兼顾。

穆藕初从来都不是只顾埋头办厂，而是时刻关注整个行业的发展，1917 年他就翻译

出版了《中国花纱布业指南》，不仅详尽地介绍日本纺织业现状，而且写了很多结合中国实际的按语。上海的英文《密勒氏评论报》发表评论："当时一般人认为，中国是永远不能在棉纱工业方面和日本人竞争的，任何促成这一工业发展的努力也注定是徒劳的。然而穆先生作为经理对德大纱厂的出色管理否定了这个不适宜的结论。"

被誉为"在技术上开一新纪元"的厚生纱厂，无形中成为"美国新式纺织机在华的成绩展览会和实习基地"，他认为，多一家华商纱厂就多了一份与外商尤其是日商竞争的能力。所以，他不但不保守秘密，而且还对同行开诚布公，因此，参观者络绎不绝，厚生一时门庭若市。他在厚生并无股份，只是总经理，几位大股东对他的做法都很不满，好在厚生年年赢利，出产的"双喜"牌棉纱和"飞艇"，"双喜""团鹤"等牌子的粗布畅销全国，他们暂时没有发作。

厚生纱厂因为到湖南招聘女工引发了一场舆论风波，陈独秀发表长篇调查报告《长沙厚生纱厂湖南女工问题》说，不要只把穆藕初"当作一个资本家"，而是"当作一位关心社会问题的人"，"穆先生做企业的才能和他在社会事业上的功劳，我们当然要尊敬他；正因为尊敬他，所以才希望他百尺竿头更进一步，由个人的工业主义进步到社会的工业主义！"

穆藕初一生深受前辈张謇的影响。他最初引起张謇注意，是在1905年的抵制美货运动中。1907年，张謇被推为江苏铁路公司协理，聘他为江苏铁路警察长，他以自己毫无警察知识而辞谢，张謇说在这个时候如求专门人才，我们这些读书人都不能做总理、协理。1914年7月穆藕初回国之初，张謇知他在美国学的是棉、纱，写信请沈恩孚转告他，通、沪只有半天路程，如果他能去南通纺织专门学校执教，则学生得师，他本人也可借此增加阅历。信中说："穆君以硕士而不求得官，有学识而不思厚值"，对他大为称许。1917年12月，因为聂云台称穆藕初学识优长，会中非此人不可，他被华商纱厂联合会缺席选为议董。他自己不接受，但表示一定要推张謇为会长，最后纱联会选张謇为名誉会长。

穆藕初开始办厂比张謇晚了20年，但在许多方面，他都迅速超越在他前面的张謇、荣氏兄弟等实业家，荣家的申新企业很多规章后来都是仿效他的。

1919年9月，他发表《纱厂组织法》，毫无保留地将办纱厂应注意的一切公之于世，无私地供大家参考，包括资本、厂基、建筑、机械、用人、管理、贸易等十个方面，强调要善待工人，切勿克扣工人血汗所得的金钱，随时奖励勤能，周济工人疾苦等等。他特别重视制度和人才两条，认为中国过去的事业家，大都习惯于以一二人支持全局，一旦偶有变动，就会"人存政举、人亡政息"。

当时，正值纺织业获利丰厚，各地纷纷投资办厂；自德大成功以来，愿意出资找他办厂的人接连不断，1919年7月，他又参与发起上海恒大纱厂（1920年开机）。有人说他"卓然为纺织工业专家"，如同苏秦佩六国相印。《申报》报道他要在河南郑州办纱厂的消息传出，上海要求投资合作的人数之多，出乎他的意料，办事处电话铃声终日响个不停。

在郑州建厂他有很多考虑,郑州不是沿海沿江,但却是京广、陇海铁路线的交汇点,陆地交通便利,原料、燃料、劳动力都很便宜,邻近陕西、山西,棉花可就近供应,内陆市场广阔,他想以此为基点,逐步向内地拓展,使纺织业走向原料中心。他有个看法,振兴实业要着眼于内地,而我国实业只限于上海、天津、汉口等口岸,靠的是租界提供的保障,为此他深为痛心。他对军阀混战深恶痛绝,这次在内地办厂的尝试最终也是因此失败。

郑州豫丰纱厂于1918年12月开始组建,共集股200万两银子,他本人以历年积累投资15万。1919年4月豫丰破土动工,订购美机3万纱锭,后增到5万多,布机1 200台,线机5 600锭。原本一片荒凉的郊区,因为豫丰建厂,周边逐渐有了马路、街道、电灯、自来水、洋车、黄包车等也相继出现,豫丰最多时有数千工人,连小吃、饭店都兴旺起来。

办纱厂成功,穆藕初又想办银行。他说,金融和实业的关系,如同血脉与人体,血脉流通,人体才有可能健康。1919年9月,他与聂云台、黄炎培、荣宗敬、马寅初、经亨颐等55人发起"中华劝工银行",银行家宋汉章、陈光甫、钱新之等15人为赞成人。银行宗旨除一般银行业务外,还承担"振兴国内实业"的特别任务:1.调查毕业于中外各学堂的工科学生和有实业经验的人,记录他们的专业知识和阅历,遇有机会即介绍或聘用,使专门人才不致学非所用,长期埋没;2.请各地有关人士调查当地工业原料,以备推广工业之用,使地无弃材,达到利用厚生的目的;3.调查海关进口货物,以唤起民众挽回利权之心;4.调查已有的工业及其产品和质量,以便对照进口工业品量多的,以发展本国的替代品工业;5.邀请专门人才担任顾问工程师,免费为新办或需要改良的工厂提供技术服务;6.编辑出版《劝工月报》,刊载各种调查资料和全国工业进行状况,沟通工业界信息,供各业各厂营业的参考。

这和刘鸿生自办中国企业银行,仅仅为了不仰人鼻息,便于自己各企业间的资金相互调剂,并吸收游资以充实企业资金来源,完全属于不同境界。正在出席巴黎和会的专使王正廷大为赞成,呼吁"爱国志士,群起投资,表示以实力为爱国之决心"。1921年11月,中华劝工银行正式开业,实收资本51.65万元,穆藕初本人投资10万,直到1930年才收足100万元。

劝工银行推出"一元储蓄制",广告上说:"务请爱国诸君但有银圆一元以上,不拘多寡,俱可来行储存。"另外还推出教育储蓄、有奖储蓄、贴花储蓄、寿险储蓄、礼券储蓄等等。穆藕初曾长期担任董事长。

没有股份的理事长

从回国那年算起,穆藕初马不停蹄,7年当中,创办了三家纱厂、一家纱布交易所、一家银行,还参与多家纱厂,速度不可谓不快,他自称:"年少气盛,抱服务社会之大愿,立建

设事业之宏图,快刀直入,所向无前。"

那些年,遇到年成好,他的厂比其他厂赢利要多,遇到不景气,亏本也比其他厂少。一位美国经济学家说:"在自己本身和工业这两方面的建设性进步中,任何一个美国企业大王想超过穆藕初的这个纪录都是值得怀疑的。"

他初到郑州办厂,当地纺织业一位后起之秀,放话要压倒他的纱厂。他派人一了解,此人管理工厂很勤奋,事无巨细,都要过问,连捡纱筒这样的琐事也亲自动手。听到这里,他放心了,料定此人不是竞争对手,对豫丰的前途满怀希望。不幸,从1922年起纺织业全线滑坡。当年12月,他发表《花贵纱贱之原因》,指出纺织业不振一半由于外力压迫,一半由于内政纷乱。这一年,江浙有"齐卢之战",河南有"直奉之战",倒向奉系的河南赵倜进攻郑州,大炮就架在豫丰纱厂附近。此前1920年发生的"直皖战争"也波及豫丰,军队过境要慰劳费,临走要开拔费。厂里有个大水池,在发电车间外面,发电时放出温水,凉了再打进发电机中。他对长子穆家菁说:军队来了,整队脱去衣服,跳入大水池洗澡,还抓住池上的喷水铁管子,当作杠子练功夫。

自1922年开始,穆藕初主持的几家纱厂都出现了问题,金融危机从豫丰延伸到德大、厚生。豫丰在1923年已处于风雨飘摇之中,到1924年1月,上海各银行停止放款。旧历年关将近,债权人纷至沓来,最讲诚信的穆藕初,唯一的选择就是把自己的个人资产变现救急,他将劝工银行的10万元股票折价售出5万(另外5万无人买),杨树浦路的住宅也向劝工银行抵押贷了2万两银子,每季利息就要六七百两,这笔债务直到1933年才全部还清。作为银行董事长,他没有任何特殊化,一切都按银行章程办事,同事无不肃然起敬。只是豫丰纱厂的股票15万元无人接收。他将抵押、转卖家产所得陆续输往郑州,两周后,豫丰纱厂从浙江兴业银行借到16万两银子,暂时维持。

在穆藕初交出的个人资产中包括上海华商纱布交易所的全部股票10万元(可售30万元)。从1920年到1921年,上海至少有147家交易所开张,在著名的"民十信交风潮"之后只剩6家,华商纱布交易所却在1921年7月1日正式开张。依照交易所章程,至少持有200股股票的股东才可以选为理事,然后互选产生理事长,他既已失去理事股份,当然自动取消了理事长资格,连一份薪水都无着落,全家顿时陷入愁城之中。他在《藕初五十自述》中说到自己受经济逼迫,接连用了三个词——四面楚歌、焦头烂额、一筹莫展。除夕之夜,家中一片凄惶,他在查询两个儿子的功课时,"忽然泪下,且泣泣有声","颇有按捺不住之苦",然后走进卧室,随手把房门关了。"父亲去世之后,我才知道他那时候有多难。"80多年后,当时还没有出生的穆家修对记者说,"以前我们家除夕的时候都在一起玩牌喝酒,听我大哥说,1924年除夕的时候就大不一样。"也就在1923年,穆藕初在上海向太虚法师等问佛,从此虔诚向佛,这与他企业的失败有很深的关系。

1924年2月5日,农历春节清晨,以纱布交易所副理事长吴麟书为首的5位理事登门拜年,往年都是在交易所理事长室团拜,这次他们改变惯例,联袂而来,非同寻常,吴麟

书说明来意：纱布交易所重任，仍仰仗穆先生大力主持。理事地位所需的保证股，已经在他们的股份中划出，代送至会计处，完成过户手续。

从这一年开始，他继续当了 14 年没有理事股份的交易所理事长（其间因为从政，一度辞职）。如今上海滩上，与穆藕初相关的旧建筑都已无处可觅，唯有延安西路当年的华商纱布交易所旧址还在，为上海自然博物馆所用，可惜一条高架桥呼啸而过，如同勒住了这幢见证过旧上海工商业命运起伏的老建筑的脖子。

1924 年 9 月，德大纱厂宣告破产，将全部资产拍卖抵债。（1925 年 4 月，以 65 万元的价格为荣家所得，改名为申新五厂。）

厚生纱厂名为有限公司，实为无限公司，穆藕初身为总经理，颜料商薛宝润等大股东全权委托他经营，但对他允许其他纱厂来参观、学习，厚生批发所整天门庭若市，找他的人多半为个人私求或社会公益，他们本就不满，只是碍于纱厂在他手里蒸蒸日上，年有盈余（累计有 107 万两），对他保持着表面上的恭敬。一旦市场衰退，营业滑坡，1922 年起出现亏损，对他的所有不满就同时爆发出来了，他因此渐渐萌生退意，至 1923 年 5 月终于辞职。（1931 年 3 月，厚生纱厂董事会回想他办事公正、公私分明，想请他回去整顿厂务，因浦东同乡杜月笙的觊觎而作罢。当年 10 月，厚生卖给荣家，补了申新六厂的缺。）

1924 年 4 月，穆藕初聘毕云程为豫丰纱厂协理，整顿厂务，此时豫丰全部动产、不动产都已抵押出去，随时面临破产。1926 年 9 月 18 日，吴佩孚为筹集军饷，由河南郑县知事韦联棣致电，限期三天，借款 4 万，实为勒索，对浙江兴业银行也不放过，如果不交钱，就要查抄抵押品，银行只好垫付。1931 年 1 月，陈光甫参观豫丰后还在日记里发出感叹，郑州不幸是军事要地，"枪尖下之横祸"不断。穆藕初呼吁："是以在商言商之旧习，已不复适用于今日。吾商民对于政治必须进而尽其应尽之责任，急起联合商界重要分子，用各种手段逼迫政府改良内政，则商业庶有恢复之望。否则商业愈衰，生计愈艰，非至全国沦亡不止。"就是出于这种强烈的痛感和危机意识。

1933 年 12 月 15 日，穆藕初在南京拜访曲学家吴梅，说到商业凋落，禁不住叹息："振兴实业，戛乎其难。"此时，豫丰纱厂亏空已达 50 万元。到 1936 年，豫丰营业渐有好转时，中国银行天津分行成为唯一债权人，副经理束云章突然要豫丰立即归还全部欠款，否则就要以票面 10% 的代价收购全部股票，经过 8 个月的反复筹商，最后按票面 30% 的代价收购。

穆家修告诉我，2001 年他去看过豫丰纱厂原址，现在仍是同名纱厂，还保留着当年的一些车间、仓库等旧建筑，他的主要感受：一是位置很好，在两条铁路交汇点上；二是规模很大；三是把工人摆在重要位置，对他们的生活、学习都很关心。

只问你能做何事

1918年6月27日,厚生纱厂开工之日,穆藕初因操劳半年,累坏了身体,一睡48小时,起不了床。德国名医福医生对他说:"你用脑过度,最好请假到外地静养一阵,否则一两年后即将成为废人。"有一日复诊,福医生问他回国几年了?他回答已四年。问他办了几家厂?他答已设两家纱厂。问他月薪多少?他答约400元。问他每月伙食费多少?他说伙食费约6元,另外房租24元。福医生笑着对他说,你自视太轻,自奉太薄。400元月薪不算少,而你用的不足1/10,你不要认为欧洲人崇尚奢华,入门有亭园花木,屋内陈设精美,起居舒适,那是工作后用以怡情养性、恢复脑力所必需的。你回国才四年,组织的两个厂已先后开工,你的建设能力不小,信用也厚,有几个留学生能做到?希望穆先生爱惜自己,为国家社会效力。穆藕初的回答是,月薪虽不少,但家用和子女教育费为数也不少。自己正当盛年,即使有积余,也应当以血汗所得之财,供社会正当用途,怎么能以一人的怡情养性,来消耗有用的财力?

当时,穆藕初家住在德大纱厂对面简陋而拥挤的里弄,周围孩子都是工厂子女,大家以穆家孩子为中心,他感到特殊待遇只会增加孩子们的傲慢之气,不利于培养进取心,所以就送他们上学校住读。不知道是不是福医生的话触动了他,当年他就在德大、厚生附近买下一块地,开始造一幢西式住宅,1920年11月迁入。

留学美国之前,他在海关、龙门师范和铁路工作的月薪都有百元,但在德大最初只拿80元,有朋友为他抱不平,他却说:"人生处世,唯当自问能力、精神、才识如何,及处事之勤奋如何,薪水可不计。"他常引用西方谚语"世界不问你是何人,只问你能做何事"以自勉。

长子穆家菁在《先德追怀录》中回忆,父亲的经济收入主要是薪金、红利:"初仅德大之月薪四百元,后来厚生(未详)、豫丰四百元,纱布交易所四百元,每月在一千元以上,加以年终酬劳金数千元。"1914年到1921年的8年间经济支出包括:

1914年 投资德大借1万两。

1918年 造住宅约1万两(合1.5万元)。

1919年 投资豫丰15万元。

1920年 资助罗家伦等出国留学5万两(约合7万元)。

1921年 资助赴菲律宾留学生1万两(约合1.4万元),投资劝工银行10万元。

以上共计50多万元。其他各种各样捐助,动辄数十或数百者,其次数之多,不可胜计。

1922年4月6日,他接替王正廷出任中华劝工银行董事长。第二天,他写信给经理

楼恂如、副经理刘聘三，不要每月的车马费："愚者一得，苟于行务微有裨益，自应竭诚。其每月车马费 120 元，务请停给为盼。"

他本人自述，办事以来，公私款项一向分得很清楚，往来巨款，交割手续毫不含糊。办厂之初，他就拿定主意，凡账房、栈房、物料，都请股东选派合适的人分别主管，但由他监督，由他决定去留。特别是他没有股份的厚生纱厂，总账房 1 人、花纱布栈房主任 3 人、物料主任 1 人、批发所账房 3 人，都由大股东介绍信赖的人担任。他在辞去总经理时，只是将账房、栈房、物料房点验清楚，将 32 把钥匙交接即可。他说："大丈夫磊落光明，财色生死关头，尚须打破，何况此区区小事哉！"当晚他就乘船北行，前往郑州。

即使从政时，穆藕初对公私也分得很清，公物公款，一丝不苟。他说用公家的钱，"要和用自己的一样爱惜，一样节省，一样斤斤计较，一样文文打算"，"不宜吝啬，要用得得当，用得恰如其分"，"公私要分得清楚，不得假公济私，不得以私损公"。曾在其手下任职的吴麟鑫说他是一个非常好的人，工作起来仿佛不要命，常常通宵达旦，连年轻人也比不上他。他平常写自己的东西从来不用公家信笺，私人书信往来，决不用公家的信封、邮票。

抗战期间，穆藕初慎重地向行政院提议颁发院令，劝告四川人改长衣为短衣，以节约布料。他在重庆担任的官职不少，经济收入还算宽裕，但依然过着十分简朴的生活，经常穿的是旧衣衫。老友黄炎培评价"黄金满筐，而君萧然"。

1926 年，商务印书馆曾出版过一本英文版《现代之胜利者》，其中有两个中国大陆的实业家，一个是张謇，一个是穆藕初："穆先生是乐观的，在这样一个动乱时代，如此一个乐观主义者就像中流砥柱一般……穆先生的才干和性格是中国的一种幸运，我们为有更多的穆先生而祈祷！"即使在艰苦的处境中，他仍保持着乐观。在他身边工作的倪传钺回忆，穆藕初晚年在重庆，"经济大不如前，有一次，唱曲结束后，先生带我们到饭店吃饭，改善伙食，每人点一样菜，规定必须要全部吃干净。吃完后，先生拿起一个空盘子放在面前，很幽默地说这叫照镜子。"

当时，他在上海的亲属生活费主要靠他在劝工银行的股票利息维持。他在写给银行经理刘聘三的信中，对刘的"源源接济"感谢不已。后来，上海物价飞涨，利息难以维持，不得不将大部分股票售出以维持生计。

他常常谢绝馈赠，穆家菁回忆："当时沙市纺织厂驻沪办事处有人送来 50 万元，说上海物价日高，生活艰难，我厂数次受令尊照顾，此款为令堂改善生活之用。我说此事需经家父同意后方能接受。不久，接到家父来信婉言谢绝。"

此前，1937 年，中国银行天津分行收买豫丰达成协议，收回旧股票时，另赠送 10 万元新豫丰股份的书面凭证给他，他说："各股东遵守股东会议决议，纷纷拿出股票让渡，而我独领受新股票，见利忘义，我不为也。"他要长子家菁在战火中将凭证送回郑州，不接受这个股份。

当年 12 月他已到达重庆,没有股份的他仍被缺席选为新豫丰的七董事之一。以后豫丰在香港、重庆多次开董事会和股东会,他都没有出席,更没有过问生产事务。1940 年 7 月 31 日,他写信辞去董事一职,董事会于 8 月 10 日批准,并做出决议:"穆君创办豫丰苦劳备著,为酬答贤劳起见,应即赠送国币拾万元。又穆君历年奔走厂务,旅费交际不无赔累,应另赠津贴壹万元,藉资弥补,即由本会名义致函穆君洽照。"他是否接受这次赠款,没有看到可靠记载,按他的个性,是不会领受的。

豫丰是穆藕初经营时间最长的一家纱厂,苦心维持了 17 年,他对家菁说:"对于豫丰,我花费的精力最多,但是各股东红利分文未得,深为愧疚。连血都喷得出。"同时告诫家菁和次子家骥:"希望你们今后不要搞工,学经济。"

手散黄金培国士

1920 年 6 月 13 日,郑州豫丰纱厂开幕那天,包括直系军阀吴佩孚在内有 800 多人出席,极一时之盛,穆藕初在演讲中阐述实业救国的抱负:"资本家如无私心,则可称之为新式资本家,其投资目的有二:(一)将本求适当之利;(二)促进社会公益。对待工人一律平等,须知无工人无以兴实业,彼此实相依为命,不可须臾距离。资本家须随时注意工人使用劳力之程度、方法及其饮食起居与卫生。"同年 7 月 14 日,他在上海演讲《成功致富之秘诀》,指出凡是有所谓发财思想的,都与求富的本意相去甚远,博爱、互助才是用财之道。

1921 年 10 月,华盛顿会议前夕,全国商会联合会和省教育会联合在上海开联席会议,推蒋梦麟、余日章作为国民代表前往,路费无着,穆藕初自告奋勇出面募集,从金融、实业、教育各界募集了 8 万元。结果,他自己却因连日奔走而累倒,一直病了两个月,刚刚痊愈,各种募捐、借款、谋职、请托等函件纷至沓来,连散步都有人"跟踪"。12 月 18 日,他只好在《申报》登出《辛酉秋暮病后启事》,谢绝一切募捐、请托、应酬。但事实上很难做到。就在此时,上海市总商会推他为太平洋商务会议代表,外交部一毛不拔,经费无着,顾维钧当面对他说:"以足下之资望何必计较。"最后政府只拨了 1 000 多元服装费,上海总商会虽口头答应承担费用,但要代表先垫付,后来总商会只给了每人 1500 元,而实际耗费 5 000 多元,大部分自筹。1922 年 10 月 18 日,他们一行到达檀香山,大会前后,他多次应邀演讲,讲题有《中国商务与太平洋》《发展中国之天产与商务》《中国棉业之发展及其需要》《航业与文化及商业之发展》《中国之商业教育》等。他对国情的阐述和世界大势的分析,以及他那温文儒雅的风度和纯正的英语,都让人折服,被选为太平洋协会副会长兼大会秩序委员会委员。

1929 年,他对穆家菁说:"人生在世,必须加惠于人,小则修桥铺路,施衣给药;大则富

国利民,就一己之财力与地位而行之。盖钱财为善用之人而运用之,可以有利于人,地位之运用亦然。"早在1918年,他就开了一家厚德堂中药铺,聘有医生,遇到贫病者施医给药,春秋两季还施种"牛痘"。在他眼里,服务社会事业也就是为自己谋利益,只不过这利益可以遍及多数人或全体罢了。他资助社会公益事业,用的都是自己的私蓄。

1931年1月,他对《纺织时报》记者说:"厂主们在商言商,人人均求自利,毋庸为讳,但同时要抽出一部分时间与精神,为公益服务,否则人人自私,社会事业便无人去干了。"

穆家菁回忆,从1919到1921年这三年,穆藕初投资、助学达40多万元巨款,几乎都是凭个人信用从银行借来的。他资助青年出国,不求回报,也从不在人前提起。

1920年元旦,在江苏省教育会聚餐,到场的有穆藕初和黄炎培、蒋梦麟、沈恩孚、余日章、郭鸿声。席上,他提出一个问题,钱财要如何使用,对于国家社会最为有益?大家一致认为应该用在教育上,他很认同。当月他到北京,接受徐世昌授予的总统府名誉实业顾问称号,并与蔡元培面谈过一次。回到上海,他就给蔡元培写了一封信:"先生掌大学三年,而全国人心为之大变,是以学术影响,如此深闳。吾深感文化之重要,复感先生之困难。谨捐款万金,完全托付先生个人,为先生选派在学术上、社会上有贡献有希望之青年学生,赴国外留学之用。这不过是小小的帮助先生一点。"这封信曾刊载在当年6月28日的北京《晨报》上。

3月,他和蒋梦麟面谈捐资派留学生的事,深觉中国历年派往各国的留学生不少,成效却很小,有一年派出去数个人,回国后都无什么表现,推其原因,这些学生既无学术上的自觉,又不能了解中国社会的情形,同时也由于考试的方法不足以选出真正的人才。所以他主张打破旧法,做一次选派留学生的新实验。他的设想就是把这笔款纯粹托付给蔡元培,再请胡适、蒋梦麟、陶孟和三位教授协助观察,物色有希望对学术社会做贡献的北大毕业生,不必经过考试,直接选派。

5月上旬,他在北京和蒋梦麟等同游一个喇嘛庙,求得一签,签诗:"家道丰腴自饱温,也须肚里立乾坤。财多害己君当省,福有胚胎祸有门。"这位受过美国科学教育的实业家感叹:"宇宙之间一切处所,无往不为万灵所寄托。"签诗仿佛默知他捐资助学的事,使他更坚决地去做这件事。当月,他再次写信给蔡元培,附上亲自起草的《穆氏奖学贮金简章》:

(一)本贮金由穆君藕初第一次捐银一万两,以后每年续出,并委黄任之(黄炎培,字任之)、沈信卿、蒋梦麟三君为贮金管理人;

(二)贮金在上海劝工银行,由黄、沈、蒋三君共同管理之;

(三)本贮金为选派欧美留学之用,由穆君委托蔡子民君(蔡元培,别号子民)以个人资格于国立北京大学毕业生中择优送之。并请胡适之、陶孟和、蒋梦麟三君为助理;

(四)选派学生不拘年岁、籍贯,除学术、体格之外,能力与道德兼全者,由蔡子民、胡适之、陶孟和和蒋梦麟四君随时考察而定之。

有一天,穆藕初17岁、14岁的两个儿子正在阳台上温习课文,他忽然走过去,问他们兄弟:"我要以金钱助人出洋读书,你们意下如何?"他们不知如何回答,他接着说:"你们将来自己会赚的。"说完就离开了。他以巨资助学,"手散黄金培国士,堂堂豪举惊流俗",如果没有金夫人的理解和支持,也是很难想象的。1929年11月10日是他夫人金雅娟(1880~1959)50岁生日,黄炎培、王一亭、马寅初、徐志摩、陆小曼、邹韬奋等人纷纷送来文、联、画,吴梅为《寿言汇录》写序,称赞这位追随穆藕初三十年的"贤妇"。当年正是金夫人卖掉全部首饰,资助他上函授学校学英文,支持他三十多岁出国留学。序中称许她早年不以随穆藕初为苦,等到丈夫创业成功,雄居上海,她也不引以为荣。[1921年,金夫人因为长期操劳,"体气渐虚弱",竟主动为丈夫选了一个比自己小23岁的姑娘(1903年出生)做妾,并以私房钱出面办衣饰,这在一个根深蒂固的男权社会尤被视为美德。]

　　蔡元培他们完全注重品行学问,不用考试,最后选定罗家伦、段锡朋、周炳琳、康白情、汪敬熙等五人,约定每人每年支1 200美元,按年付给,年限由他们根据研究志愿而定。五人都是一时之选,消息一发表,教育界都说选得好,而学生界对这五人尤其寄予厚望,北京《晨报》以"实业家提倡学术之创举"为题做了详细报道,与陈嘉庚的"毁家兴学"相提并论,其他中、英文报纸也纷纷报道。北大将这些剪报装订成册,蔡元培亲笔题签《穆藕初先生派遣留学纪念册》,寄给穆藕初留念。

　　1920年8月,蔡元培在《北京大学月刊》第9期偶然读到学生江绍原的一篇论文,大为嘉许。穆藕初得知江绍原很好学,特别在原定5万贮金之外,另外资助学费2 500美元,和罗家伦等5人同时出洋。9月22日,江苏省教育会为6人开欢送会,蒋梦麟代表北大致辞,感谢穆藕初的盛意。但他只是恳切地说,自己当年赴美,好不容易才得到官费,深知求学之难,近年来因为经营实业,稍有盈余,愿意成人之美,这只是个人对于社会应尽的责任,不希望报答,可喜的是选送诸君都是北大杰出之才,"五四"运动觉悟之人,并且是觉悟后知道研究学问的人,他大为快慰。此时离他借款一万两创业才5年多。

　　罗家伦在美国研究教育、比较文学,又游学欧洲多国,以后做过清华大学、中央大学校长,1924年其著作《科学与玄学》在商务印书馆出版时,自序中特别感谢穆先生为社会而提倡学术的创举。段锡朋在美国研究经济政治学,以后做过大学教授、教育次长等。汪敬熙在美国研究心理学,后任北大教授、中央研究院心理学研究所所长等职。周炳琳先在美国研究社会经济,再到巴黎、伦敦学习,曾任北大、清华教授,北大法学院院长,教育次长。康白情在美国研究文学、社会学,后任中山大学教授等职。江绍原先是在美国芝加哥大学攻读比较宗教学,1922年转往意林诺大学研究院学习哲学,后成为民俗学家。

　　大约1920年,穆藕初偶然认识一位业余有志于学习纺织的布店青年职员程景康,他把程安排到自己厂里,几年内就由翻译提拔为工程师,并资助他去美国留学。以后程景康以发明真丝哔叽织造法而闻名纺织界,终生对穆藕初执门生礼。

　　1921年7月,穆藕初又捐出1万两,资助河南留美预备班的学生张纯明等4人到菲

律宾留学,1923年张纯明等2人回上海,希望到美国留学,他自己没有经济能力,仍介绍朋友给他们捐助了一笔钱,张纯明以后成为政治学者、外交家。

厚生纱厂一名好学上进、少年失学的学徒工方显廷,在他的资助下,从南洋模范中学一路读到美国威斯康星大学,从1921年到1923年的夏天,穆藕初按月汇去80美元的生活费。后因纱厂事业受挫,他无力继续支持,方显廷靠着自己勤工俭学,终于在1928年初获得耶鲁大学经济学博士学位,归国时旅费无着,也是穆藕初设法解决。方显廷成为与何廉、马寅初、刘大钧齐名的经济学家,与何廉一起创办了著名的南开经济研究所。他在英文回忆录《一位中国经济学家的七十自述》中说,1917年14岁那年进厚生做学徒,叫穆先生"师傅",是自己一生的荣幸,在少年的眼里,穆先生正是那个时代中国棉纺织工业冉冉升起的一颗明星,不仅享有"棉纱大王"的美誉,而且是一位十分慷慨、仁慈而又通晓中国古典文学的人。

由穆藕初前后资助留学的至少有22人。1923年,穆藕初的企业相继失败,经济陷入困境,他最初没有告诉几个留学生,还想硬撑,甚至变卖、抵押家产给他们寄款。到了10月他才无奈地告诉康白情等人。当年有人向他求助,他回信坦诚相告,自己热心有余,实力不足。但他的助学义举并没有停止,1930年,为了帮助吴梅的学生万云骏解决大学学费,他先是推荐就职,后来直接请到家里做家庭教师,给两个女儿补习语文。成了词曲专家的万云骏60年后回忆起穆藕初当年的帮助,仍无比感慨。

1937年6月,受惠于他的段锡朋、方显廷、罗家伦、周炳琳、江绍原、张纯明等人,决定捐资国币1万元设立"穆藕初先生奖学基金",作为永久纪念,这也是效法他的义举。罗家伦为此写信给他:

先生曾以提倡学术的精神,来扶植我们学业的进展。我们历年服务都深愧很少成就。但是先生这种为学为公的精神长足为社会法式,绝不为我们成就的不多而有所减损。我们在惭愧之余,只能以继续先生这种精神的一个小小方式来表示我们对于先生的感谢和敬仰。于是集议共筹,设立"穆藕初先生奖学基金",并推组董事会处理此款,即以该款利息设置奖学金数名,奖进国内大学中清寒有志、品行优良的青年,使先生提倡学术、奖掖后进的心愿能够长远维持下去。这点纪念先生的诚意希望先生接受。

这个奖学基金由胡适、蒋梦麟、张伯苓、方显廷、周炳琳五人组成董事会,负责保管基金、分配学额及审核成绩等。在北大、南开、中央三校各设一名学额,学科都与穆藕初生平的事业有关。当年6月14日《大公报》报道,奖学金章程规定,凡家境清寒、品行纯洁、身体强健、成绩优异者,每年经指定的各大学依照规定手续申请,董事会审查合格,就可以领受奖学金。

1940年11月3日,重庆《新华日报》报道,西南联大杨振宁等三人获得首次奖学金,每人每年奖金300元。1943年又增加了中大农学院的一人。

方显廷回忆,抗战结束时因为通货膨胀,他们的收入只能勉强糊口,这个基金随之搁

浅。

致力于教育事业

因为浦东同乡、挚友黄炎培的关系,穆藕初成为中华职业教育社48位发起人之一,并且参与创办了上海第一所职业学校和第一所商业实习学校。1918年,当时的上海纱业公所书记毕云程创办同业职工夜校,也曾得到他的热情相助。1920年他还和黄炎培一起筹设上海商科大学。

有人说穆藕初是职业学校和商业学校"校董中最热心之一人",也是唯一的长年资助者。有案可查的就有好多次,1918年8月20日,中华职业学校开学,他作为校董会主席,捐款2 650元。1921年11月,他捐款1000元。1926年1月,他和哥哥把给母亲祝寿的2 540元寿银全部捐给了中华职业教育社的百年基金。同月,他又给中华职业学校捐款400元。

潘文安回忆,穆藕初有一次支付捐助支票后说,如果免费生多,费用不足,还可以去找他,希望他们能体会黄炎培创立这一学校的苦心,不要使精神受物质的影响而稍有减色。有几次捐款,他个人处境很困难,都是以个人名义向银行借的款。他还亲自给学生演讲,主张职业教育应该面向农村、农民、农业,中国作为传统的农业大国,要解决中国问题,就要改变农村和农民的现状。他倡导"种田要读书,读书仍种田","中国之贫弱,固然是因为实业不振,然而实业不振之根又在于缺乏实业人才"。

1935年,子女要为他祝贺60岁生日,他不允许;学生要为他庆寿,他也不同意。生日那天,他悄悄捐出3 000元给位育小学,并出资请中华职业学校办一个"穆氏文社"。江问渔记得,那次穆藕初忽然请中华职业教育社同仁吃便饭,说要办一个文社,由他捐资,请职教社代办,替职业界写作能力较差、求知欲很旺又没有机会进补习学校的青年,找一个救济办法,他说:"助人是文化人的天职。有钱帮人求学,原是平常的事。"

"穆氏文社"就是一个中文函授班或写作函授班,一个学期只要交4元学费,就可享受名家修改作文和指导读书的权利,他请的指导老师包括叶圣陶、夏丏尊、严谔声、黄炎培、陈陶遗等人。作文成绩有特殊进步的,还可以拿奖学金。到1937年初,穆氏文社一共办了三届,受益者近千人。他每月出资50元,前后共计2 000元。1941年7月他任农本局总经理时,也发起过一个类似的文社。他还亲自送5 000元给东南大学校长邹秉文,作为设立农具院、改进农作工具的经费。在穆氏棉作试验场和纱厂,他亲自为学徒工制定作息时间,讲授技术课程,甚至为学徒工宿舍书写条幅:"秉烛中夜宜勤读,闻鸡起舞锤筋骨。冀尔青年当自勉,誓成大器为民族。"当时的学徒方显廷对此终生难忘。

1924年7月,史量才、黄炎培等人在上海发起"人文社"(后改名"甲子社")、人文图书馆(后改名"鸿英图书馆"),发行《人文月刊》和丛书,从 1927 年到 1932 年,穆藕初共捐款 3 000 元。1932 年"一二·八"事变后,他与黄炎培、江问渔等到上海周边调查战争损失,深感救国根本还是在于教育,出于对国民党党化教育的不满,他们决定自办一家私立位育小学,取《中庸》"天地位焉,万物育焉"之意。位育小学章程明确:"尊重儿童个性,满足生活需求,锻炼健康体格,激发爱国思想,助长创造精神,培养治事才能,提高作业兴趣,指导休闲活动。"董事会由实业界和教育界人士组成,包括刘鸿生、潘序伦、黄炎培等人,推穆藕初为董事长,实业界每人捐 100~500 元作为开办费,教育界的人负责请教师,制定学校规划,当年 9 月 1 日开学。

他多次以校董会名义写信给法租界公董局,获得豁免房捐和每年 300 大洋的补助费。1935 年秋天建校舍时,他以个人信誉担保,向新华银行贷款 5 万多元。1937 年 8 月底,穆藕初在杭州疗养,得知银行有终止贷款迹象,立即命长子家菁回上海去交涉,要求照常贷款,保证工程按期完工。"孤岛"时期,位育成为上海最大的华商私立小学。1941 年春天,中华职业学校的潘文安来到重庆,见面时他最关心的就是职校和位育的近况,他说:"位育是基本教育,我毕生以职业学校与位育小学为最得意之教育事业,希望早日光复河山,同归扩大。"1943 年春,他聘陶行知的弟子李楚材前往上海筹建中学部,在给家菁的信中说:"国家的建设不光要造就高级人才,更需要一大批中级人才。"抗战胜利后,"位育中小学"已知名于世。为了纪念他,校董会决定把容纳 800 人的大礼堂命名为"藕初堂"。仅位育中学的学生中就走出了 20 多个著名的中外大学校长,包括北大陈佳洱、美国加州伯克莱分校田长霖、复旦王生洪、同济吴启迪等人。

从政非无志趣

穆藕初说:"鄙人一商人耳。向来为工商界服务,未谙政治"。黄炎培也评价他:"服官从政,实非其志趣所在。"

1928 年,孔祥熙第一次邀请他出任工商次长,他先是谢绝,孔祥熙再次提出,他才"贸然应命",他深感中国工商落后的痛苦,要发展工商业,许多方面有赖于政府的匡扶协助,而政府与工商界之间"必须有人为之沟通",他虽无行政经验,但熟悉工商业实况,可以供政府参考。他的从政意图就是希望成为政府与工商界的媒介。

在他工商次长任内,一切工商法规都出自他的手笔,包括《工厂法》《工会法》《商会法》《公司法》《工商同业工会法》《特种工业奖励法》《劳资争议处理法》《票据法》《商标法》《保险法》等,还有许多章程、细则、条例、办法、须知、程序、通例、解释、标准等,共四十多种。

1931 年 2 月 17 日是农历春节,56 岁的他手书"自强不息"自勉。这年 1 月,国民政

府任命他为实业部常务次长,他坚决辞谢,孔祥熙一再挽留,他仍决计不就,官场毕竟不是他久留之地。4月28日他的辞职获得批准,几天后他出任实业部下属中央农业研究所筹备主任。结果筹备了半年,经费没有着落,年底,他随着孔祥熙的辞职而引退。

相隔六七年之后,1938年4月底,孔祥熙来电邀他出任行政院直属农产促进委员会主任委员,他慨然应允,他认为,"这无非是要在抗战时期尽我一份国民的责任"。他关心的是国人的衣食,特别是他一辈子都没有离开的棉纺事业,他亲自动手试验、改良"七七棉纺机",编写简易说明书,向各地农妇倡导以机纱为经、土纱为纬的土法纺织,这样织出来的布坚固耐用。

据他委派的湖北省农业推广专员杨显东回忆,自己在穆藕初指导下在湖北做的事情,比带10万抗日大军的作用还大,这些事包括抢购大批棉花,办手工纺织训练所,建立纺纱厂、织布厂,训练所学员结业后到各县推广手纺织工业,发动组织群众打游击,资助鄂北部分县的抗日经费等。

1939年5月7日在重庆开幕的全国生产会议,穆藕初是筹备会召集人和大会秘书长。会后,5月31日,他和刘鸿生一同乘飞机去香港。穆家菁从上海赶去见面,在一家酒家聚会。刘鸿生偷偷对他儿子说:"令尊不容易的,无一家工厂在手,来主持此工业生产会议。"确实,他经办的企业到这时已先后失败。作为实业家,他却凭着1914年之后短短不足10年的建树和他的人格力量,享有了一生的声誉,在他之前还不曾有过这样的先例。

1941年2月初,孔祥熙推荐他兼任新改组的农本局总经理,这是重庆国民政府统制农业运销的一个机构,行政上隶属经济部,理事长又是兼财政部长的孔。穆藕初一到农本局上任,特务头子徐恩曾就派人要设立党部,由于他的抵制,拖到第二年才建起来。

穆藕初受孔祥熙的知遇,几次应孔之邀从政,对孔有好感。弥留之时,他曾对毕云程说过:"且以十余年来,受孔公知遇,先后辅佐部务,未能多所尽力,公私引以为恨,谆勖农会同人,努力奉职,以完使命,裨益抗建。"孔曾送过他一个铜鼎。有人说他是"孔系亲信",其实谈不上。穆家修记得,孔家和他家在上海一度做过邻居,他家住太原路时,斜对面就有孔家房子。但他家与孔家始终保持着一定距离。穆家菁读大学时,与孔家小姐谈过恋爱,被穆藕初知道,坚决反对,并说如再交往,父子关系一刀两断。儿子听从了他的意见,没有再与孔家小姐继续交往。

穆藕初去世次日,孔祥熙以个人名义送了3万元,并为他的后事写信给黄炎培,信曾在当时的《农业推广通讯》上刊出。他的追悼会上,孔祥熙送来一副挽联:"往事记工曹,百折能宏衣被愿;危时策农务,一哀竟夺老成人。"

毕云程写的《穆藕初先生传略》,因为当时环境关系,也曾送孔祥熙审核,孔祥熙增加了200多字,大致都是叙述他们两人的关系。

穆藕初其实不大愿意和官场中人交往,他真正深交的人,乃是教育家黄炎培、蒋梦麟、学者吴梅、画家冯超然、高僧弘一法师这些人，以及许多昆曲曲友。他说自己"性素耿介""无媚骨"，秉性耿直、胸无城府的他确实不适合官场生活。他对来重庆探亲的家菁说："做官要以官为家，不能有私心杂念"。他采取的平抑物价的措施，官僚和不法商家都对他怀恨在心，当时重庆流传"穆先生自己不想发财，还妨害人家发财"的说法。

1942年，何浩若做经济部物资局长，穆藕初兼副局长，成了何浩若的下属。以经济专家自居的何浩若背地里说："穆老脑筋固执，刚愎自用，既不懂政治，也不懂战时经济。"

当年12月2日，在蒋介石主持的全国总动员委员会会议上，军需署长陈良说军用棉花一斤没收到，蒋介石问责任在谁？经济部长翁文灏回答：在农本局。其实是物资局造成的，结果蒋介石大发脾气，听不进穆藕初的任何分辩，指责他阳奉阴违，不顾军需民用，办得太不妥当。第二天各报就登出了他被撤职查办的消息。何浩若召集包括农本局在内各机关科长以上训话，攻击他："委员长说你错，就是错！倘然查办的人报告上去说你不错，那就有损委员长的威信！"农本局的报告送到蒋介石那里，蒋介石批示："前农本局总经理穆藕初阳奉阴违，推诿责任，贻误要公一案，既经查明，并非有意延误，且平时持躬廉洁，应免于置议，改为停职处分。"

穆藕初的突然撤职，震惊同事、友人，倪传钺十分难过，他却说："做不做农本局总经理无所谓，但农产促进会职务，有关农业推广，我要做下去。"老友黄炎培送他两首诗，其中有一句"雾压山城白日昏"。他写信给朋友时只是淡然地说："两载以来，心力交瘁。日昨业已摆除一切……从事休养。"

新兴商人派

穆藕初不愿做官，并不意味着他不关心公共事务。

1919年"五四"运动发生，当上海学生罢课、商人罢市最紧张时，每天晚上穆藕初和黄炎培、史量才、聂云台等名流，总要抽时间和学联会负责人商讨应变之方，或在黄家，或在聂家，或在《申报》社长室。他不赞同一味采用激进手段，竭力劝阻工人罢工，认为这样很危险。其中理由他在《实业界对于学生之希望》一文中说得很清楚，大意是各界尽各界应尽的责任，"救国之道不一，有政治、教育、实业及种种方法，并行不悖。"他虽然肯定并推许学生的爱国热诚，但他认为学生最重要的还是专心向学，将自己造就成有用之才，熟悉世界大势，洞悉社会真相，扩充互助精神，来日投身各界，才能以自己所学力谋发展，中国才会有未来。这和胡适的看法大体接近。

"五四"运动之后，1920年8月，上海总商会改组，守旧派全部落选，只有穆藕初等两个会董连任，他代表的是总商会中的革新派。新一届领导以审查税法、监督财政为突破口，向北洋政府叫板，他被选为"所得税研究会"成员，对北洋政府新公布的征收所得税办

法提出质疑。电文在报上公布，形成强大的社会舆论。在讨论厘金税、要求收回公共租界会审公廨等重大问题时，他也起到过重要作用。在他前往美国出席"太平洋商务会议"前，史量才的《申报》特地编印了《太平洋会议之参考资料》，序言由他执笔，表达了实业界政治独立、经济独立的强烈愿望。

1922 年 12 月，上海总商会成立"裁兵、理财、制宪委员会"，把商人干预政治的运动推向高潮，他刚从檀香山参加国际会议回来，被推选为委员。他在欢迎会上说："今后吾国商人欲谋商业之发展，绝不能再如以前之漠视政治，当进而尽其应尽之责任。"12 月 25日，他出席总商会"裁兵、理财、制宪委员会"常务会议，在给新闻界的通稿中说，他们决议联合各公团，组织委员会，商量进行办法，派代表到各处联络，希望全国有一致表示，促进北洋政府和军事当局的觉悟。

1923 年 2 月，他在"裁兵、理财、制宪委员会"常会上提议，致电北京政府，限期将民国成立以来所借内外各债收支准确数列表公布，实行财政公开。常会通过这一提案，通电各地商会，全国上下反应强烈。

同年 4 月 10 日，青年毛泽东在湖南《新时代》发表《外力、军阀与革命》一文，称穆藕初为"新兴的商人派"代表，文章把国内各派势力分为革命的民主派、非革命的民主派、反动派。"非革命的民主派，以前是进步党，进步党散了，目前的嫡派只有研究系。胡适、黄炎培等新兴的知识阶级派和聂云台、穆藕初等新兴的商人派也属于这派。"这是毛泽东笔下第一次出现他的名字。

法国学者白吉尔（Marie Claire Bergere）指出："第一次世界大战期间，都市上流社会中崛起了一个人数不多的社会派系：他们醉心于工业增长、自由经营和合理化经济，他们是真正的现代资产阶级……新一代商人具体展示了近代资产阶级的风貌，他们都是在国外完成学业的，既对当今世界的现实十分了解，又在很大程度上摆脱了传统的束缚。他们中的佼佼者，无疑要数穆湘明"。

当年 6 月 13 日，直系军阀曹锟在北京发动政变，23 日，上海总商会召开 360 多人参加的临时会员大会，还有其他团体代表 140 多人旁听，已辞去会董的穆藕初以普通会员身份出席。大会通过四项决议：第一，否认现在北京的高凌霄摄政内阁，不承认曹锟有候选总统资格；第二，通电全国军民长官维持地方秩序，加意保护外人，大局问题听候人民解决；第三，国会议员不能代表民意，所有一切行动不能认为有效；第四，关于此外种种建设问题，组织民治委员会，继续讨论进行办法。30 日，"民治委员会"宣告成立，在 70 名委员中，上海总商会 35 名会董为当然委员，其他 35 名委员也在总商会会员中产生，穆藕初是 70 名委员之一。他们宣布 5 项任务：1.在中央政府中断期间，由民治委员会代表国家行使外交权利；2.管理国家财政；3.解决国内一切政治纠纷；4.监督各省行政；5.依法组织国会。

所谓的"民治委员会"清一色都是上海市总商会的人，商会完全包办"民治"，如此

"民治"当然成了笑柄。"民治委员会"既阻止不了曹锟贿选，空名维持不到几个月，也就烟消云散了。尽管如此，青年毛泽东还是兴奋地写下《北京政变与商人》一文，发表在7月11日的《向导》上，肯定他们"鼓起担当国事的勇气"："这次政变发生，惊动了老不注意政治的商人忽然抬起头来注意政治，这是何等可喜的消息"，"总算是商人出来干预政治的第一声，总算是商人们三年不鸣，一鸣惊人地表示！"就是这篇文章中，毛泽东再次提到"上海总商会会员大会的那些体面商人"穆藕初先生们，认为商人与外力、军阀势不两立。

穆藕初不是"民治委员会"里的激进分子，当年10月1日，他在《新闻报》发表《生利的政府》一文，明确指出自己干预政治的目的，无非是期望"攘利的政客之归休，生利的政府之出现"。在他看来，商界自治当然天经地义，地方自治，他也一贯极力赞同。江苏在京同乡会创立，他汇款1 000元，在写给张仲仁的一封信里他说，我国今日最大的安危问题，首推地方自治。在幅员辽阔的中国，如果不从地方自治入手，政治绝无清明之望。

1928年8月8日，国民党势力席卷江南之后，他以个人名义在《申报》发表致国民党中央执行委员会五中全会的公开信，希望保护工商业，他认为一个国家能自立于世界，靠三种力量，一是富力，二是武力，三是智力。一国富力的消长，不仅仅关系到工商业家自身的利害。三天后，他作为上海商业请愿团代表之一到南京请愿，提出三条治本要求（一、颁布约法，二、监督财政，三、永保安宁），及七条治标要求（包括裁减兵额，财政统一，整饬党纪，关税自主，免除杂税，劳资合作，恢复交通等）。不久，国民政府做出解决劳资纠纷、举办国家银行、整理国库、取消地方包捐制度、疏通商货等承诺。

1931年11月7日，"九一八"事变发生不久，蒋介石邀请上海各界领袖到南京，他和虞洽卿、史量才、王云五、陈光甫、刘鸿生都去了。第二天晚上，蒋介石宴请他们，吃饭时他提及改良币制、发展交通和舆论公开等，蒋介石诚恳表示接受。

1932年1月18日，国民党决定邀请各界精英召开国难会议，穆藕初也在受邀之列。他和王造时、史量才、刘鸿生、虞洽卿等62位国难会议的上海委员联名提案，主要提出三条要求，包括：

一、以武力自卫为主、国际折冲为辅，不惜任何牺牲，维护国家及主权完整；

二、确保人民言论、出版、集会、结社自由，废止与此抵触的有关党部决议和法令，开放党禁，不再用公款支付国民党党务费，实行地方自治，集中全国人才，成立有力政府，并由民选的国民参政会监督政府；

三、筹备宪政，限八个月内公布民主主义宪法。

几年后，国民党搞"国民参政会"，也许就是发轫于这一提案。这62人中包括了上海的实业家、银行家、教育家、律师等各界精英。

同年4月5日，包括穆藕初等在内的上海66位国难会议委员再次集会，联名致电国民政府，陈说他们不到洛阳出席国难会议的理由，这份第二天公开发表在《申报》的"歌

电"说,他们参与国难会议的本来目的,是希望"化除杜绝合作之党治,实现全民协力之宪政",不料当局忽然发布限制会议议事的规条,按照这个限定的范围,他们根本不可能提出实施宪政案,所以拒绝赴会。4月10日,因为国民党方面仍在催促他们赴会,他们61人又一次联名给洛阳国难会议发出"蒸电",呼吁实行民主宪政,这些主张在影响很大的《申报》发出,而广为社会所知:

其二,同人深感挽救国难,非举国一致不为功,又切念应付国难,非政府健全有力不可,更确信永久防止国难,非实行民主政治不能彻底奏效。主张在宪政未实施以前,由国民政府立即实行下列各项:第一,确保人民之言论、出版、集会、结社各自由,凡制限上述各自由之党部决议及一切法令,除普通刑事及警察法规外,均废止之;第二,承认各政党的并立及自由活动,不得再用公款支给任何一党党费;第三,实行地方自治,予人民以自由参与地方政治之机会;第四,集中全国人才,组织有力政府;第五,设立民选国民参政会,监督政府,限两个月内成立;第六,筹备宪政,限八个月内制定民主主义之宪法宣布之……

在"一二八"事变中,穆藕初积极奔走前线,为十九路军送粮食、慰劳品及其他物资。1932年1月29日早晨,中华职业教育社、江苏国难救济会、生活周刊社等机构会商成立"上海市临时救济会"。前线需要草鞋、布鞋,他们设法提供;需要豆腐、咸菜,他们发动老百姓加工;需要蔬菜,他们千方百计组织;需要日用品,他们用运棉花的车从沙市、宜昌运来。

陈光甫5月3日的日记中说,当十九路军蒋光鼐、蔡廷锴辞职消息传来,在"上海市民地方维持会"例会上,黄炎培提出要打电报给南京,讨论了很久,意见分成三派,一派是反政府派,主张打电报,报上公开;一派是面上不反政府,心中反政府;一派是宋子文派。最后多数举手赞成通过打电报,主张最有力的就是穆藕初。当年7月15日,他在《申报》举办的"东北问题与世界大战"座谈会上发表演说:"近来政府的设施有没有进步呢?政府的态度有没有变更呢?恐怕还是依然故态呢!我们对于政府已根本绝望。"这就可以理解他为什么参与发起"民宪协进会"。

从张耀曾日记可知,最初酝酿"民宪协进会筹备会"是在1932年4月5日,并于4月22日开会商量发起人问题,决定限于学者、实业家、自由职业范围。5月12日,他们审议了"民宪协进会"章程。6月28日,"民宪协进会筹备会"在上海银行公会举行成立会,到会的约40人。7月6日晚,穆藕初约"民宪协进会"的人在家里吃便饭,有熊希龄、张耀曾等。饭后,穆藕初报告说,民宪筹款事,已和杜月笙、张啸林商量过,他们答应设法。张耀曾为此心中暗暗叫苦。

作为实业家,穆藕初之所以对政治发言,在他心里,只是要尽一个中国人的责任。1932年元旦,他在《纺织周刊》发表《我国纺织业之两大责任》,提出个人意见,现在全国人民都有两大责任,一是改良政治,二是改良本身业务,同时并进,天下事,唯有自己努力

最靠得住。他认为，政府不良，一个重要原因就是人民自身无组织、无主张，不能监督政府，也就是人民自己放弃了责任。纺织业不振的原因固然极为复杂，但归纳起来，最深层的原因还是人民未尽责任。在 1933 年《东方杂志》"新年的梦想"征文中，他说得很清楚，他期待未来的中国就是一个"实行法治""实业发达"的中国。

1933 年 6 月 15 日，他在王造时自办的《自由言论》半月刊发表《和与战》一文，认为战也好、和也好，关键都是澄清政治，他提出 5 条最扼要的办法：废除一党专政；准许人民言论、出版、集会、结社等自由；实行贤能政治；厉行法治；废止苛捐杂税，制止一切等于欺诈取财的非法勒索。

1935 年，上海发生"《新生》事件"，杜重远被判刑。穆藕初仗义执言，致信上海总商会，呼吁援救，信在报上公开发表。他对日本的经济侵略早有清醒认识，自 1932 年以来，相继在报刊发表《中国经济上的危机》《最后之胜利属谁》《挽救国难之我见》《如何使暴日屈服》等一系列犀利评论。直到 1938 年 8 月，他还在上海《文汇报》发表《敬告企业家》一文："当此国家民族存亡续绝之秋，有待于有钱者出钱之际，大家不可只求坐拥巨资，置自身及子孙为亡国奴之罪于不顾。"

延安统战对象

对共产党，穆藕初完全是陌生的。虽然，在 1935 年 12 月他所了解的毕云程因营救一个共产党员而以"共产党嫌疑"被捕，他曾出面保释。

1936 年 8 月 14 日，毛泽东给秘密返回上海的冯雪峰写信，信中要求与宋子文、孔祥熙的欧美派、冯玉祥派、覃振派、黄埔系等接洽，最后有一句话是："虞洽卿、穆藕初有联络希望否？"冯雪峰从 1936 年 4 月 25 日到上海，到 1937 年 12 月回故乡浙江义乌，这段时间，他到底有没有去找过穆藕初，现在尚未找到可靠史料。

1939 年 11 月下旬，毛泽东在一次政治局会议上提到穆藕初："目前的中心问题是组织中产阶级，因为大资产阶级已处于动摇麻痹状态中，联共又反共，联苏又反苏。中产阶级包括一部分资产阶级，如穆藕初等。要组织中产阶级，组织工农民众，组织武装力量和政权，这是我们克服投降危险的内部条件。"

1940 年 9、10 月，毛泽东在两份党内文件中提及穆藕初。9 月 6 日毛泽东写信指示周恩来、叶剑英、李克农和饶漱石，将大资产阶级和民族资产阶级加以区别，以人为单位，每类每省调查数十人至百人："民族资产阶级是受大资产阶级统治，与外国资本联系少，现时还基本上没有政权，主张团结抗日的，如陈光甫、穆藕初、康心如、范旭东等是。"调查对象还包括大资产阶级、大地主、开明绅士、国民党军官，"每人为立一小传，要有籍贯、年龄、出身、履历、派别、资产活动、嗜好、政治动向、对我态度等项。"

10月14日，毛泽东给刘少奇、陈毅、黄克诚等下达指示："你们应经过韩国钧、李明杨、李长江及地方绅士、文化界等，对苏北以外的江浙民族资本家及其代表如张一磨、黄炎培、江问渔、褚辅成、穆藕初等加以联络……我们已电周（恩来）、叶（剑英）与他们联络，如以后他们介绍人到苏北来时，须加以接纳，与之作事业上的合作，以为拉拢江浙民族资产阶级的具体例证，这对统一战线的发展是有帮助的。"

当时，表面上至少是国共合作的局面，穆藕初主持的农产促进会一直支持和扶植陕甘宁边区生产，1939年，农产会补助1万元经费（自筹2万），在陕甘宁边区保安、神府、庆阳设立三所土法纺织工厂，既纺纱织布，也织袜、毛巾、毛衣、毛毯，在延安等地设手纺织合作社114所。当年9月5日，延安《新中华报》报道："全国闻名之工商巨子穆藕初先生特慷慨捐助我生产补助费五万三千元，现已先行汇来两万元。"实际上这不是他个人的捐助，而是农促会8月拨的经费。1940年，农促会又核定补助边区6万元。

与中共人士接触频繁的黄炎培在日记中说，自己在重庆时几乎天天和穆藕初见面，恐怕不会对他没有一点影响。1940年6月14日，黄炎培与周恩来长谈国际形势，次日，黄炎培到穆藕初家做过一次长谈，谈了些什么没有记下，但不会毫不涉及。1941年12月24日，黄炎培、江问渔请客，席间，穆藕初直接与周恩来、董必武见面。从1942年到1943年，他生命的最后时光，董必武为农促会向陕甘宁边区提供农业补助款的事，曾多次和他通信，现在保存下来董必武给他的亲笔信有四封，他的复信底稿两封。1942年他给董必武回信，拟协助边区林垦费3万元，分四期拨付。这当然满足不了延安的要求，此前林伯渠等给他的咨文，各项农业经费需要635万元。此后边区又恳请拨款补助15万元。延安《解放日报》在他谢世后发表的新闻称："穆氏在中国资本家中较有进步色彩，'九一八'后是主张抗日的一人，抗战后对陕甘宁边区的农业建设曾有数次资助。"

董必武挽穆藕初联中称誉他"才是万人英"。他女儿穆恂如以及穆藕初秘书倪兼涵的回忆都说："就在穆先生被撤职查办后几天，董老亲自到张家花园寓所来看穆先生，他们彻夜长谈到天亮。至于具体的谈话内容，就不得而知了。"穆家修说，当时留在重庆的堂姐穆家瑞告诉他，1942年12月他父亲蒙受国民党当局"撤职查办"的不白之冤，父亲身边的人事后对她说过，事发后没几天的某个夜晚，董必武曾亲临他父亲寓所拜访交谈。

苏州外"穆家坟"

对于穆藕初最后被撤职的原因，有多种版本，第一种说法是，他在政治上接近职教派，与黄炎培关系密切，黄的诗文重庆很多报刊不敢登，却常在《农本副刊》发表，黄再婚时，他是证婚人，消息也登在《农本副刊》上。他在重庆与共产党、董必武有来往，支持边区经济。

第二种说法是内部派系之争,翁文灏、何浩若等都和孔祥熙不和,所以翁不仅不站出来为他说一句公道话,而且撤职手续也不通过孔祥熙这个行政院副院长。

第三种说法是,他办事廉洁有能,为各方所嫉妒,得罪了很多棉纱业的既得利益者,他们通过宋子文,在蒋介石面前告他的状。

农本局协理赵卓志回忆,穆藕初主持农本局对供应抗战的军用民需,起了不小的作用,"但是穆的为人,在说话方面有时不免失之憨直,这在尔诈我虞的旧社会里,自然难免吃亏。也就是这个原因,使得他在一场勾心斗角、翻云覆雨的斗争中,做了无辜的牺牲品。"

当时有人听说他从上海带了不少现钞,就劝他做黄金买卖,他声色俱厉地说:"这种发国难财,有损国家、贪图私利的事,我不为也。"后来物价飞涨,他的积蓄就这样一点点贬值了。

1943年3月19日,穆藕初被确诊为肠癌。一次好友黄炎培等来看他,见他谈笑自若,十分感动,黄还作诗一首。他平时喜欢请朋友小酌,朋友们都希望他早日康复,煮酒畅谈。这年7月,许夫人带着穆家麟辗转从上海经宝鸡入川探视、护理,他仍关心着家麟的学业,有一次随手拿起一份英文报纸,要家麟读给他听。听完,他点头赞许。穆家菁回忆,他父亲病故前还在给弟弟家麟讲欧阳修的一篇文章,以此安慰他们兄弟,希望家人不要灰心。

穆藕初生在棉业世家,14岁就进花行,34岁赴美留学,最有兴趣的仍是棉花和纺织,他和棉花打了一辈子交道。毕云程回忆,"穆先生最后对我说:病愈后一定要到英国去,你一定要帮我忙。我连忙说:一定,一定,只要穆先生病愈,我一定给你帮忙。"这是他们最后一次长谈,一个小时,"始终言不及私,心心念念,唯有为推广中国棉纺织工业之一念而已!"

9月11日,毕云程最后一次到歌乐山探视,他已极为衰弱,嗓音极低,听了关于农本局1942年度的决算情况和办理移交各事的报告,只说了一句话:"同仁之力"。

自抗战以来,穆藕初穿的都是旧衣服,没有添置过一件新衣,有朋友劝他,衣服破了,该换新的了,他总是笑着说:"等抗战胜利,再添置也不迟。"穆家麟回忆,"父亲逝世后,我们检点了一下,发现父亲的旧衣服实在太敝旧了","但又不能违背他的遗训,只好买了一些白布染了灰蓝色,连夜赶制了一身短衫裤、长袍、马褂……最后只能把跟了他好几十年的一只小闹钟、一副眼镜和一把修胡子的剃刀放入棺中。"他没有留下什么贵重的东西,生前大部分财产已散尽。穆家修说:"什么遗产也没有,我们兄弟姐妹中,无人经商,也没有一个是富翁,都是自食其力的普通劳动者。这也是父亲的愿望。他把自己的钱都花在了他认为该花的地方。"

穆藕初说:"钱欲用于有益于别人,不可专为自己做福享受","子若贤,应给予一部分遗产,助其上进,助其业务之发展,而养成一服务社会国家之人才",如果不贤,则不能给

钱,算是对其磨炼。"如此贤者不会堕落,不贤者愧奋交作,勉求自立之道。"遍读史料,我们可以强烈地感受到穆藕初几乎是个找不到缺点的完人,正好有一次他的幼子穆家修来我家,我就提出这个问题。他回答父亲也有缺点,比如用人不行,用亲朋,常用错人,尽管他要求别人外圆内方,但他处世,太血气方刚、直来直去,以致有人在背后说他是"洋盘",在上海方言里,"洋盘"就是"傻瓜"的同义词。

1943年9月16日,他从医院回到重庆张家花园的家,对家人说:"我一生从事棉纺织事业,棉纱事业为我心之所归,我死之后,只需为我穿土棉织之物,不需丝绸之物,不宜厚葬。"并告诫家人丧事不要铺张,一切从俭,灵柩将来运回江南,葬于苏州的墓地,那是他1936年就为自己选定的。穆家修说父亲有苏州情结,穆家迁居上海前是原苏州吴县洞庭东山的乡民,他的两位夫人金雅娟、许蓉镜也都是苏州人。

1943年9月19日,一个天高气爽的日子,晨光熹微之中,穆藕初离开了这个世界。

"对于我的父亲,我知道得越多就越困惑。"父亲去世时年仅10岁的穆家修曾对记者说,"我万万没有想到,父亲的事业涉猎的范围这么广。研究了10年,我发现自己越来越不知道怎么看他了。他除了是我父亲,到底是历史上的谁?"

直到穆藕初去世5个月后,1944年2月4日,国民政府的褒奖令才姗姗来迟。1947年春天,他的灵柩顺江而下,先到上海举行追悼会,报纸发表的公告说,为尊重他临终遗嘱,丧葬从俭,希望生前亲友和其他团体都不要送花圈香烛等祭品,一切都由筹备会来办,如有诗文、挽联则请用素纸书写,以节省物力。1948年清明节,他归葬苏州的遗愿终于实现,墓碑上是吴湖帆手书的"上海穆藕初先生之墓"几个字。当地村民感念他生前出资办学的功德,称他为"穆老爷",称他的墓为"穆家坟"。"穆家坟"之名在当地广为流传,以致有一种军用地图曾印上"穆家坟"的标记。二十世纪五六十年代"穆家坟"不断遭到破坏,现在的墓是穆家后人于1991年重修的。穆家修对我说,墓地在苏州木渎的藏书乡天池山旺山桥村,进村找"穆家坟",村民都会领路。

手散黄金培国土,万金散尽不复来。一代"棉业大王"并未给子孙留下多少财产,他留下的是一份无形的精神遗产。不久前,75岁的穆家修先生写给我的信中有这样一段话:

长时期来我把父亲的一生看成是一场悲剧,总有点惋惜他生不逢时,然而通观父亲的一生虽然他对社会对事业也曾有过悔恨和悲观的记录,但总的基调是乐观向上的。也许他生活的那个时代正是能最大限度体现出他存在价值的时代,他抓住了这个难得的机会并把自己的才能发挥到了淋漓尽致的程度,以至于创出了那么多第一,并留下了堪称无价的精神文明遗产,作为他的后人我是引以为豪的。

一掷万金的穆藕初为自己选定了苏州城外寂寞的长眠之地,后人是否记得他的姓名和业绩,他丝毫也不在意。

香港影视大亨

——邵逸夫

名人档案

邵逸夫:原名邵仁楞,香港电视广播有限公司主席,电影公司邵氏兄弟的创办人之一,香港著名的电影制作者。祖籍宁波,1907年出生于上海,父亲是上海锦泰昌颜料公司的老板。他在兄弟姐妹中排行第六,故后来人称"六叔"。

生卒时间:1907~。

性格特点:乐善好施,热心公益,是港岛屈指可数的大慈善家。

历史功过:史上最年长的在任上市公司主席;拍摄了中国最早的有声电影《白金龙》;拍摄影片 1000 余部,为中国所有电影制片厂之冠;拥有最多的影院,最高时期达 200 多家,为中国私人拥有量之首;建造了亚洲最大的电影拍摄基地,被誉为东方私人拥有量之首。

名家评点:邵先生以满腔的爱国情怀,十分关心和支持内地的教育事业,连年捐赠巨款。迄今为止,他向内地的捐款累计超过 24 亿港元,遍布祖国各地。用这些捐款兴建的教学楼、图书馆、科技馆、学术交流中心等项目已达 3228 个。邵先生对内地教育事业的赤诚之心和突出贡献,将永远为人们所铭记。

1977 年,英国女王册封他为爵士,成为香港娱乐圈获此殊荣的第一人。

美国三藩市为表彰邵逸夫对该市的福利贡献,将每年的 9 月 8 日命名为"邵逸夫日"。

影视生涯

20世纪初叶,正是中国商人最鼎盛最活跃的时期。邵逸夫父亲邵玉轩与当时成千上万的宁波人一样,于19世纪末前往日趋繁华的上海"淘金",并于1901年设立一家颇具规模的"锦泰昌"颜料号。邵玉轩经营有方,生意十分红火。

邵玉轩育有5男3女。父亲邵玉轩一心想让儿子秉承父业,接掌颜料业务,将漂染厂业务发扬光大,但孩子们却想放弃漂染业,自立门户,其中尤以老大邵醉翁的意志最为坚决。邵玉轩亦算个通情达理之人,不再阻拦。一个偶然的机会,使邵醉翁同娱乐业结下了不解之缘。当时,法租界里有个叫"小舞台"的地方,因经营不善,连连亏损,负债累累,被债主们追得走投无路的老板,有意将"小舞台"拍卖。邵醉翁闻知后,立即买下了"小舞台"。

接掌"小舞台"后,邵醉翁的第一个举措就是将其改名为"笑舞台",标新立异,别出心裁。尔后,他走访市场,了解行情,发现当时刚兴起的无声电影很受欢迎,于是,投观众之所好,大走通俗路线。所以"笑舞台"的生意特别红火,很快他便赚了个盘满钵满。"笑舞台"先上演了一部武侠剧《山东马永贞》,演了半年,场场爆满。接着是一部《马素》,同样卖座。

首次进军娱乐业便旗开得胜,邵醉翁搏击商场、大显身手的信心更坚定了,他决定投资拍电影。

1924年,老大邵醉翁创办天一影片公司,开始闯入当时尚属草创时期的中国电影业。"天一"成立之初,清一色是家族班底。老大邵醉翁是制片兼导演,老二邵囤人擅长编剧,老三邵仁枚精于发行,老六邵逸夫则擅长摄影。创业之初,他们分工合作,完成一切工作,公司犹如家庭式作坊。后起之秀"天一"在上海电影界虽属无名小辈,却来势凶猛,锐不可当。不多时,"天一"就拿出了创业之作,投拍的影片是《立地成佛》。由于题材新鲜,影片不落俗套,故事生动,情节感人,一经"笑舞台"上映,便大爆冷门,场场满座。头炮打响。

初当导演

邵家兄弟在大哥的亲手栽培下,经历了商场上的磨炼,逐渐适应了商战中的风云变幻。他们对业务已十分熟稔,都能独当一面了。邵逸夫排行第六,故后人称他为"六叔""六老板"。他早年就读于家乡庄市叶氏中兴学校,与包玉刚、包从兴、赵安中等为前后届同学,后赴上海就学于美国人开办的英文学校"青年会中学",为此练就一口流利的英语,

这对他以后在南洋的事业发展打下了坚厚的基础。

尚在求学的邵逸夫,最初进入大哥邵醉翁的"天一"公司时学做编剧。当年的戏院还是加映新闻片的时代,一遇到突发性的事件,邵逸夫便跟着两位兄长抬着摄影机到处抢拍。就在这拍新闻片的真枪实弹的摔打演练中,邵逸夫学会了推、拉、摇、移等最基本的摄影知识,在镜头前已从容不迫,运用自如。他再也不满足于拍新闻片的小打小闹了,他渴望向更高的层次发展。于是,他开始尝试拍剧情片。

起初,邵逸夫跟着大哥邵醉翁的老搭档徐绍宇学习,拍了几部片之后,已能独立操机摄影了。1925 年,"天一"出品上下集影片《珍珠塔》,邵逸夫的名字和徐绍宇并列排在银幕上。这部影片由邵醉翁导演,演员有当时的大牌红星胡蝶、吴素馨、金玉如、丁子明、王无恐、王谢燕、肖天果、周空空等人。

由于阵容强大,上映后反响不俗。同年年底,摄影技巧日臻娴熟、镜头感觉更趋完善的邵逸夫,已能执掌大印、领衔挂帅了。他正式扛起大旗,担任头牌摄影师,王士珍为副摄影师,拍了一部《孙行者大战金钱豹》。主角仍然是 20 年代上海滩头号女星、"影后"胡蝶。此片卖座甚佳,获利丰厚。此后,邵逸夫又接连拍了许多片子,均创佳绩。

远走南洋

正当天一公司财源广进,生意兴旺之时,岂料风波陡起,厄运袭来。原来,"天一"未成立前,上海滩的老字号明星公司在申城是一枝独秀,无人匹敌。该公司财力雄厚,旗下人才济济,明星如云,拥有名扬四方的胡蝶、杨耐梅、阮玲玉等大红大紫的明星,独揽影坛三分之二江山。

由于"天一"很快成为上海滩上的电影业新巨头,严重威胁着"明星"的生存。明星公司老板周剑云联合"大中华百合""民新""友联""上海"及"华剧"等五家电影公司,成立了六合影业公司,组成强大的联合发行网,对天一公司围追堵截。其中有一条最为严厉的规定:任何发行商和他们签订了合同,就绝对不准购买"天一"出品的影片。这便是中国电影史上有名的"六合围剿"。被"六合"逼得走投无路的"天一",只好放弃上海的基业,远走南洋,再图发展。

1926 年,刚从中学毕业的邵逸夫,应三哥邵仁枚之邀,南下新加坡协助开拓南洋电影市场,从此注定其一生与电影业的不解之缘。那段时间,邵氏兄弟带着一架破旧的无声放映机和"天一"影片,在举目无亲的南洋乡村巡回放映,并开设游艺场和电影院。他们历经磨难,备尝艰辛,星马的穷乡僻壤留下了他们的身影。

人地生疏、初来乍到的邵山氏兄弟,避开对手的锋芒,调整方针,另辟蹊径,展开游击战术。他先在新加坡的周边城镇进行放映突破,再杀回市中心,抢夺市场。这一着的效

果明显，他"天一"的影片，由于适合大众的欣赏口味，备受欢迎，立即打开了销路。短短一个季度，其业务已到了应接不暇的程度。邵氏兄弟根据自身的情况，因地制宜，想出了一条切实可行的办法。他们租不到戏院放映电影，便租空地搭帆布帐篷，自己上街贴海报，放映天一影片公司出品的影片。由于邵氏兄弟的片源不断，他们的生意越做越活，渐渐由新加坡延伸到马来西亚的各大城镇了。

善于观察、处处留心的邵逸夫发现马来西亚的许多小镇及偏僻的乡村当时根本没有电影院，观众无缘看到电影，这意味着巨大的市场潜力。他们搞了个流动放映车，把放映机、银幕、座椅全部装上，然后开始穿梭奔走在吉隆坡、怡保、马六甲、槟城的大镇小街、穷乡僻壤。这种吉卜赛式的"流动电院"特别受欢迎。所到之处，人山人海，观者如云，十分壮观。

邵氏兄弟依靠这种流动作业的方式，一步一个脚印地稳扎稳打，终于在南洋打开了一片新天地。不久，他们的"流动放映车"已增加至六部了。随着时间的推移，邵氏兄弟的足迹踏遍了星马的山山水水，对大镇小街、穷乡僻壤已摸得透熟，认识的人自然也就多了起来。他们不久得到槟城首富王竞成的鼎力相助。在王竞成的帮助下，邵氏兄弟不惜重金包下了新加坡的华英戏院、吉隆坡的中华戏院、怡保的万景台戏院和马六甲的一景团影戏院，构成了邵氏兄弟最早的院线和发行网络。到1937年抗战前夕，邵氏在新加坡、马来西亚、爪哇、越南、婆罗洲等东南亚各地已拥有电影院110多家和9家游乐场，并建立了完整的电影发行网，称雄东南亚影业市场。当时"天一"在上海，邵氏兄弟在南洋，他们南北呼应，分工协作，共同打造邵氏家族的电影王国。

打造"东方好莱坞"

1937年后，日本帝国主义的野蛮入侵打乱了邵氏影业的发展进程。邵氏惨淡经营，艰难度日，最后被迫关门了事。抗战胜利后，正当盛年的邵逸夫雄心不减当年。他摩拳擦掌，决心大干一场，重振邵氏家业。

1957年，邵逸夫从新加坡来到经济开始起飞的香港，开始创立属于自己的电影事业。两年后，邵氏兄弟（香港）有限公司成立。期间，邵逸夫倾力打造位于香港清水湾，占地近80万平方英尺的邵氏影城。这一工程历时七年始告完工。其规模宏大，气势恢弘，被称为"东方的好莱坞"。从此，从这里拍摄的影片源源不断地流向邵氏电影发行网，每年高达40多部影片，历经数十年至今仍是香港最大的影视拍摄制作基地。

进入60年代后，邵氏公司长期称雄香港市场，曾拍摄过一千多部电影，获得过金马奖、金像奖等几十项大奖。据说最盛时，每天有100万观众光顾他的影院。邵逸夫最早在香港推行电影明星制，造就了一大批大明星、大导演和名编剧，如胡蝶、阮玲玉、李丽

华、林黛、陵波、李翰祥、邹玉怀、张彻……无不出自"邵氏"门下。其中《江山美人》《貂蝉》《倾国倾城》《梁山伯与祝英台》《大醉侠》《独臂刀》等影片都曾享誉海外,在华人世界引起巨大的反响,倾倒无数观众。

邵逸夫在中国电影史上写下了诸多"第一"和"之最"。邵氏家族可以说是中国电影事业名副其实的拓荒英雄。从默片到有声,从黑白到彩色,中国电影的每一步变迁都有邵逸夫及其家人献出的心血。从20年代从事电影业到现在,邵逸夫经历了电影不同时代的演变,目睹中国电影的成长与兴衰,堪称电影史的见证人。

1980年,邵逸夫以最大的私人股东身份出任香港"无线"电事局主席。随后他集中力量经营所属的明珠台和翡翠台,使其收视率长期在港岛独占鳌头,影响扩及中国内地、澳门、台湾和世界各地华人社会。与此同时,邵逸夫还投资房产物业、股票市场等,开展多元化经营。1994"邵氏"年报显示:物业出租收入达2.3亿元,而电影放映收入仅2924万元。香港素为藏龙卧虎之地,富商豪贾云集,但以经营影视而步入香港富豪排行榜前列的唯有邵逸夫一人!

救济众生

多年来,邵逸夫一直稳居香港超级富豪排行榜上,但他视金钱为身外之物,乐善好施,热心公益,是港岛屈指可数的大慈善家。

"我的财富取之于民众,应用回到民众。"这位以"大丈夫贵兼济,岂独善一身"为人生信条的影视巨子,不仅是这样说的,更是这样做的。早在1973年他就设立邵氏基金会,致力于各项社会公益事业,为此他受到了广泛的好评。1977年,英国女王册封他为爵士,成为香港娱乐圈获此殊荣的第一人。美国三藩市为表彰邵逸夫对该市的福利贡献,将每年的9月8日命名为"邵逸夫日"。

从1985年起,邵逸夫开始将关注的目光投向祖国内地。当年他向中国保护敦煌画展工程和浙江大学分别捐资1000万元。有关部门特立碑予以纪念。

1985年后,邵逸夫平均每年都拿出1亿多元用于支持内地的各项社会公益事业,对于中国教育事业更是情有独钟。据不完全统计,迄今,邵逸夫捐助内地科教文卫事业的资金达25亿元,捐助项目超过3000个,其中80%以上为教育项目。如今以"逸夫"两字命名的教学楼、图书馆、科技馆及其他文化艺术、医疗设施遍布全国各地。几年来邵逸夫还不顾耄耋之躯,多次亲临大江南北、长城内外、视察捐赠项目。此外,邵逸夫在英国:美国、新加坡及香港等地都有巨额捐赠,合计金额早已超过30亿元。在古今中外捐资助学史上,邵逸夫当之无愧可称为第一人!